经典战史回眸 二战系列

西线空战

★ 二战德国空军第26战斗机联队战史 ★

夏夜 著

WUHAN UNIVERSITY PRESS
武汉大学出版社

图书在版编目(CIP)数据

西线空战:二战德国空军第26战斗机联队战史/夏夜著.—武汉:武汉大学出版社,2018.1
经典战史回眸.二战系列
ISBN 978-7-307-19687-2

Ⅰ.西… Ⅱ.夏… Ⅲ.第二次世界大战—空军—军事史—德国 Ⅳ.E516.9

中国版本图书馆CIP数据核字(2017)第226780号

责任编辑:王军风　　责任校对:李孟潇　　版式设计:马　佳

出版发行:**武汉大学出版社**　(430072　武昌　珞珈山)
(电子邮件:cbs22@whu.edu.cn　网址:www.wdp.com.cn)
印刷:武汉中远印务有限公司
开本:787×1092　1/16　印张:32.25　字数:797千字
版次:2018年1月第1版　2018年1月第1次印刷
ISBN 978-7-307-19687-2　定价:82.00元

目　　录

序

1944年6月6日清晨，法国北部诺曼底海岸，千帆竞进、万炮齐鸣，人类历史上最壮阔磅礴的战役之一揭开帷幕。登陆舰浩荡无际，仿佛延伸到英吉利海峡另一端。一波波涌上岸的,除了潮水，还有奋不顾身的盟军将士。突然，两架德国战斗机俯冲而下，对着登陆部队一通扫射。一时间英军阵脚大乱、倒成一片。这两架离地仅十来米高的战斗机翩翩穿梭于防空炮弹幕和防空气球之间，倾泻完子弹，毫发无损地向着云端扬长而去。

这是20世纪60年代好莱坞史诗电影《最长的一天》中的场景，更是历史真实上演的一幕,这两架福克－沃尔夫Fw 190成为诺曼底登陆日上午德国空军寥寥无几、聊胜于无的存在。目睹这一幕的盟军水手、步兵和突击队员有理由瞠目结舌，但倘若有英国喷火式战斗机飞过，目睹此景的英军飞行员也许会脱口而出：“阿布维尔小子！”

诺曼底登陆之前，英国皇家空军和美国陆军航空队已率先飞临欧洲的天空，浴血奋战了四年之久，从敦刻尔克、迪耶普到里尔、安特卫普，从基尔、科隆到汉堡、施韦因富特、柏林、普罗耶什蒂，盟军航空兵们为夺取制空权、打败希特勒和戈林麾下那支曾经不可一世的德国空军立下汗马功劳。在那艰苦卓绝的四年，他们或咬牙切齿、或心有余悸、或眉飞色舞，几乎人人能道出至少一段与“阿布维尔小子”苦战的经历：当战斗机、轰炸机编队经由西欧攻向第三帝国腹地时，突然地一架架梅塞施密特 Bf 109和福克－沃尔夫Fw 190或气势汹汹迎面袭来，或背对阳光从高空鬼魅般杀出，黄色机鼻寒光凛冽，炮口焰杀气腾腾，转眼间便抢占下最有利的位置，发动最凌厉的攻击。英、美空军素有以驻地命名部队绰号的习俗，飞行员们将这群恼人的德国同行唤作“阿布维尔小子”。

盟军口中的“阿布维尔小子”在德国空军的称号是施拉格特联队——第26战斗机联队。正是联队长约瑟夫·普里勒中校带着僚机海因茨·沃达奇克下士双机扫射了诺曼底滩头，两人最早亮相“最长的一天”并非偶然，在第二次世界大战的欧洲战场，再难找出第二支部队比第26战斗机联队更能集萃西线昼间空战之全景。它参加了西欧和中欧上空大大小小的全部战役，还短暂转战过地中海和苏德战场；它凶狠勇猛、负隅顽抗，力战西方盟军到停战日，一度被盟国空军视作最可怕的敌人；它曾经高手如云，装备过两大主战机型Bf 109和Fw 190所有战斗机型号和部分战斗轰炸机型号，是公认的德国空军精锐之师。

二战硝烟点燃时，第26战斗机联队以身处边缘的姿态步入战争之路，充当起纳粹德国的马前卒，奈何受累于贫瘠的指挥层，1940年法国战役中表现平庸。阿道夫·加兰德，一个聪明、强势的军官的到来改变了一切，他自上而下大力整顿军纪，将自己的斗志和狠劲注入联队。在加兰德率领下，第26战斗机联队在不列颠空战初露峥嵘。次年开年后，它的第7中队转战地中海战场，更加锋芒毕露，12名飞行员在半年间以零损失击落约50架英军飞机，开创了空战史上一段空前“佳绩”。

德国大举入侵苏联后，战斗机部队主力随之东进，只有第26战斗机联队和第2战斗机联队留在西欧，隔着英吉利海峡阻击英国皇家空军的一系列昼间攻势。后人可以有趣地看到，1941－1942年西线空战整体局势变成英德两军交换主客场再战一场，攻守双方的战术、目标和优劣势同1940－1941年的不列颠空战惊人相似：英军战斗机倾巢而出，反攻法国沿海，意图迫使德国战斗机应战并将其消灭；转攻为守的德军以逸待劳，保存实力。正值Fw 190战斗机横空出世，第26战斗机联队第二大队首先换装，加之战术得当、飞行员身经百战，联队以至多不过124架战斗机的兵力，携手第2战斗机联队牢牢把持着西线制空权，其间还能组建战斗轰炸机中队，携速度优势袭扰英国港口和沿海城市。

对第26战斗机联队而言，这是二战中最得意与惬意的时光，驻阿布维尔的第二大队打出了响亮的名号：“阿布维尔小子。”而对英国皇家空军战斗机司令部而言，那是一段黯淡无光、备受争议的时期，主力战机“喷火Ⅴ”航程有限，性能还被Fw 190压制，渡海作战每每败走，和德国战斗机交换比达到4:1，大量飞行员阵亡或被俘，其中不乏在1940年夏天保卫过不列颠的功臣。1941年8月9日英军著名的无腿飞行员道格拉斯·巴德中校在法国圣奥梅尔上空跳伞，被俘后受加兰德之邀参观了联队基地，加兰德等人还通过国际红十字会通知英方为巴德空投下新义肢，在后世传为美谈。

皇家空军顶住居高不下的损失，坚持向德军施加压力，有力支援了南边的地中海战场和东边的苏德战争。与此同时，胜利的种子悄无声息在失败中孕育，新型“喷火Ⅸ”足以抗衡Fw 190，低空性能优越的霍克“台风”压制了猖狂的德国战斗轰炸机，转入对地攻击后还将成为德军地面部队的噩梦。失去一批老手的同时，新生代飞行员崭露头角。而最重要的是，美军加入了对德战略轰炸。

第26战斗机联队和德国空军在西线的优势到1942年8月19日迪耶普突袭战达到顶峰，它和第2战斗机联队以损失23架飞机和14名飞行员的代价令盟军蒙受了106架作战飞机和至少一艘驱逐舰的损失。登陆部队更是在滩头惨遭屠杀，给盟军上了血淋淋的一课，皇家空军没能夺取制空权难辞其咎。然而当德国人洋洋自得于这场大捷时，西线空战悄悄迎来转折点。恰在迪耶普之战，美国陆军第八航空队的B-17轰炸机飞临阿布维尔基地，向德军第26战斗机联队宣告新的强大敌人来临。重型轰炸机的载弹量和破坏力决定了德国战斗机不可能再像从前那样根据形势利弊选择迎击或回避，必须倾尽全力拦截，这意味着德军丧失战场主动权。B-17的飞行高度和喷火Ⅸ型战斗机的性能也抵消了德军一度倚靠的技术优势，西线空战进入新高度和新阶段。

德军企图将羽翼未丰的美军挫败在起步阶段，而摸着石头过河的第八航空队确实走了不少弯路，比如自信于轰炸机强大的自卫能力，凭借密集编队无护航深入德国腹地，比如昼夜不停地联合轰炸欲迫使德国屈服。结果他们付出了沉重高昂的代价，德国空军的抵抗远比预期中的强烈和有效。这时双方竞赛般进行了大量新战术、新武器的研发，逐步加强兵力投入，单日出动数能达到500－1000架重型轰炸机及同等规模的护航战斗机、300－800架次拦截战斗机，西线空战攀升至最高潮。1943年，轰炸目标无论是大西洋沿岸或北海的德国海军基地、法国及比利时工业设施，还是德国西北部鲁尔工业区、德国中南部的飞机制造厂和滚珠轴承厂，第26战斗机联队一次次被部署在美军必经航线上，俨然一头凶狠的拦路虎，以至于盟军飞行员但凡在西欧遇到黄色机鼻、技艺高超的德军单发战斗机，往往下意识将其归为“阿布维尔小子”，即使对方实际并不属于第26战斗机联队，这个昵称无疑已化作一个铭刻进西线空战的符号，它代表德军第26战斗机联队，也常常代表西线所有德国昼间战斗机部队。“阿布维尔小子”和英美空军的交锋象征着西线空战的巅峰对决。

巅峰对决背后是双方空勤人员大量的鲜血和生命，是累累的战机残骸。1943年8月17日第一次施韦因富特之战，美军损失60架轰炸机，损失率17%；10月8日，不来梅，损失30架轰炸机，损失率7.8%；10月10日，明斯特，损失31架轰炸机，损失率11.7%；10月14日第二次施韦因富特之战，损失67架轰炸机，损失率23%；1944年3月6日，柏林，损失78架轰炸机，损失率10%。这串数字放在其他任何空军都是毁灭性的，但第八航空队挺了过来，“空中堡垒”和“解放者”在“雷电”“闪电”“野马”保护下驰骋于德国全境，摧毁了法西斯战争机器，打断了德国空军的脊梁。而第26战斗机联队只能随它的军队一同坠入失血而亡的深渊，起初它还能倚靠一些老手丰富的经验，当老手逐渐消亡殆尽，它从兵力到人员素质、技术装备被全面赶超，猎人变成猎物。

1944年春，第26战斗机联队逐渐退出帝国防空战，回到传统防区海峡前线，一边休整一边提防盟军登陆。仿佛虚弱的兀鹰恢复了些许体力，再次亮出爪牙。诺曼底战役和“市场花园”战役中，它都最早赶到前线，也是战绩最高的德国昼间战斗机联队。到德国战败前，联队主要承担支援陆军的战术任务，对抗英国皇家空军第二战术航空队和美国陆军第九航空队。从诺曼底海滩到阿纳姆大桥，从阿登山区、明斯特盆地到莱茵河两岸，这支老牌劲旅边战边退，消耗着残余的底气和寥寥几个中坚力量，维持了相对拔尖的战绩，但对战局于事无补。它苦苦周旋于数倍于己的敌军，更多时候在被动挨打，伤亡持续加重。如果说它盛气凌人时盟军需要通过抬高对手聊以自慰，那么它穷途末路时的顽强确实赢得了敌人的尊重。为此它也付出了巨大的代价，加兰德一手打造并得到普里勒继承的精英大队第三大队首先沉沦；最早打出“阿布维尔小子”名声的第二大队折损的大队指挥官数量创德国昼间战斗机大队之最；20名获得德国最高军事荣誉勋章的飞行员中13人阵亡、2人被俘。从诺曼底滩头安全撤退的沃达齐克下士半年后讽刺地死于底板行动——德国空军在西线最大规模的“反攻”。更有无数未能留名的新手活不过前5次作战任务，而伤残成为保证存活的最大可能。

本书通过德国空军第26战斗机联队作战史和盛衰历程，梳理西线昼间空战的脉络，呈现70多年前发生在欧洲天空一幕幕波澜壮阔的战斗，展示当时世界上最强的三支空军之间激烈的碰撞，介绍交战双方排兵布阵并分析得失，生动描述Bf 109、“喷火”、Fw 190、

"雷电""野马"等名机之间精彩的空战，其中不少来自双方飞行员的视角。此外，本书还将揭示诸多不为人知的历史细节，比如，世人听闻第26战斗机联队皆因其"胜利与腾达"，却对它覆灭前的困兽犹斗和惨重伤亡知之甚少；加兰德名扬天下，却很少有人知道他损失了一个又一个僚机。1941－1942年皇家空军战斗机司令部一系列渡海攻势给后世徒留"'喷火Ⅴ'被Fw 190凌虐"笑柄，这背后有怎样的考量？德国王牌飞行员被盲目吹捧，他们之中很多人唯一过人之处不过是日复一日的战斗中积累下更丰富的经验。褪去光环的他们有着无数挫折、伤病，有最平凡的缺点、弱点和恐惧。

除了战力不俗，第26战斗机联队缘何备受英美盟军推崇？加兰德如何将一支二流部队打造成虎狼之师？他个人在战场有哪些过人之处和缺点？道格拉斯·巴德被俘后受到礼遇纯粹为骑士精神使然吗？美军第八航空队打败德国空军战斗机部队的关键是什么？诺曼底登陆前后德国空军进行过哪些部署和战斗，是否如《最长的一天》描述的那样，只剩下普里勒的两架战斗机？德军高炮在底板行动中扮演了什么角色，果真击落了一半以上数量的友机吗？该行动失败在哪里？普通德国飞行员是什么样的人，接受过怎样的训练，经历过怎样的战斗，他们的日常生活、精神面貌、生存技巧是什么？本书都将一一进行探索。

战争难免让人联想到史诗，但那些气壮山河的事迹无法掩盖一个事实：第二次世界大战本质是人类历史上最大的悲剧。西线空战是这出悲剧的一部分，它旷日持久、形式多样、水平极高；它催生出一批令人目眩神迷的杀人机器，这些机器有多先进，生命就有多脆弱；西线空战有多激烈，就有多残酷。生灵涂炭只在股掌之间，这在从前任何战争中都难以想象。充斥在欧洲天空的，不是优雅浪漫的骑士对决，而是组成大型编队的杀戮。即使战争结束很多年，一架架从12点方向迎面杀来的Fw 190、Bf 109和遮天蔽日的B-17轰炸机编队依然是双方航空兵挥之不去的梦魇。另一方面，由于欧美国家文化距离相近，飞行员之间更易产生认同感，使得西线空战充满了丰富的故事性，本书将尽力展示西线空战这些特色。

西线空战又一特色是考据严谨清晰。交战国都重视并记录和保存下了相对完整的档案，加之战斗主要发生在大陆上空，战后各国政府、民间机构对失踪人员和战机做了大量、持久的发掘调查工作，后世得以还原当时一幕幕战斗乃至达到细枝末节的程度。本书参考权威资料，将西方史学界研究和考据成果（其中不少是首度公布）呈现给国内读者：第26战斗机联队交战对手、双方起飞时间、出动数、交战数、损失数、损失原因……最大程度避免了德军单方面的一家之言。更重要的是，读者能由此而认识到，是谁打败这支德军精锐、是谁为此牺牲，他们为欧洲的解放做出过怎样的贡献和拼搏。然而这似乎又会使笔者陷入两难，笔者希望能为读者奉献流畅、愉快的阅读体验，但清点战绩和战损是一本严谨的空战史书必不可少的要素，请亲爱的读者容忍书中一笔笔琐碎枯燥的数据比对。毕竟，二战德国空军创下的惊人战绩历来不乏争议，也许人们还将永远争论下去。由于对抗着盟军最先进的战机、最优秀的飞行员，第26战斗机联队的战绩较之另外几个著名的德国昼间战斗机联队，数量毫不突出，但真实率相当高，这是西方研究者公认的。

书中数据未必全部准确，我也不敢妄言自己真实还原了所有战斗，只希望本书能提供足够的信息，帮助读者理解为什么空战战绩的鉴定和考证如此复杂、如此引人争论不休。有的爱好者执着于战绩的“真假”“水分”，视其为一个有趣的数字游戏，但需要指出的是，源于复杂的战场环境和特殊的作战形式，空战战绩的夸大和高估与生俱来、普遍存在，还是一种必要的宣传手段和精密的宣传策略，对于鼓舞飞行员和国内民众的士气具有举足轻重的作用，其“真实”“虚假”大多数情况下不足以影响战局和军方关键决策，也不足以评判飞行员诚信。皇家空军中校帕特里克·巴思罗普（Patrick Barthropp）战后一席话深刻概括出西线（尤其是早期）战斗机飞行员的处境：

他没有机载雷达、没有自动驾驶仪，没有电控设备，却要完全掌控一架时速400英里的战斗机和8挺机枪，扣动扳机的3秒间要射出13磅的弹丸；他总共只有14秒射击时间，至少要接近250码射程才能有效打击敌机；他与敌机在三维空间不断变幻速度和角度，进行剧烈机动，他必须一边瞄准敌人一边提防不被敌人瞄准。

发动机的90加仑燃油就正对他的胸膛。他常常坐在没有加热和增压装置的驾驶舱飞在2.5万英尺高空；他没有抗荷飞行服，却要忍受6倍重力的过载；他需要在3秒内辨认敌机；一旦被击中，弃机跳伞的时间不会太充裕。而且在我们这边，他往往只有19岁，年轻得无责任投票，却足够去送命。

1942年5月17日上午，21岁的巴思罗普上尉随皇家空军第122中队护送“波士顿”轰炸机空袭法国布洛涅码头。圣奥梅尔上空，“灰背隼”发动机和BMW 801发动机的尖啸又一次响彻云霄。巴思罗普被击落而跳伞，自始至终，他也没看见偷袭自己的敌机。直到当晚，他作为俘虏受到第26战斗机联队第3中队款待，见到了击落自己的卡尔·维柳斯上士。两人年龄相仿，都名不见经传——巴思罗普击落过4架德军飞机，他那架“喷火V”是维柳斯收获的第10个英国战利品。

巴思罗普锲而不舍地尝试越狱，将自己滚烫的青春继续投入到抗争；在前线，维柳斯稳步提升着战绩，直到1944年4月8日拦截美军B-24轰炸机时被P-47护航战斗机击落身亡，2个月后被追授骑士十字勋章和中尉军衔。

1945年5月2日，巴思罗普重获自由，战后重返皇家空军；1967年，维柳斯的尸体随Fw 190残骸从荷兰15米深的沼泽地下被发掘，此时巴思罗普已以中校军衔退役，最终安享晚年。

这场战争中千千万万普通战斗机飞行员的命运缩影莫过于此。

1942年5月17日，皇家空军上尉巴思罗普（最右）与JG 26第3中队的卡尔·维柳斯上士（左二）交谈。

本书中常见专用名词、德文缩写、中文缩写及释义

JG（Jagdgeschwader）：德国空军昼间战斗机联队，前期下辖三个大队和一个联队指挥部，每个大队三个中队，满编约125架战机，后期扩充到四个大队，满编约170架战机。

KG(Kampfgeschwader)：德国空军轰炸机联队。

ZG(Zerstörergeschwader)：德国空军驱逐机联队。

SG(Schlachtgeschwader)：德国空军对地攻击机联队。

NJG(Nachtjagdgeschwader)：德国空军夜间战斗机联队。

LG(Lehrgeschwader)：德国空军教导联队。

St.G(Sturzkampfgeschwader)：德国空军俯冲轰炸机联队。

第2航空队：德国空军第2航空队。航空队（Luftflotte）是德国空军最大的指挥机构。

第3航空队：德国空军第3航空队。

海峡联队：德国空军第2战斗机联队和第26战斗机联队的统称（如无特殊说明，本书中“海峡”特指英吉利海峡）。

战斗机司令部：英国皇家空军战斗机司令部。

轰炸机司令部：英国皇家空军轰炸机司令部。

第八航空队：美国陆军第八航空队。

第九航空队：美国陆军第九航空队。

第二战术航空队：英国皇家空军第二战术航空队。

小队：通常指4架战斗机构成的最基本战术编队，在德军指标准的四机编队，在盟军偶尔有3架或5架、6架的规模。

突袭(bounce)：本书涉及空战段落中的“突袭”指从上方向敌机高速俯冲开火，这是最常见的空中格斗战术。

战绩：如无特殊说明，本书的空战战绩指所属军队或者部队承认的官方战绩，与交战对手的实际损失有一定甚至不小的差距。

为保持语言简练，避免大量重复用词，本书中第26战斗机联队下属部队均省略联队番号，例如单独的“第3大队”“第5中队”分别指德国空军第26战斗机联队第3大队、德国空军第26战斗机联队第5中队。其他德军部队省略军队名，例如“第54战斗机联队第3大队”“第2战斗机军”分别指德国空军第54战斗机联队第3大队、德国空军第2战斗机军。涉及缩写时，大队番号以罗马数字表示，中队番号以阿拉伯数字表示，例如Ⅰ./JG 26指第26战斗机联队第一大队，7./JG 2指第2战斗机联队第7中队。

第一章　步入战争之路

1937年— 1940年6月

一、德国空军的重生

1937年，德国西部莱茵河上，几艘货船静静驶过，河谷响起飞机的低鸣，船员们好奇地仰望天空，三个黑点由远及近，原来是三架编队飞行的亨克尔51型双翼飞机（Heinkel 51，以下缩写He 51），它们以不足6米的高度掠过河面，墨绿的河水泛起水波涟涟。当“莱茵兰守卫者”标志性的橙黄色引擎罩映入眼帘，船员们兴奋挥舞双手致意，飞机亦轻晃机翼回敬，沿下游呼啸而去，继续开赴莱茵兰巡逻①。

这三架He 51战斗机来自二战前夕德国空军最早成立的战斗机部队之一：第234战斗机联队（德语：Jagdgeschwader 234，以下缩写JG 234）。1935年，希特勒上台执政已有两年，他无视《凡尔赛和约》的禁令，大力扩张军备，实行义务兵役制。3月1日宣布空军作为国防军的第三支独立军种面世，由他最倚重的航空部长赫尔曼·戈林担任空军总司令。去年4月1日在德贝里茨（Döberitz）秘密成立的一个大队是这个新兴军事组织全部的战斗机力量，但该大队很快扩编为两个大队规模的联队：第132战斗机联队（Jagdgeschwader 132，缩写JG 132），冠以家喻户晓的第一次世界大战头号王牌飞行员曼弗雷德·冯·里希特霍芬男爵之名，装备有阿拉多65型（Ar 65）和亨克尔51型（He 51）两种双翼战斗机，德国空军的战斗机部队以这个联队为根基，迅速开枝散叶，次年就从两个大队扩充到七个大队，组成四个联队，到1938年11月共组建了23个大队，分散在14个联队中。

在此之前，本应按《凡尔赛和约》规定解散的德国国防军参谋总部暗地里一直与不少一战飞行员保持密切联系，德国空军成立后这些富有经验的退役老兵重新被招至麾下，担任各级指挥官，组成了空勤部门骨干，而非空勤官员、参谋军官和资深地勤士兵则征召自一战后那支“10万陆军精英”。另一方面，汉莎航空和几家国外航空公司的大量民航订单促进了德国航空工业在20世纪30年代的振兴，军方也打着民航或滑翔俱乐部的幌子，

① 莱茵兰，旧地区名。今位于德国莱茵河中游的北莱茵－威斯特法伦州、莱茵兰－普法尔茨州。第一次世界大战后，凡尔赛和约规定，莱茵河东岸五十公里以内为非军事区，德国不得驻防，西岸由协约国部队看管十五年。虽然1930年后，西岸的协约国部队开始陆续撤离，但根据条约规定，一旦认定德国采取了军事行动，他们有权重新占领该地。对德国而言，莱茵兰地区是重要的工业财富和原材料基地，因位于法德交界也具有极高的战略价值。

二战时期西欧地理形势要图

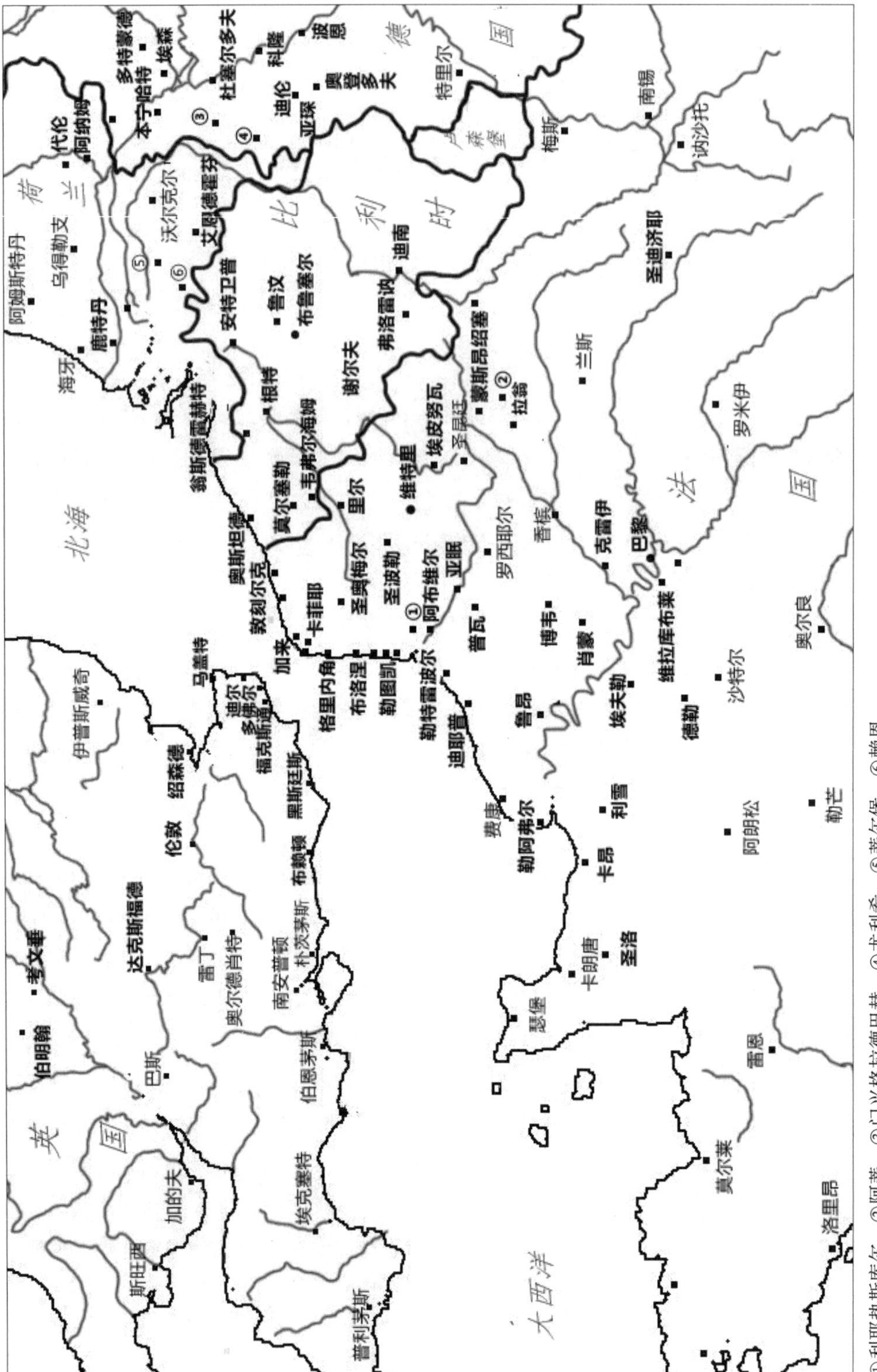

注：①利耶热斯库尔 ②阿蒂 ③门兴格拉德巴赫 ④尤利希 ⑤蒂尔堡 ⑥赖恩

以各种掩人耳目的方式对一批醉心于航空的年轻人进行飞行员秘密培训，军方和政府一系列动作为日后德国战斗机部队的快速扩建奠定了坚实基础。1936年4月1日，第二个战斗机联队：第134战斗机联队“霍斯特·威塞尔”（JG 134）宣告成立，下辖三个满编的大队，其中就包括奥斯卡·迪诺特上尉（Oskar Dinort）指挥的第三大队（Ⅲ./JG 134），下辖第7、第8和第9三个中队。

同年3月7日，希特勒又一次撕毁《凡尔赛和约》，三个步兵营开赴非军事区的莱茵兰。与地面行动相配合的是次日正午，Ⅲ./JG 134第8、第9中队奉命飞临科隆大教堂，盘旋示威，随后降落在科隆的布茨韦勒霍夫（Butzweilerhof）机场，与一架运载弹药的容克52型运输机（以下缩写Ju 52）会合，这才完成了荷枪实弹的武装。即便如此，这些战斗机实际并未装备同步射击协调器，真有不测，机枪不过一个花花架子。

然而希特勒这套虚张声势毕竟赌赢了，绥靖政策之下，英法诸国对他们第一次世界大战的悍敌公然进军莱茵兰视若无睹。从此，Ⅲ./JG 134大队以科隆为基地长期驻防，后来历经几次军队改组，最终发展成为二战中的第26战斗机联队（下文简称JG 26），这支部队与德国西北部的下莱茵兰地区九年的羁绊也由此开启。

3月8日，Ⅲ./JG 134第7中队（7./JG 134）从科隆飞抵附近的杜塞尔多夫，独立驻防了一年多，在此期间番号改为第5中队（5./JG 134），混装使用阿拉多65型、阿拉多68型和亨克尔51型三种战机。留在科隆的JG 134第三大队由第8、第9中队和一个全新的第7中队，加上大队指挥部组成，装备为亨克尔51型战斗机。

1937年1月11日，又一个战斗机联队：第234战斗机联队在杜塞尔多夫成军，只是除了指挥部没有任何作战单位，直到3月3日，维尔纳·伦奇（Werner Rentsch）少校在上面提到的JG 134第5中队基础上扩建出第二大队（Ⅱ./JG 234），JG 234联队才结束了两个月光杆司令的尴尬。Ⅱ./JG 234大队下辖三个中队，番号为第4、5、6中队，均装备阿拉多68型战斗机。和平的日子里，Ⅱ./JG 234和Ⅲ./JG 134这两个大队之间举行了多场模拟空中格斗，战后一些老兵回忆起这段驾驶老式双翼机空战训练的时光仍然兴致盎然。

3月15日，JG 134第三大队改换番号为JG 234第一大队（Ⅰ./JG 234），下属三个中队也相应成为JG 234第1、2、3中队，大队指挥官换成了瓦尔特·格拉布曼（Walter Grabmann）上尉。该大队不久接收到全金属悬臂式单翼的梅塞施密特B型战斗机（Bf 109 B），

1937年，科隆奥斯特海姆机场JG 234第一大队首任大队长奥斯卡·迪诺特上尉的亨克尔51B战斗机，引擎罩涂有大队特有的橙色，军械主管仍站在机翼上检查着什么。

1937年杜塞尔多夫机场，JG 234第二大队的Ar 68列队接受检阅。

1937年底到1938年初，JG 234联队混装着Bf 109B和Ar 68两种时代的飞机。

1938年初，JG 234联队成为第二个全面装备梅塞施密特109战斗机的联队。图为杜塞尔多夫机场第二大队的Bf 109D。

6月8日搬到新落成的奥斯特海姆机场（Ostheim）。当年11月杜塞尔多夫的第二大队也开始换装，JG 234成为继JG 132“里希特霍芬”联队之后德国空军第二个全装备梅塞施密特战斗机的联队。

作为享誉盛名、产量最大的二战飞机，Bf109具有划时代的意义，代表着德国飞机设计达到国际一流水平，它优雅精炼的外型、轻巧的结构和高翼载完全颠覆之前的德国战机风格，绰号为“伯莎”的B型是Bf 109系列第一款生产型号，配备了容克公司生产的倒V形液冷发动机Jumo210D，720马力的功率使得飞机达到460公里/小时的最大时速和8000米的升限，武器系统为安装在发动机整流罩上的2挺7.9毫米MG-17机枪。Bf 109B后面的型号Bf 109C、Bf 109D的两挺MG17机枪都改装在机翼或发动机上方。Bf 109B产量不大，因为设计师威利·梅塞施密特博士希冀着更强劲的航空发动机，视B型为过渡性产品。即便如此，Bf 109B在性能上仍然领先于同时期欧洲各国现役战斗机，其实力很快就在西班牙内战中得到展现。

二、秃鹰军团

1936年7月中旬，发动叛乱的西班牙反政府武装头目佛朗哥向德国寻求援助，希望将他在摩洛哥的部队从直布罗陀海峡空运到西班牙境内。基于为新生的德国空军提供实战测试等多方面考虑，希特勒25日收到来函后当即应允，派出的30架容克52运输机，比佛朗哥最初要求的10架还多，后来更是派出一支空军部队直接参战，这就是后来为世人所熟知的“秃鹰军团”（Condor Legion）。在这场持续三年的西班牙内战中，德国空军受益匪浅，不仅人员、战机获得了宝贵的实战经验，在此基础上建立的一些战术思想和军事理论更直接指导和影响了随后的世界大战。

7月31日，包括86名空勤、地勤人员以及6架被拆解的He 51战斗机在内，第一批秃鹰军团人员和军用装备乘坐商船，突破西班牙共和政府的海上封锁，偷偷运抵西班牙境内，这批打着“休假观光”幌子的飞行员由JG 134第9中队一名年轻中尉汉内斯·特劳特洛夫特（Hannes Trautloft）领导，除他之外，至少有赫维希·克尼佩尔（Herwig Knüppel）少尉和沃尔夫－海因里希·霍瓦尔德（Wolf-Heinrich Freiherr von Houwald）少尉两人来自JG 134第三大队。

秃鹰军团属于志愿军性质，但军方宣传相当美好诱人：服役时间短、安全系数高，实战经验宝贵，能获得快速晋升的机会，军饷还有大幅提升——据老兵回忆，秃鹰军团少尉的薪资每月2000马克，堪称名利双收，那些生机勃勃、渴望建功立业的未婚飞行员无不摩拳擦掌，踊跃报名，以至于国内一些战斗机中队往往只剩下三四人。将近三年西班牙内战期间，总共有125名军官和200名士兵陆续加入秃鹰军团的战斗机飞行员队伍，他们组成了第88战斗机大队，人数占1939年5月德国战斗机飞行员总数的半成，其中有27名军官和至少10名军士来自JG 26前身部队，他们之中以彼得·博德姆（Peter Boddem）上士最为出色，宣称击落了10架苏制I-15战斗机和I-16战斗机，战绩在秃鹰军团王牌飞行员中位列第四，顺理成章为他带来少尉军衔的晋升。曾任第88战斗机大队第4中队中队长的赫维希·克尼佩尔少尉以8个空战战绩跻身王牌榜第十名，值得一提的是1937年3月首批运抵西班牙的3架Bf 109B正是装备给了克尼佩尔的第4中队。

第88战斗机大队指挥官

第88战斗机大队第3中队一次早间任务布置会，手持地图者是接替加兰德担任中队长的莫尔德斯中尉。

戈特哈德·汉德里克（Gotthard Handrick）上尉曾是1936年柏林奥运会现代五项全能赛冠军，进入空军服役后，先后执掌秃鹰军团的战斗机大队和第26战斗机联队。汉德里克麾下有一个25岁的年轻中尉，彼时虽不为人熟知，但在后来的岁月，他将自己的名字深深铭刻进第26战斗机联队及整个德国战斗机部队的历史，此人就是阿道夫·加兰德，他所指挥的第3中队在第88战斗机大队4个中队中最晚接收Bf 109，因此加兰德在西班牙一直驾驶老式He 51双翼机执行对地攻击任务，这对他而言可谓憾事一桩。1938年8月轮换回国后他仍然在装备亨舍尔123的第2教导联队第4中队执行对地攻击任务，一直呆到1939年秋天波兰战役，加兰德玩了个小花招，说服军医朋友证明自己因风湿病不适宜敞开式驾驶舱的双翼机，这才如愿以偿转到第27战斗机联队改开漂亮精良的Bf 109。

第88战斗机大队指挥官汉德里克上尉（右）和他手下第3中队中队长加兰德中尉（左），两年后两人再次合作于第26战斗机联队。

通过一本难得幸存下来的飞行日志，我们能够管中窥豹，大致了解JG 26那些军士飞行员的西班牙参战经历：

格哈德·哈卢普乔克（Gerhard Halupcazok）下士1912年生于下西里西亚，其成长和从军经历在同时代有志于航空事业的德国年轻人中相当典型。中学毕业后他以机械师的职业学会驾驶滑翔机，并加入了空军的雏形——德国飞行运动协会（Luftsportverband）。1934年9月进入“纳粹飞行兵团”，先后在布雷斯劳和斯图加特接受动力飞行训练，最终成为一名空军飞行员。1936年10月哈卢普乔克作为轰炸机飞行员被分配到第162联队第一大队，第二年4月转到第131战斗机联队，驾驶了一年多的阿拉多68战斗机后，1938年6月首次接触到梅塞施密特109。

四个月后哈卢普乔克下士以“休假”的名义踏上了伊比利亚半岛，成为第88战斗机大队第1中队一员并分配到一架崭新的Bf 109E，12月19日仅完成一次复习飞行，次日就正式执行任务，截至1939年5月19日启程回国前，哈卢普乔克执行了包括战斗机扫射和轰炸机护航在内总共84次战斗任务，1939年2月6日他在西班牙内战的空战尾声阶段击落一架玻利卡尔波夫I-15战斗机。由于佛朗哥的国民军在德军帮助下占尽空中优势，哈卢普乔克他们的任务就只剩下低空扫射，3月28日他执行完秃鹰军团最后一场战斗任务。5月回国后哈卢普乔克被分配到驻防科隆的JG 26第2中队，军衔依然是下士，身份依然是僚机，但丰富的战斗经验已不可同日而语。

战争毕竟是血淋淋的，37名JG 26联队前身部队飞行员中至少有4人在西班牙内战中阵亡。除此之外，原本前途无量的彼得·博德姆少尉1939年3月乘机回国途中遇空难丧生。而从西班牙轮换回国的军官飞行员们大都迅速得到提拔，被委

一个Bf 109四机编队飞越西班牙的谢拉（Sierra）地区。

第88战斗机大队第3中队一次愉快的早餐。

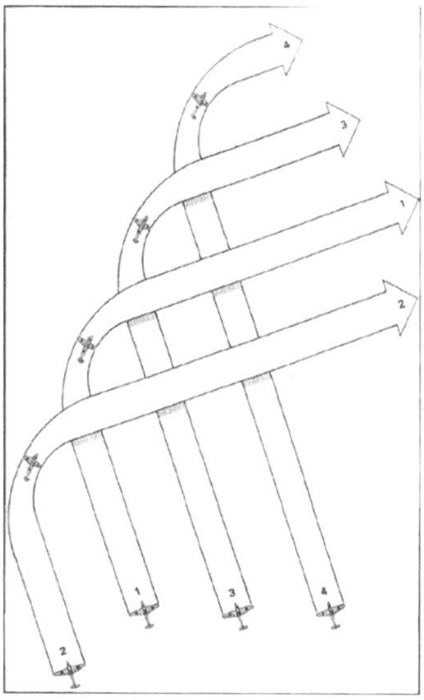

德国空军四机编队交叉转弯示意图。

以指挥官之职。

得益于西班牙内战，德国空军不但对人员和战机进行了锻炼、测试，还发展出了一系列意义重大、影响深远的战术思想。地空协同、由地面控制的对地支援、对人员聚集区的密集轰炸、大规模空运补给都始于这一时期。而战斗机编队战术的形成和发展对第26战斗机联队以及德国战斗机部队尤其休戚与共。

1937年间，秃鹰军团和其他国家空军一样，采用紧密一致的三机编队（Kette），Bf 109到来后，一批敏锐优秀的德国飞行员很快意识到这种灵巧高速的战斗机不适合三机编队。接替加兰德指挥第3中队的维尔纳·莫尔德斯（Werner Mölders）中尉发展出了四机编队战术（Schwarm），因形似人的四根手指，后来也被形象地称为“四指编队”或“莫尔德斯编队”。双机编队（Rotte）是德国空军战斗机最基础的作战单位：长机专注攻击，僚机紧跟长机负责掩护，两机横向间距约180米，与Bf 109的转弯半径相当，进可并肩发动进攻，退可相向而飞、彼此掩护。一个四机编队由两个双机编队构成，跨度约550米，飞机做机动动作时难免束手束脚，莫尔德斯发明翻越式交叉转弯的技巧，编队最外侧的飞机转弯半径最小。此外，莫尔德斯还要求每个中队以四机编队为单位错开飞行高度，既扩展了飞行员搜索敌情的视野，又改善了编队在阳光照射下的

1940年法国战役中第4中队一个Bf 109E四机编队。长机是中队长卡尔·埃比希豪森上尉。

隐蔽性。领队的长机可以通过无线电指挥手下。

根据莫尔德斯等人回国后研究整理的一系列报告，1939年德国空军将战斗机标准战术单位由三机编队改为四机编队。一个中队12架飞机总数维持不变，四个三机编队改为三个四机编队。基于规范要求：联队长和大队长带队飞行时必须有参谋军官参与，因此每个大队的参谋部需要至少增编一名飞行员和一架飞机，但当时战斗机部队参谋部编制不大，更缺乏空勤人员可供补充，因而部队改组具体实施下来费时费力。特劳特洛夫特上尉从西班牙回国后调到一所战斗机训练学校，编撰出一套战术手册，在各部队推广上述新战术。

三、山雨欲来

二战爆发前，第234战斗机联队例行训练着编队飞行、模拟空战、对地射击，与所有国家的战斗机部队的训练项目大同小异。20世纪30年代后期，欧洲阴云密布，德国即将再次策动侵略战争的野心昭然若揭，军队加紧陆空协同作战的野外训练，但中欧空域向来狭小，限制了空中射击训练，各中队每年一次到北海叙尔特岛（Sylt）的拉练便显得弥足珍贵，实弹拖靶射击尤其令飞行员们尽情施展身手。

训练项目通常不包括、也不允许低空飞行，但军方会将其作为一种宣传手段定期开展，既振奋民心，也顺便向宿敌法国示威。参加低空飞行的JG 234战机从科隆出发，沿莱茵河溯河而上，经科布伦茨飞到宾根，一路保持紧密队形和最低飞行高度，不失时机地向民众展示“亨克尔”和“阿拉多”浅灰底色、橘色相间的亮眼涂装[①]。直到换装了墨绿色的Bf 109，这种招摇醒目的涂装才逐渐被摒弃，机身上的辨识色代之以联队或大队的徽标图案。

1937年8月，一个巴伐利亚人爱德华·里特·冯·施莱希（Eduard Ritter von Schleich）少校从格哈德·尼尔森（Gerhard Nielsen）少校手中接管了JG 234第二大队，这是一个典型的旧派军人，威仪儒雅、崇尚骑士风度，曾在第一次世界大战中击落35架协约国飞机，获得了德意志帝国最高军事荣誉功勋勋章，即俗称的“蓝马克斯”，还被德皇威廉二世亲授骑士荣誉称号。和“红男爵”曼弗雷德·冯·里希特霍芬一样，施莱希曾将自己的战机涂成全黑色，以纪念一位阵亡战友，由此得一雅称“黑骑士”。不久，JG 234第二大队搬到杜塞尔多夫的新机场。

战前德国空军根据军区分派下属的空勤部队番号，由于军方两次调整过军区，部队番号纷纷随之变更。1938年11月，JG 234番号改为JG 132，刚晋升上校的施莱希担任首任联队长。需要指出的是，这个JG 132和1935年那个JG 132“里希特霍芬”是两个完全不同的联队，此时里希特霍芬联队番号是JG 131。

冒险以三个营的兵力武装进驻莱茵兰非军事区，希特勒扩军备战的首桩博弈即获成功，JG 134第三大队，即现在的JG 132第一大队功不可没。“重归帝国保护”令当地民众的民族自豪感空前膨胀。年轻官兵时常受邀参加当地庆典和游行，每逢空军飞行表演，科隆和杜塞尔多夫的百姓也争先恐后涌向机场，一时间盛况空前，军民一家，其乐融融。

---

① 1936年下半年至1938年，德国空军为六支战斗机联队引入了红、黑、褐、蓝、绿、橘六种联队标识色，也称“传统色”，涂装在双翼机的整流罩和机身顶部，JG 234的传统色为橘色。

出于宣传和利用青少年英雄崇拜的目的，早期德国空军常以几位闻名遐迩的一战王牌飞行员之名为部队冠名，里希特霍芬联队、波尔克联队、殷麦曼联队即为典型。1938年，纳粹党设在杜塞尔多夫的大区区长在第一次世界大战时是里希特霍芬中队的飞行员，同样有意在此地空军部队与自己管辖的城市之间建立更直接紧密的联系，根据希特勒的指示，他向空军建言以一位当地百姓心目中的英雄之名命名这里的战斗机部队。为了增进民众与驻军官兵的感情，空军总司令部欣然采纳，于是1938年年底，第132战斗机联队被正式授予荣誉称号“施拉格特”，以纪念在莱茵兰地区“反抗法国占领军”而被视作“民族英雄”阿尔贝特·莱奥·施拉格特。冠名仪式在12月11日举行。

冠名后联队徽标也应运而生，图案由盾形黑边白底和“施拉格特”首字母的哥特体“S”组成，尺寸约250×300（毫米），除了喷涂于所有飞机机身，在车辆、地面装备上也随处可见。除了队徽，联队成员还获得刺有联队名“Jagdgeschwader Schlageter”字样的袖标，佩戴在制服右袖口，此前只有里希特霍芬联队和秃鹰军团享有同样的待遇。除了部队官兵的荣誉感和凝聚力得到加强，无论“里希特霍芬”还是“施拉格特”都因为这些殊荣而获益匪浅：哪怕仅仅出于宣传需要，这两个联队一直备受宠爱，整个战争期间总会最早接收最新最先进的装备。从1938年年底到来年1月，新型的梅塞施密特109E-1型战斗机（Bf 109E-1）装备到施拉格特联队，飞行员们正是驾驶着该机型进入第二次世界大战。

Bf 109E-1配备戴姆勒－奔驰公司生产的倒V形水冷发动机DB601A，1100马力的输出功率极大改进了这款战斗机的动力，最大速度可达550公里/小时，升限达1万米左右，此性能在当时也仅有英国皇家空军的“超级马林”喷火式战斗机可以一较高下。美中不足之处在武器系统，4挺7.9毫米机枪使得Bf 109E-1火力稍显孱弱，后来加装了机炮才得以改善。

西班牙内战结束后，梅塞施

第234/26战斗机联队“施拉格特”队徽，绘于飞机左右两侧风挡下方，标准尺寸250毫米×300毫米，在二战爆发后和1941年略有变化，详见本书附图二，1940年夏季不列颠空战期间，这个图案因联队的“辉煌”战功而大放异彩。1941年夏，联队以及大部分大队和中队徽标停用，此后在JG 26的飞机上再也看不到这个图案。

1939年夏天，第4中队Bf 109E-1,驾驶舱前方的联队徽标非常明显。

阿尔贝特·莱奥·施拉格特（Albert Leo Schlageter）

阿尔贝特·莱奥·施拉格特本人并非出自莱茵兰地区，1894年他生于今德国南部的巴登—符腾堡州，当时为德意志帝国的巴登邦国。一战爆发时，还是神学院学生的施拉格特报名参军，后被擢升为炮兵军官，1918年德国战败，施拉格特带领手下炮兵连退至莱茵河后就地解散部队。一战后受《凡尔赛和约》所限，德军被迫裁为“十万陆军”，一些右翼的退伍老兵建立了一支非正规武装力量“自由军团”（Freikorps），施拉格特也加入其中并参与了1919—1920年间拉脱维亚和立陶宛两国反抗苏维埃红军的运动，后来又与波兰作战。

返德后施拉格特在莱茵兰率众反抗监督战争赔款的法国占领军（一战后德国赔付给协约国的巨额赔款一部分就来自鲁尔区的煤矿和工业产值）。1923年，他因炸毁杜伊斯堡至杜尔塞多夫一座铁路桥被法军逮捕，随后被判处和执行了死刑。施拉格特的事迹被德国民族主义者极力推崇，每逢忌辰均有悼念活动。1933年纳粹上台后对德国社会生活进行全面的意识形态控制，举措之一便是“英雄主义”的教育，虽然施拉格特的天主教信仰与当局宗教政策不符，但不妨碍他作为青年爱国英雄之典型被高调宣扬。二战前夕，除了第132战斗机联队，还有一艘德国海军舰船、两支冲锋队大队和一座陆军兵营都以他的名字命名。

1922年杜塞尔多夫，阿尔贝特·施拉格特行刑现场。

1940年第26战斗机联队在施拉格特墓前举办悼念活动，中间者是技术官瓦尔特·霍尔滕中尉。

密特战斗机迅速成为标准配置，装备了15个战斗机部队。1939年4月，德国空军向战时体制迈出了关键一步：三个空军集团军群（Luftwaffengruppenkommando）扩编为第1、2、3航空队（Luftflotte），合并而来的奥地利空军成为德军第4航空队。航空队是德国空军最大的指挥机构，每个航空队又划分为数个航空军。和这次重要改组应运而生的是，5月1日德国空军将空勤部队番号从三位数全部改为两位数或个位数，并根据从属的航空队重新编排。第1航空队下辖的战斗机部队番号从1到25，26到50之间的番号属于第2航空队的战斗机部队，依此类推，第3航空军和第4航空队分别分配到第51到75，第76到99之间的番号。

施拉格特联队编入第2航空队，番号从第132战斗机联队改为第26战斗机联队（JG 26），联队长依然是施莱希上校，率联队指挥部驻扎杜塞尔多夫。第一大队由汉德里克少校指挥，驻科隆。第二大队指挥官是维尔纳·帕尔姆（Werner Palm）上尉，其后由赫维希·克尼佩尔上尉接任，驻扎杜塞尔多夫。

人员结构方面，JG 26联队上有施莱希这样德高望重、阅历不凡的一战王牌飞行员，中间是汉德里克、克尼佩尔、爱德华·诺伊曼（Eduard Neumann）、瓦尔特·基尼茨（Walter Kienitz）、弗里茨·洛西凯特（Fritz Losigkeit）、卡尔·埃比希豪森（Karl Ebbighausen）等参加过秃鹰军团、拥有实战经验的指挥官。下有一批训练有素的年轻人，可谓人才济济。不仅如此，JG 26还吸收了一批技能过硬的高素质地勤人员，很多人从战前一直服务到二战结束，他们同样为联队未来的成功奠定了坚实基础。

和平时期JG 26联队的飞行员主要来自航校和职业军官培训学校，正式服役前就普遍拥有150到200小时充足的飞行时间，比如库尔特·埃伯斯贝格尔（Kurt Ebersberger）少尉、埃伯哈特·亨里齐（Eberhard Henrici）候补军官中士、克劳斯·米特乌施（Klaus Mietusch）少尉、约阿希姆·明希贝格（Joachim Müncheberg）少尉、约翰内斯·瑙曼（Johannes Naumann）候补军官中士、格哈德·舍普费尔（Gerhard Schöpfel）少尉、瓦尔特·施奈德少尉。此外，约翰内斯·赛费特（Johannes Seifert）少尉、约瑟夫·比尔施根斯（Josef Bürschgens）少尉、阿尔弗雷德·波马斯卡（Alfred Pomaska）少尉等少数几个飞行员来自其他部队。随着战争进程的加深，这些年轻人纷纷崭露头角，成长为联队核心力量。

入夏，和平年代日复一日的例行训练进入倒计时，笼罩在欧洲上空的火药味一触即发。兵强马壮的德国战斗机部队无疑拥有当时世界上最可畏的空战实力，它通过西班牙内战收获丰富实战经验和先进的战术理念，Bf 109E的入役不啻于如虎添翼。飞行员无不踌躇满志、摩拳擦掌，迎接对他们来说“几成定局”的将来。

7月上旬联队共有99架Bf 109E-1和89名飞行员，其中85架飞机和71人可作战。8月25日，第一大队从科隆飞越艾费尔（Eifel）森林和莱茵河，移防到南边的波恩，驻奥登多夫机场，同一天凌晨1点，杜塞尔多夫的第二大队也收到

德国空军第 26 战斗机联队改编过程

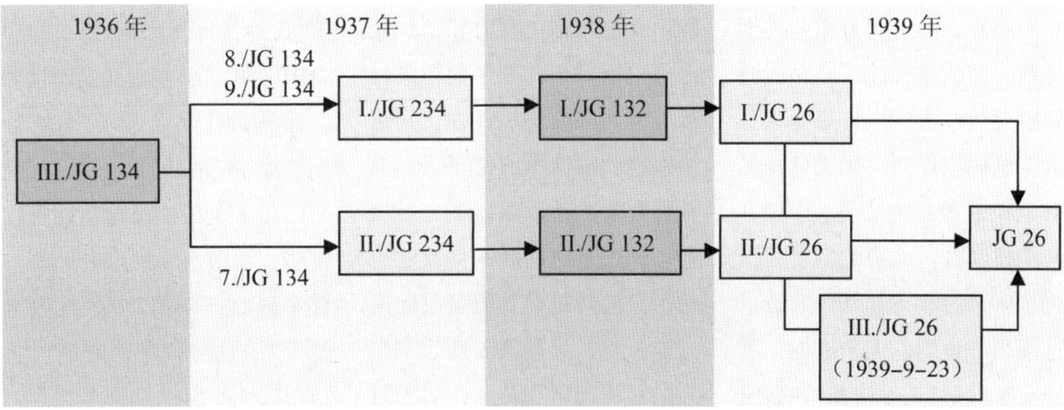

1939年年中第一大队的机场，地面停着大队长汉德里克少校的Bf 109E-1，机身上除了联队队徽，还有“礼帽”图案的汉德里克个人徽标，后面的“<”代表大队指挥官座机。

命令，不声不响向西移防到德国西北与荷兰接壤的本宁哈特（Bönninghardt），至18:15完成备战。9月1日，德国入侵波兰，点燃了第二次世界大战的战火。JG 26联队守卫德国西部边境空域，以按兵不动的方式平静地进入了战争。

四、波兰战役

1939年9月1日，纳粹德国在意料之中、又猝不及防地入侵邻国波兰，打破了欧洲最后的幻想。由于实力相差过于悬殊，开战首日波兰空军就遭到毁灭性打击，次日只有少量战斗机还能作战，10天后丧失有组织的抵抗力，到9月27日波兰投降时，他们的空军共损失了90%的装备和70%人员。这场呈一边倒的闪击战中，德国空军由第1航空队和第4航空队的轰炸机、俯冲轰炸机和驱逐机（双引擎战斗机）担当主角，为地面部队提供火力支援。

早期德国空军作为进攻型战术空军，将双引擎的Bf 110战斗机用于护航和制空，单引擎的轻型战斗机（在当时即Bf 109）负责防御。由于交战对手不堪一击，故只有少数Bf 109部队被派往波兰，主力皆戍卫领空。第26战斗机联队只需要保护莱茵兰的工业区和巡逻德国西部边境，这里的天空宁静如昔，邻国比利时和荷兰还保持中立，英、法虽向德国宣战，但两国侦察机往往飞到法德边境就被这里的德军第53战斗机联队击退。JG 26的飞行员们每天大量时间耗在驾驶舱待命，只能透过驾驶舱盖望向南方的天空，又嫉又羡地想象那边的同僚们正与英、法对手过招的画面。

五、第三大队和第10夜战中队

1939—1943年间，德国昼间战斗机联队空勤单位的标准建制为：每个联队由一个联队指挥部和三个大队组成，每个大队有3个中队和1个大队指挥部，按番号顺序第1、2、3中队属于第一大队；第4、5、6中队属于第二大队；第7、8、9中队属于第三大队。每个中队满编12架飞机，联队和大队指挥部满编有4架飞机，（联队指挥部通常会多出1到2架备用）这样，一个标准的昼间战斗机联队满编有124架战斗机。

9月23日，第2中队中队长瓦尔特·基尼茨上尉奉命在威斯特法伦的韦尔（Werl）匆匆组建了JG 26第三大队（III./JG 26），虽然只有一个中队的规模，装备也是落伍的Ar 68、Ar 66双翼机，柯勒姆Kl 35教练机和少量Bf 109C，第三大队的面世毕竟标志了JG 26成为一个标准建制的战斗机联队。

新大队很快成建制地组建完毕，德国空军沿用老办法，轻车熟路地从第2中队抽调半数人员构成第7中队班底，包括中队长爱德华·诺伊曼在内，第4中队几乎成建制地被搬去组成全新的第8中队，第9中队人员则来自第26驱逐机联队第二大队志愿人员。月底大队开始接收主力机型Bf 109E-1。11月，恩斯特·冯·贝格（Ernst Freiherr von Berg）少校取代基尼茨上尉担任大队长。

空军总司令部战前一直致力于打造一支进攻型武装力量，忽略了防空和夜战的重要性。1938年底仅有两支夜间战斗机部队：第2战斗机联队第10（夜战）中队和第2教导联队第11（夜战）中队。后者由约翰内斯·施泰因霍夫中尉领导，在1939年9月编入JG 26成为第10（夜战）中队（德语缩写10(Nacht)/JG 26），基地在波恩的汉格拉机场。二战前夕德国空军又陆续组建了8支夜战部队，但不久大都转为昼间战斗机部队。9月底，真正的夜战中队只剩下三个：JG 26第10中队和JG 2第10、第11中队。最初作战任务仅是“支援高炮”，作战规程尚待完善。编入JG 26后，施泰因霍夫只从联队得到了几个飞行员，他的中队人员匮乏、战机陈旧，接

1939 年 9 月 30 日第 JG 26 联队指挥结构及兵力

部 队	指挥官	机型	飞机数	可作战飞机数	飞行员人数	可作战飞行员人数
联队指挥部(Stab/JG 26) 基地:波恩－奥登多夫机场	联队长里特·冯·施莱希上校	Bf 109E-1	3	3	3	3
第一大队(Ⅰ./JG 26) 基地:波恩－奥登多夫机场	戈特哈德·汉德里克少校	Bf 109E-1	42	36	36	35
第 1 中队	弗朗茨·赫尼希中尉					
第 2 中队	弗里茨·洛西凯特中尉					
第 3 中队	冯·霍瓦尔德中尉					
第二大队(Ⅱ./JG 26) 基地:本宁哈特	赫维希·克尼佩尔上尉	Bf 109E-1	39	36	36	28
第 4 中队	卡尔·埃比希豪森中尉					
第 5 中队	胡贝图斯·冯·博宁上尉					
第 6 中队	阿尔弗雷德·波马斯卡上尉					
第三大队(Ⅲ./JG 26) 基地:韦尔	瓦尔特·基尼茨上尉	Bf 109E-1	45	20	34	27
第 7 中队	瓦尔特·基尼茨上尉					
第 8 中队	爱德华·诺伊曼中尉					
第 9 中队	格哈德·舍普费尔中尉					
第 10(夜战)中队 基地:波恩－杭格拉尔机场	约翰内斯·施泰因霍夫中尉	Bf 109-D Ar 68	14 6	12 3	11	11
总计			149	110	120	104

下来的两个月里，每天驾驶Bf 109D波澜不惊地在傍晚和黎明两个时段各巡逻一次。

9月28日，第26战斗机联队等来首场空战。第2中队的约瑟夫·比尔施根斯（Joseph Bürschgens）少尉和僚机下午从维特利希（Wittlich）附近的前方临时着陆场起飞，护送一架亨舍尔126侦察机（Hs 126）飞到位于德法边境的梅特拉赫（Mettlach），远远超出JG 26的常规巡逻区域。正待调头返航，比尔施根斯发现下方的11架寇蒂斯“莫霍克”P-36战斗机，眼下身处本国领空，这是一群合法的攻击目标，何况法国飞机同样发现迟缓的“亨舍尔”，转而朝这边飞来。比尔施根斯不假思索，敏捷地操纵“梅塞施密特”以一个半滚倒转杀将过去，瞄准距离“亨舍尔”最近的一架敌机开了火。

和僚机失散的比尔施根斯来不及细看，忙于将Bf 109从俯冲改出，继而在2000米急跃升争取高度。在他的保护下，亨舍尔侦察机带着轻伤撤离了。比尔施根斯留在十倍于己的法军之间孤军奋战，“梅塞施密特”上下翻飞，左躲右闪，一度险些与敌机相撞，然而双拳难敌四手，凌厉的炮火倾泻而来，几番重击之下，节流阀脱手，被打穿的散热器流出冷却剂。子弹嗖嗖自身后擦过头顶，击碎了仪表盘，还有一颗狠狠打中右肩，鲜血喷涌而出，比尔施根斯忍住剧痛，俯身用左手推杆俯冲，凭借Bf 109出众的垂直机动性能逃出生天，虽然鲜血模糊了右眼视线，他最终寻得河畔一处草地以机腹迫降，飞机滑向西墙防线①，靠一段铁丝网挡下才没冲进雷区。比尔施根斯很快

比尔施根斯迫降在德法边境西墙防线的“红色5”号Bf 109E-1。

虽然遗憾地和联队首功失之交臂，比尔施根斯少尉还是收获了二级铁十字勋章，照片中他仍身着医院病服，旁边是他的中队长。

① West Wall，后来的齐格飞防线。

被陆军巡逻队救回，次日归队，还在医院被授予二级铁十字勋章。虽然他看到敌机被击中，“冒着烟螺旋下坠”，但一无目击者，二无坠机残骸，因而上报的战绩被军方驳回。与他交战的法国空军GC Ⅱ/5大队无损失，声称击落一架Bf 109，但同样没得到确认。

六、黑尔戈兰湾之战

英法虽然在1939年9月3日对德宣战，但直到来年5月德军入侵法国和低地国家前，长达八个月里西线极少交火。德国人把这一时期称为“静坐战”，西方盟国称为“虚假战”。这种古怪的战争同样出现在天空上，德、法空军都心照不宣地保持着克制，以免落人口实，任务以侦察和巡逻为主。英国皇家空军只在夜间派出轰炸机小范围飞临德国散发传单，白天轰炸目标被限制在德军港口和舰船，于是北海沿岸空域成了这一阶段最热闹的战场。

鉴于威廉港的海军基地多次被骚扰，德国人加强了该地的防御，JG 26第10中队因此暂停了西线的夜间巡逻任务，北上支援，驻扎于耶弗尔（Jever）。12月中旬德军部署在北海海岸的防空力量有早期预警雷达“芙蕾雅”、海军高炮，以及包括10./JG 26在内的6支战斗机部队共80到100架Bf 109、Bf 110战斗机，统一由海军出身的第1战斗机联队联队长卡尔·舒马赫（Carl Schumacher）中校指挥。

12月18日天气晴好，皇家空军轰炸机司令部罔顾缺乏云层掩护的不利条件，按计划对停泊在威廉港的德军舰船实施空袭。上午，来自皇家空军第9、37和149中队的22架惠灵顿轰炸机完成集结后飞越北海，由于之前吃过高炮的亏，它们选择一条迂回航线：先绕到德国与丹麦边境的弗里斯兰群岛北部，再急转南下，直奔目标。英军也许规避了高炮，却提前一个半小时暴露在德军海岸预警雷达的监控之下，为之后的惨败埋下祸根。

防守方的表现同样稚嫩。黑尔戈兰湾的德国海军雷达首先探测到敌机距离威廉港还有约20分钟航程。对于海军发出的预警，舒马赫的司令部疑心为海鸥干扰，未采取行动而是等待进一步“官方核实”。直到英国“客人”从空军雷达头顶呼啸而过，气急败坏的雷达站官员直接呼叫了机场，此时只有10./JG 26中队5架滞空的Bf 109D位于拦截航线上。

拜德军指挥官优柔寡断所赐，英军从不来梅港到西边的威廉港一路畅通无阻，在3000米高度对亚德湾三角区域展开搜索，由于顾忌高射炮，它们被禁止攻击近海目标。德国军舰都停靠在码头，于是22架“惠灵顿”一弹未投，兵分两路朝着北边的黑尔戈兰湾撤退，就在这一过程中，欧洲中部时间大约14:30，德国战斗机陆续赶到了。待高炮停火，10./JG 26中队的5架Bf 109D和6./JG 77中队2架Bf 109E率先发动进攻。

惠灵顿轰炸机防御系统有机尾两挺点303口径机枪和前部坚固的装甲，而侧翼和机腹薄弱，易于攻击，德国飞行员对此相当了解，他们按照规定，从“惠灵顿”侧方位逼近，近距离打出高难度的偏转角射击。一架“惠灵顿”遭到施泰因霍夫的两轮射击后，熊熊燃烧着翻身坠入大海。战罢，6架Bf 109共宣称击落7架“惠灵顿”，其中3架记在10./JG 26中队账上，施泰因霍夫包揽了2架，他的队员皆倾尽弹药。

第26驱逐机联队、第76驱逐机联队第2中队的Bf 110和第101战斗机大队的Bf 109加入进来。舒马赫中校率领的JG 77第二大队和第76驱逐机联队第一大队则攻击了另一路

维克斯—阿姆斯特朗公司研制生产的“惠灵顿”是二战初期英国最好的轰炸机，英军用它第一次向柏林投下炸弹。这种双引擎中型轰炸机开创性地采用弯曲金属梁构成网状结构机身，强韧耐用，但速度慢、防护能力不佳，上战场很难承受德国战斗机凶狠的攻击。黑尔戈兰湾之战就是范例。

的“惠灵顿”。战斗持续约30分钟，呈一边倒的屠杀之势。德军参战部队共上报了38架击落数，最终确认了27架，比对手总出动数还多，不过英军的确损失惨重:10架“惠灵顿”当场被击落，2架坠海，带伤返航的6架中有3架报废，损失率高达68%。另一方面，英军宣称回击摧毁12架德国战斗机并重伤另外12架，而德军只有3架战斗机被毁，另有12架受创。3例损失中有1例来自10./JG 26中队：约翰·富尔曼（Johann Fuhrmann）中尉此役担任舒马赫中校僚机，他被数架威灵顿轰炸机的尾部机枪交叉火力击落，水上迫降后溺亡。

发生在12月18日黑尔戈兰湾上空的战斗总共卷入飞机100余架，规模不大，意义却极为深远。皇家空军轰炸机司令部痛定思痛，终止了近期对北海港口持续的昼间空袭，开始将战略方向调整为夜间轰炸，而陶醉于这场胜利的德国空军也在此后两年的关键时期轻视发展昼间战斗机防空系统。英德两国空军的官方史著一致将黑尔戈兰湾空战评论为整场战争中最重要的一战。

约翰内斯·施泰因霍夫（1913—1994年）和施拉格特联队的缘分很短，但他后来成为德国空军最著名的王牌飞行员和指挥官之一，获得双剑橡树叶骑士十字勋章，二战总战绩176架。战后曾担任联邦德国空军总参谋长和北约军事委员会主席。

七、蛰伏之冬

次年开年后，JG 26第10中队编入JG 2，成为该联队第12（夜战）中队，和另外两个中队组成一个夜战大队，并最终形成了第1夜间战斗机联队第三大队。施泰因霍夫本人亦不看好夜间拦截作战的前景，不久主动申请调到第52战斗机联队指挥第4中队。

11月7日，第三大队的副官约阿希姆·明希贝格少尉在勒沃库森击落英国皇家空军第57中队一架执行侦察任务的布伦海姆轰炸机，随着它坠入莱茵河的奥登拉普段（Opladen，两名机组人员跳伞被俘），JG 26联队得到第一架军方承认的空战战绩。

乏味的冬天没有因此改观，施拉格特联队基本充当看客，三个大队的日常不外乎例行巡逻和驾驶舱备战。那些部署在西墙防线的兄弟联队却捷报频传，JG 53联队“黑桃A”尤为活跃，仅队中维尔纳·莫尔德斯上尉一人就手握10架战绩，整个JG 26也难以望其项背。对于空战，年轻飞行员们无不心怀一份中世纪骑士决斗般的憧憬，望眼欲穿。

10月3日，JG 26联队发生首例损失，第10中队的赫伯特·齐默尔曼上士迷航后迫降在荷兰境内，随后被拘捕，他所驾驶的Ar 68也被荷兰当局俘获。10日，第1中队一个双机编队例行巡逻时因空中能见度不佳发生迷航并失散，长机亨里奇在耗尽燃油前及时平安跳伞，僚机希贝克下士坠毁在德国伊瑟隆（Iserlohn）西南，成为JG 26联队在二战中首个阵亡飞行员。但这一时期，更多飞行员从训练学校加入联队，他们之中的佼佼者有古斯塔夫·施普里克准尉、卡尔·博里斯少尉、海因茨·埃贝林少尉、阿图尔·贝泽下士、威廉·菲利普下士。

11月初联队指挥部和第一大队转移到多特蒙德，第二大队转移到韦尔，第三大队则转移到埃森（Essen）。为应对即将到来的春季攻势，联队Bf 109机身涂装从墨绿色改为更适应空战环境的灰蓝色。开年后联队开始接收Bf 109E-3，它和Bf 109E-1的主要区别在两门机翼20毫米MG/FF机炮取代了原来7.7毫米机枪，火力大为加强，同时飞行员头部和座

施拉格特联队首任联队长施莱希少校，他的职业素养和骑士风度为年轻飞行员树立了典范。作为收获过35架空战战绩的一战中王牌飞行员，这张照片中能看到他颈前佩戴的“蓝马克斯”勋章，拍摄于1940年法国，此时他已离队，二战尾声施莱希官至中将，担任德国空军驻挪威地面部队指挥官。

椅下方位置都加设了防弹装甲板。E-3原本在发动机汽缸之间还设计有一门20毫米炮，但在测试中卡壳、过热和损害机身的震动等问题频发，服役后要么被前线部队拆除，要么根本不用。安装DB 601Aa 发动机的Bf 109E-3在6000米高空最高航速可达每小时650公里，升限为1万米。Bf 109E-1继续服役到这一年晚秋，因此在此之前JG 26混装了E-1和E-3。

12月，空军要求所有参加过第一次世界大战的老飞行员调离空勤岗位，除了照顾他们的体能和健康，新政策的出台还源自一个始终困扰德国空军的短板：有经验的高级参谋官员和高素质地面指挥人才匮乏，解决措施之一便是将这批拥有宝贵经验和丰富阅历的老飞行员们投入后方培训和参谋岗位。尽管心有不舍，施莱希上校还是于9日告别了第26战斗机联队，调到维也纳的第5战斗机训练学校出任校长。他的继任者是汉斯－胡戈·维特（Hans-Hugo Witt）少校，从军经历可以追溯到魏玛共和国初期，经验丰富，却命运多舛。早在1934年首个战斗机大

第26战斗机联队“施拉格特”第二任联队长维特少校（左）与第26驱逐机联队“霍斯特·威塞尔”的约阿希姆－弗里德里希·胡特（Joachim-Friedrich Huth）中校，照片拍摄于多特蒙德。胡特在一战中击落过1架敌机，但失去右小腿。1941年夏天开始先后在第3航空队担任第2战斗机指挥部指挥官、第4战斗机师和第5战斗机师师长，JG 26是他手上最主要的部队，这个意义上说，他与这个联队的缘分倒比维特少校这个第二任联队长更长。

1940年初施拉格特联队指挥部合影，右起第三人是技术官瓦尔特·霍尔滕中尉，他左边坐着联队长维特少校，维特后来一直作为参谋军官，战场经历涵盖了北非、挪威、西里西亚和意大利等战役，不可谓不丰富。

队JG 132第一大队成立之日，维特就担任第2中队指挥官，1937年著名的“兴登堡”号飞艇空难事件中，作为德军秘密观察员的他死里逃生，但是面部严重烧伤。和平时期他的军事生涯卓有成效，只是执掌JG 26时他年届38岁，作为前线指挥官已属高龄，果不其然，他和JG 26的缘分只持续半年有余，1940年6月24日法国战役结束两天后离职。

二战初期德国空军仍在不断扩张，随之带来的问题是编制和指挥人员极不稳定，一些大队动辄独立出来，用于扩建新联队，还有一些大队频频调动，其上级联队的行政和人事部门的效率难免受影响。JG 26联队也未能幸免，1940年2月10日，第一大队奉命转移到本宁哈特，作战行动由JG 51联队指挥，一起参加了大部分法国战役。但编制和行政管理仍然属于母队JG 26。更为复杂的是，JG 26联队同时又先后接收了几个来自其他联队的大队。鉴于这类调动意义不大，且相关作战记录不全，此处对这一时期的临时从属部队不做赘述。6月法国战事以德军再次大获全胜告终，大队间的频繁互换政策随之终止。

八、闪击西欧

1940年5月，经过大半年紧张不安的等待，德军对西欧邻国发起了蓄谋已久的入侵。战火首先在西北方的荷兰、比利时点燃，无论地理位置还是战役规模，都决定了第26战斗机联队再也不用充当看客，它好似被囚困多时的猛禽，急不可待亮出利爪。初春，联队与第26驱逐机联队的Bf 110双发战斗机开展过几次模拟空中格斗，每每大获全胜，令飞行员感觉无比良好，对势在必行的春季攻势跃跃欲试。

德国人确有自信的资本，虽然在地面与西欧盟军的兵力旗鼓相当甚至略低，在空中却占尽优势。盟军共有约2600架作战飞机，大部分陈旧落后。而德国空军总共投入了3868架飞机，其中2776架可用，主力战斗机型Bf 109E性能领先于各国现役战斗机。

英国的喷火式战斗机虽能与Bf 109E相匹敌，但受限于数量，暂时只用于本土防空。英国远征军大约拥有408架作战飞机，其中213架轰炸机中仅有72架布伦海姆轻型轰炸机适用于昼间作战。战斗机方面，除了少量格罗斯特公司的“角斗士”双翼机，英军主力机型是霍克公司飓风Ⅰ式战斗机，它配有8挺轻型机枪，升限约10100米，在5.5公里高度的航速速能达500公里/小时。

法军在西欧拥有约1500架飞机，其中战斗机约700架，受航空业国有化所累，这些飞机数量可观，性能落后。单引擎战斗机中只有德瓦蒂纳公司的D.520可与“梅塞施密特”相抗衡，该机带一门机炮和两挺机枪，最高航速达560公里/小时，但数量太少，只装备给一个大队[①]。另一款新型战斗机是马塞尔·布洛克公司出产的MB 152，最高航速有509公里/小时，服役表现不敢恭维，故障频发，出动率低。莫拉纳－索尼耶公司的MS 406作为数量最多的单发战斗机稍显落后。倒是美制寇蒂斯P-36A“莫霍克”战斗机凭借操纵性好、结

1940 年 5 月第 2 战斗机指挥部战斗序列

指挥官：库尔特 － 贝尔特拉姆 · 冯 · 德林（Kurt-Bertram von Döring）上校　指挥部：多特蒙德

部队	机型	总数	可用数	指挥官	基地
JG 26 联队指挥部	Bf 109E	4	2	汉斯 － 胡戈 · 维特少校	多特蒙德
Ⅱ./JG 26 大队	Bf 109E	47	36	赫维希 · 克尼佩尔上尉	多特蒙德
Ⅲ./ JG 26 大队	Bf 109E	42	22	恩斯特 · 冯 · 贝格少校	埃森 － 米尔海姆
Ⅲ./JG 3 大队	Bf 109E	37	25	瓦尔特 · 基尼茨上尉	霍普斯滕
JG 51 联队指挥部	Bf 109E	4	3	特奥 · 奥斯特坎普上校	本宁哈特
Ⅰ./JG 51 大队	Bf 109E	47	38	汉斯 － 海因里希 · 布鲁斯特林上尉	克雷菲尔德
Ⅰ./JG 26 大队	Bf 109E	44	35	戈特哈德 · 汉德里克少校	本宁哈特
Ⅰ./JG 20 大队	Bf 109E	48	36	汉内斯 · 特劳特洛夫特上尉	本宁哈特
Ⅱ./JG 27 大队	Bf 109E&C	32	32	维尔纳 · 安德烈斯上尉	本宁哈特
ZG26 联队指挥部		3	3	约阿希姆 － 弗里德里希 · 胡特中校	多特蒙德
Ⅰ./ZG 26 大队	Bf 110C	34	11	威廉 · 赫尔胡特上尉	下门蒂希
Ⅲ./ZG 26 大队	Bf 110C	37	30	约翰内斯 · 沙尔克上尉	克雷菲尔德
Ⅰ./ZG 1 大队	Bf 110C&D	35	22	沃尔夫冈 · 法尔克上尉	基兴黑伦
Ⅱ./ZG 1 大队	Bf 110C	37	26	莱茵哈特少校	盖尔森基兴

① 法国空军的一个战斗机大队（Groupe de Chasse，缩写GC）下辖2个中队，每个中队满编约12架战斗机。

1940 年 5 月法国战役英法德单发战斗机性能参考数据

	梅塞施密特 Bf 109E-1	霍克“飓风Ⅰ”	莫拉纳－索尼耶 MS.406	寇蒂斯 P-36“莫霍克”	德瓦蒂纳 D.520	布洛克 MB.152 C1
翼展(米)	11.4	12.2	10.62	11.4	10.2	10.54
长(米)	8.8	9.46	8.17	8.7	8.75	9.1
高(米)	3.4	4	2.71	2.6	2.57	3.03
发动机	戴姆勒－奔驰 DB 601A-1	罗尔斯－罗伊斯“灰背隼Ⅱ”	西斯帕诺－絮扎 H-S12Y31	普拉特－惠特尼 R-1830-13	西斯帕诺－絮扎 H-S12-Y45	GR-14N-25
最大功率(马力)	1100	1030	860	900	930	1000
正常起飞重量(公斤)	2573	2993	2426	2560	2677	2693
翼载(公斤/米²)	156	126	141.9	116.8	167	155.4
最大速度@高度	555 公里/小时@6000 米	500 公里/小时@5500 米	486 公里/小时@5000 米	483 公里/小时@4600 米	560 公里/小时	509 公里/小时
实用升限(米)	10000	10100	10000	9967	10000	10000
海平面爬升率	2835 英尺/分钟	2300 英尺/分钟	2560 英尺/分钟	2550 英尺/分钟	2820 英尺/分钟	6600 英尺用时 3.4′
最大航程(公里)	660	684	804	970	885	600
武器	2× 20 毫米炮 2×7.92 毫米枪	8×7.7 毫米枪	1×20 毫米炮 2×7.5 毫米枪	1－2×12.7 毫米枪 2－4×7.72 毫米枪	1×20 毫米炮 4×7.5 毫米枪	2×20 毫米炮 2×7.5 毫米枪

实耐用的优点经受住战争考验，至5月25日，它贡献了法国空军三分之二的确认战绩。

至于德国空军的另外两个对手，比利时空军无论数量还是质量都不堪一击，20世纪20年代产的英制费尔雷“狐狸”轻型轰炸机占了四成，只有少量“角斗士”和“飓风”尚可一战；荷兰空军相对完善先进，拥有国产福克D. XXI战斗机、福克G.I战斗机、福克T.V中型轰炸机以及意大利产的CR.42战斗机、美制道格拉斯DB-8A攻击机（A-20攻击机），虽然数量无法与德军相抗衡，在随后的战役里，荷兰空军确实一度组织起了较为顽强的抵抗。

5月10日天刚破晓，成群的Ju 87俯冲轰炸机突然对法国、荷兰、比利时和卢森堡的机场、铁路枢纽、重兵集结地区展开猛烈轰炸。5时30分，在北海到马奇诺防线之间的300多公里战线上，德军地面部队向低地国家发起大规模进攻，揭开了西线战役序幕。主攻方向在中路，由冯·龙德施泰特上将的A集团军群向位于卢森堡和比利时以南的阿登山区长驱直入，强渡默兹河，绕过法德国边境的马奇诺防线实

法国空军最先进的D.520战斗机，性能和Bf 109E、喷火式不相上下，但数量稀少，难有用武之地，JG 26联队甚至没能遇到。法国投降后维希政府的军队还留有少量D.520。

施包抄，并切断英法联军，施佩勒航空兵上将的第3航空队负责A集团军群的空中支援。冯·博克上将的B集团军群则在第2航空队支援下实施助攻，通过进攻荷兰、比利时低地国家，吸引英法主力。

JG 26和JG 3、JG 51、ZG 26一起隶属第2航空队，由第2战斗机指挥部（Jagdfliegerführer 2）指挥。战役打响的头几天，JG 3第三大队附属于JG 26联队，JG 26第一大队则附属JG 51联队。5月11日JG 26联队总计拥有144架战机，其中125架可用。

战争早期，德国空军的密集护航、对地攻击、战术侦察等任务从训练、战术到战备远未成熟。自由狩猎和护航是战斗机最主要的两种作战任务。“自由狩猎”指一小队战斗机自主执行扫荡，既没有地面引导的束缚，也不需要被牵制在护航对象身边，机动、灵活。尤其在质量和数量都占据优势的进攻型运动战中，最得那些年轻好斗的飞行员们欢心。护航即在特定区域为轰炸机、侦察机或运输机提供空中保护，在当时名为护航，实则与巡逻大同小异，而保护轰炸机的重任基本落到更为戈林倚重的Bf 110头上。

战役第一天，B集团军群首先以空降部队对荷兰和比利时境内的重要桥梁、要塞设施实施了袭击，并占领各要道。为运送空降部队的容克Ju 52运输机开路和护航成为JG 26的主要任务。几位亲历此战的JG 26飞行员后来回忆，他们在微弱的晨光中飞越低地国家的圩田，轻型防空炮和小型曳光弹的火光从地面跃起，又无力地落在他们身后。几架荷兰飞机试图拦截，但被轻易击落，Ju 52运输机得以抵达空降区域。

荷兰早在一个月前就开始全面备战，边境部队进入最高警戒，因此面对从天而降的德国伞兵，荷兰军队没有措手不及，而是立即投入猛烈反击。德国第4轰炸机联队在海牙和阿姆斯特丹摧毁了21架荷兰战斗机、若干轰炸机，却损失了11架He 111，联队长也沦为俘虏。为其护航的JG 26联队和ZG 26联队当天各自宣称击落8架和17架敌机，JG 26的第三大队3架Bf 109E带伤返航，其中1架报废。

德军入侵首日，荷兰空军在地面和空中损失了50%的战机，但猛烈的地面炮火也令德军第22空降师及第7航空师吃尽苦头。当天430架发往荷兰的Ju 52运输机中至少200架坠毁，鹿特丹、海牙、穆尔代克一带残骸满地。第22空降师七零八落，师长汉斯·冯·施波内克将军失联。中午，德军战局一度告急，第2航空队总司令凯塞林甚至电告戈林：“据我们所知，第22空降师几近失败。”下午JG 26第9中队的沃尔夫冈·路德维希少尉被派去海牙侦察情况并寻找那位师长下落，结果在伊彭堡（Ypenburg）机场上空被地面炮火击中，路德维希几次尝试着陆未遂，座机Bf 109E-1迫降后报废。有荷兰目击者声称他做了俘虏，不过估计后来被德军第22空降师解救，因为接下来几天路德维希随该师一起突围到鹿特丹附近，不但与施波内克将军取得联系，还客串了一把步兵。5月18日荷兰投降后，路德维希带着将军的表扬信归队。JG 26联队此前将他列为战斗失踪，需要更正损失报告，这段有趣的历险得以作为报告的补充材料见诸联队作战日志。

德军B集团军群攻入荷兰和比利时当天，法军第7、第9集团军和英国远征军按照预定的“D计划”开赴比利时，到5月11日晚，顺利跨过半个比利时，沿默兹河和代勒河（Dyle）布防，为他们提供空中掩护的是法国空军GC Ⅲ./1大队（拥有28架MS 406）、GC Ⅱ./8大队（拥有20架MB 152）和英军4个“飓风”中队。此外装备MS 406的GC Ⅲ./3大队和4个“飓风”中队也分别从巴黎和英国本土被派去支援。另一方面，当担任主攻的德军A集团军群正出其不意向阿登挺进，法军却将战力不俗的“莫霍克”大队GC Ⅰ./4从阿登调往安特卫普，用以掩护法国－卢森堡防线上的联军先头部队，可谓完全落入德军圈套。

正是GC Ⅰ./4大队成就了JG 26联队在法国战役的首场大战。5月11日17:45，全体出动的JG 26第三大队攻击了正在掩护安特卫普至布雷达（Breda）一线的26架“莫霍克”，宣称歼敌5架。法军GC Ⅰ./4大队当天声称击落3架Bf 109，可能击落另1架，付出了包括大队长在内的2名飞行员阵亡、3名飞行员负伤的代价，还有多架“莫霍克”带伤而归。

同样在安特卫普，JG 26第一大队第2中队击落1架MS 406战斗机（可能来自法军GC Ⅲ./1大队或GC Ⅲ./3大队），但损失了格哈德·赫尔佐格上士，他被MS 406击落并沦为英军俘虏，将在加拿大战俘营度过战争的剩余五年。如果不算临时编制的第10夜战中队去年12月18日黑尔戈兰湾之战中阵亡的约翰·富尔曼中尉，那么赫尔佐格“贡献”了第26战斗机联队二战中的首例战斗减员。19:10第二大队宣称在安特卫普击落3架“莫霍克”，但第5中队中队长被高炮击中，带伤迫降并暂时被俘。

5月12日，JG 26联队执行了一次自由狩猎，但没有遭遇敌机。次日联队指挥部、第三大队携JG 3第三大队转移到与荷兰接壤的门兴格拉德巴赫，第二大队向着前线转移到乌丁根（Uerdingen）。在地面，A集团军群的装甲师前锋神不知鬼不觉从阿登森林跃出，出现在色当至迪南一线的默兹河右岸。在荷兰和比利时北部被B集团军群牢牢吸引住的盟军空中力量倾巢而出。连防守英国的喷火式和无畏式战斗机也派到欧洲大陆增援，在荷兰与JG 26的Bf 109狭路相逢。

13日晨，英国皇家空军战斗机司令部第11大队第264中队6架无畏式战斗机从英格兰东海岸的圣费斯霍舍姆基地起飞，前往海牙附近攻击德军运输车队。这种安装动力炮塔的双座战斗机迟缓笨重，正前方射角太小，不适于现代化的高速空战，正如这次任务所展示出的:6架无畏式上空还有皇家空军第66中队同等数量的喷火式战斗机保护。

英机飞到荷兰西部港口多德雷赫特（Dordrecht）附近，发现德军12./LG 1中队的Ju 87俯冲轰炸机正对铁路狂轰滥炸，毫不客气冲上去，揍下4架Ju 87，但英机随后成为JG 26第5中队的猎物。6架“喷火”中有5架全身而退，行动迟缓的无畏式却难逃为Bf 109所鱼肉的命运，只有1架幸免于难，带伤逃回英国。德军卡尔·博里斯少尉及座机成为无畏式在Bf 109上唯一占到的便宜，5月10日他还在柏林参加防化培训，接到命令后两手空空连夜驱车赶回多特蒙德，这才赶上次日的作战。除了作战日志，博里斯还保持私人日记的习惯，于是留下了对这次任务的细节描述：

电话铃尖厉地响起，大队长命令第5中队立即前往多德雷赫特执行护航任务，我们冲向各自的战机，升空向西飞去，6:00过飞越莱茵河河口，云雾弥漫在2500米高度，视野不佳。到达多德雷赫特以南，无线电中突然传来呼叫："右侧有敌机！注意！是'喷火'！"我们遭遇了一队英机混合编队。

……我转向一架无畏式，赫然可见对方炮塔上的四挺机枪，但我不认为对方有能力与我缠斗，于是进一步逼近到大约70米距离开了火。恰在此刻，有物体击中我的飞机，我立即向云层爬升，检查后发现仪表盘左侧被击穿，反射式瞄准镜也不例外，燃油管也被命中了，驾驶舱油迹斑斑，发动机因缺油发出振喘，很快停车。我急跃升倒转，冲下云层，解开安全带，抛下座舱盖，顶着烈风奋力爬出驾驶舱，最终在大约800米跳伞，在空中翻腾几圈后，摸到手柄开关，打开了降落伞，微微的东北风将我吹向莱茵河口，我使劲侧滑，总算落在一片紧挨着三角洲的泽地堤坝前。

博里斯在荒无人烟的无人区着陆，17日回到部队。他去年12月进入联队，此时尚是新手，但到二战结束那一天，1939年这批JG 26飞行员仅剩他一人。

败走多德雷赫特后，精贵的"喷火"和娇滴滴的"无畏"在荷兰销声匿迹，前者继续防卫英伦三岛，对于后者，英国人本该引以为戒，改进战术，否则面临更为残酷的战役必难以为继，但后来的事实证明并非如此。

13日凌晨，荷兰空军做了最后一搏，5:19一架福克T5中型轰炸机从阿姆斯特丹的史基浦机场起飞，由2架福克G-1战斗机护送，准备轰炸穆尔代克（Moerdijk）大桥，轰炸机从低空对目标实施了2轮失败的轰炸，以超低空返航至多德雷赫特附近，又遭JG 26第4中队袭击，只有1架福克G-1逃过一劫，5:59降落回史基浦机场，剩下两架在德机中队长卡尔·埃比希豪森中尉的炮火下化作两团火球，机组人员无一生还。

法国空军GCⅢ./3大队6架MS 406借助乌云掩护，截击了一个德国中型轰炸机编队，但随后在布雷达遭遇JG 26第一大队18架Bf 109，第1中队的埃伯哈特·亨里奇少尉声称斩获1架MS 406，但对方飞行员实际驾机迫降在法军防线内，法军指挥官以一敌三，苦战而力竭，最后撞向一架敌机同归于尽，为他陪葬的推定为JG 26第1中队的赫尔曼·施佩克中士和京特·朗纳二等兵之一，因为两人此战阵亡。其队友马克斯·弗兰克上士负伤并被俘，但随着荷兰投降很快获释。第1中队的

1940年5月13日被5./JG 26中队击落的无畏式战斗机之一（序列号L6960），飞机当即在空中爆炸，后半段机身落在多德雷赫特以东5公里一条小溪里，照片中三人是赶来查看的当地警察，飞机呼号PS-M部分可见。机枪手和飞行员尸体分别在六周后和11个月后被发现。

5./JG 26中队另一架牺牲品，L6969号无畏式战斗机。机枪手跳伞，飞行员忍住手臂和腿部伤势，勉强迫降河道边，其后被送到当地医院。因伤势过重，1943年飞行员作为战俘被交换回国。

1940年6月1日第6中队“褐色9”号Bf 109E-1迫降，机身采用这一时期典型的淡蓝色涂装，驾驶舱下方绘有联队队徽和中队队徽：阿尔卑斯野山羊。

布特尔韦克（Butterweck）少尉宣称在蒂尔堡以南击落了1架执行侦察任务的法国波泰63型双发战斗机（Potez 63）。

在轰炸机的火力支援下，德军仅花了24小时就突破默兹河，5月14日上午，古德里安的第19军在河左岸建立两个登陆场，与此同时隆美尔的第7装甲师也在迪南建立桥头堡，雷霆万钧之势的突破让盟军措手不及，但陈兵比利时的英法大军仍然继续执行原计划，坚守安特卫普到那慕尔防线。盟军寄希望于迪南至色当防线上的法国第2和第9集团军，同时派出空军倾巢而出，大肆攻击默兹河的德军桥头堡。德国空军亦针锋相对，双方各投入约500架飞机，默兹河和色当地区爆发开战以来最大规模的西线空战，德国第3战斗机指挥部在14日出动拦截814架次，歼敌89架，创造了德国空军的“战斗机日”。英国远征军的71架轰炸机中有37架未能返航，6架重损，惨重的损失令皇家空军萌生退意。法国空军全天共损失48架飞机。

2天后，防守迪南到色当一线的法军溃败，通往巴黎和法兰西腹地的门户大开，闪电战的威力举世震惊。德国A集团军群最强大的机动兵力源源不断通过默兹河一线的缺口，长驱直入直逼英吉利海峡。而B集团军群继续向北推进，牵制着北方的盟军，盟军精锐面临被包抄的境地。15日，法国总理雷诺绝望地给丘吉尔打电话：“我们被打败了。”

A集团军群强渡默兹河时，B集团军群在比利时的让卢布（Gembloux）遭到法军激烈抵抗。JG 26联队因此无缘默兹河上的大空战。14日傍晚第8中队宣称击落2架MS 406，第三大队指挥部和第7中队则全歼了皇家空军第504中队一个“飓风”小队，英国飞行员一死两伤、两人失踪。第一和第二大队当天无交战记录。

同一天，德军轰炸机将名城鹿特丹化为一片火海，超过800人丧生，8万人无家可归。为避免更大伤亡，荷兰于次日投降，这使得JG 26可以腾出手来介入在法国的战斗。

15日午后，英军第3中队巡逻那慕尔－迪南一带时发现并攻击了7架道尼尔Do17轰炸机，但很快被Bf 109赶走，其中1架“飓风”被JG 26第三大队副官明希贝格少尉击毁，飞行员身亡。英军第3中队傍晚即报了一箭之仇，宣称在里尔击毁2架、可能击落1架Bf 109，JG 26第9中队可能因此而损失1架飞机，飞行员平安。

次日，第二大队在里尔东边以一名飞行员阵亡的代价宣称击落2架MS 406和1架“莫霍

“战争这次‘真的来了’”——胡戈·达默

骑士十字勋章获得者。二战期间共执行307 次战斗飞行，官方战绩为击落57架敌机。早年是民航飞行员，1936年进入德国空军后训练驾驶过Ju 52等多种机型，1939年4月被分到当时还在杜塞尔多夫的JG 26第4中队最终完成了战斗机飞行员训练，法国战役共取得5架空战战绩。

1940年开春，我们都意识到很可能就要卷入与西方盟军的大战，当然，战争在1939年9月就开始了，但那时我们好几次紧急升空却难觅交战的机会。

胡戈·达默（Hugo Dahmer）下士

5月9日我尚在休假，突然获悉“战争这次‘真的来了’”，奉命立即中止假期归队，来到不久前刚移防到毗邻比利时边境的驻地。

5月17日我取得第一个战果，一架莫拉纳MS 406盘旋追击Bf 109时正好被我撞见，法国飞行员开火却射过了界，我尾随上去，但同样射过了。最后我瞄准两架飞机中间，预估“莫拉纳”的飞行轨迹后再次开火，这次命中了*。

5月19日我的前中队长克尼佩尔上尉阵亡，过程我并不清楚，那次任务中他飞在前面，然后就那么消失在云层，从此我们再也没见过他。

几天后，我们先后转移到比利时、法国，使用着极其简陋的野战机场，大多数杂草丛生，以前根本不是机场。部队会派一名飞行员提前勘查，选出一块合适的场地，这时我们就会预料到新机场更不会有机库以及其他配套设施。飞行员和地勤皆随意住进草场边的房屋、农庄，附近居民大多数逃难去了。我们曾经抵达一个几乎空空如也的小镇，能见到的只有年老体衰者。牛奶、鸡蛋等食物在农民家唾手可得、应有尽有。总算找到一个勉强可改造的“机场”后，一个包括机械主管在内的先遣小队带着燃油和必备品先行抵达，为飞行员和飞机入驻做好整备，大部队紧随而至。

*德国空军记载达默的首个空战战绩于5月16日16:31在比利时图尔奈取得，达默实际可能击落了英军第87中队的“飓风”，该中队1架“飓风”及其飞行员下午在法国蒙斯与Bf 109交战后失踪。

克”，与之交战的更可能是皇家空军第85中队和第87中队的“飓风”。第三大队第9中队执行护航任务时可能在布鲁塞尔西北遭到皇家空军第504中队攻击，一名Bf 109飞行员跳伞并做了英军俘虏。

5月17日，JG 26联队指挥部、第二、三大队携JG 3第三大队紧跟快速推进的地面部队，陆续转移到比利时东部，此时A集团军群下的装甲集群正势如破竹，猛冲向英吉利海峡，三个装甲师在18日分别抵达圣康坦、佩罗讷和康布雷，线路斜切过B集团军群前线，两大集团军群前线犬牙交错，由此JG 26联队也开始支援A集团军群的进攻。5月18日16:15，第二大队在杜埃到康布雷一带15分钟内进账12个空战战果，其中MS 406 10架，“莫霍克”和“飓风”各1架，自身一名飞行员暂时被法军俘虏。不过这时法国空军都回撤到埃纳河防线后方，没有飞过JG 26交战区域，距离杜埃以西几英里有一个英军临时机场，当天有8架飓风被击落或带伤迫降，它们应该就是JG 26和ZG 26的牺牲品。频频认错敌机不仅限于JG 26，整体而言德国飞行员在法国战役期间的敌机辨识一塌糊涂。

随着德军加大对英军机场的空袭，18日晚，皇家空军撤回所有从英国本土到法国支援的部队。19日上午，一批来自Ⅰ./LG2大队、Ⅲ./JG 26大队、Ⅱ./JG 2的Bf 109护送KG 54联队的He 111轰炸里尔地区的机场，三个驻里尔的英军中队奋起反抗，Ⅲ./JG 26大队击落皇家空军第87中队三架“飓风”，自身一名飞行员跳伞被俘。傍晚，Ⅱ./JG 26大队指挥部、4./JG 26中队和Ⅰ./JG 3大队为Ju 87轰炸机护航，在里尔到比利时图尔奈（Tournai）一带遭到皇家空军第615中队袭击，4./JG 26一架飞机被击伤，中队长卡尔·埃比希豪森中尉带伤迫降，飞机报废。Ⅱ./JG 26大队长赫维希·克尼佩尔上尉失踪，两天后尸体被当做无名飞行员就地下葬。克尼佩尔是第一批到达西班牙的资深飞行员，共取得8个西班牙内战战绩和3个二战战绩，这位元老飞行员之死令JG 26联队蒙受迄今最惨重的损失。英军记录显示，20:40皇家空军第615中队的托尼·艾尔（Tony Eyre）中尉带领4架“飓风”对15架Bf 109发动攻击，艾尔收获2架“可能击落”战绩，他的战利品极有可能正是克尼佩尔和艾比希豪森。第615中队损失1架“飓风”（飞行员跳伞），另1架轻度受损，德军Ⅰ./JG 3大队长吕佐夫上尉和4./JG 26中队的罗特上

法国战役期间第三大队飞行员在谢尔夫的机场草坪待命。从左到右：瓦尔特·布卢默（第7中队）、维尔纳·巴特尔斯（技术官）、克劳斯·米特乌施少尉（第7中队）、格哈德·舍普费尔中尉（第9中队中队长）、最前方背对镜头半卧者是第8中队的古斯塔夫·施普里克少尉，最右边站立者是第7中队的格哈德·穆勒一迪赫少尉，照片中气氛融洽安宁，但不到半年就有两人阵亡两人被俘。

士都宣称击落1架“飓风”。

放眼德国空军，克尼佩尔的落马并非个例。经过近十天持续作战，即使一些拔尖的老手也显露疲态：三天前的“战斗机日”，以18架空战战绩领跑射手榜的Ⅲ./JG 53大队长莫尔德斯上尉被法军击落，平安跳伞。7./JG 53中队长沃尔夫－迪特里希·维尔克中尉一天前在与1架“莫霍克”的缠斗中败下阵来，跳伞落到法军阵地，5月21日一战飞行员出身的Ⅲ./JG 2大队长埃里希·米克斯上尉被MS 406击伤后迫降到法军阵地，两天后才逃回去。5月10日到21日，德军总共损失了76架Bf 109，换来皇家空军215架“飓风”被摧毁和56名飞行员身亡。

虽然埃比希豪森有伤在身，不得不临危受命，代理指挥第二大队。接下来的一周，激烈的空中战场有所缓和，地勤成为最忙碌的人，为了赶上快速推进的地面部队，联队马不停蹄地转移，第一大队随JG 51联队转移到安特卫普，第二、第三大队在五月底进驻比利时西部的谢夫尔（Chièvres）。

九、敦刻尔克大撤退

眼下，英法联军主力陷入德军的纵深包围，被困在敦刻尔克、加来、布洛涅等法国北部海港。30万英国远征军退守敦刻尔克港口命悬一线，他们前方是咄咄逼人的敌军，背后就是英吉利海峡，为了抢救这支陆军精华，大英帝国三军紧急动员，展开代号为“发电机”的撤退行动。

空中掩护的重任落到皇家空军战斗机司令部第11大队肩上，该大队驻守的英国东南部距离敦刻尔克最近。大队司令基斯·帕克少将得到指示，既要竭尽全力为撤离部队和舰船撑起空中保护伞，又不能削弱本土防空兵力。帕克计划每天4:30至19:30，每隔50分钟出动一个中队规模的战斗机，分波次、不间断巡逻和扫荡布洛涅至奥斯坦德一带沿海区，意图半路拦截下飞往敦刻尔克海滩的德国战机。机型以喷火式和飓风式战斗机为主，还有少量无畏式和布伦海姆式，然而面对德军300多架轰炸机和500多架战斗机，帕克手中大约220架战斗机注定不可能面面俱到掩护所有远征军官兵和海运船只。

如果说超级马林的“喷火”与梅塞施密特109这对宿命冤家之前几次零星交手只是热身，那么到了敦刻尔克海滩，便正式开启了贯穿整个二战的决斗。相较于Bf 109动辄以40架的大队规模出动，皇家空军一个战斗机中队12到16架飞机仅仅在数量上便落于下风，雪上加霜的是战术落后，通讯设备低下，而且受航程所限，飞到法国后只剩15分钟左右的战斗时间，因此这些回合交手都由“梅塞施密特”笑到最后，但毫无疑问，德军在天空的霸权因“喷火”首次面临挑战。Bf 109飞行员很快意识到这是一个性能旗鼓相当的对手，尤其令他们耿耿于怀的是，“喷火”的升限以及速度和高度上的机动性能更为出色。

德国飞行员擅长利用Bf 109优异的垂直机动性能，高速俯冲攻击飓风式战斗机，再急跃升脱离，尽可能规避盘旋格斗，这一战术对于攻击喷火式战斗机更为至关重要。防守方面，德国飞行员最常采用的规避动作是半滚倒转，俯冲脱离。另一个防守动作是斤斗：大角度爬升，大角度俯冲，因为对飞行员的技术、体能要求更高，普及率稍逊于前者，但如果拥有足够的起始高度，也不失为行之有效的脱险动作，这一过程中产生的负过载会引起“喷火”的灰背隼发动机汽化器短暂停止工作，而Bf 109的DB601A发动机因为采用喷射供油系统则避免了上述问题。所谓扬长避短，德国战斗机想甩掉“喷火”或“飓风”，使用俯冲屡试不爽。5月24日和27日，JG 26联队在敦刻尔克击落3架“喷火”，自身无损失。

为了抗击强大的德国空军，皇家空军也开始以联队规模[①]出战。“发电机”行动第二天，5月28日10:30，JG 26第一大队与英军霍恩彻奇联队（第19、65、616中队）的大型“喷火”编队在敦刻尔克东部海峡上空交战，前秃鹰军团飞行员恩斯特·比格特上士被击落跳伞，几天后在医院身亡，他的战友宣称歼敌6架，其中2架得到军方确认。英军第616中队1架“喷火”实施水上迫降后报废，另有4架带伤返航，第19中队1架“喷火”被Bf 109击伤。午后第二和三大队在奥斯坦德挑战了两个“飓风”中队（第229、第242中队），战罢JG 26以零损失入账了7个战绩[②]。

5月29日清晨一场雷雨和低垂的云层驱散了天空中的火药味。下午放晴后，战火重燃，愈演愈烈。黄昏时分，皇家空军第11大队集结出迄今最大规模的编队飞往敦刻尔克掩护撤退，2个“飓风”中队（第229和第242中队）和2个“喷火”中队（第64和第610中队）分别飞在3300和7600米上空，然而高达4000米的高差难以形成有效的掩护，更不利的是中队之间的无线电没有共用频率，只能靠目视交流。因此当Ⅲ./JG 26大队首先钻出云层，攻向“飓风”，上方的“喷火”没有丝毫反应，因为很快它们自顾不暇，同样忙于应付庞大的Bf 109机群。一个小时的混战中，7架“喷火”和6架“飓风”先后坠向地面，还有1架“飓风”带伤迫降回英国[③]。损失率达四分之一。JG 26两个大队基本全身而退，只有1架Bf 109因发动机原因实施迫降。英军残部各自设法逃回英国。“斯图卡”趁势呼啸而下，肆无忌惮地对撤退中的英军部队和舰船狂轰滥炸，当日德军对敦刻尔克实施了5轮总共175架次的大规模轰炸。傍晚，皇家空军海岸司令部2架“安森”侦察机巡逻比利时泽布吕赫（Zeebrugge）时被Ⅱ./JG 26大队击落，但后者上报的战果未获通过。

30日天气不见好转，空军偃旗息鼓，在地面和水面，英军借助浓雾的掩护加紧撤退行动。第二天，汉德里克上尉率领第一大队巡逻海滩，皇家空军第145、第17中队的“飓风”从后方发动攻击，造成包括汉德里克的僚机兼大队副官在内两人阵亡。队员们事后认为汉德里克难辞其咎，他对敌情警报无动于衷，继续往前冲。反击中第一大队击落了皇家空军245中队1架“飓风”。

第三大队风头最劲，全天共宣称歼敌20架，自损2架。15:00，皇家空军第609中队（喷火式）、第213中队（飓风式）、第264中队（无畏式）联合巡逻，分别飞在6000米、4500米和3000米高度。15:20，无畏式战斗机首先发现并逼近一队亨克尔He 111轰炸机，后者闻风而逃，几乎与此同时，大约70架Bf 109俯冲下来，穿过“飓风”，直取“无畏”组成的环形防御编队，5架“飓风”和1架“无畏”被Bf 109击落[④]，2架“无畏”相

---

① 皇家空军联队（Wing）由三到四个中队组成，规模与德国空军的大队大致相当。

② 英军242中队2架“飓风”被Bf 109击毁，1架“飓风”被击伤；英军第229中队1架“飓风”被Bf 109击毁。

③ 5月29日，德军多支Bf 1009部队（4./JG 26、III./JG 26、4./JG 3、III./JG 3、6./JG 20、I./JG 20大队指挥部）于5:15~6:10共上报击落20架喷火式战斗机。

④ 第264中队另有2架无畏式战斗机被德军轰炸机自卫火力击落。

撞，其中1架重损迫降，另1架的飞行员跳伞。德军JG 26第三大队宣称歼敌9架，与对手实际损失基本相符，但认错了机型，全部上报为“飓风”。第三大队的飞行员一人身亡，另一人跳伞，短暂被俘后被德军解救。“喷火”依然高高在上，直到下方飞过几架He 111，一个“喷火”分队俯冲追逐而去，随后被JG 26第9中队击落1架，后者上报了2架战绩。

当晚8:00左右，英军第609中队2架“喷火”攻击Do 17轰炸机和Ju 87轰炸机时被JG 26第三大队指挥部的明希贝格少尉和韦斯特法尔少尉击落。加上下午击落的2架飓风式、1架莱桑德式，明希贝格仅一天就斩获4架敌机，个人总战绩跃升到9架，在联队一枝独秀。

6月1日天气晴好，喷火式战斗机还以颜色，JG 26还未回味完大胜的喜悦，就创下最高单日损失，飞行员两人阵亡，两人重伤，一人暂时被俘[①]，还有多架飞机被击伤。德国空军从清晨开始继续持续猛攻滩头部队和离岸舰船。第一大队执行了一次扫荡任务，随后赶去支援遭到“喷火”袭击的Bf 110，交战中宣称击落2架[②]，自损2架，飞行员一死一重伤。皇家空军第222中队的无腿飞行员道格拉斯·巴德上尉看到一群Bf 109从云层俯冲而下，其中 1架从他身边飞驰而过，攻击前方的第19中队，巴德抓住机会来了个黄雀在后猛烈开火，Bf 109中弹后毫无规避动作，令他怀疑对方飞行员是个生手，随着这架Bf 109剧烈燃烧，巴德获得了首个空战战果，也第一次和施拉格特联队狭路相逢。

中午，第二大队从谢夫尔出动，在敦刻尔克执行防御扫荡时及时拦下正在追击几架Do 17轰炸机的27架“飓风”，一场激战过后第二大队宣称歼敌7架，皇家空军第43、第145和第245中队4架“飓风”被击毁。2架被击伤。JG 26第6中队遭到来自上方的突袭，中队长阿尔弗雷德·波马斯卡上尉阵亡，保罗·科勒军士长重伤。瓦尔特·施奈德中尉继任了第6中队中队长。同一天，埃里希·诺亚克（Erich Noack）上尉正式担任第二大队大队长。教官出身的诺亚克不乏出色的飞行技术，但没有战场经验，被他的飞行员反映为“极度自负之辈”。

6月2日，原在安特卫普的第一大队与两个兄弟大队

第6中队的“褐色12”号从迫降地被货车运到法国的维修厂。

① 第9中队的阿图尔·贝泽下士上午从国内向比利时转场飞行途中被法军MS 406战斗机或地面炮火击落，法国投降后被释放。

② 此役JG 26交战对手来自皇家空军第19、第222、616中队，第19中队宣称击落6架Bf 110、3架Bf 109,另外可能击落3架Bf 110，自身损失1架；第222中队击落4架Bf 110和1架Bf 109，自身4人被击落，第616中队宣称击落2架Bf 109，损失2架。

齐聚谢夫尔。当天第二大队又打了一场硬仗。9:00飞抵敦刻尔克时，恰逢Bf 110正为He 111编队奋力驱逐英军战斗机，Bf 109当仁不让加入战斗，宣称歼敌10架，自身无一损失。介入此战的皇家空军第266、第92、第32、第611中队因各种原因共损失5架飞机，4架飞机受损，飞行员四死一被俘。

西线战役进行至今，JG 26渐入佳境，唯有联队指挥部表现平庸，参谋人员编制不足，难以兼顾管理职责和升空作战。联队长维特更多时间埋头办公，极少驾机亲征。43岁的行政官维克托·科森（Viktor Causin）上尉兢兢业业一直干到战争结束，但不属于空勤人员。技术官瓦尔特·霍尔滕（Walter Horten）中尉才智过人，他和联队副官哈塞尔曼（Hasselmann）中尉虽热情高涨，但仅执行过一次飞行任务：敦刻尔克上空3000米天昏地暗，两人透过飞扬的尘土和滚滚浓烟艰难地向下望去，海滩一片狼藉，黑压压挤满了混乱的人群和装备，海面上船舶东倒西歪，随海波无力地漂荡，英国飞机杳如黄鹤。由于被禁止攻击地面目标，两人一枪未放，悻悻而归。

在英军海陆空三军及大量民众的通力合作、夜以继日的努力下，截至2日总共超过25万盟军官兵撤离，撤出英国远征军的首要目标基本达成。夜幕降临时敦刻尔克海滩满地狼烟，再无一个活人。“发电机行动”到6月4日下午正式结束，在过去的十天，超过33.8万盟军官兵从这个港口逃出魔掌，英国保留住了陆军的有生力量。从5月27日到6月2日，英军共损失162架飞机和163名空勤人员，其中战斗机约109架。德国空军战斗机和轰炸机出动约3815架次，损失92架，其中轰炸机55架，Bf 109战斗机29架。

瓦尔特·霍尔滕（1913—1998年）1934年从步兵团转到空军，两年后进入JG 26的前身JG 134，1939年12月至1941年5月担任联队技术官，他更闻名于世的成就是在战争末期与弟弟雷马尔·霍尔滕一起设计出了世界上第一款无尾飞翼喷气式战斗轰炸机Ho 229。

戈林曾在希特勒面前信誓旦旦“帝国空军完全可将敌人歼灭在海滩”，如今全然落空。尽管如此，放眼一路凯歌高奏，德国空军上下全无挫败感，官方杂志《雄鹰》6月发表文章称：“在这场历史上最大的歼灭战中，‘敦刻尔克’一词对我们德国人而言永远象征着胜利。”对战斗机飞行员而言，敦刻尔克上空的激战为他们带来的是又一张漂亮醒目的成绩单。

维克托·科森上尉，昵称“帕皮”，早年从事啤酒生意，参军后担任施拉格特联队的行政军官。1945年3月他在军事法庭上为一名被军方高层当做替罪羊的飞行员辩护，最终这名飞行员无罪获释。对JG 26队员而言科森是一个如兄如父的角色，但对科森而言，长达六年的时间里看着和自己儿子一般年纪的飞行员一个接一个陨落,想必也是一段痛心的经历，据说他自己的儿子也死于斯大林格勒。战后科森郁郁寡欢，不久离世。

十、巴黎陷落

英法联军还在争分夺秒撤离敦刻尔克时，希特勒和戈林早已热切盯上法兰西的心脏，无论A集团军群的龙德施泰特还是第3航空队的施佩勒，大部分精力已经投向了下一阶段“红色”方案。6月前三天，德国空军集中攻击罗讷河谷和马赛一带的机场、铁路、港口，阻止法国从北非殖民地调回援军。6月3日下午开始，“保拉行动”紧随而至：第2航空队和第3航空队总共600来架轰炸机倾巢而出，在460架战斗机护送下对巴黎地区的机场、铁路和调车场狂轰滥炸，旨在彻底消灭法国空军，为德国陆军扫平障碍。保卫首都的法军预备队还有约250架战斗机和125架轰炸机，规模不容小觑，但适用率极低，且大量对地火力支援任务将法国战斗机置于危险的地面防空火力范围和被动的战术位置。面对气势汹汹的德国空军，法国空军进行了两天有效抵抗便彻底回天乏力。

6月3日，JG 26除第三大队之外全体出动，联队长维特少校难得率队亲征，可惜大约沾上战斗机飞行员所谓的“手气不顺”，他的小队一架敌机也没撞见。第一、二大队同样乏善可陈，共宣称击落3架法军战机，第4中队的威利·罗特上士被MB 152战斗机击落，暂时沦为俘虏。

乏力的不仅JG 26，“保拉行动”最初两天德国空军全体表现疲软，损失了26架飞机，法军16架战斗机在地面被摧毁，17架在空中被击落，且所有遭到轰炸的工业设施24小时内恢复生产。6月5日法军用24架战斗机的损失，换来巴黎地区大约30架德国飞机坠毁，但这也成为法国空军最后一次有力回击。6日“红色”方案实施时，德国空军持绝对优势掌握了制空权，损失越来越少。至6月9日，巴黎地区19个机场遭到轰炸，87架法军飞机在地面被摧毁。

6月4日，JG 26联队全体转移到法国北部沿海的勒图凯一带，从野战机场起飞支援B集团军群突破索姆河向巴黎挺进。在接下来10天里，联队共宣称击落8架法军飞机、21架英军飞机，自身4人阵亡，2人暂时被俘，6人负伤。

6月6日，第8中队的古斯塔夫·施普里克少尉入账了3架来源不明的MB 152。8日下午，第一大队击落了英军2架巴特尔轰炸机（来自103中队）和担任护航的飓风战斗机（来自151中队）。下午，第三大队为Ⅰ./KG 1大队的He 111轰炸机护航时遭到英军第32中队和第79中队突袭，1架Bf 109和3架“飓风”被击落，2架Bf 109带伤返航。第7中队的克劳斯·米特乌施少尉迫降到法军后方，被身负国仇家恨的当地居民用猎枪好好招待了一顿，米特乌施臀部中弹并沦为俘虏，法国投降后被送回德国疗伤。这段遭遇对这个不满22岁的年轻人职业生涯造成消极影响，很长一段时间里，巨大的心理阴影始终笼罩着他。伤愈后米特乌施暂时在好友约瑟夫·比尔施根斯身边担任僚机，慢慢重拾空战的感觉。

比尔施根斯本人自去年9月首战后，因伤缺阵了大半场法国战役，其间作为军械军官留在明斯特。如前所述，JG 26扩建第三大队时，从第2中队抽调半数人员组成了第7中队的骨干班子，比尔施根斯伤愈归队后自然而然转到第7中队，和诸多老友并肩作战。6月9日下午他随第三大队为Do 17护航，赢得复出后首场胜利，后来他描述道：

那天下午我们从塞纳河北边的卡佩勒（Capelle）机场飞往巴黎自由狩猎，接近目的地时我们发现敌方两个中队的战斗机正爬升在城市上空，当即冲下去对它们发动进攻。我紧咬队尾一架敌机，但它以一个破S机动混进机群消失了。

我当即爬升到约3000米，穿过密布的云层，上方拨云见日，我驾机飞在云层上缘，时而跃起，搜寻机会，时而俯冲，躲进云层。又一次跃出后，前方出现一架飞机，以同样的战术在云间穿行。看到对方机身上法国空军的圆环徽标，我借助云层的掩护，小心翼翼逼近，进入理想射程后枪炮齐发，击中了驾驶舱和机身，敌机大角度拉起，向左转了个大弯，几近同一高度与我交会而过，我看到飞行员扑倒在仪表盘，定然已经中弹不起，他的飞机翻向一侧下坠，我一路尾随，看着它猛烈坠毁在巴黎西边的居民区，自己也险些触地。我一时心慌意乱、五味杂陈，过去在空战只见飞机，第一次亲眼目睹死在自己手上的飞行员，其实他同样大有机会来到我后方置我于死地。那次我很晚才返航，僚机早就伤痕累累地回来了，他远比刚才那位法国对手走运。

比尔施根斯和他的队友至少击落了GC Ⅰ./145大队的3架高德隆－雷诺C 714战斗机，GC Ⅰ./145大队由流亡法国的波兰飞行员组成，当天下午共损失6架C 714，另外2架带伤迫降，飞行员3死1伤，宣称击落1架Do 17轰炸机和3架Bf 109战斗机。

如后人所共知，法兰西回天乏力，德军一路向南以势不可挡的劲头横扫过这片国土。JG 26为跟进前线部队又进行了两次转移，最终第一大队驻扎讷韦尔（Nevers），其余部队堂而皇之入驻了巴黎西郊的前法国空军基地维拉库布莱（Villacoublay）。此时法国空军销声匿迹，它的有生力量撤到了北非殖民地。除了对付偶尔袭扰的英国战斗机和轻型轰炸机，JG 26的主要任务转为扫射地面目标。14日第三大队由新任大队长阿道夫·加兰德上尉率领执行了三次扫荡，入账了3架巴特尔轰炸机、1架布伦海姆轰炸机和1架飓风式战斗机。就在这一天，凯旋门上升起巨大的万字旗。

一架被俘获的法国MS 406战斗机，由JG 26第二大队地勤人员拍摄。

6月20日开始，JG 26第二大队被指派到贡比涅为停战谈判巡逻警戒，不过英国皇家空军始终未露脸。两天后德法两国正式签署停战协议，法国战役尘埃落定。德国国防军最高统帅部下令暂停军事行动，静待政客们与英吉利海峡对岸唯一还没屈服的国家谈判，同时整顿军务，制订入侵计划。除JG 51联队和Ⅲ./ JG 3大队留守法国，包括JG 26在内的德国空军主力回国休整。第一大队大队长戈特哈德·汉德里克少校于6月24日升任联队长，维特调到第2战斗机指挥部担任作战官，军衔升为中校。

6月26日至7月20日，JG 26联队仍旧驻守莱茵兰，保护这一重要工业区不受皇家空军骚扰，7月初击落了2架布伦海姆轰炸机。7月19日，德军高级将领齐聚柏林，希特勒在国会大厦正式宣布西欧战役结束并大赏群臣，包括米尔希、凯塞

法国战役(1940 年 5 月 10 日 — 6 月 24 日)作战损失总数

英国空军		法国空军		荷兰空军		比利时空军		德国空军	
飞机	人员	飞机	人员	飞机	人员	飞机	人员	飞机	人员
934	1004	1228	760	228	39	281	27	1460	2833

数据来自 The Battle of France-Then and Now,作战损失指各种原因造成的参战飞机损毁、失踪、遗弃、人员死亡、失踪、被俘。不含飞机损伤及人员重伤。实际上,许多被仓促评估为“可修复”的受损飞机最终以报废收场。表中德国空军人员损失包含法国、荷兰、比利时投降后大批被释放的战俘。

林和施佩勒三名空军将领在内共十二人晋升元帅，空军总司令赫尔曼·戈林更是受封为独一无二的帝国元帅。JG 26联队在这场第三帝国最隆重的军事庆典上参加了仪仗飞行。

1940 年法国战役 JG 26 联队王牌飞行员

约阿希姆·明希贝格少尉	第三大队指挥部	战绩 8 架
古斯塔夫·施普里克少尉	第三大队第 8 中队	战绩 7 架
奥托 — 海因里希·希勒克	第二大队指挥部	战绩 6 架
卡尔·埃比希豪森上尉	第二大队第 4 中队	战绩 5 架
海因茨·埃贝林少尉	第三大队第 9 中队	战绩 5 架
胡戈·达默下士	第二大队第 4 中队	战绩 5 架

十一、小结

在这场为期6周、疾风骤雨般的法国战役，空军力量第一次为人类战争史呈现出如此强大的威力。第26战斗机联队宣称击落160架敌机，其中24架归于第一大队账上，第二大队和第三大队以66架和69架战绩平分秋色。飞行员中18人战斗阵亡，2人飞行事故身亡，除去被法、荷两国释放人员，3人被英军永久俘虏，另有13人负伤。对比JG 2联队的209架战绩、JG 53联队的197架战绩，施拉格特联队交出的成绩单略显平庸。

让我们回到战火熄灭前的6月6日：第三大队位于法国卡佩勒的野战机场热浪炙人，一架Bf 109 E降落于此，机身上不见联队徽标。一个身着黑色飞行皮衣的上尉跳下飞机，顶着烈日大踏步穿过空旷的跑道，他口干舌燥、喉咙冒烟，找到了一口老井，礼貌地向旁边几个地勤讨水。

瞅瞅这个留着一撮小胡子的陌生面孔，地勤轻慢地答复：“没问题，井里有的是水，不过你要自己打上来。”上

骑兵出身的恩斯特·冯·贝格少校无论作为第三大队指挥官还是飞行员都表现平平，还被戏称为“螺旋桨杀手”，他的总战绩4架，均在JG 26取得，离开JG 26后主要任职于参谋部和训练部队，1943年11月20日他驾驶Fi 156联络机时被苏联战斗机击落身亡。

1940年6月，随着这个蓄着小胡子、无时无刻不叼着雪茄的人到来，第26战斗机联队进入加兰德时代。

尉挑挑眉，一语不发照做了。

这就是阿道夫·加兰德——第三大队新任大队长与施拉格特联队的首次结缘。“我没有惊动他们”，后来他在回忆录解释：“初来乍到我的大队，这样的介绍方式总胜过当天下午就拖着行李开飞机走人。”三个月前，他挖空心思从对地攻击机部队转到第27战斗机联队，担任联队副官，很快用实际行动证明自己确有一番作为，自5月对法国和低地国家开战以来，已经取得12个空战战果，JG 26无人能及。这颗冉冉升起的新星终于得到亲自指挥一支战斗机部队的机会。不论施拉格特联队的历史，还是加兰德的命运，都在这一天翻开新篇章。

JG 26前后两任联队长加兰德中校与施莱希会于法国维桑。

第二章 鹰与鹰的较量：不列颠空战

1940 年 7 — 12 月

一、概述

在法国北部，一条古老的铁路连接着加来与布洛涅这两个港口城市，作为第二次工业革命的产物，它历经世纪之交，阅尽风云激荡，普法战争和第一次世界大战的硝烟散去，唯有英吉利海峡吹来的风亘古不变。卡菲耶（Caffiers）是这条铁路四个车站之一，同名村镇坐落于加来一望无际的田野间，距离海岸线约8公里，与英国著名的多佛尔白崖隔海相望，相距不到40公里。因独特的地理位置，第一次世界大战中卡菲耶被英军用作机场，22年后的夏天，这里的东道主换成了德国空军第26战斗机联队第三大队，大队长是全军炙手可热的王牌飞行员阿道夫·加兰德少校，这个6岁打猎，15岁学会滑翔机的青年军官注定为搏击蓝天而生，不过在1940年盛夏，他的战斗机部队指挥官生涯刚起步。加兰德注意到这个大队纪律松散，不思进取，可他如此踌躇满志，乐于接受一切挑战，何况，他还发现他的飞行员训练精良，极具潜质，他需要做的，就是让一把蒙尘的宝剑亮出原有的锋刃，然后将它挥向海峡对面的敌人。

加兰德清醒地知道，英国皇家空军有别于过去任何一个敌人。在它背后，是高度发达的航空业和军工科技，在它前方，是守护了大英帝国中枢几个世纪的天堑。然而，包括加兰德在内，彼时第26战斗机联队无人料到，他们从此将守着这片浅浅的海峡整整四年（加兰德则守了18个月），那是难以逾越的沧海，也是联队传奇声誉的起点。

在丘吉尔那里碰了一鼻子灰后，希特勒指示德军最高统帅部制定入侵英国的总体方案"海狮计划"，主要方略是充分利用英吉利海峡的有利气象条件，在秋季前击败英国皇家空军，取得制空权（至少是英吉利海峡的制空权），然后将陆军运过海峡登陆作战。该计划赋予德国空军的两大任务一目了然：摧毁皇家空军的战斗机力量，夺取制空权；空袭港口和舰船，压制英国海运补给能力。

第2航空队和第3航空队依然是对英作战主力，集聚了德国空军87%的兵力，总司令部分别设在布鲁塞尔和巴黎，攻击英格兰南部、东南部。总部在挪威斯塔万格的第5航空队将以英格兰北部及苏格兰为目标，牵制英军兵力。三大航空队在6月底的一线作战飞机共计约2295架:841架轰炸机、337架俯冲轰炸机和对地攻击机，至少856架单发战斗机和261架双发战斗机可用。

海峡对面，皇家空军同期只有656架战斗机和467架轰炸机可用，海岸司令部另有500架飞机[①]，形势异常严峻，但大英帝国上下团结一心，准备举全国之力抗击纳粹。作为世界上第一支独立空军，皇家空军装备精良、训练有素。除了三大客观优势：海峡天堑、主场作战、以雷达为核心的防空体系，英国飞行员的斗志和素质也是横在德国空军面前最强劲的挑战。

英军休·道丁上将的战斗机司令部四个大队中，第11大队负责伦敦和英格兰东南部防空，地理位置决定了该大队作为抗击德国空军的主力，站在战役最前线，责任最重，规模最大，汇聚了战斗机司令部54%的单发战斗机，机型以“飓风Ⅰ”和“喷火Ⅰ”为主。

Bf 109E-4在初夏进入服役，新旧型号的主要区别在于机翼机炮从MG-FF改进为MG FF/M，后者射速更高，后坐力显著减小，还可以发射高爆炮弹。此外驾驶舱的风挡、飞行员头部后方和座椅下方增加了防弹装甲板。

鉴于飞行员对Bf 109早期型号的高空性能腹诽颇多，梅塞施密特将DB 601发动机升级到DB 601N，起飞功率达到1200马力，在4500米高度应急功率可以达到1250马力，安装DB 601N发动机的Bf 109E-4被称为Bf 109E-4/N。因发动机压缩比从6.9增加到8.2，故采用标号更高的96号燃油，但德国始终面临高辛烷值燃油供应不足的问题，直接限制了E-4/N的产量，JG 26是为数不多接收到此机型的部队之一。从作战损失记录可以看出，JG 26在不列颠空战中使用了Bf 109E-1、Bf 109E-4和Bf 109E-4/N，轻装甲的E-1到了10月下旬基本只

1940 年不列颠空战皇家空军防区图

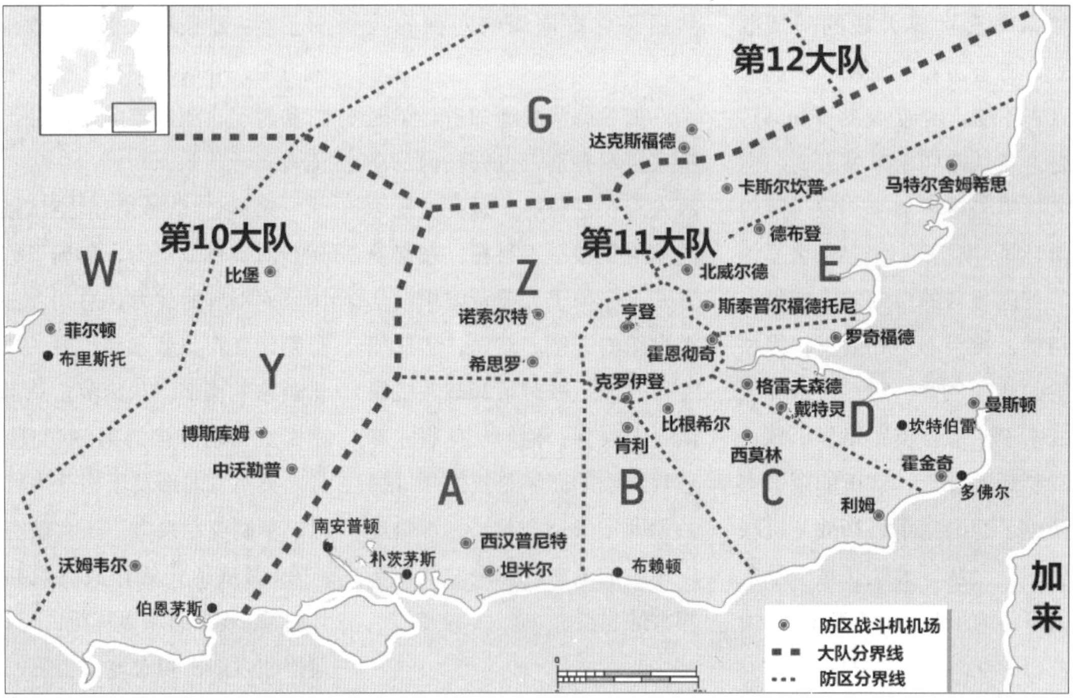

① 此为1940年7月初皇家空军的数据，不包括皇家海军的飞机。

英国皇家空军战斗机司令部之父休·道丁上将（1880－1970年），原为炮兵军官，1915年转入皇家航空军团并参加了第一次世界大战。1936年入主皇家空军战斗机司令部，一手促成了雷达以及喷火式和飓风式战斗机的发展。在不列颠之战中以正确的战略战术指挥空战，粉碎了德国空军的进攻。道丁是个出色睿智的将领，也是个倔强古板的老派军人，不列颠战役期间没能处理好手下两个最重要的大队指挥官帕克和利－马洛里之间的矛盾，虽然立下不世之功，但和帕克一起成为官僚主义的牺牲品，1940年11月“被退役”。1943年受封为男爵。

皇家空军杰出的防御大师基斯·帕克少将，1892年出生于新西兰，一战爆发时作为炮兵军官在法国和加里波利作战，1917年转入皇家航空军团并成为一名王牌飞行员，取得击落5架，击伤14架敌机的空战战绩。二战爆发后被委以重任，担任战斗机司令部第11大队司令，防区包括伦敦在内的英国东南部，地理位置决定了第11大队成为抗击德国空军的主力军。帕克巧妙地指挥他的大队挫败了德国空军的入侵。他使用战斗机极为吝啬，试图以最小的损失收获最大的效果，为此他和第12大队司令特拉福德·利－马洛里少将在出动小规模中队还是“大联队”这一问题上争执不下。帕克认为大联队集结太慢，而以一两个中队为单位出动更为快速有效，虽然减少了损失，但往往也令皇家空军飞行员面临以少打多的不利局面。帕克还要求尽可能避开Bf 109，集中攻击轰炸机。事实上，两年后德国空军在遭受盟军轰炸本土时也将面临同样的困局和抉择，详见后文。

赢得不列颠空战的当年，帕克被利－马洛里少将取代。1942年调到埃及，7月他重新出山，指挥皇家空军中东司令部打败了德国和意大利军队对马耳他岛的空袭，为地中海战场的胜利立下汗马功劳，1945年2月，帕克接替了空难罹难的利－马洛里上将出任东南亚盟军空军总司令，这不能不说是天意弄人。1946年他以上将军衔退役，1975年去世。作为高级将领，帕克经常亲自驾机视察前线，这张照片摄于1942年的马耳他，帕克身着救生服，身后是他的飓风式战斗机。

由级别较低的士兵驾驶。

Bf 109部队在不列颠空战主要执行自由狩猎、侦察以及护航任务，后期新增了轰炸任务。最常见的战术单位是大队，一个大队约40架飞机独立作战，很好兼顾到高效集结、集中打击和灵活变通，而先进的编队正是德国空军优势之一，由两个双机编队组成的四机编队是德国空军战斗机标准编队，一个中队满编12架飞

不列颠空战主力单发战斗机性能参考

	飓风 I	喷火 I	Bf 109E-3
翼展(米)	12.19	11.25	9.9
机长(米)	9.6	9.1	8.8
发动机	罗尔斯罗伊斯"灰背隼Ⅱ" 1030 马力	"灰背隼Ⅲ" 1030 马力	DB-601A 1100 马力
正常起飞重量(公斤)	2993	2623	2505
翼载(公斤/米²)	126	117.2	156.2
最大速度	508 公里/小时	580 公里/小时@ 5790 米	555 公里/小时@ 5000 米
实用升限(米)	10120	10360	10300
爬升率(英尺/分钟)	2300	2530	3281
航程(公里)	683	925	665
武器	8×7.7 毫米机枪	8×7.7 毫米机枪	2× 20 毫米机炮 2×7.92 毫米机枪

机共同出击时组成3个四机编队，呈拉长的V字形展开。大队全体出战时，则以中队为单位排成纵列，大队指挥部四机小队打头。英国战斗机的标准编队战术仍是紧密僵化的V形三机编队，一个中队12架飞机虽然能发展出更为弹性的变体，但面对德国战斗机仍然陷入被动。穷极思变，后来皇家空军也效仿了四机编队战术，称之为"四指"编队，因为编队飞行时形似一只手的四根手指。

德国战斗机出动后通常在4500 到5500米高度集结，再爬升到6400－8500米高度作战。Bf 109最大的短板是航程有限，油量仅够支持90分钟，而从法国北部到达英国东南沿海大约需要30分钟，如果继续飞到伦敦北部将耗去四分之三的燃油，此时油量表就会亮起红灯告警，催促飞行员无论战况如何都得火速返航。换言之，除去往返耗时，作战时间不超过30分钟。另外，对于客场作战的德国飞行员而言，英吉利海峡无论地理还是心理上都是一道鸿沟，很快被吐槽为"下水道"（德语里"海峡"一词也有"下水道"之意），令他们稍感安慰的是海空救援还算给力，比起皇家海军的船只，

1940年10月皇家空军第85中队的"飓风"排成四个V形编队正在搜索敌机。

英国战斗机的V形编队示意图，左图是早期形式，以一个中队12架飞机的编制，通常有两到四个由三机编队首尾衔接组成纵队，领头长机负责搜寻敌机，其他飞行员严格保持编队位置，彼此掩护，但视野受限。这种死板的队形飞行表演或者演习很漂亮，上战场就悲剧了。事实上，经过法国战役中几次交手，德国战斗机飞行员轻蔑地将这种编队称为Idiotenreigen（一排傻蛋）。英军后来做了改进，安排一支三机编队在队尾上方适当拉开距离，迂回交织飞行，如下图所示，不过这支殿后警戒的小队也最容易受攻击。本章能看到，德国飞行员频频选择这个位置下手。

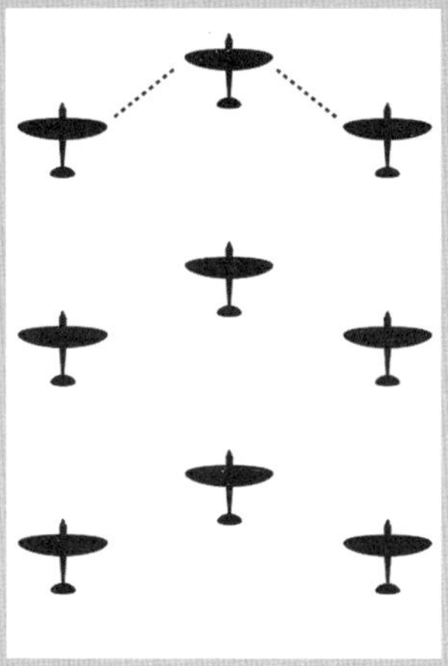

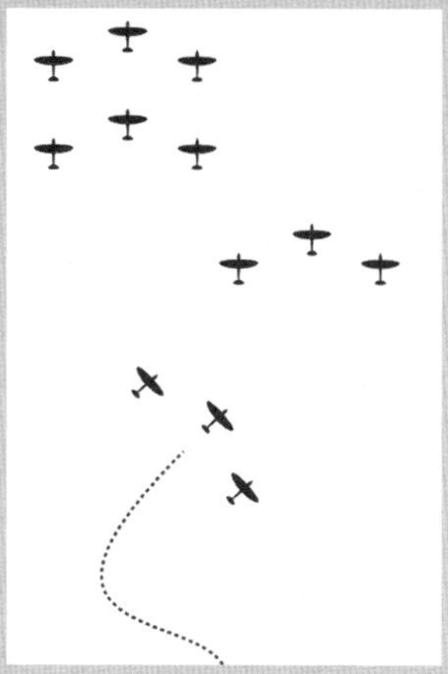

对比皇家空军和苏联空军早期普遍采用的V形三机编队，德军战斗机在西班牙内战期间发展出来的编队战术更为灵活先进，一个中队组成2到4个四机编队（小队）出击，保持1.5公里左右间距并排飞行。每架飞机保持着松散的间距以便飞行员在尽可能把注意力集中在空战而非保持队形。双机编队是基本单元，每个双机编队里僚机的任务是掩护长机，长机则负责击落敌机。这种编队后来也为各国空军所广泛采用。

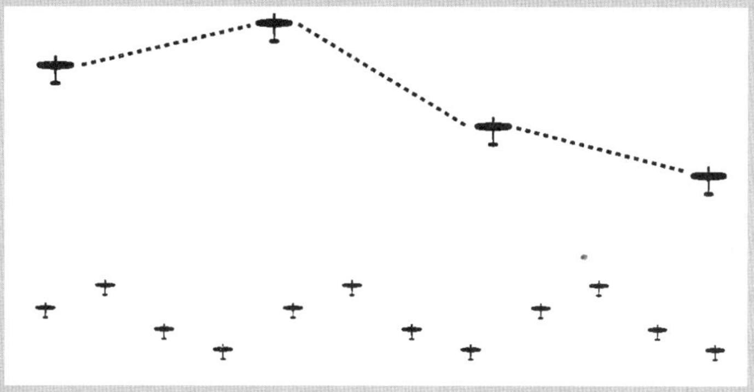

德国空军的He 59水上飞机搜救速度更快，有时还能深入到泰晤士河入海口捞起坠海飞行员。

就这样，人类历史上第一次由双方空军独自承担的战役拉开了序幕，不过它并没有一个明确的开始和结束时间，英国官方定义为1940年7月10日到10月30日，事实上6月30日戈林发布“对英作战总指令”，德国空军已经开启了“海峡攻势”，大约150架轰炸机和单发战斗机组成的小规模兵力[①]多次地渡海发动零星空袭，试探英国防空实力。英方统计7月10日前超过50架规模的空袭不少于12次。基于德军计划和实施步骤，不列颠空战整体可分为四个阶段：

第一阶段从1940年7月10

① 76架Bf 109战斗机（来自Ⅱ./JG 51、Ⅲ./JG 51、Ⅰ./LG 2）、52架Do 17轰炸机（KG 2）和22架Ju 87俯冲轰炸机（来自Ⅲ./StG 51、Ⅵ./LG 1）。

日到8月12日，德军以英吉利海峡和英国东南沿海港口、船队、机场为攻击目标，企图瓦解皇家海军的船运能力，诱使英国战斗机迎战从而将其消耗。道丁制定的防守战略是保存己方有生力量，第11大队司令基斯·帕克少将充分利用雷达预警，只出动一小部分战斗机，以打散德军轰炸机编队为目的，将空袭破坏力化解到最低。因此，面对气势汹汹的Ju 87俯冲轰炸机，皇家空军没有中计，双方第一回合交手不了了之，德国空军诸多短板反而暴露无遗：“斯图卡”反舰效率低下、自卫能力薄弱，护航的Bf 110机动性不足，而机动灵活的Bf 109战斗机航程又极为有限。

第二阶段从“鹰日”8月13日到9月6日，德国空军倾巢而出，针对英国空军实施大规模攻击，集中轰炸英国东南沿海一带机场、雷达站、军工业。不列颠空战进入高潮，最激烈时德军平均每天出动约1000架次，英军每天也达到850架次，双方损失都到了难以承受的地步。起初德国空军在数量上占据着优势，但英国能更快弥补损失。

第三阶段从9月7日到17日。皇家空军遭到近乎毁灭性打击，但英国仍拒绝投降。由于柏林在8月25日首遭轰炸，希特勒做出一个影响战役走向的关键决定：将攻击重心从军事目标转到首都伦敦，既是报复，也期望迫使英国求和，然而德军策略上的转变给了英国战斗机部队以喘息之机，德国空军的损失却继续加大。由于英德双方都开始轰炸城市，战争级别在这一阶段开始提升。

9月17日希特勒宣布“海狮计划”无限期推迟。不列颠空战进入第四个阶段。由于在白天损失惨重，德军轰炸机转入对伦敦和其他城市的夜间作战，昼间空袭趋于减弱，改由Bf 109携带炸弹执行战斗轰炸任务。英国官方将1940年10月31日定为不列颠战役结束的日子，但德国夜间轰炸和战斗轰炸机的白天侵扰持续到次年开春，但隆冬时节被冬雨所阻有所消停。1941年5月开始，德国空军的精力逐渐转向了南边的地中海、巴尔干和东边的苏联。

二、第一阶段：渡海轰炸与自由狩猎

1940年7月21日，JG 26满编的三个大队121架战机进驻加来，隶属凯塞林元帅的第2航空队。第一、二、三大队沿海岸线分别部署在欧当贝尔（Audembert）、东马基斯（Marquise-Ost）、卡菲耶，彼此相隔数英里，与多佛尔海岸标志性的白崖隔海相望，马基斯和卡菲耶在第一次世界大战中都曾被英军用作机场，但1940年德军刚进驻时皆为一片

1940 年 7 月 JG 26 联队指挥结构

联队长：戈特哈德·汉德里克少校（基地：欧当贝尔）		
第一大队：库尔特·菲舍尔上尉（驻欧当贝尔）	第二大队：卡尔·埃比希豪森上尉（驻马基斯）	第三大队：阿道夫·加兰德少校（驻卡菲耶）
第 1 中队：弗朗茨·赫尼希中尉	第 4 中队：埃里希·博德上尉	第 7 中队：格奥尔格·拜尔中尉
第 2 中队：弗里茨·洛西凯特中尉	第 5 中队：胡贝图斯·冯·赫尔泰中尉	第 8 中队：库诺·文特中尉
第 3 中队：约翰内斯·赛费特中尉	第 6 中队：瓦尔特·施奈德中尉	第 9 中队：格哈德·舍普费尔中尉

麦田，被选为空军基地仅仅因为当地难得找到足够开阔和平坦的原野。起初JG 26将几节列车车厢用作指挥所和办公室，官兵居住在帐篷或附近村镇里，战斗机停在大树下，覆以长杆支撑的伪装网。7月30日，联队指挥部来到第一大队所在地欧当贝尔。此时JG 26自恃兵强马壮，洋溢着乐观轻松的情绪。一些老兵战后回忆，联队上下无人怀疑最多几周后就能班师回国。

7月24日中午，施拉格特联队带着高涨的士气迎来海峡首秀：联合Ⅲ./JG 52大队一起护送15架Do 17（来自Ⅰ./KG 2大队）轰炸泰晤士河口的船队，结果出师不利。Ⅱ./JG 26大队具备作战能力的全部10架Bf 109E于12:25准时起飞，由大队长埃里希·诺亚克上尉率领先行扫荡，临近多佛尔时遇到皇家空军第610中队的9架“喷火”凌驾其上，诺亚克误判为30架，取消任务，调头返航。回到马基斯基地上空，诺亚克进场高度过高，复飞爬升时飞机失速而机毁人亡，埃比希豪森中尉再次临危受命，这次以正职指挥第二大队。至于前任大队长，胡戈·达默下士坦率地承认“从没怀念过他”：

> 诺亚克迷航了，他呼叫指挥部小队其他成员过来找他，并将他领回机场，他们只好听命行事，可进场时出了岔子，他从机场上空大约100米坠毁。我得说，我们从没怀念过他。

第二大队首战以完败收场，第三大队同样战绩平平。将近40架战斗机由大队长加兰德少校率领，与Ⅲ./JG 52大队（大约35架Bf109）一起为Do 17轰炸机护航。由于雷达及时准确发出预警，皇家空军迅速做出反应，第54中队和第65中队大约18架喷火式战斗机起飞拦截。尽管以少打多，英军以1名飞行员阵亡的代价成功干掉

第三大队技术官维尔纳·巴特尔斯中尉的Bf 109E-1（W.Nr. 6296F）在克罗伊登被展示给英国民众，机尾还贴着鼓舞士气的标语“生于德国，死于英国”。现在38岁的巴特尔斯担任试飞员多年，也是一名业界闻名的工程师，这一年2月来到JG 26第三大队，游刃有余地解决了很多Bf 109E技术问题，于是被挽留下来，从5月正式担任大队技术军官。峰回路转的是，1943年英德两国秘密交换战俘，巴特尔斯得以被释放回国，其后还作为工程师参与Me 262喷气式战机的研发。

英国士兵检查巴特尔斯那架Bf 109E-1，方向舵被涂成黄色，但黄色方向舵在这一时期尚不是Bf 1009标准涂装，应该属于巴特尔斯个人所为。

5架Bf 109及其飞行员[①]。德军轰炸机只炸沉一艘356吨的小拖船便仓皇撤退，在战斗机密集保护下总算全体返航。Ⅲ./JG 52大队悲惨地一口气折损了大队长和两名中队长，Ⅲ./JG 26大队颜面犹存:1名飞行员因降落伞没能打开坠亡，技术官维尔纳·巴特尔斯（Werner Bartels）中尉在马盖特上空被皇家空军第65中队击落，他迫降成功但身负重伤，连人带机一起被俘。付出2名战友的代价，Ⅲ./JG 26也只入账2架空战战绩。皇家空军第54中队的约翰尼·艾伦少尉[②]被加兰德击落阵亡，他的一名队友带着轻伤迫降回曼斯顿机场。

三例伤亡足以给施拉格特联队当头一棒，加兰德更是怒火中烧，他只看到自己一个人在战斗，其他人不过“像风车一样转悠着”。他所压抑的不满彻底爆发，当晚就在卡菲耶开会痛斥纪律涣散，寄语飞行员要以此为鉴，摈弃对皇家空军的轻视，他们面对的是迄今最可怕的对手。加兰德治军严明，上战场尤其强硬，起初令第三大队叫苦不迭、怨声载道，不过队员们很快明白了，这份严苛恰是他们生存的保障。

第二天，德国空军吸取了经验教训，利用设在维桑的雷达站和无线电监听站，盯上缺乏护航的CW 8船队。“斯图卡”对其进行了三轮轰炸，在包括Ⅲ./JG 26、Ⅱ./JG 26在内多达五个战斗机大队[③]保护下，首轮进攻畅通无阻。

皇家空军第54、第64和第610中队约20架“喷火”赶去拦截，其中5架由第54中队的巴兹尔·休·韦（Basil Hugh Way）上尉率领，最早赶到多佛尔海岸，直扑刚进入又一轮俯冲的“斯图卡”，Ⅲ./JG 26大队指挥部小队急忙迎上前去，加兰德瞄准一架“喷火”以一串长点射猛烈开火，“喷火”载着飞行员（可能就是韦）在火光中坠毁在堤坝外海面。后续赶来的英军试图攻击Ju 87，立即遭到Ⅲ./JG 52大队和Ⅲ./JG 26大队围攻，英军虽寡不敌众，却以4架“喷火”的损失击落2架Ju 87和Ⅲ./JG 52的2架Bf 109，另有3架“喷火”迫降受损，尚能修复。JG 26第7中队宣称歼敌4架，Ⅲ./JG 52无战绩。不过CW 8船队伤情惨重，4艘运输船被击沉或倾覆，到这天入夜，船队共有8艘运输船被击沉，5艘退回多佛尔港口修复损伤。

7月28日上演一场王牌对王牌的经典对决，小小的多佛尔上空齐聚了莫尔德斯、加兰德和阿道夫·马伦（Adolph

---

① 此战第54中队和第65中队共宣称击落11架Bf 109，第610中队也宣称歼敌3架，英军的宣称战绩远高于德军实际损失，也许受Bf 109飞行员退出战斗时最常用的半滚倒转动作和冒烟的发动机所误导。

② 约翰尼·艾伦拥有8架战绩，是二战中首批杰出飞行十字勋章获得者，他是英军此战中唯一的阵亡人员。

③ 参加护航的有Ⅲ./JG 52、Ⅰ./JG 51、Ⅱ./JG 51、Ⅲ./JG 26、Ⅱ./JG 26。Ⅲ./JG 52提供近距离护航，Ⅲ./JG 26突前，JG 51和Ⅱ./JG 26可能担任先行扫荡和高空掩护，没有介入交战。

Malan）三位最顶尖的王牌飞行员兼指挥官。不知是无心还是刻意，德军使出一招引蛇出洞，60多架He 111轰炸机声势浩大杀过海峡，却在看到敌机的第一时间调头回飞，把前来拦截的皇家空军留给埋伏在上空的Ⅲ./JG 26大队、Ⅱ./JG 51大队和Ⅲ./JG 51大队对付。

英军第74中队爬升到5500米时遭到躲在上方阳光中的Bf 109偷袭，2架喷火战斗机被Ⅲ./JG 26的加兰德少校和卡尔上士击落[①]，加兰德的僚机明希贝格中尉重创英军第257中队一架落单的“飓风”，致使其迫降后报废。英军第41中队11架“喷火”从霍恩彻奇赶来增援，却被两个JG 51大队所阻。混战中，第41中队击伤1架Bf 109，自损1架“喷火”。第74中队宣称击落4架、可能击落1架Bf 109，其中1架由中队长马伦少校创下，自身损失3架，损伤1架。

Ⅲ./JG 26带着3个战果全身而退，而JG 51新晋联队长维尔纳·莫尔德斯少校首战明显演砸了，他的两个大队1人身亡，1人迫降。莫尔德斯重创1架“喷火”，但被后方另1架“喷火”打坏冷却器和油箱，大腿和左脚被弹片所伤，

不屈之鹰——阿道夫·马伦（Adolph Malan）

个人击落27架、共同击落7架敌机，两次杰出飞行十字勋章、两次杰出服务勋章。

1910年阿道夫·马伦出生于南非惠灵顿市一个白人望族，10岁就学会骑马和开车，在父亲的农庄打猎，这为他后来的战斗机飞行员生涯奠定了很好的底子，15岁时马伦成为海军军校生，从事过欧洲与非洲之间的海运，早年的海上生涯不仅培养了他坚毅的性格和强健的体魄，还为他带来相伴一生的绰号“水手”。

20世纪30年代中期，战争阴云笼罩在欧洲上空，英国皇家空军大范围征召飞行员，强烈的反纳粹意识促使马伦在这一时期转为空军飞行员。1936年12月进入历史悠久、声名显赫的皇家空军第74中队“老虎”中队，驻霍恩彻奇基地。1939年9月6日，英国对德宣战第3天，雷达

发现不明飞机接近埃塞克斯海岸，第56中队的“飓风”和第74中队的“喷火”纷纷紧急升空，结果2架“飓风”在家门口被马伦手下飞行员击落，导致一死一伤，这就是著名的“犬吠溪事件”，也是皇家空军在二战中第一起飞行员伤亡事件。军事法庭最终判定这是一起不幸的意外事故，马伦被免于起诉。

1940年5月21日，马伦在敦刻尔克首开纪录，宣称击毁和击伤Ju 88轰炸机各1架，到敦刻尔克大撤退结束时，他已经收获2个击落、3个可能击落战绩，6月12日，乔治六世在霍恩彻奇基地为马伦、第54中队的迪尔、约翰尼·艾伦、詹姆斯·利

① 安东尼·莫尔德（Anthony Mould）中士在座机起火后跳伞，他是加兰德的第17个空战战果。

撒德和第92中队的罗伯特·斯坦福·塔克五人颁发杰出飞行十字勋章，这五名皇家空军第一代王牌飞行员四人活过了二战，只有约翰尼·艾伦在7月24日被加兰德击落，迫降时机毁人亡。

不列颠空战打响时马伦以少校军衔指挥第74中队奋战在最前线，整个1940年间他个人击落23架、共同击落8架、击伤15架、可能击落3.25架。作为指挥官他治军严明，同时将自己战斗技能倾囊相授，在他调教下，“老虎”中队不负第一次世界大战的威名，再次成为一支精锐之师，8月11日宣称歼敌38架，以至于这一天被称作“水手的8·11”。

1940年12月和来年7月，马伦两次获得杰出服务勋章。1941年3月10日晋升为比根希尔联队指挥官。由于战功卓著，他的一线战斗生涯在1941年画上了句号，空战总战绩为个人击落27架，7架共同击落，可能击落3架，击伤16架，在皇家空军一枝独秀，1944年总战绩才被詹姆斯·埃德加·约翰逊赶超。比起空战战绩，马伦更为人称道的军事成就是对战术的发展，他根据战场经验总结出一套简洁有效的战术准则，后来在皇家空军战斗机司令部广为传播，指引着新一代飞行员的成长。

短暂赴美交流服务后，马伦回国担任比根希尔基地司令。1944年3月，他担任第145联队指挥官，下辖第329、340和341中队，1944年6月6日他最后一次升空作战，带领第340中队一个小队为空降诺曼底的滑翔机护航。

1946年马伦以上校军衔退役，举家搬回南非，马伦的后半生一直同种族隔离政策做斗争，不幸的是1963年他因帕金森综合征过早病逝，后来人们以他的名义专门成立一个基金会，资助帕金森综合征的医学研究。

他以机腹迫降回基地，座机（Bf 109E-3）报废。高手之间的巅峰对决充满浪漫和戏剧色彩，永远为人喜闻乐见，于是很长一段时间里，后人津津乐道于德国头号王牌飞行员被英国头号王牌飞行员马伦少校所击落，但莫尔德斯实则败于皇家空军第41中队的约翰·特伦斯·韦伯斯特（John Terence Webster）上尉之手。两个月后，韦伯斯特作战时与友机相撞阵亡。

七月，德国空军共出动5376架次，投下1474吨炸弹，同时源源不断向法国北部调兵遣将，准备发动更大攻势。英国舰船和南部港口损失惨重。在轰炸机和鱼雷艇的围剿下，47艘商船葬身大海，包括2艘驱逐舰在内的14艘舰船因空袭而损毁。多佛尔有了“地狱火海角”之称，凶险的形势迫使英国海军部禁止商船白天驶入

不列颠战役期间莫尔德斯少校来到JG 26，探望担任联队技术官的好友霍尔滕中尉，照片中这架Bf 109E也是霍尔滕的座机。

该段海峡。皇家海军从7月29日开始在白天销声匿迹。德军初步达成了压制英国海运能力的目标，但局部海域的胜利对整个入侵行动意义不大，皇家空军和皇家海军依然严防死守着东南沿海门户。何况，德军引诱英国战斗机迎战的企图落空了，初步交锋使皇家空军损失72架轰炸机、88架战斗机，而德国空军付出186架飞机的代价，作战损失不但高于敌军，也高于他们自己的预期。

8月1日加兰德因17次空战胜利以及在西班牙和波兰若干次对地攻击的战绩成为第26战斗机联队首位、德国空军第4位骑士十字勋章获得者。第2航空队总司令凯塞林元帅到访联队为加兰德授勋，并对联队的优异成绩表示肯定。碰巧这时有2架“喷火”不失时机地高空飞过JG 26机场，凯塞林笑称：“对你的第一声祝贺。”

三、第二阶段：“鹰击行动”

德国空军不再满足于小打小闹，制订了全面打击和摧毁英国空军的计划，以英国东南部的机场、飞机制造厂和地面系统等基础设施为目标，迫使英军防空力量正面迎战，从而将其歼灭。行动代号“鹰击”（Adler angriff），总共为期两周，分三步实施。8月8日戈林将行动时间“鹰日”定在两天后，但因天气原因延后到13日。

8月8日

围绕CW 9船队“田凫”的攻防战在性质上仍属第一阶段，但是空战规模和强度不逊于接下来的鹰日，英国史学界也有观点将这一天视为战役第二阶段起点，甚至是不列颠战役的正式开战日。

临近中午，德军第2航空队首先派出Ⅱ./StG 1大队的57架Ju 87剿灭前晚驶入多佛尔海峡的CW 9船队，Ⅲ./JG 26、Ⅱ./JG 51和 Ⅲ./JG 51担任护航，英军三个“喷火”中队试图拦截，战罢，4架“喷火”和2架Bf 109被击落。Ⅲ./JG 26以一名飞行员阵亡的代价击落英军第65中队2架“喷火”（飞行员均阵亡）并击伤另一架，明希贝格中尉和第9中队中队长舍普费尔中尉各立一功，后者顺手捎带打掉了英军第600中队一架训练飞行的“布伦海姆”。

德军的下一波攻势来自第3航空队。下午，82架Ju 87俯冲轰炸机从瑟堡起飞，在大约30架Bf 109和20架Bf 110保护下飞向海峡，德军起飞不久就被设在怀特岛的英国海岸雷达发现，正在船队航线上巡逻的皇家空军第257中队得以严阵以待并率先向德军发动攻击，3架Ju 87在圣凯瑟琳斯角（St Catharines）附近葬身大海，JG 27的Bf 109冲下来驱散了“飓风”，另外三个英军中队（Ⅱ./St G77大队第145、43、152中队）先后赶来增援。天海之间激烈的厮杀过后，英军以损失6架战斗机的代价揍下了德军11架Ju 87俯冲轰炸机、10架Bf 109战斗机和4架Bf 110战斗机，Ⅱ./St G77大队长跳伞被俘，不过CW 9船队晚上跄跄踉踉驶进韦茅斯湾（Weymouth Bay）时，原本20艘商船和9艘护航舰只剩下4艘完好[①]。

8月11日

经过两日偃旗息鼓，第2航空队对肯特实施了一系列战斗机扫荡，成功引来英军第11大队回击；第3航空队的Bf 110和Bf 109也在波特兰半岛遇到第10大队。双方基本打成平手：英军损失28架飞机和25名飞行员，另有6架受重创；德军损失38架。

① 德国海军击沉了三艘。

JG 26第7中队的比尔施根斯少尉在曼斯顿被英军第74中队的马伦少校重创，机身和发动机多处中弹，比尔施根斯勉强飞回卡菲耶附近以机腹迫降，飞机报废。第三大队交了白卷——如果忽视至少三名飞行员在多佛尔打掉阻塞气球的话。攻击阻塞气球被英方视作无理之举和德军嚣张气焰的又一明证，德国人则认为气球作为防空设施严重威胁到低空飞行的飞机，属于正当军事目标，对于手气不顺的德国飞行员来说，拿防空气球充数好歹胜过两手空空回去交差。第一、第二大队参战情况不明，当日无任何损失和战绩。

8月12日

鹰日最后一个"彩排"以晴空万里的黎明拉开序幕，德军继续空袭英格兰东南部各军事目标，为次日大举进攻扫平障碍。上午10点左右，第210作战测试大队的Bf 110和Bf 109战斗机加挂炸弹对多佛尔、坎特伯雷的雷达站实施了一轮精准轰炸。第2轰炸机联队（KG 2）和第3轰炸机联队（KG 3）轰炸坎特伯雷、霍金奇和利姆机场。此前还未正式打过一场不列颠空战的JG 26第一大队和JG 54第三大队一起护送利姆方向的轰炸机返航，宣称至少击落2架"喷火"（来自皇家空军第610中队[①]），一架Bf 109E在阿什福德上空爆炸，机毁人亡。

第2航空队随后派出22架Ju 87轰炸泰晤士河口两个小型船队。第二轮轰炸时皇家空军第501中队和第151中队15架"飓风"出现，"斯图卡"见势不好，仓皇丢弃炸弹溜之大吉，但仍有1架被击落。护航的JG 26第三大队赶来后形势逆转，2名"飓风"飞行员阵亡，另2架带伤迫降。JG 26第三大队上报了5架战绩，2架来自埃贝林少尉，加兰德少校、施普里克中尉和舍普费尔中尉[②]瓜分剩下3架。交战中加兰德紧咬第501中队的霍兰德少校不放，从4000米追逐到1300米终于得手，他看到对方拖着黑烟陡直下坠，随后又控制住高度，霍兰德凭借高超的飞行技术成功迫降，飞机可修复。

下午曼斯顿空军基地遭到德军第210作战测试大队的战斗轰炸机和Ⅰ./KG 2大队的18架Do 17密集轰炸，巨大的蘑菇云腾空而起，机场飞沙走石、浓烟蔽日，瘫痪超过一天，而这可怖的一幕在接下来一周成为曼斯顿的常态。英军三个滞空中队在地面引导下试图追击撤退的德军，但Ⅰ./KG 2大队绝尘而去。

第64中队的"喷火"来到轰炸机下方试图发动攻击，被JG 26第一大队携高度优势冲下来打退，1名"喷火"飞行员跳伞负伤。但第64中队一个分队溜到Bf 109后方击落了首次参战的雷格瑙尔少尉，后者供述道：

> 我担任哈费尔（Hafer）少尉的僚机，正当我对准一架尾随在他身后的"喷火"开火，突然飞来的炮火也击中了我的散热器，我急忙躲进云层并朝法国海岸飞去。飞机开始往下掉，发动机随后失灵，到大约200米高度时我只好选择了跳伞，在海水中泡了约7个小时，最终被一艘英国船救起。

JG 26第4中队的克鲁格少尉宣称12:25在马盖特击落一架"喷火"，为第二大队带来首个不列颠空战战果。第一大队的哈费尔科恩（Haferkorn）下士宣称在12:25海峡上空击落1

---

① 第610中队损失2架"喷火"，另有3架受创，宣称击落5架Bf 109，与其交战的德军宣称战绩是第610中队实际损失的3倍。

② 舍普费尔中尉上报击落"喷火"。

架MS 406法国战斗机，他遇到的可能是皇家海军的贼鸥式战斗轰炸机，飞行员克拉克中尉正在临时执行对空搜索任务，发现1000米高度上一架Bf 109单枪匹马冲过来，克拉克放下襟翼，做了个半滚进入大角度俯冲，成功地令Bf 109射过界，他在100米低空改出，平安返回戈斯波特的基地。

第三大队下午再次出击，扫荡多佛尔后又带回3架“喷火”战绩。自新任大队长掌舵，第三大队异常卖力，从7月下旬到8月底以自损15架飞机的代价宣称击落约70架敌机，占据联队总战绩半壁江山，并且将领先优势保持到不列颠之战终场。

联队指挥部至今未曾胜利，这方面，联队长汉德里克并不比他的前任出色多少，身为技术官的瓦尔特·霍尔滕中尉长久以来怨念深重，因为指挥部只有他和汉德里克两名空勤人员，连一个标准战术单位四机编队都凑不齐，虽然与第一大队同驻欧当贝尔，但汉德里克奉行把控全局，监管部队，指挥作战必须跟在后面而非冲在前面，用霍尔滕的话说：

> 汉德里克和我通常飞在（第一）大队之外，我们要晚于他们起飞，独来独往，总是错过上方的好戏，英国佬一直尽其所能地回避空中格斗，因此突袭和长途追击在当时都很稀罕，汉德里克和我从没遇见一架敌机。

1940年夏，卡菲耶基地，第三大队大队长加兰德和联队长汉德里克一左一右蹲坐在前排，后排左起：联队作战官维尔德上尉、大队副官明希贝格中尉、联队副官哈塞尔曼中尉。

8月13日

不列颠空战进入最高潮。

德国空军上下摩拳擦掌的“鹰日”早已祸根深埋，情报部门敲定的攻击目标无一处为皇家空军战斗机司令部要害。早晨的天气也没有站在德国人一边，出动时间被延后到下午，但只有一部分参战部队收到推迟的命令，鹰击行动就这样以混乱开始，以灾难收场，当天德军共损失42架飞机，虽然Bf 109和Bf 110宣称歼敌42架，英方实际只有13到16架战斗机被击落（3名飞行员阵亡），另有47架飞机在地面被炸毁①。

JG 26清晨由第三大队执行一次平淡无奇的战斗机扫荡。下午三个大队首次齐上阵，和JG 3一起为轰炸罗切斯特（Rochester）和罗奇福德（Rochford）机场的第1俯冲轰炸机联队第二大队（Ⅱ./StG 1）开路。显然帕克没有搭理这些Bf 109，JG 26第一和第三大队没有遭遇敌机，JG 3也一事无成。担任近距离护航Bf 110成功击退英军。Ⅱ./StG 1大队虽免遭被屠杀的下场，但因云层过厚没有找到目标，错将

① 另有一说英军地面损失23架。8月13日英军战斗机在空战交换比上取胜，但算上轰炸机司令部的夜间作战损失，英军总损失大于德军。

皇家空军海岸司令部的戴特灵（Detling）基地炸成废墟。22架停在地面的英国飞机被付之一炬，包括基地指挥官在内67人丧生。具有讽刺意味的是，这次无心插柳反而是德军在鹰日最拿得出手的战果。

JG 26第二大队此战表现相当稚嫩，大队长埃比希豪森上尉领航，率队沿7600米高度飞在最前方，下方跟着第一大队。著名的多佛尔白崖远远在望时，浓雾在1800米弥漫开，埃比希豪森只得实施盲飞，据说后面有12名飞行员迷航，靠着最后一滴油迫降回法国兰斯到凡尔登一带。与另外两个大队失散后，第二大队余部在梅德斯通以东遭到英军第65中队攻击，反而成为当日联队唯一留下交战记录的大队，1名飞行员被“喷火”击落后跳伞被俘。第65中队对交战对手点评为“缺乏经验，对我方进攻不做规避”。

第5中队的博里斯少尉独自返航前，在梅德斯通至戴特灵一带宣称击落两架“飓风”（可能来自皇家空军第56中队），第26战斗机联队的鹰日才不至于颗粒无收，博里斯在日记中记录了此次任务：

友机呼叫我们左下方有一个可疑的三机编队，显然是敌军战斗机。此外我也发现右下方的另一处敌情并发出警报，大队长带着指挥部小队转弯朝其中一架飞去，我所在的小队紧随。又有三架敌机出现在正下方，我认出是“飓风”，大队长正全神贯注于前方3英里左右的敌机编队，明显忽视了正下方的威胁。我压下机鼻，将左边那架置于瞄准具内，却不知另外两架敌机是否黄雀在后，不由紧张得无以复加。100米、70米……“飓风”填满了反射式瞄准具，机腹独特的散热器清晰可见。就是现在！见它稍微向左转，我打出提前量射击，它窜出耀眼的火光飞走了！

我转弯向左方友机飞去，前面一架Bf 109正追着上方的“飓风”开火，但无法跟住对方的急转弯。我从下方侧滑过去，逼近到70米……50米，瞄准英国佬机鼻，枪炮齐发。中了！它的翼根冒出浓烟，两侧喷出火焰。我立即脱离，并观测后方，下方一架“飓风”正准备向我射击，便立即爬高规避，对方没有追上来，转身离去。我的同伴呢？此刻身边一架友机也没有，后面又飞来一架飞机，我赶紧以一个半滚走为上策。

8月14日

德军攻势放缓，临近中午才出动轰炸机大军。JG 26全体出动，护送第1俯冲轰炸机联队第二大队（Ⅱ./StG 1）和第1教导联队第四大队（Ⅳ./LG 1）的80架Ju 87俯冲轰炸机杀向利姆机场。按照联队前晚的部署：加兰德带着第三大队冲在最前面和上方，提供间接护航，第一大队负责近距离护航，第二大队则兼顾间接护航和自由狩猎，联队长的小队依然跟在最后面。部分JG 51的飞机和Ⅱ./JG 52的30架Bf 109同样参加了此次护航，后者近距离护航Ⅳ./LG 1大队。

皇家空军第11大队得到雷达预警，提前出动4个中队42架战斗机拦截，于是双方近200架战斗机在多佛尔大打出手，足足一小时后才鸣金收兵。JG 26在福克斯通至多佛尔一带共宣称歼敌11架，其中10架在20分钟内取得（柏林时间13:20到13:40），保护在俯冲轰炸机周围的第一大队击落2架“喷火”，损失一名飞行员，第二大队的埃比希豪森上尉和克鲁格少尉各自斩获1架“喷火”，第三大队则一举斩获4架“喷火”、3架“飓风”。

加兰德通常习惯于近距离开火，这次他看到1架“飓风”紧咬住Ju 87不放，急忙打出一个远距离射击，“飓风”

为曳光弹所警觉，俯冲进云层，加兰德迅速瞄准云端，在对方跃出的一刻准确命中。他顾不得细看敌机坠落，因为与此同时他也成为别人的目标，但掩护在他身后的僚机明希贝格及时出手，将另一架“飓风”送进大海。作为大队副官，明希贝格手握12个空战战果，在联队仅次于加兰德（19架），他更渴望亲自带兵，加兰德很理解这个21岁年轻人的雄心壮志，但他刚执掌第三大队，还需要明希贝格为他打理大队事务，于是明希贝格继续留任，同时抓住一切机会扩大战果，担任加兰德的僚机期间共击落4架敌机，在“僚机以掩护长机为职责，无权主动进攻”的战术背景下，这4个战果难能可贵，也彰显了他高超的技战术水平。

JG 26的交战对手确有11架战斗机存在不同程度的损失，但其中6架战机和7名飞行员足以重新投入作战，具体为：皇家空军第32中队的“飓风”1架被击毁，2架带伤迫降后得以修复；皇家空军第65中队和第610中队各有2架“喷火”迫降；皇家空军第615中队损失2架“飓风”及其飞行员，另有2架被重创。

上述例子极具代表性地展示了德国战斗机漂亮的战绩与英军实际损失之间的差距。虽然一些等同于报废的重伤战机也被皇家空军乐观地归为“可修复”，但确实相当多一批被德国飞行员宣称“击毁”的战斗机很快恢复了战斗力。即使只是激烈战场环境下的无心之失，也足以酿成无可挽回的恶果：德国空军总司令部严重高估英军的损失。最终，戈林对他的战斗机飞行员丧失了信任。

JG 26唯一的损失来自第1中队的格哈德·克门（Gerhard Kemen）上士，两个月前刚完成飞行训练加入联队，以下是他的供述：

> 12:55左右，我所在的第1中队随第一大队升空执行护航任务……在大约3000米高度与轰炸机会合，护送他们直奔英格兰。第1中队飞在轰炸机机群左后方，我和长机亨里奇中尉殿后，因此也位于大队编队最后方。
>
> 飞越英格兰海岸后，前方四五架敌机向我和亨里奇飞来，我们脱离编队迎击。交战中我向前方1架“飓风”开火，同一时刻我也被来自后方的炮火击中肩部，当即失去知觉，恢复意识后发现满手是油。眼下唯有跳伞一条路，我摸到座舱盖紧急开关，离开驾驶座，解开降落伞扣，纵身跃出飞机，很快我再次昏过去，不知过去多久，最后关头才及时清醒，拉开了降落伞。我不记得自己如何重重摔在地上，如何被人发现或者如何送到医院，清醒过来时我已经身在多佛尔附近的医院，马上要做手术……

击落格哈德·克门的是皇家空军第32中队的斯迈思（R. F. Smythe）中尉，但他马上也成为JG 26第一大队另一位飞行员的猎物，最后迫降在霍金奇，本人安然无恙，只是座机完全报废。克门于1941年转到加拿大的英国战俘营，两年后和另外几名受伤的JG 26战俘被遣送回国，他作为地勤人员继续在JG 26服役。

JG 26此次护航非常成功，为自卫能力堪忧的Ju 87挡下了大多数英国战斗机，最终只损失了1架Ju 87。只是受云层所阻，Ju 87这次轰炸的依然是计划外目标：霍金奇机场和多佛尔海岸，还击沉了一艘灯标船。几架Bf 109（可能来自施泰因霍夫中尉的JG 52第4中队）索性跑去打掉了8个阻塞气球。不过此轮攻击转移了英国的防空力量，第210作战测试大队的Bf 110趁机再袭曼斯顿，摧毁了4个机库和3架“布伦海姆”，1架Bf 110被机场防空炮击落，坠落时撞上另1架

Bf 110，双双化作火球，只有1名无线电员跳伞逃生，沦为俘虏。

夜幕降临，漂亮豪华的法国城堡充满欢声笑语。想到以少量损失斩获一架又一架敌机，JG 26飞行员们满心骄傲和兴奋，回到宿舍仍意犹未尽，砸巴着嘴，挥舞双手，比划和交流着白天惊心动魄的空中决斗，伴着雪茄的烟雾缭绕和白兰地的芬芳，一直闹到深夜。气象预报显示次日天气不佳，但不妨碍飞行员对未来的信心——按照军方计划，待天气好转，皇家空军即将从天空销声匿迹。

8月15日

与天气预报相左，8月15日一早海峡两岸拨云见日。法国北部的第2、第3航空队和挪威南部的第5航空队集结重兵，按既定计划发动对皇家空军战斗机司令部的“绝杀”。

首轮空袭来自第2航空队51架Ju 87俯冲轰炸机，由JG 51护送着杀向两处英国空军基地：霍金奇和利姆。英军雷达提前探测到尚在加来的德军战机，第501中队和第54中队根据地面引导赶去拦截。第501中队在霍金奇打下1架Ju 87后被数量占优的II./JG 51击退，3架“飓风”和1架Bf 109被击落。前往利姆作战的英军第54中队运气欠佳，未能突破Bf 109的铜墙铁壁，新西兰籍中队长艾伦·克里斯托弗·迪尔上尉在自传《九死一生》中伤感地写道：

> 俯冲轰炸机以完美的梯队呼啸而下，对机场一番横扫肆虐，那伤怀的一幕至今仍令我难以释怀，几架“喷火”虽奋力抗击，却被汹涌的109式所吞噬，终究无力回天。

霍金奇一个机库化为废墟，跑道和兵营满目疮痍，连接海岸雷达的电缆也被破坏，利姆更是整整瘫痪了两天，不幸中的万幸，两处基地都没有飞机损失。

JG 26第三大队掩护轰炸机撤退，只是英军早已被JG 51联队驱散，加兰德哪里肯满足，护送到海峡上空后率队杀回英国，在多佛尔海岸小范围展开自由狩猎。皇家空军第54中队6架疲惫的“喷火”不幸落入这群Bf 109的围攻，其中1架被加兰德凌空打爆，“流星一样坠入大海”，飞行员是此前刚宣称击落3架Ju 87的诺曼·劳伦斯中士，他在最后关头跳出熊熊燃烧的座机，得到海军营救，第2架“喷火”被加兰德击中后急转弯逃走了。德军JG 26第三大队带着5个宣称战绩满意而归，英军第54中队此役共损失2架“喷火”。

下午第2航空队发动迄今为止最大规模的攻势，目

德国战时海报：Bf 109紧密保护在He 111轰炸机周围。

标直指霍恩彻奇、格雷夫森德（Gravesend）、伊斯特彻奇（Eastchurch）和罗切斯特（Rochester）四处英军机场。KG 2联队和KG 3联队全体出动，JG 51、JG 52、JG 54共计130架Bf 109担任护航，JG 26第二、第三大队以及JG 3在目标区自由狩猎，牵制英军。此外He 111和Do 17小队还将利用英军疲于应战之机轰炸三处雷达站。

8个英国战斗机中队紧急升空拦截这支庞大的德军，半数被JG 26、JG 51、Ⅲ./ZG 26牵制，其余四个中队仅能对轰炸机发动零散攻击，此轮交战过后英军损失了6架战斗机，另有8架带着可修复的伤情迫降。德军KG 3联队的88架Do 17以损失5架[①]的代价顺利轰炸了罗切斯特和伊斯特彻奇，罗切斯特机场附近的肖特兄弟飞机制造厂遭到破坏，英国第一款四引擎轰炸机“斯特灵”为此停产了三个月。另一方面，KG 2联队刚飞过多佛尔，发现几架敌机迎面飞来。也许2天前的“鹰日”吃够了苦头，联队长芬克上校做主，轰炸霍恩彻奇、伊斯特彻奇和格雷夫森德的任务取消，Do 17匆匆将炸弹投向“次要目标”多佛尔溜之大吉。但吓退KG 2大军的“英国战斗机”倒有可能是为KG 3护航的Bf 109！

皇家空军第64中队在多佛尔东面发现了“大约60架飞在6500米高的‘梅塞施密特’”，指挥官埃尼亚斯·麦克唐奈少校[②]率领11名飞行员携高度优势勇敢地发动进攻，少校本人刚向1架Bf 109开火，立即被7./JG 26中队长格奥尔格·拜尔中尉咬尾，拜尔看到子弹狠狠命中目标的同时也看到另1架“喷火”出现在自己后方，来不及观察前方拖着黑烟下坠的“喷火”，以半滚倒转甩掉了吉尔伯特上士，后者立刻也成为比尔施根斯少尉的猎物，比尔施根斯占据一个理想的射击位置火力全开，几乎同一时刻同一地点，他的队友瓦尔特·布卢默（Walter Blume）少尉同样宣称击落1架“喷火”，而吉尔伯特操纵被打坏散热器的“喷火”全速逃离，迫降在霍金奇。

麦克唐奈少校和加兰德少校各自率领飞行员在多佛尔至福克斯通一带大打出手，“我设法溜到1架‘喷火’后方，以100米距离开火”。加兰德后来回忆道：“炮弹和子弹撕裂了对方机身，巨大的金属部件向我飞来，我不得不收手，而‘喷火’燃烧着坠落了。”

加兰德马上将枪口对准下一个目标：“我从斜后方以100米距离向上持续开火，‘喷火’失控翻转，金属碎片横飞，火焰从机身和机翼喷涌而出，我赶紧急转弯拉开距离，这架‘喷火’随后也遭到舍普费尔中尉攻击，最后栽进海里。”

克里斯托弗·安德烈中尉未能逃生，23岁的他和这个夏天牺牲的很多皇家空军飞行员一样，都是刚投入战场的生手。加兰德取得自己第20和第21个空战战果的同时，僚机明希贝格中尉和拜尔中尉也各自收获了第13和第7架战绩，然而安德烈是皇家空军第64中队此战唯一坠海而亡者。同样地，麦克唐奈和他手下两名飞行员都上报在多佛尔海峡段击落1架Bf 109，但JG 26两个大队无一损失，共宣称击落至少7架“喷火”。不过皇家空军第151中队可能也介入此战，该中队下午1架“飓风”在多佛尔西边被击伤。

1940年夏天，像这样的

---

① 3架当场被击落，2架返航后报废。

② Aeneas MacDonell,杰出飞行十字勋章获得者，1913年出生于俄国，1934年就进入皇家空军第54中队服役，1941年3月被JG 51联队长莫尔德斯击落，跳伞坠海后被德军摩托艇救起，做了俘虏。

混战无数次在小小的多佛尔海峡上空上演，所有参战飞行员中恐怕只有7./JG 26中队的格哈德·穆勒–迪赫（Gerhard Müller-Dühe）少尉收获的空战战绩确凿无疑、独一无二——鉴于油量和弹药告急，穆勒–迪赫和中队队友比尔施根斯少尉、布卢默少尉结伴返航，三人接近法国海岸时吃惊地发现前方冒出一架单枪匹马的“喷火”，这段奇遇见诸比尔施根斯的回忆：

考虑到都面临燃油和弹药不足，我们打算速战速决，便一起上前断其退路或逼其降落。“喷火”飞行员着实身手不凡，以擦过树梢和树篱的高度和我们展开低空追逐，还不时还击。眼看油料和弹药告急，我和布卢默先罢手，最后穆勒–迪赫也放弃了，调头往回飞。这时面朝英国方向的“喷火”却突然转了个弯，向着法国海岸降落在维桑海滩。目睹这一幕，穆勒–迪赫少尉判断对方飞行员负伤迫降。他回到卡菲耶基地后驱车赶过去，陆军士兵已经先到一步，封锁了现场并将喷火式战斗机及飞行员俘获。那位英国飞行员一脸困惑和郁闷，当然可以理解。穆勒–迪赫上前同他握手，询问后得知原来他迷失了方向，把这里当做英国海岸。技术专家在“喷火”里检查到时下最先进的通讯设备，其性能远胜于我军的产品，无论从战术还是技术研究上看都极具价值。

阴差阳错自投罗网的是皇家空军第64中队的拉尔夫·罗伯茨少尉，德国人在他的喷火式战斗机“SH-W”中缴获到甚高频无线电，8月初刚刚装备到皇家空军。

傍晚，凯塞林打出最后一拳，KG 76联队的第一、第三大队承担对比根希尔基地的主攻，第210作战测试大队的Bf 110战斗轰炸机以肯利（Kenley）基地为目标，牵制英军。夜幕进一步阻碍德军的导航和目标识别，KG 76联队将炸弹投向空空如也的非作战机场西莫林（West Malling）。第210作战测试大队与护航的Ⅱ./JG 52大队错过会合，独自轰炸了克罗伊登（Croydon）机场，造成克罗伊登机场瘫痪四天，包括平民在内共有62人身亡，37人受伤，一座兵工厂起火，数个机库、建筑遭到破坏，但6架Bf 110和1架Bf 109被“飓风”击落，大队长鲁本斯德费尔（Rubensdörffer）上尉阵亡，这名战功卓著的瑞士籍指挥官之死在整个第2航空队造成不小的震动，他被追授了骑士十字勋章。

JG 26三个大队都参与了本轮空袭行动，第一大队起飞不久由亨里奇中尉击落1架单枪匹马的“喷火”，执行自由狩猎的第二和第三大队发现了大约30架英国战斗机，遂先下手为强，斩获3架“飓风”2架“喷火”。这次JG 26的宣称战绩可靠得多：英军第151中队损失4架“飓风”，第54和第266中队共损失2架“喷火”，另1架“喷火”被重创。

皇家空军第54中队中队长迪尔上尉以勇猛著称，颇有拼命三郎之风，这次他尾随一架被击伤的Bf 109追至法国，眼看快跟丢了，迪尔打出一个超远距离射击，结果打草惊蛇，他的猎物陡直俯冲向一处机场，朝正进场着陆的JG 26寻求庇护。“2架Bf 109立刻转而冲我飞来，试图拦住我的去路”，迪尔后来描述道，“我死踩油门，贴着海面飞速撤离，一面暗骂自己‘你脑残了吧’”。这2架Bf 109左右夹击，轮番开火，迪尔在枪林弹雨中左挡右闪。随着英国海岸在望，德国飞行员识趣地放弃追击，伤痕累累的“喷火”也终于支撑不住，发动机冒出火光，迪尔做了一个半滚，跳伞落在肯特郡阿什福德附近，只受了点轻伤。有资料指出追击迪尔的Bf 109飞行员是加兰德和明希贝格，也有学者认为是4./JG 26中队的埃伯斯贝格尔中尉。

8月15日，异常活跃的JG 26以零损失宣称歼敌22架，第三大队包揽其中18架。然而JG 26空前丰收的一天也以德国空军的“黑色星期四”载入史册，在挪威的第5航空队首次对英作战就创下超过10%的损失率，此后再也没能威胁到皇家空军。德军三大航空队总共出动2000多架次，损失了77架飞机，其中战斗机40架（但Bf 109只有5架）。如此大规模的攻势和如此高昂的损失为不列颠空战登峰造极。皇家空军损失了34架飞机，六处基地遭到严重破坏，多个雷达站电力供应被切断。

8月15日，皇家空军第151中队被JG 26击伤并迫降的“DZ-C”飓风战斗机机尾。

被JG 26第7中队击落，也可以叫逼落的皇家空军第54中队的喷火战斗机，战绩被归在格哈德·穆勒－迪赫少尉账上，图为穆勒－迪赫与他的战利品。

艾伦·克里斯托弗·迪尔（1917－1995年），以勇猛和命大著称，在皇家空军有“福将”之称，总战绩在新西兰王牌飞行员中位列第二：击落17架、共同击落1架、可能击落4架、击伤和可能击伤共8架，其中14架击落战绩在1940年取得。

戈林没有死心，因为他的飞行员当日宣称击落111架英国飞机（不过英国公布的182架总战绩同样夸张），他的情报部门评估认为，7月1日到8月15日皇家空军损失了770架战斗机，最多还剩下430架。事实完全相反，同时期皇家空军各种原因导致的实际损失达320多架，却生产了约700架，总计拥有1438架战斗机，数量是7月初的2倍。

8月16日

上午Ⅰ./JG 26大队顺利完成一次自由狩猎，宣称斩获“飓风”和“喷火”各一架。午后Ⅱ./JG 26大队从马基斯出动，共同护送轰炸机攻击了肯特机场。指挥部小队返航至英国海岸线时，遭到皇家空军第266中队从上方发动的攻击，4架Bf 109以少打多，苦苦支撑，直到Ⅱ./JG 3加入才扭转战局。而第266中队力战50架Bf 109，4架“喷火”被击落，2名飞行员阵亡，其中包括中队指挥官威尔金森少校。

德军同样损兵折将，Ⅱ./JG 3损失一名中队长。拥有7个空战战绩的Ⅱ./JG 26大队长埃比希豪森上尉悄无声息被吞噬在天海之间，据说他与威尔金森少校相撞双双身亡。埃比希豪森上尉是他的大队唯一的损失，他的小队宣称击落两架“喷火”。第三大队当时也在执行自由狩猎任务，但没有介入此战，该大队当晚又出动了一次，没有遭遇敌机。

8月16日德国人扳回一局，皇家空军至少损失了90架飞机，其中61架在地面被摧毁，7架轰炸机被击落。德军损失38架，其中13架Bf 109被击落，数目是“黑色星期四”两倍有余。Ⅱ./JG 26面临一个月里连损两名、一年里连损三名大队长的窘境。第4中队中队长埃里希·博德上尉被紧急提上来填补埃比希豪森留下的空缺。

8月18日

历经两天激战，德国空军在17日稍事休整，疲惫的JG 26飞行员得以见缝插针到镇上放松一把。加兰德和莫尔德斯受邀前往戈林位于柏林郊外的府邸卡琳庄园开会。会后戈林为他最青睐的两位年轻指挥官兼王牌飞行员颁发了金质镶钻飞行员勋章，并且透露出有意针对不列颠空战反映出的问题改组战斗机部队，其中包括提拔一批年轻有为的新生代飞行员为联队长，因为这次会议，加兰德错过了不列颠空战中“最艰难的一日”。

18日，凯塞林趁天气晴好卷土重来。虽然未必出自情报部手笔，但第2航空队总算将道丁最重要的第11大队军区基地纳入打击目标，除了上午的比根希尔、肯利、霍恩彻奇和北威尔德，下午又新增了霍恩彻奇和北威尔德的辅助机场。

午后德军KG 1联队和KG 76联队共110架轰炸机分别杀向比根希尔和肯利基地，第2航空队麾下战斗机部队五个Bf 109联队和一个Bf 110联队[1]全体出动为其保驾护航。在加兰德缺阵的情况下，JG 26第三大队由第9中队中队长格哈德·舍普费尔中尉率领，和JG 53飞在轰炸机群前方40公里，先行扫荡肯特和萨塞克斯。这50多架Bf 109组成的德军先头部队刚离开法国，对岸的帕克少将迅速做出反应，出动他的五个中队前往坎特伯雷地区巡逻。

第501中队12架飓风式战斗机朝着坎特伯雷螺旋爬升时被舍普费尔发现。利用高度优势，舍普费尔快刀斩乱麻般两分钟内连中四元，取得当时空战史上前所未有的佳绩。后来接受战地记者采访时，他详细描述了当时的情景：

我们以自由狩猎飞到多佛尔，爬升到一个相当有利的高度，我突然看到下方一队英国战斗机正贴着海面，朝着坎特伯雷方向缓缓转弯爬升，很可能获悉了我方行动，正在搜寻我们。我立即率队保持着有利位置尾随逼近。8架“飓风”排成V形编队打头阵，后面跟着一个掩护小队，另有一架忽左忽右迂回飞行，它们至今没发现我们，但是提升了高度，这时我们发动了攻击。我首先逼近迂回飞行的那架，在它后方100米处按动扳机，炮火和子弹当即撕裂了这架“飓风”，碎片四溅，烟火俱起。

掩护小队中另一架“飓风”进入瞄准镜，我如法炮制，它同样燃烧着坠向地面。其余英机仍在螺旋爬升，浑然不觉已被“梅塞施密特”咬尾。我瞄准下一个目标，从后方一个短点射结果了它，第三架！

英军毫无反应，还往前冲，我自然瞄准了第四个目标。可惜这次距离太近，开火将其凌空打爆的同时，自己的座机也被飞溅的残片击中，汹涌的滑油糊住风挡和座舱盖右侧，遮挡住视线，我只得收手，退出这场前后只有2分钟的战斗。

这是一次教科书般的攻击，囊括了空战四大要素：偷袭、高度、速度和近距离射

---

[1] JG 3、JG 26、JG 51、JG 52、JG 53、JG 54、ZG 26。

1940年8月18日舍普费尔偷袭示意图，几项关键步骤：

（1）舍普费尔先发现下方螺旋爬升的“飓风”，立即意识到对方即将背向阳光。

（2）舍普费尔命令队友留在上空掩护，自己逼近殿后警戒的敌机，他认为敌下我上、敌暗我明，单机偷袭不易暴露。

（3）在“飓风”爬升到Bf 109下方约1000米时，舍普费尔俯冲换取速度，掠过两架殿后警戒的“飓风”下方盲点时改出，从后方大约100米通过两轮短点射将其击落。

（4）英机毫无反应，且螺旋爬升在空气动力学上较为被动，给了舍普费尔如法炮制，次次得手的机会。

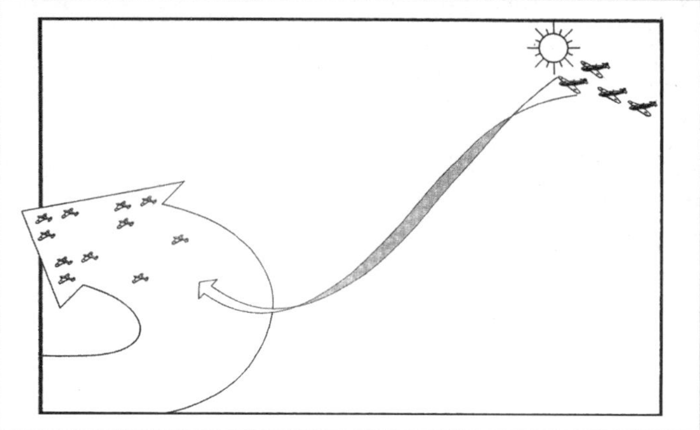

击。成就舍普费尔军事生涯闪光时刻的，除了他本人的技战术水平，还有英军破绽重重的经典编队，“飓风”飞行员受到攻击后甚至连警告和呼救都来不及发出，以至于偷袭者故技重施三次，全部得手。第501中队里拥有7架空战战绩的肯尼斯·李（Kenneth Lee）少尉承认：“他干得太利落，我完全不知道怎么被击中的。”

李跳伞落在惠特斯特布尔（Whitstable）附近一块稻田，抬头就看见步枪枪口阴森森正对自己，执枪老者有着典型英国人的牛脾气，说什么也不信这个一脸狼狈，既没有穿制服也拿不出证件的飞行员是同胞，李被“押送”到附近一座高尔夫俱乐部，还得到一杯白兰地提神，几个会员边走边埋怨飞机的呼啸吵到他们挥杆，有人用足以被李听见的声音窃窃私语：“瞧那家伙衬衣脏的……他肯定不是这儿的会员。”

付出一死三伤的代价，第501中队其余飞行员俯冲逃过了被舍普费尔手下捕食的命运。JG 26第三大队在接下来的扫荡任务中为返航轰炸机打退了皇家空军第17中队，宣称击落3架“飓风”，第17中队实际只有1架被击落，2架带伤迫降。

舍普费尔(1912－2003年)，参军前曾是警察，1936年加入德国空军，1938年6月来到JG 26的前身第334战斗机联队第一大队，可谓联队元老重臣，加兰德不在时，第三大队通常由他带队指挥。照片拍摄于1940年上半年，舍普费尔坐在Bf 109E-3里。

8月18日连中四元后舍普费尔的战绩跃升到13架，地勤正在他的飞机尾舵画上最新战绩。

傍晚，凯塞林再次派出100多架轰炸机和150多架战斗机，袭击北威尔德和霍恩彻奇。除了Ⅲ./JG 51的25架Bf 109和ZG 26的20架Bf 110近距离护航，其余100余架战斗机遍布在海峡和英格兰一带游猎。皇家空军出动第11和第12大队的143架战斗机，难得旗鼓相当的截击力量很快展示出效果。

皇家空军第32中队试图接近KG 2联队的道尼尔轰炸机时，被俯冲下来的Ⅲ./JG 26阻拦，“飓风”散开编队，来到Bf 109后方转守为攻，彼得·布拉泽斯（Peter Brothers）少尉向右急转弯甩掉后方敌机，确定再无敌情后以两记短点射将一架Bf 109打成一团火球，格哈德·穆勒－迪赫少尉刚崭露头角的军事生涯随着生命一起戛然而止。两名飞行员旗鼓相当，输家的战绩定格在6架，而胜者收获了第8场空战胜利，未来还将击落8架德国飞机。

穆勒－迪赫的7./JG 26中队队友瓦尔特·布卢默少尉幸运得多，他先后被3架“飓风”击中，迫降在坎特伯雷，重伤被俘①。以损失两员战前就加入联队的老将为代价，Ⅲ./JG 26这次只入账2架来源不明的“喷火”，不过KG 2的Do 17全体返航。

由于目标区云层覆盖，轰炸任务取消。误炸克罗伊登平民后，凯塞林严禁轰炸非军事目标，KG 2和KG 53将炸弹草草投向舒伯里内斯（Shoeburyness）和迪尔（Deal）两处军营，只有KG 53的4架He 111未能返航。不过德军全天作战损失69架到71架飞机，另有31架受损，英军有29到31架战斗机被击毁，10架被击伤，空战胜利仍然属于道丁的战斗机司令部，但算上轰炸导致的地面损失，两军总损失大致相当，损伤数不约而同创下新高，使得8月18日被冠以不列颠战役“最艰难的一天”。德国空军后续影响有二：撤出了损失惨重的俯冲轰炸机；配

彼得·布拉泽斯少尉，杰出服务勋章、大英帝国勋章和2次杰出飞行十字勋章获得者，二战总战绩为击落16架、击伤3架敌机，其中10架在不列颠战役中创下。

① 瓦尔特·布卢默的战斗生涯并未终结，1943年10月他被交换回国，不久就先后被投入Ⅰ./JG 300大队和Ⅰ./JG 27大队继续作战，进而又击落4架到8架四引擎重型轰炸机并挺过了残酷的西线空战，总战绩为14架。

备规模更大、队形更密集的护航战斗机。

四、加兰德入主联队

接下来几天海峡上空为阴雨笼罩，两军都迎来宝贵的喘息之机。戈林对于皇家空军至今未被消灭大光其火，归咎于战斗机部队作战不力。眼下便抓紧时机实施改组：三个原属第3航空队的战斗机联队JG 2、JG 27、JG 53暂归第2航空队指挥，基地也从瑟堡搬到最前线加来；另一项重大改变是人事上的：不满于现任联队长缺乏进攻精神，8月下旬戈林对8个主力战斗机联队指挥层大换血，擢升了几位年轻好战、精力旺盛的大队长，除了一个月前已走马上任的JG 51联队长维尔纳·莫尔德斯外，阿道夫·加兰德、汉内斯·特洛夫特、京特·吕佐夫、京特·冯·马尔灿纷纷走上前台，这批联队长二十七八岁，正值盛年，当年10月赫尔穆特·维克中尉担任JG 2联队长时只有25岁。

8月22日，加兰德正式就任。第三大队交由原第9中队中队长舍普费尔指挥。汉德里克少校暂时调到第2补充训练大队，他虽然素有抱负、受过职业军官培训，且运动员出身的身体素质过硬，可所有的优势与乏善可陈的战绩极不相符。汉德里克后来陆续担任过JG 77联队、JG 5联队、奥地利战斗机指挥部和第8战斗机师指挥官，二战结束时军衔为上校，总战绩10架。

新任联队长截然不同，他从身体到大脑仿佛蕴含无限的活力，敢打敢拼也敢想，行事雷厉风行，而且深得戈林赏识。上任后加兰德便毫不掩饰地向全队表示自己立志于将JG 26打造为最强的德国战斗机部队，不具备同样的雄心壮志者没有立足之地。他强调联队长只是地面职务，在空中必将一马当先，而且会一直观察中队长和大队长们的作为——加兰德提醒他的中队长和大队长们最好习惯这件事。

奔着“最强战斗机联队”的目标，加兰德大刀阔斧实施改组（虽然一周前被戈林征询意向时他自称“没有做好当联队长的心理准备”），撤下几个表现平庸的指挥官，调来同样参加过西班牙内战的JG 53第2中队中队长罗尔夫·平格尔上尉（西班牙内战战绩6架、二战战绩10架）指挥第一大队；舍普费尔将带领第三大队更上一层楼，天赋出众、志怀远大的约阿希姆·明希贝格中尉在大队副官位置呆了两年之久，现在终于被提拔为第7中队中队长，原中队长格奥尔格·拜尔中尉成了加兰德的新副官；两周后埃伯哈德·亨里奇中尉上位，指挥第1中队。

人事变动只是第一步，加兰德将三位大队长召集到欧当贝尔，向他们传达出自己执掌联队的理念和方略。首先，己所不能，勿施于人，他会在战场做好表率，也希望飞行员以联队长的空战战术为奋斗目标；第二，不摆架子，平易近人，但会从严治军、狠抓纪律，加兰德认为，面对不中意的策略和任务，与其浪费时间批评和抵触，不如勇于担当，努力完成，把真正的问题留给柏林方面解决。最重要的一点是，他一视同仁，全队必须团结一致，无论军衔、职务皆为同袍。加兰德放下话，自命不凡和浑水摸鱼之辈将被清除出队。

接下来他又风风火火走访了所有机场，深入到各部门，从飞行员到装配工、机械师、军械士、炊事员、文书、队医、通讯兵、情报官、后勤司机，他都进行当面交流，了解他们所思所需。通过这番自上而下的大力整顿，联队风貌果然焕然一新。

德国空军这时既无标准的护航战术，也无统一策划，一切全凭几个战斗机指挥部

（Jagdfliegerführer）和下辖的联队长摸索，因此各战斗机联队表现良莠不齐。战后接受审讯时，加兰德声称仅有JG 26和JG 54能兼顾保护轰炸机和控制自身损失率，关键之道被他归结为周密的计划和严格的执行，一个战斗机联队最多能保护一个联队规模的轰炸机，在轰炸机群维持住紧密队形的前提下，加兰德要求手下编队指挥官“亲自负责”责任范围内的每一架护航对象，对每一例损失作出解释，他解释说：

（战前）那批指挥官在和平时期卓有成效，但指挥作战有所欠缺。首先有必要更换他们。自此以后，每一次联队规模的作战行动都由我亲自率领，我很清楚大规模空战何谓有所为有所不为。接下来我书面制定了一套为轰炸机护航的战术，在联队范围开展执行后深受好评、广为流传，被视为最佳护航战术。

约瑟夫·比尔施根斯少尉则将JG 26护航上的成功归功为飞行员丰富的战斗经验和优秀的战术素养，他们发自本能地知道审时度势，灵活调整编队速度、高度、方位以及与轰炸机之间的距离，才能圆满完成任务，有些部队仅仅从字面理解和僵硬执行“近距离护航”，面对敌机则束手束脚、陷于被动，非但无力保护轰炸机，反而自身难保。

加兰德另一大突破是要求联队指挥部四机小队务必参战，如有必要，他还会从任何中队抽调表现出色的士兵做僚机，同时进行考评和调教，后一举措随即推广到全军。联队技术官瓦尔特·霍尔滕中尉成为最大受益者，空战机会大增，因为他的新长官次次都要找到敌机练手才肯罢休。

然而不比明希贝格，霍尔滕很快发现担任加兰德的僚机绝非易事：一旦他冲向敌机，要跟住他近乎不可能，这时的加兰德就像一头饥渴的猛兽，绝不会分享猎物。霍尔滕只能从寥寥几架有幸从长机枪口下逃脱的猎物那里捡漏。如果正巧有一架敌机逃过来，他必须抓住稍纵即逝的机会，这通常意味着难度极大的偏转角射击。当时在德国空军，不要说技术军官，就是标准的战斗机飞行员训练体系中也没有偏转角射击项目。更令霍尔滕意外的是，他翻阅了射击手册，发现偏转角射击竟然被视为浪费子弹之举而不被倡导，从正后方最近的距离开火——曼弗雷德·冯·里希特霍芬在上次大战留下的经验仍然被奉为圣典。

在地面布置任务的联队长与率队亲征后返航的联队长，左图加兰德右臂佩戴着施拉格特联队袖标，右图加兰德身着典型的海峡救生服，飞行靴上绑有信号弹，驾驶舱下方绘有著名的加兰德个人标识：持枪的米老鼠。

不愧是未来的无尾飞翼战斗轰炸机Ho 229之父，面对不适合自己的空战教条，瓦尔特·霍尔滕那工程师的头脑就开动了，加之在陆军接受过高炮炮兵训练，他计算出经由反射式瞄准仪进行提前量射击的大致数值，最初计算得出的提前量过大了，不过通过几次实战测试第一时间予以了修正，接下来的几场战斗中收效甚佳，甚至连目睹他射击的加兰德也赞不绝口。

新联队长上任当晚率队亲征，以自由狩猎的形式掩护第210作战测试大队的Bf 110攻向曼斯顿，JG 26在多佛尔击落了第65中队3架“喷火”，但其中2架实际带着可修复的伤情迫降。

8月24日天气好转，大规模轰炸卷土重来。抱定抄掉道丁最后家底的决心，凯塞林继续穷追猛打英国空军基地，还将飞机制造厂和铁路系统也纳入攻击目标，迫使英国战斗机迎战，雷达站反而被剔除了。上午包括Ⅲ./JG 26在内三个战斗机大队为40架Ju 88和Do 17护航。至少8个英国战斗机中队紧急升空拦截，但只有2个中队突破了密集的护航编队。明希贝格和施普里克各击落1架“喷火”，返航时1名飞行员被击落坠海，被德军水上飞机营救，另2架Bf 109迫降回法国。下午加兰德率联队出击，上报歼敌5架，没有损失。

第二天德军实施了三轮轰炸。JG 26傍晚开展自由狩猎，击落了第32中队4架“喷火”，上报了7架战绩，自身无损失。由于前晚一架德国轰炸机误将炸弹投向伦敦郊区，英国轰炸机针锋相对，25日开始接连两晚拜访了柏林，破坏无足轻重，但对德国政治和社会影响极大，导致一系列意义深远的连锁反应，后世有学者甚至将8月24日和25日伦敦和柏林遭受的空袭视作不列颠之战的转折点。

度过了两天休整期，8月28日JG 26和JG 51一起护送着大约50架轰炸机杀向泰晤士河沿岸最重要的两处英国空军基地：伊斯特彻奇和罗奇福德。Ⅲ./JG 26大队和联队指挥部小队贴身保护伊斯特彻奇方向的He 111轰炸机，Ⅰ./JG 26大队飞在高空掩护。多佛尔的英国雷达于9:00探测到加来有德机活动。32架飓风式战斗机和第264中队最后12架无畏式战斗机接报后紧急升空，恰好在德军于泰晤士河河口兵分两路时接敌。Ⅰ./JG 26大队很快与“飓风”陷入交战，按照加兰德的回忆录描述，接下来的一幕是这样的：

第一眼看到12架双座飞机并列排成密集编队从“亨克尔”下方接近，加兰德误以为是Ju 87，大为困惑，但当机背炮塔映入眼帘，立刻认出乃无畏式战斗机，那独特的48毫米炮塔式机枪正慢慢转向亨克尔轰炸机毫无防备的机腹。加兰德当即用力推油门并向后拉杆，径直俯冲下去发动攻击，他的小队紧随其后，笨重的“无畏”编队瞬间被打得七零八落，以至于加兰德已经找不到目标，好不容易发现一架“无畏”飞在侧边，却被身后的僚机抢先下手。加兰德的第二个目标通过减速，成功躲

1940年9月第26战斗机联队新任指挥系统

联队长：阿道夫·加兰德少校		
第一大队：罗尔夫·平格尔上尉	第二大队：埃里希·博德上尉	第三大队：格哈德·舍普费尔上尉
第1中队：埃伯哈德·亨里奇中尉	第4中队：汉斯·克鲁格中尉	第7中队：约阿希姆·明希贝格中尉
第2中队：弗里茨·洛西凯特中尉	第5中队：沃尔夫冈·科塞中尉	第8中队：古斯塔夫·施普里克中尉
第3中队：约翰内斯·赛费特上尉	第6中队：瓦尔特·施奈德中尉	第9中队：海因茨·埃贝林少尉

过炮弹，加兰德朝第三架“无畏”俯冲过去，从约100码的距离持续开火到20码，一口气打光了炮弹，继续用两挺机枪迎击，同时上下翻飞、左躲右闪，尽可能躲在目标后方，虽然仍免不了座机身中四弹，加兰德最终还是击中对方的油箱，“无畏”瞬间被大火吞噬。

加兰德拿下第24个战利品三分钟后，僚机霍尔滕也连下两城，首次尝到胜利的滋味，他描述的接敌过程倒略有出入：

我们四处搜索，没发现敌机，这时加兰德突然稍微转向右边，经验告诉我一定有情况。果然一个移动的小黑点出现，靠近后发现那是一架飞机，我们加速逼近并很快超过它，确定那是一架单枪匹马、沿曲折航线飞行的无畏式战斗机……它的狂妄（或者叫愚蠢）令我们大吃一惊。哪怕加兰德从下方接近，炮塔也纹丝不动，我们减速观察，只看到曳光弹从两机间划过，估计谁也没射中。

我猛然警觉此时英国人如果突然拉起爬高，炮手就能有充足的视野向后半球开火，我岂不就成了绝好的靶子。但他只是利落地向左转弯，从我右上方掠过来到左下方。我迅速估算出一个射击提前量“让子弹飞一会儿”，弹道仅仅掠过对方机尾，于是我略加修正再次开火，这次“无畏”整个机翼窜起火焰，像火炬一样坠落了，我第一次用偏转角射击取得“教科书式的空战胜利”。

英军第264中队共被JG 26和JG 51击落和击伤各3架，中队长加文少校和机枪手阿什上尉弃机跳伞，阿什因撞上尾翼，降落伞被割离而阵亡，加文带着烧伤生还。第二天第264中队撤回内陆，战斗机司令部的“无畏”退出了昼间行动。

Ⅰ./JG 26大队击落了皇家空军第78中队2架“飓风”。然而比起英国战斗机，JG 26飞行员还有更棘手的敌人要面对，这就是被吐槽为下水道的英吉利海峡。激战正酣时，Bf 109油量报警灯就不断亮起，催促飞行员赶紧返航，经由肯特飞越海峡途中至少7位JG 26飞行员因燃油耗尽实施水上迫降，后均获救。令加兰德颜面无光的是，此战两例损失均出自他的小队：副官拜尔上尉及僚机卡尔·施特劳布上士在坎特伯雷上空双双被“飓风”击落，沦为俘虏。

8月31日的第三大队

皇家空军第11大队大部分机场已然一片残垣断壁，凯塞林通过尝试各种战术，打击范围扩大到第12大队的基地，并再次轰炸了多处雷达，战役在31日进入白热化。JG 26共执行了3次联队规模的护航和1次深入泰晤士河口以北的自由狩猎，基本倾尽了Bf 109航程，取得22架宣称战绩的同时也损

皇家空军第264中队的无畏式战斗机，事实证明这种带炮塔的战斗机太慢了，总是成为德机绝佳的靶子。

失5架飞机和5名飞行员，创下单日最大伤亡记录。

上午晴空万里，JG 26和ZG 26护送一队Do 17袭击伦敦北部的德布登（Debden）基地，在埃塞克斯遇到从北威尔德起飞拦截的皇家空军第56中队，4架“飓风”被斩落，第二天该中队撤到西部相对平静的第10大队防区休整。加兰德带着他的小队掩护轰炸机撤退时击落了1架“喷火”。

午后，Do 17和He 111接连轰炸了比根希尔、霍恩彻奇以及克罗伊登，JG 26担任护航。英军由于防空指挥官迟于应对，肯利机场被炸了个底朝天，第85中队的飓风式战斗机和第603中队的喷火式战斗机只能沿途追击，第603中队声称在泰晤士河口一举歼灭4架Bf 109，自身无损失。德军的JG 26实际阵亡2名飞行员：第一大队副官路德维希·哈费尔中尉被“喷火”击落，维尔纳·海尔下士更可能被Bf 110误击。

JG 26联队下午第三次出击没有遭遇敌机。黄昏时分，在卡菲耶的舍普费尔上尉收到这天最后一道作战令：他的第三大队将和联队指挥部一起为再袭霍恩彻奇的II./KG 76大队执行战斗机扫荡，第一、二大队担任近距离护航，在Do 17机群18:00到18:05飞过圣奥梅尔至加来时与之会合。

收起正在填写的作战报告，舍普费尔让副官海伯克中尉电话召集中队长参加战前简报。等待间隙，他望向门外，那里永远有地勤忙碌的身影，空旷的着陆场散落着收割下的麦梗，通过一道宽大的斜坡与疏散分区相连，疏散区的大树和灌木丛之间，一架架Bf 109影影绰绰，覆盖以伪装网，旁边有沙袋堆放而成的支撑，它们已经完成加油、维护和装弹，即将载着主人出征。

不多时，三位中队长健步而来，均系着黄色的飞行员领巾，腋下夹着檐帽。昵称“约亨”的明希贝格中尉英气逼人，样貌甚是符合雅利安人特征，向来最为军内摄影师们青睐。第8中队的古斯塔夫·施普里克中尉“米基”有着一头亚麻色头发，和许多拔尖的王牌不同，出生于农家的施普里克性喜安静，低调而随和，人缘极佳。第9中队的海因茨·埃贝林（Heinz Ebeling）少尉和明希贝格上午各入账1架战绩，不走运的是，埃贝林返航至海峡时水上迫降，泡了29分钟被海空搜救队营救上岸，刚归队不久。不知是否拜大难不死和白兰地所赐，素来冷峻的他此刻满脸堆笑、面色潮红。

舍普费尔布置下作战任务、起飞时间、次序、轰炸机航线、搜救机航线及班次，并做了答疑。比起近距离护航，此次间接护航可谓美差一桩，中队长们自是欣然领命。起飞时刻前20分钟，各中队疏散区随着人群聚集而热闹起来，飞行员身着飞行服，脚踏飞行皮靴，小腿绑着信号弹，飞行服上大大小小的口袋分门别类装着信号枪、匕首、救生包、巧克力、葡萄糖以及兴奋剂药片，起飞前还会仔细用绳固定住，防止在跳伞或者海面迫降过程中掉落，这是一套典型的1940年海峡前线救生装备，一切为了最大程度保全飞行员生命。

飞行员穿好救生衣，检查了装备和座机，校准飞行腕表，向地勤人员最后确认了一道，在飞机后面提前解决内急，便爬进驾驶舱，在地勤帮助下扣好安全带和降落伞扣。看到中队长做出一切就绪的手势，机械师转动了发动机手柄启动了飞机，戴姆勒－奔驰601发出的嗡嗡声逐渐转为震耳欲聋的轰鸣，螺旋桨高速运转起来，飞行头盔和对讲机麦克风被戴好后，座舱盖合上并锁住。一道信号弹从指挥室升起，轮挡被移除，一架架战机在中队长带领下次第从伪装网下缓缓开出，驶上跑道，最后腾空而起。

舍普费尔带领他的小队飞在最前方，升空后他娴熟地收起襟翼和起落架，调节螺旋桨并开启瞄准器，接着略微左转，观察后方的起飞和集结。大队先朝内陆慢慢爬升，与轰炸机会合后进入航线。很快，第一、二大队如约而至，他们以四机编队为单位紧紧围着轰炸机各自就位。第三大队则继续爬升，飞过一半海峡时已经来到轰炸机群上方3000米。接到大队长发出的信号后，各中队分散开，遍布在轰炸机左右两侧和后方位置掩护，并时刻保持目视距离。随着多佛尔标志性的白崖映入视野，土黄色的邓杰内斯海岬逐渐醒目，顺着邓杰内斯方向远眺，泰晤士河口已隐约在望。飞行员们迅速对仪表盘做了最后一道检查，准备回应此地主人随时出现的“迎接”。

当打头阵的轰炸机进入英国海岸线，多佛尔到伦敦一线的高射炮首先做出反应，德机群穿梭在密集的炮火和厚重的黑烟间。舍普费尔则始终留意着西北方向地平线，根据经验，英国战斗机往往首先从这一方向的坎特伯雷冒出。此时日暮西山，为了利用阳光掩护，舍普费尔带领大队转向东边。

明希贝格第一个报告敌情，他发现一队敌机正从轰炸机下方接近，当即带领第7中队呼啸着直扑下去，硝烟划过半空，队末一架“飓风”冒出火光，其余英机纷纷半滚俯冲规避，明希贝格率队紧追不舍。

道尼尔轰炸机维持着完整队形一路畅行无阻，直到接近伦敦，敌机接连不断从云层跃出，第三大队全速迎上前，杀作一团。眼见一架“喷火”逼近轰炸机，舍普费尔远距离打出一个短点射，化解了这次危机，“喷火”受惊之下紧急向右规避，仍然未能逃过梅塞施密特的火力网，爆炸声中襟翼和起落架断裂，飞机失控栽了下去。舍普费尔的无线电中则传来海伯克中尉的道贺。

此时轰炸机也完成投弹，七零八落调头返航，其中一架伤痕累累，艰难地跟在队尾。接到大队长信号，第三大队分成双机和四机编队也踏上归程，除了多佛尔的防空炮还能对他们造成威胁，追击他们的英国战斗机已经鞭长莫及。英吉利海峡的后半程，海空搜救队的水上飞机正低空飞向几个漂浮在海面的救生圈。飞过法国海岸不到一分钟，熟悉的卡菲耶基地映入眼帘。先后有3架飞机在机场上空兴高采烈地晃动着机翼示意载誉而归。Bf 109纤细的机体落在凹凸不平的黏土面层跑道，发出重重的撞击声，它们在地勤引导下滑向各自的停机坪，螺旋桨缓缓平息，最后发动机也归于平寂，出征的飞行员终于重回大地怀抱。

返航后，舍普费尔再次召集手下中队长报告战况，明希贝格的第7中队宣称击落1架“喷火”，1名飞行员未能返航，第8中队以零损失入账3架“飓风”，施普里克包揽其中2架。上午大难不死的埃贝林时来运转，梅开二度，但他的第9中队也被“喷火”打下一架，飞行员跳伞后被俘。

这次任务并不轻松，从英格兰海岸到霍恩彻奇一路不停遇到拦截和追击。加兰德在格雷夫森德（Gravesend）到福克斯通一带13分钟内击落“喷火”“飓风”各1架，霍尔滕作为僚机也捡漏1架“喷火”。近距离护航的第一和第二大队宣称至少歼敌4架，自身无损失。

8月31日德国空军和皇家空军各自宣称击落116架和94架敌机，英国实际作战损失42架战斗机，另有19架被重创，飞行员中9人阵亡，11人负伤，战斗机司令部达到单日最大作战损失。德布登、达克斯福德、霍恩彻奇、戴特灵、克罗伊登、北威尔德、比根希尔、霍恩彻奇这些机场和基地满目疮痍，比根希尔指挥和控制中心瘫痪，不过经过抢修，次日局部恢复。德军损失了21架战斗机在内的36架飞机，另有7架受损，战斗机部队4人阵亡，12人被俘。不列颠空战最波澜壮阔的一个月惨烈落幕，过去一个月的战斗共折损掉了496架英国飞机（战斗机389架）和585架德国飞机，双方进入消耗战。

为了扩大Bf 109的作战半径，月底第3航空队的单发战斗机部队从瑟堡一带全部集结到更靠近英国的加来地区，归第2航空队指挥，第3航空队转为对护航要求不高的夜间轰炸，德国80%的战斗机兵力集中到了凯塞林手中。英国的形势更加险峻，9月1日皇家空军战斗机司令部还有648架飞机可用，第一线的第11大队拥有其中282架。正如10天前丘吉尔演讲中那句脍炙人口的名言：“在人类战争史上，从未有过如此少的人为如此多的人作出了如此大的贡献。”对皇家空军飞行员和他们的国家而言，战争进入生死攸关的阶段。

9月第一天火药味不减，比根希尔、戴特灵和伊斯特彻奇继续承受着猛烈的轰炸。作为对英军轰炸柏林的报复，德军将伦敦的码头纳入打击目标。JG 26下午全体出动一次，和Ⅱ./ZG 76大队的Bf 110一起护送KG 76轰炸肯利机场，沿途遭遇英军第79、第85中队的“飓风”和第72中队的“喷火”截击，战罢新增9架战绩，其中7个通过核查。唯一的损失来自第7中队的比尔施根斯中尉，他的座机被Ⅱ./ZG 76的Bf 110友机打坏了发动机，迫降后沦为俘虏，这位曾经为联队首开纪录，手握10架战绩的王牌至此退出JG 26的历史，战后他回忆了自己最后一战：

第三大队8月的一次会议，三个中队长悉数到场，从左到右：大队副官海伯克中尉、第7中队中队长明希贝格中尉、比尔施根斯少尉、第8中队中队长施普里克中尉（背对镜头者），第9中队中队长埃贝林中尉。

就像过去几周常做的那样，我这次带领第7中队出击。13:00我们从卡菲耶起飞，护送一队轰炸机前往伦敦附近的肯利。飞行高度6000米，一路畅行无阻。抵达目的地附近，一队英国战斗机意图攻击轰炸机和Bf 110，与我们发生交战。当时我居于轰炸机右侧，看见下方一架“喷火”飞速掠过，从后方偷袭了一架盘旋中的Bf 110，我驾轻就熟做了个急转弯也咬住偷袭者后方，Bf 110、“喷火”和（我的）Bf 109首尾相衔，“喷火”忙于应付Bf 110机尾火力，我见此良机打出一串长点射，“喷火”冒着烟以一个半滚倒转退出，此时Bf 110仍在持续开火，由于相距极近，我急忙转弯避免撞上，就在此时，从左脚舱板传来猛烈的一击，发动机随即熄火——天啦！Bf 110的机枪手看到Bf 109指向他，误作“喷火”将我击中了。

白雾从泄漏的燃油管涌出，我顺桨后贴着海面朝法国海岸滑翔，希望能在海面迫降并得到德国救援机搭救，此时烈日灼人，度秒如时，我周围仍然激战正酣，轰炸机、战斗机一架接一架坠落、冒烟、燃烧或者解体，间或有降落伞飘落，也有没能打开的降落伞自由落体，这一幕多么恐怖又壮阔，我第一次旁观这样一场空战。飞机越来越低，看来撑不到海峡了。看了一眼腕表，大约14:00，我明白自己的军事生涯结束了，眼泪不禁夺眶而出。为了不让这架“白色7”号落到英国人手里，我故意在福克斯通以南的拉伊（Rye）大姿态接地，结果差点摔断了脊柱，忠诚的老伙计也落得七零八落的结局，醒来时我已身在英国的医院，背部和头部受伤。

在医院躺了大约一周后，比尔施根斯被押送到伦敦接受审讯，地铁站工作人员把他当做市民要求检票，比尔施根斯开玩笑地回答有季票。一名摄影记者眼疾手快，拍下了德国飞行员笑容可掬走出伦敦地铁站的一幕，照片刊登出来后在英国和美国的新闻媒体广为转载，《纽约先驱论坛报》的标题是“一个具有幽默感的纳粹”。

对英军机场的猛烈空袭仍在继续，但JG 26得到一天休整。9月3日，30架Do 17轰炸机和80架Bf 110战斗轰炸机重创了位于伦敦西北的北威尔德区基地，JG 26参与了此次行动。帕克少将倾其所有，试图截击这支德军，第257中队有4架“飓风”被击毁或重创，其中1架归入加兰德账上。在马盖特，第603中队的8架“喷火”纵队逼近Do 17，随即遭到上方Ⅱ./JG 26大队突袭，10

比尔施根斯笑容可掬走出伦敦地铁站。

1941年1月，比尔施根斯等其他被俘的同僚一道被押送到加拿大安大略省的战俘营，他们先乘船到达哈利法克斯，再转乘火车，隆冬时分寒冷刺骨，车厢内却异常暖和，因为所有的窗户都用螺钉锁死，行驶一段时间后列车忽然停下，人群发生骚动，原来有人从这列密不透风的列车逃跑了，这个人就是JG 53的弗朗茨·冯·维拉中尉，因成为二战期间唯一成功从英国人手中逃走的德国飞行员而闻名。1946年11月比尔施根斯结束了在加拿大六年的战俘生涯，取道英国回到德国，此时他的国家一片废墟和焦土，已不复记忆中的存在：“直到这一天，我的战争才是结束了，我开始感谢上帝和守护天使保全了我的性命。”1956年，比尔施根斯加入新成立的联邦德国空军，并参与了北约的组建。

8月11日，比尔施根斯操纵被“喷火”击伤的“白色7”号Bf 109E迫降回了卡菲耶基地，这样的运气在9月1日耗光了。这架Bf 109采用不列颠空战前期典型的浅蓝色涂装，照片中颜色较深的方向舵和翼尖涂成黄色。

分钟内，2架“喷火”和1架Bf 109相继拖着黑烟坠落，Ⅱ./JG 26大队副官阵亡，2名英国飞行员虽严重烧伤，但跳伞降落在泰晤士河口，理查德·希拉里少尉就是其中一名幸运儿，他直到第二年年底才出院。Ⅱ./JG 26大队长埃里希·博德上尉此战首次开荤。

接下来两天JG 26没有遭遇敌机。皇家空军第11大队不断增大的损失令司令官帕克只能将作战目标严格限制在德国轰炸机，对单纯的战斗机机群不予理睬，于是德军上到凯塞林元帅，下到飞行员都乐观地将对手拒绝应战看作穷途末路的信号。而事实上，英军作战飞机已经得到补充，第11大队最难以承受的是飞行员的损失。例如第603中队过去一周损失了14架“喷火”和4名飞行员，另有6人负伤。最出色的第54中队从7月到9月初只剩下4名老飞行员生还。9月6日，道丁重新部署了战斗机司令部前线和后方部队，损耗殆尽的C级中队转到后方培训新飞行员，但要将幸存下来的老手转给A级一线战斗部队，这意味着飞行员将调离原部队，但保证了新组建的中队拥有战斗经验丰富的老兵。

对德国人而言，连串胜仗或者沉寂总免不了成为新一轮苦战的先兆。6日，施拉格特联队又迎来繁重的一天，第2航空队对伦敦周围的空军基地、飞机厂和储油库发动三轮大规模空袭，前两次行动被皇家空军瓦解，机场损失轻微。JG 26在9:40全体出动，在加兰德率领下执行自由狩猎和护航。这次英国战斗机已经磨刀霍霍，在自由狩猎任务的目的地法恩伯勒（Farnborough），第234中队①的“喷火”首先从高空扑下来打了德军一个措手不及，明希贝格的四机编队转眼只剩他一个光杆司令，僚机两死一被俘，第234中队损失了2架“喷火”，可能被施普里克或第二大队的博德上尉、埃伯斯贝格尔中尉击落。随后英军第303中队（波兰中队）的“飓风”加入进来，宣称摧毁2架德国轰炸机、5架战斗机，自身有3架被击落、2架被击伤。此役JG 26第9中队一名飞行员负伤，迫降回法国。

联队指挥部和第一大队近距离保护在轰炸机身边飞向内陆，击落皇家空军第601中队3架“飓风”②，其中1架归于联队长加兰德。第二大队上报

由波兰飞行员组成的第303中队是不列颠战役中战绩最高的皇家空军中队，照片左边两人是米罗斯拉夫·费里奇（Mirosław Ferić，总战绩8.6架）少尉、约翰·肯特上尉（加拿大人，总战绩13架），右起第三人是兹齐斯拉夫·亨内贝格（Zdzisław Henneberg，总战绩8.5架）中尉，最后面只露出脑袋的是扬·祖姆巴赫（Jan Zumbach，12架）少尉。

① 来自皇家空军第10大队。

② 第601中队可能还遭到德军Ⅱ./JG 27大队的攻击，共损失4架“飓风”，飞行员两人阵亡，两人跳伞生还，上报全天共击落6架Bf 109。

不列颠空战中的一个喷火编队，得到雷达预警和对空监视哨的引导，它们常常能及时抢占高度迎击来犯的德国空军。

了“喷火”和“飓风”各2架的战绩，自身无损失。下午联队第二次护航，声称击毁5架“喷火”，全身而退。

战役进行至此，英德两军的损失都到了临界点，英军压力更大，从8月24日到9月6日两周内损失战斗机至少264架，飞行员103人阵亡，128人负伤，剩余飞行员总数约700人。第11大队绝大部分军区基地、机场遭到严重破坏，有的部队士气跌入谷底。人员，尤其是有经验的指挥人员的损耗难以弥补，新飞行员的训练时间被迫压缩，即使这样，一周最多只补充了65名新飞行员。德国空军持续猛攻皇家空军基地在战略上无疑是正确的，9月6日可能是他们最接近胜利的一天。第二天德军攻击目标和指导方针发生了本质性改变。不列颠空战迎来了转折点。

五、第三阶段　目标：伦敦

刚进入九月，心念报复的希特勒做出一个影响这场战役走向，甚至大英帝国命运的决定：将空袭重心从机场、军工转到首都伦敦。作为空军总司令，戈林起初也心存疑虑、不置可否，然而就像他过去和以后无数次面对元首所表现出的曲意奉迎一样，他最终妥协了。需要指出的是，德军主要军事目的仍然是消耗英军战斗机。面对德国轰炸机群一次次大举进犯，道丁和帕克总能以最小的防御兵力四两拨千斤，导致德国战斗机飞行员始终未能歼灭他们的英国同行，戈林大失所望，于是在凯塞林力主下，命令两大航空队集中于一处攻击目标，逼出道丁的最后家底，这个目标无疑以英帝国的心脏为最佳。除了军事意义，德军还希望通过轰炸伦敦破坏英国经济、政治体系，迫使丘吉尔政府投降。

进攻方战略方向上的转变不足十天效果立现：道丁的部队获得喘息之机，第11大队恢复了指挥、引导系统和防卫能力，防御变得更有针对性。德国空军的损失却居高不下，他们原计划通过打击压制英国东南部的空军力量夺取制空权，为陆军和海军渡海作战铺平道路，这一清晰而有效的战术如今变为一个模糊的战略任务，“海狮”被搁浅。虽然战争仍在进行，但德军入侵之虞已消除，英国要对付的仅仅是针对城市的空袭。

随着攻击目标转向伦敦，德国战斗机的自由狩猎被更多的近距离护航取代。9月6日戈林与加兰德和莫尔德斯一次会谈中将轰炸机的损失归咎于护航不力。末了，他询问两人还有什么需求，莫尔德斯希望他的JG 51联队装备更多Bf 109E-4/N，加兰德则提出了那句为后人津津乐道的名言——“我想要一队‘喷火’。”他后来解释这句话脱口而出，并非字面意思，而是宣泄委屈和对近距离护航的不满，他将这种任务自嘲地形容为“被拴住的狗”。此时Bf 109优势尽失，非但高空速度和垂直机动性无法施展，诸多短板却被放大：狭小的驾驶舱视野，笨拙的转弯性能、可怜的作战半径。战斗机的任务究竟是为登陆作战夺取制空权，还是仅仅保护轰炸机？是进攻还是防守？加兰德希望戈林认清现实：以目前德国空军的现状鱼与熊掌难以兼得。

根据德国国防军统帅部通告，9月7日戈林“亲自接管对英作战的空军指挥权”。下午他亲临与多佛尔白崖隔海相望的勃朗克海角(Blanc Nez)视察，将近1000架“黑十字”组成的庞大机群颇具阅兵性质地从他们的总司令头顶飞过，直奔伦敦，黑压压如蝗虫过境，覆盖了从5000米到6500米高空，2000平方公里的广阔空域。掩护第30轰炸机联队的JG 26已然淹没在这支庞大空中舰队的队尾。

虽然是最不待见的近距离护航，JG 26尽职尽责完成了任务，KG 30联队损失不超过2架Ju 88。JG 26收获6架“喷火”战绩，第三大队包揽其中4架，作为可能的交战对手，皇家空军第603中队实际损失1架、受重创迫降3架。另外2架由联队技术官霍尔滕中尉和第一大队大队长平格尔上尉创下。第二大队颗粒无收，还有2名飞行员被俘，其中就包括执行战斗轰炸任务的第4中队中队长汉斯·克鲁格中尉。

对伦敦的昼间空袭持续了一星期，其间JG 26执行了包括近距离护航、撤退护航和自由狩猎等任务，虽然战绩大幅

一队道尼尔17轰炸机正飞向英国。

德国空军总司令戈林难得亲临前线，视察格里内角（Gris-Nez）。

JG 26联队最早的三位骑士十字勋章获得者合影，从左到右：第三大队大队长舍普费尔、联队长加兰德、第7中队中队长明希贝格，均出自第三大队。

9月6日，戈林来到加来前线会见了他最器重的两个年轻指挥官加兰德和莫尔德斯，他先斥责他们拥有世界上最好最先进的战斗机，却没能保护好轰炸机，也没能消灭英国空军。最后，戈林和颜悦色询问两人还有什么需求，莫尔德斯希望他的JG 51联队装备更多Bf 109E-4/N，戈林点头表示满意。加兰德脱口而出："我想要一队'喷火'"，这句名言主要以赌气和宣泄不满成分居多，加兰德想告诉戈林，Bf 109并非世界上最好的战斗机，将轰炸机的损失归咎为战斗机护航不力是不公平的。此话一出，戈林的反应有两个版本，一是气得说不出话，会谈不欢而散。二是冷静地反唇相讥："你自己去俘获一队回来，我授权你随便使用。"这张照片背景是戈林的专列"亚洲"号。

缩水，但队中几位顶尖王牌的空战战绩都已逼近20架，离骑士十字勋章的授勋标准一步之遥，9月9日，第三大队大队长舍普费尔上尉再次上演帽子戏法[①]，两天后成为JG 26第二位骑士十字勋章获得者。14日第7中队中队长明希贝格中尉也迈入20大关，第一大队大队长平格尔上尉凭借的是西班牙内战的6架和二战的15架战绩或者领导有方，两人均被授予骑士十字勋章。

9月15日 不列颠战役纪念日

不列颠战役在这个阳光普照的星期天迎来重大转机。上午德军第一轮进攻仅有KG 76联队的27架Do 17轰炸机加上120架Bf 109战斗机参与，目标依然是伦敦，为了保持紧密编队，轰炸机从集结到航行耗费了大量时间，皇家空军从容地出动了大约250架战斗机迎敌，以损失12架的代价击落了德军6架轰炸机和7架战斗机，其余Do 17也提前抛下炸弹逃之夭夭。

轰炸机大军在下午到来，114架轰炸机和360架战斗机分三波来袭，JG 26和JG 51打头阵，在多佛尔到伦敦空域自由狩猎，Ⅰ./JG 54大队的Bf 109和20架Bf 110（来自Ⅱ./ZG 76大队和Ⅴ./LG 1大队）近距离护航，JG 3、Ⅱ./JG 2、Ⅰ./JG 52、Ⅲ./JG 53和Ⅰ./LG 2高空掩护，它们将面临来自皇家空军第10、第11大队共11个中队，以及第12大队的达克斯福德联队（由第19、242、302、310、611中队组成）的有力挑战。

率领达克斯福德联队的正是道格拉斯·巴德少校，自五月底的敦刻尔克之后，他将第二次与施拉格特联队狭路相逢。他的传记记载这天他在伦敦以东遭遇黄色机鼻Bf 109俯冲攻击，巴德急转弯规避，但仍被一架黄鼻子咬尾，他用力回拉操纵杆，与一架飞机以一英尺之遥擦肩而过，"飓风"在对方螺旋桨滑流中剧烈颤抖后失速进入尾旋，他顺势甩掉了Bf 109

① 1940年9月9日舍普费尔击落的3架喷火式战斗机可能来自皇家空军第92中队，该中队当日在比根希尔基地上空损失3架"喷火"，9月11日，皇家空军海岸司令部第235中队的"布伦海姆"轰炸机袭击了加来港口，返航时与JG 26第三大队遭遇，舍普费尔可能击落其中1架"布伦海姆"，这是他的第21架战绩，但未被部队收录。

并在1500米高度改出。

在巴德用这种高难度机动化险为夷的同时，加兰德正俯冲向第310中队（捷克中队）的“飓风”，他在作战报告里陈述道：

我同8架“飓风”展开交战但没有收获，这一过程中我失去了大量高度，我和指挥部小队独自攻击了下方800米2架“飓风”，我悄悄接近对方僚机，在它向左转大弯时从120米距离开火，敌机机鼻下部被击中后开始旋转，机身和左机翼破裂，机身左侧起火。敌长机被我的僚机霍尔滕中尉击落。

捷克飞行员约瑟夫·胡巴切克（Josef Hubáček）中士后来回忆：“我听见了后面的机枪声，但几次回头一无所获，当我再次配平飞机时被击中了”，可见他警觉性并不低，只是运气欠佳，遇到了阿道夫·加兰德。胡巴切克的长机，41岁的亚历山大·赫斯（Alexander Hess）少尉被霍尔滕中尉击落，两人均跳伞逃生。

JG 26另外入账了3架“喷火”，随后因燃油告急退出战斗，其余Bf 109部队同样陷入苦战，耗尽燃油，掉头返航，赶往伦敦的德国轰炸机遭到猛烈的高射炮以及英国战斗机的迎头痛击，慌忙将炸弹扔在郊区，落荒而逃。由于失去护航，轰炸机在撤退中丢盔弃甲，约五分之一未能返航或返航后报废。

傍晚德军又派出26架He 111和13架Bf 110分别轰炸了朴茨茅斯港和南安普顿的“喷火”工厂，这次只损失了1架He 111。德军全天折损了57架飞机，总损失不算最高，但7%的损失率超过以往任何一天，那支曾经摧毁过华沙、鹿特丹，横行西欧的轰炸机部队元气大伤。战斗机部队损失了23架Bf 109（含3架报废）和18名飞行员（10人被俘、8人阵亡）。此外，德军士气因皇家空军气势如虹的抵抗备受打击，他们遭遇到的显然绝非军方高层信誓旦旦的“最后50架‘喷火’”。德国空军的战略意图也落空了，对伦敦的连日空袭非但没有消耗掉皇家空

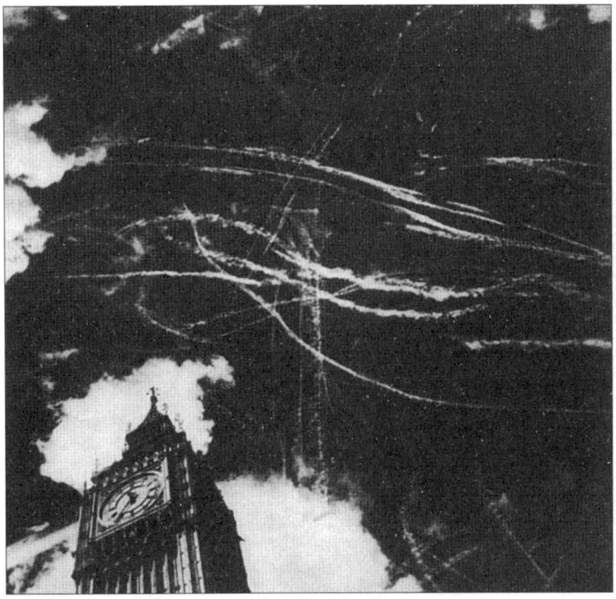

1940年9月，英德战斗机在大本钟和圣保罗大教堂上空拖出透迤的凝结尾迹，昭示着发生在伦敦上空的殊死搏斗。

军，反而被反戈一击。

皇家空军9月15日的损失为31架战斗机和12名飞行员。尽管其后几个月依然空袭不断，但这天的胜利相当具有代表性，被英国官方冠以“不列颠战役纪念日”。道丁以无比的睿智和谋略领导他的飞行员们拯救了英帝国。两天后，“超级机密”破译的德军密码让英国悬着的心终于落下——德军登陆作战的关键一环：空中补给运输队奉命解散。月底，侦察机也发现原本会集在海峡对岸的德国舰船大幅减少。9月19日，希特勒悻悻宣布“海狮计划”无限期推迟。

9月剩下的日子，凯塞林还在花样频出，但他的轰炸机也逐渐转入夜间行动，白天缩减到一个Ju 88大队在最大规模的战斗机护航下每天三次往伦敦扔几枚炸弹，Do 17和He 111大军只在天气良好时参加昼间轰炸。这一时期无论英军是否应战，JG 26仍然收获颇丰。9月23日，大约400架德国战斗机扫荡了泰晤士河口北，愈加生龙活虎的皇家空军战斗机司令部出动14个中队迎敌，英德双方再次以11:12交换比战平。JG 26包揽了德军21架宣称战绩中的9架。第8中队两名飞行员在肯特上空被得到地面引导占据高度的英军第92中队击落，迫降后被俘，中队长施普里克中尉回敬击落了第92中队1架“喷火”。加兰德击落了英军第73中队2架“飓风”，他在作战报告中记录道：

警报响起，皇家空军飞行员们奋力奔向各自的战机，在雷达指引下迎击来犯的德国空军——1940年夏天，这一幕成为西方世界最鼓舞人心的画面，这些来自英国及英联邦国家、波兰、捷克、法国、美国的年轻人们首次打破了纳粹空军不可战胜的神话。

1940年10月，达克斯福德基地，第242中队的道格拉斯·巴德少校（中间）和队员站在自己的飓风战斗机旁，机头处的涂装艺术含义一目了然。

我向下方800米敌机俯冲，从左边那个三机编队后方高速逼近，并向其中1架持续开火，险些与之相撞，匆忙猛拉操纵杆爬升脱离，“飓风”机身飞出大块金属。发现自己冲进一个敌机梯队当中，我立即朝领头三机编队右翼开火。同样地，它的机身金属面板飞溅，燃烧着栽向地面。剩余英国飞行员惊慌失措，竟然无人反咬我的机尾，反而纷纷俯冲，一哄而散。下方约500米处有两朵降落伞飘落。

9月24日上午，JG 26、JG 2、JG 54、Ⅰ./JG 77、Ⅰ./LG 2近200架Bf 109护送第77轰炸机联队再袭伦敦，11个英国战斗机中队升空拦截，雾色中只有3个找到目标，设法击伤了3架Ju 88，随即被护航大军击退，损失了3架飞机，其中皇家空军第17中队1架“飓风”成为JG 26联队长标志性的第40个战利品，后者作战报告描述如下：

我们护送着轰炸机飞往伦敦，我眼观四路，寻找英国战斗机，但返航到绍森德（Southend）附近才有所发现：大约30架“喷火”和“飓风”排成密集编队，飞在我们上方几百米，看上去也在搜寻什么，我嘱咐僚机，左右两侧由他们掩护，然后大角度爬升，但英军忽然散开编队，我爬升追上它们最上方一架“飓风”，从后方60米打两轮短点射后，它冒着火光继续往前冲了片刻，随即尾旋坠落。原以为飞行员身亡，但火焰中突然掉出一个小黑点，化作一朵撑开的降落伞。

哈罗德·伯德－威尔逊（Harold Bird-Wilson）少尉自5月参加法国战役以来获得击落2架、击伤3架、可能击落2架和共同击落6架德机的战绩，这名老将后来回忆当时来不及做任何规避动作，就遭到加农炮沉重一击，座机顷刻被火焰包围，伯德－威尔逊忍住弹伤和烧伤跳伞，在泰晤士河口被摩托艇救起，在医院疗伤期间被授予杰出飞行十字勋章。

迈入40大关次日，加兰德顺理成章被授予橡树叶骑士十字勋章，成为继莫尔德斯之后德国空军第二人、国防军第三人受此殊荣者。毫无疑问加兰德是一名天赋出众的飞行员，在空中能做出各种匪夷所思的机动动作，但是担任僚机的霍尔滕在不列颠空战最高潮的一个月也别有一番建树：

从8月23日到9月末，我同加兰德一道执行了45次任务，并见证了他取得的25次空战胜利，我自己有8次开火的良机，击落7架，其中5架是使用机枪通过小偏转角远距离射击（最远射击距离达1000米）取得。一架“喷火”是从后方50米距离开火击落，另一架“喷火”则通过滚转来到前方开火击落的。9月中旬空军总参谋部发布命令：技术军官不再升空作战，月末一次任务中我虽然取得2架战绩[①]，但联队无法上报，之后我便同所有技术军官一样停飞了，我的偏转角射击估算公式也暂时没了用武之地。

截至9月25日，曾为了“海狮计划”临时划归第2航空队的战斗机单位全部回到第3航空队，几个损失过重的大

英军哈罗德·伯德－威尔逊少尉成为加兰德标志性的第40个空战战利品，他伤愈后担任了一段时间教官，但很快重返海峡前线，先后指挥第152中队和第66中队继续同德军作战，最后参加了诺曼底战役，战后他继续在空军服役，升至中校。

---

① 霍尔滕9月30日随JG 26联队指挥部参加护航任务，在与皇家空军第303中队的交战中宣称击落2架“飓风”，但第303中队唯一损失的1架“飓风”为加兰德击落。

加兰德的照相枪拍到伯德—威尔逊的飓风P3878“YB-W”中弹的一刻。

调离飞行员岗位之前，瓦尔特·霍尔滕作为加兰德的僚机总共执行了45次战斗任务，宣称击落7架敌机：1架“无畏”、3架“飓风”、3架“喷火”，照片中霍尔滕坐在他的Bf 109E机翼上，摄于1940年6月。

加兰德（正中间背对镜头者）战绩迈入40大关后被兴奋的队员们团团围住，争相道贺的盛况，行政官维克托·科森上尉手持白兰地和高脚杯，科森右边戴帽者是加兰德的地勤主管迈尔下士，两名记者站在迈尔右边。人群后面是联队技术官霍尔滕中尉的Bf 109。

队回国休整。德军一部分移防甚至被英国雷达站饶有兴趣地监测到。接下来，凯塞林和施佩勒将空袭目标更多地对准了英国航空工业，超级马林工厂和布里斯托工厂都遭受重创。

9月30日，德军两大航空队又一次声势浩荡地杀过海峡，又一次以残兵败将逃回欧洲大陆，损失率为5.5%，9月的最后一天就这么敲响了德国轰炸机大规模空袭英伦的终曲，单发战斗机亦铩羽而归，损失30架[①]、多架带伤迫降，击落13架英国战斗机，反倒是向来为它们不屑的Bf 110部队战绩更漂亮，以1架的损失宣称击落6架英国战斗机。

JG 26在这天同样打得灰头土脸，共折损4名飞行员，入账了5架战绩，上午第二大队与皇家空军第229中队在汤布里奇交战，宣称击落4架“飓风”，自身无损失，其中2架归于第6中队中队长瓦尔特·施奈德中尉（第10个战果）和他手下的胡戈·达默下士（第9个战果）账上。第229中队实际损失2架，3架带轻伤迫降。

① 德方记录其中5架损失于燃油耗尽。

从海峡返航后的加兰德，身后是他的Bf 109E-4/N（W.Nr 5819）。

加兰德参加完橡树叶骑士十字勋章授勋仪式，从柏林返回海峡前线，下午首次率队亲征，护送着KG 77联队飞到伦敦南边时，遇到皇家空军第303中队截击。加兰德俯冲扑向下方一架“飓风”，逼近到近距离直射范围，开火将其凌空打爆，飞溅的滑油覆满了加兰德的风挡，还有一片金属板直到返航后才在增压器进气口被发现，波兰飞行员马里安·贝尔切中士跳伞。靠着联队长这架战绩，JG 26才不至于空手而归。包括加兰德的僚机瓦尔特·金茨勒（Walter Kienzle）上尉在内，两人被皇家空军第92中队击落沦为俘虏，另一人被击伤掉队后被“喷火”击毙，还有两名飞行员未能准时起飞，加入了另一支部队作战，返航时遭到“喷火”攻击，一死一伤，另有2架Bf 109伤痕累累迫降回法国。

瓦尔特·金茨勒上尉是一名参加过秃鹰军团的老兵，月初作为大队指挥官候补人选加入JG 26并接受联队长考评，他没能等来提拔，而是成为不列颠战役里联队长损失的第2个僚机。在JG 26，担任加兰德的僚机绝不值得艳羡，反而人人避之不及。加兰德性喜刺激与冒险，天生就是战士和领袖，却是一个差劲的长机。他在空中追求风驰电掣，为了开到最大时速570公里，让地勤将他的Bf 109E抛光处理得熠熠生辉。他会亲自试飞每一架新飞机，从中挑出最好的一架，上战场时他驾驶着这架全队最快的座机冲在最前面，却置僚机于险境，当敌机从上方袭来，被他远远甩在后面的僚机往往首当其冲成为攻击目标，虽然他会调头驰援，但大多数情况下已经太晚了。

一名参加过不列颠空战的JG 26队员后来毫不客气地指出：

> 加兰德也是一个自命不凡之徒，他把自己打造为明星，其实并没有外界所传那么神，他驾驶一架经过特殊技术处理的飞机高高在上，和我们“高空中队”一样高，可他的指挥部小队无法跟上他。当他发现目标并加速冲过去时，当然总会第一个接近敌机，有机会先下手为强，其他飞行员没有这样的技术优势，只能被甩在后面保护他。

加兰德和瓦尔特·金茨勒（右）。金茨勒因伤势过重，在1942年被交换回德国，后来担任一支作战训练部队JG 103联队的大队指挥官。

六、第四阶段：战斗机轰炸

虽然海狮计划的真实性至今为历史学家争论不休，但它名义上的取消和德军轰炸机转入夜间行动标志着德国空军输掉了不列颠之战，战役进入新阶段——战斗机轰炸。

由于雷达无法分辨来袭敌机类型，德国战斗轰炸机对英军防空系统造成不小的迷惑，靠着这一优势，它们进能出其不意快速空袭，退能牵制走英军战斗机或逼其应战。战役打响的两个月里，第210作战测试大队和第2教导联队第二（对地攻击机）大队将战斗机加挂炸弹，小范围执行轰炸任务，收效甚佳。进入九月，在轰炸机昼间空袭失败的背景下，这种新角色被推广到全体Bf 109联队。戈林在下旬要求每个大队调整一个中队为战斗轰炸机中队，对应的技术改进措施是将Bf 109E增加炸弹挂架，对应型号为Bf 109E-1/B和Bf 109E-4/B，Bf 109E-4/B可以挂载一枚250公斤或四枚50公斤炸弹。

JG 26第4中队成为首批相应新战术的部队，9月5日，该中队首次训练投弹，两天后中队长汉斯·克鲁格中尉就马失前蹄，他那架相对完好的Bf 109E-4/B是英军最早俘获的战斗轰炸机之一[①]。到10月上旬，第3、第4、第9中队转换为战斗轰炸机中队，初步形成战斗力，不过投弹训练相当匆忙，加兰德回忆大部分飞行员实际上执行作战任务时才在伦敦或者英国其他地方首次投弹。

对于将他心爱的战斗机精英如此暴殄天物，加兰德满腹牢骚，忿忿不平，比喻为一个傻瓜在宝剑失去锋刃后不知磨砺，反而改用剑柄。他指出，战斗机轰炸不足以影响战争进程，反而白白耗费资源，战后在回忆录《最初与最后》中，加兰德描述了这一时期的新任务，大吐苦水：

> 每个联队负责保护各自的战斗轰炸机，起初我们如法炮制轰炸机编队，飞行高度大约在6000米，但很快发现这种编队易受敌机集中攻击，于是我们将战斗轰炸机打散，混编入联队机群，这样可以更好地护送它们到达目标上空，但是这种攻击方式充其量就是寻衅滋事，由于在速度、机动性和爬升率都屈居下风，一旦遭遇敌方战斗机只能被动挨打，令人非常憋屈。何况，在广阔的战区扔寥寥几枚炸弹，效果不敢恭维，德国战斗机部队的士气本已因近距离护航而低靡，再一委派轰炸任务，更是雪上加霜。

以加兰德一贯的激进，上述言论未免有小题大做之嫌，至少英军对俘虏的审讯记录很难反映出加兰德声称的士气因轰炸任务而备受打击，他的联队依旧保持着高效的战斗力，10月仅减员7人。如果说Bf 109转换为战斗轰炸机存在困难和不适，那在于起飞阶段操纵性会降低。升空后Bf 109E满载炸弹的情况下减速30公里/小时，带着弹架空载的速度则仅降低16公里/小时。纯战斗机将从近距离护航任务中解脱出来，重获高度和速度优势。一旦战斗轰炸机完成投弹或者提前抛下炸弹，护航机无需掩护撤退，可尽情开展最喜爱的自由狩猎，此时唯一的束缚只有燃油量。

皇家空军既要在夜晚阻止德军轰炸城市，确保国民士气，又要在白天盯防携带炸弹的战斗机，委实疲于奔命了一

---

① 但现存的皇家空军情报档案首次明确提到Bf 109E被用作战斗轰炸机的日期是1940年10月21日。

阵。这些战斗轰炸机从高空高速袭来，拦截难度极大，一度令帕克和道丁头痛不已，伦敦从第一声防空警报响起到炸弹落下只相隔20分钟。帕克为此成立了一个装备新型“喷火Ⅱ”的侦察机组，专用于侦察和搜寻这些神出鬼没的入侵者并可直接予以截击，但效果不尽如人意，德军战斗轰炸机中队9月仅损失了4架飞机，占比不超过1%，其中3架为高炮击落。不过至少有一点加兰德没说错，战斗轰炸机袭扰的政治目的大于军事意义。

德军的战斗机轰炸固然具有战术合理性，却暴露出最大的隐患：将帅离心。如果戈林能够积极评价战斗机部队所做的努力和成就，如果他能以更客观、更令人信服的方式表达出战场需要，他的飞行员们会更加乐于承担新任务。事实相反，更多时候戈林一味横加指责和贬低，将昼间轰炸的失败一股脑归咎于战斗机部队，无怪乎以加兰德为代表的一派观点指控新任务的背后是拿战斗机飞行员作替罪羊和惩罚，因为他们无力保护轰炸机，所以才去承担轰炸机的任务。

9月20日的战斗轰炸任务具有一定的代表性：上午，第2教导联队第二大队（Ⅱ./LG 2）20架Bf 109携弹从7600米飞往伦敦，JG 26负责间接护航，另有多个纯战斗机大队以自由狩猎的形式提供支援。战斗轰炸机进入英国海岸后下降到3600米，皇家空军第11大队的地面引导系统对这群只有战斗机的入侵者掉以轻心，召回了几个滞空中队，Ⅱ./LG 2畅通无阻完成投弹，英国人这才急忙再次召集拦截兵力追击。

此时JG 26结束了护航任务，他们不打算空手而归，很快如愿找到下方一个“喷火”密集编队正在4000米高度貌似闲庭信步，眼见目标转弯准备离去，加兰德一马当先，全速俯冲，以一个点射结果了对方领头那个V形编队右翼，皇家空军第222中队的飞行员这才反应过来，但加兰德已继续俯冲逃之夭夭，而他的目标则不幸在罗切斯特机毁人亡。第222中队B小队还在重新集结，又遭一轮突袭，2架“喷火”在泰晤士河口可能被德军Ⅱ./JG 2大队击落。与此同时，赛费特上尉带领的Ⅰ./JG 26大队也在梅德斯通上空成功突袭了皇家空军第253中队，入账了3架“飓风”，其中2架归于赛费特，第253中队实际损失2架。“梅塞施密特”们带着近段时间以来最畅快的一场大胜，趾高气扬返回法国，第2战斗机指挥部宣称击落15架英国战斗机，自身只损失了2架Bf 109，另有1架受创，皇家空军实际损失8架战斗机，另被击伤4架。

1940年10月，JG 53联队第3中队的Bf 109E-4/B战斗轰炸机，机腹下挂有一枚250公斤炸弹。

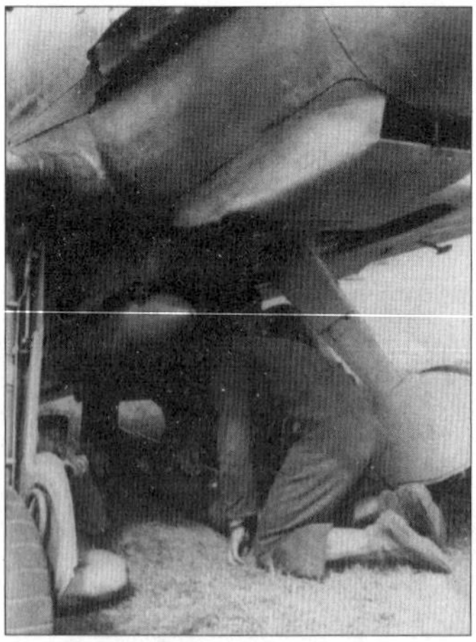
地勤正在安装50公斤炸弹。

德国战斗轰炸机对伦敦的昼间空袭在10月达到高峰，总共2633架次发动了140次独立攻击，其中60%到达了目标区，皇家空军也承认“比例相当高”，37%（因天气或防空系统）轰炸了伦敦以外的次要目标，最多3%未能完成任务，当月战斗轰炸机损失29架。

英国官方将1940年10月31日定为不列颠战役结束的日子，但德国战斗机和战斗轰炸机的扫荡持续到这一年冬天，被冬雨所阻才算消停。英国逐渐恢复了海峡船运，伴随而来的是，一度撤出海峡前线的德国俯冲轰炸机也再次盯上了这些船队，留在法国沿海的战斗机部队为这些反舰攻击提供护航。

JG 26在最后三个月新添了三位骑士十字勋章获得者：古斯塔夫·施普里克中尉、海因茨·埃贝林中尉和第二大队新任大队长瓦尔特·阿道夫上尉。最后两个月损失了包括2名中队长在内的13名飞行员。11月5日埃贝林中尉率领第9中队前往伦敦执行轰炸任务，在邓杰内斯角与僚机相撞，迫降后双双被俘。具有讽刺意味的是，同一天他刚因“18架空战战绩、若干次对地攻击战果，以及领导第9中队迅速而成功转换为战斗轰炸机中队”被授予骑士十字勋章，第三大队因此达成从大队长到三位中队长的骑士十字勋章大满贯，结果这份风光昙花一现。经英方通融，埃贝林在美国得克萨斯的战俘营收到母亲寄来的迟到的勋章。第3中队的库尔特·鲁珀特中尉接任了第9中队中队长。

11月7日JG 26接收到第一批Bf 109E-7，这一改进型号可挂300升副油箱或者一枚250公斤炸弹，这种配置晚了三个月，倘若在急需远程护航的8月就进入前线服役，本可大有一番作为，但是现在只能挂上炸弹，可有可无地骚扰英国南部，连它们在这段时期的作战也鲜为人知。

11月17日，第210作战测试大队的Bf 110由JG 26护送，轰炸马特尔舍姆希思（Martlesham Heath），途中遭到两个“飓风”中队的有力回击：第17中队直取Bf 110战斗轰炸机，成功击落3架。第257中队挑战Bf 109护航机，击毙了1./JG 26中队长埃伯哈德·亨里奇中尉。英军莫蒂默少尉向前方约300米处飞过的2架Bf 109开火，当他进一步逼近冒烟并失控的敌僚机时冷不防被身后另1架Bf 109偷袭击中，莫蒂默俯冲逃离后迫降，他或他阵亡的队友是加兰德的第54个战利品①。

虽然护航不尽如人意，但JG 26在英军第17中队完成对Bf 110的截击后立即狠狠报复，加兰德连下两城，第17中队一人跳伞②，另一人再遭8./JG 26中队

① 第257中队宣称击落2架Bf 109，自身有飞行员1死1伤，第17中队宣称击落4架Bf 110（实际击落3架）。德军JG 26仅损失1架Bf 109及其飞行员亨里奇。

② 第17中队这名跳伞的“飓风”飞行员是皇家空军经历最丰富多彩、最具“国际范”的曼弗雷德·贝克特·切尔宁伯爵，父系有波兰血统，父亲和大伯分别曾任奥匈帝国大使和奥匈帝国外长，母亲是英国贵族。1913年切尔宁出生于德国柏林，父母离异后随母亲搬到罗马居住，后来回英国上中学，1935年进入皇家空军，起初接受轰炸机飞行员训练，转到战斗机部队，1940年5月驾驶“飓风”远征法国，1940年11月17日被加兰德击落前，取得最后一个空战战绩：宣称击伤1架“菲亚特Bf 20”——实际上只可能是Bf 110，他的官方战绩为个人击落13架，共同击落5架，其中大部分是德国轰炸机和Bf 110，获得了杰出飞行十字勋章。1943年9月从空军部转到英国特别行动处（Special Operations Executive），被训练为特工，在意大利北部与当地游击队联络，还因此被授予军功十字勋章，二战结束后他短暂重回皇家空军战斗机司令部并获得杰出服务勋章。

1940年底第2中队的Bf 109E-7，机腹加挂副油箱。

长施普里克中尉一个精确的偏转角射击后不幸身亡。

2天后JG 51第6中队中队长约瑟夫·普里勒（Josef Priller）中尉转到JG 26接手了第1中队，昵称为皮普斯的普里勒1个月前凭借20架战绩被授予骑士十字勋章，这名高手的调动估计出自JG 26联队长对帝国航空部高层的打点。

加兰德的Bf 109E-4/N照相枪拍到的英国战斗机，这场战斗可能发生在11月28日下午，加兰德击落皇家空军第249中队的V7677“飓风”“GN-V”，取得第57个战果，飞行员乔治·斯特劳德跳伞负重伤。

1940年的冬天单调却暗潮涌动，博里斯少尉在日志里写道：

1940年11月21日

雾霾日渐频繁，从海峡弥漫到陆地，飞行任务逐渐减少，但并不轻松，我们反复奔波于海岸与伦敦之间这条“赛马道”上，英国战斗机中队都已了然于心，他们在上方守株待兔，不费吹灰之力占据有利位置，我们只能保持队形，等着“喷火”杀下来……

12月初大部分德国战斗机部队撤离前线，留下JG 2、JG 3和JG 26驻守海峡，出勤日渐稀少。英国战斗机最后一个月损失不超过12架。1940年德国战斗机单场对英空战胜利记录止于12月5日，中午阳光难得露脸，JG 26第二和第三大队由加兰德率领，以自由狩猎形式扫荡肯特，第一大队在后面护送Ⅱ./LG 2大队的战斗轰炸机袭击霍金奇机场。第二大队率先在罗切斯特接敌：第4中队中队长埃伯斯贝格尔（Ebersberger）中尉击落皇家空军第46中队一架“飓风”；第三大队宣称在黑斯廷击落两架“飓风”，对手不详。剩余编队在多佛尔遭遇三个“喷火”中队（皇家空军第64、74和第92中队）轮番进攻，持续半个小时的混战中，战斗轰炸机和护航机失散，加兰德和第5中队的卡尔·席费尔（Karl Schieffer）下士分别击落第64中队1架“喷火”，加兰德以第58架总战绩跃居二战王牌飞行员榜首。

皇家空军第74中队和第92中队声称共干掉12架Bf 109，其中2架归在马伦少校账上，JG 26一人失踪，两人迫降回法国，其中一人重伤。

12月12日午后，第三大队护送着第9中队的战斗轰炸机飞往伦敦，在英国海岸与皇家空军第229和第615中队的“飓风”爆发交战，一架Bf 109飞回索姆河河口紧急迫降，第7中队的鲁道夫·林德曼上士在肯特跳伞被俘，他那架“黑色2”号Bf 109E-4成为1940年最后一架损失在英国领土的

左图，1940年12月25日，希特勒到施拉格特联队视察，并与飞行员代表共度圣诞节晚宴。右图从左到右：第一大队大队长平格尔、希特勒、加兰德、第三大队大队长舍普费尔。左图里能看到施普里克中尉、明希贝格中尉、博里斯少尉均在场。

Bf 109，巧合的是此次行动也成为当年德国战斗轰炸机对英国地面目标的收官之战。

战局在隆冬归于沉寂，加来连绵的阴雨浸透机场，为防止路面沉陷，地勤和工兵不得不在泥泞不堪的跑道和停机坪加固一层木板和树干。继第三大队之后，12月7日JG 26其余部队全体向内陆搬迁到索姆河平原的阿布维尔地区，第三大队和第一大队分别驻德吕卡（Drucat）和克雷西（Crécy），联队指挥部和第二大队驻大波尔（Port le Grand）。

年底，忙碌了7个月的JG 26地勤人员终于得以返乡休假。圣诞节这天，视察海峡前线的阿道夫·希特勒选择JG 26联队作为他走访的战斗机部队，并与留守的飞行员共进圣诞晚餐。1941年2月，JG 26受命回国休整和换装，至此，他们的不列颠空战征程正式画上了句号。只是这个句号是否圆满？

七、小结

作为人类历史上第一场由双方空中力量独立承担和实施的战役，也是当时世界上两支最强空军的尖峰碰撞，不列颠空战在现代战争史上具有举足轻重的地位，已经被西方史学界研究得极其透彻深入。对于进攻方失败的内因，存在三方面共识：情报工作拙劣、决策指挥无方、武器装备受限。即便如此，德国空军也曾非常接近胜利。后来的皇家空军少将詹姆斯·埃德加·约翰逊也认为德军当时只要继续坚持两个星期，就能夺取英国南部的制空权，倘若再集中攻击通讯系统，使皇家空军几个军区陷于孤立，则可打开入侵英国本土的空中通道，但一切就在浑然不觉间功败垂成。

德国空军一塌糊涂的情报工作无疑对失败负有不可推卸的责任，早在作战计划制定阶段，约瑟夫·施密特将军领导的空军情报部门全面低估了英国空军，更完全漠视雷达的作用，他们的评估报告被评论为“自特洛伊人把希腊人的木马当做礼物以来最糟糕的一份情报”。无论是对手的战力武备还是命悬一线的通讯系统，德军全然无察。集中空袭英军机场和军工厂阶段，事前对打击目标的甄别频繁出错，事后对部队上报战绩的核查没有任何科学依据，仅凭轰炸机飞行员的汇报评判空袭效果，任何被声称击中的机场都会从地图上一划了之，于是，德国轰炸机从来没有对特定目标实施直接的后续打击以造成毁灭性破坏，皇家空军的基地总能在一两天内恢复指挥功能。

空战方面，西方很多历史学家仔细核对英德两军宣称战绩和实际损失，从7月10日到10月31日，皇家空军战斗机司令部宣称击毁2692架德国飞机，高出德军总损失一倍；同一时期德国战斗机宣称击落2426架英机（其中1795架归为Bf 109部队），接近英国实际损失的2.5倍，可见双方夸大战果的程度不相伯仲。不同之处在于，通过“超级机密”破译的情报和直截了当地清点敌机残骸，皇家空军大致能了解对手的真实损失。而在当时遭受侵略和极端被动的情况下，适当夸大战绩确有舆论宣传之需要，是鼓舞民众和官兵士气必不可少的手段，再者也无妨于军方的关键决策。

反观德国空军，虽对空战战果不乏一套严格的核查程序，理论上足可降低虚报和误报率，事实却大相径庭。总司令部（OKL）难以鉴证发生在敌国的坠机数量，同时又严重低估英国战斗机的补充产量和修复能力，于是错误地断定皇家空军山穷水尽，结果他们的轰炸机一次又一次被所谓“最后50架喷火”揍得丢盔弃甲，这对士气的打击是致命的。后来德国飞行员也在无线电自嘲：“他们又来了，皇家空军的最后50架‘喷火’！”但随着损失不断攀上新高，笑话变成了绝望，德国空军没人再笑得出来。

夏秋之际，戈林曾亲临前线慷慨激辞侃侃而谈，严令战斗机务必坚守在轰炸机周围，据说缘于轰炸机损失过于惨重所致，但这是战争，对爱慕虚荣、急功近利的戈林而言，如果能换回胜利，轰炸机的损失并非不能承受之痛，何况戈林本人就是一战王牌战斗机飞行员，想必不至于对所谓“飞行卡车”的轰炸机机组感同身受，然而个人感情倾向也成为点燃怒火的导火索，也许是爱之深恨之切，他感觉自已被器重的战斗机飞行员所背叛。无疑他的精英猎手们的赫赫战功明显夸大其词，问题在于这是出于蓄意邀功还是战场客观条件所限，戈林认定是前者，甚至在他看来，动机也一目了然，德国空军的战绩评定体系中没有集体战绩，对个人战功的重视远胜于任何国家的空军。王牌飞行员颈项下尊贵的骑士十字勋章无异于晋升和荣誉的通行证。戈林虽然心生怀疑却求证无门，事实证明他的情报主管约瑟夫·施密特是不称职的，第2航空队总司令凯塞林元帅能力出众，但毕竟出身陆军，且是出了名的乐观主义者，对手下飞行员的“辉煌”胜利自是乐见其成。德国空军兵败海峡，战前戈林对希特勒打下的包票自然也落了空，沮丧和愤懑之下，戈林将矛头对准了战斗机部队，首先将其禁锢在轰炸机周围护航，导致战斗机大为被动，平白增大损失。后来，当声称战绩依然居高不下，戈林妥协于希特勒的干涉，贸然将重点打击对象从军事目标转向Bf 109的航程极限之地伦敦。

加兰德认为戈林不信任飞行员上报的战绩，他战后提到一个细节：前线呈报的战绩有前后两个版本：部队完全单方面声称的原始数据和经过核查、甄别的数据。按照空军总司令部的要求，部队每天下午就要上报当日战况，戈林收到的正是这份原始数据，自然大大高于几天后的修订数据。如后世所见，即使通过经军方核查的战绩依然是英军实际损失数的两倍有余。

相对于德国空军平均水平，JG 26的宣称战绩较为可靠，这里的损失包括实打实被击毁、报废的和被击伤后迫降但还能修复的飞机，鉴于战斗的激烈程度和复杂性，这些差异都是客观存在、无法避免的，不足以拿来作为对飞行员品性和诚实的评判标准。在激烈的空战环境下，即使眼见敌机失控拖着黑烟燃着火光坠落，要求飞行员一边应付战斗一边核实敌机具体损毁程度不太现实，德国空军更严重的错误在于低估了英国发达的航空工业弥补损失的能力。无论如何，戈林自此以后再难信赖他的战斗机部队，裂缝越拉越大，最终造成无法弥补的恶果。

战役临近尾声时，德军内部对JG 26评价颇高，视其为最出色的护航部队。加兰德在战后一次采访中不无骄傲地表示：从1940年中期到1941年末，放眼战斗机部队，JG 26是当之无愧的军中翘楚，战后各项数据统计也表明如此盛誉实至名归。

7月到12月，JG 26损失飞行员56人，宣称共击落敌机285架，其中44架由联队指挥部创下，第一大队入账48架，第二大队74架，第三大队119架。（宣称）战绩和战损比为5.1:1，在参加德军八大单发战斗机联队中仅次于JG 51和JG 2。相较于其他几个联队，JG 26没有出现削弱战斗力的重大损失，共有7人被授予骑士十字勋章。从几个月前法国战役中的表现平平到不列颠空战初露峥嵘，JG 26的进步毫无疑问要首先归功于联队长加兰德自上而下的大力整顿，加兰德本人不但跃居不列颠空战王牌榜榜首，还成为全军第二位橡树叶级别骑士十字勋章获得者。

我们拿第2战斗机联队、第54战斗机联队的战绩做个参考，前者将在其后整整三年与JG 26并肩作战又相互竞争，后者在加兰德心目中仅次于JG 26。JG 2从8月到11月底宣称击落295架英国飞机，收获8枚骑士十字勋章，损失了包括一名联队长在内的38名飞行员；JG 54的不列颠空战总战绩238架，损失43人。加兰德的前部队JG 27也值得一提:7月到11月总战绩147架，损失了58名飞行员，（宣称）战绩和自损比2.4:1，而JG 27在法国战役曾取得歼敌180架的优异战绩①。

作为这份漂亮成绩单的奖励，在联队长力主下，全体飞行员获得了前往奥地利阿尔卑斯山滑雪度假的犒赏。更长远的获利在未来，无论新款战机还是经验丰富的飞行员、指挥官往往都优先分配给JG 26。在接下来的五年，JG 26始终镇守西线，对抗强大的同盟国空军，不能不说也源自不列颠空战中的优异表现。

JG 26人员损失相对轻微，大约只占Bf 109部队总损失的

左起：第7中队的克劳斯·米特乌施少尉、比尔施根斯少尉（9月1日被俘）和中队长拜尔中尉（8月28日被俘），最右边是非空勤军官，不列颠空战结束时第7中队只剩米特乌施和半路接手的的明希贝格两个老手。

① 180架总战绩含Ⅰ./JG 1大队战绩，JG 27联队在法国战役时期编制只有两支大队，Ⅰ./JG 1大队随JG 27联队作战并最终改换番号为Ⅲ./JG 27大队。

10%，不过个别中队格外刺眼，胡戈·达默下士回忆，他所在的第6中队最初12名飞行员最后只剩他和两名因健康原因调离者。第7中队更加突出，14名飞行员到了10月30日只剩下2人，其余5人阵亡、7人被俘，年轻的中队长明希贝格面临着不小的考验。

1940年间德国空军人员损失的痛处不在于数量而在质量，例如JG 26的比尔施根斯、艾比希豪森、埃贝林、亨里奇和穆勒－德赫都是训练有素的职业军官，经过战前完整齐备的训练体系，还拥有丰富的实战经验，这类指挥人员的损失难以弥补。以一种悄无声息却确切无疑的方式，德军战斗机指挥官的消耗始于1940年之夏。反观英国皇家空军，不但吸收了一批勇于反抗侵略和奴役的波兰、捷克、法国飞行员，也有澳大利亚、新西兰、加拿大等英联邦国家源源不断的人才输出，最后还得到美国鼎力相助，如果说半年前双方飞行员在实战经验上存在巨大差距，如今则得到填补。可以说，正是英格兰东海沿海上空这场战役埋下了四年后德国战斗机部队在西线全面溃败的种子。

(左右图) JG 26飞行员宿舍之一，欧当贝尔镇上一座漂亮的法国城堡。不列颠战役打响时，德国飞行员普遍都带着度假般的轻松心态来到法国，没人怀疑几周后就能班师回朝，他们的乐观和自大很快被皇家空军飞行员击碎。

卡菲耶机场的第7中队“红心中队”地勤营房，窗户上贴着中队队徽“红心”，注意装饰烟囱上的鹳巢，白鹳在西方国家是吉祥的象征，专门来拜访交好运的人。

第8中队的地勤营房，同样贴着中队队徽“亚当森”，它首任中队长爱德华·诺伊曼中尉（后来的JG 27联队长）自西班牙内战回国后引进的，来源于瑞典漫画家奥斯卡·雅格布松（Oscar Jacobsson）创作的漫画《亚当森历险记》中的主人公。第8中队因此被昵称为亚当森中队。

8月卡菲耶基地，第三大队几名军官兴致勃勃看着队友们凯旋，从他们的姿势和大队长加兰德清凉的装扮来看此时正烈日当头。

空军元帅米尔希（左起第二）视察联队。

1940年12月25日，加兰德中校驾驶Bf 109E-4/N在阿布维尔狭窄的跑道滑跑起飞，跑道铺上一层砂砾石可以防止飞机机轮陷进被阴雨浸湿的稀泥里，同时也很考验飞行员的技术。

第三大队一次被打断的任务简令，①大队医务兵、②第9中队中队长舍普费尔、③第7中队中队长格奥尔格·拜尔、④格哈德·迪赫—穆勒（第7中队）、⑤约瑟夫·比尔施根斯（第7中队）、⑥加兰德、⑦第8中队中队长施普里克、⑧大队副官明希贝格、⑨大队技术官罗尔夫·施勒特尔。

不列颠战役中德国空军的海空营救现场，英国皇家海军的搜救船只能提供不间断巡逻，而德国空军的He 59水上飞机搜救速度更快，经常能深入到泰晤士河入海口救起英德双方坠海飞行员。不过这种搜救飞机后来被皇家空军视为合法攻击目标，即使打上醒目的红十字标志也没用。

8月24日第9中队的阿图尔·贝泽上士随队为轰炸机护航时被英国战斗机击中，平安迫降回马基斯。Bf 109E的机身强度不足，驾驶舱和机体连接处尤其薄弱，贝泽这架“黄色11”号Bf 109E-4残骸照片可以清楚体现出来。驾驶舱后方有个弹孔，在这张照片中无法看到。若非装甲防护头靠的保护，贝泽的下场远不止摔一架飞机这么简单。

第三章 地中海上空的红心

1941 年 1 — 8 月

一、挥戈新战场

1940年6月，当纳粹德国在欧洲节节胜利，作为希特勒的盟友，墨索里尼急于分得一杯羹，也于10日对英、法宣战，随即从利比亚和意属东非派遣军队侵入英国控制下的埃及和东非。9月13日，不列颠战役打得如火如荼，意大利第10集团军趁机从利比亚东部城市昔兰尼加向埃及的英军发动进攻，企图夺取英国重要的海军基地亚历山大港和苏伊士运河，但由于指挥失当和补给中断，只推进了80多公里便裹足不前。

与此同时，英国皇家海军调集地中海舰队，截断意军补给线，牢牢遏制住对方在北非的下一步行动。12月9日凌晨5点，英军中东司令部从埃及－利比亚边界向意军发动了名为“罗盘行动”的反攻，这支约3万人但机械化程度更高的英军一路势如破竹，16日歼灭意大利第10集团军并接连夺取了塞卢姆（Sollum）、哈法亚（Halfaya）隘口、卡普佐堡垒（Capuzzo）、西迪欧麦尔（Sidi Omar）。

出于政治上的考虑，希特勒有点坐不住了，在墨索里尼的恳求下，德国第十航空军从挪威被派往地中海支援。德军第一个目标是位于西西里岛和北非之间的战略要地马耳他岛，只有摧毁驻该岛的英军，夺取该岛，才能保证轴心国的海上运输补给线。过去半年里，英国空军靠着落后的“角斗士”和“飓风”战斗机一次

1941年年初，明希贝格（左）与胡贝图斯·冯·霍尔泰中尉，霍尔泰曾任JG 26第5中队中队长，去年8月随着加兰德实施的改组而调任JG 26补充训练大队指挥官，两人会面的目的应该是为第7中队的地中海之行挑选新飞行员。

次击退了意大利空军的进攻，海军和轰炸机司令部也在有条不紊地向马耳他增援，现在局势即将逆转。

德国空军介入后，立即展示出快捷灵活的调度能力和高效有力的参谋部作业水平:1940年底，约200架轰炸机、俯冲轰炸机和34架Bf 110双引擎战斗机从挪威转到意大利南部和西西里岛。次年1月9日上午，意大利空军首度攻击了马耳他的卢加（Luqa）机场和卡拉弗拉纳（Kalafrana）基地，次日德意两军的Ju 87俯冲轰炸机和SM 79鱼雷机重创了正护送船队的“光辉”号航空母舰，当晚，伤痕累累的“光辉”号挣扎着驶入格兰德港，这个港口随即也遭到持续多日的猛烈轰炸，史称“闪击光辉号”，空袭力度之大令岛上居民们再也不敢兴致勃勃地坐在屋顶，像观看赛事一样观看头顶的空战了。英军在马耳他岛上的地位顿时岌岌可危。

第2俯冲轰炸机联队1架Ju 87飞在北非海岸。

1941年1月9日，“光辉”号飞行甲板被炸弹击中。

德国第十航空军当时拥有5个轰炸机大队、1个侦察机中队以及1个Bf 110驱逐机大队，唯独欠缺机动灵活的单引擎战斗机部队，在不列颠战役中表现抢眼又正值休假期的第26战斗机联队顺理成章被挑中，受命派出一个中队支援地中海战场，这个中队正是昵称为“红心中队”的第7中队。1月22日，40名地勤人员从比利时韦弗尔海姆乘坐Ju 52运输机先行抵达罗马。12名飞行员驾驶崭新的Bf 109E-7/N战斗机陆续在罗马集结，2月9日飞抵西西里岛进驻杰拉基地，正式开启了地中海征程。

第7中队中队长是德国空军前途最为光明的青年军官约阿希姆·明希贝格中尉，手握23个空战战果并收获骑士十字勋章，充分展现出优异的飞行员天赋，现在他的指挥才能也迎来提升的平台。由于第7中队在不列颠战役中人员损失相当严重，明希贝格手上除了克劳斯·米特乌施中尉之外全是刚补充进来的新兵，他们训练有素，但实战经历基本一片

1941 年 2 月 22 日德国空军第十航空军战斗序列

部队(缩写)		机型	基地	飞机总数	可用数
第 123 侦察大队第 1(远程)中队	1.(F)/121	Ju 88	卡塔尼亚	17	(7)
第 26 战斗机联队第 7 中队	7./JG 26	Bf 109E-7/N	杰拉	14	(12)
第 3 夜间战斗机联队第一大队	Ⅰ./NJG 3	Bf 110	杰拉	7	(4)
第 26 驱逐机联队第三大队	Ⅲ./ZG 26	Bf 110	巴勒莫	40	(31)
第 1 教导联队指挥部	Stab/LG 1	Ju 88	卡塔尼亚	—	(—)
第 1 教导联队第二大队	Ⅱ./LG 1	Ju 88	卡塔尼亚	24	(13)
第 1 教导联队第三大队	Ⅲ./LG 1	Ju 88	卡塔尼亚	17	(7)
第 4 轰炸机联队第 4 中队	4./KG 4	He 111	科米索	9	(7)
第 26 轰炸机联队第二大队	Ⅱ./KG 26	He 111	科米索	30	(9)
第 3 俯冲轰炸机联队指挥部	Stab/St G 3	Ju 87	特拉帕尼	5	(2)
第 1 俯冲轰炸机联队第一大队	Ⅰ./StG 1	Ju 87	特拉帕尼	30	(22)
第 2 俯冲轰炸机联队第二大队	Ⅱ./StG 2	Ju 87	特拉帕尼	38	(31)
总计				231	(145)

空白。明希贝格将海峡上空对付皇家空军的不二法宝倾囊相授：快速爬升——抢占高度——俯冲攻击——急跃升脱离，绝不纠缠于盘旋格斗。

这时，马耳他岛上的皇家空军仅有由30名飞行员和16架“飓风Ⅰ”、4架“角斗士”组成的第261中队。“飓风Ⅰ”速度比Bf 109E-7慢了80公里/小时，在4800米以上高度更是对Bf 109束手无策，因此明希贝格这套打了就跑、速战速决的战术万无一失。虽然雷达能提供充分的预警时间，奈何

西西里杰拉，恩斯特·劳布军士长坐在他的Bf 109E-7里，飞机采用同时期海峡前线的涂装，黄色机鼻处的中队徽标“红心”和驾驶舱下方的联队队徽清晰可见，不过德国历史学家约亨·普利恩博士现存的一张彩照推测认为，这个中队在西西里期间的队徽颜色应为黑色，而不是传统的红色。

年仅22岁的明希贝格即将率领他的中队在地中海开创空战史上一段纪录。照片摄于1941年3月的西西里杰拉机场。

英军无论兵力、战机性能还是飞行员素质都居于劣势，结果和去年夏天的不列颠空战不可同日而语。除了装备和战术全面落后，第261中队还沉浸在之前对意军的一系列胜利中，这种乐观轻敌的心态将很快被明希贝格及手上12架Bf 109所击碎。

二、纵横马耳他

第7中队首战便迎来开门红。2月12日，为支援3架Ju 88执行侦察任务，明希贝格率队扫荡马耳他，6架“飓风”排成纵队朝Ju 88爬升，长机曾是“惠灵顿”轰炸机飞行员，因为皇家空军第261中队更讲究论资排辈而非能者居先。Bf 109从上空背对阳光杀出，闪电般将2架“飓风”打落大海，另1架迫降回哈尔法（Hal Far）机场，英军飞行员一死一伤。1架Ju 88带伤返航，JG 26第7中队毫发无伤，除了明希贝格取得自己第24个战果，莱宾（Leibing）上士首开纪录。

2月16日下午，明希贝格和副队长米特乌施中尉各率一个四机编队先行扫荡卢加机场，支援后面的第2俯冲轰炸机联队第二大队。他们在机场上空突袭了8架在6000米高度巡逻的“飓风”，明希贝格先拔头筹，重创1架，剩下7架“飓风”摆出经典的环形防御圈，米特乌施率领的另一个四机编队从另一边杀下来，和已经从第一轮俯冲进攻中改出并急跃升的队友形成上下夹击之势。米特乌施小队及时散开，于是明希贝格得以发动第二轮进攻，格奥尔格·蒙德里下士重创了另一架“飓风”。英军长机詹姆斯·麦克拉克伦上尉成为明希贝格此役第二个牺牲品，他强忍住剧痛跳伞逃过一劫，但没能保住左臂。他在日记中写道：

大约9:15我们奉命紧急升空，爬升到卢加机场上空2万英尺时，6架梅塞施密特109背对着阳光呼啸而下，我们立即从爬升改出，结成大间距环形编队。我刚进入编队，突然发现上方又有四架梅塞施密特背对阳光冲下来，便立即反向急转弯，躲过了子弹。

附近一个德国佬正在追击前方的“飓风”，我小心翼翼环顾四周，没有发现威胁，于是再次调头尾随，双方都在略微左转，我收小转弯半径，逐渐逼近，我对德国佬势在必得，以至于全神贯注于他的动作，愚不可及地忘了观察后视镜。驾驶舱遭受轰然重击，碎片四溅，我下意识地大角度螺旋俯冲逃离，对自己成为那只捕蝉的螳螂懊恼不已。左臂血流如注，只有上臂还能活动，下臂无力地悬着。事发太突然，我甚至记不清究竟发生了什么。

2月25日，一架“飓风”巡逻圣保罗湾时被明希贝格轻松拿下，加拿大飞行员带着重伤跳伞，在医院不治身亡。第二天，德意两军对马耳他发动了自1月19日以来最猛烈的空袭，卢加机场遭到大约70架德国轰炸机狂轰滥炸，48小时后才恢复使用。6架停在地面的“布伦海姆”轰炸机尽毁。8架“飓风”在埃里克·泰勒上尉带领下爬升到8500米，俯冲向下方的Ju 87轰炸机，随即遭到护航的Bf 109和CR.42围攻。泰勒顶着身后猛烈的炮火，奋不顾身攻击一架 Ju 87，明希贝格在作战报告中高度评价了对手大无畏的精神，称其“战斗意志实在了不起”。而第3俯冲轰炸机联队第一大队大队长赫尔穆特·马尔克（Helmut Mahlke）上尉的回忆更为生动：

……耳机里突然传来机枪手弗里茨·鲍迪施的声音：“后面有架‘飓风’进入射击位了！”我双手忙于控制住飞

不屈之鹰——詹姆斯·麦克拉克伦（James MacLachlan）

个人击落16架、共同击落1架敌机，获得三次杰出飞行十字勋章、一次杰出服务勋章。

麦克拉克伦1913年4月出生于英国柴郡，从小就追求冒险和刺激。17岁进入了皇家空军的飞行员培训学校。二战爆发时，他作为轰炸机飞行员在皇家空军第88中队驾驶费尔雷“巴特尔”轰炸机。1940年5月他随队参加英国远征军在法国的作战并获得杰出飞行十字勋章。远征军撤回英国后，德国入侵英国的野心昭然若揭，麦克拉克伦志愿转到战斗机部队保家卫国，但他的中队只是一支部署在苏格兰的预备队，他因此无缘不列颠空战，当年11月，随第73中队转战马耳他。

1941年1月5日至2月，麦克拉克伦驾驶飓风式战斗机共宣称击落8架轴心国飞机，第二次被授予杰出飞行十字勋章。但随着装备着Bf 109E-7的德国空军7./JG 26中队的到来，马耳他岛的空战形势逆转，2月16日，麦克拉克伦被7./JG 26中队长明希贝格射来的加农炮弹重伤，导致左小臂截肢，但这不能阻止他继续战斗的决心，不到半个月他就驾驶一架教练机升空。当年年底回国后他装上义肢重返战场，担任第1中队（一支夜战部队）中队长，其间他又宣称击落5架敌机，随后被授予杰出服务勋章。

1941年11月坦米尔基地，麦克拉克伦少校坐在“飓风Ⅱ”里。

度过一年的教官和赴美交流培训工作后，1943年6月麦克拉克伦回国加入战斗研发部队（AFDU），6月29日，他和另一名王牌杰弗里·佩奇上尉驾驶野马Ia型战斗机飞往法国执行对地攻击任务，在巴黎南部十分钟内击落4架Fw 56教练机和2架Ju 88轰炸机。7月18日两人再度携手杀向法国，希望复制上次的成功，但飞越迪耶普海岸时麦克拉克伦的“野马”失事（可能被地面炮火击中），31日因伤势过重死在德军医院，离世前一天英军第三次授予他杰出飞行十字勋章。

机，只能强作镇定：“那么干掉它，弗里茨。”这是强人所难，对方有八挺机枪而我们只有一挺，何况只一轮开火后，弗里茨的机枪就卡住了。“完了”，我跌坐回座位，注视着两个机翼涌现出弹孔。“飓风”首轮开火射过界，调整了角度准备卷土重来。弗里茨还没修好机枪，却突然一反常态，激动地连番播报：“梅塞施密特109！——还在后面很远——咬住‘飓风’了——还有几英里——它以惊人的速度冲下来，进入射程了——还有点远，不过109开火了，在最大射程火力全开——打中了！还在打，‘飓风’肯定中弹了，它起火了！它掉下去了！”

被解救的马尔克惊险迫降回西西里岛科米索基地，在他的Ju 87机翼上检查出了至少184处弹痕和高炮所致的伤痕。第261中队有2架“飓风”迫降，3名飞行员阵亡，其中就包括泰勒，拥有7架空战战绩的他是继麦克拉克伦上尉重伤离队后第261中队又一重大损失。7./JG 26和意大利空军各自宣称击落4架和2架“飓风”，明希贝格连下两城，蒙德里下士和米特乌施中尉各入

2月25日米特乌施中尉返航后受到队友们祝贺，此次他击落1架“飓风”后取得自己的第3个空战战绩，他上次击落敌机要追溯到去年8月31日的不列颠之战了。

第7中队位于杰拉的生活区。

一账。轴心国的损失主要来自机场防空炮，共有3架Ju 87被击落，另2架受重创。

2月28日，德国轰炸机将哈尔法机场的“飓风”付之一炬，第261中队面临山穷水尽，以至于3月2日，英国海军3架“管鼻燕”战斗机从“光辉”号起飞，充当拦截机，但随即在低空被3架Bf 109击伤，附近一架“飓风”成为明希贝格第30个战利品。值得一提的是，Bf 109有恃无恐地从标准四机编队改为老式的三机编队。显然，鉴于一次又一次先发制人，明希贝格觉得专职警戒的四号机已显多余。三天后的护航任务他又和凯斯特勒（Kestler）下士将1架“飓风”送入大海。结束护航后，德国战斗机低空扫射圣保罗湾（St. Paul）的水上飞机。

3月7日，第7中队依然以2个三机编队出击，击落执行侦察任务的马里兰轻型轰炸机（汉斯·约翰森少尉误认作“布伦海姆”上报）及护航的“飓风”各一架，另有多架“飓风”受到不同程度的损伤。梅塞施密特随后低空扫射圣保罗湾，重创了一架“桑德兰”水上飞机，三天后他们卷土重来，彻底结果了那架“桑德兰”，并重创另一架。

自“红心”中队亮相马耳他后，仅2月短短四场交战就令皇家空军第261中队飞行员五死三伤，在“梅塞施密特”的耀武扬威和轰炸机日复一日的猛烈空袭下，一直孤立无援苦苦支撑的英国守军士气濒临瓦解，1944年英国航空部一份官方档案记载了这一时期的困境：

敌机逐渐占领制空权，肆无忌惮地越飞越低，压制住我军驻岛空军进攻。过去的十天里皇家空军的小队长机近乎全军覆没。

2月，中队地勤人员正在检修“白色6”号Bf 109的DB601N发动机。

第261中队的飓风战斗机从达哥利机场起飞拦截敌机。

3月10日第十航空军主力转移到利比亚支援隆美尔的部队。被留下来的红心中队成为西西里最大一支德国空军部队。随着德国空军在地中海战场重心的转移，马耳他守军迎来喘息之机。英军从本土向中东战区增援了一队中型轰炸机，它们借夜色掩护飞越被德军把持的法国空域，3月15日清晨顺利降落马耳他。其中一小队“惠灵顿”接近西西里时被德军雷达发现，几架 Bf 109 紧急起飞，明希贝格升空后以一个近乎垂直的爬升直冲云霄，“惠灵顿”机腹不堪一击，早已成为众所周知的死穴，于是明希贝格一边爬升一边径直向上开火，轻松将一架“惠灵顿”打成一团火球。此战过后，“惠灵顿”和“桑德兰”向北非退避三舍，而马耳他的英军一时丧失了攻击力，彻底陷入被动。

英军中东战区司令部设法将从北非调来的第274中队12架“飓风”增援第261中队，第一批6架于18日抵达马耳他，领衔的是利比亚战场的头号王牌飞行员欧内斯特·梅森上尉，迄今已击落15架意大利飞机并获得杰出飞行十字勋章。四天后，面对10架Ju 88轰炸机，英军出动了两个月以来最大规模的拦截力量，但这8架“飓风”惨遭12架Bf 109护航机屠杀，5名英国飞行员阵亡。第7中队毫发无损地进账了7架战绩：埃伦上士独中三元，米特乌施中尉收获2架。

28日，明希贝格在第200次战斗任务中重伤了第274中队的“飓风”飞行员，取得个人第33场空战胜利，也为“红心中队”3月的征战画上圆满句号，他的中队在过去这一个月宣称了13:0的佳绩，次日中队报告共拥有15架战斗机和10名飞行员，其中10架飞机和所有飞行员可作战。

4月3日，“皇家方舟”号艰难运来12架新型的“飓风ⅡA”，它比“飓风Ⅰ”时速略快32公里，第261中队燃眉之急得以缓解。加上希特勒决定武装干涉南斯拉夫的政变，并进攻希腊，奄奄一息的马耳他守军因巴尔干局势节外生枝而渡过了第一个难关。英军记录4月只损失了7架“飓风”和3名飞行员。

明希贝格第202次作战飞行载誉而归，在杰拉机场接受队员们敬献的花环和庆贺。

三、节外生枝巴尔干

第7中队在西西里的生活。

4月5日JG 26第7中队随整个第十航空军进驻意大利的塔兰托，挥戈巴尔干，次日德军空袭贝尔格莱德，JG 26第7中队奉命扫射波德戈里察（Podgorica）的机场，这里的防空力量仅有3架训练用的阿维亚BH-33H双翼飞机，其中2架升空后被明希贝格和米特乌施不费吹灰之力击落，飞行员均身亡，第3架被明希贝格摧毁在地面。返回基地前明希贝格发现一架正在起飞的布雷盖XIX飞机，他声称予以击落，但未得到军方承认。两天后JG 26第7中队与ZG 26第三大队、一个Ju 87俯冲轰炸机大队重返西西里。

4月11日晨，梅塞施密特109与意大利空军的MC.200、CR.42共同扫射了马耳他，支援后续执行侦察任务的Bf 110。8架“飓风”紧急升空拦截，

米特乌施中尉（中间未戴帽者）虽然是中队里除明希贝格（最左）之外唯一的老飞行员，却没有后者的才华，他自去年法国战役中被“飓风”击落后被法国民众开枪打伤，战绩就停滞不前，直到转战地中海战场才稳步提升。

其中2架击落一架Bf 110后被冷不防杀出来的明希贝格和米特乌施击落，英国飞行员无一生还。此前明希贝格还击伤了另一架“飓风”，第261中队3架“飓风”带伤迫降。

4月13日，轴心国对马耳他发动四次空袭，英军出动两次拦截。大约10:30，英军第274中队的王牌飞行员欧内斯特·梅森上尉带领僚机执行巡逻任务，他们采用不同于第261中队的战术：僚机交叉飞行在长机后上方掩护。就在僚机一次转向过程中，梅森突然俯冲向下方一个Bf 109四机编队发动攻击，他的猎物向下方闪避逃走了，另外3架被惊动的Bf 109一齐向他扑来，失去僚机掩护的梅森手部中弹，座机更是被打成筛子，趁还没起火，他挣扎着驾机飞向海岸线并成功迫降。梅森和他的“飓风”被记为米特乌施中尉的第8架战绩。[①]

4月27日，23架“飓风”从“皇家方舟”号起飞增援马耳他，第一分队的7架由“桑德兰”水上飞机领航。明希贝格带领三机编队正在马耳他上空执行扫射。驶向港口的“桑德兰”不幸被逮个正着，机组刚开始锚定浮标，3架Bf 109鱼贯而下，以迅雷不及掩耳之势横扫港湾，第一轮火力已打得“桑德兰”人仰马翻、火光冲天，轻型防空炮来不及做出反应，Bf 109已绝尘而去。4月27日和3月7日的两架桑德兰都被归于集体地面/水面战绩。

5月1日上午明希贝格两分钟内连下两城，个人战绩达到第40架，他后来描述道：

我带领三机编队正飞向马耳他北部海岸，透过薄雾突然发现一队“飓风”近在咫尺，便用力拉杆迎向阳光爬升。“飓风”向下兵分两路，一队调头回飞，另一队飞向马耳他，明显没发现我们，我于是尾随马耳他方向的分队。

呼叫3号机留意敌情后，我瞄准领头长机开火，但是距离太远，对方只冒出一缕轻烟，消失在右下方的云雾中。我将第二架敌机置于瞄准镜内，这家伙明显全然无察，像块木头似的稳如泰山。我首轮点射扫过其机身，对方熊熊燃烧着坠落。飞在侧方的僚机约翰森将第三架“飓风”打得四分五裂。在我前方，担任警戒的第四架“飓风”右转试图攻击约翰森后方，我当即开火，命中机鼻，对方俯冲脱离，我向下迎面开火并再次命中，新一轮缠斗中“汤米”（德军对英军的贬称）成功从上方反咬住我的机尾，我则向南大角度俯冲摆脱。

这时前方不足100米处突然飞过又一架“飓风”，看似正准备降落，我当机立断发动攻击，多半首轮就击中了飞行员，因为对方没有任何规避动作，而是摇摇晃晃继续冲向前，我继续逼近到50米距离内，打光了所有弹药，英机左机翼燃起火焰，终于掉了下去。

我落单后发现危机四伏，不但要谨防刚才交手过的那架警戒机，还要躲开左上方至少4架“飓风”，我能看到它们黑白色的机腹。这时高射炮也开了火。最终我幸运地化险为夷，全身而退，回到基地后我和两位战友为这次大获全胜大肆庆祝了一番。

这场极为罕见的空中缠斗在马耳他守军的记载中无迹可查，一名英国飞行员的日志记录自己上午随队紧急出动了几次，拦截扫射地面目标的敌

① 3个月后梅森伤愈复出，参加了英军对伊拉克的军事行动和北非战役，1942年2月15日驾驶P-40攻击德军在北非的机场时被JG 27的奥托·舒尔茨军士长击落身亡，一周后舒尔茨获得骑士十字勋章。

机，损失了1架“飓风”。傍晚，为支援意大利 SM-79轰炸机，第7中队二次出动，在哈尔法机场上空与6架“飓风”展开交战，明希贝格和约翰森再次各立一功，另一名飞行员的战绩未通过审核。第261中队C小队1名飞行员跳伞，另1名飞行员负伤。

5月5日JG 27第三大队短暂进驻杰拉，西西里的Bf 109猛增到60架。次日，两支部队联手护航，虽然1架He 111被皇家空军第261中队C小队重创，返航时坠毁在西西里，但四架“飓风Ⅱ”在Bf 109围攻下几乎被全歼，“飓风”飞行员2人跳伞、2人负伤迫降。其中1架归于JG 27的埃尔伯·冯·卡格内克伯爵①账上，明希贝格再次梅开二度，将个人空战战绩提高到43架，次日他为JG 26挣得了第二枚橡树叶骑士十字勋章，成为当时获此殊荣者中军衔最低、年龄最小的军官。

从1940年8月到1941年5月21日，第261中队在马耳他独自对抗德意两国空军，以牺牲21名飞行员的代价宣称击落100多架敌机。但终因损失过重、士气低迷，难以为继，5月21日正式解散，一半兵力已于半个月前改编为第185中队，剩余人员撤到中东休整，接替他们的第249中队去年在不列颠空战中表现突出，飞行

永不沉没的航母——马耳他的结局

1940年6月到1942年，围绕这座地中海小岛展开的攻防战是第二次世界大战欧洲战场极为重要的一环。轴心国为了瓦解马耳他岛的要塞，对其发动了3000多架次的轰炸，但由于重视程度不够，始终无法打败这里的守军，还为此损失了500多架飞机。盟军同样损失惨重，却能源源不断从海上为该岛提供补给，始终把控着这一战略要地。整个地中海战役期间，盟军以马耳他为基地，击沉了超过70%的意大利运输舰和23%轴心国商船舰队，切断了德意军队的补给线，直接导致轴心国兵败北非。

从这个意义上说，JG 26第7中队在地中海战场表现固然出众，仅凭12架Bf 109改变了一场空战进程，甚至迫使敌军调整战略部署，对此相映衬的是1941年上半年，轴心国在北非的军队后勤补给运行良好。这是1941年间德军全面优势的体现，但不足以影响整场马耳他之战。

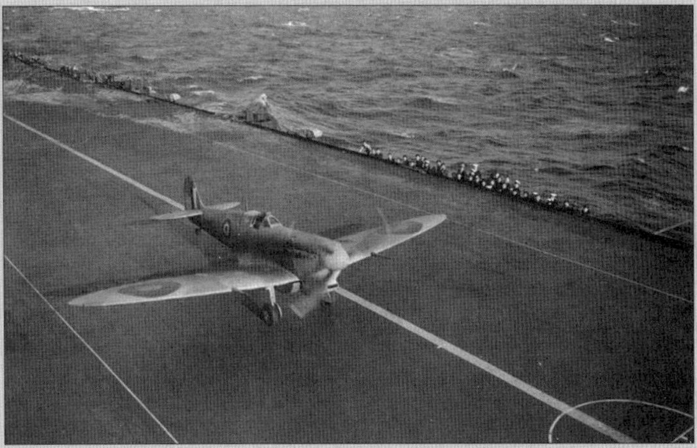

1942年，在地勤人员的注视下，喷火Ⅴ战斗机携带90加仑副油箱从“鹰”号航母起飞支援马耳他。

① 时任JG 27第9中队中队长，截至5月20日JG 27第三大队回国，卡格内克少尉在马耳他共击落4架飓风式战斗机，个人战绩达到17架，同年10月在东线被授予橡树叶骑士十字勋章。

员经验丰富，但当他们从“皇家方舟”号起飞来到新战场，也不禁为岛上空虚恶劣的防务和萎靡不振的士气所震惊。

5月20日德军对希腊克里特岛上的英军要塞发动进攻，代号为“水星行动”，500多架运输机和滑翔机向该岛投下1万多名空降兵。红心中队是第十航空军序列中最晚离开西西里岛的部队，25日临走前，年轻气盛的中队长以最经典的方式告别成名之地:9架梅塞施密特战斗机抛下副油箱，从马耳他上空3000米呼啸而下，以5米超低空自南向北大范围横扫英军据点。达哥利（Ta’Qali）机场经过两个来回的扫荡，第249中队4架飓风战斗机被摧毁或报废，另1架受损，机场守军来不及做出反应，入侵者早已向着西西里扬长而去。在西西里的四个月，第7中队宣称歼敌40到43架（除了1架马里兰轰炸机、1架惠灵顿轰炸机，其余均为飓风战斗机），另在南斯拉夫击落2架BH-33H。中队长明希贝格包揽20架战果，中队自身毫发无损。

西西里杰拉基地第7中队1架带300升副油箱的Bf 109E-7。

皇家空军第185中队停在马耳他岛的哈尔法机场的一排飓风Ⅱ战斗机，中间那架编号Z5265 “T”的飓风Ⅱb是时任中队长莫尔德少校的座机，莫尔德自1941年4月3日从“皇家方舟”号飞到马耳他，当年10月1日紧急升空拦截时被意大利空军的马基200战斗机击落阵亡。

克里特战役后，德国第十航空军主力分布在巴尔干诸地，备战箭在弦上的苏德战争。第7中队入驻希腊伯罗奔尼撒半岛的小镇莫拉伊（Molaoi），为即将大举东进的德军侧翼提供空中支援，同时为俯冲轰炸机攻击地中海东部的英军舰船提供护航和海上侦察。相较于在马耳他所向披靡，希腊的杂役琐事给明希贝格造成极大心理落差。好在没多久，新任务下达，第7中队将转战北非战场，支援隆美尔的非洲军团作战。6月23日明希贝格给联队长加兰德中校写信汇报：

伯罗奔尼撒仿佛与世隔绝，荒无人烟、酷热难耐、尘土飞扬，我们住在帐篷，执行着乏味的任务：协助斯图卡大队攻击东地中海上的海军目标。此外每天有一到两次海上侦察，加挂副油箱飞到200公里外的克里特南部，一飞就是两个半小时，且一无所获，因为英国舰队已经远在叙利亚。雪上加霜的是，这里没有任何海空搜救服务。

明希贝格的“白色2”号Bf 109E-7/N垂尾绘有45个空战战果的标志。

因此，当塞卢姆战场吃紧，增援非洲航空司令部的命令正合我意。我率6架飞机及部分地勤人员飞抵图卜鲁格，剩下的飞行员携战机留守希腊，无法同行。我曾经向师部建言将他们调来非洲。其实我军阵线业已稳固，我本该返防，但获准可多留些时日……原计划返防日期临近前，我不敢去想回到希腊或克里特岛重新过着碌碌无为的日子……然而回应我们的只有天上的星星。

四、转战北非

6月14日，明希贝格率领他的半个中队从莫拉伊飞抵利比亚的加扎拉，留在希腊的飞行员半个月后齐聚北非。第27战斗机联队第一大队（Ⅰ./JG 27）是此地唯一一个德国单引擎战斗机大队，红心中队名义上划归该大队指挥，大队长爱德华·诺伊曼上尉在1939年间曾任JG 26第8中队中队长，他热情接待了明希贝格一行人，后来他在一次采访中评价这支短暂合作的友军：

1941年年中，德国在北非仅有Ⅰ./JG 27一支（单引擎）战斗机部队，JG 26第7中队一度来到昔兰尼加，短暂充当过客，我不干涉中队事务，中队长明希贝格中尉可以独立谋划和指挥作战。可惜第7中队在非洲来不及大显身手，英军的攻势很快就被遏制。不过明希贝格是一位精干有力的指挥官，是空军不可多得的人才。

诺伊曼提到的英军攻势指战斧行动，这也是JG 26第7中队转战北非的缘由。为解除德、意军队对托布鲁克要塞的包围，1941年6月14日英军对哈法亚隘口发动了进攻，提供空中支援的是由英国及英联邦国家南非空军组成的第204大队，下辖14个中队，兵力约98架战斗机（飓风Ⅰ型和战斧Ⅱb型）、105架轻型轰炸机（布伦海姆、马里兰）。

不过除了兵力较为宽裕，英军第204大队在装备和战术方面并不比他们在马耳他的同僚先进。飓风Ⅰ和战斧Ⅱb的性能均落后于Bf 109E-7，为适应沙漠作战而加装的巨大滤砂器进一步限制了航速和飞行高度。更为险峻的是战术，由于陆军坚持直接空中掩护，英国战斗机不管何时、何种任务，一律被限制在低空，保持紧密编队，这对于经验丰富的德国飞行员无异于绝佳的靶子。南非空军一名飞行员一语中的：

我军对德军战术的无知和Bf 109式的卓越性能令我们举步维艰。

虽然明希贝格拥有独立指挥权，但以6架战斗机的规模，他的半个中队只能和Ⅰ./JG 27大队联合行动。6月15日17:00左右，皇家空军第274中队、第73中队在西迪拜拉尼（Sidi Barrani）附近各自与Bf 109爆发交战，共有5架“飓风”

当时诺伊曼手下有个长发、清瘦、吊儿郎当的年轻准尉：汉斯—约阿希姆·马尔塞尤，已经击落了11架英国飞机，但因为屡犯军规、不服管教，几个月前被施泰因霍夫中尉从JG 52第4中队处理到JG 27，彼时他唯一的名气来自桀骜不驯和劣迹斑斑。但一年以后他的战绩急剧攀升，以“非洲之星”的大名传遍北非战场各国空军部队，后来更成为二战中击落英美飞机最多的德国飞行员。

I./JG 27的路德维希·弗兰齐斯克特中尉回忆了马尔塞尤和明希贝格第一次见面的趣闻，6月14日诺伊曼为红心中队举行了简单欢迎仪式。明希贝格是这里唯一的骑士十字勋章获得者，也是最大牌的超级巨星，但他彬彬有礼做了自我介绍，然后和JG 27同袍们一一握手，同时尽职尽责地询问前线事宜。当他走到马尔塞尤面前，问了对利比亚的看法，他指的是战局、敌情、飞机以及天气等方面，可这个只比他小一岁的大男孩挂着一本正经的表情回答：

“上面应该给我们捎一些漂亮妞过来，这里太枯燥了，连意大利士兵都有酒吧我们却没有。”

明希贝格为这番油腔滑调的答词错愕不已，此时马尔塞尤一旁的好友也搭话道：

“千真万确，长官，战斗结束后能小饮几口不是很美妙吗，这附近的意大利战斗机中队连冷藏柜都有。”

“我们是来这里打仗的，不要期待能和家里一样舒服。”明希贝格严肃地回应道。

马尔塞尤反唇相讥：“那些后方的官员可是过着性命无忧的滋润日子呢。”

明希贝格神情有了一丝恼怒，他保持住微笑：“没错，我们出生入死的时候他们在后方平安滋润，我不否认这点，可是马尔塞尤，你那该死的头发也该剪剪了。”

虽然性格和人生轨迹迥异，马尔塞尤和明希贝格后来成为仅有的两个获得意大利最高军事荣誉金质勇敢勋章的德国军人（隆美尔获得该勋章的银质级别），也同样将生命永远留在北非的土地上。

和2架Bf 109被击落，德国飞行员共入账6架战绩，其中1架归于JG 26第7中队的卡尔－海因茨·埃伦上士。

17日上午，10:30南非空军第1中队7架“飓风Ⅰ”扫射轴心国运输车队时，遇到为轰炸机护航的7架Bf 109，交战中3架“飓风”被击落，JG 27第3

南非空军一架寇蒂斯P-40“战斧Ⅱb”，它和“飓风”是1941年北非战场上英军及英联邦国家空军主战机型，但面对德军的Bf 109E-7以及后期Bf 109F处于劣势。

第27战斗机联队在利比亚加扎拉的居住区。

中队海因茨·施密特少尉包揽其中2架，另1架归于米特乌施中尉。两天后第7中队一架Bf 109带着40%的伤情迫降在甘布特，成为中队在地中海战场首例战斗损伤。

20日，明希贝格取得北非战场首胜，宣称在布格布格（Buq Buq）击落一架“飓风Ⅰ”，英军第204大队这天只有一架来自第6中队的“飓风”实施了迫降，飞行员安然无恙。

6月24日晨，明希贝格带领3架Bf 109拦截并击落了英军第6中队一架侦察中的“飓风”，对方飞行员詹姆斯·索里少尉身亡。30日，JG 26第7中队与JG 27第一大队、ZG 26联队共同护送第2俯冲轰炸机联队8架Ju 87攻击一支小型船队，南非空军第1中队抢在德国战斗机介入前击伤了1架Ju 87[①]，唯一损失的1架“飓风”疑为被ZG 26联队的Bf 110所击落，Bf 109无建树。

随着轴心国军队打退英军进攻并转入反击。德国空军的任务局限于突袭敌军阵地和攻击马耳他至图卜鲁格港的英军补给线，单调得令明希贝格心生倦意，他在信里抱怨只有在图卜鲁格港攻击舰船时才有机会交战，而且连日高温让他状态下滑：

现在我入驻爱德华·诺伊曼的机场，起居也同他们共用车厢（宿舍），此地不像希腊那样酷热难耐，但不计其数的蝇虫嗡嗡做扰、不时发生的沙暴也很烦人，时至今日我的飞机没装热带配置，竟然还没发生过故障。我要与Ⅰ./JG 27联合作战，但独立指挥。双方合作愉快，他们热情款待了我们，极尽袍泽之谊。至于作战，中队手气不顺，迄今只有我和米特乌施在“飓风”身上小有斩获，各自达到第44架和第10架战绩。

万望您还将我们放心上，并将此信转呈我的大队，并致以我最衷心的问候。还请代我向舍普费尔上尉和施普里克中尉感谢他们的来信，此地写信甚是不便……

7月15日明希贝格终于等来一场像样的空战，傍晚率队掩护Ju 87轰炸机攻击图卜鲁格港的驳船时，他发现了12架“飓风”[②]，开火后来不及观察结果就被两架敌机盯上，这时1架Ju 87和1架Bf 110飞过，吸引了敌机追逐而去，得到解围的明希贝格趁另一架“飓风”尾随Bf 110之际发动攻击，目标燃烧着坠落在英军阵地，这架被他误认作P-40上报的“飓风”成为他第46个空战战果。Bf 110飞行员（来自ZG 26第

① 南非空军第1中队宣称击落2架Ju 87，击伤1架Bf 109。

② 来自皇家空军第73中队和第229中队，明希贝格误认为P-40。

随着轴心国军队打退英军的战斧行动并转入反击，战斗强度大为降低，队员们得以在沙滩玩耍放松，游泳、水球、游览古迹等休闲项目很受欢迎，右图喂驴的人是米特乌施中尉。

8中队）另外宣称击落了4架实际为“飓风”的P-40，此役英军共有2架“飓风”被击落，飞行员均阵亡，1架“飓风”和1架P-40严重损毁，飞行员无恙。德军损失3架Ju 87。

29日傍晚，德国和意大利空军出动18架Ju 87轰炸了西迪拜拉尼附近两艘英国货船。南非空军第2中队的P-40在护航机介入前宣称干掉了4架Ju 87，该中队两员老将马森（Masson）上尉和科克上尉（Kok）正待发动下一轮进攻，JG 26第7中队的10架Bf 109突然杀出。一场空中缠斗过后，马森阵亡，科克被俘，另有3架P-40战斗机带伤返航。轴心国损失2架Ju 87轰炸机。JG 26无损失。明希贝格宣称歼敌2架，汉斯·约翰森少尉和卡尔－海因茨·埃伦上士也各有1架入账，瓦格纳下士上报的战绩未获部队承认。

8月2日傍晚，南非空军第1中队全体出动，12架“飓风”巡逻在西迪拜拉尼西北海岸，保护2艘驱逐舰。12架Ju 87及上方的20架护航机（Bf 109、MC.200）果然趁着夜幕降临袭来，“飓风”立即对Ju 87发动进攻，但很快遭遇12架Bf 109阻拦，3架“飓风”和2架Ju 87被击落，第7中队一架Bf 109受重创迫降在加扎拉。约翰森少尉和四名JG 27飞行员各宣称歼敌1架。

次日21架马里兰轻型轰炸机成功袭击了加扎拉的德军机场，停在地面的Bf 109一架被炸毁（来自JG 27），1架被重

1941年5月开始，北非的天空频频出现美国马丁公司的马里兰轻型轰炸机，南非空军第12、第21、第24中队和皇家空军第39中队四个中队首先装备上该机，皇家空军第39中队主要任务是侦察。

1941年夏，第7中队的“白色8”号在利比亚更换发动机。

创(来自JG 26)。没有装滤尘器的飞机在沙漠环境下作战损耗极大。根据8月4日报告，第7中队的飞机总数从10天前的13架减少为11架，可作战数从7架减少到4架。

8月21日午后，南非空军第12中队和第24中队共12架马里兰轰炸机在7架“飓风”和8架“战斧”的保护下对巴迪亚和卡普佐一带的轴心国机场展开轰炸，Bf 109和Bf 110升空回击，林德曼少尉和米特乌施中尉在西迪拜拉尼各自击落1架“马里兰”[①]，完成了红心中队在地中海的收官之战。

半个月以来，第7中队可能被永久改编出第26战斗机联队的传闻一直令明希贝格提心吊胆，竭尽所能大力抵触。月底归建命令下达，他心中总算一块石头落了地，也最早离开非洲，8月26日他已经在法国斩获了一架喷火式战斗机。其余飞行员在8月底乘坐运输机返回法国，中队的Bf 109E-7/N留给了JG 27联队。

JG 26第7中队在德国空军的非洲航空司令部序列中继续保留了一个月，也许因为地勤人员留在北非为JG 27服务到9月下旬。9月24日一架Ju 52载着他们经由希腊萨洛尼卡回归母队，途中遇到英军3架博福特战斗机[②]的攻击，Ju 52紧急折返，虽然安全降落回非洲，但机上两名中弹的地勤不治身亡，这是第7中队半年里发生的首次、也是仅有两例伤亡，它的地中海征程以一个美中不足的句号结束了。在北非的2个月里，中队至少击落10架敌机（宣称击落13架），其中5架尽归中队长明希贝格，副队长米特乌施中尉收获3架，林德曼少尉和埃伦上士各自有2架。

从马耳他到利比亚，这个由12名战斗机飞行员和约40名地勤组成的小小中队横行地中海，六个月里至少宣称击落

明希贝格在北非。1942年4月15日，他被墨索里尼授予意大利金质勇敢勋章。

① 可能来自南非空军第12中队，它们完成轰炸任务后撤退途中遭到攻击，1架当场坠毁，机组成员阵亡，1架返航后报废，机枪手重伤，其余人员平安。

② Beaufighter，英国布里斯托公司生产的战斗机，也被译作“英俊战士”战斗机。

52架敌机，还摧毁了9架停在地面及水面的敌机，自身损失近乎为零，只有2架飞机战斗受损，无一例战斗减员。中队长明希贝格包揽了25架空战战绩，米特乌施中尉收获8架，剩下19架由其余飞行员瓜分，最多只有一两人没有开荤。至少有11架被该中队宣称击毁的英军飞机实际带伤返航或迫降，其中4架受重创。即便如此，JG 26第7中队依然创下空战史上的纪录。

第7中队部分队员返回法国后的合影，最左边的约翰森少尉是里面唯一的军官。

然而战争结束时，这12名飞行员几乎消耗殆尽，无一人还在第26战斗机联队，他们中至少半数阵亡，3人生还（或者做了苏军战俘），还有3人的下落永远湮没于纷飞的战火与历史的洪流中。

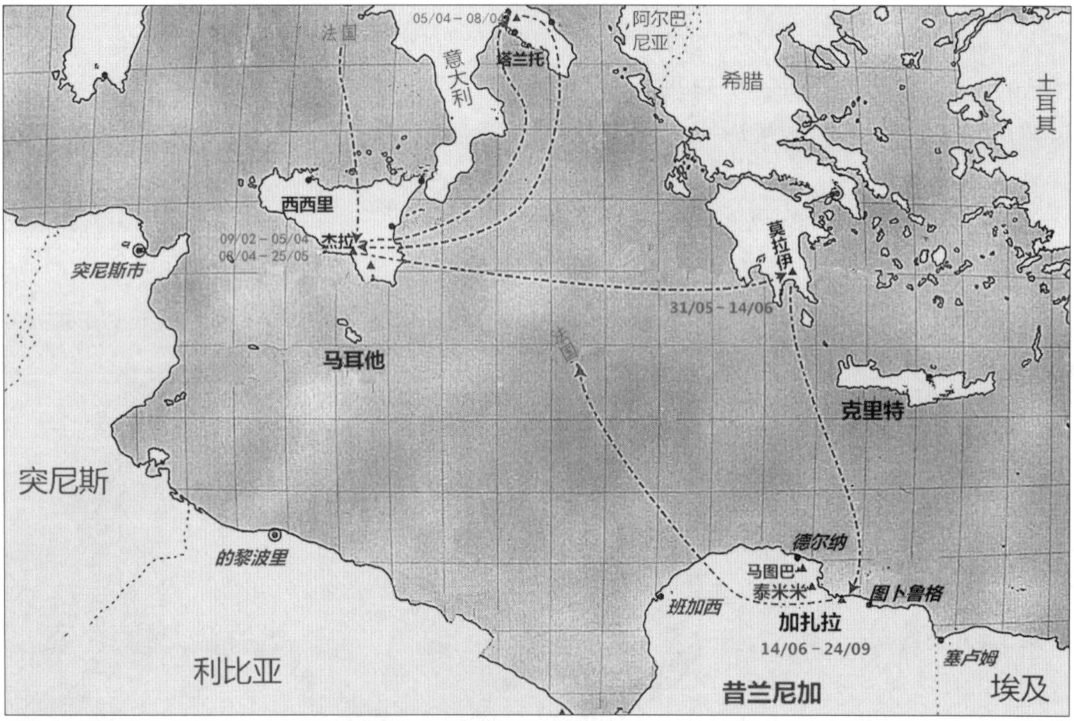

1941年2—6月，JG 26第7中队部署图。

第四章 西线磐石

1941 年 2 — 12 月

一、换装Bf 109F

1941年2月，JG 26飞行员结束了整个二战中唯一一次休假，陆续返回德国西部的基地。3月，联队指挥部和第一大队成为最早接收Bf 109F-1和Bf 109F-2的部队之一，由此开始了换装进程。据说去年11月底首批Bf 109F-1下线时，帝国航空部原计划为JG 2、JG 27和JG 51四个联队各装备一个中队，后来JG 27联队让位于战绩更漂亮的JG 26联队。

昵称“弗里德里克”，较之Bf 109E在机体结构和外形上均有显著改进：更符合空气动力学，发动机整流罩轴对称分布，螺旋桨毂加大加长，使气流更加平缓，从而减少紊流造成的阻力，散热器深嵌入机翼，通过降低散热器的凸出高度，使其与附面层更为平滑地融为一体。散热器尺寸的变化造成机翼前缘和后缘襟翼的弦长和展长也做了修改，显得更加圆润。F型另一大改进之处在尾翼，水平尾翼厚度增加，位置略微前移和下移，此前型号上标志性的斜撑臂改为悬臂支架。此外，Bf 109 F采用了收放式尾轮，操纵面和机械增压器进气口也重新设计。动力上，F-1和F-2型依然使用DB 601N，最新的DB 601E发动机测试和验收完成之后统一装备了Bf 109F-3及后续亚型。得益于这款马力强劲的发动机，Bf 109F-1的最大航速达到628公里/小时，远超了Bf 109E和“喷火Ⅱ”，和“喷火Ⅴ”相当。此外，起飞爬升率及空中爬升率、俯冲速度等性能均有显著提升。

由于机体重量减轻，Bf 109F的武器配置也缩减了，原来Bf 109E机翼上的机枪或机炮被去除，F2在整流罩上安装了两挺7.92毫米MG 17机枪、桨毂上一挺15毫米MG 151机枪，后者采用电动弹链，备弹200发，初速高、射速快。

新战机卓越的飞行性能和操纵品质无疑令人欢欣鼓舞。不过它早期在稳定性和结构强度上存在致命设计缺陷。预生产型Bf 109F-0在测试阶段和生产型Bf 109F-1在交付部队之初发生了多起坠毁事故，夺走数名试飞员生命，导致该机型一度被紧急停飞，调查发现症结出在尾翼布局：水平尾翼斜撑臂被去除后，飞机飞行过程

第9中队1架返航的Bf 109F-2。

加兰德的Bf 109F-2，装有伸缩式瞄准具，从机身上的队徽能推断出照片拍摄于1941年春季。

中，当发动机达到一定转速容易引起尾翼的高频共振。梅塞施密特公司的解决方案是增加水平尾翼和机身之间连接板的强度；Bf 109F另一项结构问题直到服役和实战中才暴露：部分飞机返航后机翼蒙皮会出现波痕，说明机翼内部结构受损，起初无论梅塞施密特公司还是帝国航空部都没有引起足够重视，以至于发生多起机翼翼梁在飞行中断裂、飞行员被困甚至丧生的事故，其中两例事故格外惨痛:1941年六七月间，JG 26第8中队中队长古斯塔夫·施普里克中尉和JG 2联队长威廉·巴尔塔扎（Wilhelm Balthasar）上尉相继在战斗中遭遇机翼断裂而机毁人亡。

施普里克死后，第三大队技术官施勒特尔中尉私下从设在雷希林的德国空军测试中心借来一些应变仪做过测试，确定症结出在机翼上，他亲自动手对大队飞机的机翼进行了加强。但联队的维修部门无力承担所有返修，施勒特尔受命将几架受损严重的飞机运往安特卫普的维修厂更换机翼。上述设计缺陷导致交付部队的Bf 109F数量一度下滑，JG 26的换装进程也被滞后。通过一些幸存到战后的照片和作战损失记录可以推断，第三大队（不包括远在地中海战场的第7中队）到1941年3月下旬基本上完成的Bf 109F的换装，第一大队和第二大队混装了Bf 109E和Bf 109F两种机型，一直持续到这年夏天。

二、海峡自助游

3月底，JG 26移防到法国西部的布列塔尼，和JG 2里希特霍芬联队一起编入施佩勒元帅的第3航空队。这时联队尚未从不列颠空战的损失中完全恢复，总共89名飞行员，占编制的82%，幸而任务清闲，主要保护此地的德国海军，“沙恩霍斯特”号和“格奈森瑙”号尤其成为重点保护对象，这两艘战列舰在大西洋大败皇家海军凯旋后就停在布雷斯特港。

4月4日上午，联队长加兰德中校酒饱饭足，驾驶他那架经过特殊设计、加挂了副油箱的Bf 109E-7从杜塞尔多夫飞往位于法国布雷斯特区吉帕瓦县的指挥部，中途经停海滨小城勒图凯（Le Touque）加油，这时他心血来潮，带着僚机罗伯特·门格军士长轻车熟路飞越英吉利海峡，来到英国领空转

胡戈·施佩勒（Hugo Sperrle），作为德国空军成立之初的封疆大吏，施佩勒和米尔希、凯塞林三位元帅在军内地位可谓一人之下万人之上，他坐镇第3航空队五年半之久，直到1944年9月诺曼底战役后被解职。1941年苏德战争爆发后，德国空军主力挥师东进，第三航空队独自留在西欧，负责法国和低地国家的防空。

悠一圈碰碰运气，德国人如愿发现了皇家空军第91中队的两架执行巡逻任务、正在爬升的“喷火”，顺理成章地，“到此一游”后加兰德和僚机一人新添了一架战绩。加兰德的牺牲品曼（Mann）中士负伤跳伞，被门格军士长偷袭得手的斯皮尔斯中士迫降后飞机爆炸。

其后两周风平浪静，JG 26只零星出动了几次，拦截一些侦察中的“布伦海姆”“喷火”。百无聊赖之际，加兰德又打起“海峡自助游”的主意，4月15日是老上级“特奥大叔”奥斯特坎普少将49岁生日，瞅到机会的他将一篮龙虾和几瓶红酒往崭新的Bf 109F[①]座位下一塞，兴冲冲地和僚机汉斯－于尔根·韦斯特法尔中尉飞往第2战斗机指挥部所在的勒图凯赴宴。趁机溜到多佛尔，他没有失望，皇家空军威特灵联队（2个“喷火”中队、1个“飓风”中队）正在密布的云层间进行复习飞行，联队长威廉·埃德温·库珀中校迷航到多佛尔，被蛰伏在上方的Bf 109偷袭，加兰德在作战报告宣称目标坠毁在多佛尔的村庄，并得到僚机作证。

不到10分钟，又一架“喷火”出现在下方，加兰德不动声色悄悄绕到对方编队身后，瞄准在队尾迂回飞行的警戒机，从100米一直扫射到30米距离，见“喷火”一头栽下去，加兰德没有细看，立即冲向几十米外的下一个目标开火，第三架“喷火”虽然中弹，但向上飞走了。韦斯特法尔中尉也运气欠佳，他咬住猎物机尾，进入射程后却因机枪卡住功亏一篑。

英军第266中队其余“喷火”这才被惊动，德国人识趣地朝法国全速俯冲，逃之夭夭，其间加兰德纳闷怎么也追不上僚机，一度怀疑自己被击中了，但仪表盘显示一切正常。最终两人顺利到达勒图凯，加兰德按下起落架开关，开始进场，半空突然升起红色警示信号弹，地面引导人员也在拼命挥手，示意起落架没有放下，加兰德进行复飞并再次按下起落架开关，这次顺利着陆，原来刚才在海峡上空的战斗中他无意识地提前放下起落架，导致航速变慢。这段波折丝毫没影响JG 26联队长的心情，他爬出驾驶舱时气定神闲，座位下的生日礼物貌似完好无损，还附赠了新鲜出炉的战绩。倒是奥斯特坎普和莫尔德斯饶有兴趣地看着一篮嘶嘶着口吐白沫的龙虾，对刚才一场高过载的空中格斗过后是否还有活物存疑。

帝国航空部批准了加兰德上报的前两架战果，但事实上4月15日3架“喷火Ⅱ”都仅被击伤，库珀中校迫降回曼斯顿[②]，第2架“喷火”被休厄尔（Whewell）中士迫降回霍金奇。加兰德三次临门一脚欠佳，主观上展示出他性格毛躁、爱出风头的一面，他不注重细节和反省，更关心表面的胜利。侧面印证了Bf 109F-2火力减弱后攻击效果大打折扣。

加兰德后来让人自行改装了三架Bf 109F-4，其中两架的整流罩上2挺MG17机枪换成了MG131重机枪，它们在作战报告中被记为Bf 109F-2/U。由于12.7毫米的MG131粗壮得多，铸工成功把机枪后膛和供弹处所在的发动机整流罩改成一个鼓包，才使得机身外形不至于太突兀，这一措施后来在以MG 131为标准配置的Bf 109G-5上得到正式沿用。第三架Bf 109F-4在标准配置之上，额外加装了两门MG FF机

---

① 当天上午加兰德驾驶Bf 109F首飞，前往第三大队所驻的法国圣布里厄克（St. Brieuc），他的作战日志中记载机型为Bf 109F-2，但一些照片显示他驾驶的是预生产型的Bf 109F-0，编码W.Nr 7614。

② 6月4日库珀带领第266中队执行扫荡任务时，疑似因为氧气面罩故障而阵亡。

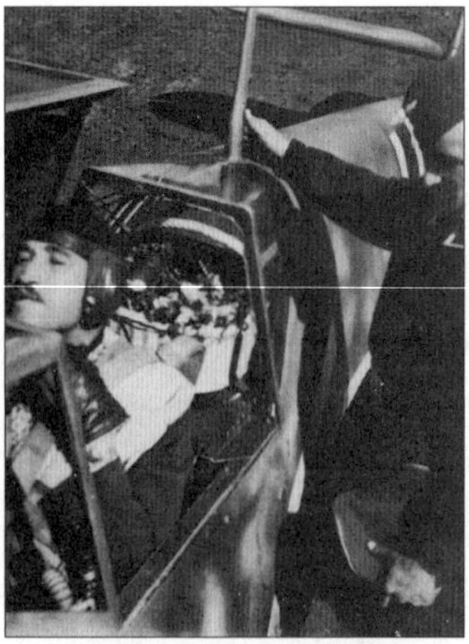

“生日快乐，特奥大叔”——1941年4月15日，加兰德从布雷斯特飞往勒图凯赴宴前的留影，座位后就是一篮香槟和龙虾。

奥斯特坎普少将的生日宴会，加兰德大概正在比划上午如何从背后偷袭拿下3架喷火，虽然那3架喷火都完成迫降，但加兰德依然入账了两个战果，总战绩达到61架，并且将与莫尔德斯之间的差距缩小到2架。两人你追我赶，战绩一直咬得很紧，更包揽橡树叶饰、双剑饰和钻石饰这三种最高级别的骑士十字勋章前两名，他们之间的友好竞争一直是当时德国媒体炒作的噱头和民众茶余饭后的热门话题，德国空军尤其需要这种炒作和造神运动来吸引更多年轻人加入。照片中加兰德左手边依次坐着莫尔德斯和奥斯特坎普。

翼机炮，这架带机翼固定武器进入实战的Bf 109F-6/U在F系列及后续Bf 109家族中独一无二。驾驶这三架火力加强的改进型Bf 109F加兰德击落了13架敌机。

JG 26其他队员就没联队长那么好的机会“假公济私”了，这段时期他们除了使用水泥填充的训练弹，对着以海岸的岩礁模拟对地攻击之外，甚少实战。5月1日德国媒体报道JG 26取得了第500场空战胜利。

奥斯特坎普在生日时与手下爱将的合影，从左到右：加兰德、京特·吕佐夫（JG 3联队长）、莫尔德斯、不详、奥斯特坎普、京特·冯·马尔灿（JG 53联队长），这四位联队长都是1940年夏天提拔上来的年轻一代高级指挥官。

5月10日夜幕降临，加兰德正在指挥室伏案工作，突然接到一通令他目瞪口呆的电话，电话那头戈林气急败坏地命令联队全体紧急出动，截击一架飞往英国的Bf 110——飞行员是“发疯的”副元首鲁道夫·赫斯，如有必要，予以击落。戈林并没有给出更多细节，更没有告知这架Bf 110的标识或识别编码，使得这项非常规任务更如大海捞针，加上具备政治敏感性，加兰德谨慎地从每个中队派出一两架飞机，指示飞行员保证夜间飞行安全为重，不用在空中停留太久——“我没有告诉他们内情，否则他们一定认为是我疯了”。

自然，这些飞行员一无所

获地返航了。加兰德电话汇报时，戈林更关心赫斯那架从奥格斯堡起飞的Bf 110能否到达英国西北。迅速估计了一下航程，加兰德给出自己的答案：刚好够。

5月24日到27日大西洋上发生了著名的追剿“俾斯麦”号战列舰的战斗，26日JG 26联队收到命令，出动第一大队掩护“俾斯麦”号向布雷斯特港撤退，然而当天夜间“俾斯麦”号就被英国皇家海军击沉于布雷斯特以西400海里水域，100海里以外的JG 26飞行员也被召回。

5月29日，联队奉命重返加来，在驻守布列塔尼半岛的两个月里JG 26共入账11架战绩：联队指挥部3架，第一大队6架、第二大队2架，第三大队则运气欠佳，交了白卷，让舍普费尔稍感安慰的是，远在地中海的第7中队捷报频传。

三、无尽与无聊

进入六月，蓄谋已久的“巴巴罗萨”计划箭在弦上，第2航空队的JG 3联队、JG 51联队、JG 53联队纷纷从法国西北部撤回德国，准备挥戈东进。施佩勒元帅的第3航空队留在西线，除了继续夜间轰炸英国，主要防守德国南部、西南部以及整个法国及低地国家空域。第3航空队将前线战斗机部队划归到两个战斗机指挥部（Jagdfliegerführer）调遣指挥：JG 26全体和JG 2联队指挥部、第二和第三大队属于第2战斗机指挥部，防守塞纳河河口到荷兰海岸段空域。JG 2第一大队属于第3战斗机指挥部，防守瑟堡东北到塞纳河河口段空域。

6月1日JG 26搬到了新机场，联队指挥部重返去年夏秋所驻的欧当贝尔（Audembert），与第2战斗机指挥部所在的勒图凯相距仅3公里，第一大队基地设在圣奥梅尔县的克莱尔马赖（Clairmairai），第二大队在比利时西边的马尔德海姆（Maldegem），第三大队在靠近阿布维尔东北的利耶热斯库尔（Liegescourt），这四处机场都是铺以草坪的非刚性道面，天气不好时不利于起降，然而就是在这样简陋的条件下，联队迎来一个丰硕的狩猎季。

为便于考察和评估每一位飞行员，加兰德恢复了一项不列颠战役期间的举措：每个中队轮流置于联队指挥部辖下共同作战，并供联队长考察，为期约两周，目前是第8中队。欧当贝尔机场不大，但足以容纳联队指挥部外加一个指挥部直属中队。

与JG 26隔海相望的老对手皇家空军战斗机司令部已经换了一套班子，以非凡智慧和才干赢得不列颠空战的领军人物休·道丁上将和基斯·帕克少将均离职，接任他们的分别是

1941年夏季，欧当贝尔机场一角，联队指挥部的Bf 109F得到很好的掩蔽。

第1中队中队长约瑟夫·普里勒中尉走出了他的“白色8”号Bf 109E-7，摄于1941年6—7月圣奥梅尔的克莱尔马赖机场。

火V型战斗机充其量也只能打个平手。“梅塞施密特”延续着垂直机动性能上的传统强项，由飞行员充分利用爬升、俯冲、斤斗，随心所欲发动进攻或者退出战斗，“喷火”和“飓风”在盘旋性能上的优势尽人皆知，本着知己知彼百战不殆之道，德国战斗机飞行员针对性地采用一击脱离。

早在1941年1月10日皇家空军就发动“马戏团1”号，上半年频频和JG 3、JG 51和JG 53过招，但小打小闹之势难成气候，德国空军利用这一时期从容不迫地建立起防空体系并得到测试的机会。这套防空体系虽然姗姗来迟，但到6月初见成效，主体由雷达和地面控制站构成，除了规模有所欠缺，其他方面与英国南部的防空系统并无二致。而面对德国战斗机强大的突防能力，皇家空军只得不断扩大护航规模，马戏团行动最后竟然发展为20个中队的约240架战斗机簇拥在12架轰炸机周围，保护得严严实实。护航战术如下：

三个目标区支援联队打头阵，每个联队由3个“喷火”中队组成。一个联队沿轰炸机航线飞在前方，另两个联队从不同方向进入目标邻近区域。三个联队会合后兵分四路在目标区域巡逻，直到作战半径极

肖尔托·道格拉斯元帅和特拉福德·利－马洛里少将，两人都比前任更具攻击性，奉行以攻为守，动辄出动大规模战斗机机群护送一小队中、轻型轰炸机飞临法国沿海地区大秀肌肉，目的和一年前的德国空军如出一辙——诱使敌军迎击从而将其歼灭。英军为这一系列渡海攻势命名了代号：

马戏团行动（Circuses）：有战斗机护航的昼间短程轰炸；舂杆行动（Ramrod）与之类似，区别在于前者主要为了迫使德国战斗机迎战，后者目的是摧毁特定地面目标。事实证明这上述两种军事行动最容易触发德国战斗机回应。

大黄行动（Rhubarbs）：在阴天或其他不良能见度的情况下，2到4架战斗机低空扫射或轰炸临时目标。德国空军除非恰逢有滞空战机可以根据引导前往拦截，否则未予理睬，因为英国战斗机到达作战半径就知趣地回去了。

驭马行动（Rodeos）：大规模战斗机扫荡，德国人对这招同样反应冷淡。

锚地行动（Roadsteads）：针对德国舰船的俯冲轰炸或低空空袭。当时可供派遣的“布伦海姆”轰炸机火力孱弱，没等德国空军出动，已被舰载防空炮打退。

马戏团行动早期由6架“布伦海姆”挑大梁，这种轻型轰炸机载弹量仅有500公斤，航速慢，破坏力和威慑力极为有限。德军是否拦截护航的英国战斗机则视情况而定。1941年上半年英国主力战斗机机型“喷火Ⅱ”性能全面落后于Bf 109F-2，即使最新的喷

限后返航，战斗机司令部后来将巡逻分队数量由四个调整为三个。

四个战斗机中队组成一个护航联队，分别执行近距离护航、中空护航、高空护航和低空护航，早期担任护航的“飓风”性能落后，与德机交手每每败下阵来，很快被“喷火”取代。

护航联队上方还有三个中队组成的护航掩护联队（Escort Cover Wing）。前方支援联队（Forward Support Wing）和后方支援联队（Rear Support Wing）跟随其后执行扫荡，均由两个中队组成。

出动这样一个庞大的机群，对地面控制和联队指挥官的临阵指挥水平要求极高。如今皇家空军尝遍了德国人一年前吃的苦头：大量跳伞飞行员被俘、战绩虚高、战斗机航程不足，作战半径充其量到达里尔，争分夺秒把握住时间至关重要，同时要在英格兰南部集结，晴好的天气必不可少，因此马戏团行动以春夏两季最为密集。作为进攻方，皇家空军可以选择出击的时机、线路和规模，但战场主动权掌握在坐拥主场优势、以逸待劳的德国空军手中。总而言之，后人可以有趣地看到，1941到1942年西线空战整体局势就是英德两军交换主客场再战一场。变攻为守的第26战斗机联队首要任务是负责法国北部和比利时西部军事设施和工业区的防空。战术得当、装备精良，加之飞行员身经百战，士气高涨，联队即将开启二战中最得意的篇章。

英方曾将空军的反攻称为“无尽攻势”，后来逐渐摒弃，传到海峡对岸后被巧舌如簧的德国宣传部门讥讽为“无聊攻势”。英军袭扰也好，大举进犯也罢，德国空军选择回避正面交锋，作为西线仅存的战斗机力量，倾巢而出、不遗余力绝非上策，教训来犯敌军的同时需要尽量保存实力，第2战斗机指挥部指挥官奥斯特坎普与麾下三位联队长加兰德、威廉·巴尔塔扎上尉及继任瓦尔特·奥绍少校都深谙此道，比如JG 26通常只出动中队或大队规模的兵力应战，战术依旧是传统套路：迅速起飞、爬升，占领高度，利用阳光和云层作掩护俯冲，引开或牵制住英军护航战斗机，由更有经验的老手攻击轰炸机。像加兰德那样极其老道和高明的编队指挥官才能判断和把握最佳时机，以最小的风险突破英军护航机群，向轰炸机发动攻击。

和轰炸机相比，英国战斗机威胁更小。虽然出于提升士气和宣称需要，德国战斗机会适时地逮住机会，教训一下英国同行，但有一套严苛的交战规则要遵守。皇家空军战斗机司令部时常抱怨“大大小小的德国战斗机编队大多数时候都在消极避战，挫伤了飞行员的积极性”，这是官方辞令。站在战士的角度，盟军飞行员是积极性受挫还是暗自松口气，见仁见智，德军飞行员可能也会对“消极避战”这顶帽子深感委屈，军纪如山，他们确实只能奉命行事。

四、重返加来

6月16日，JG 26迎来不列颠战役之后的首场大战。下午晚些时候，皇家空军发动第14号马戏团行动，第11大队6个战斗机中队保护着海岸司令部的6架布伦海姆轰炸机攻向法国布洛涅，德军出动JG 26联队指挥部（含第8中队）和第一大队拦截，前者从勒图凯紧急升空，虽然很快发现目标，但被高空护航的“喷火”牵制，下方的“布伦海姆”顺利到达目标区，然后下降高度以避开高炮，导致队形散乱，平格尔和普里勒中尉率第1中队趁机发动攻击，英军损失2架“布伦海姆”、另1架受重创。

摆脱了高空护航机，加兰

德和施普里克中尉的部队俯冲向一字排开的近距离护航机，2架“飓风”应声而落。皇家空军两支老牌劲旅第74和第92中队也对勒图凯实施牵制性扫荡，它们与从布洛涅方向撤退的主力部队会合后，英军没有进一步的损失，还声称击落7架Bf 109，另有5架击伤和可能击落，但第74中队中队长遭受重创，迫降在英格兰沿岸，其喷火报废。

为营救各自坠海飞行员、保护海空搜救队的水上飞机，双方紧锣密鼓展开第二轮较量。为He 59水上飞机护航的JG 26第2中队在邓杰内斯以南击退了英军并击落2架战斗机，但He 59被“飓风”击落，这架“飓风”所属的皇家空军第1中队也正在和第91中队一起为“莱桑德”护航。两轮战罢，英德双方损失为:2架“布伦海姆”、6架英国战斗机和3架Bf 109E-7、1架Bf 109F-2、1架He 59被击落，另有3架英国战斗机、1架“布伦海姆”和1架Bf 109受重创，后者报废。JG 26飞行员两人阵亡，一人跳伞坠海获救，一人迫降，上报15架战绩，其中11架被批准，完全对应英军战损；皇家空军宣称击落11架、可能击落5架、击伤4架Bf 109，对第14号马戏团评估为取得胜利。

皇家空军再接再厉，6月21日接连两场马戏团行动掀起迄今最大规模的攻势，每场由第2大队的6架布伦海姆轰炸机担当主力，第11大队的14个战斗机中队提供护航。这一天对于加兰德来说刻骨铭心。中午，第一份敌机来袭的警报送达欧当贝尔，加兰德立即下令出动三个大队。他本人率直属的第8中队起飞后第一个接敌，爬升到3000米时发现下方一队英机正朝着圣奥梅尔－维泽讷方向飞去，加兰德高速俯冲，突破近距离护航机机群，瞄准殿后V形编队右翼那架“布伦海姆”开火，当即将其打成一团火球，这架“布伦海姆”于12:32坠毁在圣奥梅尔机场附近，距离加兰德起飞仅有8分钟，三名机组成员无一生还。

此时第8中队也与英军护航战斗机陷入激战，加兰德再次俯冲突破护航机群，这次他选择领头V形编队，命中目标右侧发动机并引发火焰。当他从俯冲改出时发现与僚机失散，更糟的是身后一英机发射的曳光弹擦过机身右侧，加兰德敏捷地半滚倒转躲进云层，但仍然打坏了冷却器，发动机温度飙升，最后他迫降在加来的马克机场，半个小时候后乘坐Bf 108联络机回到欧当贝尔。

第二架“布伦海姆”挣扎着飞回英国，加兰德上报的这个战果也被否决，他的僚机黑格瑙尔上士被皇家空军诺索尔特联队指挥官约翰·肯特中校击落后跳伞，而第303中队的波兰飞行员博莱斯瓦夫·德罗宾斯基（Boleslaw Drobiński）少尉如果知道自己瞄准镜里的人是谁，料想不会放弃乘胜追击。

第9中队一人身亡。第1中队中队长普里勒中尉击伤了第603中队一架“喷火”。第二大队几架Bf 109追到海峡中段，被比根希尔联队反戈一击，导致2名飞行员坠海，英德两军的海空搜救队各救起一人，1架“喷火”被击伤，1架Bf 109追到英国本土后被击落迫降，飞行员被俘。

大约16:00，英军卷土重来，这次顺利地轰炸了位于代夫勒（Desvres）的小型机场，随后才遭遇姗姗来迟的JG 26第一大队和JG 2第二大队。由于僚机黑格瑙尔上士还未归队，加兰德独自起飞，来到布洛涅东南即将与第1中队会合时，下方出现一个“喷火”编队，加兰德毫不犹豫尾随过去发动攻击，英军第611中队一架殿后的“喷火”燃着火光坠向地面。由于缺乏旁证，立功心切的加兰德决定亲自确认目标坠毁与否，结果疏于观察四周，犯下战斗机飞行员大忌，他在后来的回忆录中描述道：

随着脑袋与右臂传来沉重一击，座机遭受重创，机翼被炮弹撕裂，机身右半边几乎被削去，驾驶舱呈半开放状，燃油和冷却剂汩汩冒出。我本能地驾机向北逃。来到6000米高度，检查了一下这架破烂不堪的梅塞施密特：发动机失灵，但飞机尚可操控，便打算靠滑翔返航。手臂和头部血流不止，但并无痛感，生死关头已无暇感知，似乎没伤及要害。

刚冷静下来，思绪又被油箱传来的爆裂声所打断，整架飞机顷刻被火焰吞噬……此时脑海只剩一个念头，快逃快逃快逃！我试着推座舱盖开关——倒霉！居然卡住了，难道就要被活活烧死吗？我只好松开安全带，改用手推，座舱盖纹丝不动，上面的气压太大。耀眼的火焰在身边窜动……这辈子最惊骇的时刻莫过于此。我恐惧万分，用身体奋力撞击，做最后一搏，终于，舱盖稍有松动，随后被气流掀飞了。

我向前推杆，仍未能如愿逃脱，背上的降落伞包勾住了舱盖盖顶的固件，几分钟前还深爱的忠诚的座机如今成为熊熊燃烧的空中棺材，火焰带着我直冲地面。我抓紧天线杆，不顾一切地拼命蹬踹，还是徒劳无功——眼见已经自由在望，仍然要功亏一篑吗？我自己也不知道到最后究竟是怎么脱身的，只感觉突然间自由了，接着在空中翻转了几圈，上帝保佑！欣喜若狂之下我居然摸向背带扣，而不是绳扣开关，好在最后关头才惊觉并更正过来，否则就要人伞脱离，不禁又吓出一身冷汗，这对我和降落伞可都不是好玩的。在风中飘摆了一阵，我终于成功打开降落伞，缓缓飘落。“梅塞施密特”坠毁在地，黑色烟柱腾空而起。我本该顺利降落在布洛涅森林，但降落伞擦过一棵杨树而提前收起，万幸我最终安全落在松软的草地，只是精疲力竭，几近崩溃，像狗一样瘫在地上，动弹不得。

一对法国夫妇首先发现加兰德，为他急救后交给了附近工地的托特组织。当晚加兰德在位于圣马丹达尔丹盖姆的海军医院接受了手术，这里是JG 26的合作医院，主治医生海姆也是老相识，靠着这层关系，他被准许在手术台上抽着心爱的雪茄，并且没耽误多久就返回了部队，留在地面带伤指挥——“否则我以后就不会给他们介绍生意”，50年后他依然自鸣得意道。

联队长还在生死线上挣扎时，第一大队正在附近同英军担任目标区支援的比根希尔联队打得不可开交，最后以2:2战平（2架被击中的Bf 109E-7实施迫降），第三大队试图攻击英军轰炸机，但没能突破近距离护航的英军第1中队，最终2架“飓风”和3架Bf 109F被击落。

当日战罢，皇家空军第11大队宣称击毁26架、击伤7架，可能击落6架Bf 109。德国实际有9架被击毁，4架被击伤。JG 26飞行员3人阵亡、2人跳伞后被俘，JG 2损失飞行员1人。德军公布的战果同样不靠谱：仅JG 26联队就声称歼敌14架，其中2架详情不明。II./JG 2大队也上报了10架战绩。英国实际损失了6架战斗机、1架轰炸机、2名飞行员，另有4架战斗机和2架轰炸机重损。

当晚奥斯特坎普从勒图凯赶到欧当贝尔探望，除了对手下爱将的死里逃生表示祝贺，还带来一个重磅喜讯：鉴于击毁70架敌机的显赫战功和JG 26的优异成就，阿道夫·加兰德被授予双剑橡树叶饰骑士十字勋章，成为二战期间159名受此殊荣的德国军人中第一人。JG 26全体成员狂欢到深夜。唯

后人画作里加兰德在6月21日惊险逃生的一幕。归根结底，这次劫难其实是加兰德诸多性格缺陷集中爆发所致：身为联队长，不带僚机、不计后果就独自出战、贸然进攻而疏于警戒，将团队精神和空战纪律抛诸脑后，他表现得更像一个意气用事、追逐战绩的毛头小子而非高级指挥官。击落他的是皇家空军第145中队的格兰特（Grant）中士。

一令加兰德遗憾的是，此后他被禁飞。

6月22日，德军大举进军苏联，苏德战争的爆发令马戏团行动更加师出有名：英国希望通过对西线的德国空军施压，减轻苏联红军的压力，然而事与愿违，驻防法国的JG 2、JG 26，以及驻守荷兰的JG 52第一大队、JG 1第一大队总共300多架战斗机足以应付皇家空军袭扰。因此1941年夏天，海峡两岸英德双方空军的力量和战术安排仍呈胶着状态。

6月23日皇家空军发动两场马戏团行动，晚上的第20号行动以法国的马尔迪克（Mardyck）机场为目标，5架“布伦海姆”轰炸机与护航战斗机未能及时会合，其中2架被前来拦截的德军Ⅱ./JG 2大队和Ⅲ./JG 2大队击落，另一架重伤返航，剩余轰炸机提前将炸弹投向铁路线，在姗姗来迟的护航机保护下走为上策。Ⅱ./JG 26大队、Ⅲ./JG 26大队与英军护航机战作一团，分别由库尔特·埃伯斯贝格尔中尉和舍普费尔上尉入账1架“喷火”和“布伦海姆”。Ⅰ./JG 26奉命在海峡中段截断英军后路，第1中队的海因里希·戈特洛布中尉为大队挣到唯一战果，他在作战报告中记录道：

> 三架“喷火”从后方接近，我和僚机转而向它们发动进攻，“喷火”急转弯规避，我爬升到它们上方并调整位置，等待敌机朝着海面方向盘旋改出后伺机给予一击。不料此时我和僚机反遭上方敌机袭击，于是俯冲脱离。甩掉敌机后，西北方向出现一架“喷火”，正独自飞在陆地上空约6000米，我尾随过去，悄悄追至20米距离，朝上前方枪炮齐发，对方机腹开始冒烟，机身和机翼碎裂，它在爬高过程中失速向左方坠落，最后掉进大海，我没有看到飞行员逃脱。①

戈特洛布的服役可以追溯到1929年的魏玛共和国国防军，德国空军成立之初他就加入其中，从士兵一步步升到中尉，共击落6架敌机，他的前程只延续了两天。25日，皇家空军再次连发两场“马戏团行动”。午后第22号马戏团行动，英军以位于阿兹布鲁克的铁路调车场为目标，出动12架布伦海姆轰炸机和6个战斗机中队。德军第2战斗机指挥部发现“喷火”出现在格拉沃利讷时，决定不予理睬。然而命令晚到一步，正为附近为船队巡逻的德国战斗机已经发生交战。JG 26仅有第一大队对坦米尔联队进行了有效打击，双方杀得难解难分，被JG 26第一大队收入账上的3架“喷火”实际都伤痕累累迫降回了英国。JG 26第三大队一名飞行员被击落身亡，第二大队2架Bf 109E-7带伤紧急迫降。

① 第20号马戏团行动英军只有2架布伦海姆轰炸机被击毁，另有1架布伦海姆轰炸机和2架战斗机受损。德军JG 2联队宣称击落4架“喷火”和2架轰炸机，但损失了6架Bf 109，其中4名飞行员阵亡。JG 26没有损失。英军宣称战绩为：击落13架、可能击落5架、击伤4架。

JG 2联队以损失2架Bf 109F和1名飞行员的代价宣称击落6架“喷火”。英军实际只有2架“喷火”未能返航，另外3架受损。

16:30，第2战斗机指挥部再次获悉敌机出现在布洛涅和代夫勒西南，奥斯特坎普的反应仍显犹疑不决，16分钟后下令附近巡逻的战斗机降落。但JG 26和JG 2已经快速攻击从圣奥梅尔撤退中的“布伦海姆”并宣称斩获10架“喷火”（Ⅰ./JG 26和Ⅱ./JG 26各1架，JG 2 共8架）。皇家空军的第23号马戏团行动中，“喷火”飞行员4死1伤，还有1架“布伦海姆”被德军高炮击落。德军Ⅱ./JG 26大队一人迫降，JG 2联队损失1名飞行员。

黄昏时分，德军发现英吉利海峡上空的敌机编队，于是JG 26第1中队8名飞行员被派往加来巡逻，他们对目标发动进攻时遭到另一个“喷火”编队的突袭。交战中戈特洛布中尉身负重伤，挣扎着飞回陆地跳伞。伤愈后调离了战斗岗位，留在联队参谋部任职，以下援引自他的报告：

我和普里勒各率一个四机编队来到海峡上空约8500米，发现大约18架“喷火”，对方显然同样发现了我们，在我们下方500米组成环形防御编队。普里勒左转，发动进攻，我的小队紧随其后。座机突然发生爆炸，双脚之间的驾驶舱板被炸穿，连串子弹擦过飞行皮靴，紧接着几枚炮弹打中驾驶舱右侧。我试图俯冲脱离，但升降舵失灵……由于已向左滚转，我就势猛踩方向舵做了个急跃升半滚倒转，准备俯冲到氧气充足的高度跳伞。

我瞥见氧气筒窜起一圈蓝色的火焰，它被击穿了！万幸我还没发生缺氧反应。来到4200米后我扯下氧气罩，正待跳伞，突然再遭打击，碎片自仪表盘下方溅起，从头顶飞向后方，因此我判断为机内弹药自爆所致，电光火石间祸从天降……我的下巴突遭重击，带动头颈转向右后方，眼、鼻到头无一处不疼得锥心刺骨，意识涣散，求生的意志开始衰退，我支撑着看向座舱盖开关手柄，身体却绵软无力，无际黑暗中只剩下一个声音“赶快跳伞”，除了这个声音清晰可闻，此后一切已经不复记忆，我不知道降落伞是自动撑开还是撞上垂尾所致。

虽然战斗发生在海峡中段上空，但我幸运地飞回了法国圣马丹达尔丹盖姆，附近有一所海军医院，21:05我恰巧降落在一个外出散步的医生眼前……我足足昏迷了八天。

6月28日上午，英军第26号马戏团行动轰炸了科米讷（Comines）电站，致使它三个月后才恢复供电。JG 26战绩平平，1架飞机被击落，多架被击伤，只换来2架“喷火”入账。第三大队沿敦刻尔克到加来一带海岸线截击撤退的英军，最终只靠大队长舍普费尔上尉击落第306中队一架“喷火”，代价却过于高昂：负责高空掩护的第8中队爬升时遭到上方英军突袭，编队被打散，中队长施普里克中尉做了一个常规的半滚倒转规避，Bf 109F-2右机翼突然断裂，随后连人带机坠毁在敦刻尔克的奥尔克（Holque）附近①，第8中队指

①无法确定施普里克的Bf 109F-2机翼断裂是单纯的大过载机动所致还是被敌机击伤所致，本次行动中英军共宣称击落5架、可能击落2架Bf 109。第308中队（波兰中队）的迈赫齐克（Majchrzyk）中士和维尔古斯（Wielgus）少尉均在施普里克坠毁地附近宣称击落1架飞在下方的Bf 109，迈赫齐克中士看到他的目标解体后尾旋坠落，由于没看到目标坠毁，迈赫齐克获得可能击落战绩，维尔古斯少尉看到目标进入大角度俯冲。此外，第145中队的马哈采克（J. Machacek）少尉同样在对应的时间和地点附近取得1架可能击落战绩，细节不详。如果施普里克在战斗中被击中，可能出自以上三人之一，捷克飞行员迈赫齐克中士可能性最大。

挥权交到汉斯-于尔根·韦斯特法尔中尉手中。

7月2日午后，为粉碎第29号马戏团行动，德军第2战斗机指挥部的五个大队倾巢而出。英军刚从目标区里尔调头撤退，加兰德带着他的小队和Ⅰ./JG 26从高空发动突袭，宣称击落3架战斗机和2架“布伦海姆”。此外，Ⅱ./JG 26和Ⅲ./JG 26各入账1架“喷火”战绩。两个海峡联队以损失3架Bf 109F的代价，共宣称击落10架英国战斗机、2架轰炸机，英军实际损失8架战斗机及其飞行员、2架轰炸机及其机组成员。击落这2架“布伦海姆”的是加兰德和第一大队鲁道夫·比贝尔上尉。后者年逾四旬，不但是联队最高龄的飞行员，也是为数不多的纳粹拥护者，次日他被“喷火”击落身亡。

Ⅰ./JG 26的埃里希·文策尔少尉在圣奥梅尔跳伞，原因被归结为发动机故障。若非第2中队中队长马丁·里萨维中尉[①]被高射炮误伤身亡，JG 26当天的战斗可谓完美，霍斯特·乌伦贝格中尉接手第2中队，他早在1939年9月就在中队服役，最近半年发挥异常神勇，但他在这个位置只坐了10天便被“喷火”击落身亡，最终战绩为16架。

英国第一款重型轰炸机：肖特公司的斯特林轰炸机自年初服役，夜间在荷兰弗拉尔丁恩和法国布雷斯特港小试牛刀后，在7月5日第33号马戏团行动中迎来阳光下的亮相，3架斯特林轰炸机无一遇袭，Bf 109依然将矛头对准老对手，JG 26和JG 2各自宣称击落3架和1架“喷火”，英军实际损失2架。

10日，第42号马戏团行动目标定于法国北部乔奎斯的电站，皇家空军第7中队的3架斯特林在浓密的云层中错过进入点，飞到布洛涅，其中1架闯入高炮防空领域，当即被打爆（也有一说与己方战斗机相撞坠毁）。英军返航至海岸线才遭到JG 26和JG 2群起攻之，

古斯塔夫·施普里克成为Bf 109F早期致命结构缺陷的牺牲品之一，他生前共出击192次，取得31架战绩，是第5个被授予骑士十字勋章的JG 26飞行员。与很多拔尖的王牌不同，施普里克为人谦和低调，留下的照片很少，拍照时总是远远地躲在角落里。

施普里克被葬在法国波旁地区的德军公墓。JG 26第一次送别骑士十字勋章获得者。

① Martin Rysavy，最终战绩为177次战斗任务、歼敌8架。

8架“喷火”和1架Bf 109E-7迎来灭顶之灾。[①]

Ⅰ./JG 26以1名飞行员阵亡的代价宣称击落3架“喷火”、击伤1架斯特林，大队长罗尔夫·平格尔上尉独自追着那架受损的斯特林飞到英国，进一步击伤了尾翼，但也被轰炸机自卫火力击中发动机，平格尔操纵急剧升温的Bf 109F-2下降高度向海峡逃走，他的高度不够跳伞，最后被第306中队（波兰中队）一架“喷火”逼得迫降在多佛尔和迪尔的公路边玉米地，战绩就此终止于250次战斗任务和22架击落数。平格尔原想一把火烧掉座机，但被赶来的英军士兵阻止，就这样，英军俘获了第一架Bf 109 F-2（序号W.Nr 12746），稍作修复后将其送到皇家空军空战研发部队，用来进行模拟对抗和评估。通过飞机上的无线电收发代码，英国人确认了JG 26以欧洲河流名为部队代号：“富尔达河”指联队指挥部，莫尔道河(伏尔塔瓦河旧称)和伊萨尔河（Isar）分别指第一大队和第二大队。

沦为阶下囚的平格尔傲慢依旧，除了姓名、军衔和军号什么也不肯透露，还表示自己很欢迎皇家空军在法国的军事行动，因为这样对方也能蒙受去年德国空军客场作战的损失。平格尔否认了英军宣称的击落125架Bf 109，因为这一数目意味着德军万万弥补不起的50%损失率，他以他的大队为例，声称Ⅰ./JG 26已经击落了大约50架英国飞机，自身只损失了8名飞行员。可以说，直到审讯了这位“加兰德联队里举足轻重的大队长”，皇家空军方才如梦初醒，马戏团行动开展了半年多，收效远不如自家飞行员所宣称的那么辉煌，代价却高于敌人的损耗。

6月14日至7月4日，德军两个海峡联队战损情况如下表：

同一时期皇家空军战斗机司令部损失飞行员62人、飞机80架，近乎德军两倍，而他们公布的战绩为击落214架、可能击落84架、击伤95架战斗机，事实上，除了平格尔的供述，英国情报部门不但利用“超级机密”准确掌握了德国空军战斗序列，还监听到德军补充飞机需求量，故而战斗机司令部掌门人肖尔托·道格拉斯中将心知肚明，他的飞行员宣称击落的德国战斗机比德国在西线的总兵力还高，但如同去年的不列颠空战一样，数据虽显浮夸，倒不失为鼓舞士气。

平格尔那架Bf 109F-2刚易主，又一改进型的Bf 109F-3和Bf 109F-4进入JG 26，姗姗来迟的DB 601E发动机终于装上了梅塞施密特战斗机，1350马力的功率令Bf 109F-4实用升限达1.2万米，最大时速有635公里，比喷火Ⅴ型快了30到40公里。DB 601E最受后勤补给军官欢迎的改进措施莫过于摒弃了DB 601N的96号辛烷值燃油C3，采用产量更大的87号燃油（B4燃油）。F-3产量较低，它与F-2的唯一区别是发动机，

	阵亡 & 被俘人数	战斗受伤人数	非战斗受伤人数	损毁飞机数	损坏飞机数
JG 26	19	3	1	33	25
JG 2	13	2	0	15	8
总计	32	5	1	48	33

① 喷火飞行员6人阵亡、2人被俘。JG 2此役宣称击落10架“喷火”，自身无损失，JG 26宣称击落3架“喷火”，英军被俘、阵亡、负伤各一人。

罗尔夫·平格尔，JG 26第一位被俘的大队长和第二位被俘的骑士十字勋章获得者。

平格尔的Bf 109F-2（序列码W.Nr 12746）改头换面停在英国达克斯福德基地，它被皇家空军的空战研发部队用于进行模拟对抗和评估，当年10月机毁人亡。

F-4则进一步将F-2机头处的15毫米MG 151增强为20毫米机炮。

第3中队中队长约翰内斯·赛费特上尉接过了第一大队指挥权，他在联队服役可以追溯到1938年1月，资历之深在当时只有舍普费尔和明希贝格可及，迄今拥有12架空战战绩。自第26战斗机联队重返海峡，第1中队中队长普里勒中尉战绩喜人，6月16日至7月11日将近一个月里共宣称击落19架英国飞机，其中17架为“喷火”，个人总战绩提高到39架，离橡树叶骑士十字勋章仅一步之遥，为此中队地勤们准备好了一个橡树叶装饰的花环，就等着他突破40大关时为他庆贺。普里勒不负众望，7月14日在圣奥梅尔斩获一架“喷火V”，成为继加兰德和明希贝格之后JG 26第三位橡树叶骑士十字勋章获得者。他在作战报告中描述道：

两架喷火式战斗机拖着尾凝飞在我方上空，我想一箭双雕，奈何发动机掉了链子，不可能追上对方。但这两架“喷火”转了个弯，朝我飞来，我拉起机头从约100米距离迎面朝它们开火，击中了其中一架的驾驶舱和发动机，飞行员跳伞。但我也被另一架从近距离击中，只得大角度俯冲脱离。

普里勒标志性的第40个战利品来自皇家空军第72中队，此役该中队担任高空掩护，飞行员兰伯顿（Lamberton）上士带领两个新手组成三机纵队，随队飞到敦刻尔克以南1万米高空。即将返航时兰伯顿发现下方11架Bf 109朝这边爬升，很快邻队友机也遭到攻击。由于喷火战斗机在高空会形成一个明显的仰角，导致飞行员前方视线受阻于发动机整流罩，加之兰伯顿全神贯注于下方敌机动向，始终没有看到从下方和正前方逼近的普里勒，座机瞬间被大火吞噬，英国飞行员顾不得高空低温和氧气稀薄，冒险跳伞，最终落到一块田地，沦为俘虏，被德国人送到位于吉讷（Guînes）的医院治疗了5个星期。

7月18日英德空军围绕强渡多佛尔海峡的德国船队展开攻防战。临近中午，船队行经格拉沃利讷海域时，3架“布伦海姆”被JG 26第一大队打退，只有其中1架幸免于难，第222中队护航的“喷火”也

普里勒中尉取得第40架空战战绩后收到地勤们敬献的鲜花。

7月4日，另一位被普里勒击落并被俘的英国飞行员，第266中队的哈利·普劳斯（左）在与JG 26第一大队大队长平格尔上尉（中间）以及普里勒（右）友好交谈。

一毁一损，1架Bf 109坠毁在布尔日（Bourges）。

JG 26第2中队的恩斯特·耶克尔（Ernst Jäckel）上士带领四机编队击落了皇家空军第15中队的斯特林，在全军首开斩获四引擎轰炸机之先河，一战成名的他被嘉奖了500帝国马克和空军荣誉高脚杯，过程详见他的作战报告：

我的四机小队正在敦刻尔克西北掩护一支护航船队。11:15获悉几架敌机来袭，高度不超过2000米，我们爬升到2500米，盘旋在船队正上方，11:20我看见四架轰炸机一字排开，从西北方向飞来，离海面只有3米，大约15架喷火式战斗机飞在2000米高度掩护。我从“喷火”后方俯冲开火，它们四散躲避。我率队继续俯冲，高速逼近轰炸机，领头那架布里斯托“布伦海姆”刚对船队完成投弹，我正待发动攻击，突然又发现远处一架体型庞大、型号不明的飞机飞在3米超低空，另有4架“喷火”护航。我立即转弯，从右后方接近，此时上方的“喷火”不见了踪影，为了辨认这架轰炸机我并未急于射击，将距离拉近到200米左右时，它的机尾炮塔开火了……100米时，对方机身和机翼上的圆环徽标已清晰可见，我从它左侧掠过并瞄准炮塔开了炮，看到炮塔、机身和驾驶舱均被打坏，同时看到了它的四个发动机。

……小队其余成员也从轰炸机后方发动攻击，我的第二轮射击后，对方机尾炮火沉寂下来（可能机枪手身亡）……首遭攻击后它们就调头朝着多佛尔撤离，高度约2米，大量泄漏的滑油漂浮在海面……在另一双机编队掩护下，我又实施了两轮攻击，僚机实施了一轮。当轰炸机距离迪尔东南角不足3英里时，我发动第五轮，也是本次最后一轮攻击，正准备从20米距离再补上几炮时，对方起落架机轮落下，擦过水面，机身反弹后坠海……英国快艇正朝坠机点驶来……

鉴于燃油所剩不多，我收手返航。

新晋双剑橡树叶骑士十字勋章得主加兰德中校自6月21日受伤后一直被禁飞。上有政策下有对策，加兰德狡黠地自行理解为禁飞令仅限于作战任务，于是以测试Bf 109F-4火力的名义理直气壮重返蓝天。7月23日，第59号马戏团行动中的“喷火”成为JG 26联队长“试飞”的牺牲品，它们午后护送布伦海姆轰炸机从目标区埃佩莱克[①]撤退到格拉沃利讷以南时遭到攻击，7架被击落，2架带伤而归。德军总共宣称击落18架，加兰德和他率领的JG 26第一大队分别入账1架和3架，JG 2包揽了14架。

下午，皇家空军第21中队的6架“布伦海姆”试图轰炸比利时奥斯坦德海岸的德国油轮，但遭到JG 26第二大队屠杀，只有2架幸免于难，德军立功的飞行员是大队长瓦尔特·阿道夫上尉及僚机克勒少尉、第5中队中队长科塞（Kosse）少尉和他手下的阿尔弗雷德·巴特尔（Barthel）下士，后者刚赢得第一场空战胜利，随即就被“喷火”击落负伤，跳伞逃生。

傍晚英军锲而不舍又派出6架“布伦海姆”杀向马赞格（Mazingue）的炼油厂和电站（第60号马戏团行动），加兰德再次率第二和第三大队拦截，他的回忆录中记述道：

地勤主管迈尔下士出于好意，自作主张给我的飞机驾驶舱内部顶板加装了一块防护装甲，但我毫不知情，关闭舱盖时不幸在这块装甲板上撞肿了脑勺，我痛骂了他一顿，但几分钟后就后悔了。因为7月2日[②]这次试飞差点终结了我的飞行生涯。

……我同一架护航的“喷火”陷入激战，被另一架“喷火”偷袭得手，碎裂的驾驶舱砰砰作响，更糟糕的是头部再添新伤，温热的鲜血顺着脸颊流淌。视线开始模糊，可我不能在这里昏倒！我竭力甩掉了敌机，安然降落，座机被打掉了一大块，一枚2厘米机炮炮弹恰好炸在新装的驾驶舱装甲板上，多亏这块装甲板，海姆医生才能又一次在医院为我缝合伤口，否则我的脑袋可能当场被炸开花。我下来答谢了迈尔下士一次休假和100马克，这颗脑袋值这个价。

此次拦截作战中JG 26共宣称击落4架“喷火”，其中2架由加兰德包揽，另1架由联队指挥部的施密德中尉创下，第三大队颗粒无收，还阵亡一名飞行员，第二大队唯一的战果来自加兰德的胞弟威廉－费迪南德·加兰德中尉，这是他的首个空战战绩，但没有得到官方核实确认。

月底皇家空军参谋部召开会议，对迄今一系列攻势进行评估总结，轰炸机司令部对马戏团行动的成效提出质疑，希望从昼间轰炸行动撤出稀缺的斯特林重型轰炸机，肖尔托·道格拉斯中将据理力争，表示仅凭他的战斗机难以引蛇出洞，空军总参谋长查尔斯·波塔尔上将最后拍板定夺：“马戏团”进行到底，但降低强度，且不再使用斯特林，在更强劲的机型到来前，第2大队的布伦海姆轻型轰炸机独挑大梁。

其实，即使在可承受范围内，德军确因皇家空军坚持不懈的昼间攻势蒙受了相当程度的损失，战机可用率从73%降到8月的70%。施普里克、巴尔塔扎和平格尔这几员指挥官的

① Eperlecques，位于圣奥梅尔西北。

② 此处应为加兰德回忆有误，很多资料显示此次作战更可能发生在7月23日。

加兰德两个弟弟的合影。昵称“乌兹”的威廉—费迪南德·加兰德（左）在四兄弟中排行老三，比二哥阿道夫年幼一岁，战争刚爆发时在空军高炮部队服役并获得铁十字勋章，这段经历多少提前锻炼了他射击瞄准的能力。受哥哥的影响，“乌兹”转入战斗机部队，完成训练后顺理成章加入JG 26，成为继哥哥和弟弟保罗（右）之后JG 26中第三个加兰德。在德国空军，几兄弟服役于同一联队并不罕见，也许是兄长们为了照顾弟弟的刻意安排。加兰德的传记作者曾写道：“他努力指导和教诲弟弟驾机和作战，还有最重要的生存之道。可他如今进退维谷，于私，他要对他们负责；于公，他们将面临飞行员的九死一生，他无法庇护他们免遭不测。每当保罗或乌兹未能及时返航，他只能等待，内心的焦虑与苦痛隐而不发。”最终两个弟弟他都失去了。加兰德流传于世的照片数量之多在德军飞行员中几乎无人能及，唯独没有与两个弟弟的合照，也许这是战争留给这个传奇人物最大的伤痛。

损失尤其难以估量，当皇家空军攻势放缓后，9月，JG 2和JG 26战机可用率又恢复到81%。

德国军事传统极其重视部队荣誉感和忠诚度，明希贝格和第7中队便是明证，他们独自远征地中海战场时从未失去对母队的认同和归属感，这种团队意识在德国空军的大队级别尤其强烈，部队之间罕见士兵调动，指挥官则另当别论，数量的稀缺导致了这些拥有丰富经验和指挥才能的老将必须根据形势需要辗转于不同战场和部队救急，普通飞行员如果没有能力或品性问题，通常会一直留在同一支部队生死与共，直至无法履行军人义务，例如阵亡、被俘或伤残。因此JG 26这一时期的补充兵员基本来自战斗机学校和补充训练部队。

个别情况下，崭露头角的士兵也会成为待价而沽的对象，这方面，致力于打造“最强战斗机联队”的加兰德充分利用自身影响力和人脉，总是捷足先登，他曾经给第3航空队去信，要求为西线补充有经验的飞行员，此信又被转呈空军总司令部。得益于此，JG 26从东线部队得到一些军衔低微却极具潜力的好苗子，20岁的卡尔·维柳斯（Karl Willius）下士和25岁的阿道夫·格隆茨下士便是其中佼佼者，两人后来均获得骑士十字勋章。维柳斯自去年5月加入JG 51参战以来取得了12架空战战绩；格隆茨在JG 52第4中队的7个月里共击落2架喷火式战斗机和3架苏联飞机，7月18日正式来到JG 26第4中队，29日首次出战，随队为船队护航，他后来成为施拉格特联队最出色也最出名的飞行员之一。

五、骑士永存

8月7日，第6中队计划将Fw 190A-1从巴黎附近的勒布尔歇机场转场到比利时莫尔塞勒，因此清晨的巡逻任务成为中队长瓦尔特·施耐德中尉最后一次驾驶Bf 109E-7，他在英国肯特郡迪尔海岸击落一架“喷火”，为JG 26联队繁重的一天取得开门红。

上午，皇家空军发动第67号马戏团行动。11点过，6架布伦海姆轰炸机和12个战斗机中队刚飞出英格兰海岸，JG 26已接到命令，全体紧急升空拦截。11:18英军绕到圣奥梅尔，8分钟后在北边的加来与JG 26联队指挥部和第一大队狭路相逢。加兰德刚进入射击航线，他后方飞来一架“喷火”，幸而约翰内斯·施密德中尉及时以一个近距离射击结果了它，加兰德也顺利击拿下自己的猎物。第一大队大队长赛费特上尉宣称在格拉沃利讷击落一架“喷火”。普里勒中尉将猎物追到海峡才得手，他也因此错过了第二轮拦截。

加来上空硝烟未散，担任目标区支援的皇家空军第12大队的迪格比联队也杀到了，德军地面管控中心于11:29下令所有滞空战机赶往圣奥梅尔，Bf 109携地利及时抢占高度优势，它们守株待兔，背对太阳杀下来，1架“飓风”和3架“喷火”毫无还手之力，成了施密德中尉、舍普费尔上尉、科赫中尉（第5中队）和博恩下士（第3中队）的战利品。此战德军宣称共歼敌8架，均来自JG 26联队，与第67号马戏团行动实际损失相当，共同出战的JG 2联队交了白卷。第8中队的汉斯－约阿希姆·卢克哈特（Hans-Joachim Luckhardt）少尉在吉纳东南负伤，成为JG 26联队唯一战损。阿道夫·格隆茨下士返航途中因冷却器破损实施了迫降。

傍晚，英国战斗机护送着6架布伦海姆轰炸机再次飞往圣奥梅尔。17:15德军第2战斗机指挥部麾下兵力全体滞空，严阵以待。半小时后英军抵达法国海岸，双方很快短兵相接。加兰德拔得头筹，施密德中尉紧随其后，将总战绩积累到15架，根据他的作战报告，当日连下三城均为30码近距离开火取得，颇得加兰德真传。JG 26和JG 2（第一、第二大队）分别宣称歼敌6架和5架，各有一架Bf 109带伤迫降，确切时间不详。

8月9日，JG 2联队停飞，JG 26联队迎来一场习以为常的拦截作战，却由此掀开一段最闻名遐迩、为后世所津津乐道的故事。11点过，担任目标区支援的皇家空军肯利联队和坦米尔联队飞在轰炸机前方。加兰德的小队在圣奥梅尔附近向肯利联队第452中队俯冲突袭。施密德中尉及僚机海因茨·里希特下士、加兰德先后入账1架“喷火”，英军第452中队损失了3架“喷火”，飞行员两死一被俘。

著名的无腿飞行员道格拉斯·巴德中校率领皇家空军坦米尔联队（由第145、第610和第616中队组成）飞到阿布维尔至维桑一带，巴德发现了Ⅰ./JG 26 大队的12架Bf 109正从下方约600到900米爬升，便率第616中队A小队朝领头的4架德机发动攻击，其余队友留在上方掩护。Ⅰ./JG 26大队的阿尔贝特·施拉格尔（Albert Schlager）下士跳伞后因降落伞未能打开而坠亡，他的Bf 109F-4残骸直到2004年才在法国威德布鲁什（Widdebrouch）被发现。Ⅱ./JG 26大队加入后形势逆转，“喷火”遵照长机命令，三三两两向云层退避。

巴德的第一轮俯冲攻击由于攻角过大未能得手，他在7000米高度改平后发现落单，正犹豫是否打道回府，三对Bf 109从前方几英里掠过，好斗的英国人不假思索，俯冲下去，以一个近距离短点射打下一架敌机，从敌机下方改出再次开火，他看到第二个目标拖着白烟掉了下去，不过位于他左边那对Bf 109正朝他转弯飞来，巴德决定走为上策，于是朝另一边滚转，与右前方的Bf 109呈对头之势，就在此刻他遭受重重一击，机身、机尾解体，失控的“喷火”带着他以644公里时速进入尾旋，巴德舍弃被卡在驾驶舱的义肢，跳伞逃生。落到1200米高度左右时他注意到50码开外1架Bf 109飞驰而过。

被俘后，巴德向加兰德提出希望会会击落自己的飞行员并向他表达祝贺，同时又强调“不能忍受被德国士兵击落”。JG 26联队长一下犯难了，打败这号响当当的名人，无论对部队还是飞行员个人都意味着名利双收，他早就翻遍当日战报，连阵亡人员也没放过，却找不到一例能在时间、地点等要素上完全符合的战绩。为了照顾这位无腿飞将军的面子，加兰德找来手下约翰内斯·施密德中尉充数，据他描述，巴德果然“又惊又喜，同这位金发、俊美的年轻军官亲切握手”。

战后巴德一度改口，咬定自己同第二对Bf 109之一相撞，但JG 26并无撞机的战损记录，毫无疑问这位传奇飞行员军事生涯终结于被击落，唯一的谜团只是对手的身份未知。英国学者安迪·桑德斯（Andy Saunders）在《巴德的最后一战》一书中分析指出，巴德那架“喷火Ⅴ”被皇家空军第616中队队友莱昂内尔·卡森（Lionel Casson）上尉看作Bf 109而误击。卡森同样未能返航，他被Ⅲ./JG 26大队长舍普费尔盯上，后者回忆道：

大队编队已散，我独自朝利耶热斯库尔机场返航，突然发现一支“喷火”四机小队正向西飞，我从它们上方短点射开火，殿后那架“喷火”机鼻向下，大角度俯冲，它的同伴则毫无察觉，见它似无伤情，我也俯冲追了下去。英国飞行员贴着地面超低空飞行，间或拉高飞越灌木、树梢和屋顶。我亦步亦趋，但始终难寻射击良机，散热风门因近地面高温而张开，航速降低，我好不容易才追到一个有利的开火位置，将前方这架“喷火”填满瞄准镜，正待枪炮齐发，结果——只听咔哒一声，显然刚才打光了弹药。

但对方肯定对此一无所知，而我从不轻易放弃猎物，决定在他逃离法国前继续吓他，于是保持高速继续尾随。后来，意想不到的一幕发生了，“喷火”突然白烟滚滚，势头有增无减，螺旋桨很快停转，最后迫降在马基斯东边一块平地。为了看清机身标识（汇报战果所需）我围着它盘旋了一阵，并冲爬出驾驶舱的飞行员摇晃机翼。他刚引爆座机，摧毁了飞机中段，德军士兵赶到了……后来我的军械官

莱昂内尔·卡森上尉引爆的“喷火”残骸，照片为舍普费尔作为战果证据拍摄。

第三大队大队长舍普费尔上尉，背后是他的Fw 190。

检查发现这架飞机在我第一次开火时实际被打中了发动机汽缸，我大感意外。若非被我追得被迫加足马力全速飞行，他可能带着这点损伤回到了英国，一周前我也在多佛尔上空被打坏了两个发动机连杆。

舍普费尔在卡森身上取得自己第31个战果。卡森自述的版本同上述回忆只有细微出入：他不是被舍普费尔一个人，而是遭到一个Bf 109四机编队围攻后才被迫逃向低空。

8月9日皇家空军第68号马戏团行动以完败收场，布伦海姆轰炸机错失目标戈奈（Gosnay），随意将炸弹丢到位于加来海滨的次要目标菲利普堡（Fort Philippe）。5架“喷火”战斗机及其飞行员未能返航，另1架“喷火”因耗尽燃油迫降回英国后报废，英军宣称击落13架，可能击落5架德机，包括北威尔德基地指挥官维克托·比米什上校、第452中队的布伦丹·菲纽肯上尉、基斯·威廉·特拉斯科特少尉和第616中队的詹姆斯·约翰逊少尉①在内，多位在当时或未来成就斐然、声名显赫的英国王牌飞行员纷纷登场，各有斩获，但他们作战报告或战后回忆录所涉及的交战细节均难以对应德军损失记录，巴德2个宣称战果（击落1架、可能击落1架）战后也获得英国官方承认。可德军只有JG 26联队的1架Bf 109及其飞行员明确为作战损失②，JG 26入账6架战绩（宣称击落7架），非常接近英军实际损失数量，不过桑德斯的调查发现也许更令英国人情何以堪：JG 26真正击落的只有2架，另外3架“喷火”全部损失于友机误伤。

---

① 维克托·比米什（Victor Beamish），杰出飞行十字勋章和两次杰出服务勋章获得者，参加过不列颠空战并取得击落9架、可能击落11架的战绩，1942年3月28日在加来上空被击落身亡。下一章有涉及。

布伦丹·菲纽肯（Brendan Finucane），1920年生于爱尔兰，三次杰出飞行十字勋章和一次杰出服务勋章获得者，官方战绩为击落28架、可能击落5架、集体击落6架，集体可能击落1架、击伤8架，1941年8月9日当天取得击落1架、集体击落2架Bf 109的战绩。1942年7月15日在法国被地面炮火击伤后返航途中坠海阵亡。

基斯·威廉·特拉斯科特（Keith William Truscot），1916年出生于澳大利亚，两次杰出飞行十字勋章获得者，官方战绩为击落20架，另有5架无法确认的战绩，在参加二战的澳大利亚飞行员中排名第二，1943年飞行事故身亡

詹姆斯·埃德加·约翰逊（James Edgar Johnson），官方战绩为个人击落34架、集体击落7架、可能集体击落3架，成为对德战绩第一的西方盟军王牌飞行员，也是击落Fw 190最多（20架）的皇家空军飞行员，战后升至少将。后文另有介绍。1941年8月9日他宣称击落1.5架Bf 109。

② 8月9日JG 26第二大队在法国梅维尔（Merville）坠毁了1架Bf 109E-7（出厂码W.Nr 6494），时间、飞行员和损失原因均不详，坠毁地点远离第68号马戏团行动的主要交战区域，也没有被收录进帝国航空部的战损日报，因此这架Bf 109E-7极有可能不属于非作战损失。

由于巴德声名远扬，德国人对他十分客气。赛费特兴奋地告诉联队长“逮到一只‘大鸟’，你一定要去见见他”，于是加兰德派遣一辆加长版奥迪将巴德从圣奥梅尔医院接到欧当贝尔的联队指挥部。当加兰德自我介绍时，巴德注意到他眉间一道还没愈合的伤痕。加兰德在回忆录中描述了此次历史性会晤：

几个指挥官和军官同这位英国客人共进茶点，这番优厚的待遇明显令他惊诧莫名，他举止优雅而低调，也毫不掩饰疑心和戒备，后来才慢慢信任了我们。

巴德对军事情报一律守口如瓶，不过我们也被禁止审问战俘，那是专业人士的工作。尽管如此，我还是事先指示部下，说话不要带有任何询问的口吻。

巴德甚至对自己击落多少敌机也讳莫如深：

“噢，不多。”他推说不清楚如何界定击落数和得到确认的数。“好吧，你总知道大概有多少吧。”我追问。

“不知道，”他一口咬定并回避了这个话题：“比起你和莫尔德斯的战绩少得可怜，不值一提。”

事实上当时他拥有20多架战绩，也可能确实因为谦虚，不愿和我们多谈。

……

我们精心伪装的机场最能吸引他，到底是行家。我们又对技术进行了深入探讨，他积极评价“梅塞施密特”的优点，我们也恭维了“喷火”。能否允许他坐进我的飞机体验？有何不可，我为他一一介绍，极尽详细之能事。看到这位伟大的飞行员显露出兴趣和领会，我也无比畅快。假若他是我们的一员，一定同样能游刃有余。

巴德从驾驶舱座椅直起上半身转向我：“能帮我一个大忙吗？”

“乐意效劳，只要在我权限内”，我回道。

“我生平一大心愿就是驾驶一次梅塞施密特飞机，我只在机场上空绕一圈。”他含笑直视我的双眼，我几乎要被说服了。

不屈之鹰——道格拉斯·巴德（Douglas Bader）

道格拉斯·巴德是最负盛名的英国皇家空军飞行员，官方战绩为击落22架、共同击落4架、可能击落6架、可能共同击落1架，以及11架击伤记录，一生荣获过大英帝国勋章、两次杰出服务勋章，两次杰出飞行十字勋章、副都尉*。1976年被英国女王授予爵士封号。

1910年2月巴德出生于伦敦一个建筑工程师家庭，两岁时随父母举家搬到印度，1年后返回伦敦。1914年第一次世界大战爆发，其父加入了皇家工兵团，1917年因伤滞留法国，5年后死在圣奥梅尔。

失去父亲，母亲和继父都无心管教，童年经历导致巴德从小养成为所欲为、争强好胜的行事作风。还在精力旺盛的少年时期就展示出运动天赋，经常在橄榄球、板球球场与比自己年长、壮硕的对手比赛，后来还被皇家空军板球队选

中。受军校奖学金的吸引，1928年巴德进入皇家空军的克伦威尔军校（他的一位空军上尉叔父在这里担任副官），当年9月在教官带领下驾驶一架阿弗罗504首飞，次年2月积累11小时15分钟的飞行时间后首次单飞。1930年以少尉军衔来到肯利基地的皇家3中队服役，先后驾驶过格罗斯特斗鸡式双翼战斗机和布里斯托斗牛犬式双翼战斗机。在这里，巴德依然表现出胆大妄为、目无军纪的作风，多次上演超低空飞行和危险的特技飞行，他的23次飞行事故中有7次是因为违规操作引发，为此没少挨处分，甚至被人威胁告上军事法庭。

1931年12月访问雷丁航空俱乐部时，巴德驾驶斗牛犬双翼机在伍德雷机场上空做出一个低空特技动作，飞机因左翼尖触地而撞毁。经抢救还是没能保住他的双腿：一条高位截肢，另一条低位截肢。对于这次悲剧事故，巴尔只是在飞行日志中轻描淡写留下一句：

“坠毁于近地面低速滚转，演砸了。”

经过半年的治疗和康复期，巴德通过义肢顽强地重获行动能力，在坚持不懈的努力下，他很快能驾驶特制的汽车，打高尔夫甚至跳舞，还与一名茶室女服务员坠入爱河。但这些远不能令他满足，他渴望重返蓝天，接下来的两年，虽然巴德成功驾驶过阿弗罗504升空，并且通过了服役体检，但他还是被皇家空军拒之门外，1933年退役后在亚细亚火油公司（英荷壳牌石油公司的子公司）供职。

二战前夜，巴德本该早夭的军事生涯迎来了转机，由于他锲而不舍的奔走和朋友帮助，急需用人的皇家空军终于重新向他敞开大门。巴德重新申请了飞行执照，通过体检并接受现代化战机培训。1939年11月，巴德驾驶一架阿弗罗“导师”教练机完成了失去双腿八年后的首次单飞，重返蓝天的他激动不已，甚至情不自禁在低空做了个倒飞。接下来他顺利完成了费尔雷公司巴特尔轻型轰炸机、迈尔斯公司的“大师”教练机等现代化军用飞机的培训。

1940年1月，巴德中尉以29岁的“高龄”进入皇家空军第19中队，中队长是克伦威尔军校时期的好友，巴德一边随队执行为船队巡逻的任务，一边勤练编队飞机和空战战术。由于与当时第12大队司令利－马洛里少将素有交情，5月巴德转到第12大队下属的第222中队。在皇家空军掩护敦刻尔克撤退的战斗中，巴德驾驶喷火式战斗机取得击落一架Bf 109、击伤Bf 110和He 111各一架的战绩。

鉴于他突出的表现，6月28日他被调到第242中队代理中队长，驻科尔蒂瑟尔，中队装备飓风式战斗机，飞行员大部分来自加拿大，由于在法国战役中损失惨重，士气低落，起初队员们普遍对新来的残疾指挥官抱有轻视和抵触情绪，但很快被巴德坚强不屈的意志和巨大的人格魅力所折服。巴德砍去一切积弊良久的繁文缛节，重塑了中队的战斗力。7月不列颠战役打响时，该中队是第12大队唯一具备完全战斗力的部队。

7月11日，巴德独自巡逻到诺福克北部海岸线时发现一架道尼尔17轰炸机，尾随到220米距离开火将其击落，取得不列颠战役首胜。8月21日，又一架“道尼尔”以类似的方式被巴德打得坠毁在大雅茅斯海域。8月底不列颠战役进入白热化阶段，巴德又斩获4架Bf 110战斗机，第242中队转移到达克斯福德基地当天共宣称歼敌10架。9月7日伦敦遭到猛烈空袭，巴德宣称击落2架Bf 110，其后也被Bf 109重创，他一度准备跳伞，但最终重新控制住“飓风”。因指挥作战有功，一周后巴德获得了杰出服役勋章。

被后世称为“不列颠战役纪念日”的9月15日，巴德多次出击，击伤Do 17和Ju 88轰炸机各一架，下午又击毁另一架Do 17，至9月底，他的战绩表新添了Do 17、Ju 88和Bf 109战斗机各一架，正式晋升上尉。第242中队在不列颠空战中取得62架宣称战绩，12月20日巴德被授予杰出飞行十字勋章。有观点认为，巴德失去双腿，反而获得独特的优势，较之普通飞行员，他的血液不会涌向腿部，因此在剧烈的空战中更能避免高过载导致的黑视。

1941年3月，皇家空军战斗机司令部将第145、第610、第616中队组建为坦米尔联队，装备喷火V型战斗机，巴德成为首任联队指挥官，踌躇满志地带领联队参与了英国空军对西欧沿海德占区发动的一系列战斗机扫荡和昼间轰炸，他一路凯歌高奏，战绩直线飙升，个人战绩达20架。第二次荣获杰出飞行十字勋章。但持续作战也导致精力和体力的严重透支。8月9日，在圣奥梅尔——21年前父亲负伤的同一个地方，巴德被击落沦为战俘。由于他声名远扬，德国人对他也十分客气，还允许皇家空军为他空投新义肢。阿道夫·加兰德惊叹于他“惊人的意志”，他在回忆录里描述说：

“当医生准许他下地后他马上就尝试走路，他拒绝留在分配给他的单人病房里，要求与这所医院里其他英国战俘住在一起，为他们打气，帮他们振作和团结。”

得到新义肢后，巴德物尽其用，同时充分展示了英国军人的牛脾气，认为给敌人制造尽可能多的麻烦诚乃自身义务，于是从圣奥梅尔的医院到法国萨冈（Sagan）的战俘营，锲而不舍地尝试逃跑。可惜运气欠佳，次次以失败收场，其中一次被人出卖，另一次被一位慕名前来拜访他的德国军官过早发现失踪。此后德国人将他转移到国内著名的科尔迪茨堡战俘营严加看守，他在那里度过了三年时光，1945年4月被美军解放，重返英国。

二战结束后巴德短暂重返皇家空军，担任过一所战斗机指挥官培训学校校长和北威尔德基地司令，但四年的牢狱之灾让他难以追赶上新时代的空战需要，他只能把大部分精力花在指导对地攻击和地空协同上。1946年7月21日，巴德以上校军衔正式退役，加入皇家荷兰壳牌公司担任常务理事，这个新职务让他可以继续从事飞行，他亲自驾机飞往世界各地，直到20世纪60年代健康恶化。他与加兰德维持着长达半个世纪的友谊，二战结束不久，加兰德作为英国的战俘正好被关在坦米尔基地的战俘营，巴德特投桃报李前来探望。1976年英国女王授予巴德爵士头衔。1982年9月5日在市政厅同阿瑟·哈里斯爵士共进晚餐后回家途中，巴德心脏病突发与世长辞，皇家空军在二战中一段不朽的传奇就此落幕。当时正在美国加利福尼亚出差的加兰德闻讯也马上赶到英国参加了老朋友的葬礼。

*Deputy Lieutenant，英国军队的一种名誉头衔，王室委派到地方的代理官，正职为都尉（Lord Lieutenant）。

“如果我答应了，恐怕你立马趁机溜之大吉，而我只好跟在你后面追赶，既然我们已经碰过头了，想必都不希望再次兵戎相见，不是吗？”

他哈哈大笑，这个话题就此终止。热情挥手作别后他回到了医院。

JG 26的技工修复了巴德的义肢，但效果不太令人满意，用加兰德的话说，走起路来“发出古怪的声响，像一辆装甲车驶过”。所以在欧当贝尔做客时，巴德询问能否帮他传信给英国，让妻子把家里备用义肢连同制服、烟草和烟斗送来——他拒绝接受加兰德赠送的雪茄。加兰德将请求转呈上去，并表达了自己的钦佩之情，同为飞行员出身的戈林感念第一次世界大战各国飞行员所秉持的骑士精神，当即批准。于是德国通过国际救援组织，主动联系了交战对手，并承诺给予运送义肢的飞机安全通道。英国人同样精明，不给敌人丝毫宣传造势的机会，他们没有在规定时间走这条“绿色通道”，而选择8月19日，借第81号马戏团行动用一架“布伦海姆”将义肢和炸弹一起丢到圣奥梅尔机场。

在第26战斗机联队一些非空勤队员记忆里，道格拉斯·巴德爵士被俘前后的经历成为他们战争期间最难忘的插曲。巴德传奇的人生、坚强的意志和过人的胆识博得了敌人的敬佩，而加兰德对待被俘对手礼遇有加也在后世传为美谈，被视作再现了欧洲传统文化中备受尊崇的骑士精神。确实，二战主要交战国的空战中以英德两军之间的对垒最为克制、干净，但自古杀戮、权谋、仇恨才是战争的主旋律，人们在感动于战争中的美德与高尚的同时还应看到深层次的原因。巴德在欧当贝尔做客之初缘何如此戒备和谨慎？就在一个月前，加兰德手下的大队长罗尔夫·平格尔上尉也沦为皇家空军的俘虏，英国人从他嘴里得知一些德国空军的审讯方法和技巧，记录在第398/1941号报告里：

· 没有受伤的英国飞行员立即会被邀请到一座机场成为某些人的座上宾；

· 这些人有时是陆军军官，但通常是空军情报官员，他们身着飞行员制服，在接待活动中途加入进来，觥筹交错、交谈甚欢。

· 接待会长达两天之久，与会者通常由航空军的情报官员挑选，这名情报官也会参与审讯，提要求和陪同俘虏活动。

无论是加兰德的回忆录还是平格尔的审讯记录都揭示出，巴德受到的盛情款待既非破格之举，也不能全部归结为德国人的骑士风度和巴德的名声、地位。不过从加兰德与巴德战后维持近半个世纪的友情来看，即使是一次别有用心的会晤，这两位最负盛名的飞行员确有惺惺相惜之情。获得过双剑饰骑士十字勋章的维尔纳·施勒埃尔（Werner Schröer，空战总战绩为出战197次，歼敌11架）后来总结过二战飞行员之间这种超越敌对意识的共鸣：

加兰德向巴德介绍Bf 109 F，还允许巴德坐进了驾驶舱体验，为他一一讲解仪表盘和操作系统。放下最初的戒备和警惕后，巴德胆大直率的性情体现了出来，“得寸进尺”地表示希望试驾“这架美妙的战机”一偿宿愿。当然，他被婉拒了。

道格拉斯·巴德中校做客成为JG 26历史上最值得纪念的大事之一，飞行员们都希望一睹这位大名鼎鼎的英国同行真容，可惜从照片看来，除了奉命冒充打败巴德者的施密德中尉，只有三位大队长争到了名额。不过现场留下的照片后来在联队广为流传。图中①第三大队大队长舍普费尔、②加兰德、③联队行政官科森、④巴德、⑤霍斯特·巴特、⑥第2战斗机指挥部新任指挥官约阿希姆—弗里德里希·胡特上校、⑦第一大队大队长赛费特、⑧约翰内斯·施密德。

霍斯特·巴特是德国空军的无线电监听人员和语言专家，这次担任现场翻译，8月9日巴德从飞入法国到呼叫跳伞，一句不落落入巴特耳中，也是巴特第一个通知相关人员赶去搜捕，虽然巴德名声在外，但当德国人找到他时才愕然发现这是一个失去双腿的残疾人。

这种只要有可能，我们都想见见被自己击落的对手，可以叫作病态的好奇。但我认为飞行员或多或少都心存同行之间这种超越国籍的关爱，一种手足情谊。

图背景里白色烟囱旁边是加兰德的半沉降式指挥所。

整个八月，JG 26和JG 2坐拥主场之利，打得顺风顺水，以损失18名飞行员的代价令英军痛失105架喷火、18架飓风以及72名战斗机飞行员。促成这一交换比的重要原因在于飞行员差距，皇家空军中参加过一年前不列颠空战的老手此时留在一线的所剩无几，加拿大、澳大利亚、新西兰等英联邦国家中队参战不久，组成当前战斗机司令部的有生力量，而德军在西线依然保存着不少身经百战的精英，其丰富的战场经验和炉火纯青的技艺臻于世界一流。这时Bf 109飞行员甚至摒弃了高空俯冲突袭的常规战术，敢于挑战“喷火”盘旋性能上的传统强项，在同一高度对其发动进攻[①]。

截至八月底，加兰德取得81次空战胜利，第7中队中队长明希贝格达到50架战绩，第1中队中队长普里勒有46架。联队指挥部的约翰内斯·施密德

---

① 见皇家空军第308中队（波兰中队）弗朗齐歇克·祖尔马中尉9月20日的作战报告，这天他与JG 2一架Bf 109 F进行了一场艰苦卓绝、无果而终的空中缠斗。

8月19日英军借第81号马戏团行动将巴德的义肢和炸弹一起投到圣奥梅尔机场。箱子上注明：内有道格拉斯·巴德中校的义肢，同义肢一起附上的还有皇家空军第11大队司令特拉福德·利-马洛里少将礼节性的感谢信。第81号马戏团行动别号“义肢行动”，象征性地再次以戈奈的电厂为次要轰炸目标。最终没有轰炸此处，行动中英军共损失7架“喷火”和4名飞行员，多架布伦海姆轰炸机被高炮击伤。掩护护航机的肯利联队2架“喷火”在敦刻尔克被加兰德和赛费特击落，第403中队1架“喷火”被JG 26第5中队击落。目标区支援的霍恩彻奇联队则击落了JG 26三架Bf 109，三名Bf 109飞行员均是新手，无一生还。德军JG 2联队宣称击落9架“喷火”。

中尉延续着生猛的发挥，至少又入账9个战果，而且继8月7日之后，在9日和10日接连上演帽子戏法。8月19日他将个人战绩提高至24架，两天后被授予骑士十字勋章，继而又擢升为上尉，暂时顶替交通事故受伤的韦斯特法尔中尉指挥第8中队。

六、Fw 190战斗机横空出世

第26战斗机联队同库尔特·谭克博士设计的福克－沃尔夫190型战斗机（Fw 190）渊源可以追溯到1941年3月。作为军方敲定的首支Fw 190部队，第二大队精挑细选了30名机械师、工程师和飞行员来到德国空军的雷希林研发测试中心，参与新战机的测试飞行。他们组成了190作战测试中队（Erprobungsstaffel 190），第6中队的奥托·贝伦斯（Otto Behrens）中尉担任指挥官，他和时任大队技术官卡尔·博里斯少尉在战前均为空军的机械师，不乏专业素质，饶是如此，两人也经过了数月的严格考察才被选中。事实证明，很大程度上，正是贝伦斯过硬的技能和一腔热忱才避免了一代名机不至于因发动机过热问题而夭折。

博里斯少尉同样对Fw 190一见倾心，他在日记里写道：

> 自打第一次起飞起，我们就确信此款新型战机拥有稳固而卓越的飞行品质。美中不足的是BMW 801，这种全新的双排14缸气冷发动机多灾多难，毛病层出不穷。6架原型机不能飞离机场太远，否则油管会破，发动机前缘重装甲板防护的滑油冷却环频繁断裂，由于滑油泵和冷却面过小，后排下方汽缸一再出现拉缸轧死，一旦漏油，烟雾满舱，飞行员无法脱离驾驶舱，完全束手无策。定速螺旋桨也故障不断……谭克教授没有摆架子，而是开诚布公地听取我们的意见。我们驾驶拖着烟雾和散发刺鼻味道的原型机做跃升时，在地面观看的帝国航空部螺旋桨专家和雷希林试飞员纷纷摇头，一位航空部委员希望取消Fw 190服役的计划，我们强烈反对，因为这种飞机的机身构造真的太棒了。

虽然BMW 801过热的毛病短时间内难以根治，正常运行时间大约只有20小时，但Fw 190在七月基本通过军方验收，月底190作战测试中队搬到巴黎的勒布尔歇（Le

奥托·贝伦斯中尉（左）与加兰德（右），贝伦斯后来被调到雷希林测试研发中心，他的才华显然更适合技术岗位。战后他追随库尔特·谭克去了阿根廷，50年代试飞谭克的新喷气式战斗机FMA IAe 33时事故身亡。

卡尔·博里斯，拍摄这张照片时他已以上尉军衔升任第一大队大队长。

Bourget）机场，着手飞行员训练，JG 26第二大队大队长瓦尔特·阿道夫上尉第一个开始换装，月底，22架Fw 190A-1装备上第6中队，第4和第5中队紧随其后。八月，第二大队有条不紊地全面开展换装工作。基地从比利时西部的马尔德海姆（Maldeghem）换到韦弗尔海姆（Wevelghem）及其卫星机场莫尔塞勒（Moorsele）。新机场胜在齐备的维修工场和机库设施，显然是考虑到Fw 190A多灾多难的发动机应运而生。

福克沃尔夫工厂的不来梅机场，首批Fw 190A-1正由厂家移交给第6中队，机身后部一道镶白边的褐色横线是第二大队第6中队标志，褐色代表第6中队，横线代表第二大队。

九月初，完成使命的190作战测试中队解散，贝伦斯和博里斯等人回归原职。

8月7日，第6中队两架Fw 190A-1因发动机故障坠毁，成为Fw 190在前线的首例损失，两天后又1架Fw 190迫降在勒布尔歇，基本报废。14日傍晚，皇家空军第75号马戏团行动为Fw 190提供首战的机会，第6中队的中队长施奈德中尉和海因茨·申克少尉各宣称击落1架“喷火”。申克少尉很快贡献了Fw 190首例作战损失，8月29日，他与“喷火”交战后在敦刻尔克南部被高射炮误击阵亡。

9月18日上午，JG 26为英吉利海峡上的油轮提供分段护航。大约10:05，第二大队8架Fw 190接过第7中队的班。3架“布伦海姆”轰炸机在船队驶离比利时的布兰肯贝尔赫海岸不久发动攻击，其中1架撤退过程中被第4中队的威利·罗特军士长击落。德军第二大队的大队长瓦尔特·阿道夫上尉驾机盘旋在坠毁点时遭到护航的“喷火”突袭，未能返航。击落第一架Fw 190的首功被记在皇家空军第41中队的西里尔·巴比奇少尉①账上，但英国飞行

① Cyril Babbage，自去年不列颠空战8月17日首次击落1架Ju 87，以这架Fw 190完成收官之作，当时他以“未知机型”上报，此后他调离了前线，官方总战绩为击落7.5架、可能击落2.5架、击伤2架，战后升至中校。

1941 年 11 月，比利时莫尔塞勒 JG 26 第 5 中队，霍斯特·施特恩贝格少尉座机

Fw 190A-1

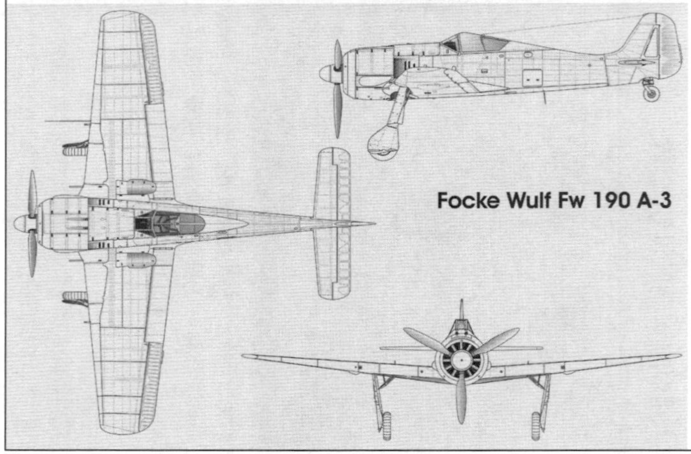

性能参数

	Fw 190A-1	Fw 190A-3
机长（米）	8.798	8.789
翼展（米）	10.506	10.506
机高（米）	3.95	3.95
翼面（平方米）	18.3	18.3
动力	BMW 801C-1	BMW 801D-2
正常起飞重量（公斤）	3850	3850
实用升限（米）	11000	11000
航程 @ 高度	750 公里 @5000 米	810 公里 @5000 米
最大平飞速度 @ 高度	545 公里 / 小时 @ 海平面	565 公里 / 小时 @ 海平面
	585 公里 / 小时 @3100 米	585 公里 / 小时 @3200 米
	660 公里 / 小时 @5700 米	680 公里 / 小时 @6500 米
	635 公里 / 小时 @8000 米	660 公里 / 小时 @8000 米
	565 公里 / 小时 @10000 米	610 公里 / 小时 @10000 米
爬升率 / 至高度	2.2 分钟 /2000 米	2 分钟 /2000 米
	4.6 分钟 /4000 米	4.6 分钟 /6000 米
	7.7 分钟 /6000 米	11.3 分钟 /8000 米
	12 分钟 /80000 米	15 分钟 /9000 米
	20.8 分钟 /100000 米	
海平面爬升率（米 / 秒）	16	16.5
起飞距离（米）	300	300
着陆速度（公里 / 小时）	130	130
武器	2×7.9 毫米 MG17 机枪（备弹 850 发）	2×7.9 毫米 MG17 机枪
	2×20 毫米 MG FF 机炮（备弹 60 发）	2×20 毫米 MG 151 机枪
		2×20 毫米 MG FF 机炮
无线电	FuG VII 和 FuG 25	FuG VIIa 和 FuG 25A

瓦尔特·阿道夫上尉，1913年6月出生于罗马尼亚，在德国上学，西班牙内战期间参加了秃鹰军团并取得1架战绩，二战爆发后先后担任JG 1第1中队和JG 27第7中队中队长，总战绩为79次战斗任务中击落25架敌机，其中14架为JG 26服役期间取得。

员将其认作寇蒂斯P-36战斗机，推测“德军在使用法国飞机进行飞行训练”。

其余7名Fw 190飞行员毫不知情，返回莫尔塞勒才意识到大队长遭遇不测。之后第2、第4和第7中队几番搜索，均无果而返。这名骑士十字勋章获得者的尸体三个星期后在比利时海滩被发现。约阿希姆·明希贝格接任第二大队指挥官一职，同时晋升为上尉。第7中队交由克劳斯·米特乌施中尉掌管。

9月21日第101号马戏团行动中，高空护航的皇家空军第315中队2架“喷火”在布洛涅上空被6./JG 26中队击落，继被认作P-36之后，这次Fw 190战斗机被波兰飞行员认作为法国的MB.151和意大利的MC.200。事实上，通过雷希林测试中心的线人和审讯战俘，英国情报部门早在这一年1月就获悉了“安装BMW 801双排星形发动机的福克－沃尔夫战斗机”的存在。夏末秋初，前线飞行员作战报告频频提及德军新式战斗机“安装星形发动机、速度奇快”，皇家空军依旧稳如泰山，直到10月13日，“喷火”的照相枪首次拍到Fw 190清晰影像，军方才开始通过照片进行分析鉴别。

当天天气晴好，英军趁势连发第108A号和第108B号“马戏团”，目标分别指向阿尔克的升船机和马赞加尔伯（Mazingarbe）的电站，两地相距50公里，两场行动间隔只有30分钟，时间和空间上间距如此微小，送给德军一箭双雕的机会。第2战斗机指挥部派出全部兵力①，以图毕其功于一役。护航的英国战斗机中队多达25个，几乎个个遭遇敌机。两军铆足了劲在加来地区大打出手，Ⅱ./JG 26的林德曼中尉在日志中提到交战的12架“喷火”如狼似虎。

阿尔克方向的英军第139中队6架“布伦海姆”遇到了JG 26联队指挥部的拦截。加兰德突破护航编队并击落1架“喷火”，随后朝轰炸机下手了，他另辟蹊径，从目标正下方一边爬升一边向上开火，再迅速俯冲脱离，当即将一架“布伦海姆”凌空打爆，但跟在加兰德后面的僚机遭了殃，被轰炸机自卫火力击中，机毁人亡，这位僚机飞行员是戈林的侄子彼得·戈林少尉，也是加兰德的弟弟保罗的军校好友，8月底刚完成训练加入JG 26。加兰德在回忆录中评价他是一位“很有才华的战斗机飞行员，也是一位友善、有教养的后生晚辈，在队里广受欢迎，这种受欢迎绝不是因为他那位叔叔的缘故”。部队为戈林少尉申报了1架“布伦海姆”，明显出于补偿，即便如此，即便飞行员身份如此特殊，帝国航空部依旧没有通融。英军第139中队只损失了1架“布伦海姆”，被归为加兰德的第89个空战战果。

10月13日JG 26联队共入账8架“喷火”，JG 2联队也宣称以零损失击落11架“喷火”，除了彼得·戈林及其Bf 109F

① 除第3战斗机指挥部的I./JG 2大队之外，JG 2和JG 26全体参战。

外，德军剩下的损失只有1架Fw 190迫降在莫尔塞勒。英军以损失13架战斗机和1架轰炸机的代价，宣称击落20架、可能击落4架和击伤16架德国战斗机，自我评估为一场大捷。这天有段小插曲值得一提，第452中队的澳大利亚王牌飞行员特拉斯科特少尉朝一名跳伞飞行员开枪，这种行为遭到同伴谴责，特拉斯科特从此收手。当日德军并无跳伞记录，如果英方材料日期无误，那么特拉斯科特射击的目标倒可能是自己的战友。

因为一次不可思议的低级失误，约翰内斯·施密德这颗冉冉升起的新星过早陨落。11月6日舍普费尔休假，下午第8中队中队长施密德率领第三大队飞往海岸截击英军，他俯冲向皇家空军第452中队一架殿后"喷火"，将其打落大海。也许为了确认自己第45架战果，他飞下去盘旋在坠毁点，Bf 109F-4的翼尖不慎触及海面而折断，转眼间连人带机被卷入大海。第452中队另一架坠毁的"喷火"成为JG 26第6中队的威廉－费迪南德·加兰德中尉或格哈德·福格特一等兵之一或共同的战绩。卡尔·博里斯中尉从第6中队调到第8中队接替指挥官一职。

鉴于JG 26第二大队势头强劲，帝国航空部早前对Fw 190战斗机的疑虑尽消，除了福克－沃尔夫工厂，阿拉多和AGO两家工厂也增设了生产线，三处工厂从10月开始量产Fw 190A-2，新机型在发动机和武备上稍有改进，采用功率达1770马力的BMW 801C-2发动机，翼根两门20毫米MG 151机炮取代了A-1的MG 17机枪，保留发动机上方2挺7.0毫米MG 19机枪，大部分Fw 190A-2还额外在机翼外缘安装一对20毫米MGFF机炮。这一时期第三大队也开始换装训练，为此他们从利耶热斯库尔搬到沿海的科凯勒（Coquelles）。大队技术官罗尔夫·施勒特尔回忆，他们自行调整排气收集管位置，独立解决了之前困扰多时的下方后组汽缸过热问题：

从Bf 109换装Fw 190过程中故障层出不穷，这次出在BMW星形发动机上，经常只运行几个小时后就烧坏了连杆，尚可修复的发动机需要送到位于阿尔贝的维修车间进行拆解和仔细检查，我已经不记得自己为此奔波了多少次。我们最后得出结论，恼人的问题出在排气收集管，导致某个邻近汽缸过热，我们自行调整了管道位置。终于，第8中队中队长博里斯中尉的发动机正常运行时间破天荒地上了100小时，BMW公司特意奖励他一块金表。前线的备件经常供不应求，我只能四处寻找。例如有段时间，起落架液压泵因为

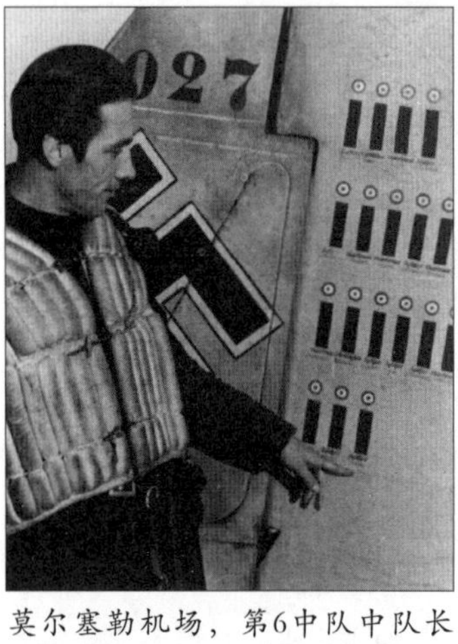

莫尔塞勒机场，第6中队中队长施奈德中尉展示Fw 190A-1垂尾上的战果标志。施奈德因多才多艺而远近闻名，他精通多国语言，在踢踏舞、钢琴、杂技和美术等方面也很擅长。

约翰内斯·施密德中尉，生于奥地利，参加过秃鹰军团，生前共执行137次战斗任务，取得45个战果。他死后被追授少校军衔。1941年JG 26虽然总损失轻微，却一口气损失了四位骑士十字勋章获得者，施密德是第四个。

管路过窄被腐蚀，导致液压泵奇缺，为了补齐备件，我开着一架Bf 109找遍全国，甚至连东普鲁士和上西里西亚也没放过，困难重重可见一斑。

11月8日上午11点过，12架“飓风”战斗轰炸机（其中4架负责压制高炮）和5个护航的“喷火”中队杀向圣波勒的蒸馏厂，第110号马戏团行动紧随其后，目标指向里尔的铁路维修设施。四个联队共13个喷火中队为12架布伦海姆轰炸机提供护航和支援。然而，英军还没飞出不列颠就埋下失败的种子，大雾和强风阻碍集结，行动计划被全盘打乱，而海峡对岸的德军闻风而动，除Ⅲ./JG 26大队之外，第2战斗机指挥部麾下部队全体严阵以待。

圣波勒方向，英军坦米尔联队（第65、第41中队）护送着“飓风”轰炸了目标并与3架Bf 109发生交战，1架“喷火”战斗机被击落。掩护护航的比根希尔联队因强风错过会合，被迫在勒图凯以南1000米高度盘旋，在敌军防空区滞留自然凶多吉少。德军Ⅰ./JG 26大队和Ⅲ./JG 2大队一个个Bf 109小分队轮番从高空冲下来肆虐了一通，入账了7架战绩，圣波勒方向的英军共有6架“喷火”未能返航。

里尔方向（第110号马戏团行动）：因领航机无线电故障，6架布伦海姆轰炸机中途退出，另一架甚至未能起飞，剩下5架错误地轰炸了戈奈。近距离护航联队（诺索尔特联队）中的第308中队集结时错过会合，独自在敦刻尔克至加来一带巡逻了一阵，正准备调头，遭到德军Ⅰ./JG 26大队几架Bf 109F攻击，1架“喷火”成为赛费特上尉第23个空战战果，波兰飞行员们及时甩掉德机并加入大部队，没有进一步的损失。与此同时，掩护护航联队随轰炸机返航途中与德国战斗机爆发激烈交战，宣称击落Fw 190和Bf 109F各一架，自身损失2名飞行员。JG 26联队长加兰德中校斩获两架“喷火”。

由于轰炸机航线错误，高空掩护联队（肯利联队）盘旋滞留在里尔上空，虽然最终找到轰炸机群，但飞在最高处的第452中队被一群Bf 109从法国海岸一路纠缠到海峡中段，特拉斯科特少尉宣称击落1架、可能击落另1架Bf 109，随后自己也被击中，跳伞的他和另一名因燃油耗尽而坠海的中队队友均平安获救。他们的对手可能来自Ⅰ./JG 26和Ⅱ./JG 2：普里勒中尉上报在格拉沃利讷西北击落一架“喷火”。

英军后方支援联队中的第54中队被大雾困在地面，其余三个中队（第411、第412、第616中队）虽阵形齐整地进发，本该掩护大部队撤退的他们却早到一步。33岁的联队指挥官道格拉斯·雷金纳德·斯科特中校从未亲历空战，更遑论指挥作战，他没有选择继续飞往里尔，而是围着敦刻尔克海岸巡逻，但盘旋过急，致使后续部队在外围很难跟上。后方支援联队被德军高炮彻底打乱编队，只能以双机甚至单机四散而逃。Ⅱ./JG 26大队的Fw 190从高处俯冲下来，轻松拿下英军第412中队3架“喷火”。斯科特中校也未能返航，人们从无线电中听到他最后一声叹息“人不服老不行了，孩子们”，他最终葬于敦刻尔克镇上的公墓中。

JG 26第4中队首次出战的卡尔－海因茨·克恩下士在敦刻尔克被掩护护航联队中的波兰中队击中，紧急迫降过程中他的Fw 190A-1撞上电线杆，机毁人亡。Ⅱ./JG 26大队副官林德曼中尉操纵起火的Fw 190迫降在敦刻尔克，林德曼本人重伤。上述两人是德军第3航空队当日仅有的人员伤亡，另有三架德国战斗机因多种原因实施迫降。JG 26和JG 2分别上报

1941年10月的莫尔塞勒机场，第二大队一排Fw 190A-1和比利时农夫们的马车共用跑道。

即使Fw 190的型号发展到A-3，BMW 801发动机依然多灾多难，图为1942年第5中队的灭火现场。

击落14架和10架“喷火”，前者有10架得到核实确认。德军再次大获全胜，但没能击落一架轰炸机。

1941年11月8日皇家空军三次进攻（不含海空搜救）至少损失16架喷火式战斗机和13名飞行员（4人被俘、9人阵亡，另有3人在海上获救），其中包括3名中队指挥官、1名联队指挥官。完败原因主要在于两方面：1.德军反应敏捷，提前出动战斗机占领高度优势；2.天公不作美，英机在久久不散的近地面大雾中踟蹰不前，多支部队遇强风而错过会合。德军却得到高空阳光的良好掩护。第110号行动为1941年的“马戏团”系列画上惨淡的句号，直到来年春季，皇家空军再没有大张旗鼓发动昼间攻势。太平洋战争爆发后，英国战时内阁向肖尔托·道格拉斯中将施加压力，要求以大局为重，战略方向转为防御态势，在此形势下，“无尽攻势”终止了，德国空军第26战斗机联队1941年的狩猎季伴着严冬的脚步也步入尾声。

七、加兰德离任

德国空军在西线顺风顺水，在东线面对苏联空军更是势如破竹，但一个又一个令人惊叹的胜利背后是惊人的损失，装备生产、后备训练越来越难以填补前线巨大的损耗。11月17日，空军装备技术部主管恩斯特·乌德特上将不堪重负饮弹自尽，高层对外宣布他死于新战机的试飞事故，并为这位第一次世界大战中的空战英雄举办了隆重的国葬。在法国的两位联队长加兰德、奥绍，远在克里米亚指挥作战的战斗机部队总监莫尔德斯以及另外三名最负盛名的王牌飞行员被选为灵柩仪仗队队员。

加兰德在18日取得了自己第96架，也是最后一架得到官方确认的空战战果。午后他率联队直属中队紧急飞往布洛涅拦截敌机，自称与一架“喷火”进行了激烈的缠斗，最终在3600米高度向右急转弯开火，他那架特殊的Bf 109F-6/U翼炮命中敌机右副翼，加兰德在作战报告中表示看到目标坠落在海峡，但皇家空军越海作战的6个战斗机中队全体返航[①]，仅有第602中队一架“喷火”右副翼轻微受损，或许它的主人就是那位“技艺高超，勇猛好斗”、令JG 26联队长印象深刻的对手。

当晚，加兰德启程前往柏林，他没有在乌德特的葬礼上见到莫尔德斯，就在返回法国的列车上，接踵而至的噩耗令他和奥绍呆若木鸡：莫尔德斯11月22日搭乘He 111从利沃夫连夜赶往柏林，结果飞机因恶劣天气在布雷斯劳（今波兰弗罗茨瓦夫）附近失事。11月28日，莫尔德斯遗体安葬在柏林郊区著名的伤残军人公墓，墓地紧邻“红男爵”里希特霍芬和乌德特，加兰德依然以扶灵的仪仗队队员身份送别了曾经最大的竞争对手也是最好的挚友。葬礼上，思绪万千的他突然被戈林拉到一旁，被告之他将接替莫尔德斯的职位，出任德国空军战斗机部队总监。

12月5日，欧当贝尔的天空灰蒙阴沉，严寒逼人，第26战斗机联队官兵列队接受戈林的检阅，并见证了联队指挥权

“现在轮到你了，加兰德”——戈林

遗体下葬，礼炮齐鸣，领导致辞，仪仗队肃穆而立。我站在队中思绪万千，莫尔德斯历经西班牙内战、法国战役、不列颠战役和东线战役，战绩破百，随后被调离前线，尽管如此，他仍然不顾禁飞令时常亲自升空作战并击落了几架无法上报的苏联飞机，然而他在战火硝烟中锻炼出的领导能力还未完全施展，壮志未酬，就早早步入飞行员的结局，他安眠在祖国依然安宁平静的天空下，何尝不是一种幸运。

思绪被戈林打断，他呼了我的名字，并冲我挥挥元帅指挥仗示意过去，我有些不知所措，之前并不曾被教导过众目睽睽之下离开仪仗队的礼仪，也不清楚手中佩剑该放置何处。

“现在轮到你了，加兰德。”戈林说：“我任命你即刻接替莫尔德斯，担任战斗机部队总监。”

哪怕已暗自担心过此事，但任命下来的一刻我还没有充分心理准备，如今我已不记得当时作何反应。我从没想过埋首于案牍

文书间的生活有何乐趣可言，部队才是我生命的全部意义，在那些征战海峡的岁月中战友们与我同甘共苦、休戚与共。回到联队，我向他们坦言思及与联队离别时失魂落魄，他们都表达了同样的难过。后来与戈林一次谈话中，我将这种依依不舍之情如实相告，他不为所动，坚持己见，因为万事已与元首敲定妥当，断无回旋余地，他还劝导说好刀用在刀刃上，我应该把能力施展在远比当前更重要的领域，但是戈林答应过几天前去法国祭奠侄子时，亲自到联队传达这份离别与祝愿。

——阿道夫·加兰德

① 1944年11月18日，皇家空军第11大队派出8架飓风战斗轰炸机攻击位于法国埃丹（Hesdin）的蒸馏厂，6支战斗机中队共69架次战斗机掩护，宣称击落1架、可能击落5架、击伤4架敌机，无一损失。“飓风”没找到目标，转而轰炸了蒙特勒伊和欧克西堡附近铁路。

阿道夫·加兰德在二战中的经历几乎代表了德国战斗机部队的兴亡，他备受推崇，也不乏争议，他的人生早已被贴满“传奇”“伟大”这类标签，他的故事广为流传，这里不做赘述，仅简单总结他作为战斗机飞行员的成就，毕竟，这是他最珍视的身份。

加兰德通常被记录为在705次飞行任务中取得104架（或103架）战绩，其中战斗机86架：包括31架飓风式和47架喷火式；轰炸机14架，包括2架重型轰炸机。法军飞机5架、英军飞机91架，美军飞机7架。

1945年4月到5月，被解除总监一职的加兰德中将驾驶Me 262喷气式战斗机宣称击落7架美军飞机。除此之外的96架官方战绩均为驾驶活塞式战斗机梅塞施密特109式取得，其中12架在第27战斗机联队取得，84架在第26战斗机联队取得。由于战争后期德国空军一败涂地，飞行员的生命越来越短暂，直到战争结束，也没有JG 26队员的联队战绩超越这位早在1941年11月离职的联队长，约阿希姆·明希贝格以83架联队战绩屈居次席。

不列颠空战期间的1940年9月是加兰德最“辉煌”的一个月，共入账15个战绩。1941年6月到11月共宣称击落32架敌机，其中三次单日击落3架，这是他的单日最高战绩。

加兰德至少有46架宣称战绩明确符合盟军实际损失，大约11架完全无效或者仅为击伤，47架可以追溯到盟军损失，但在激烈的空战环境下无法确定为他单独击落。可以说，加兰德的空战战绩准确度能达到80%，对比二战期间各国战斗机部队空战战绩平均被夸大了50%以上，这是一个“非常了不起的成就”。

据加兰德声称，他升任战斗机部队总监后还击落了2架B-17，因为禁飞令，这两架弥足珍贵的重型轰炸机都无法上报，故而没有计入官方战绩。1943年10月9日，他和僚机驾驶Fw 190A飞到弗里西亚群岛（Frisian Islands），视察飞行员拦截以安克拉姆为目标的美军重型轰炸机。发现他们草草结束攻击并离开，加兰德很不满意，最后亲自出手，通过两轮攻击击落1架B-17。1944年春，他又宣称在马格德堡击落1架B-17，这次僚机是好友兼幕僚汉内斯·特劳特洛夫特上校，两人随后为躲避护航的P-51战斗机失散，加兰德发现自己使尽浑身解数，仍然被步步逼近，不料那架“野马”最后一刻放弃了追击，德国空军战斗机部队总监这才得以逃过一劫。

加兰德被击落过四次，其中两次属于死里逃生，和所有王牌飞行员一样，他的战场成就大都建立在幸运的基础上，而最大的幸运莫过于在他的国家还打得顺风顺水的时候退出了前线。

交接仪式，新任联队长格哈德·舍普费尔少校进行了述职报告。加兰德晋升为上校，挥手告别了联队，他在这里度过军事生涯最快乐的18个月，JG 26成就了他作为战斗机飞行员“辉煌的”功勋，他也实现了入主联队时的承诺，打造出一支精锐之师，JG 26在加兰德率领下攀上第一个高峰，但不会随着加兰德的离去而裹足不前，而是步入后加兰德时代。

随着联队长的新老交替，JG 26人事上也相应作出调整，约瑟夫·普里勒上尉晋升为第三大队大队长，他留下的第1中队指挥官空缺则由约瑟夫·海伯克中尉填补。

鉴于大西洋的重要海军基地布雷斯特港频遭英军空袭，为加固此地防空，JG 2第二、第三大队向西移防到布列塔尼。JG 26第二大队奉命入驻JG 2留下的阿布维尔德吕卡机场。不料此次移防以灾难收场，第6中队因浓雾发生迷航，包括领航的中队长施奈德

1941年12月5日戈林出席了在欧当贝尔基地举行的JG 26指挥权交接仪式，戈林在演讲中表示：“我有两个如此出色的联队镇守，才敢置西线防空近乎空虚。”JG 2“里希特霍芬”联队长奥绍少校也站在讲台下，讲台旁边展示着加兰德的Bf 109F-2/U。

在内，五名飞行员驾驶Fw 190撞上山丘死亡，圣诞节这天他们被下葬在位于阿布维尔的空军公墓，从柏林回到法国过圣诞节的加兰德也出席了葬礼。之后奥托·贝伦斯中尉继任第6中队指挥官。

1941年，德国两个战斗机联队“施拉格特”和“里希特霍芬”牢牢镇守西线，一次次瓦解英军的昼间空袭。据统计，6月14日至12月31日，皇家空军在对欧洲大陆的军事行动中共损失411架战斗机，宣称击毁敌方战斗机731架，德国空军实际损失数量只有103架。英德交换比达到4:1。第26战斗机联队全年官方战绩为击落498架敌机，付出了50名飞行员的代价，这是自1940年以来损失最小的一年。正值联队全面换装Fw 190A-2，经验丰富的老飞行员们如虎添翼，展望新的一年他们自信满满。

加兰德为戈林展示他那架独一无二的Bf 109F-2/U。

1941年圣诞节，施奈德中尉等5名第6中队飞行员被安葬在位于阿布维尔的空军公墓，前排左起：新任大队长明希贝格上尉、新任战斗机部队总监加兰德上校、新任联队长舍普费尔少校。

第五章 “阿布维尔小子”

1942 年 1 — 8 月

1941年皇家空军作战成果虽不尽如人意，和西线德军战斗机交换比达到4:1，兵力却攀上新高峰，1941年底一线作战飞机大约有4300架，是战争爆发时的两倍有余，战斗机司令部的中队数量达到空前的100个。不过太平洋战争爆发后，日本对英属殖民地缅甸发动攻击，意在切断美英向中国提供战略物资的交通线滇缅公路，迫使中国屈服并伺机进军印度，伦敦不得分兵远东，加之北非和地中海战事同样不容乐观，日复一日空袭法国不得不暂告一段落。

寒冬恶劣的天气同时限制了双方空中对垒，第26战斗机联队在风平浪静中迎来了战争中的第三个年头。尽管如此，德军对西线局势仍不敢掉以轻心。除了进行常规训练飞行，只要天气条件允许，JG 26联队都会派出一个双机编队每日昼夜沿海岸线巡逻各一次。

联队指挥部和第三大队仍然驻扎在上一年的欧当贝尔和科凯勒，与多佛尔隔海相望。机场刚性道面跑道不超过一条，绝大部分为草坪面层，只适用于良好天气条件下一组双机或四机编队的小规模快速起飞，遇到连绵的冬雨变得泥泞不堪。第一、第二大队分别转移到圣奥梅尔的阿尔克（Arques）和阿布维尔的德吕卡，条件稍好，混凝土面层的跑道有利于恶劣气象条件下的作战，场地面积宽广、排水通畅，可保障日常活动。

四个基地均为典型的战时设施，唯一有针对性建造的建筑物只有维修机库，其他设施均为临时建筑，营房和机库用木材搭建并加以伪装，每个机库可容纳三到四架战机。由于把持着制空权，战机被放心地露天停放，覆以网布和稀疏的树枝。指挥室以及飞行员备战室要么将现成建筑物尽其用，要么设在拖车式活动房里。人员住宿区则设在附近村镇或乡下城堡。

阿布维尔—德吕卡机场，第6中队的机坪。

1942年年初，第6中队的黄色12号Fw 190A正接受维护，中队长奥托·贝伦斯中尉背对镜头，3月24日他被皇家空军第129中队的雨果·阿姆斯特朗中尉击落，跳伞后重伤，6月底伤愈后调到雷希林空军测试研发中心。

1942年第二大队飞行员住宿的别墅景色怡人。

一、海峡冲刺

大约在一月末至二月初，联队日常事务被一道不寻常的命令打乱，通讯专业技术人员以及其他一些参谋人员被暂时调离，几个沿海机场开始囤积物资，山雨欲来之势呼之欲出，但包括联队长舍普费尔少校在内，全队上下皆云里雾里。2月11日，舍普费尔获知新任战斗机部队总监加兰德上校正召集兄弟联队JG 2和防守德国北部的JG 1联队在欧当贝尔召开一次短会，JG 26全体中队和大队指挥官都将出席。

如此大张旗鼓，预示着一场重大军事行动箭在弦上。果然，加兰德在会上宣布再过几个小时，停靠在法国布雷斯特港的两艘战列舰“沙恩霍斯特”号、“格奈森瑙”号和重巡洋舰“欧根亲王”号将离港驶回德国，航线不是由北向西走爱尔兰北部公海，而是向南横穿英吉利海峡，德国空军的任务就是为这支舰队提供强有力的空中掩护。

“沙恩霍斯特”号、“格奈森瑙”号和“欧根亲王”号去年3月停靠在布雷斯特港，牢牢吸引着英军注意力。皇家海军部署在直布罗陀和斯卡帕湾的H舰队和本土舰队从南北两面严密封堵，皇家空军也空袭不断，按照德国方面统计，自三艘军舰到达布雷斯特后，英军对港口共进行了约300次轰炸。苏德战争爆发后，英美对苏联的援助物资主要通过北极航线运送，德国从战略上考虑需要切断这一援助线路，加上为了和盟军争夺挪威的铁矿资源，希特勒亲自下令三艘战舰驶回内海，再调往寒冷的极北地区作战。

考虑到向西和向北绕过苏格兰和爱尔兰的大西洋公海回到德国的航线太长，尤其在斯卡帕湾，皇家海军占有绝对优势，德国海军和空军参谋部研讨决定选择较短的航线：夜晚从布雷斯特港向东北方向的德国港口出发，白天到达多佛尔后在空军的掩护下穿过英吉利海峡。然而光天化日之下，要在英国人眼皮底下穿越狭窄的英吉利海峡同样凶多吉少。英军月初就获得相关情报，有所警觉，在这片海域布有大片水雷，多佛尔段的大口径岸炮虎视眈眈，英格兰南部还集结着约600架战斗机、300架轰炸机和30架鱼雷轰炸机。若非迫于希特勒的压力，德国海军极不情愿冒险，空军总参谋长耶顺内克也知晓其中利弊，拒绝空军担当替罪羊。但当被希特勒征询意见，新官上任的加兰德自恃在海峡和英国空军打了两年交道，知己知彼，认为西线这支战斗机力量有能力打退敌人的空中进攻，于是他被希特勒授予这次空中掩护作战指挥权。空军的行动代号为“雷霆”（Donnerkeil），海军代号为“地狱犬”（Cerberus）。

对比皇家空军，加兰德手上远非一手好牌，三个昼间战斗机联队大约有252架Bf 109和Fw 190，第2夜间战斗机联队第二大队30架Bf 110双引擎战斗机参加凌晨和黄昏时段的作战。加兰德从位于巴黎的第5战斗机航校抽调了12架Bf 109作预备队。此外，轰炸机部队提供了176架轰炸机，对可能出现的敌舰进行攻击，2架He111负责电子干扰。

为了把控全局，加兰德将护航全段分为四个区域：

Ⅰ A区：瑟堡到勒阿弗尔沿海海域，指挥部设在法国卡昂。

Ⅰ区：阿布维尔以南到敦刻尔克北部，指挥部在法国勒图凯。

Ⅱ区：从斯海尔德入海口经莱茵河河口、须德海至阿姆斯特丹以北，指挥部设在荷兰史基浦。

Ⅲ区：覆盖威廉港到汉堡一带，指挥部设在德国耶弗尔。

海峡冲刺关键在于兵出神速、争分夺秒，因此从计划制订到实施，保密工作贯穿始终、天衣无缝。空军在“沙恩霍斯特”号上设立驻舰战斗机指挥部，由前第3战斗机指挥部指挥官马克斯·伊贝尔少将负责海空协调，每艘军舰上加装了对空、对岸电台，驻舰联络人员都有着各种不起眼的理由或伪装身份。加兰德亲力亲为，独断其谋，计划极尽周密。为了最大程度地保证护航的连续性和无缝对接，护航机与舰队的航线保持平行，补充加油统一设在各自起飞机场东边的补给点，补充燃油、弹药和维护以及再次集结时间控制在30分钟，这样有的部队一天出击次数多达三次。预备队移防到加来，处于驾驶舱待战，以备不时之需。德国人精准严谨的作风体现得淋漓尽致。

舰队上空的护航机维持在16架，编成四个四机编队，高空和低空各两个，以舰队航线为轴线左右两侧（即靠近英国和法国两个方向）平均分布。护航编队沿着整体前进方向做8字形迂回飞行。飞行员在收到“摘下护目镜”暗号前严格遵守无线电静默，维持在规定的最低飞行高度，保证护航目标在可视范围内。单次护航时间为30分钟。换班时间约10分钟，因此舰队上方的护航战斗机最多可达32架。为了阻止敌机攻击战舰，如有必要，撞机也是允许的（飞行员们对此难以接受）。但鉴于战斗机数量有限，如有战舰受到重创而掉队，都会被护航机舍弃而失去空中保护伞。

2月11日德国时间20:00，三艘战舰按原计划从布雷斯特港拔锚起航，“地狱犬－雷霆行动”正式开始。然而开局不利，舰队还没驶远就遇到18架英国惠灵顿轰炸机的例行轰炸，德军只好返回港口，打开探照灯佯作组织防空作战，“惠灵顿”丢下炸弹后匆匆离去，既未察觉异常，也没造成损失，不过宝贵的时间也因此耽搁了近3个小时。当天夜里

1942年2月12日德国空军雷霆行动战斗序列

部队	指挥官	驻地	机型	数量
空军总指挥	阿道夫·加兰德上校	法国勒图凯		
驻舰战斗机指挥部	马克斯·伊贝尔上校	沙恩霍斯特号		
第2战斗机联队	瓦尔特·奥绍少校	法国加来－马克	Bf 109E-7	90
第一大队	普雷斯特勒上尉	法国加来－马克	Bf 109F-2	
第二大队	卡尔－海因茨·格赖塞特上尉	法国加来－马克	Bf 109F-4	
第三大队	汉斯·哈恩上尉	比利时科特赛德		
第26战斗机联队	格哈德·舍普费尔少校	法国欧当贝尔	Fw 190 A-1	4
第一大队	约翰内斯·赛费特上尉	法国圣奥梅尔	Bf 109F-4 Fw 190 A-1	7 29
第二大队	约阿希姆·明希贝格上尉①	法国阿布维尔	Fw190 A-1+A-2	36
第三大队	约瑟夫·普里勒上尉	法国科凯勒		33
第1战斗机联队	埃里希·冯·泽勒少校	德国耶弗尔	Bf 109F-4	
第一大队	埃里希·米克斯少校	德国耶弗尔		30
第二大队②	汉斯·冯·哈恩上尉	荷兰哈姆斯泰德		30
第三大队	胡伯特·基耶夫斯基上尉	丹麦奥尔堡		
第1夜间战斗机联队第二大队	瓦尔特·埃勒少校	比利时圣特雷登③	Bf 110	30
第122轰炸机大队 第106轰炸机大队 第2轰炸机联队			He 111、Ju88	176④
第5战斗机学校	——	驻勒阿弗尔待命	Bf 109F-4	12

① 休假中，代理大队长不详。
② 2月12日JG 1只有第二大队27架飞机参加雷霆行动，作战区域从荷兰到基尔。
③ Bf 110从法国阿布维尔、荷兰哈姆斯泰德史基浦、韦斯特兰，丹麦奥尔堡，挪威斯塔万格卑尔根、特隆赫姆等机场起飞。
④ 另有约30架He 111执行牵制性空袭。

23:00，舰队重新出发，次日破晓接近英吉利海峡。

2月12日6:00，JG 26飞行员们起床，首班战机已备战完毕，此时气象条件不尽如人意，天空飘着雨，海面上方100米低空笼罩在云雾中，能见度只有200－300米。

8:14首批执行护航任务的Bf 110四机小队从阿布维尔起飞，于8:50到达瑟堡以北500米空域，与舰队会合后飞在舰队西北方（靠近英国一侧），高度位于460米的云幕下方。9:20，第二批15架Bf 110从阿布维尔出动。大约10:00，Bf 110结束本次护航任务，降落在荷兰，待夜色降临将再次出动。

9:25 舰队在Bf 110和JG 2联队的Bf 109保护下顺利到达

1942年2月11日“沙恩霍斯特”号和“格奈森瑙”号在战斗机掩护下强渡英吉利海峡，此事在英国朝野掀起轩然大波，因为自1588年西班牙无敌舰队入侵英国以来，数百年间还没有任何海上力量敢于如此挑衅大英帝国最引以为傲的制海权。海峡冲刺是一次完美的海空协同作战，但从战略上看，德国海军硕果仅存的大型战舰离开了大西洋这一主要战场，即使在挪威“尽显神威”，对整个战争的影响和作用也大为降低。

法国勒阿弗尔北部海域。

9:49 JG 26首次出动，Ⅱ./JG 26大队的12架Fw 190从阿布维尔起飞，11:14降落。10:18，Ⅱ./JG 26大队第二批护航编队16架Fw 190升空，于11:03返回阿布维尔。

10:45 Ⅰ./JG 26大队的16架Bf 109F-4从圣奥梅尔的阿尔克机场起飞，11:08该大队第二批同样数量的护航编队起飞，大队第三批护航机于13:15起飞。

11:00 舰队到达索姆河入海口附近。一路未遇到英军，顺利得连加兰德也始料未及。事实上，清晨皇家空军出动几架哈德逊海上巡逻机对布雷斯特港进行例行侦察，由于云层过厚、机载无线电故障和德军成功实施的一系列欺诈行为，它们未发现舰队离港。8:25，Bf 110战斗机和He 111干扰机先后被英军海岸雷达发现，但被英国人判断为海空搜救队的水上飞机。截至11点，几处雷达站都发现德机在特定空域异常盘旋，并以20至25节的速度向东移动。由于电子干扰，这些报告没有引起足够重视。皇家空军第11大队只是派出第91中队两架“喷火”侦察情况。

11:20，皇家空军第91中队中队长奥克斯普宁（Oxspring）少校和僚机从霍金奇起飞，大约20分钟后来到海峡中段，果然看到震惊的一幕。几乎同一时刻，英军肯利基地司令弗朗西斯·维克托·比米什上校①和肯利联队指挥官芬利·博伊德（Finlay Boyd）中校无意中尾随着两架Bf 109也发现了庞大的德国舰队，由于严格的无线电静默规定，两人12:09返回肯利后才上报了这一情况。而奥克斯普宁当机立断，打破无线电静默。

不知是因为设备故障还是德军的无线电干扰，奥克斯普宁的通讯报告没有传到英国，反而被德军监听系统截获。加兰德获悉这一情况，惊出一身冷汗，他必须当机立断，是继续保持无线电静默，置他飞在低空的飞行员于险境，还是下令战斗机爬升迎敌，却进一步暴露雷霆行动和舰队位置。经过一番思量，加兰德断定以英国军方的保守，即使接到报告也将做进一步确认核实才会采取行动，于是他选择维持无线电静默，但是紧急抽调Ⅲ./JG 26大队两架Fw190去对付英国侦察机，其中1架最终未能返航。

12:15，15架Fw190组成的

① Francis Victor Beamish，杰出飞行十字勋章和两次杰出服役勋章获得者，参加过不列颠空战并取得击落9架、可能击落11架的战绩，1942年3月28日扫荡加来时被JG 26击落身亡。

Ⅲ./JG 26大队首批护航编队从科凯勒机场起飞，于13:18降落；该大队第二批护航编队:16架Fw190于12:53起飞。

12:50，舰队顺利通过格里内角，进入海峡最窄航段。此时细雨纷飞，云层覆盖在180米到250米低空，但能见度尚可。13:15，16架Fw 190组成Ⅱ./JG 26大队第三批护航编队从阿布维尔起飞。

加兰德赌对了，“喷火”侦察到舰队行踪后长达两个小时里，英军没有任何动作。12:25，收到比米什上校报告的皇家空军才真正意识到事态严重性，战斗机司令部第11大队全体中队进入紧急战备，海岸司令部、轰炸机司令部和海军部也如临大敌。英军的第一枪来自多佛尔的岸炮部队，于13:16向德舰开火，很快皇家海军的鱼雷艇也对德军鱼雷艇和驱逐舰发动攻击。舰队上空的德国战斗机遵照命令，没有介入海上战斗。

13:20，英国本土唯一接受过反舰训练的海航第825中队的6架“剑鱼”从曼斯顿紧急出动，中队长尤金·埃斯蒙德（Eugene Esmonde）少校是参与去年追击德军“俾斯麦”号战列舰的英雄，他深知事态严重，时不我待，来不及等5个仍在集结的护航中队，起飞后盘旋了几分钟，即冲向英吉利海峡，仅有皇家空军第72中队的10架“喷火”与第825中队完成会合。其他4个护航中队陆续向目标海域赶去，中途都遇到德国战斗机攻击。

16架英国飞机从战舰纵队北面逼近，岸炮停火。“欧根亲王”号的防空炮首先向“剑鱼”开火。Ⅲ./JG 26大队的8架Fw 190A在舍普费尔少校率领下严密地监视着海面动静，同时准备与Ⅱ./JG 2大队的16架Bf 109F交班。13:34，空军驻舰指挥部的警报尖锐响起，引领Ⅱ./JG 2大队和Ⅲ./JG 26大队迎击首支来袭的英军，舰队上空打响了第一场空战。

这批“喷火”飞行员技艺高超，击落了多架德机，其余德国飞机则从已被打散的“喷火”机群右方绕过，直取笨拙的“剑鱼”轰炸机。12:44，Ⅱ./JG 2大队的4架Bf 109率先向“剑鱼”发动迎头攻击。很快埃斯蒙德少校的座机右上翼前缘被炮弹撕裂，机身冒出黑烟，埃斯蒙德努力保持住航向，顶着凶猛的高射炮和航炮夹击，以150公里时速奋不顾身扑向“沙恩霍斯特”号，在900米高度投下第一颗鱼雷弹，随即这架“剑鱼”在所有人的注视下，化作一团火球，坠入大海。

跟在埃斯蒙德后面的两架“剑鱼”步其后尘，剩下三架投弹后急忙撤离，但这种最高时速只有222公里的帆布蒙皮双翼舰载机哪里是Fw 190和Bf 109对手，都葬身大海。它们投放的鱼雷弹没有一颗击中目标，尽管如此，“剑鱼”飞行员近乎自杀的攻击连敌人也肃然起敬，德国海军总指挥奥托·齐利亚克斯（Otto Ciliax）海军中将在“沙恩霍斯特”号上目睹这一幕，称赞道：“这几架古老的飞机发动鱼雷攻击，飞行员们展示的勇气远胜于当天双方任何参战人员。”第825中队18名机组人员中仅有5人被皇家海军营救生还。埃斯蒙德的尸体第二天被冲上岸，他被追授英国最高军事荣誉维多利亚十字勋章。德军宣称击落“剑鱼”多达16架：Ⅲ./JG 26大队由保罗·加兰德少尉[①]和约翰内斯·瑙曼中尉两人共入账3架，Ⅱ./JG 2大队入账7架，剩下6架被归功于海军防空炮。Ⅲ./JG 26大队参战的16架Fw 190中有2架未能返航，可能被“喷火”击落，皇家空

① 阿道夫·加兰德最小的弟弟。

1941年5月，尤金·埃斯蒙德少校（左起第二人）和战友从“皇家方舟”号出击，给予“俾斯麦”号致命一击后被授予了杰出服务勋章，图为他们站在“剑鱼”前留影纪念，八个月后他为捍卫皇家海军的荣誉献出了生命，他的牺牲精神赢得了敌人的尊重和赞叹。

军第72中队宣称在多佛尔海峡击落3架、击伤4架Fw 190，自身无损失。

13:50，法国勒图凯指挥部，加兰德发出暗号“摘下护目镜”，无线电静默结束，德国战斗机爬升迎敌。英军从康沃尔、朴茨茅斯、曼斯顿、诺福克等机场出动一切可以出动的飞机，力求在家门口击沉这3艘德舰。第一批轰炸机于14:55到15:58陆续抵达目标区域，但是事发突然，有的鱼雷机甚至连鱼雷都没有准备。英军先后共出动242架轰炸机以及35架“哈德逊”和“博福特”鱼雷轰炸机，在398架次战斗机保护下实施了三轮轰炸，但大部分被德国战斗机和舰载防空炮共同编织的密集防空网打退。下午的天气也没有站在英国人一边，15:30左右，海面上空150米下着小雨，能见度只有1600米，阻碍了目标搜索和轰炸精度。加之皇家空军的轰炸机飞行员缺乏反舰经验，只有39架轰炸机找到目标，投下千余吨炸弹，仅仅炸沉德军一艘巡逻艇V-1302，击伤2艘鱼雷艇，空袭基本未对舰队造成实质性威胁。

反观德军，计划周密、准备充分，海空联络通畅，战斗机在舰上的联络组准确引导下，能及时占据有利阵位，与军舰的高射火力形成有效的海空协同作战，给予英机沉重打击。三艘德国主力舰上空始终保持了至少16架护航机，部分德军护航机应付英国飞机之余甚至还能攻击英军鱼雷舰和老旧的驱逐舰。

JG 26第4中队的阿道夫·格隆茨上士似乎和“空中长坂坡”格外有缘，由于飞机故障，执行当日第二次巡逻任务的他被留下，最后独自起飞，途中将大约25架“喷火”组成的机群误认为Ⅱ./JG 26大队飞了过去，当意识到大错特错时，为时已晚，格隆茨硬着头皮横冲直撞，闯进敌军中央火力全开，打退了大部分英机，

身着救生衣的格隆茨跃出他的Fw 190。

只有一架“喷火”顽强地纠缠不休，五分钟的生死搏杀后，德国人笑到最后，Fw 190一弹未中，全身而退，但格隆茨也几近虚脱，他后来对一位记者的形容“这五分钟漫长如永恒”。

激烈的海空战一直打到黄昏，17:38，第1战斗机联队第6中队的博克（Bock）中尉宣称两分钟内击落英军2架“汉普顿”轰炸机，完成德国昼间战斗机在雷霆行动的收官之作。19:35夜幕降临，昼间战斗机退出作战。JG 26第一大队共出击两次，第二大队和第三大队出击数均达到四次。

舰队终于甩开英军的围追堵截，冲破了英吉利海峡，“欧根亲王”号和“格奈森瑙”号午夜驶入易北河，“沙恩霍斯特”号则晚到13日上午10:30抵达，它和“格奈森瑙”号就近驶入基尔港，修复触雷所造成的损伤，完好无损的“欧根亲王”号继续北上，直接驶往挪威。“地狱犬－雷霆”行动取得圆满成功。两个月前，加兰德顶着质疑、非议和重重压力来到柏林，他太年轻，也没有任何参谋部培训经验，但他以旺盛的活力、缜密的计划通过了新职位上的首次考验，所有对他的质疑和轻蔑消失了，为表彰他这次功绩，他以不足30岁的年龄被晋升为少将，成为整个德国国防军中最年轻的将军。后来加兰德将“雷霆行动”视为自己军事生涯最“荣耀”的时刻。

海峡对岸则是另一番景象，自1588年西班牙无敌舰队入侵以来，数百年间第一次有交战国的军舰白天行驶在英吉利海峡，此事在英国朝野上下造成极大震动，皇家海军尤其蒙受奇耻大辱。“齐利亚克斯海军中将屹立于当年梅迪纳·西多尼亚公爵倒下的地方”泰晤士报忧郁地评价道，“自17世纪把持海上霸权以来，长达三个世纪的荣耀遭到最沉重的打击，战时没有一艘敌舰胆敢闯过被我们骄傲命名为英吉利海峡之地，如今皇家海军这段传奇就此终结”。不明就里的民众则以为德军控制了英吉利海峡，恐慌和愤怒一度蔓延。

参与此次行动的三个德国昼间战斗机联队共宣称击落30架敌机，损失6架飞机和4名飞行员，人员损失均出自JG 26，详见下页表。英军因各种原因共损失43架飞机及14名飞行员，其中海军损失6架“剑鱼”，空军轰炸机司令部损失15架（2架“布伦海姆”、4架“惠灵顿”、9架“汉普登”），海岸司令部损失5架，战斗机司令部损失17架。

二、战斗轰炸机中队的建立

随着德军兵败莫斯科城下，两线作战的局面进入到1942年。西线虽总体采取守势，但为了维持这种平衡，德军最高统帅部决定重启昼间空袭，向英军施压。去年的不列颠空战后期，战斗机轰炸取得了一定成功，但将三分之一的中队转换为战斗轰炸机中队，削弱了纯战斗机联队的兵力。这次德国空军吸取经验教训，在两个西线昼间战斗机联队中组建一个全新的中队，专司轰炸任务。去年11月JG 2里希特霍芬联队自主性成立一个战斗轰炸机中队，充分利用冬季间歇期训练了三个月，1942年2月10日在英国科尼什海岸重创3000吨的轮船“罗伯特·莫里少尉”号，8天后JG 2联队宣布战斗轰炸机中队完全形成战斗力。3月4日第3航空队正式发布命令，于是3月10日，JG 26联队的编制中也增加了第10（战斗轰炸）中队，番号为10（Jabo）/JG 26（Jagdbomber Staffeln，缩写Jabo），隶属第一大队管理，同驻圣奥梅尔的阿尔克机场。

和姊妹联队不同，JG 26对新任务反应冷淡，战斗轰炸

雷霆行动德国昼间战斗机战果和损失统计

部队	军方确认击落	可能(军方未确认)击落	战损	备注
JG 2 第一大队 JG 2 第二大队 JG 2 第三大队	3 架喷火式战斗机 8 架剑鱼式轰炸机 1 架喷火式战斗机 3 架旋风式战斗轰炸机 1 架汉普顿轰炸机	1 架汉普顿轰炸机 1 架喷火式战斗机	2 架 Bf 109 F-4 迫降后报废(原因为油量不足、机场恶劣气象条件)	另有 1 架重损(发动机故障),5 架轻度受损
JG 2 联队 合计	16 架	2 架	2 架	
JG 26 第一大队 JG 26 第二大队 JG 26 第三大队	1 架飓风式战斗机 1 架汉普顿轰炸机 1 架喷火式战斗机 3 架剑鱼式轰炸机 1 架喷火式轰炸机	1 架汉普顿轰炸机 1 架喷火式战斗机 不详	1 架 Bf 109F-4 被“喷火”击落,飞行员阵亡 无 3 架 Fw 190A,飞行员均阵亡,其中 2 架可能被“喷火”击落,1 架损失原因不明	另有 3 架轻度受损
JG 26 联队 合计	7 架	6 架	4 架战斗机、4 名飞行员	
JG 1 第二大队	2 架布伦海姆轰炸机 3 架汉普顿轰炸机 2 架惠灵顿轰炸机 共计:7 架	——	0	其中 1 架布伦海姆轰炸机由第 5 中队 4 名飞行员共同击落
总计	30 架	8 架	6 架战斗机,4 名飞行员	

机中队仓促组建，只能用“草台班子”形容。包括中队长卡尔·普伦泽（Karl Plunser）上尉在内，起初只有4名飞行员，普伦泽来自JG 26的补充训练中队，据说曾患上“海峡不适症”。原第7中队的奥斯瓦尔德·菲舍尔下士自称因鸡毛蒜皮的小事得罪了中队长，被借机驱逐；汉斯－于尔根·弗勒利希上士虽手握5架空战战绩，但不服管教、劣迹斑斑，同样被第2中队处理掉。只有来自第9中队的埃尔温·布施（Erwin Busch）军士长相对靠谱，迄今共宣称击落9架敌机（其中1架被否决），且早在不列颠空战中就执行过轰炸任务。

最初第10中队装备Bf 109F-4的轰炸型号Bf 109F-4/B。和标准型相比，该机型的机腹安装挂架，用于挂载一枚250公斤炸弹，也可在机翼加挂4枚50公斤炸弹。中队以一个或两个四机编队出动，低空飞行至目标上空投弹，而且通常在无护航的情况下独自执行。它们倚仗的制胜法宝和生存前提唯有高速、超低空飞行，它们避开雷达，出其不意攻其不备，再快速撤退，这就是被俗称为“打了就跑”的战术。

这一阶段战斗机轰炸主要以海面舰船和英国东南海岸军事、工业设施为目标，比如铁路、兵营、工厂、码头和煤气设备。4月，欧洲德占区和德国本土频频遭到英军空袭，德国的轰炸政策也开始转向民用目标以示报复，4月14日元首大本营致德国空军总司令部的电报明确指示：

元首命令对英国采取更强有力的打击，基于此，空袭目标优先选择能对民生造成最重大影响之地，除了港口和工业目标，还将针对除伦敦之外的城镇实施报复性恐怖袭击。为配合上述空袭，相应缩减布雷作业。

第10中队宣称成立后立即投入作战，袭击了英国福克斯通一座工厂，最后带着轻型防空炮导致的轻伤返航，日期不详，成果也存疑，至少福克斯通有记载的1942年间首次空袭发生在4月24日。那天上午，第10中队一个小队成功引爆了福克斯通一座汽油库，造成附近600栋房屋受损，1人死亡。汉斯－于尔根·弗勒利希上士的Bf 109F-4/B被轻型防空炮击中后栽进大海。将近三个月后尸体被冲上荷兰海岸。

第10中队驾驶Bf 109至少执行了32次轰炸任务，宣称摧毁8座铁路设施、8处兵营、6艘船只、5个工厂、2个汽油库和2座港口设施。除了本职任务，中队扩建过程中还随第一大队共同参加拦截作战，负责殿后警戒。这一时期，战斗机轰炸效果日益显现，以JG 2联队承担的袭船战尤其成功，战后有德国学者统计，1941年7月到1942年2月，德军在大西洋和北海对舰船的昼间空袭成功率为32%（击沉或击伤），1942年3月至10月这一数字增长了一倍，达到64.4%。5月底，两个战斗轰炸机中队转移到卡昂，直接属于第3航空队指挥和管理。显然，新战术取得了令军方满意的效果。

6月18日，第10中队来到巴黎附近的勒布尔歇（Le Bourget）机场，开始换装Fw 190的战斗轰炸型号Fw 190A-2/U3和Fw 190A-3/U3，该机型在机腹可挂载一枚500公斤炸弹，两翼各可携带四枚50公斤炸弹，载弹量比Bf 109F-4/B猛增了一倍。

到了1942年春天，英国空军仍然拿不出有效制约德国战斗轰炸机的手段，“喷火V”在低空追不上抛下炸弹的“梅塞施密特”和“福克－沃尔夫”，典型如7月6日，2架“喷火V”联手追击1架来自JG 2的Bf 109F 至少30公里，依然望尘莫及。为此英军冒着削弱内陆防空的危险，加大了南方沿海的高射炮密度，希望倚靠地面防空火力来对付德军这种打了就跑的低空空袭。事实证明，英军防空司令部并不比战斗机司令部更有作为。4月和5月，德军战斗轰炸机有2架被“喷火”击落，1架被地面高射炮击落，前者来自JG 2，后者来自JG 26，飞行员奥斯瓦尔德·菲舍尔下士迫降在比奇角，他的Bf 109F-4/B成为当年首例被俘获的战斗轰炸机，菲舍尔后来讲述了5月20日自己第31次也是最后一次轰炸任务：

20日，普伦泽上尉让我带队出击，于是我策划了对布赖顿的袭击，那里已经很久没被我们光顾，况且需要长时间

1942年春季阿尔克机场，地勤正为JG 26一架Bf 109F-4/B战斗轰炸机装/卸炸弹。

海上飞行，只有一名上士愿意担任僚机与我同行，我们依计而行，低空飞越海峡，超低空飞过乡村，正好到达布赖顿的港口，一切十分顺利。我看到一艘巨轮，便通知僚机“给我狠狠打”，接近目标时高射炮有如消防水柱喷涌而上，但我们还是完成了投弹，且全部命中。

奥斯瓦尔德·菲舍尔下士迫降在比奇角后，英国士兵检查他那架“白色11”号Bf 109F-4/B。

第10中队备战中的飞行员，表情都很轻松，他们之中只有两人活过二战。

撤退时我被击中了，起初只听到撞击声，飞机并无异样，但刚飞到海上，温度表直蹿到警戒线，还能闻到冷却剂泄漏的气味，于是我告诉僚机继续朝基地低空飞行。发动机气味越来越刺鼻，我只好调头迫降，我试图引爆飞机未遂。很遗憾沦为战俘，不过总强过泡在海里淹死。

三、“马戏团”卷土重来

1942年3月，英国首相丘吉尔授权皇家空军重启对法国德占区的空中打击，甚至不惜“一机换一机”，肖尔托·道格拉斯中将一时无计可施，只得继续沿用去年有护航的昼间轰炸和战斗机扫荡，然而喷火Ⅴb型战斗机性能依然被Fw 190压制，雪上加霜的是飞行员素质呈相对下滑之势，有经验的飞行员已散布在地中海、中东和太平洋战场。此消彼长，拜去年“马戏团行动”中积累下的宝贵经验所赐，德国飞行员水平正值巅峰，德军在技战术多方面占尽优势，西线空战到了这一时期，德国和盟军的战斗机部队呈现出最悬殊的差距。

3月8日第112号马戏团行动掀开了1942年海峡空战大幕。英军24架“波士顿”轰炸机组成三个编队分别轰炸了阿布维尔、科米讷（Comines）和普瓦西（Poissy），皇家空军第11大队和第12大队分别派出21个和至少2个战斗机中队护航。17:00，JG 26联队三个大队紧急起飞，奉命16分钟内赶到敦刻尔克拦截返航的敌机。第一大队在敦刻尔克海岸线与英军北威尔德联队撞个正着，第1中队的阿图尔·贝泽少尉孤身俯冲，直穿英军编队，击中英军联队指挥官的“喷火”，跟着贝泽后面的是第2中队的戈特弗里德·黑尔莫茨少尉及僚机，他们与英军第403中队一对“喷火”捉对厮杀，黑尔莫泽取得自己第3个空战战果，他初上战场的僚机则被反戈一击阵亡，第3中队由埃米尔·巴本茨上士或/和保罗·绍德少尉击落英军第121中队（美国中队）1架“喷火”。

第三大队几架Fw 190遭到英军迪格比联队第609中队背对太阳从高空发动的突袭，戈特弗里德·韦伯上士被击落身亡。第二大队则未能接敌。此役JG 26损失2架战斗机及其飞行员，皇家空军损失1架轰炸机和3架“喷火”战斗机。

地勤帮联队长舍普费尔少校系好安全带，这架得到抛光保养的Fw 190A-2属于联队副官，照片拍摄于1942年年初的欧当贝尔基地。

3月13日，英吉利海峡难得万里无云、阳光普照。德国空军预计英国人不会放过这样的好机会，然而半天时间就在波澜不惊中过去了。直到14点，法国维桑的无线电监听部门报告英格兰南部出现试飞活动，其后进入无线电静默，这往往是一次精心策划的空袭行动先兆。一小时后，维桑和荷兰栋堡（Domburg）的早期预警雷达“芙蕾雅”接到命令，开始对泰晤士河河口以及伦敦以南的地区进入高度戒备。

15:45，位于欧当贝尔的JG 26联队指挥部里，通讯官朗格尔上尉冲到主发报机前，接通“全覆盖”，发出第一条空袭警报“注意！注意！战斗警报！大批敌机正在泰晤士河口上空，完毕。”接收指示灯相继亮起，表示三个大队已收到。

联队长舍普费尔少校身着救生衣，走进指挥室了解现况，和他一起出现的还有联队作战官菲利普上尉，奉第2战斗机指挥部之命，他将负责此次战斗的地面控制。指挥部小队和直属中队的飞行员均已进入驾驶舱就位，正等待机场广播喇叭发出下一道指令，届时他们需要根据指令逐一核对手中的小型航行图。

飞行员获悉英军集结完毕，但航线还有待进一步查探。时间在紧张和戒备的气氛中分分秒秒流逝。不久，一切豁然开朗，敌机航线直指英格兰最东端的马盖特（Margate）。朗格尔立即通报：“敌机编队方向正东，地点：泰晤士河上空，路德维希·多拉6区。”舍普费尔对菲利普简单交代一番，让朗格尔通知第一大队和第二大队起飞，位于科凯勒的第三大队则原地待命，谨防英军虚晃一枪。

第一和第二大队立即升空，前往圣奥梅尔集结，联队长指挥。完毕。

舍普费尔奔向机场，16架Fw 190轰鸣着滑向起飞点，随后以四机编队为单位相继腾空而起。地面通讯室一边同飞行员保持联系，一边播报敌机动态，来自雷达站的情报越来越密集，最新动态立即被标绘在指挥室墙上那幅巨型图表上。

至15:58，出战战机全体升空。五分钟后，英军自东北方向杀到敦刻尔克，距离海岸还剩50公里。朗格尔等人戴上耳机，发出首条敌机方位代码：

印第安人——路德维希·埃米尔6区——卡鲁索东南（敌战斗机位于路德维希·埃米尔6区，航向东南）

收到，收到。

德军火控雷达“维尔茨堡”随后也查明了敌机高度，朗格尔继续汇报道：“印第安人位于汉尼5到7——现在到达玛尔塔·弗里德里希1区——卡鲁索南，请回复”（敌战斗机飞行高度5公里到7公里，位于玛尔塔·弗里德里希1区，航向正南）。

舍普费尔再次确认已收到。

英机编队进入法国海岸线，地面观察员首先辨识出波士顿轰炸机和大规模护航战斗机，菲利普上尉接报后发出进攻令：

安东方向，奥托和印第安人——卡鲁索南——现在玛尔塔·弗里德里希7区（前往敦刻尔克方向，那里有轰炸机和战斗机，航线正南，位于玛尔塔·弗里德里希7区）

指挥室安静下来，气氛愈发紧张，16:14，沉寂被打破，无线电中传来战场的阵阵厮杀和呼叫“小心，喷火！”“左下方有轰炸机！”很快，人们听到了熟悉的欢呼——

霍里铎！[①]

地面观察站根据坠机现场核实了飞行员宣称的战果，一架架敌机燃着火光坠毁，波士顿轰炸机将炸弹投向阿兹布鲁克的铁路场，匆忙向北回撤。至16:25，英军已撤退到海峡。嘈杂的指挥室趋于平静。五分钟后，一位锲而不舍的德国飞行员终于拿下了自己的猎物，16:30指挥室收到最后这份捷报。

16:35，欧当贝尔上空再次响起战机轰鸣，这是最早凯旋的第一大队，几架Fw 190和Bf 109轻晃机翼，昭示着主人的战功，它们飞越欧当贝尔，消失在圣奥梅尔方向。舍普费尔驾机滑向检修点并停妥，走进一步之遥的指挥室，一边琢磨着态势图，一边静待两位大队长的电话。稍后，赛费特上尉和明希贝格上尉汇报了各自的大队战机数目，菲利普上尉马不停蹄进行整理汇总，联队最新战备状态一目了然。

情报官记录下地面观察站电话告知的目击坠毁情况，当晚，一份完整的联队战报逐级上报到勒图凯的第2战斗机指挥部和巴黎的第3航空队：JG 26联队本次作战无损失，只有第一大队1架Bf 109F-4结束战斗后迫降在敦刻尔克，轻

---

① Horrido，德国战斗机飞行员击落敌机后呼叫胜利的术语，源自被德国猎人和战斗机飞行员视为守护神的圣霍里杜斯（St Horridus）。

微受损。联队直属中队第8中队由中队长博里斯中尉击落1架“喷火”，第一大队击落2架喷火式战斗机，其中1架由大队长赛费特上尉创下，第二大队击落5架喷火式战斗机，来自大队长明希贝格上尉、第4中队中队长埃伯斯贝格尔中尉、乌费尔军士长、霍斯特·施特恩贝格少尉以及格隆茨上士，最后一声捷报正出自格隆茨，他和施特恩贝格没有收到退出战斗的命令，于是将皇家空军第401中队追击至海峡中段，格隆茨单枪匹马对下方15架“喷火”发动突袭，却因突如其来的酷热难耐，悻悻收手，打道回府。后来地勤检查发现他的Fw 190排气管被烧穿，废气直接排进驾驶舱，格隆茨本人没有窒息而亡，只能归结为幸运女神垂青。由于缺乏目击证人，他和施特恩贝格的宣称战绩均被否决，英军第401中队此役2架“喷火V”被击伤，其中1架被中队指挥官道格拉斯少校开回英国后弃机跳伞。

夜色渐深，飞行员解散后三三两两回到宿舍。作战指挥室里，文书员落下最后一笔，合上了联队作战日志，施拉格特联队的1942年3月13日就此定格在这本日志的几页薄纸上。

3月13日JG 26对皇家空军第113号马戏团行动①的截击向后人展示出1942年间西线德国空军一次典型的拦截作战流程。虽然起步较晚，但德国用了一年时间就在法国和比利时沿海区域建立起一套不逊于英国的防空体系，这是一项值得称道的成就。1942年春天，该系统运行良好，效果显著。“芙蕾雅”雷达遍布海岸线，它和无线电监听与拦截站共同构成第一防空预警系统。雷达外网建立在50公里至80公里内陆，敌机一旦飞越海岸线，内外呼应的雷达网就将持续不断地进行定位，拦截机编队长机配有FuG 25a敌我识别装置，工作原理是接收器接收“芙蕾雅”发出的雷达波，应答器定时、自动回应一组不同波形的信号，空管单位通过雷达显示器上接收到的应答信号，即可区分友机和敌机。

截击通常由战斗机指挥部负责调度，但1942年早期此项任务被分派给各联队。联队作战室发布信息，通过陆线连接的广播电台传达到大队指挥所，大队进入待战状态，此间收到的最新信息和指令通过支线广播传达到中队备战室和机场，扩音器重复播报，确保了每位飞行员在等待起飞期间能

进入驾驶舱备战的明希贝格上尉正通过野战电话随时与指挥所保持联系。发动机已预热，一旦紧急起飞令下达，飞行员必须在20秒到45秒内升空。

从一次海上飞行任务返航的赛费特上尉，他身上是一套典型的德国空军海峡飞行服，地勤正帮他解开信号弹，充气式救生背心内部可由气瓶快速充进二氧化碳，还带有两袋黄色染料，有助于飞行员标出坠海位置，及时得到营救。

① 英军以阿兹布鲁克地区的铁路场站为目标，出动11架波士顿轰炸机和174架次战斗机，战斗机宣称歼敌10架、可能击落4架、击伤2架、自损6架。

知晓集结地点、飞行高度以及最新战况。这个遍布联队上下的指挥通讯网实现了作战指令快速、同步的传输。

1942年3月，JG 26联队宣称击落35架英军战机，其中26架得到确认。飞行员4人战斗阵亡，3人战斗负伤，其中包括第6中队中队长奥托·贝伦斯中尉，3月24日他被皇家空军第129中队的雨果·阿姆斯特朗中尉[①]击落，跳伞后重伤，6月底伤愈后调到雷希林空军测试研发中心。

JG 2联队的战损更加微不足道。当月德军第3航空队拦截皇家空军战斗机司令部的战斗中共损失11架战斗机（含60%及以上程度重创）。英方损失了32架“喷火”及27名飞行员，其中包括1名联队指挥官（比米什上校）。如此交换比离首相“一机换一机”的要求自然相去甚远。不过道格拉斯中将和利－马洛里少将未必压力重重，毕竟战斗机司令部宣称战果同样可观。3月14日，皇家空军总参谋长查尔斯·波塔尔上将在给道格拉斯的私人信件中委婉地提出质疑：

昨天我军以6架飞机的损失宣称歼敌8架，还可能歼敌4架，然而我看了今天的德国国防军公报，上面声称无一损失。这些德国飞机究竟如何死而复生，令我颇为费解……您深知，我绝对相信您的飞行员的诚实，但若您能提供一份实际歼敌的证明材料，揭露德军确有两三例损失，我将不胜感激。

道格拉斯的回应简单干脆，近乎敷衍，他寄去三份前线报告：两份来自肯利联队，一份来自诺索尔特联队，报告列举了目击两架德机坠地，另一架德机的飞行员跳伞，波塔尔欣然接受。然而毫无疑问，3月13日德军第3航空队的确无一架战斗机坠毁甚至重损，道格拉斯中将精心选取的报告来源反倒站不住脚，在第11大队，肯利和诺索尔特两个联队以战绩虚高闻名，前者尤为典型，一路领跑战斗机司令部，但相当一部分战绩后世完全无法查证。

不管怎么说，眼下皇家空军虽别无他法，倒也无退缩之意，铁了心将攻势进行到底，英国人的牛脾气被体现得淋漓尽致。马戏团行动在战术上增加了佯攻和诱敌牵制，而德军防空指挥部门也争锋相对，加强应对，因此这一阶段战场主动权仍然掌握在防守方手中。

4月24日下午第132号马戏团行动具有一定代表意义，实施佯攻的战斗机兵分三路，先行扫荡加来，成功牵制住JG 26三个大队全体出动拦截，作为主攻力量的波士顿轰炸机及其护航机群顺利轰炸了荷兰的弗利辛根和瓦尔赫伦岛上的石油设施。

JG 26第二大队在滨海贝尔克（Berck sur Mer）快速俯冲突袭了皇家空军第234中队，击落4架“喷火”；第一大队在圣奥梅尔附近击落比根希尔联队3架“喷火”，布置在格里内角的德军高炮同样宣称歼敌1架。

英军负责前方支援的三个联队中，仅有霍恩彻奇联队按计划赶到比利时奥斯坦德实施扫荡，也首当其冲成为JG 26第三大队的攻击对象，第313中队一架“喷火”被重创，挣扎着飞回英国后失控尾旋，机毁人亡，霍恩彻奇联队主力且战且退，2架“喷火”在海峡上空被博里斯中尉和保罗·加兰德少尉击落。肯利联队袖手旁

① Hugo Armstrong，澳大利亚王牌飞行员，两次杰出飞行十字勋章获得者，官方战绩为击落10.5架、击伤2架、可能击落3架，均为驾驶“喷火”取得，1943年2月5日在法国布洛涅海岸被JG 26第5中队的海因茨·戈曼下士击落阵亡。阿姆斯特朗的叔父雨果·思罗塞尔（Hugo Throssell）上尉在第一次世界大战加里波利战役中被授予维多利亚十字勋章。

1942年4月4日，皇家空军第303中队1架喷火Ⅴ随队护送波士顿轰炸机袭击圣奥梅尔铁路场时被第一大队的Fw 190击落在圣奥梅尔附近，照片中它正被拆卸运走。

观了这场战斗，仍有3名“喷火”飞行员在加来被Fw 190击落阵亡。在强大的德军面前，此时大部分英国飞行员只能自扫门前雪，为履行义务而战。

4月，英国战斗机司令部损失攀升到107架战斗机和95名飞行员，其中包括1名联队指挥官、2名中队指挥官，如此高昂的代价换来击落66架德国战斗机，击伤49架的宣称战绩，但他们的敌人实际依然不痛不痒。德军第3航空队当月损失战斗机24架（含重创），JG 26联队在战斗中折损了13名飞行员，另有4人事故身亡，入账80架空战战绩，另有8架可能击落。

道格拉斯中将呈报给空军大臣阿奇博尔德·辛克莱（Archibald Sinclair）爵士的报告中列出了3月1日至5月9日皇家空军战斗机司令部的战果和损失，对比德军第3航空队同时期的数据可以看出，这时双方战斗机交换比达到4.5:1，换言之，英军每击毁/重创2架Bf 109F-4或Fw 190A-1/ Fw 190A-2，需要付出9架“喷火Ⅴ”的代价。雪上加霜的是，JG 2第二大队到5月初也完成Fw 190换装，可想而知战斗机司令部5月的损失依旧居高不下。

现在皇家空军最大的指望喷火Ⅸ型战斗机已进入生产线，但交付部队尚需时日。为了拖延被德军雷达探测到的时间，英军改进了马戏团行动的集结方式，参战飞机严格保持无线电静默，在150米以下会合，然后超低空飞越海峡，抵达法国海岸后大角度爬升到高炮射程外。以比根希尔联队的詹姆斯·兰金中校为代表，一些更勇猛的指挥官们不久也将这一战术应用于纯战斗机扫荡，他们贴着海面飞至法国海岸，以最大爬升率争取高度，攻击下方一切Fw 190，如果不具备高度优势，发现Fw 190则一声“全体注意”，朝海峡方向俯冲规避，快速撤离。“喷火”的新战术意在争取时间，尽量阻止德机抢占高度优势，不过许多Fw 190飞行员，尤其是编队指挥官自恃技高一筹，并不避讳与“喷火”进行低空缠斗。

在空中，英军坦米尔联队也摒弃了落后的纵队飞行，逐渐采用四机并排的编队形式，类似于德国战斗机的标准编队战术，据联队飞行员回忆，新编队效果极佳，伤亡骤减，飞行员后半球得到相邻友机的警戒和掩护，遇到德机俯冲偷袭，中队也可以及时快速地转弯迎击，不再像过去那样一次次被打得措手不及。

四、福克－沃尔夫之夏

4月上旬，JG 26第三大队从加来地区的科凯勒移防比利时西部的韦弗尔海姆。这处建造于1922年的军用机场拥有完善的硬件设施。6月1日，联队指挥部离开欧当贝尔，搬到维泽讷（Wizernes），与第一大队驻地圣奥梅尔毗邻，便于第2战斗机指挥部灵活调度，也加强了里尔地区的防空，不过沿海最前线的拦截兵力相应有所削弱。第二大队继续驻守阿布维尔。

6月1日午后，12架飓风Ⅱb型战斗轰炸机和14个“喷火”中队起飞执行第178号马戏团行动。德军的“芙蕾雅”雷达于13:00发现了176架敌机来袭，但第2战斗机指挥部另有保护英吉利海峡的德军船运任务，不得不保留了JG 26第二大队和JG 2联队，只派出JG 26剩余兵力对付规模较小的德布登联队（由皇家空军第65、第111、第350和第71中队组成），放任英军主力畅通无阻地轰炸了布鲁日。

德布登联队4个中队排成下阶队形，扫荡完比利时奥斯坦德准备撤退，殊不知敌人以最大爬升率来到了布兰肯贝格（Blankenberge）上空，12架Fw 190在舍普费尔少校授意下从上空冲下来虚晃一枪，“喷火”躲闪后准备重新结队迎击，但皇家空军第111中队已溃不成形，赛费特没有放过这个机会，率领Ⅰ./JG 26大队俯冲发动攻击，2架“喷火”应声而落，Ⅰ./JG 26继而将枪口对准了下一梯队的皇家空军第65中队，第65中队指挥官及僚机双双阵亡，另有一人坠海后获救，一人重伤迫降回曼斯顿，两名生还者均是JG 26第3中队施密特中尉的战利品。第111中队另有一架“喷火”受重创返航。

与此同时，蛰伏在更上方的Ⅲ./JG 26大队也出手了，转眼就见3架“喷火”盘旋着坠向大海，它们来自担负高空掩护的皇家空军第350中队（比利时中队），随后皇家空军第71中队（美国中队）加入了厮杀，几分钟的零星交手过后，13:54，德军第2战斗机指挥部下令退出战斗，双方飞行员这才得以解脱，各自打道回府，第71中队一架“喷火”机毁人亡，一架被重创。当天JG 26联队取得13架宣称战果，德布登联队折损了9架“喷火”和7名飞行员，至少5架飞机受损，该联队宣称击落德机3架、击伤3架，但当日JG 26甚至连损伤记录也没有。

著名的新西兰飞行员艾

1942年6月29日下午，皇家空军第350中队（比利时中队）护送12架波士顿轰炸机攻击阿兹布鲁克（第195号马戏团行动），途中遇到JG 26的拦截，比利时飞行员罗歇·德韦弗（Roger De Wever）向1架落单的Fw 190发动攻击，却被反戈一击。他重新控制住被打坏的喷火Ⅴb，迫降在圣奥梅尔的奥耶普拉日（Oye-Plage）。两年前德维弗流亡到英国，被一户苏格兰家庭收留并认作养子，加入皇家空军后，他将这家女儿的闺名“Stella Maris”涂在飞机上，这架喷火Ⅴb（序列号AA 835）的故事和照片还登上了德国空军杂志《雄鹰》。结束了将近三年的战俘生涯，德维弗回归比利时空军，官至中校，退役后定居英格兰。

伦·迪尔少校胆大勇猛，不列颠空战中曾率领第54中队与JG 26几度交锋，这年5月他结束了在美国为期四个月的合作交流和飞行员培训使命，回到英国北威尔德基地，接手皇家加拿大空军（简称加拿大空军）第403中队，该中队为了弥补春季巨大的损耗刚进行了大换血，飞行员大都未经历战火洗礼，士气高涨、心态轻松，对福克－沃尔夫战斗机不以为意，可谓典型的初生牛犊不怕虎。曾有老战友好心提醒“现在对岸是块要命的硬骨头”，至于这块硬骨头究竟有多难啃，迪尔到了6月2日才算真正领教。

这天上午，北威尔德联队和霍恩彻奇联队一上一下飞往法国扫荡圣奥梅尔和勒图凯，第403中队位于8200米高度掩护北威尔德联队。英军在圣奥梅尔附近转向西南准备返航，哪知JG 26联队早已磨刀霍霍。晴空映衬下，一群来自Ⅰ./JG 26大队的Fw 190从第403中队后方高速逼近，迪尔下令依计划分三路散开，准备对身后敌机迎头攻击，不料此时Ⅱ./JG26大队从上方600米的云层钻出，与Ⅰ./JG 26大队形成前后夹击之势。枪林弹雨中迪尔的机身一侧中弹，他后来在回忆录里描述道：

我疯狂操纵这架不听使唤的“喷火”转弯迎击新冒出的敌人，下一刻却已身陷重围。敌机从上到下、从左到右朝分队蜂拥而来。在我上方和前方，1架Fw 190正把炮弹倾泻在毫无防备的“喷火”机腹，这架“喷火”仿佛悬停住几秒，瞬间断成两截，双双栽向地面，Fw 190四门机炮两挺机枪威力之大可见一斑，我第一次遇到德国佬打得像这些福克－沃尔夫飞行员一样凶悍且不依不饶。

身经百战的迪尔尚且陷入苦战，他手下一干新兵蛋子更是一边躲避Fw 190凌虐，一边使出浑身解数逃出生天，更遑论还手之力。第403中队12架“喷火”只有3架挣扎着返回罗奇福德（Rochford），2架带伤迫降在曼斯顿（其中1架报废），7架葬身海峡，只有其中一名飞行员获救。而友邻第331中队死守“不利情况下避免交战”的规定扬长而去，宣称可能歼敌1架，自身无损失。霍恩彻奇联队1架“喷火”被击伤，宣称歼敌2架，可能击落和击伤敌机2架。

JG 26联队宣称7分钟内斩获8架“喷火”，两个大队各瓜分4架，明希贝格连下两城，以81架战绩继续领跑联队王牌榜，这一战绩两天后登上了德国国防军公报，进而为他挣得德意志金十字勋章。赛

第3航空队总司令施佩勒元帅视察第二大队，从左到右：施佩勒、胡特上校（第2战斗机指挥部指挥官）、明希贝格上尉。

约翰内斯·赛费特少校，1942年唯一获得骑士十字勋章的JG 26飞行员。

第三大队的韦弗尔海姆机场，大队长普里勒上尉在露台注视着指挥部，不远处停着他的Fw 190。

费特也在此役取得了第36架战绩，四天后这位温和持重的大队长被授予骑士十字勋章，成为联队在1942年间唯一一个受此殊荣者。

自从开年后恢复昼间轰炸，英军损失居高不下，战斗机司令部从上而下愁云密布、压力重重。肖尔托·道格拉斯在7月17日致空军部的信中坦承当前落于下风：“无论是我军战斗机飞行员们还是我本人都确信无疑，Fw 190在各方面位居世界一流。”

陷于低谷的英国飞行员通过抬高对手聊以自慰，将海峡对岸的同行奉为“戈林的黄鼻子精英”，“圣奥梅尔伙计”和“阿布维尔伙计”更耳熟能详，到后来的美军版本成了“阿布维尔小子”，这些绰号通过被俘的盟军飞行员传到JG 26后被轻松笑纳。

德国空军众所周知，成绩优异的航校毕业学员会被选入战斗机部队，而他们之中佼佼者将被优先派到西线作战，这意味着第26战斗机联队在飞行员素质方面起点略高，但真正将其逐渐铸造为精锐之师的决定性因素则是残酷的优胜劣汰法则。二战中新手大多活不过最初几场战斗，唯出类拔萃者方能生存，而一旦闯过这段菜鸟期，他们的空战技能会随着经验的积累而快速增长，他们将在血与火的考验和磨砺中不

第8中队的Fw 190低空飞过比利时乡村。

断精益求精，直到耗光运气或者精力的一天走向终结。客观而言，目前西线这批德国战斗机飞行员单兵素质确实居于世界一流。

正当英国人为福克－沃尔夫战斗机一筹莫展，甚至准备派突击队潜入德军机场偷出1架时，天上真的掉下馅饼。原来6月23日下午，皇家空军对布列塔尼进行了例行空袭，返航时遭遇JG 2第三大队截击，大队副官阿尼姆·法贝尔（Arnim Faber）中尉虽然察觉无线电设备故障，仍然禁不住诱惑，违反交战规定，独自追击一架“喷火”越过英国海岸，飞向埃克塞特，两架飞机迎着残阳一路爬升，到5800米时法贝尔以一个殷麦曼翻转拦住“喷火”去路，形成对头之势，两名飞行员几乎同时开火，德国人手快半拍，笑到最后，法贝尔在跳伞而出的对手上方盘旋一圈后打道回府，却错将位于威尔士和康沃尔半岛之间的布里斯托尔湾当做英吉利海峡，朝着西南方一路飞到皇家空军的彭布雷（Pembrey）机场，降落前甚至做了个胜利滚转。就这样，英国不费吹灰之力得到一架完好无损的Fw 190A-3。

在达克斯福德基地，空军战斗研发单位立即用这架从天而降的Fw 190A-3同“喷火ⅤB”展开一系列模拟空战和对比试飞，结果证实了此前飞行员一再声称的事实：除了转弯半径，Fw 190各项机动性能全面胜出。测试发现，Fw 190A-3在2.5万英尺（7600米）以下比“喷火ⅤB”快 20－30 英里/小时，爬升率、俯冲性能和加速度均占优。还有数据指出，在2.1万英尺高度（6400米），Fw 190A-3一分钟加力状态下最高时速能达到418英里（约670公里），起始爬升率有860米/分钟，爬升到8000米需要12分钟。它在空战中所体现的神出鬼没般的机动性能首先归功于协调灵巧的副翼操纵性，这使得Fw 190的滚转率在当时遥遥领先。当被追击和咬尾时，Fw 190A-3通过半滚倒转即可轻松摆脱，“喷火”望尘莫及，即使在预知对方要做这个动作也无济于事。根据模拟空战和对比试验结果，战斗研发单位谨慎地忠告他们的飞行员避免挑衅对手，并给出了对抗策略和指导意见：

（1）“喷火ⅤB” 在低速巡航状态下，即使飞行员提前很早发现被Fw 190A突袭，也很难逃脱，此时可以利用优异的转弯半径甩开 Fw 190A。

（2）同等条件下，如果高速状态中被突袭，“喷火ⅤB”理论上存在一种逃脱机会：在及时发现Fw 190A的前提下，立刻加大油门向海峡方向做小角度俯冲，这样做虽不能甩掉敌机，但可以拖延时间。当Fw 190A最终追上“喷火ⅤB”时已经远离基地，续航能力的限制有可能迫使飞行员放弃追击。这种策略得到了实践证明，在返航阶段尤为受用。

（3）一旦被 Fw 190A追击，切忌大角度俯冲，否则会被轻易追上并击落。

值得庆幸的是，喷火Ⅸ型战斗机自7月上旬终于进入第64中队服役。得益于二级二速机械增压器的灰背隼61型发动机，“喷火”系列在这一型号实现了性能上的巨大飞跃。皇家空军对比测试发现，在中、低空，“喷火Ⅸ”的爬升和平飞速度与Fw 190A-3不相上下，在25000英尺及以上高度占优。几项最基本的机动性能方面，英德双方维持着各自的传统强项，“喷火Ⅸ”依然无法跟上Fw 190A副翼横滚、俯冲和大角度爬升等垂直方向的机动动作，但水平盘旋格斗中“喷火Ⅸ”能轻易取胜。总的来说，喷火Ⅸ和Fw 190A之间的胜负取决于谁占得先机。

纵然Fw 190一时风头无二，Bf 109仍然是德军遍布所有战场、产量最大的主力战斗机型。为了应付新的战争

法贝尔中尉那架Fw 190A-3被视作二战期间英国空军在情报方面收到的最丰厚奖品之一。它改换门庭成了皇家空军的BP 499号飞机，从1942年7月3日至1943年1月29日进行了29次飞行，主要用作与喷火Ⅴ、喷火Ⅸ、台风、P-51A甚至隔了一代的喷火Ⅻ和P-38F进行对比测试，同年9月18日退役并拆卸。照片中能清晰地看到皇家空军的徽标和德国空军JG 2第三大队队徽“公鸡头”。这种易主的飞机被戏称为Raftwaffe，取RAF（皇家空军）和Luftwaffe（德国空军）单词合成。

形势，梅塞施密特公司仍在不断研发改进。1942年3月Bf 109G首款生产型G1型开始交付部队，它拥有更强劲的发动机（DB601A）和更高的翼载，采用增压座舱，主要用于高空作战。两个海峡联队JG 2和JG 26依然率先接收这款新机。5月末，换装了Bf 109G的JG 2第1中队（1./JG 2）作为专职高空作战的中队，番号改为JG 2第11（高空）中队，指挥官是里希特霍芬联队当时最优秀的王牌之一鲁道夫·普夫兰茨中尉[①]，JG 26紧随其后于7月组建了高空中队第11中队（11 (Hoehen)/JG 26），骨干来自第一大队，由经验丰富的约翰内斯·施密特中尉指挥。两个高空中队驻利耶热斯库尔（Liegescourt），暂归JG 26统一指挥，作战任务有掩护下方的“福克－沃尔夫”战斗机、拦截高空来袭的敌机，尤其是英国侦察机。

入夏后海峡风平浪静，联队在7月上半月只有5个战绩入账，其中1个是第一大队于12日击落的1架蚊式飞机。飞行员们迎来二战中最为闲适惬意的时光。几个在后来成长为JG 26栋梁之才或者发挥重要作用的新兵正是在这一时期加入联队，他们之中有威廉·霍夫曼下士、彼得·克伦普下士、彼得·赖舍少尉、瓦尔德马·泽芬下士、海因里希·席尔德下士、海因茨·戈曼一等兵和克萨韦尔·埃伦里德上士。

被分配到第5中队的彼得·克伦普（Peter Crump）下士经历颇为坎坷，他自1937年就怀揣着鏖战蓝天的梦想进入了空军，1940年6月不列颠空战爆发前夕，及时完成战斗机飞行员培训，加入著名的第53战斗机联队“黑桃A”。海峡上空打得高潮迭起时，克伦普却沦为看客，郁郁不得志，因为特立独行、直抒己见，不为长官待见，与中队长闹僵后，被以品性不端为由开除出空勤岗位，只能留在后方基层服役，用他的话说，成为了“军内官僚主义的牺牲品”。克伦普在国内坐了一年冷板凳，重复了一次职业培训，终于回归一线部队。好在他厚积薄发，凭借敏锐的反应力和视力这两项重要天赋一路打拼完其后3年日渐惨烈的西线空战。

克伦普随新队友住进德吕

① Rudolf Pflanz，担任JG 2第11中队时已经击落32架敌机并获得骑士十字勋章，1942年7月31日驾驶Bf 109 G-1在法国被“喷火”击落身亡，总战绩52架。

卡以东3英里外一栋景色怡人的法国别墅，经过几次复习飞行，很快正式执行任务，他描述了这段时期所谓阿布维尔小子之中的新成员的日常生活：

……大约过了六周我才首次遭遇喷火式战斗机。此前飞行员们只能变着法子打发时间，例如下棋、打牌，若是想呼吸新鲜空气或者晒太阳，大可躺在备战室门口的草地上打盹、看书。疏散区旁边有个大水池，心血来潮时大家兴高采烈地跳进去游泳嬉戏。部队会不定期开展培训，课程涉及敌机识别、敌军战术和最新情报等方面，我们要就战争进程、局势进行交流讨论。指挥室还会放映电影。

日常任务五花八门：今天试飞一架修好的飞机，明天去别处开回“福克－沃尔夫”，还有对地面或海上目标进行射击训练，最后变成使用He 111或Do 217模拟截击轰炸机。我们偶尔要为船舰护航。有时一天之内，警报会毫无征兆和规律地多次响起，命令我们紧急起飞，拦截来袭敌机。

由于战况沉寂，日常战备工作也相应调整，平时只有一个中队留守机场执勤，其余两个中队尽可以去阿布维尔自行消遣。遇到恶劣天气，只安排一个中队全天留守机场，甚至只有一个四机小队。

这样的节奏从7月24日起终于有了起色，每天晚上大队从阿布维尔起飞，将飞机疏散到内陆的康布雷等机场，防备英国突击队突袭索姆河低地，康布雷有一所空军的女子辅助空勤培训学校，因此此项飞行任务大受欢迎，随着入秋气象条件日渐不利，到十月份告一段落。

7月26日，紧急起飞令骤响，克伦普下士终于迎来他的首场空战。皇家空军战斗机司令部三个联队扫荡阿布维尔和圣奥梅尔的机场。Ⅱ./JG 26大队两个小队由威廉·菲利普军士长率领，前往加来海峡对付在那里盘旋的英机，他们追到海峡中段，利用阳光的掩护发动突袭，经验丰富的菲利普军士长先拔头筹，作为僚机，克伦普唯一能做的就是奋力跟在长

足球总是最受欢迎的休闲运动，照片拍摄于1942年夏天的阿布维尔。

水池边所立“禁止下水游泳”警示牌看上去形同虚设，尤其在这个福克－沃尔夫之夏。

阿布维尔基地，第二大队的信号排。

阿布维尔基地一处20毫米高炮点。

机后面掩护，顷刻之间他又见两架“喷火”相继坠向大海，空战如电光火石，等他回过神已经结束了。

兴高采烈返航后，克伦普和同伴得知那几架“喷火”盘旋滞留原是为了搜救一位坠海的战友，只因爬升到德军雷达探测范围内才引来大祸。胜利的喜悦一时化作五味杂陈。这段小插曲在一段时间内一直是备战室里热议的话题。早在两年前不列颠战役期间，英德就视对方从事海面搜救的船只和飞机为正当攻击目标，到1942年夏天，从事海空搜救的飞机受攻击现象愈演愈烈，7月15日，霍恩彻奇联队指挥官菲纽肯在法国海岸被防空炮击中，他驾驶绘有三叶草图案的“喷火“挣扎着朝着海峡返航，但最终坠海身亡，搜寻他的皇家空军第402中队在海面遭到普里勒率领的JG 26第三大队攻击，2架“喷火”被击中，其飞行员一人跳伞获救，一人迫降回曼斯顿；7月25日，JG 26第9中队奉命去调查盘旋在奥斯坦德东北方向60英里的英机，德国飞行员认出那是一架无畏式海上救援飞机和2架喷火护航机后发动了攻击，只有1架“喷火”幸免于难。凡此种种，飞行员无疑成为最大受害者。浸泡在冰冷刺骨的海水中浮沉挣扎，对救援慢慢绝望，慢慢走向生命终点，这是谁也无法避免的结局，也是所有人共同的恐惧，所谓骑士精神在残酷的战争面前渐去渐远。“如此肮脏的行径究竟因何而起？”克伦普这些天真的新飞行员们自问道。

当天JG 26共宣称击落5架“喷火”，第1中队中队长海

第二大队的高炮士兵慵懒惬意地享用午餐。

欧洲战场首位被击落的美军战斗机飞行员阿尔伯特·克拉克中校，他随皇家空军第412中队（加拿大中队）一起扫荡阿布维尔时被JG 26一个Fw 190小队袭击并掉队，他发现发动机失灵，也无法打开座舱盖跳伞后，只好迫降在法国格里内角，连人带机被俘。

伯克中尉负轻伤，赛费特的僚机随队追到海上后被击落，跳伞失踪。皇家空军共有3架喷火未能返航，2架被击伤。随坦米尔联队第412中队扫荡阿布维尔的美军第31战斗机大队副队长阿尔伯特·克拉克中校迫降在格里内角并被俘，成为美军在欧洲作战损失的首位战斗机飞行员。

JG 2第5中队一个小队追击撤退敌机越过海峡，正为海空搜救护航的皇家空军第91中队2架“喷火”在数量和高度都处于劣势的不利条件下大胆果断向正上方4架Fw 190发动攻击，击落1架，击伤2架，德军小队长跳伞坠海后被英方营救上岸，沦为俘虏，另1架Fw 190带轻伤迫降回利耶热斯库尔。普夫兰茨中尉入账了JG 2第11中队头两个空战战绩，但盟军此次行动并无与Bf 109交战的记录。

7月21日，约阿希姆·明希贝格上尉挥手告别了朝夕相处的第二大队和联队战友们，调往东线的第51战斗机联队（JG 51），他的继任者是康尼·迈尔（Conny Mayer）上尉。效力JG 26将近四年时间里，明希贝格总共宣称击落83架敌机，联队战绩非但在当时无人能及，直到二战结束也仅次于加兰德的84架。不列颠空战中还略显平庸的第

克拉克所驾驶的喷火ⅤB战斗机BL 964，机身呼号VZ-G表明这架飞机属于皇家空军第412中队。

1942年夏天英吉利海峡1架从事海空救援的He 59水上飞机，机身上的红十字标志等同虚设，因为英德双方都视对方从事海空搜救的飞机和船只为军事目标，这时期为海空搜救护航也成为两个海峡联队的常规任务。当时一份作战报告摘录如下：
1942年8月18日上午
2架He 59遭到“喷火”袭击，其中1架坠毁，指挥员身亡，两名机组靠着损坏的救生筏生还，第2架He 59飞行员身亡，机师重伤，指挥员W少尉接手，驾机返航，随后重返现场救起两名同僚。
2架Fw 190提供战斗机掩护，遭到至少12架“喷火”攻击，击落1架喷火。

经过不详，“波士顿”轰炸机很可能错失目标，打击效果无足轻重。傍晚英军以一次“春杆行动”[①]卷土重来，霍恩彻奇联队护送“飓风”战斗轰炸机杀向圣奥梅尔－维泽讷，德军在他们飞临邓杰内斯海角时做出反应，出动JG 26三个大队和两个高空中队。英机抵达格内斯角上空开始盘旋滞留，给了德军从容不迫集结和爬升的机会，结果先后在法国海岸和维泽讷遭遇JG 26第三大队和第一大队，第三大队宣称歼敌4架[②]；第一大队宣称击落6架“喷火”，其中3架由二大队正是在明希贝格率领下达到新高度，打出了那个无比响亮的名声，“阿布维尔小子”在海峡对岸广为流传。调任无疑是对这位才华横溢、广受欢迎的年轻人的赏识和嘉奖，在JG 51完成联队长见习后，明希贝格以23岁的年龄担任第77战斗机联队联队长，回到他的成名之地地中海战场。

7月30日午后，第200号马戏团行动目标直指阿布维尔的德吕卡机场，JG 26第一和第二大队都奉命截击，但作战

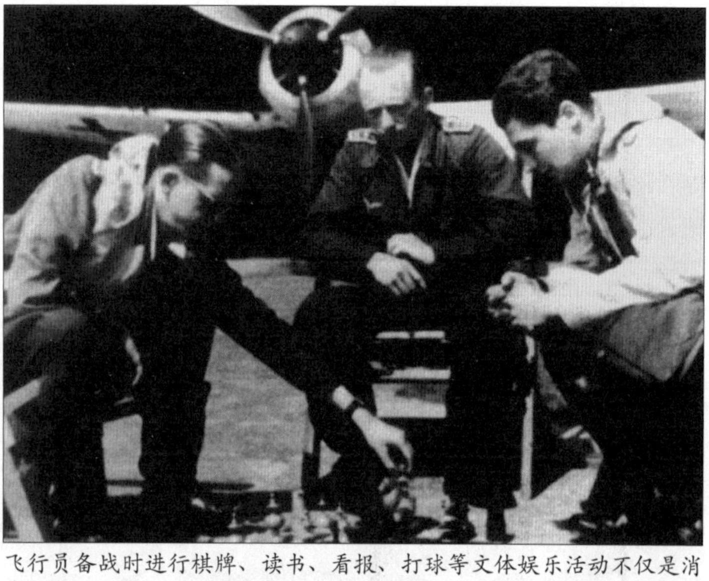

飞行员备战时进行棋牌、读书、看报、打球等文体娱乐活动不仅是消磨时间，更是必不可少的减压方式。图为第6中队的瓦尔特·马托尼中尉、克鲁斯卡军士长和罗伯特·魏斯中尉（从左到右）在讨论备战，9月魏斯转到第54战斗机联队后战绩扶摇直上，凭借98架战绩获得骑士十字勋章。也难怪奋战在西线的飞行员会眼红东线的同僚。

① Ramrod，皇家空军战斗机司令部1941年到1942年间以摧毁特定地面目标为目的的昼间短程轰炸行动代号，有点类似但规模小于马戏团行动。

② 第8中队中队长博里斯的宣称战绩得到军方承认，他手下的保罗·加兰德少尉宣称击落2架“喷火”，审核情况不明，大队长普里勒上尉的战绩被否决。

大队长赛费特包办。皇家空军第64中队驾驶全新的喷火IX型战斗机亮相，表现不俗，宣称击落5架、击伤1架Fw 190，且无一损失，老式的“喷火V”相形见绌，共有6名飞行员未能返航，还有2架“飓风”战斗轰炸机被击落。JG 26两个大队只有第2中队的赫伯特·黑克中尉被击落后坠毁在萨梅尔（Samer），他很可能就是“喷火IX”的首个战利品。

坦米尔联队为支援本次“春杆行动”执行战斗机扫荡，在布洛涅与据称的“80架左右Fw 190和Bf 109”陷入苦战，6架“喷火V”被击落，只有2名飞行员坠海后获救。德军两个高空中队宣称歼敌3架，其中2架由两名中队长普夫兰茨中尉和施密特中尉创下，但也各损失一架Bf 109G，飞行员一人跳伞，一人迫降失败身亡。JG 26第二大队击落1架“喷火”，自身无损失。

7月最后一天，第201号马戏团行动终于成功轰炸了阿布维尔的德吕卡机场，12架“波士顿”轰炸机朝着索姆河河口全身而退。JG 26第二大队的Fw 190在最后关头及时全部升空疏散，随即狠狠把气撒在护航的北威尔德联队身上，他们从基地穷追猛打到英军家门口邓杰内斯角，共呈报击毁12

威廉—费迪南德·加兰德中尉观察着自己被打坏的座机，表情懊恼。

1942年夏天莫尔塞勒机场，第9中队举行机载电子设备培训。

1942年8月，第9中队位于比利时莫尔塞勒（Moorsele）的基地一角。

第8中队养的“雅各布”除了贪吃，还喜欢玩火柴，这个坏毛病让地勤和飞行员们伤透脑筋。

架“喷火”，其中9架得到确认，第4中队的格隆茨上士取得第20个战绩，第5中队见习中队长威廉－费迪南德·加兰德中尉取得第12、13个战绩。战斗结束后1架Fw 190就地迫降，另一架轻微受损返航（飞行员负伤）。英军北威尔德联队损失了1名美国飞行员（第121中队）和4名挪威飞行员（第332中队），2名中队指挥官负了伤，不过美国小伙子们没有吃亏，因为他们击落了JG 2第11中队的2架Bf 109G，而拥有52架空战战绩的中队长普夫兰茨中尉就此殒命。

1942年夏天，两个德国海峡联队出色地抵御皇家空军的袭扰，牢牢把握着战场主动权，伤亡损失轻微，截至8月中旬的三个月里，JG 26联队飞行员仅有6人阵亡1人被俘，JG 2联队27人阵亡5人被俘。8月上半月，英军攻势骤减，JG 26的任务除了巡逻就是侦察，这种诡异的宁静持续到19日，暴风雨终于落下。

五、迪耶普突袭战

8月19日，阿布维尔基地迎来一个平淡无奇的清晨，天刚蒙蒙亮，执勤的第5中队飞行员乘车来到机场，驾车者是他们之中唯一的军官霍斯特·施特恩贝格（Horst Sternberg）中尉，此时6点已过，维护组组长面色不悦地道了早安，大队指挥部的命令已下达：两架飞机立即飞往索姆河河口地区简要侦察，除此之外，并无具体要求。施特恩贝格拉上彼得·克伦普下士担当僚机，由于克伦普还是新兵，没有专属战机，施特恩贝格中尉让他驾驶中队长威廉－费迪南德·加兰德中尉那架“黑色8”号。

2架Fw 190迎着晨光腾空，不久接到第2战斗机指挥部的临时命令，转向法国北部港口迪耶普，这座古老的海滨小镇位于巴黎西北160公里，海滩狭窄、峭崖耸立、易守难攻。施特恩贝格和克伦普贴着海岸线超低空飞行，不多时，前方天空火光明明灭灭，恍如一场盛大的烟火表演。隆隆炮火声打破空旷的死寂，土石崩裂纷飞。蓝灰的海岸线背后，若隐若现的舰船正向内陆猛烈开火。来到迪耶普上空后，只见登陆舰破浪而来。由于所受命令只需快速侦察战况，两人止步于南郊，不再继续飞往滩头，虽避开了新发现的几架喷火式战斗机，但克伦普不慎被德军轻型高射炮误伤，机身被击穿，7:33他和长机降落回德吕卡机场。

施特恩贝格和克伦普成为最早目睹欧洲战场首次登陆战的德国飞行员。1942年8月19日，以加拿大第二师和英国突击队为主力的登陆部队在海军和空军协助下，大胆地向迪耶普海滩发动进攻，史称迪耶普突袭战。行动代号“禧年”（Operation Jubilee），目标是夺取和占领德军海港，摧毁德军防御据点、雷达站、发电站、港口设施和铁路设施等战略设备，同时还意在测试新武器、实战练兵以及试探德军的防守能力、收集情报。盟军共计投入了6000多名官兵、237艘舰船，750架飞机，登陆从1942年8月18日晚10时展开，至19日13时止，滩头的战斗历时5个多小时，最终盟军因伤亡惨重而撤退。

迪耶普突袭战从行动目的、计划制订到作战执行过程莫衷一是、饱受争议。因篇幅和主题所限，本书仅涉及空中较量。较之陆军和海军，盟军空军的表现同样为人诟病。过去半年来，德国空军在西线保存实力，以守为主，被皇家空军视作消极避战，后者从“禧年行动”中看到一个千载难逢的良机，期望迫使德国战斗机出战，再给予致命一击。上到总参谋长波塔尔上将和战斗机司令部总司令道格拉斯，下至一线飞行员个个摩拳擦掌，抱有极大热忱。第11大队司令特拉福德·利－马洛里中将被任命为“禧年行动”空军总指挥，他手中约750架作战飞机和1179名空勤人员，其中飞行员863人。海峡对岸，德军依然只有JG 2联队和JG 26联队共计约230架昼间战斗机可用，其下属两个战斗轰炸机中队约44架Fw 190是第3航空队部署在法国全部的昼间轰炸力量，双方兵力对比之悬殊一目了然。直到19日上午战役打响后，德军才从荷兰的代伦、艾恩德霍芬、希尔泽－赖恩和苏斯特贝赫等地调来约95架夜间轰炸机。

1942年8月18日22点，加拿大第2师和英国突击队的官兵们按照计划在英国南海岸线5个港口上船，在护航舰的掩护下，首批登陆编队于19日凌晨4点过顺利开赴迪耶普海岸。4:47，意外发生了，以黄色海滩为目标的第3突击队先头炮艇被5艘德国武装拖船撞见，照明弹划破夜空，登陆编队无所遁形，双方随即发生交火，作战行动的隐蔽性被破坏。但当前23艘登陆艇也无法令德军判明敌人意图，只有驻守迪耶普的第302步兵师进入高级战斗准备。5:00，德军开始反击，岸炮、反坦克炮、迫击炮和轻重机枪向各处登陆艇开火。两个小时后德军第15集团军司令部向战区内所有部队发出战斗警报，第10坦克师也立即动员起来。5:50，由5个飓风战斗轰炸机中队和1个波士顿轰炸机中队组成的皇家空军首批近距离支援部队飞抵海滩，压制德军炮火。

突袭确实出乎德军意料，不过从德国空军的应对效率来看，他们极有可能制定并进行过完备的应急预案和训练。第3航空队最初的反应只是增派巡逻架次，没有调整战斗机部队的例行任务。6:20，德国战斗机首次出动，JG 26第5中队和JG 2第1中队的Fw 190同

1942年8月19日迪耶普战役盟军空军参战兵力

中队机型	中队数	中队番号
英国皇家空军战斗机司令部 第11大队(指挥官:特拉福德·利－马洛里中将)		
喷火Ⅴ战斗机 喷火Ⅵ战斗机	42 2	19、41、65、66、71、81、91、111、118、121、122、124、129、130、131、133、154、165、222、232、242、302、303、306、307、308、309、310、312、317、331、332、340、350、403、411、412、416、485、501、602、610、616
喷火Ⅸ战斗机	4	64、611、401、402
台风战斗机	3	56、266、609
飓风Ⅱ战斗轰炸机	8	3、32、43、87、174、175、245、253
野马Ⅰ战斗机	4	26、239、400、414
布伦海姆Ⅳ轻型轰炸机	2	13、614
博福特轻型轰炸机	1	141
波士顿Ⅲ轻型轰炸机	5	88、107、226、418、605
美国陆军第八航空队		
第31战斗机大队 喷火Ⅴ战斗机	3	307、308、309
第97轰炸机大队 B-17重型轰炸机	4	340、341、342、414

时起飞前往交火地区侦察。接下来的20分钟里，Ⅱ./JG 26大队另外几架执勤飞机陆续紧急赶往滩头。第5中队在迪耶普附近率先与担任空中掩护的霍恩彻奇联队第340中队发生交火，6:43海因里希·比尔维特（Bierwirth）军士长击落了皇家空军第340中队1架“喷火”，立下迪耶普空战首功。几乎同一时刻，最早赶到滩头的JG 2第1中队击落了1架波士顿轰炸机和3架喷火式战斗机，库尔特·埃普西格下士击落“波士顿”后与“飓风”相撞丧生。几分钟后，Ⅱ./JG 2大队长赫尔穆特－费利克斯·博尔茨（Helmut-Felix Bolz）上尉击落了2架武装侦察的“野马”。

清晰的事实面前，两个海峡联队被全面调动，从法国各地纷至沓来。7:00，Ⅲ./JG 26一队巡逻机从韦弗尔海姆起飞，自由狩猎后扫射了滩头。8点左右，Ⅰ./JG 26大队、Ⅱ./JG 2大队的 Fw 190和2个高空中队Bf 109与刚到达海滩的英军北威尔德联队4个“喷火”中队爆发激烈空中格斗。15分钟战罢，北威尔德联队6架“喷火”损毁、3架损伤，宣称击落5架、击伤7架Fw 190，可能击落3架Fw 190和1架Bf 109。

8:30，Ⅱ./JG 26大队第二组巡逻机从3300米高度突袭了下方的英军肯利联队，2架“喷火”应声而落，其中1架来自美军第31战斗机大队第308中队。15分钟后JG 26第6中队的库尔特·克鲁斯卡（Kurt Kruska）军士长独自在迪耶普南边击伤了1架野马战斗机，而他的大部分同伴已经降落回基地。

在迪耶普战役立下首功的比尔维特军士长。这张照片拍摄于1942年6月5日，他刚取得第4个战果，当年11月27日阵亡前，比尔维特共宣称击落8架敌机。

第二波大规模空战发生在9:15左右，英军西莫林联队抵达迪耶普，与大约50架的德国战斗机大打出手。半个小时的激战中5架“喷火”、1架Fw 190和1架Bf 109G坠毁，另有3架“喷火”被击伤，JG 26第11中队1架Bf 109被重创后就近迫降。

英军西莫林联队中担任高空掩护的第610中队飞行高度也不足2000米，中队长詹姆斯·约翰逊少校看到海滩黑烟滚滚，不计其数的战机狂舞飞旋，无线电传来指挥官们急切的呼叫：“冲出去！躲开！注意6点上方的190……全体规避。”当前方闪过1架正在爬升的Fw 190，约翰逊眼疾手快打出一个远距离长射，意外地看见对方机身冒烟、机轮脱落，坠向大海。他又同两名僚机合力拿下1架Bf 109，然而一架架“黑十字”仍然源源不断从内陆涌上来，将他们团团包围，约翰逊自称与1架Fw 190陷入军事生涯最艰苦的一战，最终靠盘旋甩掉对方，他后来评论道：“我们的‘喷火’落后于Fw 190，这次我能全身而退无疑非常幸运。”

在德军猛烈的地面火力

打击下登陆部队伤亡惨重，盟军作战指挥部根据滩头传来的各种不利消息判断无法达到作战目的，下令撤退。空中形势同样不容乐观，截至10:30，皇家空军已损失了27架“喷火”、1架“飓风”、2架“波士顿”、6架“野马”，另有13架“喷火”和1架“野马”受损，英军无线电截获到的信息显示，滩头的德国战斗机从8:30的20－30架激增到100架左右，JG 2和JG 26倾巢而出，迪耶普空战在11:30左右达到白热化阶段。在轰炸机赶到前，许多Fw 190除了空中搏杀，还要尽其所能地扫射地面目标。两个战斗轰炸机中队集中攻击海面目标，此外还执行了一些武装侦察任务。

11:00，德军第2轰炸机联队（KG 2）5架Do 217中型轰炸机从荷兰赶来，它们遵照部署，对行动迟缓、易于攻击的盟军舰船展开攻击，Ⅱ./JG 26大队几架滞空的Fw 190临时调去护航，飞行高度约2000米，由于此前从未为夜间轰炸机护航，此次护航质量良莠不齐，第5中队1名首次参战的飞行员护航时被“喷火”击落阵亡。德国轰炸机遵照命令，以3到15架规模为单位，从2000米以下高度发动一轮又一轮轰炸。下午德军总共出动约145架次中型轰炸机，损失了25架、损伤16架。

就在Do 217猛烈轰炸滩头和海面时，德国空军后院起火。作为距离迪耶普最近的机场，德吕卡遭到美国陆军第八航空队第97轰炸机大队的攻击。11:30，在4个喷火Ⅸ战斗机中队保护下，24架B-17重型轰炸机从7000米高空投下大约25吨高爆弹和燃烧弹，向德国空军宣示新敌人的来临。此时德国战斗机已经倾巢而出，只有高射炮还以颜色，3架B-17返航飞过克雷西森林时被重型高射炮弹片命中，但无人员伤亡。机组成员沿途看到几架Fw 190均无拦截意图，最终于11:25至12:00之间全部返回了两处英国基地。

至于轰炸效果，轰炸机组和“喷火”飞行员观察到“大量炸弹直接命中机场管理区和南边跑道”。英国无线电监听部门汇报机场瘫痪数小时，至少丧失了飞机起降能力，不过Ⅱ./JG 26大队只有几架Fw 190在地面轻微受损，显示出轰炸造成的飞机损失并不严重。另一方面，德军布置在康布雷－埃皮努瓦（Épinoy）、利耶热斯古和亚眠等地的卫星机场发挥应急作用，改从这些地方起降的战斗机源源不断攻向最前线，转运和联络飞行依旧畅通。盟军通过重型轰炸机封锁敌方机场的首次尝试以失败告终。24架B-17一轮空袭的规模远不足以压制住迪耶普周边12处德军机场，对蹒跚起步的美军第八航空队而言，起码还要拿出数倍的兵力才能如愿。

中午，迪耶普滩头的撤退紧锣密鼓地进行着，英国战斗机源源不断赶来掩护，盟军战后报告认为他们占领了滩头和海面的制空权，为撤退行动撑起一把铜墙铁壁般的空中保护伞，但“喷火”其实相当被动，受航程所限，它们飞到迪耶普后只剩十来分钟的战斗时间，即使能通过增加数量和出动架次弥补作战半径不足，飞行高度也令“喷火”面对气势汹汹的Fw 190相当脆弱。而德国空军一开始就将攻击目标直指敌战斗机，因为英国轰炸机相对数量太少，见缝插针，在狭小滩头的混战中反而难以被发现。地面引导员们一如平常般镇定自若调度和引导一架架战机，其冷静干练和轻松有序的把控能力连监听到他们通话的英国无线电监听人员都感到印象深刻。下午德国轰炸机大规模抵达滩头时，实则大局已定。德国空军认为前线100多架战机足以稳操胜券，无需增援。他们的后备力量仅仅是位于比利时韦弗尔海姆的修配厂

“我将这架‘喷火’操纵到极限，拼命转弯，可190像水蛭一样紧紧吸附在身后”——詹姆斯·埃德加·约翰逊

敌机再次扑来——后来估计至少有100架，中队3架“喷火”被击落，我的僚机，澳大利亚人索思·克雷的发动机位置冒出乙二醇白烟，我只能眼睁睁看着他的飞机往下掉，无力施以援手，因为我自顾不暇，稍不留神就会步其后尘，我想敌人势必不会放过克雷受创的“喷火”。我旁边还剩一架僚机，但反向转弯脱离时也失散了，空荡荡的天空危机四伏。

从海岸到内陆，从近地面到2万英尺，空战延绵不绝，遍布方圆25英里。联队被打散，但仍有36架，甚至更少的“喷火”以双机和四机小队坚持奋战，所以我们在目标区仍有战斗力。

我发现市区上空有一架落单的飞机，飞近后认出是Fw 190，这次我沉住气，先偏航消除后半球盲区，不料反被发现，对方迂回着迎面飞来，几乎呈对头之势。我们都向左急转弯，然后反向回旋，并且不断收小转弯半径。我加足马力做了一个殷麦曼翻滚，并竭尽全力控制住瑟瑟抖动的座机，努力把这个意大利人*填满瞄准镜，然而视力突然模糊一片，转眼就失去了他的踪影，我立刻意识到多半被这狗东西反咬住，成了他的猎物，我将这架“喷火”操纵到极限，拼命转弯，可190像水蛭一样紧紧吸附在身后，什么时候下手对他而言只是分秒之间的问题。

我推满油门，近乎垂直俯冲，这是一步险招，因为190式在垂直方向比“喷火”更快更稳，但我还是豁了出去，我贴着地面拉起，继而大角度爬升，观察高度计的同时留神外面。羊肠小道、一动不动的坦克、白色的游乐场以及荒凉的海滩匆匆晃过视野，190依然紧追不舍，我们不时避开尖顶和烟柱。接下来我准备甩掉他了。

战前简令反复叮嘱为了避免误击，切勿低于舰船上空4000英尺。看到海岸线不远处，一群小型船舰簇拥着一艘驱逐舰，我猛开到应急功率，从转弯改出，贴着海面朝驱逐舰方向全力冲刺，高射炮和曳光弹立即腾空而起，来自190式的弹道划过驾驶舱顶部，速度不如高炮但更密集。我在最后关头冲了过去，然后大角度俯冲，离海面几英尺时改出。向左急转弯再次搜索四周，190式不见了踪影，要么被高炮赶跑，要么直接被干掉，如此最好。最终我朝着西莫林方向快速撤离。

*约翰逊说他清楚地看见这架Fw 190驾驶舱下部绘有意大利空军的标识，极有可能是把机身上的部队徽标或者飞行员个人标识错认为意大利空军标识。

里18架修复后的飞机。

13:30，撤退行动全面停止，仍有不少加拿大士兵被留在迪耶普，等待他们的不是阵亡就是被俘。“波士顿”和“飓风”最后一次轰炸了大型火炮掩体，这些威力巨大的岸炮为德军阻击登陆厥功至伟。还有一些飞机开始投放烟雾弹

掩护撤退的船只，效果有弄巧成拙之嫌，大量烟雾弹反而阻碍到舰载防空炮自卫，德国轰炸机和战斗轰炸机受益更多，皇家海军在迪耶普突袭战中共损失了1艘驱逐舰和33艘登陆舰。随着地面战斗结束，空战重心转移到海上。

大约14:00，JG 2第10中队2架Fw 190以迅雷不及掩耳之势俯冲轰炸了“伯克利”号驱逐舰，一枚500公斤炸弹直接命中舰尾，船上几乎无人看见袭击者，驾驶“喷火IX”正好在附近巡逻的皇家空军第11大队高级空军参谋哈利·布罗德赫斯上校是唯一目击到这一幕的盟军空勤人员，他试图阻拦，但鞭长莫及，只能愤而将所有炮弹朝后一架Fw 190倾泻而下。“伯克利”号受此重创立刻开始倾覆，船上人员撤离后，“奥尔布莱顿”号驱逐舰奉命发射鱼雷将其击沉。这是英国海军当天中损失的唯一一艘主力战舰，船上除了15名船员和一些加拿大士兵阵亡，空军观察员斯坦利·斯金纳中校也宣告失踪。

迪耶普一战，德军44架Fw 190战斗轰炸机共执行9次轰炸任务。JG 2第10中队将过去半年积累下的反舰经验发挥到极致，宣称击沉1艘驱逐舰、2艘大型登陆艇，击伤另1艘驱逐舰、1艘运输船、1艘登陆艇和2艘护卫舰，还击落了1架“喷火”，自身只有1架飞机被舰载防空炮击伤，就近迫降。加上之前成功执行了一系列轰炸任务，一个月后中队长弗里茨·施勒特尔中尉戴上了骑士十字勋章。JG 26第10中队未免相形见绌，上报击中了几艘战船、运输船、摩托艇和登陆艇，还损失了1架飞机及其飞行员，海因里希·冯·贝格下士完成投弹后被“喷火”击伤，他平安降落到德吕卡机场，检查了这架Fw 190-A3/U后发现似无大碍，便再次起飞，半途机毁人亡。

“伯克利”号从遭遇空袭到被鱼雷击沉只间隔20分钟。

作为当天仍然执行日常任务的飞行员之一，克伦普下士乘坐列车去亚眠的修配厂取回一架修复好的Fw 190，中午他驾机返回阿布维尔，顺利降落在表面千疮百孔的机场。早晨的紧急状态已解除，下午的战斗强度显著缓和，第二大队缩减到以中队及以下规模出动，任务以侦察和巡逻为主。

许多Fw 190虽然肩负护航任务，但一有机会就转去对付最得心应手的“喷火”，结果收获颇丰。15点左右，第9中队为一次反舰攻击提供护航，Do 217刚开始投弹，“喷火”从四面八方涌上来阻拦，混战中1架Fw 190与长机失散后被击落，带着飞行员葬身大海。加入联队18个月的奥托·施坦贝格尔少尉终于尝到胜利的滋味，后来一份德国新闻报道妙笔生花援引了他的采访记录：

我们被团团包围，遂散开

编队迎敌，一场风驰电掣般的混战就此展开。我和僚机突出重围，居高临下，我沉着地盯上两架敌机，它们毫无戒备，兜风一般地转悠着，必然会为这番置身事外付出代价。我逼近占据有利位置，瞄准其中一架枪炮齐发。

疾驰而过时我看到目标副翼被击穿，起落架垂下，散热器发出焦臭，这小子肯定完蛋了。果然他一头栽向大海。我观察着他的坠落，同时迅速张望了一眼四周敌情，绝不给他的同伙背后捅刀的机会。附近敌机知趣地消失了。我带着僚机晃荡了一阵，直到油量警示灯亮起才转向返航。一架架战机摇晃着机翼，凯旋仿佛永无止境。

施坦贝格尔后来表示自己接受采访时的原话被严重曲解，包括他在内任何一个德国飞行员都不具备如此浮夸矫揉的语言风格。不过不可否认，添油加醋、无中生有实乃所有国家战时新闻报道的通病。

17:24，第5中队一个四机小队在中队长威廉－费迪南德·加兰德中尉带领下飞往迪耶普自由狩猎。呈现在他们眼前的是一片狼藉的海滩，武器装备散落一地，沿岸房屋只剩残垣断壁，浮尸随波漂荡，无声述说着上午血腥惨烈的战斗。

加兰德中尉好不容易寻得离岸500码外一艘小型双层炮艇，率队一通扫射，这艘本已伤痕累累的弃船经不住四架Fw 190摧残，剧烈爆炸，反而把德国飞行员吓了一跳，轮船从中央断为两截，几分钟后便被汹涌的潮水吞没，只剩头尾两端在水面浮沉。一艘快艇朝着北边疾驰而去，眼看快消失在海天交接处，不幸的是，被海面掀起的巨大尾流暴露踪迹，加兰德等人追上去认出英国海军特有的黑白格纹球艏，分成两个双机编队轮番扫射，快艇一边Z字形全速行进，一边用防空炮回击，但挨上两轮扫射后，尾流戛然而止，最后船身也葬身大海。德国飞行员得意洋洋地返回阿布维尔，夜幕降临前他们还有最后一次巡逻任务。

17:45开始，海面风起云涌，天气迅速恶化，Do 217和Ju 88利用云层掩护，以单机的规模对撤退舰船穷追猛打，在它们四周，一架架Fw 190和“喷火”翻飞穿梭于低垂的云层间，进行最后的追逐厮杀。随着JG 2和JG 26库存的20毫米航炮弹药彻底告罄，空战步入尾声。18:30，联队长舍普费尔少校宣称击落一架“喷火”，完成JG 26收官之作，皇家空军第222中队这架“喷火”实际迫降回霍恩彻奇。

德军战斗机到21点基本偃旗息鼓。21:32，第6中队一个小队在卡约海域搜索完失踪空勤人员后降落回德吕卡机场，为联队的迪耶普之战画上句号。JG 26全天共出击377架次，执行了36场战斗任务，大部分飞行员出击达三四次，第6中队的威廉·迈尔下士共飞了9次。联队上报了击落38架敌战斗机，其中27架得到确认。第2中队中队长菲尔贝特·青克（Fülbert Zink）中尉、第9中队中队长库尔特·鲁珀特中尉以及第11中队的巴本茨军士长以3架战绩并列为头号功臣。舍普费尔少校和他的4名中队长赫尔米兴中尉、埃伯斯贝格尔中尉、米特乌施中尉、施密特中尉各有2架战绩入账，此外，加兰德两兄弟各立一功。第3中队中队长赫尔米兴的战绩中有1架P-39，极有可能为美军第31战斗机大队的“喷火”，这表明德国飞行员辨认出了机身上的美国陆军航空队标识。

JG 26损失了7架（含1架事故损失）飞机和6名飞行员，其中包括第11（高空）中队中队长约翰内斯·施密特中尉，他在上午率队由地面引导飞往迪耶普以北60英里，随后

迪耶普突袭战给盟军上了血淋淋的一课，一定程度上也麻痹了胜利者，两年后希特勒和他的将领们相信盟军依然会选择加来地区登陆。

一队被俘虏的加拿大士兵。

与可能来自皇家空军西莫林联队的“喷火”在低空展开缠斗，因高度不足未能从一次半滚倒转机动改出而机毁人亡。曾经的第8中队中队长汉斯－于尔根·韦斯特法尔中尉继任指挥第11中队。

迪耶普突袭战统计和总结

1942年8月19日凌晨，借助暗夜的掩护，6000多名盟军官兵勇敢地向迪耶普发动进攻，历经5个多小时的浴血奋战，终以失败收场，超过3600人伤亡或被俘，其中绝大部分为加拿大官兵，英国海军有约550人伤亡。德军伤亡总数600多人，陆军占333人（其中132人阵亡）。血淋淋的数字为盟军上了深刻的一课，帮助他们为后来的北非登陆、西西里登陆总结出重要的经验和教训，迪耶普战役最终成为开辟第二战场的一次悲壮预演。

和陆军相比，空军的损失至少在可承受范围内。当天盟军共折损71名飞行员和10名轰炸机机组成员，其中战斗机飞行员64人。包括88架战斗机在内，共106架作战飞机未能返航，66架受损。共出动2604架次，“喷火”占到惊人的2050架次。20:55（格林威治时间）来自第133中队最后一架“喷火”降落回利姆机场，皇家空军完成了不列颠空战之后最轰轰烈烈、激动人心的反攻，英勇奋战的飞行员们虽精疲力竭，却难掩兴奋与骄傲，很多中队当晚就在食堂、饭店或酒吧大肆庆祝。他们自信凭借巨大数量优势在滩头成功打退德国战斗机，赢得了迪耶普空战。8月19日皇家空军宣称共击落96架，可能击落和击伤103架敌机，具体如下：

对战Fw 190：击落47架、击伤27架，可能击落76架；

对战Bf 109：击落3架、击伤1架、可能击落2架；

对战Do 217：击落33架，击伤8架，可能击落46架；

对战Ju 88：击落8架，击伤3架，可能击落11架；

对战He 111：击落5架。

此外，美军第八航空队第97轰炸机大队的B-17轰炸机出动24架次，第31战斗机大队的“喷火Ⅴ”出动123架次，宣称击落1架、可能击落5架，击伤1架敌机。从自身损失的8架战机及6名飞行员来看得不偿失，初出茅庐的美国小伙子们还有很长的路要走。

作为喷火家族的突破性产品，喷火Ⅸ战斗机交出的成绩单值得单独一提，装备这一机型的四个中队总共执行14次作战任务，宣称击落4架Do 217轰炸机和2架Fw 190战斗机，可能击落2架Fw 190，击伤8架Fw 190、1架Bf 109和4架Do 217。自身损失8架、损失1架飞机，飞行员5人阵亡、1人被俘、1人负伤。此外，第11大队高级参谋布罗德赫斯上校驾驶喷火Ⅸ三次飞临滩头，宣称击落1架Fw 190，击伤3架Fw 190，自身无损失。

英军对比97架的歼敌数，基本接近了己方106架的损失，视作一次胜利也未尝不可。另一方面，“超级机密”破译出的情报显示，8月19日晨德军230架可作战单引擎战斗机，到傍晚剩下区区70架，情报部门据此理所当然报告德国空军损失高达160架，这份更为惨重的损失数据立即被利－马洛里中将采信并不失时机大肆宣扬一番。

德国空军真实损失为48架，其中战斗机不超过23架，14名战斗机飞行员丧生，另有7人负伤。JG 26和JG 2分别宣称击落歼敌38架和66架，盟军损失的106架飞机中最多只有70架被归为敌机击落，但算上受重创数量，总损失与德军宣称战绩基本相符。以800架次挑战2000架次而创下23:70的交换比，迪耶普空战当之无愧成为Fw 190战斗机的尖峰时刻。

毋庸置疑，迪耶普空战以德军完胜为结局。究其原因，在于防守方坐拥天时地利人和三大优势：主力战斗机性能全面胜出，飞行员久经沙场、训练有素，更为重要的是，主场作战的德机拥有航程上的先天优势，可以就近降落，快速补充燃油和弹药，这使得他们可以克服数量上的劣势，而盟军

迪耶普空战德国空军战绩和战损统计

	出动架次	宣称战绩	飞行员损失	飞机损毁	飞机损伤
JG 26 联队指挥部		2	0	0	0
第一大队		10	1	1	0
第二大队		12	2	3	0
第三大队		9	1	1	0
第11(高空)中队		5	1	1	0
第10(战斗轰炸)中队			1	1	0
JG 26 总计	377	38	6	7	0
JG 2 总计	≈423	66	8	16	5
战斗机部队合计	≈800	104	14	23	6
轰炸机部队合计	≈145	4	不详	25	16

备注：1.JG 2有7名飞行员负伤。
2.飞机损失数含非战斗损失。
3.卷入迪耶普突袭战的德国轰炸机部队有KG 2、KG 40、KG77、Ⅲ./KG 53、第106海岸航空大队，第40轰炸机联队(KG 40)宣称击落了4架“喷火”。

战斗机只有十来分钟的战斗时间，然后必须回英国加油，因此争夺滩头制空权的战斗中盟军并没有达到预期中的数量优势。所谓迪耶普上空赢得制空权也属夸夸其谈——除非将优势保持到底，否则暂时占领的局部制空权不具决定性的意义。

另一方面，盟军情报部门获取的德国空军损失数据也是片面的，迪耶普突袭战次日同样来自“超级机密”的一些数据被草率地忽视了:8月20日上午JG 2和JG 26可用飞机总数从前晚的70架又恢复到194架。因为这两个联队上报的不可用飞机涵盖了武器、发动机、机身等方面大大小小一切损伤，其中大部分轻度损伤在机场维修间通宵得以修复，换言之，19日德国战斗机实质性的战斗损耗为36架，占比15.6%。

值得玩味的是，这场1940年之后最大规模的西线空战带给交战双方飞行员同样巨大的欢欣鼓舞，这些空中骑士在海峡、在迪耶普迎来了渴望已久的酣畅淋漓、古典浪漫的空中格斗。“迪耶普突袭战成为不列颠空战之后德国战斗机飞行员最快乐的一天”，曾是战斗机飞行员老兵协会成员的德国历史学家汉斯·林（Hans Ring）如此概括道。而在不少

1942年8月19日，皇家空军第312中队（捷克中队）在英吉利海峡上空掩护舰船从迪耶普撤退时，喷火V战斗机照相枪所拍摄到的击落德军Do 217轰炸机的过程。

皇家空军飞行员甚至高级指挥官眼中，“禧年”无异于一场延长到一整天、有海军和陆军共同参与的驭马行动。无怪乎美国历史学家唐纳德·卡德维尔对于“迪耶普突袭战是诺曼底登陆的预演”这一传统观念持有异议：

“禧年”的空战本质上不过是一场持续一天的驭马行动，对于霸王行动并无裨益，诺曼底登陆战胜利的空战理论基础是如何夺取制空权，如何实施空中战术支援，这是艾森豪威尔手下以斯帕茨、杜利特、特德、科宁厄姆为核心的的空军参谋部从地中海战场发展出来并运用到西欧战场的。

时任英军总参谋长的艾伦·布鲁克（Alan Brooke）元帅对迪耶普之战总结道：

这场血腥的战斗为我们积累了不少可贵的经验，也为这个夏季画上终止符。回溯过去，为了转移德军在俄国的航空兵力压力，由战斗机司令部对法国北部采取的一系列军事行动令英国付出了近千名飞行员及战机的代价。

无论是囤积在本土的兵力，还是对于西线的影响力，皇家空军战斗机司令部到迪耶普一战达到了顶峰，大量部队不久即转战地中海战场，备战北非登陆。与此同时，初临欧洲的美国陆军第八航空队虽蹒跚起步，却以势不可挡的步伐壮大和成熟，最终成为击溃德国空军的核心力量，西线空战至此进入新的阶段。

1942年8月，德军第9中队在莫尔塞勒机场上空为摄影记者表演压坡度。

阿道夫·格隆茨军士长带着机翼被击穿的Fw 190平安返回阿布维尔，他在574次战斗任务中从未被击落和负伤，这份幸运在德国王牌飞行员中恐怕无人企及。

第六章　白星凌日

1942年9月—1943年2月

一、新的敌人

声势浩大的马戏团行动暂告一段落，但喷火式战斗机仍然频频越过海峡袭扰，一是为了试探德军防空能力，二是为新加入对德昼间轰炸的美国盟友提供掩护和牵制。此时美军第八航空队（以下简称第八航空队）初来乍到，羽翼未丰，早期行动局限于白天出动少量重型轰炸机对法国、比利时沿海地区的德军机场、铁路站场以及少数几个位于“喷火”作战半径内的工厂实施打击。皇家空军高层不看好白天无护航轰炸工业目标，但对于配合盟友袭扰德国空军表现得相当积极。

美军重型轰炸机的西欧处子秀是迪耶普之战两天前的204号马戏团行动，8月17日黄昏时分，12架B-17“空中堡垒”在皇家空军4个“喷火Ⅸ”中队近距离护航下成功轰炸了鲁昂的铁路站场，坦米尔联队和比根希尔联队在主力部队后方执行支援性扫荡。JG 2第一大队在鲁昂附近拦截失败，反而损失了1架Fw 190A-3，飞行员阵亡。盟军返航至海峡上空时遇到JG 26第二大队的截击，护航编队右翼的第401和第402中队以飞行员2死1重伤的代价成功打退德军，JG 26第二大队入账了4架战绩，自身没有损失，德国飞行员将B-17误认作英国的“斯特林”和“哈利法克斯”，对它们的紧密编队和强大自卫火力留下了深刻印象。

8月27日午后，12架波士顿轰炸机及护航机群杀向德吕卡机场，13:20它们低空飞过索姆河河口，爬升避开了海岸的德军高炮，但是被雷达探测到行踪。JG 26三个大队接报后全体紧急出动，第三大队起飞不久被召回。第二大队的执勤中队第5中队恰在德吕卡以北的村庄上空与皇家空军第350中队（比利时中队）迎面撞个正着，中队长威廉－费迪南德·加兰德中尉率队发动攻击，将“喷火”编队打散并穷追猛打，比尔维特军士长先拔头筹，冯·唐纳（Von Donner）少尉和加兰德中尉紧随其后各下一城，克伦普下士在海岸追到一架“喷火”，一边向右爬升转弯，逼近到100码射程，加入联队两个月以来，他还从未遇到如此有利的射击位置，这一刻教官和长官的教诲闪过脑海：“盘旋格斗时，务必保证敌机纵轴在你的视线外侧，坡度越大，射击前置角也越大”，电光火石间，首轮炮火成功命中目标的发动机，烈焰喷薄而出，“喷火”飞行员弃机跳伞，但下方只有无际的大海，用德国飞行员行话说“只能游回去”。历经了五年坎坷的军旅生涯和两年职业生涯，克伦普终于实现零的突破。

皇家空军第350中队一死一被俘，另有一架“喷火V”带伤而归。

立下首功的比尔维特军士长乐极生悲，降落时摔坏了起落架，本人也挂了彩。第6中队的福格特下士击落了皇家空军第111中队一架“喷火”。从阿尔克机场起飞的第一大队来晚一步，遭遇皇家空军第71中队“鹰中队”从5800米高空发动的突袭，1名飞行员被击落后跳伞重伤，第一大队以斩落2架“喷火”扳回一局。

B-17“空中堡垒”和B-24“解放者”登场首周，接过了英国轻型轰炸机的枪：迫使德军战斗机应战。它们数量虽少，载弹量和破坏力却远胜于“布伦海姆”和“波士顿”，足以将轰炸目标挫骨扬灰，德国战斗机无法再像从前那样根据形势利弊选择迎击或回避，面对每一次侵犯只能倾尽全力拦截，这意味着他们丧失了在西线把持有一年之久的战场主动权。

8月21日，17架B-17轰炸了鹿特丹的造船厂，德军第1战斗机联队第二大队（II./JG 1）9架Fw 190等到护航机离去后发动攻击，但在密不透风的编队面前含恨败走，美军只有3架B-17轻微受损。严峻的形势摆在德国人面前：他们既缺乏有效制约重型轰炸机的飞机，也拿不出相应的武器、战术，即使现有的西线战斗机兵力也捉襟见肘，仅仅突破护航机群已属不易，即使接近了轰炸机，还将面对每架12挺点50口径机枪的B-17密集编队共同编织的交叉火力网。B-17通常飞在7600米以上，福克－沃尔夫战斗机在这一高度明显失去性能优势。另外，空管部门现能提供的预警时间也无法满足沿海的拦截需要。对德国空军而言幸运的是，美军第八航空队同样缺乏经验，进步缓慢，他们必须抢在新敌人坐大以前将其扼杀在起步阶段。

JG 26第二大队的约翰内斯·瑙曼中尉描述了1942年秋一次典型的拦截作战，由于鞭长莫及，大队只能在轰炸机完成投弹后的返航途中予以截杀，他们拼命爬升到8300米，终于发现下方300米B-17撤退的背影，这一高度上Fw 190不比猎物快，追到射程范围内需要很长时间。恼怒之下瑙曼用MG 151/20炮来了个700码开外的超长距离射击，自然一无所获，此时他发现编队24架战斗机因为各种原因半数放弃了追击，随后一声巨响，座机发动机突然爆裂，瑙曼的作战任务也不了了之。B-17毫发无损，更别提被

B-17 F 性能参数	
机长	22.78 米
翼展	31.63 米
机高	5.85 米
动力	4 台莱特公司 R-1820-97 发动机，起飞功率 1200 马力
空重	16200 公斤
正常起飞重量	18260 公斤
最大载弹量	8×1000 磅
自卫火力	8 挺 12.7 毫米机枪 +1 挺 7.62 毫米机枪
最大平飞速度	523 公里 / 小时
巡航速度	257 公里 / 小时
升限	11700 米
航程	7100 公里

击落。

时任第8中队指挥官的卡尔·博里斯谈及重型轰炸机对德国飞行员造成的心理冲击和压力，他们如今面临着最令人胆寒和最生死攸关的挑战，这种轰炸机体型之庞大、编队之浩荡，自卫火力之强劲，难以用语言向新手描述，非亲身经历不足以切实体验。作为当时唯一可行的战术，经典的后方位射击面对重型轰炸机时测距困难，因为德军的反射式瞄准具是早期针对战斗机设计的，以战斗机通常的翼展尺寸，在约100码的距离可填满瞄准具的环形镜头，而体型庞大的轰炸机进入有效射程之前早已填满了瞄准具，最终导致德国飞行员频频半途而废。另一方面，轰炸机机枪手一旦发现威胁会立即开火，目的是及早干扰和化解敌人进攻，点50口径勃朗宁机枪射速和射程都在德制MG 17之上，而MG 151机炮则有赖于MG 17机枪的曳光弹弹道提供试射。德国战斗机还没进入有效射程就已经被漫天红色的曳光弹所包围，加之必须减速接近目标，被博里斯形容为“群蜂乱舞”的恐怖一幕会持续几分钟之久，飞行员很难一丝不苟地按原计划发动攻击。心理素质脆弱者半途而废，即使硬着头皮冲进敌阵也是从四面八方一哄而上，开火后朝着被传授的最安全脱离方向夺路而逃。

美军第八航空队最初九次任务没有损失一架轰炸机，甚至一路畅通无阻，德国战斗机的无所作为激怒了戈林甚至加兰德。出于对心爱的旧部表现明显下滑的担忧，加兰德在10月以私人名义走访了JG 26，希望舍普费尔尚能掌控局势。JG 2联队长奥绍少校同样面临巨大压力，加兰德敦促两个海峡联队必须大幅提升截击成功率，方可将可怕的新敌人扼杀在摇篮。

德国战斗机直到9月6日才算挽回颜面。傍晚第八航空队以法国莫尔特（Meaulte）的波泰飞机厂为目标，出动了51架B-17。四个喷火Ⅸ护航中队错过会合。于是在法国海岸上空，背对阳光俯冲而下的Ⅱ./JG 26大队得以持续猛攻轰炸机，在45至50架Fw 190和少量Bf 109四面八方的围攻下，一架来自美军第97轰炸机大队的“堡垒”终于被攻陷，18:55轰然坠毁于亚眠，成为美军在西欧损失的首架重型轰炸机，德军这份首功划归给了Ⅱ./JG 26大队指挥官康尼·迈尔上尉。后来加入的Ⅱ./JG 2大队至少5架Fw 190合力追剿美军第92轰炸机大队一架B-17E，最终将其击落于勒特雷波尔（Le Treport）附近海域，剩下的B-17也皆负伤而归。

姗姗来迟的英军高空护航中队第133中队在8500米高空遭到Ⅱ./JG 2大队当头一棒，自顾不暇，其余近距离护航中队忙于应付JG 26第4中队，最终共有3架“喷火”未能返航。德军Ⅱ./JG 26大队全身而退，Ⅱ./JG 2大队一名飞行员阵亡，Ⅰ./JG 2大队一架Fw 190重损报废。

德军本次成功的拦截行动首先要归功于雷达、无线电监听和空管系统的快速反应。盟军真实的空袭行动时常因无线电信号活动剧增而提前暴露，而当时美军还不具备分兵实施佯攻的实力；此外，与皇家空军“马戏团行动”贴着海面低空来袭迥异，美军选择从高空杀来，每每导致他们还在英吉利海峡上空就被德军雷达探测到。9月6日的胜利及时恢复了德国战斗机部队一度低靡的士气，但大约50架Fw 190只击落2架B-17，说明德国空军仍然缺乏对付重型轰炸机的利器，加强火力的需求迫在眉睫。与此同时，B-17强大到不可思议的抗击打能力已在海峡两岸声名鹊起。JG 26第9中队的库尔特·鲁珀特中尉曾对一架落单的B-17穷追猛打，对方三个发

B-17轰炸机究竟有多结实，看看这三架伤痕累累飞回英国的幸运儿就一目了然。“空中堡垒”为二战胜利立下汗马功劳，创造了许多奇迹，也付出了巨大的鲜血和生命代价。

照片左边那架来自第385轰炸机大队的B-17F被打掉整个机尾，开始失去高度。即使在这种情况下，勇敢而有经验的飞行员往往也能支撑到机组乘员跳伞逃生。

动机尽毁，却依然拖着仅存的一个发动机顽强地留在空中，弹尽粮绝的鲁珀特只能瞠目结舌目送猎物远去。抛下所有装备、机枪和弹药后，这架伤痕累累的B-17成功迫降回英国的拉姆斯盖特（Ramsgate）海滩。

10月2日盟军兵分两路:32架B-17再次杀回莫尔特的波泰飞机厂，6架B-17轰炸了维泽讷机场，2架德国飞机被炸毁，Ⅰ./JG 26大队的零星拦截以失败收场，只击落了1架护航的P-38闪电式战斗机（来自美军第1战斗机大队）。

Ⅲ./JG 2、Ⅱ./JG 26以及两个高空中队赶到莫尔特时轰炸机正在投弹，德机一边支开护航的“喷火Ⅸ”一边从各个方向对轰炸机快速发动掠袭，第4中队的埃尔马·格克中尉尾追攻击时被自卫火力击中，迫降后终因伤势过重在医院不治身亡，成为首例折损于重型轰炸机的JG 26飞行员。第6中队的鲁道夫·洛伊舍尔中尉被“喷火”击中后试图迫降在康布雷，不料与另一架Fw 190相撞，两机俱毁，飞行员负伤。JG 26第11中队一架Bf 109G-1被“喷火”击落，飞行员平安跳伞。Ⅲ./JG 2也有2名飞行员被击落身亡，另一架Fw 190轻伤。当天B-17轰炸机全体返航，其中6架受损。

随着美军的加盟，英军中3个由美国志愿者飞行员组成的鹰中队改换门庭，扩建为美军第八航空队第4战斗机大队，10月2日首次为国征战，与13个皇家空军中队一起牵制性扫荡加来。面对Ⅰ./JG 26大队约15架Fw 190，美军第4战斗机大队展现出老道的战场经验和不俗的战斗力，成功歼敌2架（飞行员跳伞），自身23架“喷火”全体返航[①]。而皇家空军第331中队2架“喷火”损失于德军Ⅲ./JG 26之手，后

① 此役JG 26第2中队中队长青克中尉宣称击落1架敌机，由于被“喷火”机身上的美军标识误导，机型被上报为P-39。

当白星闪耀在欧洲上空，空战进入新的阶段。左图为1942年美军第31战斗机大队的喷火V，右图为1943年美军第4战斗机大队的喷火V。

者损失1架Fw 190，飞行员平安跳伞。

10月9日，第八航空队首次以重要工业区为目标，一口气投入108架重型轰炸机，其中包括首次亮相的B-24“解放者”重型轰炸机，准备杀向里尔地区的机车厂、钢铁厂。36个“喷火”和“闪电”战斗机中队以目标区扫荡、后方扫荡和牵制性攻击等方式提供支援，可惜支援方案弄巧成拙，盟军战斗机在接下来的战斗中几乎没有存在感。

Ⅲ./JG 26前夜疏散至内陆，9点刚返回韦弗尔海姆即收到紧急起飞令，三个中队在大队长普里勒率领下向北全速爬升。庞大的轰炸机群以三机编队为单位压在穹顶，在施坦贝格尔少尉眼中像极了密密麻麻的蜂群。由于头一遭亲眼见识这种四引擎的庞然大物，普里勒误判轰炸机体型，导致低估敌机高度，反复三次下令攻击却发现依然位于目标下方，他们只能从8000米高空继续爬升，敌机已从上方掠过，接着在里尔南边向左急转弯。Fw 190抓住这一时机终于争取到攻击位置，成双结对从后方发动攻击，普里勒在僚机掩护下瞄准美军第93轰炸机大队1架B-24猛烈开火，目送目标坠落在里尔北边。

另一边，第9中队对美军第306轰炸机大队展开疯狂进攻，遥远的天际划过护航机的尾凝，但距离不足以构成威胁，于是Fw 190有恃无恐开足马力，遵照战前简令从后方扑向B-17，开火后快速俯冲脱离，中队长鲁珀特中尉将目标打出编队，因此获得一个“重创”战果。施坦贝格尔发现几次开火全无效果，意识到射程太远，于是又逼近了一点，这次如愿看到弹道落到目标左机翼，他再接再厉，第三轮攻击后B-17左侧两台发动机熊熊燃烧，随后大半径左转盘旋下坠，德国人不肯罢休，转而攻击右侧发动机。B-17在旺德维尔坠入毁灭，包括飞行员和副驾驶员在内六名机组乘员牺牲，剩余三名乘员从1800米高度跳伞逃生，幸存的投弹手拉沙斯（La Chasse）很多年以后眼前仍能浮现那些“黄鼻子的阿布维尔小子朝着我们迎面冲来”。当施坦贝格尔的注意力重回血腥的战场时，天空重归空荡平静，耗光弹药的他调头朝莫尔塞勒（Moorsele）的基地返航，对于穷追猛打四次才得手，施坦贝格尔似乎不甚满意，在作战报告中自评为“业余和愚蠢”。

第7中队在米特乌施上尉率领下也打得风生水起，现在米特乌施已经克服了早期的心理障碍。三轮攻击过后声称击毁一架“斯特林”，击伤一架B-17，均因缺乏目击证明没有得到军方认可，但受他攻击的一架B-17（来自美军第306轰炸机大队）带伤独自迫降回英国，另一架（来自美军第301轰炸机大队）开创了B-17水上迫降成功之先例。米特乌施的僚机首轮攻击过程中被轰炸机自卫火力击中，飞行员哈格尔下士弃机跳伞，因伤未能打开降落伞而坠亡。瓦尔特·迈尔少尉也获得击落1架B-17的战绩，但根据被俘的投弹手所称，这架来自第92轰炸机大队的B-17实际遭到多架战斗机从四面八方围攻。

JG 26第三大队上报共击落6架轰炸机，其中3架得到确认，自身损失一人一机。美军实际损失4架，返航者也大都伤痕累累，2架报废，创造了迄今最大单次作战损失，轰炸精度也欠佳，仅有69架击中了主要目标，里尔周边许多法国平民受连累丧生。饶是如此，此役在美军宣传中却是大获全胜，机枪手们声称共干掉56架德国战斗机，还可能击落26架和击伤20架①，比德军出动总数还多，情报部门对此心知肚明，但这份辉煌的数据还是被罗斯福总统援引并通过广播公诸于众。这在JG 26一时传为笑柄，因为他们只有1例损失。

奥托·施坦贝格尔站在战利品的垂尾旁，这架来自美军第92轰炸机大队的“41-9018”号B-17E在1942年10月9日空袭里尔的任务中被JG 26击落。

10月9日空袭里尔标志着美国陆军第八航空队1942年对德轰炸的巅峰。盟军战略重心转向北非登陆行动，刚积累下经验的第97、第301轰炸机大队和4个战斗机大队撤出了西欧，抵达英国接替他们的是一批青涩的新人，训练和适应战场尚需时日，同等规模和力度的空袭将等到次年4月17日。

二、战斗轰炸机中队的逆袭

盟军空袭一浪高过一浪，针对英国南部沿海“打了就跑”的德国战斗机轰炸明显相形见绌，但微不足道的力度开始逐步升级，1942年7月

① 美军后来调整为击落德国战斗机25架、可能击落38架、击伤44架。

JG 26联队和JG 2联队的战斗轰炸机总共出动115架次，执行了19次袭击。攻击目标以港口舰船、通讯设施、沿海城镇、雷达设施、煤气储柜为主，尤以后者最频繁。7月10日，换装完Fw 190的JG 26第10中队进驻卡昂的卡尔皮屈埃（Carpiquet）机场归第3战斗机指挥部指挥，8月回到圣奥梅尔。7月11日中队携新机型首度出战，两架Fw 190将250公斤炸弹投向了一艘驶离达特茅斯港的扫雷艇，英方损失无足轻重，但报告称其中1架敌机的轰炸十分精准。次日JG 2联队两架Fw 190在布里克瑟姆炸沉了另一艘扫雷艇，随后扫射了沿岸一艘拖网渔船，迅速逃之夭夭，晚些时候，达特茅斯附近一艘巡逻船和三艘摩托艇被两架Fw 190战斗轰炸机击伤。同一天，10./JG 26首任中队长卡尔·普伦泽上尉调离联队，中队里找不出合适的继任军官，于是姊妹中队10./JG 2支援了弗里茨·施勒特尔中尉临时接管。6天后，汉斯－约阿希姆·格布尔蒂希（Hans-Joachim Geburtig）中尉正式走马上任，这名前第8中队成员去年6月负伤，归队一年始终郁郁不得志，他志愿转到战斗轰炸机部队，希冀着咸鱼翻身的机会。

战斗轰炸机的日渐猖獗表明德国空军这种袭扰效果是满意的，同时也明显暴露出他们在西线轰炸兵力的匮乏。由于战术运用得当，一系列行动损失不算大，也取得了一定成功，但任务本身备受飞行员冷遇，尤其是德国的战斗机飞行员对轰炸任务抱有与生俱来的厌恶，暴露在低空令他们缺乏安全感，高层必须用授勋等激励机制才能吸引到飞行员志愿参加。10./JG 2中队积极性和战果相对更高，从1942年6月到1943年5月共有6名队员被授予金质德意志十字勋章[①]，他们挣得的荣誉得到大多数同僚的认可，正是由于轰炸任务的危险性人尽皆知。7月12日，一手创建10./JG 2中队的利森达尔上尉被舰载防空火力击中阵亡，9月4日他被追授骑士十字勋章。两天后，他的高度腐烂的尸体在英国贝里角（Berry Head）海域被发现。7月30日，10./JG 26中队长汉斯－约阿希姆·格布尔蒂希中尉率队攻击利特尔汉普顿港的运煤船，投弹失之毫厘，只造成目标轻微受损，两名船员被扫射所伤，其余船员用机枪还以颜色，格布尔蒂希的Fw 190中弹后栽进大海，格布尔蒂希挣扎着逃出驾驶舱，得到营救后被俘，保罗·克勒中尉继任第10中队指挥官。

8月，德军战斗机轰炸数量攀上了当年峰值，根据记录共有 87架次，Fw 190占到68架次；针对英国南部沿海地面目标有记录的单次空袭有36次。8月1日JG 26两架Fw 190从60米高度轰炸了纽黑文，准备撤退时遇到皇家空军第412中队2架巡逻的“喷火”，阿恩德·弗洛克中尉被击落身亡。26日上午，第10中队两架Fw 190闪电般偷袭了伊斯特本东郊的工厂，2枚250公斤炸弹造成相当程度的破坏，但返航途中均被地面火力击中，飞行员一死一伤。

英国人对这些携带炸弹的德国战斗机进退两难、大伤脑筋，它们涂有伪装，贴着海面来袭，尤其在气象条件不佳的时候更是防不胜防。6月到8月，皇家空军战斗机司令部白天出动了11837架次拦截巡逻，效果不尽如人意，主要原因在于雷达不易探测到零星

---

① 由于德国空军在东线空战战绩的迅猛增加，骑士十字勋章的授勋标准被提高到击落40架单发战斗机，1942年年中，空军又特意设立了金质德意志十字勋章，等级位于铁十字勋章和骑士十字勋章之间，对于纯战斗机飞行员的授勋标准通常为20架空战战绩。

第10中队的Fw 190A-4/U3战斗轰炸机从维泽讷起飞，机腹下挂有500公斤炸弹，第10中队从Bf 109F-4换装Fw 190后，飞机战术编号也从白色改为黑色。

的低空入侵者。此外，“喷火V”在低空追不上抛下炸弹的Bf 109F和Fw 190。战斗机司令部甚至向陆空协同司令部讨来美制“野马”侦察机，用于巡逻伊斯特本到肖勒姆一带的南海岸，希望提高拦截效率，但真正起到积极作用的还是喷火IX战斗机的扩充以及不久后霍克公司新研制的台风式战斗机入役，8月底共有5个中队装备上了“喷火IX”，9月底5个“台风”战斗机中队部署在英国东部、东南和西南沿海。

德国战斗轰炸机自迪耶普战役之后短暂收敛了一段时间，在9月和10月再度活跃，肯特取代了萨塞克斯成热门攻击区，皇家空军战斗机司令部的宣称战绩显示拦截效果有了提升，“喷火”、“野马”和“台风”共同构筑的全天候不间断空中巡逻功不可没。即便如此，想要御敌于领空之外也非立竿见影，尤其在阴天，Fw 190有了低空云层的掩护，逮住它们着实不易，从9月到11月180多架低空入侵者只有2架被巡逻机击落:9月17日，JG 2两架Fw 190袭击英国沃辛一座煤气厂时被皇家空军第412中队的“喷火”击落1架、击伤另一架。10月17日，10./JG 26中队一个四机编队轰炸了黑斯廷斯的教堂、公园和道路，导致2名市民丧生、16人受伤。返航时尼泽尔上士被新西兰空军第486中队的戈登·托马斯少尉及僚机打进大海而身亡，成为“台风”首个战利品。逃走的德国飞行员把这种陌生的英国战斗机认作美制P-40“小鹰”。

除了美军白天对工业区的轰炸，皇家空军轰炸机司令部也在夜晚接连对汉堡、斯图加特、曼海姆、科隆、美因茨等城镇和人口区展开密集轰炸，尤其是1942年5月31日以科隆为目标开创了“千机大轰炸”时代，1455吨炸弹和燃烧弹将科隆炸得千疮百孔。大为愤怒的希特勒一如既往奉行了以牙还牙，英国东南沿海的历史文

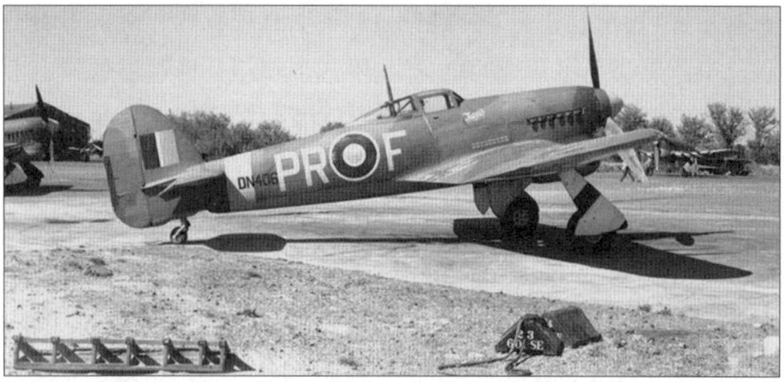

英国曼斯顿基地，皇家空军第609中队的台风战斗机，机身上绘有18个对地攻击战果。1943年开春后，“台风”的角色从截击机逐渐转换为战斗轰炸机，还将德军“打了就跑”招数悉数奉还。诺曼底战役中，台风更是赢得了一流反车辆反工事武器的声名，有利支援了地面部队，而德国战斗轰炸机初期虽然取得了一定成功，却从未取得这样的成就。

化名城坎特伯雷被选定为报复目标，但当时德军轰炸机兵力散布在广阔的苏联和地中海战场，西线只凑出JG 2联队、JG 26联队的战斗轰炸中队19架FW 190A-4/U4可用于昼间轰炸，为了弥补这一尴尬，Ⅱ./JG 2大队和Ⅲ./ZG 2大队至少10架Fw 190A①匆匆加挂炸弹增援，每架战斗轰炸机携带一枚500公斤短延时引信高爆弹。Ⅱ./JG 2、Ⅱ./JG 26和 Ⅲ./JG 26三个大队提供护航，有几架战斗轰炸机临时取消了轰炸任务，还来不及拆下挂架。另有几架战斗机负责扫荡以牵制英军防空兵力。就这样，德国空军打响了两年来对英国最大规模的昼间反攻，投入总兵力说法不一，有52架、58架以及81架Fw 190之说，不过英方只记录到30架敌机。

1942年10月31日，德国战斗轰炸机与护航机在加来会合后，排成三列纵队保持无线电静默，借助暮色掩护超低空掠过英吉利海峡，从肯特海岸经迪尔（Deal）飞抵坎特伯雷郊外。得益于德军对目标区的低空飞机远程警戒雷达网成功实施了电子干扰，此次空袭完全攻其不备，坎特伯雷警方从收到警报到空袭发生只间隔两分钟。除了几架德国飞机为避开阻塞气球而过早投弹，约31枚高爆弹被投向市区，造成32名英国平民丧生，大量建筑损毁并引发火情，英国本土自1940年以后从未在白天遭受如此严重的空袭。战斗轰炸机仅停留了5分钟便逃之夭夭，只有一架未能返航:5./JG 2中队的阿尔弗雷德·黑尔上士在坎特伯雷附近被轻型防空炮击落，跳伞被俘。10./JG 26中队一架Fw 190带着被气球缆绳割坏的机翼安全降落。

受阻于低垂的云层，英国战斗机只能眼睁睁看着入侵者逃出领空，虽然宣称歼敌6架，另外击伤4架，但德军被敌机击落的只有保罗·加兰德少尉一人——加兰德三兄弟中最小的弟弟。当晚从坎特伯雷返航途中，保罗和僚机埃德曼上士在低空云层与部队失散，距离加来还剩最后15公里时，无线电里传来友机呼救，于是调转航向前去搜救。果然，第1中队的贝泽少尉正被“喷火”追得团团转，保罗正待出手，被惊动的英国飞行员眼尖手快，急跃升躲进云层，保罗也做大角度盘旋爬升追了上去，不料遭遇失速，只好俯冲换取速度，就在此刻“喷火”如鬼魅般从云层钻出，将Fw 190打成一团火球，这架“喷火”随后被埃德曼上士宣称击落，JG 2也宣称击落3架“喷火”。当天只有2架“喷火Ⅴ”在海上被Fw 190击落，飞行员一人阵亡（来自第91中队），一人得到营救（来自第453中队）。皇家空军第609中队1架“台风”不幸被第122中队的“喷火Ⅸ”飞行员看作Fw 190击落。

根据英方记录，70%的炸弹投中目标，Fw 190奇袭坎特伯雷看似圆满收场，但军事意义甚微，况且这样的机会可遇不可求。11月8日，盟军发动“火炬”行动，在法属阿尔及利亚及摩洛哥登陆，为夺取北非战略要地，击溃轴心国军队迈出了关键性一步。德军被迫从西欧紧急抽调航空兵力增援，三个Bf 109G中队11./JG 2、11./JG 26、3./JG 1陆续转战突尼斯，前两者划归JG 53联队指挥，战力不俗的Ⅱ./JG 2大队和东线的Ⅱ./JG 51大队②也紧随而至。随着战场形势日趋严峻，

---

① Ⅱ./JG 2大队有8到9架Fw 190A临时载弹参加行动，Ⅲ./ZG 2原是Bf 110大队，9月从地中海战场撤回法国西部休整和换装Fw 190，该大队参战数不详。

② Ⅱ./JG 2大队装备Fw 190A-3。1942年11月4日，Ⅱ./JG 51大队转移到西西里岛，下辖大队指挥部和第4、第5中队，装备Bf 109G-2热带型战斗机，11月底3./JG 1中队（装备Bf 1009G-1）附属该大队，并最终改换番号为该大队的新第6中队（6./JG 51）。

保罗·加兰德少尉自去年2月28日进入施拉格特联队，以实际行动证明了自己是一名称职的战斗机飞行员，当天午后他巡逻到科米讷（Comines）附近击落一架攻击发电站的“波士顿”轰炸机，取得第17架，也是最后一架空战战绩。照片拍摄于1941年，加兰德少尉坐在第8中队的Bf 109F里。

这种拆西墙补东墙“四处救火”式任务不久成为常态，令战斗机部队疲于奔命。

11月上旬，11./JG 26中队在汉斯－于尔根·韦斯特法尔中尉带领下先后驻意大利东南部港口巴里和西西里岛西北部的特拉帕尼。15日，中队到达突尼斯，暂时划归JG 53联队，任务是保护轴心国运输补给线。当月中旬，4架载着11./JG 26中队地勤人员的容克52运输机从西西里飞往非洲，其中3架疑似被英军一架博福特战斗机击落，人员损失过半。25日，中队刚转移到朱代伊德（Djedeida）就遇到美军第1装甲师第1营17辆M-3坦克突袭机场，半数家底被掀翻，德国空军记录5架Bf 109和至少18架Ju 87D俯冲轰炸机在地面被摧毁或重损报废。11月28日下午，11./JG 26中队随Ⅱ./JG 51大队作战时，由埃米尔·巴本茨军士长在马特尔（Mateur）击落美军第14战斗机大队1架P-38，成为中队在北非唯一的战果。次年年初11./JG 26中队解散，剩余人员和装备编入Ⅱ./JG 51大队，只有巴本茨在次年9月回归JG 26。11./JG 2同样永久改编进Ⅱ./JG 53。

由于北非的维希法国军队溃不成军，一旁观望的德军于11月11日南下越过与两国停战分界线，提防盟军可能从法国南部发动的登陆。11月9日，西线Ⅰ./JG 2大队和两个战斗轰炸机中队10./JG 2、10./JG 26奉命转移到马赛，10./JG 2、10./JG 26与另一个来自西线战斗机训练大队的Bf 109中队暂时合并为一个独立大队，番号是第226战斗轰炸机大队，主要执行海上巡逻任务，保护地中海的德军潜艇。11月27日德军占领整个法国，维希政权的军用飞机被悉数没收。12月12日，10./JG 26中队撤出马赛，在博蒙勒罗歇（Beaumont le Roger）驻留一周后回到圣奥梅尔，第226战斗轰炸机大队随之解散，但JG 2第一大队和10./JG 2中队继续驻守，负责法国南部的防空。

1942年底，海峡前线只剩下四个战斗机大队防守：JG 26第一、二、三大队和JG 2第三大队，这一情况很快为盟军获悉，巴黎地区防空压力增大，于是11月下旬JG 26第4和第9中队先后移防博蒙勒罗歇（Beaumont le Roger），博蒙勒罗歇以前驻守着JG 2第二大队，鲁昂到巴黎一带的防空重任随之转交到基地的新主人肩上，他们常常和驻瑟堡－泰维尔的JG 2第三大队共同行动。

伴随第三个隆冬的到来，海峡两岸军事行动又沉寂下来，驻法国、比利时的战斗机部队例行任务只剩下各中队轮流派出一个双机编队渡海侦察。但很快这种单调乏味的日常任务被希特勒亲自下达的一道命令打破：重启对英国南部民用目标的空中打击以示报复。自然而然，它再次落到昼间战斗机部队头上，除了战斗轰炸机，普通战斗机也要越海扫射，战前简令不再布置特定攻击目标，而是坦率地告知攻击一切易于引发公众恐慌的列车、客车、牧场、人群密集区、农场建筑等目标，甚至连大干草垛也不放过，这么不光彩的任务既不受飞行员待见，也不会被国防军公报声张，官方充其量掩人耳目称为“袭扰”（Störangriffe）。

11月27日，JG 26第5中队两架Fw 190打头阵，攻击了英国邓杰内斯半岛的列车，结果其中一架Fw 190被火车头爆炸飞溅的残骸击中，原本前途无量的比尔维特军士长就此丧命，海峡飞行员执行对地攻击任务的生疏可见一斑。12月16日轮到第5中队一个四机编队执行这种恐怖空袭，当时的一幕很久以后还深深印在彼得·克伦普下士脑海：德国飞机从海面呼啸而来，对着海滩的旅店、人、畜、车辆等一切移动的目标肆无忌惮一通扫射。除了白白浪费人力、物力，克伦普看不出这种任务意义何在。

这时台风式战斗机凭借良好的低空性能和加速度，成为德军恐怖空袭的最大克星。首个“台风”中队第609中队转移到曼斯顿空军基地，极大地改善了战斗机司令部对付打了就跑的Fw 190的能力，“喷火Ⅸ”也初显身手，12月11日皇家空军第401中队一队巡逻的“喷火Ⅸ”根据地面引导，在黑斯廷斯以南9公里处成功拦截下4架Fw 190，后者来自JG 26第3中队，扫射完肯特和塞萨克斯沿岸，正冒着细雨，排成横队从海面60米高度逃走，布鲁诺·库恩下士的座机结结实实挨了“喷火”一顿揍，他的同伴和敌人都以为他当场完蛋了，但是这架拖着黑烟的Fw 190挣扎着飞回了法国才在迫降过程中坠毁，库恩没能逃生。

12月19日午后，JG 26第10中队4架Fw 190在新任中队长库尔特·穆勒中尉率领下轰炸和扫射了桑威奇，造成相当程度的灾情，穆勒在多佛尔以南先后遭到舰载轻型防空炮和巡逻的“台风”攻击，坠毁在迪尔海域。JG 26第一大队一架护航机带着另一架“台风”造成的损伤返回了圣奥梅尔。

1942年，战斗轰炸机中队承担了德国空军在西线四成的昼间空袭行动，攻击范围涵盖从德文郡到肯特郡的整段英国南海岸，英国防空体系为此耗费掉的资源与进攻方的投入极不相称，英军寄希望于刚发展起来的新型低空探测雷达站能在来年初阻挡这种低空袭扰。德军方面，JG 26第10中队也成为这一年联队伤亡最惨重的中队，共有九名飞行员丧生、两人被俘，阵亡和被俘人员中各包括一名中队长。时任联队长的舍普费尔认为军方对战斗轰炸机飞行员的重视程度和激励机制不够，飞行员成功执行完一次轰炸任务本该获得与一次常规空战战绩相等同的奖励。

三、后方的博弈

12月6日，沉寂了一段时间的美军重型轰炸机再度登场。11点过，6架B-24“解放者”在护航机提前返航的情况下独自轰炸了阿布维尔的德吕卡机场，JG 26第二大队在家门口奋起反抗，但直到第一大队后来赶到增援，1架B-24才当场坠毁，两个JG 26大队还击落2架“喷火Ⅴ”，代价是2名飞行员阵亡，其中1人被轰炸机自卫火力击落。

1小时后，66架以里尔的炼钢厂为目标的B-17从英国起飞了，随即被德军雷达发现，首轮出击的德国战斗机此时也充分补充完燃油弹药，盟军护航和支援的“喷火”多达6个联队，却鲜有接敌，轰炸机承受了德军的大部分攻击，加上云层覆盖、机械故障等多种因素干扰，最后只有36架B-17在目标区附近完成了投弹，2架B-17被可能来自Ⅱ/JG 1大队的Fw 190击落，7架B-17被德军战斗机击伤。JG 26联队虽倾巢而出，却只有联队长舍普费尔少校一人宣称斩获了轰炸机，这是他的第45个也是最后一个战绩，遗憾的是时间、地点、战斗经过一片空白，克伦普下士和普里勒少校各有1架“喷火”入账。

12月10日，JG 26联队组建了新的第11中队，装备Bf 109G，暂时编入第三大队。除了中队长保罗·绍德（Paul Schauder）少尉，飞行员基本是新手。有迹象表明舍普费尔有意用作专门的实战训练中队：除了来自西线战斗机补充大队①的毕业学员之外，其他途径分配来的新手将先在该中队积累下一定的实战经验、提升战斗技能，以便在残酷的西线战场提高生存率。中队成立后一直不具备战斗力，只偶尔执行一些简单的侦察任务，次年2月10日从第三大队所在的韦弗尔海姆搬到法国梅维尔，直到6月才首次投入作战，似乎进一步印证了舍普费尔的初衷，但该中队走上战场后再无训练部队特征。

利用难得平静的冬季战势，德国空军加紧新战术、新武器的研发和运用。早期技术问题逐步得到解决后，福克－沃尔夫190型战斗机日趋成熟，广泛投入到各条战线，执行各式各样任务，从侦察、对地攻击到最本分的夺取制空权等，一时供不应求。此值纳粹德国对外侵略战争的关键时期，如果一定要空军总司令部做出取舍，西线的海峡联队看似是合理的选择，即使两个装备Bf 109G-1的高空中队过去几个月表现平平，即使英美飞行员更忌讳Fw190，但最新型的梅塞施密特109G-4型战斗机的高空性能比Fw 190更能适应西线空战。年末JG 26第二大队开始换装Bf 109G-4，但队员们割舍不下用得无比顺手的“屠夫鸟”，在前后两任大队长康尼·迈尔上尉和威廉－费迪南德·加兰德上尉抵触下，换装命令取消了，队里少量Bf 109G最后全部换回Fw 190，而第三大队到了1943年春全部改飞Bf 109G。

两款主力单发战斗机发展至今臻于成熟，只在细节上还存在改进空间。发动机功率必须跟上继续增大的重量，但德国长期匮乏强度大、耐高温的金属合金以及高辛烷值航空燃油，很难再大幅提高发动机压缩比，工程师们转而寻求通过化学添加剂增强发动机动力，Bf 109G-1的DB 605A发动机加装了采用液态一氧化二氮和液氧的喷射助力装置（GM1），可以短时间提高发动机动力。改进型Bf 109G-4去除了G-1型的增压座舱，无线电由FuG 7a升级为距离更远、频道更多并具有导航能力的FuG 16ZY。

FW 190A-4在1942年底全面进入西线，无线电装置同为FuG 16ZY，发动机采用强劲的BMW 801D-2，甲醇－水增压助力系统MW 50使5700米高度上的最大航速能提高20mph，但受发动机所限，Fw 190A依然只能用作中低空格斗。在各自最佳飞行高度上，Bf 109G-4和FW 190A-4都能与英军最先进的喷火IX战斗机相抗衡，但在6000米以上高空，凭借着二级二速增压系统的“灰背隼61”发动机，“喷火IX”成功将对战Fw 190A系列的优势保持到战争终局。

Bf 109G-4是一款优秀的高空格斗机，可以在高空对付盟军护航机，为在中低空专注攻击轰炸机的Fw 190提供掩护。现在的问题是，西线的战斗机数量不足以开展如此精细明确的分工，只能综合使用Bf 109和Fw 190部队，Bf 109G-4的标准武器配置为两挺MG 17机枪和一门MG 151/20机炮，但是对结实耐打的B-17和B-24而言，这样的火力仍显贫瘠。此外，脆弱的结构始终是Bf 109最为人诟病的短板。总体而言，Fw 190战场生存能力更强，因此在西线最受那些经验丰富的老手青睐。

起初，德国战斗机飞行员对付重型轰炸机无章法可言，他们一拥而上，从后半球、两

① 德语：Ergänzungs-Jagdgruppe West，主要为西线和挪威战场进行战斗机飞行员进阶培训。

侧、下方等角度发动攻击，寄希望于至少重创目标，令其脱离编队再给予致命一击，试遍了各种方式后，他们发现这种四引擎庞然大物机鼻防御火力稍弱。德军指挥官们也在劳神费时地反复研讨破解之道，他们建立模型，演示和比较不同的攻角，得出结论“迎头攻击”效果最佳，胜算最大，至少也能杀死机组成员。

最早提出迎头攻击法的是JG 2第三大队大队长埃贡·迈尔（Egon Mayer）上尉，他的大队当时独立负责德军潜艇基地所在的法国西海岸防空。由于美军已获悉JG 2联队有两三个大队被调走，遂于11月23日派出36架B-17和B-24无护航轰炸圣纳泽尔（St. Nazaire）的德军潜艇基地。迈尔得到实战检验的机会，他率一个Fw 190三机编队以惊人的速度迎面袭来，从美军正前方开火，以半滚倒转向下或爬升向上脱离，4架轰炸机被击毁，另1架返航后报废，而JG 2第三大队以损失1名飞行员的代价入账了6架轰炸机战绩，其中3架由迈尔包揽，打出了德国战斗机拦截重型轰炸机迄今最漂亮的一仗。

12月12日和20日，第八航空队两次深入内陆100英里，

迎头攻击战术的主要创建者埃贡·迈尔上尉，1939年12月他进入JG 2里希特霍芬联队，1942年11月担任该联队第三大队指挥官，次年7月1日升任联队长，迈尔是帝国防空战初期最成功的德国飞行员，也是西线（不含地中海战场）第一个战绩破百的飞行员，总战绩102架，其中重型轰炸机26架。1944年3月2日埃贡·迈尔在法国蒙梅迪（Montmédy）被P-47击落身亡，死后被追授了双剑橡树叶骑士十字勋章。

1942年迈尔访问阿布维尔基地。从左到右：明希贝格上尉（时任JG 26第二大队大队长），埃贡·迈尔中尉（时任JG 2第7中队中队长）、库尔特·埃伯斯贝格尔中尉（时任JG 26第4中队中队长），在击落100架以上英、美飞机的8名王牌飞行员中，迈尔与明希贝格以102架西线战绩并列第五。

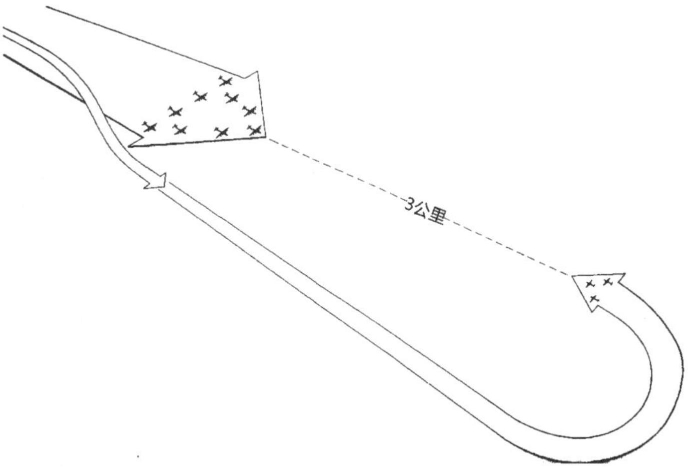

迎头攻击示意图。德国战斗机先一路尾随轰炸机编队，确定对方航线、高度和速度，再保持安全间距，加速从轰炸机编队侧翼飞越，180度调头，列队发动攻击，这时每秒200米的飞行速度使得开火机会稍纵即逝，飞行员从进入最远的有效射程到安全脱离之间只有短短数秒。按照加兰德要求，完成攻击后急跃升向上方脱离，但大多数飞行员还是会下意识地半滚倒转向下脱离。

光顾了塞纳河畔罗米伊[①]的德国空军后勤基地。12日，从博蒙勒罗歇起飞的JG 26第9中队成功击落美军第303轰炸机大队2架B-17，第二大队在索姆河口只来得及击伤几架B-17，便遭到护航战斗机阻拦，3架“喷火”被击落。美军第303轰炸机大队一架B-17F受损掉队，迷航到下莱茵地区，被Bf 110逼停在荷兰吕伐登。德国人如获至宝，修复后送至雷希林测试中心仔细研究检查，还派出2架Bf 110护航，次年5月它被送到驻德国和西欧各战斗机大队，供飞行员零距离观摩，熟悉这种轰炸机的坚固和薄弱部位、机组成员位置、最重要的火力点位置，而最致命的机翼油箱和发动机油箱位置和轮廓特意被白线勾画出来凸显。

美军20日出动的B-17和B-24达101架，12个“喷火”中队护航和牵制，规模仅次于11月9日的里尔空袭，但无论目标还是行动都是一周前的翻版，轰炸机起飞不久就被德军察觉。英军对加来实施的四次战斗机扫荡成功引出了JG 26。零星的交战后，除了JG 26第4中队中途降落进行快速补给，JG 26大部队直奔迪耶普方向，第二和第三大队率先接敌，不动声色地与轰炸机并行尾随，11:55“喷火”护航到作战半径后调头离去，第二大队立即对美军第91轰炸机大队迎头发动攻击，2架B-17坠落在鲁昂，第91轰炸机大队苦苦支撑了一个小时，没有让Fw 190占到更多便宜，JG 26三个大队轮流猛攻，直至油量告急才罢手。

JG 26第9中队与JG 2第三大队从博蒙勒罗歇紧急起飞，在巴黎地区对轰炸机发动迎头攻击，成功击落2架B-17，其中1架翻着筋斗坠落，机尾脱落后才栽向地面。另1架在施坦贝格尔从正前方射出的猛烈炮火下摇摇欲坠，施坦贝格尔又如法炮制一通，终于看到对方9名机组成员跳伞。

从扫荡加来的英军中脱身后，JG 26第4中队补充了燃油，成为最晚拦截到轰炸机的部队，该中队在迪耶普将1架B-17打向大海，格隆茨上士被击中座机，但他还是成功返航。稍晚，JG 26从加来又出动了一次，目标是追击返航到海峡上空的盟军护航战斗机，零星交火不了了之，双方鸣金收兵。

12月20日美军在法国共损失6架B-17，31架B-17和B-24被击伤，宣称回击击落了53架敌机，随后又调整为21架。持久的战斗耗尽了不少德国战斗机最后一滴燃油，飞行员呼叫迫降的无线电通讯被截获，盟军情报部门以此为据，判断大量敌机受损，与轰炸机组的宣称不谋而合。实际情况是只有6架德国战斗机被重创报废，其余10架受到中等以下程度的损伤。JG 26联队宣称击落5架

1942年12月12日被德军完整捕获的B-17F（序列号41-24585）。

① Romilly-sur-Seine，位于巴黎东南方60英里外。

B-17，其中1架成为了普里勒的第81个战果，仅有第1中队一名飞行员降落时遭遇失速身亡。JG 2联队以1名飞行员阵亡的代价宣称击落3架B-17，联队长奥绍少校包揽2架。

当天德国战斗机大部分攻击都发自轰炸机正前方，迎头攻击法的效果再次得到证明。月底战斗机总监部发布了一套拦截重型轰炸机的战术规程，首选正是来自前线的经验：截击机并行于轰炸机，飞到目标前方约5公里，以四机编队为单位转弯发动迎头攻击，瞄准驾驶舱在900码射程开火并保持近乎平飞的姿态，停火后飞越目标上方脱离。如果需要攻击后半球，则推荐以四机小队为单位，快速分波次发动攻击，同样从上方脱离。

在阿道夫·加兰德将军看来，这套拦截战术成败关键在于保持队形，至少也要保持目视距离，方可发动下一轮集中进攻，所以脱离后需要保持在轰炸机上方。然而，无论从前方还是后方发动攻击，半滚倒转始终是德国战斗机飞行员最习惯的脱离方式，结果会远远掉到大部队下方并落单；此外，飞行员面对雹暴般的自卫火力会不可避免地急于退出，过早开火。虽然轰炸机机枪手打掉的德国战斗机并不多，但点50口径的火力网确实形成了有效防御，因此加兰德的期望落空了，德国战斗机编队很难一丝不苟地执行完既定战术，往往首轮攻击过后就一哄而散，能再次集结的数量不到一半。

采用迎头攻击时，以550mph的接近速度，有效射击时机转瞬即逝，高空和水平攻击进一步加大了距离估算难度，飞行员自然会担心撞机。以博里斯上尉为代表的高水平指挥官们经过试验对标准战术做了改良：在轰炸机正前方的上方约10度夹角，以类似于平时对地扫射训练的位置发动攻击，有利于保持稳定的射击角，而瞄准轰炸机机鼻能获得较好的前

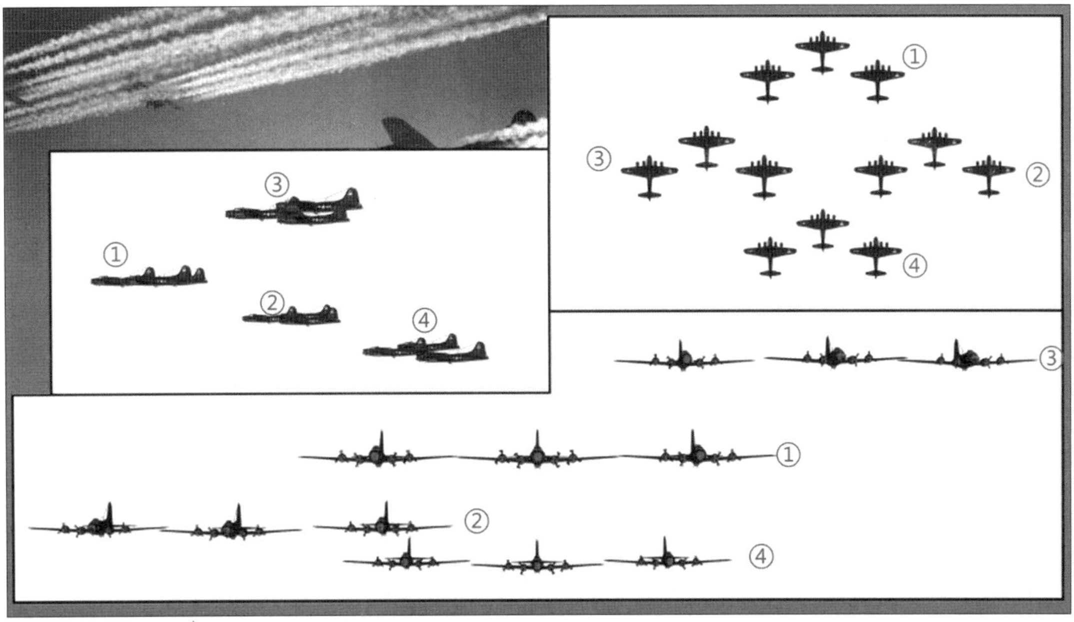

美军轰炸机箱形编队（combat box）三视图，一个中队12架飞机组成一个编队，三个中队即36架轰炸机组成一个大队编队。这一编队战术由时任第 305轰炸机大队指挥官柯蒂斯 · 李梅（Curtis LeMay）上校在1942年冬季提出，和德国空军的迎头攻击战术发明时间相差无几，双方这时从战场到后方斗智斗勇，都在努力进行装备和战术的研发。

置量，距离估算大为简化，尤其有助于经验不足的飞行员。从此，欧洲战场美军轰炸机组最胆寒的12点方向诞生了，后来在英国的B-17和B-24机鼻都加装了机枪。

1942到1943年之交的冬季，英吉利海峡两岸空战大幅减弱。盟军重心转到在北非开辟的新战场，德国空军也慌忙向岌岌可危的地中海战场调兵遣将。1943年初西线德国战斗机部队兵力较之去年8月处于原地踏步，1月10日第3航空队共有295架单引擎战斗机，其中180架可作战，德国空军中央司令部（帝国航空队的前身）拥有185架单引擎战斗机，其中137架可作战。

战斗机总监部去年年底出台新规，每年新年假期结束后，所有昼间战斗机联队指挥官们须前往柏林参加为期八天的联席会议，汇报部队作战态势，并就当前战术、战略和需求进行探讨与交流。1943年开年后的这次联席会议上，加兰德宣布了两项事关JG 26的重大政策调整，第一是人事变动：现任联队长舍普费尔少校将调离联队，他的继任者是第三大队指挥官约瑟夫·普里勒少校。第二，JG 26将与东线的第54战斗机联队（JG 54）“绿心”部分互换战场——联队中长久以来的传言终于被证实。

1月10日，舍普费尔少校将联队指挥权交与约瑟夫·普里勒少校，以作战官的身份前往布列塔尼战斗机指挥部的新岗位上任，布列塔尼战斗机指挥部主要负责部署在法国西部的德国海军潜艇基地的防空任务。战前是一名警察的舍普费尔自1936年加入德国空军，1938年6月来到JG 26的前身第334战斗机联队第一大队，这位元老在形势大好的1942年成功守住联队的优势和精华，但西线空战日渐残酷，JG 26何以为继？用加兰德后来的话说：性情温和的舍普费尔“是一个好人，但不是一个强有力的领导”。1943年是轴心国由盛转

1943年1月1日第26战斗机联队指挥结构及兵力部署表

部　队	指挥官	机型	飞机总数	可作战飞机数	飞行员人数	可作战飞行员人数
联队指挥部(Stab/JG 26) 基地:圣奥梅尔－维泽讷	格哈德·舍普费尔少校	Fw 190 A-4	5	5	4	2
第一大队(Ⅰ./JG 26)	约翰内斯·赛费特少校	Fw 190A-4	34	23	43	27
第二大队(Ⅱ./JG 26)	康尼·迈尔上尉	Fw 190 A-3 Fw 190 A-4 Bf 109G-4	33 11	23 7	53	28
第三大队(Ⅲ./JG 26)	约瑟夫·普里勒上尉	Fw 190 A-4 Bf 109G-4 Bf 109G-1/U2	35 2 1	29 2 0	48	35
第10(战斗轰炸)中队	保罗·克勒中尉	Fw 190A-4/U3	14	13	13	12
第11中队	保罗·绍德少尉	Bf 109G-1 Bf 109G-5	12	8	10	0
总　　计			147	110	171	104

衰，由攻转守的关键性一年，大局势下德国空军从东线到西欧、从挪威到地中海各个战场举步维艰，焦头烂额，有经验的指挥官和飞行员更是捉襟见肘，只能根据形势需要在不同战线和部队调来调去四处救火，舍普费尔先后又被调到意大利和挪威的战斗机指挥部。他在1944年5月重归战场，担任刚成立不久的第4战斗机联队指挥官，参加了本土防空战，8月舍普费尔在什未林（Schwerin）被击落后伤别前线，在战争结束前一个月，他以JG 6联队长身份在捷克斯洛伐克北部指挥对苏作战。基于这个原因，投降后舍普费尔被美军移交给苏联，做了苏军俘虏，1949年获释回国。

出生于1915年的普里勒在德国空军的资历也可以追溯到1936年。早在不列颠空战期间，他就作为第51战斗机联队第6中队中队长展露才华，1940年10月凭借20架空战战果被授予骑士十字勋章。随后被加兰德看中，转入JG 26，先后担任第1中队、第三大队指挥官。1943年普里勒已手握81架骄人战绩，稳坐JG 26王牌头把交椅。战功永远是德国战斗机部队升迁最简单直接的依据，但普里勒所展示的战场指挥才华更为加兰德所看重：精力充沛、精明强干、直言不讳、勇于革新，这些特质都与加兰德相通，令27岁的他成为第六任联队长的不二人选。在其后的战争岁月，他也成为任期最长的JG 26联队长。与舍普费尔不同，普里勒的指挥风格强势，雷厉风行，同时也不缺乏对下属的关爱，这些都为他同时赢得上级的器重赏识和手下的拥护爱戴。战场外他亦个性鲜明、乐善好施、讲究生活品质。一位同联队打过多年交道的战地记者一语道破普里勒的性格优势——进取心与责任感并重，钢铁意志与社交才华兼备。

第二和第三大队指挥层随之做出调整，第77战斗机联队第一大队大队长弗里德里希·盖斯哈德（Friedrich Geißhardt）上尉从北非战场来到法国，接管了普里勒留下的第三大队，盖斯哈德在东线和地中海战场已创下100架击落数的“辉煌”战绩并荣获橡树叶饰骑士十字勋章，跻身当时破百的三十位顶尖王牌行列。这样一号人物的加盟明显源自JG 26那位身在柏林的老领导关照，他始终竭尽所能地为联队网罗人才，不过第三大队一些飞行员可能不太愿意领这份情，他们不喜欢这位居功自傲的新长官，但也无法否认他作为战斗机飞行员的才干。盖斯哈德所有成就均为驾驶Bf 109取得，这样的经历可能令他更欢迎第三大队从Fw 190换装Bf 109。

第二大队指挥官从康尼·迈尔上尉换成了“土生土长”的威廉－费迪南德·加兰德上尉。他出生于1914年，在加兰德家排行第三，1940年追随二哥阿道夫·加兰德进入战斗机飞行员学校培训，1941年中期加入施拉格特联队，7月在法国埃斯丹上空击落一架喷火式战斗机，实现零的突破，在兄长指导下，他一路顺风顺水，次年5月被提拔为第5中队中队长，神速的升迁和优厚的背景不可避免为他带来质疑和抱怨，但执掌第二大队时乌兹（其昵称）已击落21架英美飞机，成绩在严酷的西线空战中相当可观。他为人热忱开明，不少幸

JG 26任期最长的联队长约瑟夫·普里勒。

普里勒担任JG 26第三大队大队长期间接待来访的JG 2 联队长瓦尔特·奥绍少校（左）。

存下来的战友在战后都留有与他深夜痛饮狂欢的美好回忆，有人认为论战斗机飞行员素质，乌兹是三兄弟中最好的，而论战场指挥能力，他那位哥哥略不世出。

四、战斗轰炸机中队的湮灭

9点刚过，英国邓杰内斯角到伊斯特本海岸线晨雾氤氲，细雨纷飞，几艘英国货船不紧不慢向西航行在黑斯廷斯南部沿海。在它们上空，8./JG 26中队两架Fw 190执行完气象侦察任务，正待打道回府，皇家空军第609中队两架巡逻的“台风”如霹雳般俯冲而下，以高偏转角近距离开火，这对Fw 190只有僚机带伤逃回法国。对第26战斗机联队来说，1943年1月20日以一个晦气的开局掀开序幕。

为了报复英军五天前连续两晚轰炸柏林，德国第3航空队精心谋划了这天对伦敦的空袭。午时延绵的云层笼罩在英吉利海峡上空600米，能见度极差，为德军提供了可趁之机。11:50，10./JG 2中队的2架Fw 190战斗轰炸机率先飞往怀特岛的文特诺（Ventnor），大约12:00，28架Fw 190战斗轰炸机和8架Fw 190护航机以松散的间距超低空飞越海峡，杀向伦敦。同一时刻，南线战斗机补充大队的10架Bf 109F-4战斗轰炸机和东线战斗机补充大队的8架Fw 190护航机从法国西南的桑特（Saintes）基地起飞，牵制性空袭坦布里奇韦尔斯[①]。十分钟后，Ⅲ./JG 26大队的29架Fw 190和6./JG 26中队为主的10架Bf 109G压轴出动，扫荡泰晤士河东岸，进一步牵制英军并掩护撤退。少数几架参战飞机起飞后因技术故障退出。

12:22，英军地面观察员报告34架Fw 190超低空飞越北福尔兰角和比奇角一带海岸线，随后分散飞向肯特郡和东萨塞克斯郡方向。8分钟过后，28架德国战斗轰炸机赫然出现在伦敦东南，高度仅有20到30米。英国防空部队完全猝不及防，为了避免干扰炮瞄雷达设备校准，阻塞气球要么被收起，要么放在150米高度，再次慌忙升空后即刻被打掉10个。直到第一枚炸弹落下，伦敦才响起空袭警报，仍在享用午餐的市民惊恐地看着一架架“黑十字”从房顶咆哮而过，首都乱作一团，一座储气站被引爆，萨里商业码头、格林威治的皇家海军学院和电站以及桑德赫斯特学校均遭到轰炸或扫射，空袭造成70名平民丧生，其中包括38名学生和6名教职工，伤者和损毁的建筑、车辆不计其数。德国飞机撂下烂摊子，向南逃之夭夭。其中几架撤退过程中继续扫射街道，制造恐慌，它们一路只遇到微不足道的地面火力和几个阻塞气球。

大约30架担任牵制性空袭的德国战斗机于12:34飞越伊斯特本海岸，在目标坦布里奇韦尔斯上空发现英机，于是转而将炸弹投向附近次要目标沃德赫斯特（Wadhurst）。另据英方记载，12:40东萨塞克斯郡刘

① 坦布里奇韦尔斯（Tunbridge Wells），位于伦敦以南约65公里。

易斯镇也遭到6枚250公斤炸弹轰炸和机枪扫射，2名平民死亡，45人受伤。这批德军从布赖顿附近撤离，2架Bf 109F-4战斗轰炸机未能返航。

10./JG 26中队的赫尔曼·霍赫（Hermann Hoch）少尉因技术故障落在最后起飞，为了不错过自己的第4次轰炸任务，他提前将所携带的500公斤炸弹丢进大海，快马加鞭追赶部队。从伊斯特本进入英国，随后加入了攻击坦布里奇韦尔斯的友军，他的飞机两次被轻型防空火力打中。霍赫继续飞了一阵，眼见逃回法国无望，只好返回萨里的凯珀尔（Capel）附近迫降。他故意用机腹着陆，飞机擦过一座小山，弹向山顶，一路弹跳颠簸，最后滑进200码外的小树林才停住。霍赫毫发无伤地跳出飞机，众目睽睽之下飞快地接上自爆装置引信和雷管，解开保险，他心中陡然轻松下来，镇定地呵斥两名赶到并走近的英国士兵。对方没有搭理，继续进入飞机残骸查看，直到看到德国飞行员卧倒才猛然警醒，在爆炸的前一秒跃出，随后霍赫被带进战俘营。

霍赫的Fw 190A-4是德军唯一损失在英国土地的战斗轰炸机。皇家空军在伦敦遇袭时基本无所作为，但回过神开始全力追击，比根希尔联队指挥官理查德·米尔恩中校和第611中队中队长雨果·阿姆斯特朗少校紧急起飞，在南海岸拦下最晚撤退的2./JG 26中队，米尔恩击毙了基尔施泰因军士长。阿姆斯特朗少校宣称击落2架Bf 109G。掩护撤退的德军7./JG 26中队长克劳斯·米特乌施上尉在拉姆斯盖特击落了英军第91中队1架巡逻的“喷火V”，“喷火”飞行员跳伞后获救。

临近12点，皇家空军第609中队两架“台风”巡逻到迪尔附近发现8到12架德机踪迹，鉴于油量不足，飞行员将情况报告给曼斯顿指挥站，第609中队另一对“台风”从曼斯顿紧急出动，向东全速冲向海岸，根据前一对巡逻机指引爬升到6000米高度，果然在拉姆斯盖特几乎相同高度上发现8架Bf 109，约翰·罗伯特·鲍德温（John Robert Baldwin）少尉和比利时同僚让·克勒特雷（Jean Creteur）少尉从敌机后方逼近。6./JG 26中队全然无察，他们去年12月下旬才开始接收Bf 109G-4，这次被指派为高空掩护，任务就是上上下下、来来回回穿梭于拉姆斯盖特至南福兰角（South Foreland）之间，为轰炸坦布里奇韦尔斯的友军引开英军。一架Bf 109G-4被鲍德温从100码距离射来的子弹击中机尾，飞行员马夸特下士从600米高度逃离失控的座机，他的队友海因茨·布德（Heinz Budde）下士方才警醒：刚才飞来的两

1943年1月20日，赫尔曼·霍赫的Fw 190A-4机尾残骸。

架“黄鼻子”不是Fw 190。他灵活地转到鲍德温身后，射穿了“台风”的油箱、轮胎并打坏襟翼，当布德冲过“台风”，飞向前方云层时看见前方有2架Bf 109，他后来回忆道：

马夸特跳出飞机，我尾追住1架“台风”接近到大约500到600米，但因为燃油不足半途而废，我又看到队友文策尔少尉和迈尔少尉的飞机，文策尔少尉从下方撞上我，我们的机翼俱断，我跳伞而出。后来在医院，约翰·鲍德温告诉我，他向文策尔射击时看到我们相撞，我跳伞后，鲍德温在上方盘旋了一阵，突然不见了，他向我表达歉意，原来那时他油箱被我打坏，燃油大量泄漏。

21岁的文策尔葬身大海，他的飞机部件击伤了僚机汉斯·迈尔少尉，后者强忍住眼伤，迫降回阿布维尔。马夸特跳伞坠海后很快被英国海空搜救队救起，同样跳伞的布德运气欠佳，靠着救生筏在北福尔兰角东部海域漂了两天，奄奄一息之际才被发现。鲍德温少尉一口气包揽了第609中队当天7个空战战绩中的3个[①]，被授予杰出飞行十字勋章，他特意去医院探望了被他击落的对手，大难不死的布德将救生衣中的折刀相赠，两人都表达了战后再聚首的美好祝愿。鲍德温后来以15个空战战绩和无数对地攻击战绩高居“台风”王牌飞行员榜首，但应该没能

海因茨·布德下士。

约翰·鲍德温站在“台风”上，1940年他以地勤的身份在法国作战，次年转为飞行员。伦敦大空袭前他只击伤过1架Fw 190，但1943年1月20日一口气击落了JG 26第6中队3架Bf 109G。鲍德温后来以15个空战战绩和更辉煌的对地攻击战果成为最成功的台风飞行员，二战结束时担任第二战术航空队第123联队指挥官，军衔为上校。

① 1943年1月20日皇家空军第609中队共宣称击落7架、击伤1架德军战斗机。

实现和布德的约定，1952年3月15日，已是中校的他在朝鲜“米格走廊”执行任务时失踪。

皇家空军一路追着德国战斗机飞越英吉利海峡，5./JG 26中队1架Fw 190A-4在海峡上空被自由法国中队第340中队的“喷火Ⅸ”或者第609中队的“台风”击落。英军第332中队1架“喷火Ⅸ”追到法国海岸后被米特乌施击落，英军第122中队的金加比少校在法国格里内角斩获6./JG 26中队一架Bf 109，上述三名被击落者无一生还。

海峡上空的对峙一直持续到黄昏，德军在搜寻失踪飞行员，英军则希望扩大战果。JG 2联队一架Fw 190被英军第64中队的“喷火Ⅸ”打落大海，另一架带伤而归。德军此次行动损失的11架战斗机中有5架被英军第609中队收入囊中，中队战史骄傲地记载为“‘台风’一战成名”，同盟国媒体也予以广泛报道，与此形成对比的是，布德等德国飞行员直到被俘才第一次知道这款已经在海峡服役了半年多的英国战斗机。

1943年1月20日德国第3航空队出动95架战斗机，共将6吨炸弹投向伦敦，损失了包括3架战斗轰炸机在内的11架飞机，另有4架带伤返航，飞行员7人阵亡或失踪、3人被俘、3人负伤。JG 26宣称击落4架“喷火”，但英国仅有的2例“喷火”损失出自米特乌施上尉一人之手。另有1架“野马Ⅰ”被奔着文诺特方向的德军10./JG 2而去的“台风”（来自第486中队）误击击落。英国战斗机共出动214架次，宣称歼敌8架，可能击落3架，击伤9架，却难以平息民众对于军方未能有效阻止空袭的抗议，有关“打了就跑”的德国战斗轰炸机议题第一次在国会下议院进行辩论。一向伶牙俐齿的英国媒体口诛笔伐，声讨德军蓄意攻击学校。

JG 26也付出了单日最大损失的代价：共有8名飞行员未能返航，2人重伤，其中5人出自第6中队，它所属的第二大队亦被打得灰头土脸，次日清晨该大队又一名从事海上搜索的Fw 190飞行员被皇家空军第609中队击落身亡。阿道夫·加兰德在报告中将失败归结为作战失误和领导无方，但他刚晋升大队长的弟弟明面上并没有被问责。痛定思痛，第二大队换回了Fw 190。接下来几个月，第三大队遵照原计划，全面换装Bf 109G。伦敦大空袭成为施拉格特联队冲破海峡的绝唱，从此他们再也无力对英国领空发动像样的进攻。

剩下的1月和2月，战斗轰炸机安分了不少。值得一提的

JG 26第6中队在1942年8月的集体照，从左到右：海因茨·布德下士、海因茨·马夸特下士、格哈德·福格特下士、特奥·林德曼中尉、赫尔穆特·霍佩少尉、鲁道夫·洛伊舍尔少尉、库尔特－埃里希·文策尔少尉、威廉·迈尔下士。照片中除了被俘的布德和马夸特，只有林德曼活过了二战，他时任中队长，1942年11月追随好友明希贝格转到第77战斗机联队，担任明希贝格的副官。约翰内斯·瑙曼中尉继任第6中队中队长。

是交战发生在2月5日，上午第10中队4架Fw 190企图轰炸黑尔什姆（Hailsham），并排超低空飞过海岸不久即被英军第609中队2架巡逻的“台风”发现，1架Fw 190飞行员跳伞后身亡（击落他的“台风”飞行员两天后在法国被8./JG 26中队长博里斯上尉击落身亡）。5./JG 26中队8架Fw 190被派去寻找这名未能返航的战友并保护海空搜救活动，被惊动的皇家空军第11大队一口气出动了多个“喷火”中队，其中第611中队的澳大利亚籍中队长雨果·阿姆斯特朗少校带着僚机悄悄来到海因茨·戈曼下士身后，后者及时警觉，躲进上方云层，当戈曼穿云而出，发现这两架“喷火”恰在前方，当即瞄准敌长机开火，看到对方栽进大海。皇家空军因此痛失一名优秀的指挥官，阿姆斯特朗少校生前共宣称击落10.5架、击伤2架和可能击落3架德军飞机，而戈曼取得了第2个空战战果。

2月17日JG 26的战斗轰炸机中队改换番号，成为JG 54第10（战斗轰炸机）中队，原计划当JG 54移师西线时就地加入。两个联队甚至在圣奥梅尔的维泽讷基地举行了中队指挥权交接仪式，有“绿心之父”之称的JG 54联队长特劳特洛夫特中校从苏联赶来出席，但是之后JG 26与JG 54的换防不了了之，因此这个中队除了飞行员不再佩戴“施拉格特”字样的联队臂章外，其余维持原样，该中队作为独立作战单位，作战行动仍归JG 26指挥。

JG 26第10中队在1943年1月下旬又出动两次，袭击了贝克斯希尔（Bexhill）、黑斯廷斯和马盖特三地，图为1月贝克斯希尔一座受损的建筑。

开春后10（Jabo）/JG 2中队和10（Jabo）/JG 54中队没有停止反攻的步伐，动辄联手倾巢而出。3月11日27架Fw 190低空侵入拉伊（Rye），将高爆弹投向黑斯廷斯，造成相当程度的财产损失，一起参与此次空袭的还有第10快速轰炸机联队（Schnellkampfgeschwader 10）第二大队，这个专职于战斗机轰炸的联队成立不久，此行主要目的是为飞行员积累作战经验，结果1名队员被高炮击中后坠海身亡。可能因为没有遇到拦截，Fw 190次日清晨卷土重来，24架在埃塞克斯实施机枪扫射，16架轰炸了伦敦东郊的伊尔福德、巴金和达格纳姆，造成轻微的破坏和部分人员伤亡。英军出动70架次战斗机，只有驻埃塞克斯霍恩彻奇基地的第122中队和第331中队接敌，第122中队8架“喷火”发现12架Fw 190后追了72公里，只靠远射宣称击伤1架敌机，第332中队宣称击落5架Fw 190。10（Jabo）/JG 54和10（Jabo）/JG 2各有一架Fw 190被击伤后坠海，飞行员无一生还。Ⅱ./JG 26大队大约20架战机在泰晤士河河口掩护撤退，Ⅲ./JG 54大队则在普里勒带领下巡逻法国海岸，两个大队均没有遭遇敌机。

3月24日，两个战斗轰炸机中队低空突袭阿什福德（Ashford），它们在郊区兵分两路，一队成功轰炸了火车站，另一队则将炸弹胡乱投向市区。10（Jabo）/JG 54中队长保罗·克勒中尉瞄准一辆停在工厂园区的油罐车一通扫射，火势冲天而起，后续两轮爆炸导致工厂满目疮痍，轻型防空炮碎片引爆了飞机上的炸弹，人缘很好的克勒中尉就此殒命。此次空袭成为战争期间肯特郡所遭受的最大灾情，共有51人丧生，154人受伤，多亏防空警报及时响起，挽救了更多人的生命，而技术上可喜的突破是新型低空雷达探测到17.5英里外的德国飞机，16架英国战斗机

1943年3月24日，正遭受空袭的阿什福德，照片中能清楚看见几架Fw 190飞舞。

得以提前升空。但第91中队2架巡逻的“喷火”追到邓杰内斯角时被德军掩护撤退的5./JG 26中队击落1架、重创1架。

埃尔温·布施中尉接任了第10中队指挥官，他从去年3月战斗轰炸机中队成立一直干到战争结束，不能不说是幸运女神眷顾。4月9日下午，10（Jabo）/JG 54中队罔顾恶劣天气，派出一个四机小队再袭福克斯通，为接下来的倒霉埋下祸根。卡尔·黑克下士被英军第609中队巡逻的“台风”击

保罗·克勒中尉，他在JG 26联队服役的经历最早可以追溯到1940年。

遭受Fw 190轰炸后的金斯布里奇市阿维顿·吉福德教堂（Aveton Gifford）。

伤后实施水面迫降，他的队友回维泽讷补充了燃油，立即重返海峡搜寻，JG 26也派出几架战斗机护送从加来出发的巡逻艇展开海上搜救。然而皇家空军对德国人这套一成不变的路数了然于心，“喷火”和“台风”提前守在海峡上空等着德国飞机自投罗网，3架Fw 190被击落，飞行员连同早先失踪的黑克下士无一生还。继不停地将“台风”误认作“喷火”、P-51、P-40甚至名不见经传的P-66之后，德国飞行员难得把“台风”列入宣称战绩，但这次真不是“台风”：英军仅有第611中队一架“喷火”带着中等程度损伤返回了英国。

有记录的10./JG 54中队最后一次对英昼间作战行动就这么惨淡收场，曾经的JG 26战斗轰炸机中队成立13个月以来，共失去20名飞行员，远超中队满编兵力。4月中旬，10（Jabo）/JG 2和10（Jabo）/JG 54分别改编为第10快速轰炸机联队的第13和第14中队，转入夜间轰炸。6月中旬，德国战斗轰炸机对英国长达15个月的空袭画上休止符，第10快速轰炸机联队被调到地中海作战，先后转战意大利战场和苏德战场。

JG 54第10（战斗轰炸机）中队最后一名阵亡飞行员奥托－奥古斯塔·巴克豪斯（左）和中队长埃尔温·布施（右）。

第七章 东线过客

1943年2－7月

一、第一大队

联队长普里勒少校上任第一件事便是制订和完善东进计划，由于苏联空军战斗力远逊于英美盟军，此消息一出，联队上下热情高涨，飞行员从中看到了大幅提升战绩的良机，进而踏上一条通往荣誉和晋升的康庄大道。经过一番考量，普里勒选择了约翰内斯·赛弗特少校的第一大队首先东进，接下来是第三大队下属的第7中队，与它们交换的分别是第54战斗机联队的第三大队（Ⅲ./JG 54）和第4中队（4./JG 54）。为了保持现有有效防御区域的连贯性，互换将以大队和中队为单位分阶段进行，且双方只交换飞行员、重要的参谋文职人员以及必需的装备设施，除此之外，包括地勤、战机和所有装备皆维持不变。

第一大队多位飞行员拥有东线作战经验，其中包括第1中队的瓦尔特·赫克纳上尉和第3中队的罗尔夫·赫尔米兴上尉两位中队指挥官。阿尔弗雷德·黑克曼军士长去年10月加入第1中队之前，已在JG 3宣称击落过50架红军飞机并获得了骑士十字勋章，与他有相同经历的是第7中队的海因茨·克梅特米勒（Heinz Kemethmüller）军士长。

参加完伦敦大空袭，第一大队分批搭乘火车前往东普鲁士的德国空军维护基地海利根贝尔[①]，在那里接收了全新的FW 190A-5战斗机，等待几天无线电设备及武器系统的安装和测试后，1943年1月31日，前Bf 110飞行员赫尔米兴轻车熟路地带领第1中队和第3中队经由拉脱维亚首都里加飞抵俄国北部的里尔比齐（Rielbitzi）基地。大队在东线隶属德国空军第1航空队唯一一个单引擎战斗机联队第54战斗机联队（以下简称JG 54）。第1航空队负责为此地北方集团军群提供空中支援。里尔比齐位于战区最南端，伊尔门湖以西，是一个典型的野战机场，但自1941年9月JG 54驻扎后，被改造得颇为完善，宿舍区位于临近机场的村庄，战前简令也在此布置。第2中队迟到2月下旬才离开法国，加入大队。

对初来乍到的JG 26飞行员而言，东线与海峡前线有天壤之别：其一，这里的空战大多发生在中低空，飞行高度很少超过3000米；其二，出战规模最多为一个中队，四机编队依然为标准战斗队形，但巡逻普遍采用双机编队；其三，在

① Heiligenbeil，今俄罗斯加里宁格勒州马莫沃诺（Mamonovo）。

苍茫无际的俄国，航位推算、地标领航乃头等大事，飞行员从升空的一刻必须全程了解方位，最好与本方防线保持在滑翔可到的距离，因为迫降到苏军防区的人基本有去无回；最后一点，一旦飞越前线，必须高度警惕和避开高射炮，因为防空火力带来的威胁远胜于苏军战斗机。

东线的德国战斗机最常见的作战形式是四机编队以自由狩猎方式攻击红军轰炸机和强击机编队。作为四机编队的鼻祖，这一阶段德国战斗机与红军编队作战时优势明显，近乎无懈可击。巡逻任务一般在德军防区进行，因而损失轻微。

此时福克－沃尔夫战斗机在东线还是新鲜事物，JG 54联队地勤们熟悉和掌握零下40度低温环境中的战机维护程序尚需时日，巧妇难为无米之炊，在此期间JG 26飞行员不得不耐着性子进行地图研究、敌机辨识等方面的理论培训。

2月14日，第一大队首先以对地攻击任务掀开了东线征程。早在1941年冬季就被德军占领的德米扬斯克突出部正好位于伊尔门湖以南。为了清除突出部造成的威胁，苏联红军从1942年11月开始对盘踞于此的德军发动合围攻势，遭遇顽强抵抗，红军久攻不下、日渐式微。JG 26第一大队频频奉命扫射伊尔门湖沿岸汹涌的红军步兵，后方的摩托化雪地拖靶、马力运输车，为陆军提供空中火力支援。短短几天每名飞行员都执行了八到十次任务。红军的攻势暂时被遏制了。

JG 26首场东线空战发生在2月16日，第一大队指挥部和第1中队拦截一个庞大的伊柳辛IL-2机群，7名飞行员在这种装有严密装甲板的强击机身上取得了11:0的宣称战绩。黑克曼军士长、泽芬上士、凯泽一等兵以及赫克纳上尉均梅开二度，赛费特大队长也做了表率。事实证明，自身也有良好装甲防护的Fw 190战斗机对付令德国士兵胆战心惊的“空中黑死神”卓有成效，而过去Bf 109F和Bf 109G几乎拿后者束手无策。

17日，第一大队宣称击落3架P-40战斗机，但4架飞机和2名飞行员的损失不轻，第3中队一名飞行员在德米扬斯克被高炮击中身亡，另一名飞行员攻击IL-2时失控坠毁于地面，昨天刚首开纪录的凯泽一等兵在与雅克3型歼击机的缠斗中败下阵来，迫降回德军阵线，Fw 190被“雅克”飞行员扫射摧毁，但他本人只受了点轻伤，大队另有4架飞机被击伤，其中1架报废。

鉴于德米扬斯克突出部将战线拉得过长，固守于此无论于战略还是战术方面均无意义，2月20日，德国北方集团军群总司令冯·屈希勒尔元帅请求逐步撤出该处军队。吸取了斯大林格勒战役的教训，希特勒一反常态地予以批准。第

IL-2强击机（性质等同于德军的对地攻击机）凭借强大的火力成为德军地面部队的噩梦，重装甲防护使它很难在空中被击落，图为德军照相枪拍到一架被20毫米机炮击中的IL-2。

一大队任务随之变为掩护第16集团军下的第2军撤退。苏军则从地面和空中同时发动猛烈攻势，试图歼灭包围圈内的敌人。时任红军空军第6集团军第1歼击航空兵军司令员的阿列克谢耶维奇·科斯坚科少将后来在回忆录中写道，红军在这场战斗中首次动摇了过去为德军牢牢把握的制空权，在他看来，许多驾驶新型的Yak-7b和La-5的飞行员攻守兼备，屡屡痛击为轰炸机打头扫荡的德国战斗机，而德军战斗机数量不足以形成有效的护航编队，相反，苏联歼击机却在为己方轰炸机护航方面游刃有余，以至于部分IL-2开始担当“福克－沃尔夫”和“梅塞施密特”的诱饵，因在德米扬斯克战功卓著，科斯坚科的部队当月被授予“近卫”荣誉称号，成为近卫第1歼击航空兵军。

似乎和科斯坚科少将所言相印证，JG 54第二大队连遭打击，2月21日，大队长汉斯·哈恩少校在伊尔门湖以南被La-5击落后被俘，几个月前还担任Ⅲ./JG 2大队长的哈恩是海峡前线最拔尖的王牌飞行员之一；3月6日，拥有152架空战战绩的6./ JG 54中队长汉斯·拜斯文格尔（Hans Beisswenger）中尉战斗失踪。尽管如此，德米扬斯克战场的德国战斗机部队浑然不觉空中优势岌岌可危，2月16日至3月18日，Ⅰ./JG 26大队声称以损失3架的代价取得80架空战战绩，战利品涵盖了苏军所有主力机型：从IL-2强击机、Pe-2轰炸机到P-39、P-40、米格3、拉格3以及少数几架雅克。3月5日大队三次出动，宣称共斩获14架敌机，包括8架IL-2强击机和2架Pe-2轰炸机，指挥部小队一名飞行员被击落身亡，青克上尉的Fw 190被重创后报废。3月7日第1中队中队长赫克纳上尉凭借击落4架IL-2和2架P-40荣膺单日王牌，一时风光无限，第3中队由赫尔米兴上尉和格里姆少尉各自击落2架Pe-2轰炸机和1架拉格-3战斗机。第2中队一架执行护航任务的Fw 190从基地起飞时倾覆，飞行员和飞机一起葬身火海。3月14日第2中队中队长青克上尉在苏军阵地被击落后宣告失踪，联队指挥部的威廉·格特（Wilhelm Gäth）上尉不得不从法国赶来救急。

北方战场的德米扬斯克之围尚未完全解除，JG 54联队和Ⅰ./JG 26大队奉命支援勒热夫－维亚济马突出部内的第九集团军撤退。上一年年底，虽然德军第九集团军在莫德尔指挥下击退了苏军强大攻势，自身也损失严重。红军对中央集团军群的压力从未停止。1943年1月17日，加里宁方面军夺取了勒热夫后方的交通枢纽大卢基城。德军第九集团军更危如累卵。在中央集团军群总司令克鲁格元帅的强烈请求下，

3月14日青克上尉坠毁的“黑色13”号Fw 190A-4。

希特勒终于允许放弃勒热夫突出部。3月1日，代号为“水牛行动”的撤退开始。到23日结束后，中央集团军群战线缩短230公里，节省21个师的兵力，也意味着德军被迫收回“对准莫斯科胸膛的手枪”。

3月持续的降雨和泥泞使俄国境内的机动作战暂时平息下来，14日，Ⅰ./JG 26大队从里尔比奇转移到西南边的德诺（Dno），向东正对旧鲁萨。大队任务依然以自由狩猎、气象侦察和护航轰炸机为主，其间难觅空战机会。第3中队甚至在5月一度被调去协助反游击战。从3月30日至6月6日回国前夕，大队只有37架宣称战绩入账。第2中队的卡尔·维柳斯（Karl Willius）上士此间表现最突出，3月31日他从教官职位回到第一大队后共斩获了9架敌机，尤其在5月13日一举击落3架Pe-2轰炸机和1架MiG-3歼击机，个人战绩提升到27架。另外值得一提的是5月28日第3中队的伯恩哈德·舍尔克内希特上士击落了一架美制O-52“猫头鹰”侦察机，根据租借法案，这种由寇蒂斯公司生产的重型双座侦察机共19架于1943年初来到东线，但苏军实际可用数量只有10架，JG 26击落的那架O-52也成为该机型在战场唯一的损失。6月2日，第1中队一个双机编队根据地面引导来到斯摩棱斯克4000米高度，发现了一架正沿铁路返航的波士顿轰炸机，2架Fw 190尾随上去发动攻击，“波士顿”起火后迫降在铁路附近，德军从中搜出1米长的相机并送到帝国航空部。

由于交战寥寥，大队损失较轻，3月19日德诺机场遭到波利卡尔波夫R-5型轰炸机的夜间袭扰，大队1架Fw 190被炸毁，另一架受损，第2中队的格拉泽下士击落了这种老式双翼机一架，但显然得不偿失。一桩比较悲剧的人员损失出自第2中队的阿尔诺·施塔申（Arno Staschen）少尉，5月13日晚，首次执行任务的他因燃油耗尽迫降在叶利尼亚（Yel'nya）一片田地，在树林躲了一夜，附近的德军次日接到村民报告有可疑人员，便派一名投降的俄国人前去查看。不明就里的德国飞行员如惊弓之鸟，与之发生交火，终被击毙。

5月20日大队南下，一口气转移到200公里之外的奥廖尔，由第6航空队指挥，即将参与库尔斯克战役。6月2日，舍尔克内希特（Schellknecht）上士侦察库尔斯克突出部时遭遇发动机停车，迫降在苏军阵线后方，从此再无音讯，他是第一大队在东线最后一例人员损失。第二天，克里斯托夫（Christof）下士以击落1架Pe-2轰炸机为大队取得最后一个东线战绩。

上月末，赛费特少校吃惊地得到通知，他即将被调到德国空军在保加利亚的参谋部，原来他在Ⅲ./JG 26大队服役的弟弟格哈德·赛费特少尉2月4日被“喷火”击落身亡，根据德国兵役法，约翰内斯·赛费特作为家中仅存的男丁有资格退出前线，其母单方面的申请居然通过了。6月1日赛费特就此与

第2中队在东线，背景是一架“黑色8”号Fw 190A-4。

部队挥手告别。JG 26的故人弗里茨·洛西凯特少校从JG 1调到东线接管大队。

第一大队并没有参加库尔斯克空战，美军第八航空队不断壮大，西线防空险象环生，落在加兰德头上的压力与日俱增，无可比拟的丰富经验和战斗力令JG 26成为加兰德眼中撑起西线天幕的擎天巨擘。因此JG 26剩余部队移防东线的计划先是推迟，继而直接取消。第一大队也收到归建命令，但洛西凯特少校将留在奥廖尔，直接就任JG 51第三大队指挥官。6月4日，大队从沙塔洛夫卡（Shatalovka）飞越库尔斯克突出部60公里，扫荡苏军阵线，就此结束了东线的作战。6日，大队在指挥官空缺的情况下回到德国赖讷，短暂逗留后，大多数飞行员于10日到达索姆河地区的普瓦机场，东线征程正式画上句号。过去四个月里大队宣称击落126架苏军飞机，自身损失9名飞行员和3名地勤人员。

二、列宁格勒战役中的JG 26第7中队

两年前在地中海创下传奇声誉的JG 26第7中队如今仅有现任中队长克劳斯·米特乌施上尉还留在队中。1943年2月17日，米特乌施带领队员们从比利时科特赖克乘火车来到海利根贝尔接收并试飞新飞机，28日来到列宁格勒地区的加特契纳（Gatschina），与JG 54第一大队以及几支轰炸机、俯冲轰炸机部队共驻，加特契纳机场曾是苏联军用机场，设施条件在北方战线最为完善。附近的前沙皇夏宫被用作飞行员宿舍。大约5月中旬，第7中队转移到JG 54联队指挥部所在的锡韦尔斯卡亚（Siverskaya）机场。

第7中队中队长米特乌施，唯一征战完地中海、西线和东线的JG 26飞行员，现在的米特乌施克服了早期的心理障碍，渐入佳境。图为1942年8月27日击落2架“喷火”后，他的Fw 190A-4机尾上的胜利标志增加到22个。

第7中队在东线从属JG 54第一大队，大队长汉斯·菲利普上尉在半个月后成为第二个突破200架空战战绩的飞行员。他的大队刚换装福克－沃尔夫战斗机，第7中队抵达东线后协助东道主进行了一段时间的复习飞行。3月3日阿洛伊斯·韦斯特迈尔（Alois Westermair）少尉驾驶JG 54的Fw 190A-4向云层翻跟头时飞机失控，身亡的他成为了中队在东线首例人员损失。

根据1942年年底苏军最高统帅部下达的突破列宁格勒封锁作战命令，1943年1月12日，列宁格勒方面军所属的第61集团军与沃尔霍夫方面军所属的第2突击集团军分别从拉多加湖以南的施吕瑟尔堡南面和北面向德军发起猛攻，经过7天激战，突破德军阵地纵深14公里。18日，列宁格勒方面军和沃尔霍夫方面军在施吕瑟尔堡1号和5号工人村胜利会师，并沿拉多加湖南岸打通一条10至12公里宽的通道，从而突破了德军对列宁格勒长达17个月的围困。德军发动反攻，但在红军的顽强抵抗下始终无法彻底封锁防线缺口，而面对德军密集的炮火，红军扩大缺口的努力也未能实现，至4月，双方呈现胶着状态。这一战场的苏联空军是第13集团军和第14集团军。

3月5日，埃里希·尧尔（Erich Jauer）上士宣称击落1架拉格-3战斗机，为中队赢得东线首胜。两天后，尧尔作为僚机与JG 54第2中队的格茨中尉于11:55从加特契纳起飞，以自由狩猎形式前往奥拉宁鲍姆（Oranienbaum）巡逻，两人

1943年初，JG 54第一大队等多支德国空军部队位于列宁格勒加特契纳的兵营。不久JG 26第7中队也住进了这个气派的沙皇夏宫。

在1000米高度巡航了约1个小时后发现4架IL-2强击机和护航的3架拉格-3歼击机，Fw 190向上爬升后俯冲发动进攻，护航机来不及做出反应，2架IL-2已坠向地面。尧尔继而咬住1架拉格-3机尾，从500米开外急射开炮，拉格-3冒出火焰，起落架垂落，坠落在雪原。发现长机弹药耗尽，尧尔迅速调转枪口对准长机的目标，在20米超低空持续开火到50米距离，顺利将第3个战利品打落到村庄外一处雪堆上。当天上午副队长京特·克尔希中尉宣称击落1架IL-2。

值得一提的是JG 26第8中队的克萨韦尔·埃伦里德（Xaver Ellenrieder）上士提前一个月前往东线，他的作战日志记录了他在里加、海利根贝尔、里尔比奇多地辗转后，3月7日开始随第7中队作战，12日执行了首次飞行任务，之后几乎每日出勤，除了偶尔的气象侦察和自由狩猎任务外，大部分任务是为亨舍尔126侦察机、Bf 110驱逐机以及容克 87俯冲轰炸机、容克 88轰炸机护航。3月19日埃伦里德首次与几架拉格-3歼击机发生交战。

3月26日上午，埃伦里德护送Ju 88飞往施吕瑟尔堡战斗走廊轰炸苏军地面部队，随后他担任尧尔下士的僚机，近距离护航一架Bf 110照相侦察了拉多加湖一岸的科尔皮诺（Kolpino）。两人根据地面引导，找到附近100米高度上几架拉格-3歼击机，尧尔首先俯冲下去，2架拉格-3试图转弯规避，但被尧尔和埃伦里德打落，坠毁在红博尔（Krasnyy Bor）西北。4月10日，埃伦里德下士带着这个空战战绩离开东线，回到法国里尔归建。

3月20日中队长米特乌施上尉起飞时遭遇事故，Fw 190A-4倾覆后报废，部队损失记录将飞行员伤情从“负伤”更改为“未受伤”，虽然伤情不明，但部队档案显示米特乌施缺席战斗长达两个月，5月21日才复出，两次出击共宣称击落两架拉格-3、一架I-16和一架Pe-2轻型轰炸机，将个人战绩提升到33架，中队唯一的骑士十字勋章获得者海因茨·克梅特米勒军士长也斩获拉格-3、I-16和Pe-2各一架，战绩达到65架。当晚中队最后一次出动，结果不明。

5月27日下午，德军第1航空队派出33架He 111轰炸了沃尔霍夫以北的新拉多加（Novaya Ladoga），12架Fw 190为其护航，苏军雷达及时发现，出动了近卫第86歼击航空兵团的12架雅克-7b歼击机和第156歼击航空兵团的9架拉格-3战斗机拦截。近卫第86歼击航空兵团以损失2架雅克-7b和1名飞行员的代价宣称击落6架He 111和2架Fw 190，第156歼击航空兵团一无所获也没有损失。米特乌施宣称击落1架拉格-3并目击到对方飞行员跳伞。他的战果更有可能来自近卫第86歼击航空兵团一架飞行员平安跳伞的雅克-7b。

5月30日上午，副队长京特·克尔希上尉率队从锡韦尔斯卡亚紧急起飞拦截苏军机群，他们飞越奥拉宁鲍姆，在芬兰湾上空与4架IL-2和3架拉格-3发生一场结局不明的交战，两人调头返航途中又遭盟友芬兰空军2架I-153战斗机攻击，克尔希和一名队友轻易击落了这种老式的双翼机并安全返回，霍斯特·雷克少尉失踪。当天上午芬兰飞行员宣布歼灭2架拉格-3和1架拉格-5，不排除那架拉格-5实为外形相似的Fw 190。

上午克梅特米勒飞往拉多加湖执行了一次侦察任务。午后不久，随中队护送39架He 111轰炸了科佩纳（Kopena），他击落了一架单枪匹马的拉格-3。晚上德军重兵出动——根据苏方材料，总共47架He 111和Ju 88在20架Fw 190和Bf 109护航下分波次轰炸了拉多加湖上的奥西诺韦茨（Osinovets）

岛，苏军参与拦截的歼击机宣称击落了7架He 111和11架Fw 190，自身损失3架，第7中队在此次任务中为37架He 111担任护航，除了米特乌施宣称将1架拉格-3打落坠毁于拉多加湖，中队其余战果不明。

6月8日中队转移到维季诺（Vitino），碰巧躲过了17架Pe-2和18架IL-2对锡韦尔斯卡亚机场的轰炸，苏军记录此次轰炸共摧毁地面20架德机，炸伤15架。克梅特米勒两次从维蒂诺紧急起飞拦截苏军轰炸机，均未能接敌。下午他重返锡韦尔斯卡亚，拉上尧尔作僚机，共同护送40架He 111飞往沃尔霍夫，他们在沃尔霍夫发现一群敌机正从5000米高度朝He 111爬升，两人各自宣称击落1架I-180并击退了剩下敌机，但是波利卡尔波夫设计局这种使用星型发动机的I-180从未投产，两人遇到的可能是拉格-5歼击机，苏方材料记载，红军成功瓦解了45架德国轰炸机和15架战斗机对沃尔霍夫的袭击。

接下来的日子，第7中队继续终日奋战在列宁格勒前线，任务大多为护航轰炸机攻击苏军阵地，偶有几次拦截敌机。埃里希·尧尔上士延续了强劲的发挥，他早在1941年9月进入JG 26，却因桀骜不驯，从第5中队被赶到第6中队，得罪了两任中队长，坐了很久的冷板凳，最后被赶到二线部队，当了16个月的工厂试飞员才重返联队。这次第7中队接纳了他，倒不是因为米特乌施有伯乐之才或者容人之量，相反，他几乎不搭理队内士兵，不太关心手下飞行员的品性，唯战绩至上。这样一位刻薄的中队长和遥远的东线恰好给了尧尔咸鱼翻身的机会。

第7中队最后一次成规模出战发生在6月18日傍晚，米特乌施率队护送Ju 87飞往沃尔霍夫特罗伊（Volkhovstroi），轰炸机完成投弹后德国战斗机以双机为单位返回锡韦尔斯卡亚并执行自由狩猎。沿途苏军飞机随处可见，克梅特米勒军士长的日志记载第7中队此次任务共击落1架拉格-3、3架P-40和2架雅克-1，其中1架雅克-1由克梅特米勒本人创下，不过和他的个人日志相左的是，部队日志中米特乌施上尉和克尔希中尉在此次任务各击落2架拉格-3。

埃里希·尧尔终究没能等来一飞冲天之日，此战他和僚机返航到沃尔霍夫特洛伊东南边时失散，随后遭到几架P-40战斗机的攻击，尧尔回击击落了1架，朝下一个目标开火时射过界，正当他猛收油门，机枪射击协调器失灵，子弹打坏了自己的螺旋桨。尧尔弃机跳伞，平安降落在苏军防线125公里后方，东躲西藏了两天，最后放弃游过冰冷刺骨的沃尔霍夫河的打算，选择了投降。尧尔撑过了战俘营那段艰难的

1943年3月2日埃里希·尧尔（右边第三人）在敦刻尔克附近击落1架喷火战斗机，实现了零的突破，回到韦弗尔海姆后得到联队长普里勒少校（右边第二个背影）祝贺，尧尔右边是担任小队长机的克梅特米勒军士长。

岁月，战后回到故土。可能听到无线电里的呼叫，僚机汉斯·普利策下士返航后为失踪的长机申报了2架“P-39”战绩。

6月22日，可能来自苏军第9强击航空兵师的18架IL-2在雅克-1战斗机护航下袭击了德军的锡韦尔斯卡亚机场，苏军宣称三轮空袭摧毁了20架停在地面的德国飞机。克梅特米勒在机场上空击落了一架IL-2。下午他和米特乌施向6架拉格-3歼击机发动攻击，米特乌施宣称击落了其中2架，取得第43和第44架战绩，担任僚机的克梅特米勒只能履行掩护长机的义务，没有机会扩大战果。这天晚些时候，中队又为2架Ju 88和3架Do 217轰炸机执行了一次风平浪静的护航任务。

进入7月，中队归建一事提上日程，正值JG 26第三大队指挥官鲁珀特上尉阵亡，米特乌施被选为接任者，6月30日提前回国，7月5日在新职位上正式走马上任，他留下的中队长空缺由京特·克尔希上尉填补。6月30日中队上报Fw 190A-4和Fw 190A-5共11架，其中8架可用。飞行员共12人，其中7人可出勤，相对于满编的16架战机和飞行员人数，中队保持了较为完整的规模。不过就在完全撤离东线的前一天发生了最后一例人员损失：7月9日，1个双机编队为轰炸铁路的He 111机群担任护航，这两架Fw 190在施吕瑟尔堡上空遭到4架P-39“飞蛇”攻击，僚机普利策下士失踪。

第7中队最后一个已知的战果发生在7月13日，宣称击落1架雅克-7和2架I-180。此时JG 26第三大队也远离母队，暂时移防德国北部库克斯（Cuxhaven）港，装备全部换成Bf 109G，第7中队的飞行员们回归母队后需要尽快上手新机型。

第7中队在东线的档案相当匮乏，宣称击落苏军飞机63至66架，其中约54架由四人包揽：米特乌施上尉15架、京特·克尔希中尉约12架、埃里希·尧尔下士和海因茨·克梅特米勒各10架左右，彼得·赖舍少尉约7架。人员损失情况为飞行员3人阵亡，1人被俘。

就数据而言，第7中队在东线依然出色，不逊于两年前的地中海传奇。只是这次，在广袤无垠的苏俄大地和汹涌澎湃的红军面前，无论第7中队还是第一大队，他们的奋战于战局毫无影响，他们的来去悄无声息，战绩也不如友军JG 54联队，而JG 54交换到西线的第三大队更是严重不适，伤亡和损失剧增。可见1943年初这段互换战场之举意义不大——笔者斗胆猜测，它可能是战斗机部队总监加兰德变着花样从东线抽调兵力（JG 54第三大队）增援西线。放眼整个东线，德国战斗机部队最大的失败在于只追求漂亮的空战，不愿承担对地攻击、战术支援等更广泛

尧尔保存下来的第7中队于6月在加特契纳的集体照，人人笑逐颜开。尧尔站在最左边，站在后面穿着浅色夹克者是副队长克尔希，克尔希前面坐着米特乌施。

而重大的任务，他们赢得了一场又一场战斗，创造了令人炫目的空战战绩和超级王牌飞行员，却未能在1942年之后支援陆军赢得一场战役的胜利。许多战斗机飞行员热衷于击落“不堪一击”的苏军飞机，陶醉于挣来的荣誉和勋章，至于压在地面部队和日渐式微的轰炸机部队头上的苦难和劲敌，从来不是他们的关注重点。

第八章　天幕危机

1943年1－6月

1943年1月2日，JG 26联队指挥部从圣奥梅尔向内陆移至里尔的旺德维尔，第二大队也告别了成名之地阿布维尔，向东转移到工业重镇杜埃附近的维特里（Vitry），上述两处机场曾经都是法国军用机场，拥有混凝土路面跑道，设施完善，第三大队继续驻扎比利时与法国交界处的韦弗尔海姆。在JG 26第一大队和第7中队移师东线的半年里，联队其余6个中队沿法国与比利时边境的工业区驻扎，呈一个小三角形，牢牢把控住从英国到德国鲁尔工业区几条主要航线的必经之地。而法国中部和西部的防空重任则交予一直并肩作战的里希特霍芬联队两个大队。为了加强德国潜艇基地防空，1月8日JG 26第9中队从博蒙勒罗歇搬到布列塔尼半岛南海岸的瓦讷（Vannes），继续与埃贡·迈尔上尉的JG 2第三大队并肩作战并归后者指挥。在北非打了两年的JG 27第一大队撤回德国重建后于1月底进驻法国，第9中队得以归建，代理中队长奥托·施坦贝格尔中尉转到第4中队升为正职。

2月初，与JG 26第一大队互换的第54战斗机联队第三大队（以下缩写Ⅲ./JG 54）在莱因哈德·塞勒少校带领下从斯摩棱斯克搭乘列车来到法国旺德维尔，与JG 26第7中队交换的JG 54第4中队（4./JG 54）回国接收了Bf 109G后也如约而至，经旺德维尔来到韦弗尔海姆，归这里的JG 26第三大队指挥，队员们得到盖斯哈特大队长的热忱接待。

进入战斗序列则是另一回事，以一个大队加一个中队约55架战机的庞大规模，完全融入目前的西线空军体系非一朝一夕的工夫。无论是氧气罩、救生衣、信号枪等单兵装备，还是在高空保持密集编队，西线方方面面都比东线更为复杂、艰难，初来乍到的“绿心”飞行员必须在同英美盟军交锋前尽快上手，他们抓紧冬季间歇期进行了为期一个月的速成培训。联队长普里勒少校本着高度负责任的态度密切关注着这支新部队的训练，不但驾机升空监视编队飞行，还多次神不知鬼不觉地从编队后方模拟偷袭，次次得手，大失所望的普里勒后来很长一段时间拒绝将该大队投入实战。3月底，JG 54第三大队脱离JG 26，驻守不来梅附近的奥登堡，协助JG 1联队防守被德国北部空域，受护航战斗机航程所限，这一区域暂时被盟军轰炸机所冷落。

JG 26联队在1943年初将大量空勤时间投入到新武器和新战术的评估。迎面攻击法现在成为打散重型轰炸机编队首选，但敌军实力与日俱增，德军只能从加大战斗机编队的规模和密集度方面着手才能保持

1943年春，里尔的旺德维尔机场，联队长普里勒少校走出Fw 190A-5。

截击效率。为此久经沙场的JG 26飞行员们在联队长监督下加强了高空编队飞行的训练。

此外，德军还试验了一些新式武器，包括210毫米火箭弹、气压引信或声引信的航弹，以及缆绳拖曳炸弹，由于会降低飞机的操作性能，它们均被海峡前线弃用，直到晚些时候受形势所迫才部分采用。据联队技术官恩斯特·巴特默回忆，普里勒受命参与过一种新型陀螺瞄准具的评估工作，结果同样予以否决，只在战争行将结束前最后几个星期装备上前线部队，倘若它在1943年得到应用，对于1944年到1945年间大批射术不精的战斗机飞行员本可助其一臂之力。

一、皇家空军纠缠不休

1943年年初，留在英国的美军第八航空队只有四个B-17大队、两个弱小的B-24大队以及第4战斗机大队。皇家空军再次肩负起打击法国和低地国家的德国空军的重任。他们的战术轰炸机部队第2大队已经用“波士顿”、“文图拉”①以及蚊式轰炸机替代了孱弱的“布伦海姆”，但是受“喷火”作战半径不足这一老大难问题困扰，护航范围仍然止于西欧沿海。台风战斗机不适合护航，但飞行过程中易解体的结构缺陷得到解决后，低空格斗优势凸显。皇家空军的陆空协同司令部拥有少量低空速度最快的单发战斗机“野马Ⅰ”，原用于侦察巡逻。在得到安全性相关保证后，战斗机司令部冒险将它们与“台风”一同投入进攻，频频扫荡西欧沿海的铁路、公路和高压电

① 美国洛克希德公司生产的双引擎中型轰炸机，装备2台惠特尼 R-2800 发动机，可容纳 5 名机组人员，机鼻上部装 2 挺 12.7 毫米前射机枪。机背装有英国布顿•保罗的旋转炮塔，炮塔内装 2 挺（后期增加到 4 挺）7.7 毫米机枪。飞机内部弹舱可装载 1134公斤武器。1942年5月进入皇家空军服役，表现不佳、损失惨重，被时任皇家空军第2大队司令恩布里少将点评为“彻头彻尾的失败之作，又慢又重，不易操纵，缺乏自卫能力”，不久就被蚊式轰炸机替代，改进型仅用作海岸司令部的气象侦察机。

1943 年 1 月下旬 JG 26 指挥系统

联队长：约瑟夫·普里勒少校（指挥部基地：里尔-旺德维尔）	
第一大队：（圣奥梅尔 — 维泽讷）	约翰内斯·赛费特少校
第 1 中队	阿图尔·贝泽少尉
第 2 中队	菲尔贝特·青克中尉
第 3 中队	罗尔夫·赫尔米兴中尉
第二大队（维特里）	威廉 — 费迪南德·加兰德上尉
第 4 中队（驻博蒙勒罗歇）	库尔特·埃伯斯贝格尔中尉
第 5 中队	霍斯特·施特恩贝格中尉
第 6 中队	约翰内斯·瑙曼中尉
第三大队（韦弗尔海姆）	弗里德里希·盖斯哈特上尉
第 7 中队	克劳斯·米特乌施上尉
第 8 中队	卡尔·博里斯上尉
第 9 中队（驻瓦讷）	库尔特·鲁珀特上尉
第 11 中队	维尔纳·帕茨上尉
第 10（战斗轰炸机）中队	保罗·克勒中尉

注：这一时期第 4 中队和第 9 中队隶属于第 3 战斗机指挥部，其余部队属第 2 战斗机指挥部。

塔等目标，还将德国战斗轰炸机“打了就跑”的招数悉数奉还。德国空军应对之道是以双机为单位不间断轮流巡逻沿海区域。JG 26第二大队负责巡逻布洛涅至迪耶普一带。

1月23日午时，半空浮云稀疏，能见度极佳。第5中队新任指挥官霍斯特·施特恩贝格中尉走进备战室，向即将与第6中队巡逻机换班的彼得·克伦普下士和汉斯·迈尔两名下士微微颔首：“轮到你们了”，说完他望向停在窗外不远的两架Bf 109G：“为什么不用109？”克伦普并不习惯这种战机，但借机练手也不错。短暂的驾驶舱待战后正在起飞阶段，第2战斗机指挥部报告称布洛涅以南出现四架敌机。由于方向一致，担任长机的克伦普带着迈尔保持最低高度直奔目标区域。不多时，果然在十点方向发现野马式战斗机正迎面飞来。克伦普瞄准敌长机扣动扳机，枪响之后，对方受惊转弯规避，克伦普抓住它机腹暴露的瞬间又打出短射，“野马”向左翻转坠落了。

第2架“野马”已经绕到克伦普后方，克伦普灵敏地急转弯规避，几轮盘旋较量后成功占到先机，一串短点射准确命中敌机机身左后部和尾翼上部，“野马”甘拜下风，转了个弯朝着远方旷野越飞越低。看到僚机准备补上几枪，克伦普通过无线电制止了他：“住手，迈尔，他正在迫降。”

两架Bf 109G继续空中巡逻，搜寻剩下两架敌机，任务行将结束之时，第三架“野马”自迪耶普方向出现在索姆河入海口，它同样发现了居高临下守在河口的Bf 109G，知

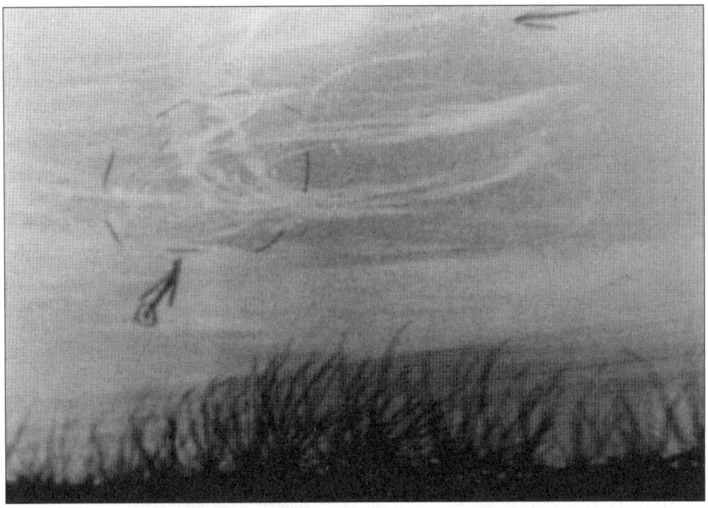

1943年1月，第8中队的格尔德·维甘德下士所拍的韦弗尔海姆机场上空的空战痕迹。

趣地转弯向西北方撤离，克伦普命令迈尔发动攻击，却发现僚机不见了踪影，于是猛踩油门亲自追了上去，只是无论如何也追不进450米以内，无奈之下，他只能一边怀念“福克－沃尔夫”，一边以短点射猛烈开炮，“野马”矫健地贴着海面前闪后避，以一串桶滚机动成功脱逃，耗尽弹药的“梅塞施密特”罢了手。

独自回到阿布维尔基地，克伦普就刚才两场空战向中队长做了汇报，反遭一顿奚落，原来他声称击落的两架敌机已被归功于上一班巡逻机长机：第6中队的格哈德·福格特下士。晚些时候，失踪的汉斯·迈尔顶着血迹和羽毛狼狈不堪地回来了。据他所称，他刚发现第三架“野马”，不料风挡遭到鸟击，一侧的防弹玻璃被巨大的冲击震松，驾驶舱也是血迹斑斑。汉斯·迈尔证实了克伦普上报的两架战果，施特恩贝格于是拉上两人驱车来到大队指挥室查个究竟。事情很快得到澄清，福格特和僚机威廉·迈尔飞到巡逻区域最远端布洛涅时也通过无线电收到敌情，但因为油量不足临时降落在另一处机场，大队指挥室听到克伦普要求僚机停止攻击，便询问敌机位置，得到的却是福格特含糊其辞的回复“敌机被全歼”，正巧两个僚机都姓迈尔，满头雾水的通讯官没有细辨真正的接敌飞行员，而是想当然地认定为已经斩获过11架敌机的福格特。真相大白后，克伦普拿回了属于自己的战功，战绩升到4架。当日皇家空军第168中队两架“野马Ⅰ”未能返航。

2月27日，24架“文图拉”轰炸机在“喷火Ⅸ”保护下攻击了敦刻尔克港口的德军辅助巡洋舰“科罗内尔”号。14:07，JG 26第二大队从维特里直奔法国比利时沿海，英军看到前来拦截的德国战斗机便调头离去。大队指挥官加兰德上尉企图截断英军，率队追至海上。“喷火”对于这群Fw 190一反常态穷追猛打大吃一惊，加拿大空军第403中队的领头小队调头迎击，直取5./JG 26中队所在的德军右翼，飞在中队最右端的克伦普下士发现上方4架“喷火”逼近，急忙发出警告，中队长施特恩贝格无动于衷，两架Fw 190应声而落，其飞行员一死一伤。其余Fw 190开始回击，克伦普跟随小队长机保罗·弗里奇军士长朝英军爬升，逼近到275米距离时，他瞄准目标以约40度到50度的偏转角枪炮齐射，这架“喷火”显然被打坏了操纵系统，向左翻转，继而改平，但再次翻转，克伦普定定注视着它如落叶般在空中如是重复、挣扎，从7500米坠落到低空，“喷火”飞行员终于弃机跳伞。弗里奇军士长也宣称在8000米高度击落了一架“喷火”，两人的战果均得到确认，但鉴于第403中队只损失了一架“喷火”（飞行员身亡），实际情况应该是弗里奇和克伦普先后击中同一架敌机。

3月14日，皇家空军比根希尔联队扫荡勒阿弗尔。17:20，加兰德上尉接报后率领JG 26第二大队来到法国海岸守株待兔，他命令1个中队在下方作诱饵。英军联队指挥官理查德·米尔恩中校发现下方的8架Fw 190，一声令下：“俯冲攻击，想上的都上”，不知是因为他的无线电故障，还是占到联队半数兵力的第340中队法国飞行员没有吃透这道模棱

彼得·克伦普，拍摄这张照片时他已升为上士。

比根希尔联队指挥官理查德·米尔恩中校坐在喷火Ⅸ驾驶舱里，1943年3月14日被俘前他共宣称击落14架+共同击落1架敌机。

两可的进攻令，响应者寥寥。夕阳掩映下，蛰伏在上方的Fw 190扑下来，突袭了还在俯冲的喷火Ⅸ，米尔恩和第611中队两名飞行员被击落，第340中队中队长与4./JG 26中队恩斯特·哈内少尉相撞，上述5名飞行员中仅有跳伞的米尔恩被德国巡逻艇救起得以生还。

4月3日下午8架“台风”轰炸了德军的阿布维尔－德吕卡机场，加拿大空军组成的肯利联队先行扫荡勒图凯到圣奥梅尔一带，新任联队长埃德加·詹姆斯·约翰逊中校遵照地面引导，率队迎着阳光爬升，占领到绝佳攻击位置。当发现下方一个Fw 190编队，皇家空军第416中队和第403中队一左一右俯冲下来，攻击了还在爬升的德军领头小队，2架Fw 190机毁人亡，在随后的空中缠斗中，约翰逊击落1架Fw 190，飞行员因降落伞未能打开而坠亡，约翰逊的手下击伤了另外3架敌机（宣称击落）。吃到败仗的JG 26第二大队只由格隆茨军士长扳回一局，“喷火”飞行员被俘。

4月21日，第3航空队总司令施佩勒元帅在JG 26第二大队保护下，乘坐Ju 52运输机从巴黎总部来到维特里基地视察。正在向全体飞行员发表讲话，一队庞大的敌机从海面3000米高度向索姆河河口逼近，机场扩音器响起尖厉的空袭警报，飞行员顾不上聆听领导讲话，一哄而散，奋力奔向战机准备迎敌。

英军11架“文图拉”轰炸完阿布维尔的铁路场，返航途中被第二大队拦下，2个Fw 190中队对付护航的“喷火”，另1个中队和大队指挥部小队从正前方、前半球以及下方直取50码外的轰炸机，当即将3架“文图拉”打成火球，与此同时，“喷火”与Fw 190穿梭在云端捉对厮杀。恶斗进入尾声时，一架单枪匹马的“喷火”在云层若隐若现，克伦普先警觉地扫视四周，当机立断开火，“喷火Ⅴ”被打中发动机和机腹，拖着黑烟向左下方逃走，最终坠毁于布瓦蒙（Boismont），这是皇家空军坦米尔联队第610中队此役两例损失之一，德军无损失。2架“文图拉”轰炸机被归于大队长加兰德上尉账上，另1架归属存在争议，施特恩贝格中尉和施坦贝格尔中尉两位中队长均上报击落了一架轰炸机，通过掷硬币，施特恩贝格笑到最后。

那位被撇在地面的贵宾也没闲着，旋风般突击检查了各中队疏散区和机场高炮排。第5中队1架飞机滑跑到边缘时轮胎漏气，飞行员只好徒步返回中队，结果被施佩勒以“将重要军事装备暴露在外，保护不力”罚了14天监禁。施佩勒继续检查到第5中队疏散区时，军械主管为这个语无伦次、瞠目结舌的倒霉蛋出谋划策，解释称，回疏散区正要驾驶备用飞机，同战友并肩作战。空军元帅满意地按住小伙子肩膀：“干得好，我的孩子。”于是处分一笔勾销，来去匆匆，成了虚惊一场。

皇家空军坚持不懈的昼间轰炸和扫荡虽然难以对德国空军造成实质性威胁，但在1943年初成功吸引了德国第3航空队大部分防御武力，随着战略轰炸进程的加深，皇家空军及其飞行员在牵制德军、掩护主攻部队方面更是发挥了举足轻重的作用。

二、第八航空队蓄势待发

1943年1月13日中午，第一大队1架停在阿尔克机场的Fw 190被皇家空军摧毁。阿布维尔机场也遭到18架“文图拉”空袭，第二大队提早一步全体升空，躲过了轰炸，大队唯一的宣称战果和唯一的损失出自同一架飞机，第6中队的约翰·伊林格尔下士驾驶Bf 109G-4在阿布维尔机场上空被大队长威廉－费迪南德·加兰德上尉看作“喷火”误伤，伊林格尔身亡。这场误击事件在联队官方记录中已无处可查，它出自目击者彼得·克伦普战后的回忆。“喷火”护航机遭到从索姆河河口方向赶来支援的11./JG 2中队阻击，击落了1架Fw 190。

皇家空军的马戏团行动只是热身，下午美军第八航空队卷土重来，由此拉开了新的一年JG 26联队与美军重型轰炸机交锋的大幕。14:00左右，第1轰炸机联队64架B-17“空中堡垒”杀向里尔的5处铁路机车厂。由于预警及时，JG 26第一、第三大队紧急升空、集结、抢占下高度优势，从容不迫地痛击打头阵的美军第305轰炸机大队。德国战斗机以5到6架为单位排成纵队，从轰炸机正前方水平高度发动攻击，以半滚倒转向下方脱离，美军第305轰炸机大队22架B-17有10架被击伤，1架被击落（B-17机枪手声称回击中击落了29架Fw 190，其后调整到6架，德军实际无损失）。其他大队另有5架受损。JG 26第3中队的沙伊达下士和第7中队的克梅特米勒军士长各收获1架击落B-17的战绩，但这样的战绩无法令联队长普里勒及军方高层满意，当天晚上普里勒召集队员，就截击战术急需改进之处研讨和辩论到深夜。

德国战斗机开始由单机或双机的小规模轮番进攻改为同时围攻，试图通过增强打击力度提高效率。这一改进措施在接下来几场拦截作战中初见成效。1月23日，JG 26第9中队和JG 2第三大队从瓦讷（Vannes）起飞，拦截以向洛里昂的德军潜艇基地为目标的35架B-17，它们以六机为单位，对美军轰炸机编队展开持续半个多小时的猛攻，一直追到轰炸机撤回有护航机接应的海峡，最后击落5架、重创2架，无一损失，2架B-17战绩归于第9中队账上。

2月16日，71架B-17和18架B-24飞向圣纳泽尔港口的德军潜艇掩体。德军依然耐心等到护航机调头离开后才出动战斗机。轰炸机完成投弹后刚踏上归程就遇到从瓦讷赶来的JG 26第9中队。后者以单机或双机为单位，从近距离迎面开火，在长达45分钟持续攻击过程中，指挥官施坦贝格尔少尉和德雷上士合力拿下了一架B-17，埃里希·施瓦茨下士击落了另一架。施坦贝格尔左手被弹片打伤，他的Fw 190是此役德军唯一受损的飞机。美军另外4架轰炸机损失于JG 2第一大队枪炮下。随着这个大队从法国南部返回海峡前线，JG 26借调给JG 2的第9中队归建，次日，施坦贝格尔带着JG 2联队长奥绍中校的嘉奖，率队返回韦弗尔海姆。一周后他顺利晋升为中尉和第4中队中队长。

3月8日54架B-17作为牵制兵力飞往布列塔尼半岛的雷恩市，16架B-24攻击鲁昂铁路场，英军16个“喷火”中队提供护航，美军第4战斗机大队配合实施扫荡。德军第3战斗机指挥部出动Ⅲ./JG 2大队和JG 27第3中队“马尔塞尤中队”截击雷恩方向美军；第2战斗机指挥部出动Ⅱ./JG 26大队、Ⅲ./JG 54大队拦截鲁昂方向的B-24；JG 26联队部小队和JG 2第12中队对付护航机，Ⅱ./JG 26大队的24架Fw 190向右急转弯，迎面痛击打头阵的第44轰炸机大队，形如德国军事术语中的“猪拱猪”，以摧枯拉朽之势，将领头B-24打得火光四起，坠向地面，所在V形编队中2号机也步其后尘。接着整个编队溃不成形，将炸弹胡乱投向乡野以求自保，美军第93轰炸机大队1架伤痕累累的B-24支撑着飞回英国后最终难逃坠毁的结局，威廉－费迪南德·加兰德上尉、瑙曼中尉和罗特军士长瓜分了上述三个战绩。另一边，普里勒少校和12./JG 2中队指挥官彼得－格奥尔格·埃德尔少尉各自斩获1架“喷火”，JG 2的2架Fw 190和JG 27的1架Bf 109G被击落，飞行员2人跳伞逃生、1人阵亡。JG 26毫发无伤。他们凌厉的攻击提前粉碎了轰炸行动，在JG 26与美军第八航空队的交战史上这样的胜利仅此一次。Ⅲ./JG 54大队的帝国防空战首秀交了白卷，全体安然返航。

接下来几周，重型轰炸机有所收敛，一边等待己方战斗机航程和护航能力的提高，一边变着花样来消耗德军，美军的佯攻给彼得·克伦普留下了深刻的印象，战后他描述道：

重型轰炸机开始使用一种全新的战术，好像经由荷兰冲着鲁尔而来，我们自然朝着这一方向出动，它们飞出英国后突然南下，目标似乎是法国。过了一会儿再次调头转向东边。我们只能跟着团团转，很快就因油量不足丧失战斗力。虽然有副油箱，但那次任务没有带，也没有写进作战日志，因此确切日期已经记不清了。

大队向北飞，海岸线在望时，燃油也即将告罄。暮色中我突然发现下方11点出现一列轰炸机编队，正朝西北而去，便向长机汇报，加兰德问：“它们在哪儿？我没看见。”于是我报告了具体信息，但得到的是同样的答复，看上去其他人都没发现敌机——抑或是大队长考虑到几近见底的油箱，不希望我们发现。反正没多久，他发出油量不足的暗号“口渴”，便转向基地返航。不过其他人可以自由行动。

瞟了一眼油量表，还够发动一次攻击，我征得僚机同意，带着他朝西北方向缓缓爬升。快接近敌机时，朝殿后的箱形编队右转，环顾四周，庆幸地发现没有护航战斗机，领头三机小队左翼那架B-17距离最近，我略微从它上方迎面开火，它立即冒出黑烟，火焰从左侧两个发动机之间喷出，最后拖着一道火舌歪向左边下坠，我立即将注意力转向其余敌机，抓紧时机撤退，僚机的襟翼被击中，控制系统失灵，所幸以目前的高度，我们顺利降落在附近的科克赛德机场，那架B-17结局已无从得知，唯一确定的是，自那以后我被视为第二大队中的千里眼。

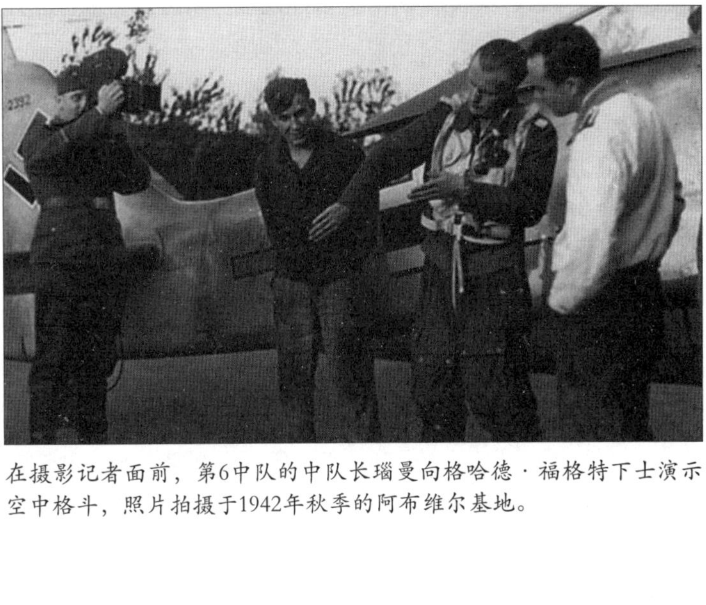

在摄影记者面前，第6中队的中队长瑙曼向格哈德·福格特下士演示空中格斗，照片拍摄于1942年秋季的阿布维尔基地。

彼得·克伦普的回忆提到一个细节，德国飞行员的作战日志并非本人保管，而是交由部队保管，且其中错误频发，克伦普的记忆比他的日志准确得多，这次也不例外，所有细节都与美军档案相吻合——上述战斗发生在1943年3月31日，美军6个大队102架轰炸机以鹿特丹为目标，但遭遇突如其来的大风，全体偏航到英吉利海峡，4支大队取消了任务，剩下2个完成任务返航途中被JG 26第二大队发现。威廉－费迪南德·加兰德上尉除了用暗语提到油量不足，最后还叮嘱飞行员尾随上去，一轮攻击即可。英国无线电监听人员悉数截获，他们对加兰德上尉再熟悉不过，这位指挥官在空中时更习惯使用昵称而不是代号，导致“小猪乌兹”在海峡对岸遐迩闻名。克伦普击中了美军第305轰炸机大队的“金馥力”号，引起1号和2号发动机漏油和起火。“金馥力”号落单后飞行员努力支撑着向西飞回了英国，火势则蔓延至左机翼引起结构变形，机组按照飞行员命令全体平安跳伞。克伦普由于没看到目标坠毁，干脆放弃申报战绩。

当天另一支与轰炸机接敌的部队是JG 26第4中队，该中队被单独派去截击执行佯攻的B-24。在奥斯坦德上空7000米，中队长奥托·施坦尔贝格中尉从目标正面和背面各发动一次攻击，B-24冒着火光脱离编队，最后坠入英吉利海峡，无奈队友皆已返航，施坦尔贝格苦于无人作证。虽然位于维桑的德军无线电监听站在12:45截获一架B-24发出遇袭失控、准备跳伞的信息，地点在奥斯坦德以北60英里处，同飞行员报告完全吻合，即便有了书面证明，施坦贝格尔上报的战绩还是未予审核通过。事实上，美军第93轰炸机大队这架B-24机毁人亡。克伦普和施坦尔贝格实打实地创下了3月31日美军仅有的两架轰炸机损失的战绩，却无一得到他们自己军队的承认，不能不说是一种讽刺。

昵称“施特奥托”的施坦贝格尔此时已成长为拔尖的重型轰炸机王牌杀手，二战战火

第4中队中队长奥托·施坦贝格尔中尉，最终战绩7架，除了前2架是喷火战斗机，其余全是重型轰炸机，1943年5月13日他被“喷火”击落并负重伤，原本前途无量的军事生涯提前夭折。

威廉－费迪南德·加兰德，昵称“乌兹”，德语里有小猪的意思，他用实际行动证明了自己不仅仅是“加兰德的弟弟”，而是一个很有天赋的战斗机飞行员和合格的大队指挥官。

点燃那天，21岁的他正式进入德国空军服役，1941年2月加入JG 26以来处于慢热状态，次年8月的迪耶普突袭战中才打破零的记录，但两个月后与B-17的首度交手表现不俗，至此已成功斩获4架重型轰炸机，他曾对采访自己的战地记者坦言：“……我拿喷火很棘手，也许因为不擅长盘旋机动，反而就适合单刀直入。”

4月4日，巴黎

第八航空队司令部对最近几次军事行动做了评估，得出结论：德国空军的反击尚不足以对轰炸机编队构成威胁，遂再接再厉。4月4日中午，美军

以巴黎东南的雷诺汽车厂为目标出动了85架B-17，第305轰炸机大队担任主攻，其余兵力执行牵制和佯攻。德军第2战斗机指挥部监测到一队从英国哈里奇港起飞的盟军轰炸机群已杀至北海上空，紧急出动了Ⅱ./JG 26大队，令其在北海海岸线巡逻待命。雷达果然显示美军轰炸机航线几度变更，先转向东方，又折返向西南方，起飞一小时后，Ⅱ./JG 26一事无成降落回维特里补充燃油。

13:24，皇家空军第2大队几架“文图拉”轰炸了卡昂的德军机场，遇到Ⅰ./JG 2大队的拦截。13:52，Ⅲ./JG 26大队从旺德维尔和韦弗尔海姆两处机场起飞会合后飞向索姆河河口。然而美军轰炸机一路向南，大摇大摆轰炸了目标。防守巴黎的德军第3战斗机指挥部唯有将可用兵力全部派去追击返航的轰炸机。14:10，完成快速加油的Ⅱ./JG 26大队再次从维特里起飞奔向距离巴黎以北70公里的博韦（Beauvais）。

Ⅰ./JG 2大队和JG 105（注：训练部队）一个中队共计约44架飞机在JG 2联队长奥绍少校率领下率先赶到巴黎北部，对85架无护航的B-17发动攻击。JG 26随后也将一队美军阻挡在鲁昂以南，他们以1个或2个四机编队为单位，近距离齐扑过去，大部分攻击发自轰炸机上方11点、12点和1点方向，间距只有900－1400米，密度之大前所未有，以至于时常为了避开友机而胡乱开火。很快，负责返程段护航的皇家空军诺索尔特联队和肯利联队赶来驰援，然而“喷火”固守于战术条令，9100米的飞行高度远远高于轰炸机，JG 26钻了空子，攻击轰炸机的同时尚有余力腾出手来对付“喷火”。在损失了4架、被重创了16架后，美军轰炸机群终于撤回英国，海峡上空只剩下英德两军的战斗机乱战一气。JG 26飞行员一死一伤，另有4架Fw 190受创，JG 54第4中队损失1名飞行员，1架Bf 109受创。美军损失4架B-17中的2架由加兰德上尉包揽，但只有1架得到军方确认，剩下2架分属于8./JG 26中队长博里斯和JG 2联队长奥绍。皇家空军损失13架“喷火”，其中12架由JG 26和JG 2平分，剩下1架由Ⅰ./JG 27大队创下。

傍晚JG 26最后出动了一次，普里勒率领指挥部小队和部分第二大队于19:00紧急起飞，拦截新发现的一队轰炸机。当发现敌机经由英吉利海峡飞向北海奔着荷兰而去，德军撤回了JG 26，将这群“文图拉”留给驻翁斯德雷赫特的JG 1第二大队对付。

美军第二天故技重施，104架B-17和B-24朝着阿布维尔方向飞到英吉利海峡上空，转向东北方，最后转向东南方的真正目标：位于安特卫普的埃拉飞机维修厂，此时

第9中队的施泰因德尔中尉用模型教学对付“喷火”的战术，施泰因德尔中尉接替受伤的施坦贝格尔指挥第9中队，他循循善诱、诲人不倦，广受飞行员尊重，后来调到第一大队指挥部，1945年1月9日死于飞行事故。照片拍摄于1943年四五月的韦弗尔海姆。

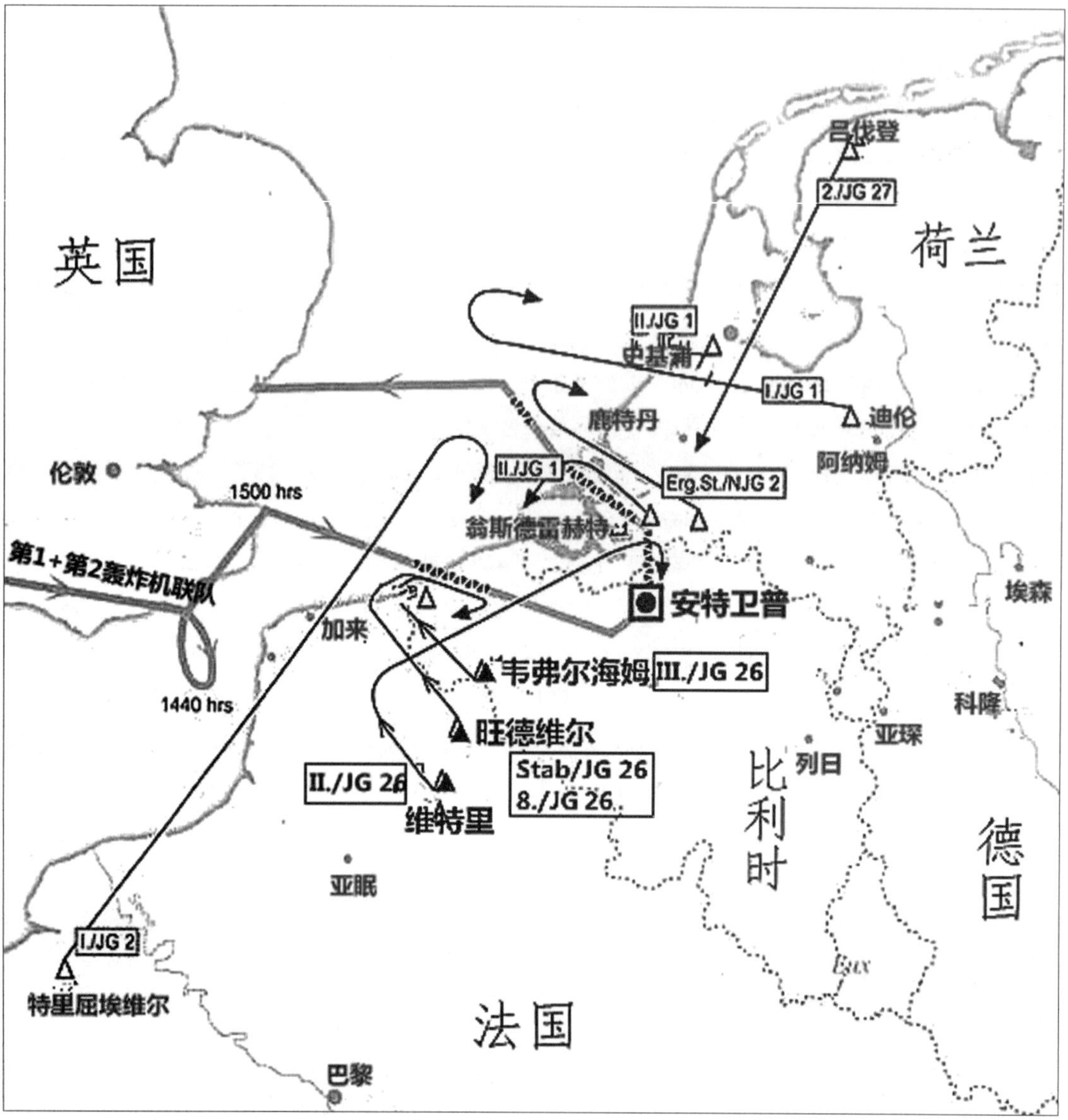

1943年4月5日空袭安特卫普航线图。

Ⅱ./JG 26大队已经被折腾完了半箱燃油。

Ⅲ./JG 26大队长盖斯哈特上尉率领的第9中队和普里勒少校率领的第8中队分别从韦弗尔海姆和旺德维尔起飞直奔安特卫普，在比利时沿海发动迎头攻击。虽然英军护航战斗机直到根特才调头返航，但再次因为高高在上、远远落后而形同虚设。德军第一轮集中攻击打散了轰炸机编队，美军前锋第306轰炸机大队更是溃不成形，成为重点打击对象，大量炸弹被误投到安特卫普南部小城莫策尔（Mortsel），导致3000多座建筑被毁，936名平民丧生，为此华盛顿方面遭到比利时大使的强烈谴责和抗议。82架B-17在目标区域完成投弹，但只有4枚炸弹命中工厂。JG 26的首轮进攻击中，联队长和第9中队中队长库尔特·鲁珀特上尉各宣称击落一架B-17。盖斯哈特上尉被轰炸机自卫火力击中下腹部，虽然成功迫降在根特一处机场，但终因失血过多，次日清晨在医院死亡，他是JG 26此役唯一的人员损失。

第二大队快马加鞭赶到安特卫普，不客气地迎面往准备撤退的第306轰炸机大队的伤口撒盐。施坦贝格尔战后回忆了此次战斗：

大约14:30，维特里接到报告称，英格兰东南集结了大量轰炸机，航线和目标不明，命令本大队进入驾驶舱待战。于是30名飞行员整装待发，广播不时传出敌机动向：已判明100架左右的重型轰炸机，目前仍在集结盘旋。

我们于14:45起飞，先后在亚眠和贝蒂讷（Béthune）滞空等待下一步命令，轰炸机群向着东南方向的敦刻尔克而来，于是我们被派往那里。听说它们在奥斯坦德的海岸调转方向朝着根特—布鲁塞尔飞去，我们也跟着奔向布鲁塞尔。轰炸机群刚过根特又突然转向东边的安特卫普，为了及时拦截我们一直全速飞行，在空中白白耗了半个多小时和大半的油量。

距离升空约45分钟后，终于在南边远远发现一队轰炸机朝东边飞去，我们加足马力，小角度爬升，准备追到敌机前方发动攻击。突然看到密密麻麻的炸弹从领头的轰炸机编队中倾泻而下，安特卫普南端掀起弥天烟云和轰然巨响。我们赶到有利的攻击位置，马上右转，俯冲向领头编队，对方左转规避，将跟在它后面投弹的编队暴露在我们面前。看见一架“波音”，我当即火力全开、枪炮齐射，然后拉起飞机。可能飞行员中弹，这架轰炸机突然前倾，接着向左尾旋下坠。机组成员纷纷跳伞逃生，留下这架无人操作的B-17在空中继续飞行了一段距离，于15:35坠毁。我所剩油量只能支持10分钟到15分钟，遂同战友们一起打道回府。

施坦贝格尔拿下自己第5架战果，就在十分钟前，大队长威廉－费迪南德·加兰德上尉的第38个战果轰然坠地，很快第3架美军轰炸机也遭此厄运，掉队后被第4中队的格隆茨军士长捡漏。这架B-17上三名机组成员丧生，飞行员罗伯特·泽洛斯少尉记录了当时的情景：

我们通常在离开目标后才会遭遇德军战斗机，之前在目标区被高射炮击中的掉队飞机首当其冲遭受到攻击。但今天那些战斗机似乎守候多时，刚进入欧洲大陆，我的1号发动机螺旋桨毂死点被击中，无法顺桨，只能任其乱转……机群逐渐失散，最后包括我这架在内，本中队损失了4架B-17，而大队大部分飞机飞过目标，将炸弹投下莫策尔小城。许多妇孺因此而丧生，成为比利时历史上黑暗的一天。我机因伤掉队，投弹手报告正中目标。

完成任务后我只想尽其所能摆脱德国战斗机，撑到英吉利海峡迫降……然而它们密密麻麻，死缠烂打，窗外闪烁着曳光弹弹幕。4号发动机直接被命中，靠着内侧剩下两部发动机，我们才得以停留在2万英尺命悬一线，然而随着右翼外侧爆炸起火，操控系统失灵，仅存的生机也丧失了，我下令弃机跳伞，并努力配平飞机，为机组成员逃生争取时间，最后才匍匐爬到机鼻位置的安全舱口，跳伞而出。落至约1万英尺高度时，两架德国战斗机径直朝我飞来！无论谁想撒气，我都是个好靶子。但它们只在50码外晃晃机翼，向我致敬后飞走了。

从翁斯德雷赫特赶来的Ⅱ./JG 1大队同样宣称击落3架B-17，但未通过军方审核，Ⅱ./JG 26因为油量告急朝维特里返航。此后掩护轰炸机撤退的四个“喷火”中队在沿海撞上

Ⅱ./JG 1大队和从特里屈埃维尔（Triqueville）起飞的Ⅰ./JG 2大队。短暂交战后，Ⅰ./JG 2大队带着3架“喷火”战绩朝比利时科克赛德退出，一名飞行员重伤迫降在奥斯坦德附近，已知盟军战斗机造成的德军伤亡仅此一例，这很大程度上反映了护航的失败。美军共损失4架B-17，全部出自第306轰炸机大队，其中3架坠毁在比利时，另有13架轰炸机带伤返航。英军损失1架“喷火”。

来自第2战斗机指挥部的JG 26、来自第3战斗机指挥部的JG 2和来自荷兰－鲁尔战斗机指挥部的JG 1一齐上阵，象征了德军三个战斗机指挥部、两大航空队首次通力合作，联合拦截同一支盟军轰炸力量，这是4月5日帝国防空战最大的意义。JG 26共上报了3架飞机损伤，盖斯哈特上尉是唯一阵亡人员，库尔特·鲁珀特上尉继任JG 26第三大队指挥官，第9中队由保罗·施泰因德尔上尉接管。

美军方面，第八航空队第1轰炸机联队指挥官弗兰克·阿姆斯特朗准将在报告中对4月5日的作战任务做了如下概括：

这是第1轰炸机联队迄今所遇到的最强劲和最凶猛的敌军战斗机力量，敌机编队选择我军低处的飞机，从正面突破后发动攻击，向下方脱离，次轮进攻紧随而至，通过这一战术成功摧毁我军四架飞机并极大地破坏了轰炸航线。

值得一提的是，盟军对现已移师维特里的“阿布维尔小子”保持着密切关注，JG 26第二大队出现在盟军情报部门4月4日的简报中，当晚就被第八航空队轰炸机司令部的任务报告所引用：

驻加来的两个联队中，以维特里那个斗志更强，在指挥官乌兹·加兰德带领下，该联队①于14:26发动攻击，无线电通讯反馈出敌军攻势凌厉、步步紧逼，……该联队战术似乎为大规模集结后以密集队形群起而攻之。14:33，后方掩护的“喷火”被发现，无线电通讯骤然活跃，14:40平息，表明此为两军战斗机之间的交战。

4月中旬以后，JG 26在西线直接指挥的作战部队部署情况如下：

法国里尔－旺德维尔：联队指挥部、第6中队、第8中队

法国维特里－昂纳图瓦：第二大队（第4中队、第5中队）、JG 54第10中队

比利时韦弗尔海姆：第三大队（第9中队）、JG 54第4中队、JG 54第12中队

法国梅维尔：JG 54第11

美军第306轰炸机大队一架B-17机尾残骸，它在1943年4月5日被加兰德上尉击落后坠毁在比利时。两名机枪手牺牲，其余机组成员跳伞生还。

① 指JG 26第二大队。

弗里德里希·盖斯哈德共执行643次战斗任务，宣称击落102架敌机，其中63架在东线取得，18架在地中海战场取得。1942年6月23日凭借79架战绩被授予橡树叶饰骑士十字勋章。

中队

驻旺德维尔的三支部队构成联队部直属大队（非官方称谓），由普里勒亲自指挥，JG 54第11大队即从前的JG 26第11中队，下个月即将转移到韦弗尔海姆，加入第三大队作战。新建的JG 54第10中队（以前那个战斗轰炸机中队已改编为第10快速轰炸机联队第14中队，请注意区分）和第12中队处于实战训练阶段，只能承担次要任务，但毕竟代表了阿道夫·加兰德将军扩充昼间战斗机部队的重要一环。和希特勒的侵略扩张整体方略相悖的是，加兰德一直在谋求将更多的战斗机兵力投入威胁日甚的帝国防空战，但他既缺乏指挥人才也缺乏运作部队的参谋人才，只能从扩充现有联队规模入手。第一步是将每个中队飞行员数量从12人增加到16人，接下来就是将大队规模从3中队增加到4中队。JG 54第10、第11和第12中队最终都编入了JG 26。

维甘德（演奏者）和他的中队队友们，他左边站着海因茨·达沃齐克一等兵，后来被调到指挥部做普里勒的僚机。照片拍摄于1944年初的韦弗尔海姆。

三、宛若雷霆

第八航空队始终深受护航能力低下之苦，承担这一任务的英国皇家空军在装备和战术两个方面都饱受诟病：一代名机“喷火”性能优良，但航程始终是短板，从英国基地起飞后，护航范围止于法国和比利时沿海。护航战术也秉持了英国式的顽固和僵化，它们谨遵战术准则，高出轰炸机至少1500米。美军堆积的不满到了4月5日晚间的会议上再难掩饰，轰炸机指挥官们疑心英国盟友坚守9000米高空只是为了维持对德国战斗机的性能优势。而德军很快摸清盟军的护航套路，要么耐心地等“喷火”达到航程极限后离去，要么像4月5日那样，无视护航机，高速、集中攻击轰炸机，在护航机反应过来前俯冲脱离。

第八航空队轰炸机官兵望眼欲穿，终于等来美军自己的护航战斗机：美国共和公司研发生产的P-47“雷电”，这是当时世界上最重的单发战斗机，安装8挺点50口径机枪的火力十足，机械增压器更是赋予其出众的高空性能以及相应的俯冲速度。P-47C在4500米以上高度快于Fw 190A-4和Bf 109G-6，而到了9000米高空，速度优势被拉大到每小时32到48公里的差距，其他性能也全面压倒Fw 190。

4月初美军三个战斗机大队率先装备上这款新式战斗机。第4战斗机大队在皇家空军“鹰中队”基础上组建而来，英伦血统根深蒂固，对于用“大得吓人的奶瓶”（指P-47）替换下心爱的“喷火”持怀疑和抵触的态度；第78战斗机大队原来装备洛克希德公司P-38闪电式战斗机，但大量飞机和飞行员被调到耗损巨大的北非战场救急，如今改飞P-47同样一时难以适应。只有第56战斗机大队得心应手，大队首开先河，早在国内就装备上P-47，远渡重洋来到英国后，队内的皇家空军联络官对P-47的中低空格斗性能嗤之以鼻，但美国小伙子们不为所动、自得其乐。

不过用上副油箱前，P-47的航程不比“喷火”优越多少，入役之初的角色同样局限在扫荡西欧沿海。它与德国战斗机的首场交锋发生在4月15日下午，3个美军战斗机大队的60架P-47“雷电”越海扫荡，虽然惊动了德军，但在JG 26赶到奥斯坦德前，“雷电”已经消失在东方。美军第4战斗机大队12架“雷电”在比利时港口克诺克与JG 1第二大队（从翁斯德雷赫特起飞）狭路相逢。“雷电”俯冲向还在爬升中的Fw 190，后者则以最拿手的半滚倒转规避，JG 1第5中队一个小队改出后急跃升反咬住“雷电”。最终3架Fw 190和2架“雷电”被宣称击落，但JG 1仅有1 架Fw 190着陆后有10%的轻伤，是否为战斗损伤尚不明确。美军实际损失3架飞机和2名飞行员。

4月29日午后 P-47对奥斯坦德到翁斯德雷赫特沿海实施扫荡，3个大队再次齐上阵，出动兵力达到史无前例的112架，但只有美军第56战斗机大队发生交战，也是该大队首次遭遇敌机，它的低空中队在荷兰海岸被JG 26联队直属大队（指挥部小队、第6中队、第8中队）突袭，一对对Fw 190从7000米高度一边爬升一边轮番向上方的P-47迎面开火，俯冲脱离，攻势快准狠，2架P-47载着飞行员坠毁。第6中队的威廉·迈尔下士和第8中队的海特曼军士长、埃德曼军士长为施拉格特联队立下击坠“雷电”首功[①]。随后的盘旋格斗中，又有2架P-47被重创，JG 26毫发无损，但埃伦里德上士因连

安装在Fw 190机翼下的照相机，上面特意注明“非炸弹”。

① 迈尔下士上报击落P-47，埃德曼军士长上报击落“喷火”，均通过军方审核。

杆断裂迫降在根特。

至此以后P-47提升了飞行高度，选择从9100米高空进入欧洲大陆，远远避开Fw 190的优势高度，接下来两周，它们的扫荡很少遇到阻击，因为德军无暇理会，首要攻击目标依然是轰炸机，戈林禁止战斗机主动攻击敌方战斗机，甚至不准与护航机纠缠，只求提高对轰炸机的拦截效能。

5月4日傍晚，“雷电”与“喷火”联手护送79架B-17轰炸安特卫普工业区。“雷电”飞在轰炸机高空，未能接敌，担任近距离支援的“喷火”出色地打退了JG 26和JG 1，以损失3架的代价换来轰炸机全体返航，普里勒和JG 26第二大队的冯·唐纳中尉各自宣称击落了一架“喷火”和一架B-17，但均未获确认。“帝国元帅大发雷霆，威胁解散联队，逮捕指挥官，还辱骂我们全是一群缩头乌龟”，当晚一名飞行员气愤地留下这样的记载。

5月13日临近中午，一支庞大的盟军机群飞向比利时海岸，JG 26联队直属大队和第二大队再次紧急出动，然而盟军航线向南突变，直指法国北部，德军不得不随之调头朝里尔飞去。当他们终于在敦刻尔克捕捉到一条条尾凝自南向北划过苍空，却收到立即降落的命令，原来第2战斗机指挥部发现中计：15个“喷火”中队密密麻麻簇拥的不过是6架B-25中型轰炸机。

Fw 190纷纷俯冲退出了战斗，只有奥托·施坦贝格尔中尉因无线电通讯故障，依然率领自己的小队全神贯注地紧盯敌机，连他的第4中队其他人离去都未曾察觉。施坦贝格尔等着“喷火”向自己逼近，他相信上方另一侧会有其他中队趁机杀下来解决，这是他们诱捕“喷火”的标准战术，结果这次身陷重围、孤立无援，缠斗中另一组双机编队和他本人的僚机也先后失散。施坦贝格尔的座机被击中并起火，引发油箱爆炸，他不得不从7500米跳伞逃生，但降落伞被烧坏了三分之一。施坦贝格尔如风中残叶，无助地被气流卷着旋转下坠。在圣奥梅尔的医院恢复意识已是十天以后，用他自己的话说“遭受了严重的脑震荡以及二度、三度烧伤，但是谢天谢地，身体还是完整的”。大难不死的他于9月伤愈归队，不久调到训练部队任教。

盟军真正的进攻在下午3点降临，美军第1轰炸机联队对法国莫尔特（Méaulte）的波泰飞机维修厂发动主攻，第4轰炸机联队作为一支新生力量，在3个“雷电”大队掩护下对圣奥梅尔实施牵制性空袭。多少摸清了敌人套路的德军战斗机指挥部对此置之不理，密切监视着英吉利海峡上空那支更为庞大的机群。多次改变航向后，第1轰炸机联队箱形编队飞抵法国，立即遭到JG 26群攻，箱形编队最下方的第91轰炸机大队成为重点打击对象，Ⅱ./JG 26大队的Fw 190和Ⅰ./JG 27大队少量Bf 109G以双机和四机为单位从B-17下方12点方向发动攻击，美军箱形编队上层的第305轰炸机大队支援火力失去了用武之地，该大队报告攻击来自后方5点到8点方向，大部分Fw 190和Bf 109排成纵队猛烈开火，从轰炸机编队右方脱离。

美军打头部队从进入法国海岸到撤离大陆，一路遭到德军正面攻击。第91轰炸机大队的B-17中1架毁于高射炮，1架遭到普里勒少校和赫尔穆特·霍佩（Helmut Hoppe）少尉攻击后坠毁。另有11架带伤而归，其中1架被JG 26第二大队一架Fw 190投下的空对空炸弹重创。护航的“喷火”又一次高高在上，无所作为，大部分精力耗在Ⅰ./JG 27和Ⅱ./JG 2上。4名JG 2飞行员、1名JG 26飞行员和5名“喷火”飞行员阵亡或被俘，JG 54第11中队一架Bf 109G-3在圣波勒附近被“喷火”击落，飞行员跳伞生还。JG 26宣称击落2架B-17和3架“喷火”。

1943年5月13日，德国遭到沉重一击，突尼斯的轴心国军队投降，北非战役尘埃落定，美军空中打击重心回到欧洲，人员、装备和物资源源不断抵达英国，第八航空队如虎添翼，尤其在下辖4个全新大队的第4轰炸机联队加入后，可用的轰炸力量翻番，对轰炸目标的选择和战术制定上也拥有更大的灵活性和主动权。美军开始将目光投向德国北部沿海地区的军事、工业重镇。为应对那里愈发严峻的防空形势，5月23日，JG 26第三大队（含第9中队、JG 54第4中队、JG 54第12中队）北上来到库斯科港的诺德霍尔茨（Nordholz），同JG 1联队、Ⅲ./JG 54大队以及新成立的JG 11联队一同防守德国北部的天空。

1943年11月29日，一架飞往不来梅的B-17（可能来自第95轰炸机大队）被击伤后冒烟并失去高度，轰炸机受创落单后很容易被其他敌机捕杀。在德国空军的战绩体系里，击伤1架重型轰炸机令其脱离编队比击落1架已经落单的轰炸机难度更大，得到的奖赏也更多。

5月14日埃尔温·莱考夫少尉开进弹坑的Bf 109G-6，莱考夫本人平安。

次日第八航空队兵分四路，把德国海军基地基尔港留给老练的第1轰炸机联队，第4轰炸机联队2个大队在118架P-47护送下先行空袭了安特卫普的汽车厂以及韦弗尔海姆机场。JG 26第三大队的老巢被炸了个底朝天，人员和飞机损失惨重，尤为严重的是起降场弹坑密布，JG 54第12中队中队长埃尔温·莱考夫（Erwin Leykauf）中尉开进弹坑，折断起落架，Bf 109G报废。JG 26第9中队的保罗·绍德少尉刚升空迎击就与皇家空军第611中队一架喷火式战斗机相撞，所幸两名飞行员皆跳伞逃生，绍德因眼伤缺席了接下来一个月的战斗。JG 26联队第一次尝到机场被炸瘫的滋味，之后第三大队搬到里尔北部备用机场。

JG 26其余部队原本奉命

追击从韦弗尔海姆撤离的美军，第二大队中途接到命令，十万火急转往安特卫普，加兰德上尉下令集中从敌机后方和前方两个方向发动攻击。JG 26第6中队和第5中队两位中队长各自斩落美军第351大队1架B-17，约翰内斯·瑙曼中尉耗弹仅20发。JG 54第10中队中队长鲁道夫·洛伊舍尔中尉在安特卫普击落美军第78战斗机大队的1架P-47，JG 26第5中队的戈曼上士宣称击落1架“喷火”。

第二大队一直打到油量告急才罢手，第5中队的彼得·克伦普上士属于最晚一批返航飞行员，一无所获的他朝荷兰弗利辛恩的应急机场飞去，经过瓦尔赫伦岛时，大约9公里开外一架B-17正向他飞来，高度只有750米，虽然油箱几乎见底，克伦普还是迂回尾随上去，摸不准这架形单影只的B-17是否受损，他选择从机尾左下方开火，对方左机翼火光隐隐闪现，几乎与此同时，他的驾驶舱也突然挨上一击，碎片飞舞，硝烟味蹿上来。确定了身后无敌方战斗机，克伦普初步判定被轰炸机自卫火力击中了，遂不再纠缠，他回头最后一瞥，那架“空中堡垒”拖着火舌歪向左边急降。

直奔回应急机场上空，电力系统、襟翼和配平片皆已失灵，克伦普手动放下起落架，小心翼翼在“短得要命”的跑道着陆。晚些时候，检查结果惊出他一身冷汗，机身右侧出现一个1厘米宽的弹孔，原来B-17的子弹以小角度从机身右侧射入仪表盘背部，打断了电缆束，若再高出一掌距离，就飞进飞行员腹部，克伦普依然未能收获战果，但和死神擦肩而过相比显得无足轻重，他后来感慨“全靠我命大”。他遇到的很可能是美军第95轰炸机大队的B-17，之前已经被克伦普的中队长施特恩贝格或一位JG 1飞行员击伤，最终坠毁在荷兰的北贝弗兰岛，机上无人生还。

美军第1轰炸机联队和一个B-24大队娴熟地轰炸了基尔的船厂，自身损失9架，JG 54第三大队宣称击落3架B-17，损失4架Bf 109和2名飞行员，鲁道夫·克莱姆（Rudolf Klemm）少尉跟随被自己击落的B-24飞下去时被德国海军高射炮击中，一眼受伤。JG 11联队入账4架B-17战果，飞行员一死一伤。

5月14日美军轰炸机机枪手们为德国战斗机造成的损失异常高，仅JG 26就两死两伤，第8中队中队长卡尔·博里斯上尉也在其中，座机中弹后他跳伞逃生，但开伞过早，降落伞局部损坏，他从7000米高度坠落后奇迹般生还，只是全身多处骨折，在医院治疗了很长一段时间。另有一名飞行员被“喷火”击伤。

二战中大多数战斗机飞行员都习惯了刀口舔血的职业生涯，但被困在熊熊燃烧的飞机里和在驾驶舱里被击中是他们最为恐惧的两种险境，后者不但意味着重伤，还会导致飞机失控，甚至连跳伞逃生也无路。可以说，1943年5月14日的克伦普以及上面两张照片中不知名的Fw 190飞行员那样驾驶舱部分受损或者完全被打掉的情况下还能返航，极为罕见。Fw 190不像Bf 109那样装有装甲防护风挡，它的风挡树脂玻璃一旦被打坏，尖锐的碎片很容易刺伤飞行员面部。两张照片可能拍摄于1943年的JG 26机场。注意照片中仪表盘上方的发泡塑胶，本意是保护飞行员迫降过程中撞上仪表盘而头部重伤，实际效果极为有限，因为大多数情况下飞行员会先撞上瞄准具，导致不同程度的面部伤害。

入夏，盟军昼间轰炸继续发力，3个“雷电”大队在战斗中不断成长壮大，从6月1日到17日 P-47共出动了1011架次。6月，JG 26联队至少入账11架B-17和28架战斗机的功绩，飞行员9人阵亡、9人负伤。当月第一大队从东线回归。

6月11日，252架B-17被派往不来梅，目标上空的云层迫使它们转向威廉港的潜艇基地等临时目标，沿途陆续遭到Ⅲ./JG 1大队、Ⅲ./JG 26大队和JG 11等德军的截击，美军共有8架B-17未能返航，62架B-17受损，轰炸效果也不佳。Ⅲ./JG 26携Bf 109G-4/R6和Bf 109G-6/R6“飞行炮艇”亮相，安装在机翼下的20毫米MG 151机炮初试身手，为大队挣得2架B-17战绩，一名随Ⅲ./JG 26作战的4./JG 54中队飞行员跳伞负伤。由于保卫领空立下大功，Ⅲ./JG 26大队得到宣传机构一番热捧。

6月12日晚间美军第56战斗机大队扫荡奥斯坦德时宣称斩获一架Fw 190，实现了零的突破，但拦截他们的JG 26当日任何没有值得上报的损失，甚至没有留下遭遇P-47的记录。这个P-47大队次日上午卷土重来，很快在比利时弗尔讷（Furnes）海岸上空8000米发现下方一个Fw 190中队正径直向他们爬升，大队长休伯特·泽姆克（Hubert Zemke）上尉亲率两个小队俯冲下去，未来的“雷电”王牌罗伯特·约翰逊少尉崭露头角，将第1架Fw 190凌空打爆，泽姆克上尉宣称击落2架，被他们打得措手不及的 10./JG 54中队反应过来后试图回击但劳而无功，飞行员一死一伤。英吉利海峡上空，JG 26第8中队也与皇家空军第65中队发生交战，宣称将一架“喷火”打落海峡，但未能得到确认，一名飞行员在返回旺德维尔降落时事故身亡。

“雷电”和“喷火”的扫荡很快被证明是为盟军稍后的无护航轰炸提供支援。JG 26第三大队32架Bf 109G从诺德霍尔茨赶往基尔，他们从美军第4轰炸机联队领头的第95轰炸机大队后方发动攻击，大队长库尔特·鲁珀特上尉被轰炸机自卫火力击中，他过早打开降落伞，伞绳断裂后坠亡。第4轰炸机联队从进入欧洲大陆到目标上空一路遭到JG 26的航炮和JG 1的火箭弹猛攻，出动79架轰炸机中22架未能返航、1架报废，损失率高达30%，联队指挥官内森·贝德福德·福里斯特准将成为美国陆军航空队迄今军衔最高的战斗阵亡人员。

1943年夏天，第三大队停在库斯科港的诺德霍尔茨机场的一排Bf 109G，大队在这里从5月23日驻守到8月13日。

JG 26以损失大队长一人的代价击落了美军第95轰炸机大队4架B-17，第三大队暂时由第3中队的罗尔夫·赫尔米兴上尉指挥。

袭击不来梅的美军第1轰炸机联队要顺利得多，只损失了4架飞机。此役德国空军总共审核确认了26架B-17由战斗机击落，自身损失7架战斗机和2名飞行员。近期因降落伞故障导致的减员频发，为后勤保障部门敲响了警钟，一种类似尼龙的复合材料开始取代了老旧的麻绳用作伞绳。

下午美军第78战斗机大队44架“雷电”继续扫荡法国伊普尔和圣波勒，JG 26第二大队及时升空，携高度优势从美军10点方向发动突袭，1架“雷电”被朗格少尉击落，另有2架带伤返航，朗格少尉的长机海因茨·戈曼上士俯冲时原以为目标会像“喷火”一样规避，不料对方稳如磐石，戈曼躲闪不及，撞了上去，失控的P-47载着飞行员坠毁。带着这个撞击战绩，戈曼操纵被削掉翼尖的Fw 190稳稳降落回维特里，大队长黑着脸向他表示祝贺的同时提醒他下次用枪！

6月22日 许尔斯

6 月下旬第八航空队的目标依然锁定法国，对德国本土的空袭仅有两次。22 日235架B-17成功轰炸鲁尔工业区的许尔斯（Hüls）合成橡胶厂。为了牵制住心头大患施拉格特联队，美军特意安排将第381轰炸机大队和第384轰炸机大队共 42 架 B-17派往安特卫普，这两个新组建的大队在集结上颇耗费了一番功夫，因而比原计划迟到了30分钟，且错过了护航的40架P-47，但德国第2战斗机指挥部如美军所愿，将防守法国和比利时的JG 26联队悉数派出。

海岸薄雾氤氲，第一个映入美军轰炸机机组眼帘的不是护航机，而是一架架以800公里时速逼近的Fw 190，机翼下炮口焰杀气腾腾，它们来自JG 26联队部直属大队，以6架到8架为单位，迎面开火，普里勒少校宣称击落1架，第6中队的威廉·迈尔上士重创1架，美军机枪手直到第四个也是最后一个Fw 190小队冲过来时才火力全开，埃德曼军士长负重伤。剩下的轰炸机完成投弹正待返航，JG 26第二大队也杀到了。在威廉－费迪南德·加兰德上尉的督促下，大队从轰炸机背后持续了多轮攻击，将弹药打个精光，上报共摧毁4架B-17，其中3架得到确认，被归功于加兰德上尉、格隆茨军士长和朗格少尉，加兰德上尉进而结果了另一架已经被普里勒或威廉·迈尔上士打伤而掉队的B-17。两个B-17大队正好损失4架，另有1架伤痕累累地迫降回英国。

轰炸机撤到瓦尔赫伦时，P-47护航机姗姗来迟，弹药告急的Fw 190立即逃之夭夭，仍有5架被击伤，迫降在弗利辛恩、安特卫普和维特里三地，瑙曼上尉和克伦普上士负伤，其余3人无恙。只有第4中队的拉德纳（Radener）少尉宣称击落1架P-47，但三个P-47大队136架飞机全体返航，宣称击落7架敌机。

轰炸许尔斯的美军主力不辱使命，代价是被JG 1、Ⅲ./JG 54和Ⅰ./JG 3共5个德军战斗机大队和高射炮摧毁了16架轰炸机，75架受创。剩余轰炸机继续朝西边的鹿特丹方向撤离，此时仅剩驻法国普瓦（Poix）的JG 26第一大队还没出动，虽然距离近乎航程极限，该大队抱着姑且一试的心态于9:46紧急升空，果然在鹿特丹西边被“喷火”护航机击退。皇家空军第453中队1架“喷火”成为第一大队此战唯一收获，也是重返西线的首个战利品。次日，群龙无首了大半个月的第一大队等来新任指挥官：还在医院养伤的卡尔·博里斯上尉。前第4中队中队长库尔特·埃伯斯贝格中尉从教官岗位回到联队接管第8中队。同日JG 26第一大队再次脱离普里勒直接指挥，移防到德国西北部的赖讷，加强鲁尔工业区的防空，Ⅲ./JG 54大队也从德国奥尔登堡转移到荷兰的代伦，这两个大队均划归荷兰－鲁尔指挥部。

晚些时候，福格特上士带着第6中队一个四机小队清剿漏网之鱼，大约11:26，他们根据地面引导，在敦刻尔克斩获了一架飞在低空的落单B-17。当天下午，12架“文图拉”轰

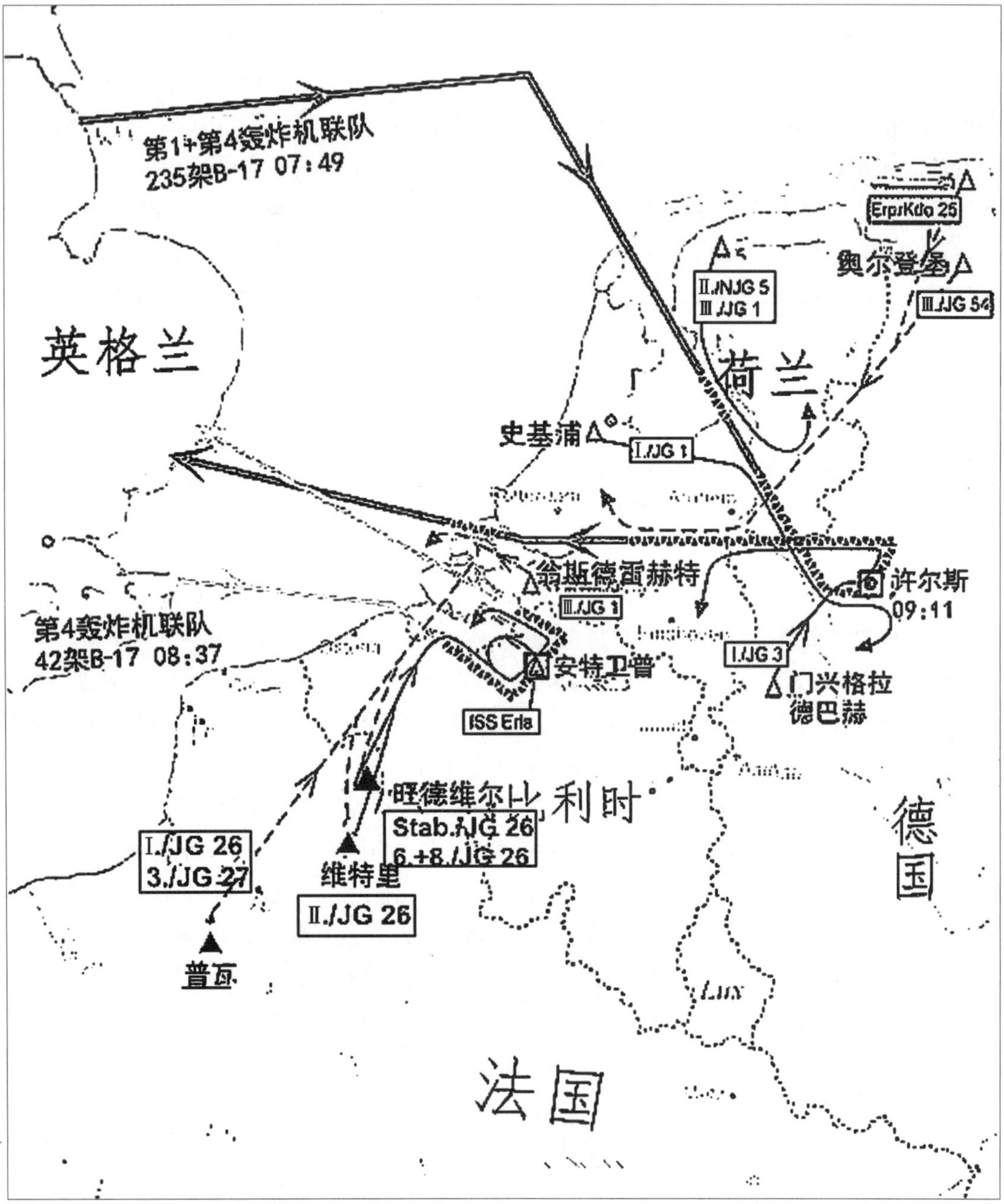

1943年6月22日空袭许尔斯、安特卫普航线图。

6月22日，许尔斯上空一架来自美军第305轰炸机大队的B-17F。

炸机袭击了JG 26成名地阿布维尔－德吕卡机场，被惊动的JG 26倾巢而出，但地面指挥部辨认出这种英国双发轰炸机后，下令“全体禁止接敌”，于是Fw 190纷纷打道回府。

6月26日 巴黎

6月26日，第八航空队将246架B-17发往巴黎地区的维拉库布莱空军基地，皇家空军的波士顿轰炸机和台风式战斗轰炸机分别向阿布维尔－德吕卡和贝尔纳（Bernay）实施牵制性轰炸。德军第2战斗机指挥部及时撤回了已经紧急起飞的JG 26联队。盟军第一轮主攻规模并不大，只由42架B-17轰炸塞纳河入海口的特里屈埃维尔机场，由于地处“喷火”护航范围内，第3战斗机指挥部派出的JG 2联队无所作为，被打散编队后更是无力阻止美军主力轰炸维拉库布莱，只能捏返航途中的软柿子，编队左翼下方的美第384轰炸机大队首当其冲，损失了4架B-17，7架被击伤后脱离编队。

与此同时，第2战斗机指挥部新发现一队庞大敌机机群出现在勒图凯海岸，紧急出动了麾下全部作战飞机，但辨认出只是P-47后，下令不予理睬，JG 26联队部直属大队遵照命令继续西飞，在迪耶普到勒特雷波尔（Le Tréport）的海岸上空，普里勒击落了美军第384轰炸机大队一架B-17，取得自己第91架战绩。他率领的11./JG 54中队被美军第4战斗机大队的P-47袭击，戈茨·施密特少尉被击落负伤，第8中队一架Fw 190在鲁昂附近可能被轰炸机自卫火力击落，飞行员跳伞生还。

第二大队逮到正赶去护送轰炸机返航的美军第56战斗机大队，立即借助夕阳的掩护，从高处突袭了P-47并大获全胜。大队长加兰德上尉在战斗报告中陈述：

我在海面上空7000到8000米高度背对阳光发动攻击，一队“雷电”刚与轰炸机会合，全无察觉我方从后方逼近。我瞄准敌机编队左侧一架“雷电”，从后下方近距离开火并观察着炮弹弹道，第二轮射击从与目标相距50米的侧后方打出，敌机空中解体，机翼、机身和尾翼部件脱落，机翼和机身被打出大洞，飞机失控尾旋下坠并燃烧，无疑已被摧毁，因此我没有追过去察看最终坠毁情况，而是马上攻击另一架“雷电”。

第二大队上报歼敌10架，7架得到确认，“雷电”这次不复往日的高度和速度优势，被偷袭后一边四散逃命，一边被迫与Fw 190比拼盘旋，结果一败涂地，4架未能返航，1架坠毁在英国海岸，7架被重创，其中2架只能报废，美军罗伯特·约翰逊少尉的座机是其中之一。为美军第56战斗机大队第61中队殿后的他首先遭了殃，20毫米炮弹劈头盖脸砸过来，从驾驶舱、垂尾到机身千疮百孔，更严重的是发动机也被打坏，液压系统管道破裂，四溅的液压油糊满约翰逊全身，泄漏的高浓度氧气点燃了液压油，以致他一度准备弃机跳伞，不幸的是连座舱盖也被卡住。

约翰逊硬着头皮开回英国，这段归程成为一段惊心动魄却为人津津乐道的传奇，战后他在自传里描述自己下降高度，重新控制住飞机，跌跌撞撞飞到迪耶普海岸。一架Fw 190尾随而至，虽然在此前的战斗中打光了炮弹，但仍然纠缠良久，毫不客气地倾泻完7.92毫米子弹，却惊讶地发现P-47被打成筛子依然顽强地挂在空中。末了，两架飞机并肩而飞，Fw 190飞行员向约翰逊敬了个礼，晃动机翼，调头离去。迫降回曼斯顿后，约翰逊在忠诚护主的座机上检查出21个机炮弹坑，数到200多个子弹弹孔后，他放弃了。

基于当日战况，与罗伯特·约翰逊狭路相逢的德国飞行员最有可能出自JG 26第二大队，但流传甚广的说法是时任JG 2第三大队大队长的埃贡·迈尔少校，这位迎头攻击战术大师当时已击落了66架英美飞机，名气与未来扬名天下的“雷电”王牌相得益彰。英国历史学家罗杰·弗里曼在著作《第八航空队》写道“据说当晚迈尔上校接受广播电台采访时谈到自己在维拉库布莱空袭之战中击落了3架P-47，其中1架机身呼号是HV:P，这正是约翰逊的座机”。2007年美国历史频道纪录片《空中格斗》以电脑特技形式的生动重现了罗伯特·约翰逊与埃贡·迈尔的交手，使得这一说法更是广为流传。但是现存的德方档案中迈尔当天并无任何空战战绩，甚至连他远在布列塔尼半岛的Ⅲ./JG 2大队是否参战也存疑，该大队既无战果也无损失上报。美国历史学家唐纳德·考德威尔提出自己的推测，考虑到四天后迈尔正式就任JG 2联队长，如果他当天参战，那么有可能带领的是联队指挥部而非JG 2第三大队。这天JG 2的第一和第二大队共宣称击落3架B-17、2架“喷火”，还有1架P-47战绩于19:03在勒特雷波尔取得，时间地点与第56战斗机大队作战记录相吻合。6月26日德国战斗机已知的宣称战绩中共12架P-47，其中9架得到确

罗伯特·约翰逊，1943年初随第56战斗机大队赴欧参战，1944年5月以个人第27个击坠数打破了第一次世界大战中埃迪·里肯巴克创下的美国飞行员空战纪录。其后军方出于保护他的目的，把他送回国内。约翰逊在91次任务中击落28架敌机，均为驾驶P-47战斗机取得。退役后他就职于共和飞机公司。

1943年6月23日忠勇护主的P-47C（41-6235）“HV-P”伤情其实并不如约翰逊后来宣称的那么夸张，它被修复后移交给第9航空队第36战斗机大队，继续服役到1944年8月18日。

认，能对应上美军第56战斗机大队12架的总损失（含被击毁和重创）。

6月剩余的日子，第26战斗机联队再无建树，也没有损失。29日，第2中队奉命从赖讷移防到翁斯德雷赫特支援JG 1第二大队，暂归后者指挥。30日，联队长普里勒晋升中校，暂时接管位于法国圣波勒的第2战斗机指挥部，接下来很长一段时间，第2战斗机指挥部在正牌指挥官卡尔·菲克（Karl Vieck）中校缺席的情况下，都由普里勒指挥，德国空军高级指挥人才短缺的困境可见一斑。兼任JG 26联队和第2战斗机指挥部指挥官期间，普里勒几乎每天都奔波于里尔和圣波勒之间，亲自出战的次数也大幅减少。

可能摄于1943年年中，普里勒（最左打电话者）在圣波勒的第3战斗机指挥部指挥所。

1943年夏末，第8中队1架Fw 190进场时发动机失灵，飞行员进入失速，飞机急水平转弯后带着起落架着陆，飞行员虽然安然无恙，但受到降衔处分。

第九章　博弈战略轰炸

1943 年 7 — 12 月

一、战事升级

相继败走斯大林格勒和北非后，德国到1943年中期被迫转入战略防御。空军高层也逐渐重视并加大对本土防空的投入。苏德战场和地中海战场两支劲旅第3战斗机联队“乌德特”、第27战斗机联队“非洲”回防本土，完成换装和训练后被部署在柏林和奥利地。三个驱逐机联队ZG 1、ZG 26和ZG 76正在进行重组和补充，即将在秋天加入帝国防空军①，装备为双发战斗机Bf 110及后继机型Me 410。和过去两年对外侵略阶段不同，如今德国飞行员以保家卫国为己任，自知任务的困难和艰险，更认识到事关德国的最终命运，因此这一时期，盟军战略轰炸虽以雷霆万钧之势不断增强，德国防空部队同样士气高涨。我们可以看到，1943年下半年德国防空部队在军力、组织、战术、技术和作战效能等方面有了显著进步。

美军单次无护航轰炸行动的轰炸机损失率从1942年的4.5%增长到约7.5%（但是有护航时这一数字只有1.6%），1943年夏秋战事成为德军所能取得的最后几场胜仗，也是帝国防空战的高潮。

1943年里，西线的德国战斗机大队或多或少或长或短都有其固定基地，唯独JG 26联队在法国、比利时到荷兰、德国北部频繁调动，部队组织机构运行的娴熟和高效在此得以充分体现。这些调动都根据轰炸航线和趋势的变化应运而生，施拉格特联队始终是迎击美军轰炸机的第一道防线。

随着满编的JG 11联队三个大队全面投入德国北部作战，JG 26第一大队转移到赖讷没多久就返回了西欧，驻比利时赫林贝亨（Grimbergen）。7月5日，克劳斯·米特乌施上尉从东线返回，即刻就任第三大队指挥官，原代理大队长罗尔夫·赫尔米兴上尉回到第3中队。第12中队迎来新任中队长：来自JG 51联队的骑士十字勋章获得者赫尔曼·施泰格上尉。第三大队（下辖第7、第9、第11和第12中队）7月间短暂移防库克斯港－诺德霍尔茨，8月初归建，驻扎阿姆斯特丹的史基浦机场，至此，JG 26三个大队再次齐聚西欧，联队长普里勒手中可用兵力达12个中队，不过因为兼任了第2战斗机指挥部指挥官一职，每日奔波于圣波勒和里尔的两地指挥部，亲自带队作战的机会已大为减少，更多时候需要留在地面指挥和

① 帝国防空军（Reichsverteidigung）：德国本土防空武装力量统称，包括以战斗机部队、高炮部队、地面控制机构和民防组织。

1943年7月中旬，德国空军在西北欧的昼间单发战斗机部队部署情况

第三航空队	法国北部、比利时	（第2战斗机指挥部）	
	JG 26联队部直属大队	里尔－旺德维尔	Fw 190 A
	JG 26第二大队	维特里	Fw 190 A
	JG 27第3中队	普瓦	Bf 109G
	法国中部、南部	（第3战斗机指挥部、第4战斗机指挥部）	
	JG 2联队指挥部	博蒙勒罗歇	Fw 190 A
	JG 2第一大队	博蒙勒罗歇	Fw 190 A
	JG 2第二大队	埃弗勒、普瓦	Bf 109G
	JG 2第三大队	瓦讷	Fw 190A
	东线战斗机大队	法国多地	Bf 109G
中央司令部[1]	德国北部	（德意志湾战斗机指挥部）	
	JG 11联队指挥部	耶弗尔	Bf 109G
	JG 11第二大队	耶弗尔	Bf 109G
	JG 11第一大队	胡苏姆	Fw 190 A
	JG 11第三大队	奥尔登堡	Bf 109G
	JG 26第三大队	诺德霍尔茨	Bf 109G
	黑尔戈兰战斗机中队	黑尔戈兰岛	Bf 109T
	第25试飞队	维特蒙德	Bf 109G、Bf 110
	荷兰及鲁尔区	（荷兰－鲁尔战斗机指挥部）	
	JG 1联队指挥部	赖讷	Fw 190
	JG 1第二大队	赖讷	
	JG 1第一大队	荷兰代伦、阿纳姆	Fw 190 A
	JG 1第三大队	荷兰吕伐登	Bf 109G
	JG 26第一大队	荷兰翁斯德雷赫特	Fw 190 A
	JG 54第三大队	阿姆斯特丹－史基浦	Bf 109G
	JG 3第一大队	门兴格拉德巴赫	Bf 109G

统领大局。这样的情况持续到8月底，菲克中校返回工作岗位，联队指挥部带着第8中队从里尔－旺德维尔搬到第三大队所在的史基浦机场。

经过将近四年的征战，JG 26飞行员平均训练水平开始下滑，联队的表现也起伏不定，但在一干身经百战的老将率领下，战斗效能在年中却攀上巅峰。普里勒中校以90架总战绩领跑联队，62架战绩的博里斯上尉和45架战绩的米特乌施上尉都早在1939年就为联队效力，资历之深无人可及，

① 全名德国空军中央司令部（Luftwaffenbefehlshaber Mitte），1944年1月扩建为帝国航空队。

两位中队长贝泽中尉和埃伯斯贝格尔中尉的资历也可以追溯到1940年初，以威廉－费迪南德·加兰德、阿道夫·格隆茨、维柳斯为代表，1941－1942年间补充进来的飞行员技战术水平臻于巅峰，战绩处于20－50架区间，这在残酷的西线天空已经非常拔尖。

无论战术运用、技术装备还是飞行员，苏联空军和英美空军都存在巨大差异，德国空军在东线击落的敌机数量远高于西线，乃至于"量产"出一批战绩破百甚至两百的王牌和超级王牌，奋战在西线的飞行员难免会眼红东线的同僚，毕竟在德国空军，尤其是战斗机部队，晋升、功勋、荣誉乃至前途都与战绩直接挂钩。我们从两个老牌海峡联队1943年的授勋情况就能看出西线的德国飞行员想要获得高级军事荣誉有多困难，这一年仅有10名JG 2飞行员和8名JG 26飞行员被授予金质德意志十字勋章。骑士十字勋章更是少得可怜，JG 2仅有布鲁诺·施托勒上尉凭借29架空战战绩在3月7日获此殊荣。8月，"堡垒专家"埃贡·迈尔少校凭借63架战绩和"为人表率的胆识、坚不可摧的意志"被授予橡树饰叶骑士十字勋章。JG 26联队仅有威廉－费迪南德·加兰德上尉和阿道夫·格隆茨军士长各自取得41架和40架战绩后艰难地领到了骑士十字勋章，格隆茨首开军士级飞行员荣获骑士十字勋章之先河。整个二战期间，第26战斗机联队一共只有五人拿到橡树饰、双剑饰和钻石饰这三种更高级别的骑士十字勋章骑士。

1943年JG 26仅有的两名骑士十字勋章勋章获得者阿道夫·格隆茨军士长（左图）和威廉·费迪南德·加兰德少校（右图）。

当军方高层也认识到击落英美重型轰炸机的难度远甚于从前任何一种敌机后，他们开始引进一种新的计点式授勋体系，用以鼓舞西线士气，标准如下：

新的计点系统等于承认了战斗机要击伤一架四发轰炸机令其脱离编队（计2点）比击落一架已经受损的轰炸机（计1点）更难、更重要。有材料认为该系统仅为了论功行赏、颁发勋章而设，这种观点并不严谨，"空战战果"和

每架战绩所获点数

机型	直接击落(Abschuss)	重创(Herausschuss)	最终击落(Endgueltige Vernichtung)
单发战斗机	1	0	0
双发轰炸机	2	1	0.5
四发轰炸机	3	2	1
注:"重创"的标准为击伤令其脱离编队,"最终击落"指击伤一架因受损而脱离编队的轰炸机。			

勋章等级	要求点数
2 级铁十字勋章	1
1 级铁十字勋章	3
德国空军荣誉奖杯	10
金质德意志十字勋章	20
骑士十字勋章	40

“点数”是两种截然不同的概念。前线飞行员和部队上报的空战战果必须通过柏林的帝国航空部下属机构空军审核委员会（luftwaffe Abschuss commission）严格审核，流程会耗时一年甚至更久。宣称击落敌机却缺乏目击证明的战果不能被计入点数，仅作为“可能击落”。不过部队经常上报无目击证明的战果，其中一些还通过了核实程序，这种情况在成功的飞行员身上尤其常见。

众所周知，德国的空战战绩没有英美苏军采用的“共同击落/集体战绩”，新的计点系统里“重创敌机令其脱离编队”和“击落1架已受损并脱离编队的敌机”实质无异于共同击落。理论上，每个“击落一架脱离编队的敌机”必须对应一个“重创”战绩存在，现实中能对应上的寥寥无几，许多飞行员“重创敌机”最终都被认作“单独击落一架敌机”。1943年与重型轰炸机的搏杀空前激烈，JG 26宣称了大量“重创”战果，有不少作为“直接击落”战果通过了审核。可见这种计点系统对两人或多人共同击落一架轰炸机这种情况很容易重复计算。不知是否巧合，这一时期德国国防军每日公报中的歼敌数量也差不多是美军实际损失的两倍。德军声称摧毁的重型轰炸机比起其他类型敌机来更难以对应盟军的实际损失，部分原因可能出自这套复杂的计点系统，也有德军领导层对击落重型轰炸机数量的过分追求所致。

二、7月24—30日 闪电周

1943年7月上半月，西线天空相对平静，盟军的轰炸行动屡屡受阻于天气，每日只发动战斗机扫荡，大多数时候德国战斗机未予回击。盟军仅在14日轰炸了维拉库布莱、勒布尔歇和亚眠三处德军机场，对维拉库布莱的轰炸行动最为成功，摧毁了存放着70架Fw 190的维修机库，其中有15架属于JG 26，第3航空队的Fw 190部队都蒙受了物资损失，一批轰炸机、侦察机、教练机和司令部的飞机也在损失清单内。JG 26第二大队和JG 27第3中队、JG 2第二大队一起拦截亚眠方向的美军。盟军轰炸机刚飞进法国海岸就遇到截击，直到20分钟后P-47赶来击退了德国战斗机，1架B-17被JG 27的Bf 109击落，2架在英国迫降，另有34架受损，JG 27飞行员一死一伤。JG 26第二大队在埃斯丹与美军第78战斗机大队发生交战，2架P-47和1架Fw 190被宣称击落，飞行员均跳伞获救并归队。

7月最后一周，欧洲西北部天气开始好转。24日，美军第八航空队联合英国皇家空军轰炸机司令部，发动了持续七天声势浩大的空中打击，投入约300多架轰炸机，史称“闪电周”。首日攻击目标定于挪威哈略（Heroya）的铝矿、镁矿和硝酸盐工厂，该地仅有JG 11联队第10中队一支昼间战斗机部队，盟军取得良好开局，只损失了1架轰炸机，两名德国飞行员被B-17击中身亡。JG 26远离盟军航线，没有涉入这场战斗，第一大队仅对英吉利海峡沿岸执行了早晚两场例行侦察和巡逻，一名飞行员在此期间事故身亡。第二大队紧急出动四次，其后均因发现是英军战斗机扫荡而返航，未曾发生交战。

7月24日晚英国皇家空军发动“蛾摩拉行动”，接连两晚，总共2335架次轰炸机将德国第二大城市兼经济、军工中心汉堡化为一片火海。美军紧密跟进，25日白天第1轰炸机联队将182架B-17派往汉堡的船厂，剩余兵力则以基尔港的潜艇船坞为目标。柯蒂斯·李梅上校的第4轰炸机联队还将远赴罗斯托克附近的瓦尔讷明德（Warnemünde），轰炸那里的福克－沃尔夫飞机厂，上述行动均无护航。德军德意志湾战斗机指挥部准确推断出美军目标，Ⅲ./JG 26大队在易北河口拦下了美军先头部队，声称摧毁3架B-17，自身有3架Bf 109G受损迫降，美军没有对应损失，飞抵汉堡和北海才遭到Ⅱ./JG 11大队和Ⅱ./JG 1大队、Ⅲ./JG 1大队猛攻。此外，汉堡上空密布的阴云以及前晚轰炸留下的烟尘极大妨碍了目标辨识，只有100架B-17将炸弹投到了汉堡及周边。第1轰炸机联队15架B-17未能返航，其中绝大多数为汉堡附近的高射炮造成，67架被击伤。

第1轰炸机联队对基尔的空袭行动因部分集结失败、没有找到目标等原因半途而废，而开赴瓦尔纳明德的第4轰炸机联队因云层也放弃原计划，转而轰炸了次要目标基尔，4架B-17被德军Ⅰ./JG 11的战斗机和高炮击落，51架被击伤。当日德军总共被轰炸机击毁7架战斗机，飞行员5人负伤、1名大队长阵亡，1架Bf 110机组坠海被英国皇家海军俘虏。

皇家空军的轻型和中型轰炸机成功压制住德军荷兰－鲁尔战斗机指挥部:12架B-25和12架“波士顿”分别攻击了阿姆斯特丹的福克－沃尔夫工厂和史基浦机场，B-26“掠夺者”亮相比利时根特的焦炭厂。“台风”携弹投向翁斯德雷赫特机场，上述大部分行动由喷火式战斗机近距离护航，除此之外美军3个P-47大队高空扫荡了荷兰海岸线。德军Ⅰ./JG 26大队从翁斯德雷赫特起飞，前往根特拦截，但只在护航的“喷火Ⅴ”上取得击落4架、击伤1架的战绩，自身无损失。刚转移到史基浦机场的Ⅲ./JG 54大队奋起反抗，宣称击落3架“喷火”2架“台风”，损失3架Bf 109，飞行员1死2伤，英军当天共损失4架“喷火”。德军第2战斗机指挥部干脆按兵不动，只有JG 26第8中队与一支扫荡的英军发生小规模交战，还发现了几架P-47。

盟军7月26日的目标是汉诺威的合成橡胶厂和汉堡的潜艇厂。天公不作美，出动的303架B-17大部分只轰炸到一些临时目标。这次德军几个战斗机指挥部成功完成协同作战，缺乏护航的美军轰炸机来去路上都遭到JG 11、JG 1、Ⅲ./JG 26和黑尔戈兰中队的大规模拦截，第1夜间战斗机联队（NJG 1）和第3夜间战斗机联队（NJG 3）的Bf 110也先后加入作战。德军以飞行员4人身亡，1人失踪、3人负伤的代价宣称歼敌24架，其中3架归于Ⅲ./JG 26大队，但只有第12中队中队长施泰格上尉的战绩得到确认，大队自身无损失。美军实际共24架轰炸机被击落，另有3架重伤报废（含被高炮击落）。

两位大队长米特乌施（左）与威廉－费迪南德·加兰德（右）用手势为手下飞行员演示空战战术。

受航程所限，“喷火”和“雷电”依然没有参加护航，只通过扫荡法国北部、比利时和荷兰提供间接支援。德军第2战斗机指挥部和荷兰－鲁尔战斗机指挥部一门心思对付重型轰炸机，未予理睬。直到第2战斗机指挥部的三处传统基地：圣奥梅尔、韦弗尔海姆和阿布维尔遭到B-25、“波士顿”和“台风”光顾才予以回击。Ⅱ./JG 26大队与喷火Ⅸ战斗机发生小规模交战，后来又在另一场任务中遇到P-47战斗机，最后不了了之。联队部直属大队根据地面引导，在海上在追到了皇家空军第88中队的“波士顿”轻型轰炸机及近距离护航的“喷火Ⅴ”。福格特上士、迪佩尔中尉和埃里希·施瓦茨下士分别入账一架“喷火”，第6中队中队长约翰内斯·瑙曼上尉则斩获一架“波士顿”，他后来回忆道：

那是一个明媚的海滨之夏，扩音器突然响起——“战斗警报！轻型轰炸机和护航战斗机大军正沿东南航线向我方海岸区接近”，联队指挥部和我的中队依照平日训练的次序紧急升空，集结成战斗队形，朝着警报所称的敌机方向爬升，在里尔以北6000米高度接敌。敌轰炸机以三机编队为单位排成密集编队正迎面飞来，我们爬升到它们上方的护航机高度，调转航向，撇开护航机，利用良好的高度优势俯冲向轰炸机发动攻击。

由于俯冲太快，我错失了殿后的三机编队，急跃升飞越它们，瞄准领头的三机编队右翼那架轰炸机，只一轮开火就击中对方机身和左侧发动机，我脱离时看到目标掉落出编队，随后我与几架护航战斗机展开交战，直到接到退出战斗的命令，这时我看到那架被我打落的轰炸机仅靠着一个发动机朝我们机场下降，最终安全地以机腹迫降在旺德维尔，正好停在我们的疏散机场正前方。

降落后我马上去检查了这架轰炸机的损伤，机组成员已经被地勤们团团围住，四人均毫发无损——这就是幸运！确认了我就是击落他们的人后，机枪手竭力为自己正名，一口咬定击落了我，但检查了我完好无损的福克飞机后，他哑然。

交谈在联队指挥室继续，一杯白兰地下肚，我了解到他们已经完成了30次任务，但经不住中队长以奉上威士忌的恳求，耳根子一软就答应额外再执行一次。握手道别后，我目送他们被带离接受审讯。

时隔47年后，我得知这四名机组成员仍然健在，一名英国学者联系上定居新西兰的飞行员杰克·威尔逊，并安排他和苏格兰籍领航员麦克唐纳来我家拜访，我们再度握手致意。威尔逊已是新西兰皇家空军上校，1975年退役。我向

瑙曼与被自己击落的皇家空军第88中队的波士顿轰炸机。飞行员都不会放过和战利品留影纪念的机会，如果能和交战对手交流再好不过。

他提出当年就困惑不解的问题——为什么不靠剩下的一个发动机飞回英国。他告诉我，子弹不仅打坏了左侧发动机，还击伤了右侧发动机的液压控制装置，所以无法提供足够动力。

直属大队虽全身而退，仍产生了两例地面损失，这架被瑙曼击落的“波士顿”机枪手不知是太亢奋抑或太勇敢，着陆过程仍然止不住地一通乱射，打伤了一名JG 26飞行员，第8中队前任中队长卡尔·博里斯上尉的爱犬被打死。

持续恶化的天气阻止了美军7月27日的作战行动，白天只有皇家空军12架“文图拉”轰炸了比利时泽布吕赫（Zeebrugge）的焦炭厂，12架B-25再袭史基浦机场。JG 26没有接敌。次日第八航空队不顾不利的气象条件，以最大力度重启对德轰炸，总共302架B-17兵分两路，杀向卡塞尔和奥舍斯莱本的福克－沃尔夫工厂。两地均已深入德国内陆，德意志湾战斗机指挥部和荷兰－鲁尔战斗机指挥部能够从容引导大约350架德国战斗机全程持续打击轰炸机编队。美军铩羽而归，出动的轰炸机鲜有投中预定目标，反而损失了27架，被击伤118架。

德国空军的空对空炸弹表现抢眼，JG 11第5中队的Bf 109将250公斤炸弹投向下方的轰炸机编队，该中队的费斯特中士直接命中一架来自美军第385中队的B-17，爆炸引发的巨大冲击波导致另两架B-17坠落，费斯特就这样一举收获3个重型轰炸机战果，还创造了迄今最佳空对空轰炸战绩。这天意义最深远的技术改进来自美军——等不及正式的副油箱配备下来，第4战斗机大队自行安装了可抛掷的油箱，从而深入到以前不可能到达的德荷边境埃默里希，接应了从奥舍斯莱本返航的第1轰炸机联队，这些P-47的意外出现打破了德军Ⅰ./JG 3大队和Ⅰ./JG 26大队攻击返航轰炸机的如意算盘。美军第4战斗机大队打出迄今最漂亮的一仗，宣称歼敌9架，自身仅有1架P-47被JG 26第3中队罗尔夫·赫尔米兴上尉击落，但赫尔米兴的战绩没能通过审核，也许是因为他将敌机机型误判为“台风”，以击落高度6000米上报，引起帝国航空部的质疑。德军6架战斗机被P-47击落，其中2架Fw 190来自Ⅰ./JG 26大队，飞行员一人跳伞负伤，一人平安迫降，该大队另有2例损失来自B-17自卫火力，其中1架Fw 190俯冲进河沟里倾覆，飞行员瓦尔德马·泽芬军士长颈骨骨折，次年归队实属命大。另一名飞行员跳伞负轻伤，美军第92轰炸机大队1架B-17在第3中队阿伦斯（Ahrens）上士的炮火下坠毁于荷兰布雷达（Breda）附近，但阿伦斯本人的战绩没能通过官方审核。和他同病相怜的还有海因里希·席尔德下士。

8:38第三大队从诺德霍尔茨紧急出动，向着西北奔袭到作战半径极限，宣称击落3架B-17，其中2架得到确认，仅有两例事故损失。联队直属大队和第二大队因为引导失误没有找到轰炸机，只有第8中队在谢尔特（Sheldt）意外撞见几架“喷火”并在其后的战斗中损失一架Fw 190。当晚直属大队和第二大队分别进驻荷兰的芬洛和代伦。

7月29日，轰炸目标是基尔的潜艇船厂和瓦尔讷明德的亨克尔飞机工厂，两地均处波罗的海沿岸，JG 26只有第三大队位于美军航线附近，该大队在黑尔戈兰湾附近提前拦截到敌机，从石勒苏益格－荷尔施泰因半岛一路追击到基尔，由克梅特米勒军士长、绍德中尉和施泰格上尉斩获3架B-17，代价是3架Bf 109受损、一名飞行员负伤。并肩作战的JG 11联队则取得5架宣称战果，自身损失6架战斗机（含损毁和损伤），一名飞行员负伤。B-17

的实际损失是10架被毁，2架重伤报废，69架受损，机枪手们共干掉7架德国战斗机。值得一提的是，此役JG 1和JG 11首次使用WGr.21火箭弹，JG 26第三大队在其后一周内也装备了它们，这种安装在机翼下方的21厘米重型火箭弹内含40.8公斤炸药，虽然射击精度欠佳，但可以在轰炸机机枪射程外发射，打散美军密集编队，为后续截击机的精确打击创造便利。加挂火箭弹会大幅削弱战斗机机动性能，但这种牺牲在当前可以接受，因为盟军暂时还不具备远程护航战斗机。

留在荷兰防守鲁尔工业区的JG 26联队直属大队和第二大队没有等来重型轰炸机，只等来一群杀向史基浦机场的B-26。紧急升空后，对方却突然折返，一弹未投。Ⅲ./JG 54大队击落美军第56战斗机大队一架P-47护航机，自身有2架Bf 109分别被P-47和B-26击伤。当日JG 26联队收官之战发生在20:00左右，极少出击的第11中队从旺德维尔紧急起飞阻击皇家空军第331中队“喷火”的扫荡，结果一无所获，反而折损了一名飞行员：瓦尔特·穆勒中士起飞不久就被击落身亡。当天直属大队又回到旺德维尔。

闪电周在30日步入尾声，第八航空队倾尽剩下可用的186架B-17，杀回卡塞尔的福克－沃尔夫工厂。三个P-47大队全部加装可抛弃油箱，全力以赴贴身护送轰炸机。航线将穿越德军重兵把守的荷兰－鲁尔防空区核心，因此轰炸机编队将排成单列长队，这种编队不啻于一把双刃剑，轰炸机既能前后彼此掩护，也有利于护航，但德国空军的地面指挥部门也能够轻易计算和定位出美军兵力，从而从容地在四个战斗机指挥部之间调兵遣将，重拳出击。德军计划由距离最近的第2战斗机指挥部和荷兰－鲁尔战斗机指挥部拦截美军的前半程，第3战斗机指挥部和德意志湾指挥部的部队分别从东北和西南两个方向守在轰炸机返航航线，集中攻击撤退美军。事与愿违，JG 2只有第三大队参战，JG 11主力都错过战斗。

清晨，轰炸机主力出动之前，依然先由轻型、中型轰炸机从荷兰海岸扫荡到翁斯德雷赫特和史基浦机场，虽然造成破坏不大，但成功牵制住JG 26第一大队和JG 54第三大队。2./JG 26中队两个小队在维柳斯少尉带领下攻击刚开始撤离翁斯德雷赫特的美军第386轰炸机大队，维柳斯俯冲向一架掉队的B-26轰炸机，拉起后向上开炮，随着目标尾旋坠毁于斯海尔德河，维柳斯成为首个在中空击落B-26的德国飞行员，不过他误认作“波士顿”。

1944年7月30日被维柳斯击落的第386轰炸机大队第553中队B-26“莫莉”号机组。

另一个小队的长机被轰炸机击中并起火，飞行员因伤势过重未能及时打开降落伞而坠亡。由于这是第386轰炸机大队首战，青涩的机枪手们宣称干掉6架，打伤5架，比参战德机总数还高，虽然很不靠谱，但对初出茅庐的美国小伙子们而言，不足一分钟的功夫即干掉一架Fw 190仍然不失为可喜的成就。几英里外，掩护2./JG 26中队的3./JG 26中队与掩护护航的皇家空军第66中队之间的较量以1:1平局收场，被击落的Fw 190飞行员和“喷火”飞行员均跳伞逃生。

从普瓦紧急出动的JG 2第二大队和3./JG 27中队也没能追上轰炸机.JG 26联队直属大队（含联队部小队、第8、第10、第11中队）耐心等到护航的“喷火”离开，在安特卫普向B-17发起进攻，第一大队余部中途加入进来，JG 26入账战绩为：共同击落1架、重创2架，最终击落1架。第8中队的格哈德·维甘德下士被轰炸机击中后跳伞负伤。

前一天刚搬到荷兰代伦的JG 26第二大队于9:30起飞，拦截返航的敌机，大约10:00在阿珀尔多伦（Apeldoorn）发现目标并展开攻击，威廉－费迪南德·加兰德少校和瑙曼上尉击落2架B-17，瑙曼的第6中队3架Fw 190被轰炸机火力击落，一名飞行员迫降后在医院不治身亡，同样迫降的威廉·迈尔上士受轻伤，福格特上士被击中后尝试撞击目标，他跳伞生还，身负重伤。迈尔和福格特在地面形影不离，传闻这对好友会欣然为对方牺牲一切。

第三大队从诺德霍尔茨奔袭了400公里赶到荷兰，仅进行了4分钟的战斗便因油料告急无功而返。晚些时候，二次出动的第一大队收获更大，赫尔米兴上尉(第3中队)和恩斯特·克里斯托夫上士（第1中队）上士在荷兰奈梅亨各自声称斩获一架B-17，随后卷入与美军护航战斗机的混战。

不知是巧合还是刻意安排，美军三个P-47大队和德军战斗机主力都被用在轰炸机返航段，结果上演一场空前壮阔的战斗机厮杀。赫尔米兴上尉和瓦尔德马·拉德纳（Waldemar Radener）少尉各击落1架P-47，克里斯托夫上士被击中后跳伞失败而丧命，JG 26当日8例伤亡中这是唯一由P-47战斗机所致者。德军当日共折损战斗机27架、13架受损，飞行员14人阵亡、12人负伤。美军记录总共107架P-47与150架到200架德国战斗机发生交战，击落24架、可能击落1架、击伤8架、自身损失7架，B-17损失情况为12架被击毁，5架报废、82架被击伤。第78战斗机大队风头最盛，共宣称击落10架Fw 190和6架Bf 109，尤金·罗伯特少校上演帽子戏法，当查尔斯·伦敦上尉带着2架战绩返回达克斯福德基地，第八航空队诞生了首个王牌飞行员，第78战斗机大队损失了3名飞行员，包括首战即阵亡的大队长。德军也阵亡了两位中队长。

7月30日JG 26入账的B-17战绩为：单独击落4架，最终击落1架、重创令其脱离编队1架。德军出动拦截的战斗机达到史无前例的285架次，其中约40架次属于二次出击。指挥和调度也无可挑剔，但期待中横扫敌军的大捷仍未出现，空军指挥层大失所望，虽然他们在每日公报中宣传歼灭30架B-17，但心知肚明真实数据要低得多。而击碎他们美梦的首功要归于“雷电”战斗机，它们在这天表现出空前的敢打敢拼、凶猛顽强的战斗力，为轰炸机的兄弟们击退了那些如狼似虎的德国战斗机。当天美军只损失12架B-17和7架战斗机。

和对手的低落相对应的，美军第八航空队指挥官们对闪电周的成果相当满意，华盛顿和伦敦方面也发来贺电。但是

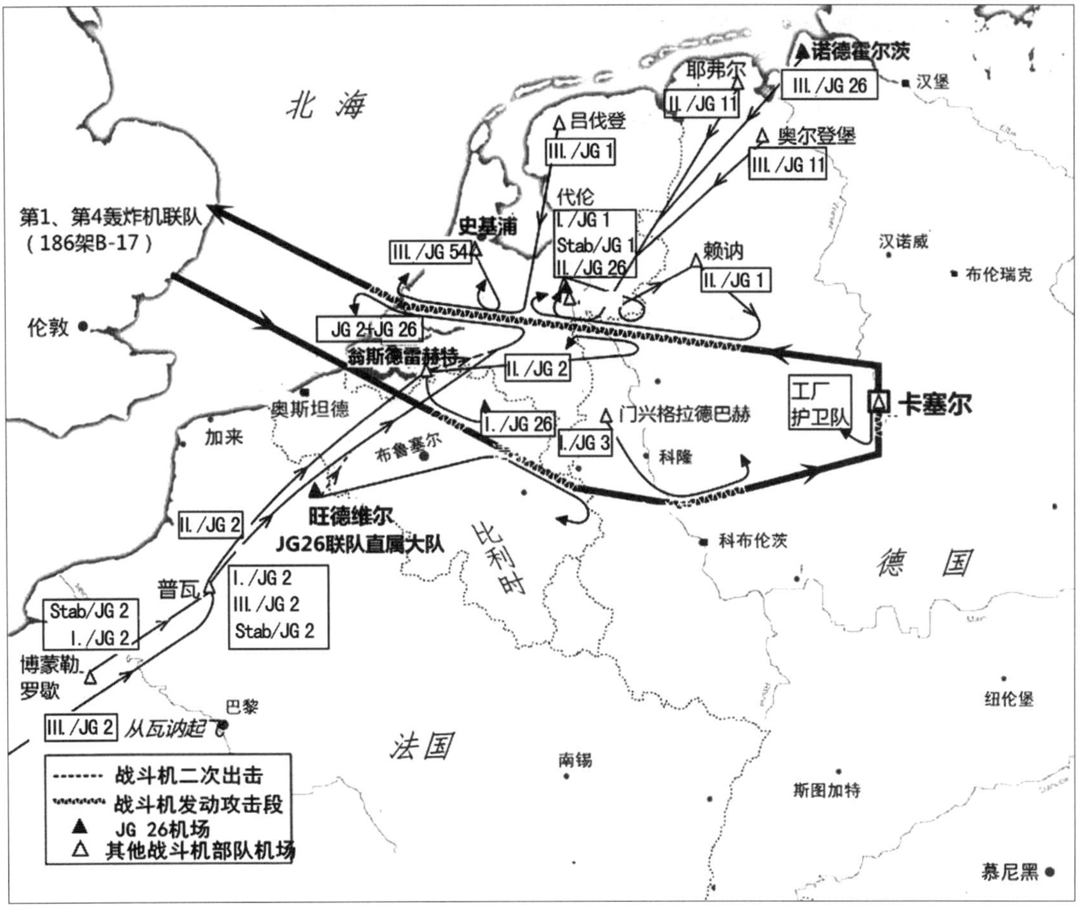

1943年7月30日空袭卡塞尔航线图。

持续一周的高强度作战令前线官兵精疲力竭，除了首日突袭挪威外，后6天的空袭令第八航空队折损了87架B-17，占出动总数的6.7%，实际完成轰炸总数的10.4%。于是接下来12天B-17以休养生息为重，只靠B-26等中型轰炸机对德军施加压力。

盟军在闪电周期间有相当一部分攻击目标聚集在德国北部军事、工业区，因此JG 26联队以驻诺德霍尔茨的第三大队承担最重，收获也更丰硕，刚接手第12中队的赫尔曼·施泰格上尉尤为突出，他在闪电周宣称斩获5架重型轰炸机，大队指挥官米特乌施上尉和克梅特米勒军士长也各有1架B-17入账，其间大队折损2架Bf 109，飞行员一死一伤。闪电周落幕次日，即7月31日第7中队指挥官京特·克尔希上尉晚间驾机试射WGr 21火箭弹时遭遇炸膛事故身亡，尽管当时有敌后破坏行动的相关猜测，但调查无果而终。

8月上半月，JG 26三个大队齐聚在荷兰，划归德国空军中央司令部下的荷兰－鲁尔战斗机指挥部调遣，指挥官瓦尔特·格拉布曼上校在战前是施拉格特联队的大队长。第一大队继续在翁斯德雷赫特，第三大队从代伦转移到沃尔克尔（Volkel），第三大队则从诺德霍尔茨转移到阿姆斯特丹的史基浦（原驻史基浦的JG 54第三大队回国休整），只有联队直属大队留在法国，归第3航空队第2战斗机指挥部。具体部署情况见下页表：

作战单位	指挥官	基地	备注
联队直属大队	普里勒中校	法国旺德维尔	
联队指挥部小队	普里勒中校		Fw 190A
第 8 中队	库尔特·埃伯斯贝格尔上尉		
第 11 中队	彼得－保罗·施泰因德尔上尉		Bf 109G
第一大队（Ⅰ./JG 26）	卡尔·博里斯上尉	荷兰翁斯德雷赫特	Fw 190A
第 1 中队	阿图尔·贝泽中尉		
第 2 中队	威廉·格特上尉		
第 3 中队	罗尔夫·赫尔米兴中尉		
第二大队（Ⅱ./JG 26）	威廉－费迪南德·加兰德少校	荷兰沃尔克尔	Fw 190A
第 4 中队	赫尔穆特·霍佩少尉		
第 5 中队	霍斯特·施特恩贝格中尉		
第 6 中队	约翰内斯·瑙曼上尉		
第 10 中队	鲁道夫·洛伊舍尔上尉		
第三大队（Ⅲ./JG 26）	克劳斯·米特乌施上尉	荷兰阿姆斯特丹－史基浦	Bf 109G
第 7 中队	迪佩尔中尉		
第 9 中队	保罗·绍德中尉		
第 12 中队	赫尔曼·施泰格上尉		

经过12天的休整，8月12日清晨，欧洲大陆云端再次响彻“空中堡垒”的轰鸣。吸取了7月30日的教训，德国守军精明了不少，战斗机被集中部署在远超P-47航程的内陆纵深，它们按照地面引导，北上攻击飞在最北端的轰炸机，这一安排收效甚佳，美军对波恩和波鸿的轰炸基本失败了，第1轰炸机联队损失惨重，进入欧洲大陆的133架B-17被击毁或报废25架，被击伤103架，脆弱不堪的轰炸机残部向南经由盖伦基兴①到科布伦茨撤退，结果在这条陌生的航线上又经受了德国战斗机15分钟肆无忌惮的凌虐，直到P-47赶到才逃出虎口。稍早前出击的美军第4轰炸机联队幸运地避开了德军主力，仅损失3架。德军共损失11架战斗机和3名飞行员。

JG 26联队直属大队和第一大队在阿纳姆附近接敌，他们奉命避开护航机，打散轰炸机编队，为内陆的友军歼灭敌机铺平道路。B-17以空前庞大的数量呈现在第2中队的海因里希·席尔德下士眼前，曳光弹如群魔乱舞，每一挺机枪都在喷射夺目的烈焰，交织出严实的火力防护网。瞄准镜内，敌机以骇人的速度逼近，德国战斗机飞行员都知道这时有效射击时间只有两三秒，稍纵即逝。席尔德开火后俯冲脱离，他的目标踉踉跄跄掉落出编队，就此失去踪影，这次再

① 盖伦基兴（Geilenkirchen），德国西部毗邻荷兰、比利时交界。

JG 26联队在帝国防空战中最出色的编队指挥官赫尔曼·施泰格（左图）和罗尔夫·赫尔米兴（右图）。施泰格在战前参加过空军特技飞行表演队，1941年7月16日以第51战斗机联队第7中队中队长身份被授予骑士十字勋章，1943年7月5日转到JG 26指挥第12中队，当月就成功击落5架B-17。他的二战总战绩为400多次出击中击落63架敌机，其中至少25架重型轰炸机。赫尔米兴曾是驱逐机飞行员，驾驶Bf 110取得11个空战战果，1941年11月转到JG 26，1944年3月以JG 11第一大队大队长的身份获得骑士十字勋章，总战绩为629次出击，击落64架敌机，其中26架重型轰炸机。两人都幸运地活到了战后。

寻常不过的拦截作战对席尔德意义非凡，这是他115次出击后首个官方战绩，也是四次被否决后首个通过审核的B-17战绩。

包括席尔德在内，集中攻击轰炸机的第一大队共收获4个单独击落战绩，其中1个实际为最终击落，自身2架Fw 190受损。联队直属大队被美军第56战斗机大队缠住，毫无建树，还阵亡了一名飞行员（但美军只记录为击伤）。战斗结束后只有少数飞行员返回基地旺德维尔和翁斯德雷赫特，大部分人降落在附近几个简陋的临时机场，备战二次出击。全员出动的第二大队没有遇到护航战斗机，对轰炸机持续攻击半个小时，收获直接击落3架、重创1架的战果，1架Fw 190报废。

第一大队和直属大队晚些时候二次出击，在安特卫普和荷兰南部空域逮到稀稀落落回撤的轰炸机，小规模的Fw 190瞒过了护航的P-47，基夫纳少尉在根特以北以美军第92轰炸机大队一架B-17的坠落取得个人首场空战胜利，不过这架战绩没有通过审核。沙伊达（Scheyda）上士将另一架B-17从瓦尔赫伦岛追到海上并声称击落了它，但也无从确认，一架Fw 190在安特卫普上空被B-17自卫火力击中受损，飞行员负伤。

三、8月17日　施韦因富特-雷根斯堡轰炸

8月17日曙光初现，西欧的天空逐渐呈现一派清朗明丽的夏日风情，但对于此地德国空军而言绝不是好兆头。沿海的无线电监听系统测试到盟军无线电活动持续数小时之久，更加昭示了一场大规模空袭势在必行。美军重型轰炸机编队飞越英吉利海峡时会遵守规定保持无线电静默，但在滑跑、升空和集结阶段无可避免的通讯还是会引起德国空军警觉。8时，瓦尔特·格拉布曼上校命令荷兰－鲁尔战斗机指挥部的7个德国单发战斗机大队进入充分战斗准备。

施韦因富特汇聚着众多滚珠轴承厂，雷根斯堡是梅塞施密特飞机的主要生产基地，这两个德国中南部的重要军事工业城市均位列英美联合轰炸行动最优先级目标。在开启昼间轰炸一周年纪念日，第八航空队迫不及待，企图一箭双雕。按照计划，第4轰炸机联队的146架B-17首先出动，直奔雷根斯堡，完成轰炸后向南撤退，越过阿尔卑斯山脉降落

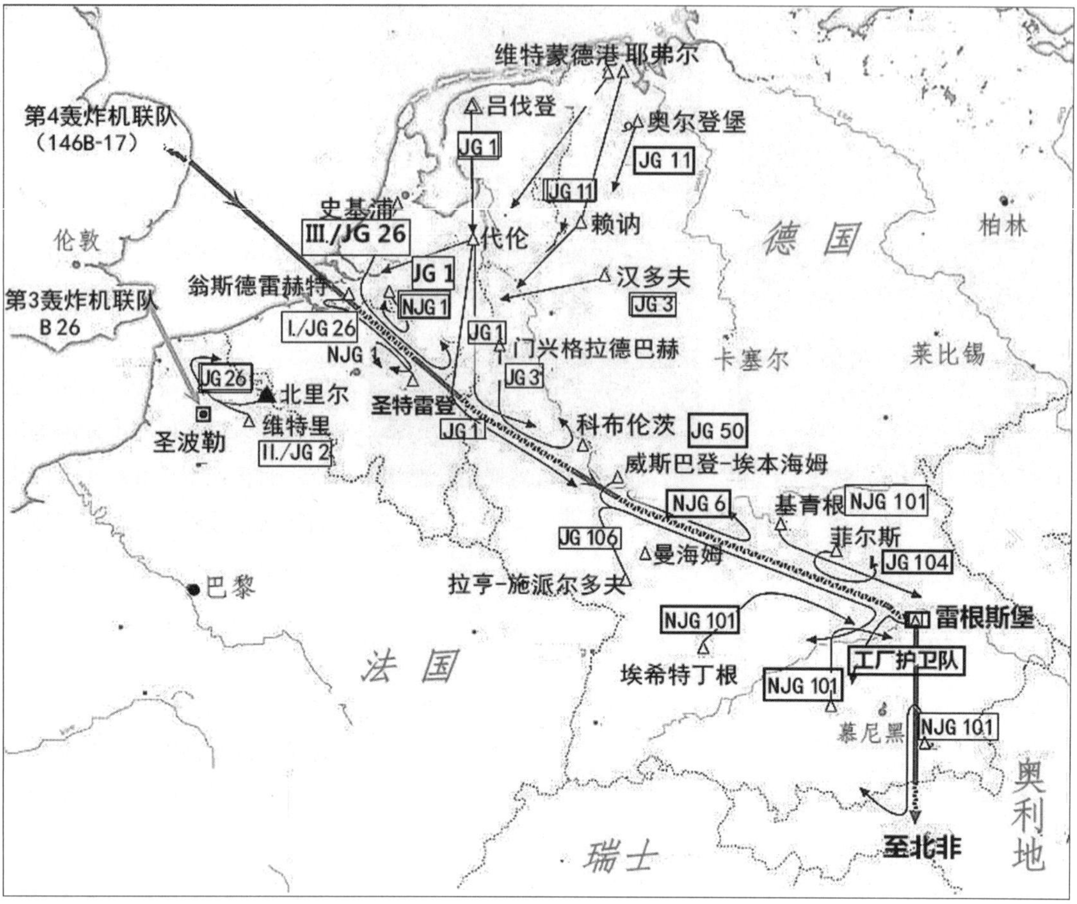

1943年8月17日空袭雷根斯堡航线图。

在北非，所有可用的P-47护送到荷德边境。第1轰炸机联队230架B-17将晚于第4轰炸机联队15分钟出动，轰炸施韦因富特后原路返回英国，P-47也将二次出击，继续保护施韦因富特方向的轰炸机。这个野心勃勃的复杂计划除了有赖于良好的天气和精准的定时，还存在一个致命缺陷：目标深入德国腹地，轰炸机的航程不允许再像过去那样多次迂回，迷惑敌人，两个轰炸机联队采取了近乎重合的笔直航线，使得德国空军少了分兵之虞，可以在沿途集结重兵，集中攻击。德国飞行员现在都有了一张简单标注附近机场方位的地图，便于就近降落，快速再补给，大大提高了二次出击的效率。

荷兰－鲁尔战斗机指挥部在10:18紧急出动了驻阿姆斯特丹史基浦机场的Ⅲ./JG 26大队，半个小时后，第4轰炸机联队刚飞出英国，Ⅰ./JG 26也从翁斯德雷赫特紧急起飞了。过去一段时间频频被英美轰炸机光顾的翁斯德雷赫特正好位于英国基地到德国鲁尔的直飞航线上。当美军直指荷兰的航向暴露出来，Ⅲ./JG 3大队也奉命从明斯特转移到此地，等待美军返航。

146架B-17排成三个前后跟进的战斗编队，由美军第353战斗机大队的两个P-47中队护航，这支新军不知是兵力抑或经验不足，护航全部集中在领头编队，以至于没人发现Ⅰ./JG 26大队的15架Fw 190借助阳光的掩护，左转横穿过第二个轰炸机编队，发动经典

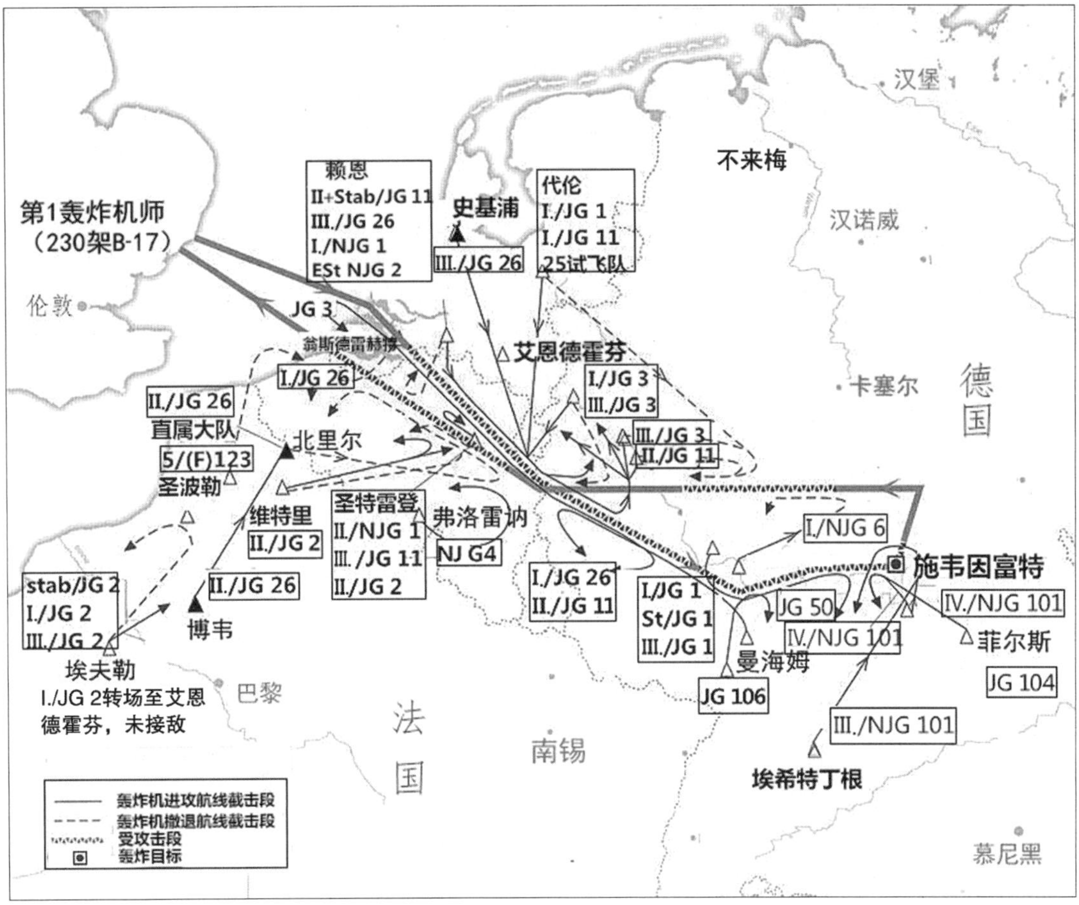

1943年8月17日空袭施韦因富特航线图。

的上方12点攻击，大队长博里斯上尉先拔头筹，队尾一架B-17燃烧着跌落出编队，栽向地面，成为8月17日首例牺牲品。殿后编队很快也受到攻击，多架B-17的发动机冒烟。完成攻击后Fw 190四散脱离，全身而退，仅有一名飞行员被轰炸机击中负轻伤。

卡尔·博里斯以纪律严明著称，要求无论空中还是地面必须严格服从命令、遵守规章制度，此乃在西线空战中生存下来的前提，他的坚守赢得了手下飞行员的尊重，这场胜仗便是明证。满意的博里斯没有重新召集手下发动第二轮进攻，而是放他们各自在翁斯德雷赫特附近搜寻和清缴落单敌机，在返航敌机机群出现前，他们还有充足的时间降落和再补给。

JG 26第三大队下一个登场，目标依然是完全没有护航的轰炸机队尾，25架Bf 109G结队后转到目标前方，发动迎头攻击。首轮攻击过后只有海因茨·克梅特米勒军士长将目标打离编队。大队长米特乌施岂肯罢休，他为人冷漠，一上战场却展现出判若两人的狂热，置自身与手下的生死于不顾，飞行员们只能按照他的命令不停发动进攻，直到座机损坏、油料或弹药不足。在Bf 109持续十五分钟的集中攻击下，又有3架“空中堡垒”受伤跌落出编队，美军第95轰炸机大队“我们的海湾蜜蜂”号就是其中之一，它落单下降过程中遭到第9中队的维尔纳·克拉夫特上士追打，右腰部机枪手威廉·宾内博斯（William Binnebose）技术军士在回忆录中描写了冤家路窄式的结局：

我们掉队后，贝克中尉驾机转弯，调头朝英国撤退，但德国战斗机发现并咬住了我们，它们从前方十一点方向掠袭，因其位于同一高度，机背炮塔和球形炮塔很难击中它们，在德国战斗机的炮火下，左侧发动机很快报销，我也挂了彩，加之之前右侧发动机也被高炮打坏，我们已然危在旦夕。

只剩一架战斗机还在攻击我们，它从我右侧上方四点方向开火，再遭打击后，机长下令跳伞……我先在医院得到一位比利时医生医治脚伤，接下来被带到附近贝弗洛（Beverlo）一所德国海军医院，刚被安置躺下不久，一名受伤的德国飞行员——来自JG 26第9中队的维尔纳·克拉夫特上士也被送进了同一间病房，我们在一个德国空军小伙子帮忙翻译下交谈起来，原来克拉夫特正是最后攻击我们的那个“梅塞施密特”飞行员，而他连说带画的描述清楚表明，他也是被我的机枪打落的。

除了“我们的海湾蜜蜂”号，另外3架被第三大队重创的B-17落单后再遭Ⅰ./JG 26大队和Ⅱ./NJG 1大队补枪而最终坠落[①]。3架Bf 109被B-17击中，飞行员一人身亡、一人迫降负伤，最惊险的要数7./JG 26中队长汉斯－格奥尔格·迪佩尔（Hans-Georg Dippel）中尉，他试图从后方攻击美军领头的轰炸机大队，这个低级错误令他被前后至少60挺机枪构成的密集火力网包围，他的Bf 109中弹无数，却以一个漂亮的半滚跃升倒转奇迹般突出重围，不少目击到这一幕的美军机组成员都啧啧称奇、过目难忘，迪佩尔平安跳伞，毫发无伤。

护航的美军第353战斗机大队全程仿佛置身事外，换班前只发现一架敌机。朝英国返航途中，大队长洛伦·麦科勒姆（Loren McCollom）少校发现了下方600米一队Bf 109，当即俯冲下去，瞄准殿后那架Bf 109猛烈开火，为第353战斗机大队摘得二战首功，被麦科洛姆观察到“碎片横飞、火苗四起、立即失控”的Bf 109正是海因茨·克梅特米勒军士长的座机，操纵杆被当场打断，拜防护装甲板所赐，克梅特米勒才在8挺勃朗宁机枪下保住一条命，他在飞机开始解体时低空跳伞，只有手部轻伤。

JG 26第一和第三大队首次出击总共入账的战绩为：单独击落5架、重创1架。第4轰炸机联队在到达比利时的奥伊彭（Eupen）前共损失了8架B-17，其中1架被归为高炮所致，与JG 26宣称战绩大致相符，JG 26实际击落了4架B-17，损失5架飞机、1名飞行员。

接替第353战斗机大队的美军第56战斗机大队护航到奥伊彭后也离去了。格拉布曼上校见状，派出JG 1三个大队和Ⅰ./JG 3大队，拦截顺利得连德军自己也没想到：美军第4轰炸机联队发往雷根斯堡的146架B-17共损失24架，其中14架在欧洲上空被击落，2架在瑞士迫降，4架在南欧迫降，8架在突尼斯外的地中海迫降，另

① JG 26第1中队的贝泽中尉和NJG 1的Bf 110飞行员本属于“最终击落”，但都获得“单独击落”战绩，JG 26第3中队的约尔格·基夫纳少尉情况最为特殊，他和中队长赫尔米兴上尉共同结果了已经被克梅特米勒军士长击伤而落单的B-17，赫尔米兴将这个“最终击落”战绩让给了僚机基夫纳，但克梅特米勒军士长上报的“重创”战绩被否决，根据德国空军战绩审核规定，“最终击落”1架轰炸机必须对应一个“重创”，因此基夫纳这个战绩同样未获确认。简言之，这架来自美军第385轰炸机大队的B-17先后遭到1架Bf 109G和2架Fw 190攻击而坠毁，但三名德国飞行员无一人被记功。德国空军战绩审核的复杂可见一斑。

当美军第94轰炸机大队的“慈母”号B-17（QE-Z/42-30389）坠毁在鲁汶附近，博里斯上尉创下了美军在第一次施韦因富特空战中首例损失。

有50架受损。主要原因在于盟军严重失策：其一如前所述，主攻方向既没有佯攻也没有迂回，一条笔直航线大大方便了敌军集中打击，其二，原本应在主攻前发动的牵制性空袭姗姗来迟，已经无碍于阻止德军往主攻方向部署重兵。

第4轰炸机联队机群飞离英国很久以后，盟军牵制部队终于开赴加来。德军雷达探测到英吉利海峡出现新一轮敌情，在法国的第2战斗机指挥部出动JG 26联队直属大队拦截，第10中队卡尔·哈德拉巴中士冲上去对B-26发动攻击时被皇家空军第341中队（自由法国中队）的“喷火”当场击毙，剩下Fw 190寡不敌众，走为上策。装备Bf 109G的第11中队正式投入作战不久，此役可能负责高空掩护，但很快被“喷火IX”击退，带队长机赫尔曼·霍夫曼军士长被皇家空军第485中队的中队长途追击并被击落。得益于护航有力，29架B-26顺利轰炸了布里亚（Bryas）周围几个德军疏散机场，机组甚至没有看到一架Bf 109。

英军20架“台风”贴着海面紧随而至，避开雷达后轰炸了旺德维尔，不过“台风”用作战斗轰炸机后打客场的表现并不比去年在英国东南沿海“打了就跑”的德国同行出彩。JG 26第8中队很可能刚从对B-26的截击任务无功而返，一对Fw 190发现敌情，以一个远程掠袭，击中了一架护航的“台风”，来自皇家空军第182中队的飞行员从尾旋中重新控制住座机，但返航途中葬身大海。胜利者海特曼军士长因为无法提供明确坠毁信息，战绩被否决。盟军另外三处牵制性轰炸都没遇到反击。

13:07，坚持飞到雷根斯堡的美军第4轰炸机联队余部对梅塞施密特工厂完成投弹，急转南下，朝着奥地利阿尔卑斯山方向畅通无阻地飞到北非。这次直线撤退大出德国守军意料，以往调头折返的航线上早已密密麻麻布满了13个单发战斗机大队[①]。不过，美军第1轰炸机联队即将以近乎重合的航线杀向施韦因富特，不幸被这支空前庞大的防空力量挡住去路。

这时，德军只剩下Ⅱ./JG 26大队按兵不动，它的三个中队前晚照常疏散到法国博韦周围几个卫星机场，首轮B-17来袭时没来得及完成集结。14:20大队奉命飞抵北里尔机场待命，那里离预计的下一波轰炸航线更近，不过第2战斗机指挥部似乎忘了这个巴掌大的机场通常只能接纳一个中队，三个中队无法及时加满拦截施韦因富特方向敌军所需的燃油，虽然当时第1轰炸机联队仍在英格兰上空集结。

英军无线电监听部门发觉Ⅱ./JG 26常驻地维特里通讯大减，第八轰炸机司令部据此断定该大队被早前的牵制性空袭所压制，视为己方难得的大好时机，此役的作战报告清楚表明了Ⅱ./JG 26大队对盟军施加的压力：

值得注意的是，德国空军

① Ⅰ./JG 26、Ⅲ./JG 26、Ⅱ./JG 1、Ⅰ./JG 1、Ⅲ./JG 1、Ⅰ./JG 3、Ⅲ./JG 3、JG 11、JG 50和JG 101等。

一支战斗机劲旅：强大的维特里－里尔联队已被沿海牵制性空袭所压制，该部队一直被视作我军在这一战区面临的最大威胁。

美军原计划前后两轮轰炸兵力紧密跟进，抓紧德国战斗机拦截完首轮轰炸机后着陆进行休整和补给的间隙，打对手一个措手不及，但英国上空的浓雾打乱了计划，攻击施韦因富特的第1轰炸机联队未能准时起飞，此外联队还要等待早前发往雷根斯堡方向的护航战斗机返航和补充油料，延误被进一步拉大，起飞时间推迟了3个半小时。14:20，第1轰炸机联队的230架B-17才由8个短腿的“喷火”中队护送着飞临英国海岸线，5分钟后荷兰－鲁尔战斗机指挥部出动了转移到翁斯德雷赫特的Ⅲ./JG 3大队。

由于美军两轮空袭行动进攻航线几乎重合，翁斯德雷赫特的天空再次杀声四起，等在这里的三个大队中，Ⅲ./JG 3首先发现目标，但它刚从东线被召回，缺乏西线作战经验，遭到携高度优势的皇家空军第222中队当头棒喝，3架Bf 109被“喷火”击落，编队也被冲散。两个老练的Fw 190大队Ⅰ./JG 26与Ⅱ./JG 1率先向轰炸机发动攻击。皇家空军再次尽职尽责地为美军挡下了首批Fw 190。交战中JG 26第3中队的彼得·阿伦斯上士带领小队见缝插针地向轰炸机快速开火，阿伦斯以一个半滚倒转避开了近距离护航的“喷火”火力，僚机约尔格·基夫纳少尉慢了半拍，左膝中弹，跳伞时头部撞上尾翼，12月末才归队。

按照计划，两个P-47大队将在安特卫普接替“喷火”，其后护航至与德国接壤的比利时小镇奥伊彭，但美军第4战斗机大队错过会合点，准时到达会合点的美军第78战斗机大队则一丝不苟遵照命令保护在轰炸机队尾，德军Ⅰ./JG 26大队和Ⅱ./JG 1大队得以横行无忌地迎面痛击防守空虚的美军先头部队。这次博里斯上尉让他的飞行员一直打到油量告急才鸣金收兵，声称击落3架轰炸机，其中2架得到确认，损失是基夫纳和另一位新手飞行员，后者滑翔着陆失败身亡。

在格拉布曼上校的精密安排下，包括Ⅲ./JG 26在内的10个德国战斗机大队准确把握住P-47护航机离去的时间和地点，接下来2个小时里以前所未有的强度猛攻美军第1轰炸机联队，直到对方顶着猛烈炮火坚持到施韦因富特完成投弹后才逐渐消退。Ⅲ./JG 26大队的15架Bf 109于14:39从史基浦机场飞往东南方，在亚琛附近对29架B-17发动攻击，半个小时后声称歼敌4架，自身有1架Bf 109被击落，3架被击伤，无人员伤亡。

美军第1轰炸机联队余部返航途中只遇到少量追兵，其中包括当日第三次出击的Ⅰ./JG 26大队和Ⅲ./JG 26大队。当进攻方和防守方都精疲力竭，德国空军最后一个有生力量Ⅱ./JG 26大队终于出动了，起飞前威廉－费迪南德·加兰德少校在北里尔机场向队员们着重强调了此次守卫祖国领空的重要，还引用戈林的训诫“不惜一切代价攻击敌人的轰炸机”。16:50，大队直奔东南方的轰炸机返航航线，准备正面迎敌，联队长普里勒中校率领的联队指挥部小队和第8中队随后也与第二大队会合，但这47架Fw 190很可能由加兰德少校指挥。他们在德国比利时东部边界列日发现了三个B-17战斗编队，随即向殿后编队发动攻击。普里勒先拔头筹，将一架敌机打成火球坠落。

休伯特·泽姆克上校率领的美军第56战斗机大队第一次深入德国境内24公里之远，虽然准确、按时到达会合点，但与他们的护航对象失之交臂。就在威廉－费迪南德·加兰德重新集结Ⅱ./JG 26大队，准备对

8月17日施韦因富特上空的“空中堡垒”。

轰炸机发动第二轮攻击，“泽姆克的狼群”及时赶到，从Ⅱ./JG 26身后，即德国方向打了个漂亮的偷袭。加兰德遇袭前，僚机海因茨·戈曼下士厉声警告也无力回天，随后戈曼自身难保，跳伞过程中被垂尾挂住，快坠地前才惊险挣脱，摔得当场昏迷，醒来后发现自己“只受了点轻伤”（他仍然获得三周伤病假）。加兰德小队的第三名飞行员康拉德·冯·唐纳中尉同样在P-47的首轮进攻中就被击中，迫降在布鲁塞尔的埃韦勒机场。而威廉－费迪南德·加兰德少校就此失去踪影，两个月后遗体和飞机残骸才在荷兰与比利时边境马斯特里赫特（Maastricht）附近3.6米深的地下被发现。击落加兰德少校的可能是沃克·马胡林（Walker Mahurin）上尉，此战他临时驾驶队友的P-47C连下两城，开创了辉煌军事生涯的首场胜利，其中一架Fw 190被凌空打爆，血色的天空只残留袅袅烟圈随风而逝。

德国战斗机因美军第56战斗机大队的突然杀出而阵脚大乱，不得不调转枪口先摆脱P-47战斗机。一番苦战过后，“泽姆克的狼群”取得空前辉煌的战绩，声称击落敌机16架（3架Fw 190），击伤9架（其中7架为Bf 110），可能击落1架，自身损失3架P-47及飞行员。Ⅱ./JG 26共有2架Fw 190被毁，3架Fw 190受损迫降，飞行员1死2伤，仅靠第6中队的瑙曼上尉在1架P-47身上扳回一局。护航部队出现后，德军唯有阿道夫·格隆茨军士长在轰炸机上有所建树。战友与P-47战成一团时，他沉着冷静地紧咬住第305轰炸机大队一架B-17，在迪斯特西北拿下了自己第40个战果。附近另一架B-17上的领航员爱德华·比福德目击到格隆茨“单刀赴会，迎面开火，屁股后面还跟着一架P-47”。

第56战斗机大队与第353战斗机大队换班后，天空已趋于平静，大规模德机难觅踪影，而是呈散兵游勇状四处搜寻漏网之鱼，第1轰炸机联队36架B-17未能返航（另有3架报废），最后2架损失于德军Ⅱ./JG 26的策施克（Zeschke）上士和Ⅲ./JG 3飞行员之手。策施克尾随美军第381轰炸机大队的一架已经被击伤的B-17，在英吉利海峡上空结果了它，这架战绩被认定为策施克“单独击落”。美军轰炸机最后一段护航由皇家空军负责，一路风平浪静，以至于几个“喷火”中队扭头实施战斗机扫荡。4./JG 26中队指挥官赫尔穆特·霍佩（Helmut Hoppe）少尉大概在寻找机场，在敦刻尔克附近稀里糊涂误入皇家空军第403中队的松散编队。发现混进1架Fw 190，“喷火”开始爬升迎敌，不料一架“喷火”的螺旋桨打到另一架的机尾，导致后者飞行员跳伞，霍佩理直气壮将其作为自己的空战战果上报，但因缺乏旁证没能如愿，跳伞的“喷火”飞行员幸运地逃回英国，而被打坏螺旋桨的飞行员随“喷火”坠毁在海峡。

施韦因富特－雷根斯堡之战（也称第一次施韦因富特之战）至此落下帷幕，侦察照片显示雷根斯堡的梅塞施密特工厂被严重破坏，对施韦因富特的滚珠轴承厂轰炸效果差得多。第4轰炸机联队的大队全体荣获总统部队奖章。8月17日美军第八航空队共出动376架B-17，损失64架，占出动总数17%，完成投弹数的20%，损失触目惊心。德国战斗机声称击落87架轰炸机和7架战斗机，战果稍微高于对手实际损失。自身损失40架左右，其中9架为Bf 110。施拉格特联队尽展西线一霸的实力，共有15架B-17战果入账（最终击落2架，重创1架、单独击落12架），另声称击落三架战斗机（“台风”“喷火”“雷电”），自身损失飞行员5死6伤。不但在当日所有参战联队中独占鳌头，也取得了联队截击重型轰炸机的历史最佳战绩。

威廉－费迪南德·加兰德少校的葬礼，中间两位穿黑衣的老人是父母，他的兄长阿道夫·加兰德少将和联队长普里勒少校立于两边。

最大的打击来自加兰德少校之死。他生前从未把雷电战斗机放在眼里，公然称之为局外者，如今他付出了生命的代价。他的阵亡尖锐地警示着联队和整个西线的同僚，他们何尝不是命悬一线、朝不保夕。八个月前，新官上任的乌兹收到兄长阿道夫·加兰德的来信教诲：“为了你的大队，你要像狮子一样去战斗。”他确实做到了，在186次战斗中创下55个战绩（包括7架重型轰炸机、37架喷火式战斗机），更带领第二大队赢得良好的口碑与爱戴，被他的军队和敌人一致视为德国空军在西线最好的大队长之一。几个活到垂暮之年的队友和部下回忆起乌兹时仍然满怀深情，坚信第二大队在他的统领下本可再攀高峰。海峡对岸，皇家空军的情报提到他的次数远甚于他的同僚——“维特里联队那位精干强悍的指挥官”，其中一份情报曾留下如此概括。这一切永远成为历史，无线电监听部门在8月17日的报告里提及乌兹的飞行员们再也得不到回应的呼叫，英国人的笔触只能用怜悯来形容。

四、帝国防空军改组

随着荷兰－鲁尔战斗机指挥部兵力扩充，JG 26又回归第3航空队的第4战斗机师（指挥部在法国梅斯），8月底9月初，联队指挥部和第三大队回到熟悉的旺德维尔；第一大队从翁斯德雷赫特回到比利时赫林贝亨，第二大队一度转移到荷兰代伦和福尔克尔，最后又回到法国博韦。盟军轰炸行动同样退回到法国和低地国家，是否拦截这些有大规模护航的短程轰炸，对于德国空军而言进退两难。此间JG 26每日巡逻一次。8月19日中午，大约100架盟军战机轰炸亚眠和普瓦，途中遭遇JG 26联队直属大队和第二大队，第4中队击落皇家空军第182中队3架“台风”战斗轰炸机，中队长霍佩少尉包揽其中2架，格隆茨军士长宣称重创一架B-26轰炸机，2架Fw 190被护航的“喷火”击落，飞行员一死一伤。

傍晚，170架B-17在10个“喷火”中队、4个“雷电”大队的保护下飞往荷兰境内三处德军机场，德军先后出动Ⅰ./JG 1大队、Ⅲ./JG 1大队、Ⅰ./JG 26大队、Ⅲ./JG 26大队、JG 26联队直属大队以及Ⅰ./JG 3大队拦截。Ⅰ./JG 26被“喷火”和“雷电”击退，两架Fw 190被击落，飞行员一人跳伞一人迫降。第三大队虽然避开了“雷电”，接近轰炸机，也仅有大队长米特乌施斩获一架B-17（来自美军303轰炸机大队，最终坠毁于荷兰布雷达西北部），自身折损四架Bf 109，其中两架被轰炸机自卫火力击中，一架被“雷电”击落，飞行员1死2伤。JG 26联队直属大队（可能只有普里勒的小队和第8中队）是德军当天表现最好的部队，该队在轰炸机领头编队和美军第56战斗机大队群狼环伺下发动迎头攻击，普里勒及僚机各自宣称斩获1架B-17，第8中队的埃里希·施瓦茨下士追击至北海上空将1架已经被JG 1击伤的B-17送进大海，赢得一个最终击落战绩。美军共有5架轰炸机没有返航，另有50架被打坏，轰炸对德国空军的破坏很小，却造成大批荷兰平民伤亡。

8月29日，格隆茨军士长凭借40场空战胜利被授予骑士十字勋章，在联队首开军士获此殊荣之先河，现年25岁的格隆茨出生于德国北部梅克伦堡一个铁路局官员家庭，少年时机缘巧合飞了一次滑翔机，战斗机飞行员从此成为他唯一的职业追求。1939年9月，他如愿进入空军开始了飞行训练训，并接受到德国空军早期完整的战斗机飞行员培训，次年11月以列兵军衔被分配到第52战斗机联队第4中队，1941年5月7日，以一架“喷火”的坠落赢得了军事生涯第一场空战胜利，7月中旬转战东线后格隆茨很快跃升为王牌飞行员，这时远在海峡的JG 26联队长阿道夫·加兰德不知怎么相中了他，设法将他招至麾下，由此开始了格隆茨四年的西线生涯，他的战绩增长和状态发挥惊人的稳定，到1945年1月1日的底板战役中，格隆茨击落一架“喷火”取得了个人第71架也是最后一架空战战绩，3月，格隆茨先后调到EJG 2和JG 7接受喷气式战斗机飞行员培训，但是还没来得及驾驶梅塞施密特262参战，战争就以德国投降而结束了。比起71架空战战果（除了在东线的3架，其余均在西线创下），战后格隆茨本人更引以为豪的一项纪录是他在军事生涯574场作战任务中从未被击落和负伤，他自恃所认识的西线同僚中还没人能超越这项纪录，格隆茨后来将自己的成功之道总结为：

……驾驶小巧灵活的飞机是我的强项，我从16岁开启飞行经历，18岁拿到飞行执照，尤其喜欢特技飞行，哪怕后来换成更重的战斗机也不例外，自然培养出熟练的驾驶技术；第二，我的远距视力尤其好，通常能很早发现敌机从而有快人一步占据有利位置；第三，我能从任何角度开火并准确命中目标；最后，我谨记阿道夫·加兰德传授的要领——永

普里勒向新晋骑士十字勋章获得者格隆茨表示祝贺。

不放弃任何射击的机会。哪怕身陷被动，至少也要扰乱敌人意图，往往还能扭转劣势。

当然，还有一点是我一直吉星高照。

休伯特·泽姆克上校的战术修养在美国陆军航空军的战斗机部队无人出其右，他在这一时期大胆摒弃轰炸机司令部坚持要求的近距离护航，构思出一种切实有效的护航编队：将大队三个中队中的两个布置在护航对象两侧，每个中队以松散的四指队形交错飞在不同高度，第三个中队则无固定队形和位置，飞在轰炸机上方随时支援；而如果护航对象是领头的轰炸机编队，第三个中队则飞在最前方开路，以抵御敌人的迎头攻击，泽姆克对症下药，充分利用P-47C和早期P-47D性能优势发展出“俯冲－开火－急跃升－改平”这一攻击战术。这种护航战术违背了传统的近距离护航规定，泽姆克没有急于对外宣扬。但事实胜于雄辩，在泽姆克统帅下，第56战斗机大队从一支毫无经验的杂牌军成长为欧洲战场最具攻击力和最成功的美军战斗机部队，被称为“泽姆克的狼群”，整个二战期间，该大队宣称共击落德国飞机665.5架，总战绩和交换比在第八航空队战斗机大队中独占鳌头。

第56战斗机大队在泽姆克上校统领下、在与德国战斗机的频繁过招中成长迅速，屡立战功，而JG 26第二大队痛失威廉－费迪南德·加兰德后，与第56战斗机大队俨然冤家路窄，每次交锋无不全力以赴，火光四溅，这一阶段双方大致平分秋色。9月2日，JG 26第二大队扳回一局：B-17对布鲁塞尔的空袭行动因云层太厚半途而废，但第二大队已经出动拦截，返航时发现了下方第56战斗机大队8架P-47护航机，代理大队长约翰内斯·瑙曼上尉率队从7500米俯冲，直穿云层来到P-47下方盲点，趁其不备开火并迅速拉起飞机，急跃升脱离，泽姆克的小队2架P-47应声而落，泽姆克在发动机停车后俯冲到安全高度，一度打算跳伞，发动机却恢复运转，泽姆克这才得以顺利返航，原来他的增压器被击中，导致发动机在高空因缺氧而暂时停运。另一个P-47小队的约翰·沃格特少尉一边回击一边寻了个机会俯冲脱离，半滚倒转，但由于进气管被打坏，发动机无法保持进气压力，沃格特不但没能甩掉Fw 190，反而被步步紧逼，只能靠猛蹬方向舵左躲右闪干扰敌机射击，迪特里希·克尔少尉一直追到法国海岸线，打光了20毫米炮也没能拿下P-47，悻悻而返。而被打成筛子的P-47顽强而尽职尽责带着主人逃出生天，迫降在英国伊斯特彻奇空军基地。由于云层覆盖缺乏目击，JG 26第二大队上报的4架战绩被否决了3架。

第56战斗机大队重整旗鼓，次日就杀了回来，它随另外三个P-47大队全程护送233架B-17轰炸塞纳河畔罗米伊的飞机维修站和巴黎地区其他军事目标，第1轰炸机联队先后遇到JG 26第二大队和联队直属大队的截击，3架B-17和3架Fw 190（飞行员一死两伤）在交战中坠毁。“泽姆克的狼群”再次与JG 26第二大队狭路相逢，以损失1架P-47的代价击退对手并击毙2名飞行员。JG 26至少还有2架Fw 190带伤

不屈之鹰——休伯特·泽姆克（Hubert Zemke）

休伯特·泽姆克1914年出生于美国蒙大拿州一个德国移民家庭，和许多二战王牌飞行员不同，他青少年时期对航空毫无兴趣，反而是一名出色的业余拳击手，大学攻读林业专业时进入预备役军官训练团，在伦道夫空军基地受训，恰在这段时期他迷上了飞行。1937年他被分配到第36驱逐机中队驻弗吉尼亚州的兰利空军基地，那里也是美军陆军航空队总部所在地，在兰利他驾驶过P-36、P-30，还结识了包括威廉·凯普纳、柯蒂斯·李梅和卡尔·斯帕茨在内许多美国空军未来的重量级人物。

1941年，泽姆克以军事观察员的身份先后出使英国和苏联，协助两国空军接收和训练美国援助的P-40战斗机，在英国的工作让他有机会近距离观察皇家空军和德国空军的战术。珍珠港事件爆发后，还在苏联古比雪夫的泽姆克立刻申请回国参战，次年2月来到第56战斗机大队，这个大队组建不久，装备少量P-40和P-36，担负纽约的防空。这时期泽姆克已经提前试飞过共和公司的P-47“雷电”战斗机。由于他履历丰富，能力突出，很快被提升为大队长和中校军校。1942年9月，第56战斗机大队成为陆航第一支接收P-47的部队，1943年1月来到英国，为对德战略轰炸保驾护航。

作为第八航空队最早的三个P-47大队，第56战斗机大队资历最浅，也仅有它的飞行员对笨重粗壮的P-47毫无怨言，这和泽姆克的领导密不可分，泽姆克治军严明公正，战术素养出众，他认为充分利用P-47良好的俯冲和滚转性能，战术得当，完全可以与灵巧的德军战斗机一较高下，在他带领下，第56战斗机大队运用“俯冲—开火—改平”打得风生水起，P-47在他们手上成为打断德国空军脊梁的利器。

6月13日泽姆克率队执行任务时宣称击落2架Fw 190。10月收获第5个空战战果，跻身王牌飞行员行列，这一时期第56战斗机大队以1架的损失宣称击落39架德机，在第八航空队打出响亮的名号“泽姆克的狼群”。不过大队长本人却不得不暂别队员们，他受命加入柯蒂斯·李梅领导的军事代表团，回国向五角大楼和国会陈述欧洲战场进展。

1944年泽姆克重返第56大队，这次他发展出护航新战术“泽姆克的扇子”，将近距离护航改为大队在护航区域某个显著点集结，以分队为单位呈180度扇形散开，这样在截击轰炸机的德国战斗机来袭时可以各分队紧密联系及时响应。1944年3月6日第56大队在泽姆克率领下携带副油箱首次全程护送轰炸机飞临柏林，泽姆克本人在迪默湖上空击落Fw 190和Bf 109各1架，和战友共同击落另1架Bf 109，虽然美国战斗机战绩不俗，但在德国空军的激烈抵抗下，共有68架轰炸机未能返航，另有7架受重创。5月12日，“泽姆克的扇子”在实战中得到检验，泽姆克的小队遭到德军超级王牌飞行员京特·拉尔少校（总战绩275架）率领的第11战斗机联队（JG 11）突袭，损失了2架P-47，其中1架是泽姆克的僚机，但JG 11随后被其余P-47

击落4架Bf 109，拉尔本人也负伤并跳伞逃生。扇形编队经过改进，到1945年年初普及整个第八航空队，而第56战斗机大队成为第八航空队最具攻击力的“雷电”大队，该大队在二战期间宣称击毁665.5架德军飞机，其中超过500架是在泽姆克统领期间取得，泽姆克在第56战斗机大队个人战绩是15.25架。

1944年8月，泽姆克调到一支新军第479战斗机大队出任指挥官，这个大队刚从P-38换装P-51。9月26日，他率领12架P-51根据地面引导在明斯特突袭了Ⅲ./JG 53的38架Bf 109，Ⅲ./JG 53当天损失12架Bf 109。有着132架空战战绩的大队长阿尔弗雷德·格里斯拉斯基上尉被泽姆克击落后跳伞重伤，从此结束了超过800次出击的战斗生涯。

泽姆克驾驶“野马”取得了军事生涯最后2.5个战果。10月30日他执行任务时突然遭遇湍流，机翼脱落，被迫在德军防线后方跳伞，随后做了俘虏，他的总战绩中止于154次作战任务中及17.75架歼敌数。

在战俘营，泽姆克依然是领袖，在他的积极争取下，战俘营的生存条件得到一定改善。临近战争结束，泽姆克意识到，德军很可能在苏联红军到来前将他们杀害，为此他秘密组织起突击队，还储备了一些自制燃烧弹等武器以备不时之需。随着苏军从东边逼近，看守战俘营的德军命令战俘们转移，泽姆克断然拒绝，并作为代表与德军看守进行谈判，达成一致后德军看守自行逃离了，第二天苏军来到这里，泽姆克利用在苏联学到的一点俄语，很快与之建立良好的关系，最终回到美军控制区。

二战结束后，泽姆克来到佛罗里达州的空军学校工作，柏林空运期间担任第36战斗机大队大队长驻防德国，1966年泽姆克以上校军衔退役，1994年8月病逝。他生前荣获优异服务十字勋章、杰出飞行十字勋章，两次银星勋章、一次紫心勋章，2002年入选美国国家航空名人堂。

迫降。第八航空队共损失9架B-17和1架P-47。德军第3航空队损失7架战斗机和5名飞行员。

第8中队的维甘德（Wiegand）下士上午射偏了一架B-17。这不是第一次，在他迄今参加过的38场空战中，胜利总是一次次擦肩而过。维甘德临时在巴黎加油后回到北里尔机场，战场的一幕幕在脑海回放，他一声不吭，掏出皱巴巴的笔记本，细细记录下个中要点。笔记本里密密麻麻涂满了瞄准、射击提前量偏转角和草图和公式，在一次次的失败中他总结出自己的远距视力是短板，于是有针对性加强了远视练习，比如每天用一小时的时间凝视天空和太阳，维甘德一门心思苦练战斗技能，付出的心血和努力在联队这批新手中无人能及，虽无立竿见影之效，但他

第56战斗机大队编队飞行的P-47D。

狼王和他的两员大将，从左到右：罗伯特·约翰逊、休伯特·泽姆克、沃克·马胡林。马胡林后来驾驶P-47“雷电”、P-51“野马”和F-86“佩刀”纵横欧洲、太平洋战场以及朝鲜战场，共创造了25.25个空战战果，是极负盛名的美军王牌飞行员，威廉—费迪南德·加兰德少校也许是马胡林辉煌军事生涯的最初两个战利品之一。

第56战斗机大队简令室里，工作人员正在布置护航线路图，这次的轰炸目标是汉堡。

自我激励，相信功夫不负有心人。

维甘德期待的回报当天下午翩然而至，英军的B-25、B-26和“文图拉”轰炸了德军机场。还没从上午的恶战缓过气的JG 26只有少数几架战斗机能够起飞迎敌，维甘德正在北里尔机场上空试飞刚修好的“黑色10”号，收到警报后一马当先直奔敦刻尔克，爬升到7000米占据有利位置后，不动声色观察下方一队庞大的“文图拉”轰炸机，后者突然左转，“喷火”护航编队跟着转向过程中露出破绽，“看上去像一串葡萄悬挂在下方”——维甘德后来形容道，他从“喷火”下方偷偷溜到轰炸机编队身后，以一个50米近距离射击将一架“文图拉”凌空打爆，即将撞上的前一刻全速俯冲脱离，“文图拉”残骸散落在格拉沃利讷堤岸，远远望去仿若一条搁浅的巨鲸。此时他的大队才刚起飞，全部空手而归，维甘德不但如愿实现零的突破，也是这天下午唯一有所建树的德国飞行员。他欣喜若狂回到北里尔，在机场上空猛摇机翼并飞了个来回，向地面示意战果，9月3日的“第一次”对他来说确实意义非凡，仿佛魔咒被解除，他从此越打越顺，在其后的51场战斗任务中，还将赢得24场胜利，作战效率达到2.12，遥遥领先不少名声显赫、总战绩达到三位数的超级王牌。

自施韦因富特－雷根斯堡之战后沉寂了19天，第八航空队又一次轰炸德国本土。9月6日总共338架重型轰炸机

第8中队四名飞行员：（从左到右）库尔特·施米特克上士、埃里希·施瓦茨上士、格尔德·维甘德下士、霍斯特—京特·舍尔下士。

直接杀向斯图加特的飞机制造厂，无论兵力总数还是目标距离都达到历次行动之最，结果被官方定义为“代价高昂的惨败”，共有45架轰炸机因为天气、敌机和油料不足等原因没能返航，还有10架返航后报废。德军拦截主力聚集在轰炸机返航段，JG 26第一和第二大队总共宣称击落3架、重创3架B-17，但只有埃里希·沙伊达（Erich Scheyda）上士的击落战绩得到确认，一名飞行员被自卫火力击伤迫降。第二大队和联队直属作战大队在晚间试图拦截一队攻击亚眠和阿布维尔铁路站的B-26，不但一无所获，还有2名飞行员被“喷火”击落身亡。

以第56战斗机大队为代表的美军护航力量日渐精良、成熟，皇家空军的战斗机飞行员从技艺到装备也呈现赶超之势，要突破他们筑起的强大屏障，举步维艰的德国防空军只能继续加大编队规模，加强地面引导。早在1月27日德国威廉港首遭昼间轰炸后，希特勒问到应对之策，加兰德将军回答说，必须扩充战斗机部队，集中打击，迫使美军无法承受损失而放弃轰炸，按照加兰德的计算，有效拦截一架重型轰炸机需要3到4架战斗机，如果对方有护航则至少要上5架战斗机。于是到了这一年秋季，德国本土防空部队从质量到数量显著提升，不过依旧缺乏统一的指挥机构，一线战斗机部队分属2支航空队及下属的4个战斗机指挥部。

拦截作战效率始终难以令空军总司令部满意，压力重重的战斗机部队总监阿道夫·加兰德将军再次考察了自己的老部队JG 26联队，得出的结论相当消极：他们对于盟军护航战斗机没有任何有效的制约之道。更令他沮丧的是，希特勒和戈林都拒绝承认这一点，这意味着无论怎样检讨总结都是治标不治本。9月3日加兰德发布了一套面向帝国防空军下所有战斗机部队的作战指导意见，条款共有26点，其中几项要点非常发人深省：

1.抢在轰炸机投弹前破坏其编队，“尽其所能地阻止投弹”处于最优先级目标；如果对方已完成投弹或编队被打散，则立即攻击视线内的下一个轰炸机编队。只有整个轰炸机编队被打散或者找不到其余可攻击目标后才允许攻击单架轰炸机。

2.为了保证作战效率，经典的迎头攻击战术如今仅限于“能够成功运用该战术的大队”在“极其有利的条件下”使用，常规的进攻方式将从后方小偏转角方向发起。立即生效。

3.迎头攻击的射击距离不超过800米，从后方或其他方位的射击距离不超过400米。飞行员无正当理由，不得在进入规定射程前退出战斗，否则一律以临阵怯战的罪名军法处置。

编队长机必须监督手下飞行员的攻击过程。

美军一位轰炸机指挥官曾把保护他们的战斗机飞行员比作天使，那么这张照片中，护航战斗机在第491轰炸机大队这架B-24前方划出的凝结尾迹就如同天使羽翼下飘落的羽毛。

指导意见还强调了单日二次和多次出击的重要性。完成首轮作战并被打散的战斗机将不再回原基地，而是就近寻找机场降落，补充燃料并待命。该机场军衔最高的指挥官负责集结和指挥，二次出击命令由机场所在辖区的战斗机指挥部下达，但如果无法与战斗机指挥部取得联系，临时作战大队的指挥官可以自行下达起飞令。

虽然亲弟弟两周前死于美军的护航战斗机，加兰德这份26条款的指导书绝口不提盟军护航战斗机，原因很简单——德国空军没有对付护航机的有效办法，加兰德曾经希望由两个海峡联队（JG 26、JG 2）主要承担攻击盟军护航战斗机的任务，至少也要迫使对方扔下副油箱，削减作战半径，如此可为内陆作战的友军扫清障碍和不受干扰地对轰炸机编队施以致命打击。两个海峡联队目前这批指挥官大都在1941－1942年间成功对抗过皇家空军战斗机，积累下丰富的经验，对总监的构思自是乐见其成，他们实践了几次且收效不错，但因为希特勒和戈林的反对而再无下文。此外，该方案缺乏前瞻性和战略眼光，它明显忽视了一个事实：美军无论战斗机还是轰炸机力量都日渐强盛，很快将对德国守军形成压倒性优势。

9月11日海峡迎来一个平静的上午，第二大队只安排了下午一次全员训练，可能通过这一方式迎接他们的新任指挥官，这位新官实则故人，曾经担任第一大队大队长两年之久的约翰内斯·赛费特少校因弟弟阵亡，受相关政策照顾被调离前线，在德国空军驻保加利亚的参谋部任职，在老长官阿道夫·加兰德的请求下，赛费特只有临危受命，再次出山，瑙曼上尉回到第6中队。

完成训练后第二大队刚降落在博韦机场加油，皇家空军第124联队的“台风”以博韦－蒂耶机场为目标，正从迪耶普西边低空来袭，第二大队紧急起飞拦截，彼得·克伦普回忆道：

就在飞往海岸线中途，我们撞见敌机机群，准确数目我已记不清了——应该有30架，遂从约2500米高度攻向下方的20－25架“台风”。

我从目标左后方开火，清楚地记得对方转弯规避——相较于“喷火”，显得相当吃力，其后便拖着浅灰色浓烟一头栽了下去。我立即转向下一个目标与之进入缠斗，迅速环顾四周确认无恙后，我从对方右下方开火，它同样起火冒烟，只是这次颜色更深，眼看就要坠向地面草场，出乎我意料的是，它的起落架竟然放了下来，不知道是我的射击导致的损坏，还是飞行员已准备投降，有意为

美军护航战斗机的强大就意味着德国战斗机的损失加重。1943年11月5日，美军第353战斗机大队的P-47在德国盖尔森基兴（Gelsenkirchen）附近击落1架Bf 109G-6，图为飞行员勒罗伊·伊斯塔（Leroy Ista）少尉所拍下的影像，JG 26第9中队的罗伯特·保特纳下士弃机跳伞并负伤，他的一名大队队友远没有这么幸运，被P-47击落阵亡。第三大队只有第12中队中队长施泰格上尉宣称击落了1架B-17轰炸机。

之。不管什么原因，这架飞机完好地着陆了，但是高速冲撞向草场边缘一簇矮树丛，最后爆炸成一团火球。

这名皇家空军第175中队的上士牺牲，第124联队指挥官英格尔（Alex Ingle）中校被霍佩少尉击落后跳伞被俘。第二大队无损失。

10月1日，JG 26正式将大队规模从3个中队扩编成4个中队，在德国战斗机部队独一无二的联队直属大队解散。一直使用Fw 190作战的第8中队没

1943年10月第26战斗机联队番号变更情况一览

1943年10月1日前	10月1日后	指挥官
第一大队（驻比利时赫林贝亨）		卡尔·博里斯上尉
第1中队	第1中队	阿图尔·贝泽
第2中队	第2中队	威廉·格特
第3中队	第3中队	罗尔夫·赫尔米兴
第8中队	第4中队	库尔特·埃伯斯贝格尔
第二大队（驻法国康布雷－埃皮努瓦）		约翰内斯·赛费特少校
第4中队	第5中队	赫尔穆特·霍佩
第5中队	第6中队	霍斯特·施特恩贝格
第6中队	第7中队	约翰内斯·瑙曼
第10中队	第8中队	鲁道夫·洛伊舍尔
第三大队（驻里尔－旺德维尔）		克劳斯·米特乌施上尉
第7中队	第9中队	汉斯－格奥尔格·迪佩尔
第9中队	第10中队	保罗·绍德
第11中队	第11中队	彼得－保罗·施泰因德尔
第12中队	第12中队	赫尔曼·施泰格

有回到第三大队，而是顺势永久脱离，以第4中队的新番号编入第一大队，其实该中队在1939年9月下旬第三大队组建前的番号就是第4中队，从1939年至1941年6月间，飞机涂装上的亚当森卡通图案的队徽可见一斑，无论番号几度变更，“亚当森中队”的昵称始终被队员们挂在嘴上。

第一大队的第1、第2、第3中队没有变化。第二大队下面的第4、第5、第6和第10中队番号分别改为：第5、第6、第7和第8中队。第三大队的第7和第9中队成为新的第9和第10中队，原第11、第12两个中队维持不变。

增加一个中队后，每个大队的飞机和飞行员编制数也相应增加到68架（人），加上联队指挥部四机小队，联队总共拥有208架作战飞机，但在激烈的战场环境下从没达到过满编数量。1943年年底，每个大队实际总兵力大致维持在45架，除去损耗和维修，大约有30架可用，大队全体出战时很少超过这个数目，通常只有20架战机组成一个编队。

联队指挥部仍驻旺德维尔机场，第一大队在比利时赫林贝亨，第二大队10月初搬到法国康布雷的埃皮努瓦（Épinoy）机场，三地紧密相邻，三个大队的分布达到了近期最密集的程度，有利于协同作战和统一指挥，但另一方面，由于进一步靠近海岸，一有战况，集结时间必然更为紧张，不过JG 26直到战争结束也未曾以联队为规模出动截击，而这却是驻防本土的德国战斗机联队的常规任务。

战斗机大队扩编只是西线德国空军改组和扩军措施的一环，7月末的“闪电周”汉堡大轰炸，8月中旬的雷根斯堡－施韦因富特大轰炸，帝国防空军越发力不从心。雷根斯堡－施韦因富特之战后当晚，英国皇家空军空袭佩内明德，成功摧毁了那里的V1、V2导弹测试基地，希特勒大发雷霆，戈林急忙将压力转嫁给空军总参谋长耶顺内克，后者不堪重负饮弹自尽，继任者京特·科腾航空兵（Günther Korten）上将同以空军二把手米尔希元帅、加兰德将军为代表的“防御派”不谋而合，着手将防御本土转为空军的优先级目标，他不顾陆军的反对，从东线和南线继续调回多支单发和双发战斗机部队。

在科腾的策划下，帝国防空军迎来一次大手笔的改组，一项意义最重大的举措是战斗机部队从9月中旬开始了集中化指挥的进程。第一战斗机军在荷兰的宰斯特（Zeist）组建，负责指挥德国北部、荷兰和比利时北部战斗机部队（含昼间和夜间）的作战行动，由约瑟夫·施密德少将担任军长。下辖德国北部和西部的4个战斗机师和数个战斗机指挥部。其中柏林的第1战斗机师负责德国腹地的防空，第2战斗机师在汉堡－施塔德，第3战斗机师在荷兰代伦，由之前表现突出的荷兰－鲁尔战斗机指挥部指挥官格拉布曼上校统领。

无人挑战施佩勒这位空军元老的权威，因此第3航空队变化不大，新成立第二战斗机军（司令部位于巴黎附近的尚蒂伊）指挥着法国和比利时西部所有战斗机部队，下辖第4和第5战斗机师。这五个战斗机师逐渐接管了过去由战斗机指挥部承担的地域防空指挥职责[①]。

---

① 11月底，为了与战斗机师番号相统一，几个战斗机指挥部番号也相应调整：德意志湾战斗机指挥部改为第2战斗机指挥部，荷兰－鲁尔战斗机指挥部改为第3战斗机指挥部，原第2战斗机指挥部成了第4战斗机指挥部，原第3战斗机指挥部成了第5战斗机指挥部。随着法国西海岸的沉寂，布列塔尼战斗机指挥部麾下兵力被削减为一支攻击海面目标的Bf 110大队和一支Fw 190中队，指挥官瓦尔特·奥绍中校回归战斗岗位，担任JG 1联队长。

韦弗尔海姆机场，第4中队（原第8中队）一名飞行员载着随军记者起飞前细心地最后叮嘱了一遍。

第3航空队和空军中央司令部（即后来的帝国航空队）的分界线穿过比利时中部，然后大致沿着法德边境划到瑞士为止。美军第八航空队对德国（特别是对德国中部和南部）的空袭基本都要穿越两个司令部的边界，所以防空指挥的责任划分问题依然存在，这一局面直到1944年8月底德军被逐出西欧才宣告结束。JG 26编制上仍属于第二战斗机军的第4战斗机师，但基地正好介于空军中央司令部和第3航空队防区之间，因此其指挥权时常在两者以及下属的第3战斗机师和第4战斗机师之间转换。

五、10月10日 明斯特轰炸

截至10月，美军第八航空队手中P-47大队数量从3个翻了一番，可以一次派遣的护航兵力达到240架。可抛掷副油箱容量从75加仑增加到108加仑，令作战半径提高到600公里，有力支持了轰炸机的远程战略轰炸。1943年10月10日，初升的阳光驱散了清晨笼罩在法国的薄雾，美军没有放过这个秋高气爽的天气，以德国西北部城市明斯特的大型铁路调车场为目标，持续对纳粹空军施压，B-17投弹瞄准点是市中心的标志性建筑明斯特大教堂，这是第八航空队首次明确地将平民区作为攻击目标。

好天气和来自英国异常繁忙的无线电通讯信号同样引起了守军的警觉，眼看临近中午敌机还没起飞，位于代伦的德军第3战斗机师判断这场势在必行的空袭将发生在低地国家或德国西北部，于是开始调兵遣将。11:30，Ⅰ./JG 26大队转移到荷兰代伦待命，不久Ⅱ./JG 26大队也飞往赖讷空军基地，距离明斯特不足40公里，不知是格拉布曼上校目光如炬还是歪打正着。此外，转场飞行严格保持无线电静默，这两个大队的调动从未被盟军情报部门察觉，也没有出现在第八航空队轰炸机司令部的任务报告中。

午后，美军第3轰炸机师（原第4轰炸机联队）和第1轰炸机师（原第1轰炸机联队）总共274架B-17出海，轰炸航线采取直线，以保证216架P-47全程护航，美军预计德军来不及大规模拦截最早到达的第3轰炸机师，只为该师投入了小部分护航兵力，然而他们失算了。打头阵的B-17进入荷兰海岸八分钟前，两个Bf 109大队Ⅲ./JG 26和Ⅱ./JG 3于14:15左右分别从埃尔德（Eelde，荷兰北部）和史基浦出动，当德第3战斗机师探明航向，代伦的Ⅰ./JG 26、Ⅰ./JG 1和赖讷的Ⅱ./JG 26、Ⅱ./JG 1很快也起飞了，这四个Fw 190大队将组成一个战斗编队联合作战，至少在海因茨·戈曼上士的经历中，Ⅱ./JG 26大队第一次也是唯一一次投入到如此庞大的战斗机机群，足以实践闪击先锋古德里安将军名言“重拳出击，不许分散”的空战版本。

Ⅱ./JG 3大队率先发现目标，按照加兰德新发布的战斗指导，从美军第1轰炸机师后方发动攻击，被护航机轻松击退，双方均无损失。美军第352战斗机大队尽职尽责护送到第3轰炸机师到达鲁尔北部的多斯滕（Dorsten），14:48返航离去，然而与该大队换班的第355战斗机大队却受困于大雾还未起飞，美军精心的策划再次因英国的天气付诸东流，Ⅰ./JG 26、Ⅰ./JG 1、Ⅱ./JG 26、Ⅱ./JG 1耐心等到了“真空带”，群起而攻之。

大概这些Fw 190大队的指挥官们都充分自信自己的部队“有能力成功运用迎头攻击法”，完全无视新出台的战斗指导对该战术的严格限制——美军领头的第14轰炸机联队（包括第390、95 和 100大队）机组看到约200架德国战斗机从正前方猛扑过来。箱形编队下部素有“棺材位”之称，不幸飞在这个位置的第100轰炸机大队就是血淋淋的证明，距离明斯特还剩九分钟航程时遭到Ⅱ./JG 1大队屠杀，一个个Fw 190四机小队从正面猛烈开火到50至75码距离，才半滚倒转俯冲脱离。短短七分钟，被称为“血腥一百”的第100轰炸机大队土崩瓦解，13架B-17中6架当场坠落，6架发动机位置拖着浓烟调头撤离，无一逃出生天，只有一棵独苗支撑到了英国。

负责佯攻的美军第2轰炸机师B-24机群在14:40飞到北海，因带头编队设备故障而放弃了任务。于是德军第2战斗机师也放心地将麾下兵力投入到荷兰和德国西北，德国战斗机源源不断往美军航线方向集中，至少13个单发和双发战斗机大队共计约476架飞机自西向东组成一条横贯荷兰的空中防线。Fw 190和Bf 109对脆弱的美军第3轰炸机师轮流展开迎头攻击，装备Me 410双发战斗机的Ⅲ./ZG 1大队和装备Bf 110双发战斗机的Ⅰ./ZG 26大队又从轰炸机后方发射火箭弹，德国战斗机一直打到明斯特的高炮区域才消停。

斗志昂扬的格尔德·维甘德上士和僚机勒斯纳（Rösner）下士仍逗留在明斯特，正好被执行投弹任务的美军第95轰炸机大队泰山压顶。躲开了炸弹后，两位年轻的德国飞行员拉起飞机大角度爬升，准备重新占领迎头攻击位置，轰炸机左转准备离开，恰好把后半球暴露在德机前方，维甘德高速俯冲下去，从后方瞄准领头编队左侧一架B-17开了火，对方1号发动机的金属引擎罩横飞，拖着浓烟，越飞越慢，脱离了编队，维甘德对其右侧又是一通射击，这次命中了油箱，B-17右机翼拖出白色油雾并燃烧起来，8名机组成员跳伞，一路跟着确认了自己的第7个战利品在明斯特以北12英里处坠毁后，维甘德带着僚机心满意足地降落在最近的汉多夫机场补充燃料，他甚至详细记录下发现敌机编队位置、射击角度，德国飞行员细心到如此程度实属罕见。

最终有236架B-17完成了投弹，离开目标区后德国战斗机的大规模攻势卷土重来，第95轰炸机大队又有4架B-17被击落，至此领头的第14轰炸机联队几乎全军覆没。直到负责返航段护航的第56战斗机大队赶到，才将轰炸机部队的兄弟们从水深火热中拯救出来，为了驱散尽可能多的敌机，P-47分成4个小队杀入敌阵。激烈的厮杀中，罗伯特·约翰逊少尉梅开二度，迈入了王牌飞行员行列，不过他的“雷电”也被一架Fw 190打得伤痕累累，同样通过此战累计到5架空战战绩的还有第56大队副大队长大卫·希林少校和后来加入战斗的第353战斗机大队的沃尔特·贝克汉姆上尉。

JG 26只有第8中队一架Fw 190被“雷电”击落，飞行员汉斯·迈尔少尉用一个高难度半滚跃升倒转逃出生天，紧急迫降在荷兰特文特（Twente）。大部队成功避开“雷电”，开始追杀掉队的轰炸机。Ⅲ./JG 26大队逮到返航轰炸机的队尾猛攻，施泰格上尉和汉斯·厄克尔下士各自宣称斩获一架，也都挂了彩，Ⅲ./JG 26大队没有其他伤亡。

1943年10月10日，明斯特上空第95轰炸机大队的42-6414号B-17F因伤掉队并失去高度，不过它幸运地躲过猎杀，迫降回英国。在坚持了23次作战任务后，1944年1月24日在劫难逃，它被德国战斗机击落后坠毁在比利时根特以西，机组4死6被俘。

10月10日明斯特空袭以德国守军打了个翻身仗告终，之前制定的新策略“集中攻击领头轰炸机编队”效果在战场得到验证。美军共有33架B-17和1架P-47被击毁，104架B-17被击伤，其中2架报废，德军损失34架战斗机（10架为双发战斗机）和20名空勤人员。JG 26再次独占鳌头，上报击落

赫尔米兴又一次载誉归来，鉴于他优异的表现，这年10月16日，赫尔米兴晋升为JG 11第一大队大队长。

11架，重创1架，7架战绩得到确认，损失情况为5架飞机被毁和受损，3名飞行员负伤。施佩勒元帅从巴黎发来了嘉奖令。多名飞行员的战绩被否决实属无奈，德国单发战斗机的火力对付皮糙肉厚的重型轰炸机很难一击毙命，而在激烈繁重的战斗中，也少有飞行员能像维甘德一样一路跟随坠落的目标，确认最终坠毁。

六、再战施韦因富特

10月14日，第八航空队基地的战前简令室里，当地图前的幕布掀开，目标赫然指向施韦因富特，现场一片哗然，呻吟声、议论声四起，深秋的英格兰晨雾朦胧，但气象侦察报告欧陆上空一片晴好，因此轰炸机司令部长官弗雷德·安德森少将敲定的重返施韦因富特之行箭在弦上，不得不发。按照计划，三个轰炸机师每个的去程和返程都会有一个P-47大队护送，为了得到最大程度的护航，此次依然采取直穿低地国家的航线深入重兵防守的德国腹地。但是人算不如天算，六个P-47大队有两个因机场能见度不足无法起飞，另一个大队也错过会合点。此外，此次行动依然没有任何佯攻的掩护。第八航空队重返施韦因富特注定充满了坎坷和凶险。

10:12，第一批291架B-17冲上云霄，德军在荷兰代伦的第3战斗机师已经通过监听到的无线电通讯和雷达探测判断出了又一轮大规模深入突防即将来袭，下属战斗机部队进入

战备，邻近几个战斗机师也接到警报。美军50分钟后才飞离英格兰，由于能见度不佳，轰炸机结队混乱不堪，第1轰炸机师的B-17编队漏洞百出，第2轰炸机师的B-24结队甚至以失败告终，干脆将错就错转向北海负责佯攻，但也浪费掉了一个随行护航的P-47大队。B-17机群及其护航机就在这样乱糟糟踏上一条通往施韦因富特的笔直东南航线，飞在东侧的第1轰炸机师打头阵，第3轰炸机师紧随其后，它们将承受来自德军第3战斗机师的主攻。

JG 26第一大队大约12:55从代伦出动，飞往安特卫普。JG 3联队两个大队首先在翁思德雷赫特和安特卫普之间与美军遭遇，不知这批Bf 109得到谁的授意，一反常态向护航的P-47发动攻击，却将轰炸机抛到一边，美军第353战斗机大队成功打退JG 3的进攻，击落7架Bf 109并继续紧密保护在轰炸机周围。该大队当天仅损失1架P-47，属于JG 3第一大队或JG 26的格隆茨军士长之一的战利品。

P-47护送到航程极限后，在亚琛调头离去，守候在此的JG 1三个大队和JG 26第一、第二大队陆续向轰炸机扑上去，总共约150架单发战斗机以四机编队为单位，集中从上方12点方向发动攻击。Ⅱ./JG 26大队由赛费特少校和罗特上士各自击落美军第305轰炸机大队一架B-17，自己的一架Fw 190被B-17击落，飞行员平安跳伞。黑克曼军士长和艾兴格军士长为Ⅰ./JG 26各立一功，Ⅱ./JG 26大队损失2架Fw 190，海因里希·席尔德下士将目标打到两个发动机起火后被一架P-47打坏了右副翼并拖入低空缠斗，最后以机腹迫降在安特卫普，席尔德本人无恙，他的一名队友被B-17自卫火力击中身亡。

位于箱形编队外缘的第305轰炸机大队成为德军重点打击对象，16架轰炸机中有13架在投弹前被击落。几名劫后逢生的机组成员后来不约而同回忆遭到“阿布维尔小子”的攻击，足见JG 26穷凶极恶的战斗力已经威震一方甚至被半神化，尽管黄色机鼻的涂装在西线战斗机部队中相当普遍，但此役Ⅱ./JG 26确实是最早接敌的Fw 190大队，即使是歪打正着，美国大兵们的指认也没错。

事实上，施拉格特联队在第八航空队的“黑色星期四”只是配角，包括JG 26在内，德军第3战斗机师的部队均只出动了一次，部分原因在于天气持续恶化。但美军飞出第3战斗机师防空区域后继续承受着德军第2和第7战斗机师的打击。此时英国上空的云层有增无减，掩护撤退的护航战斗机全被困在基地无法起飞，轰炸机余部只能自力更生，沿着索姆河向英吉利海峡方向撤退，这一区域有德军第4和第5战斗机师重兵把守：JG 26第三大队15:45从里尔－旺德维尔紧急起飞，拦截返航的美军，由于没有得到地面引导，一无所获回去了。JG 2里希特霍芬联队在凌乱无序、没有护航的B-17身上捞到9个宣称战果。

从四天前的明斯特一役到第二次施韦因富特之战，德国战斗机集中、持续攻打重型轰炸机的战术两次获得成功：双发战斗机在美军轰炸机自卫火力射程外发射火箭弹，有效地打散了编队，为单发战斗机紧随其后发动迎头攻击创造了便利。当日西欧的德国战斗机部队近乎倾巢而出，出击总数达882架次，其中672架次进行了3小时14分钟持续不断的攻击，最终有60架B-17和1架P-47遭到灭顶之灾，还有7架B-17回到英国后报废，德国国防军公报宣布的数字为121架，是美军实际损失的2倍。德军仅损失53架飞机和29名空勤人员，另有15架受损和20人受伤。

从交换比角度看，毋庸置疑守军赢得了一场酣畅淋漓的大胜，但依然未能阻止盟军的大规模战略轰炸，自1943年以后德军因为兵力有限，从未全面瓦解过美军轰炸任务。10月14日投弹持续11分钟，精度较之8月17日更高，施韦因富特有100 栋建筑物被炸毁，150栋建筑物严重损伤，当地军民有 180 人身亡，220 人受伤，上万人无家可归，滚珠轴承厂暂时停产。纵使如此，高达67架轰炸机和605名机组人员的损失还是令第二次施韦因富特之战成为第八航空队的黑色星期四，而过去一周内接连对不来梅、马林堡、明斯特和施韦因富特的四次大规模作战行动令第八航空队折损了148架重型轰炸机，占日均可用数量的一半，美军固守14个月的无护航昼间轰炸画上句号。有能力全程护航的战斗机到来之前，远程轰炸偃旗息鼓，但美军不会等太久，洛克希德公司的远程战斗机P-38“闪电”已经重返第八航空队，两个P-38大队即将完成作战训练，德国空军在西线把持的制空权将进一步被“闪电”割得支离破碎。

七、10月20日 迪伦空袭

历经“黑色星期四”之痛后，第八航空队在10月下半月仅发动了一次进攻。10月20日欧洲依然阴云密布，但目标迪伦（Düren）临近德国西部边境。补充到108加仑副油箱的P-47又能提供全程护航，P-38闪电战斗机自北非重返欧洲战场，此次负责掩护撤退。除此之外，首次使用英国的仪表轰炸定位系统Oboe也为美军坚持执行计划提供了底气。但是不少轰炸机冲上1万米后就在卷云层中迷航，出动的212架中最终只有114架抵达目标区域上空，Oboe系统在云层中失去用武之地，轰炸效果也不理想。

第55战斗机大队3架编队飞行的P-38。作为第八航空队历史最悠久的P-38大队，该大队直到1944年7月才开始换装P-51战斗机。

面对同样糟糕的天气，另一边的情况好不到哪里去。13:20，JG 26全体出动，联队指挥部率先发动攻击，普里勒击落美军第96轰炸机大队一架B-17。第1轰炸机师准备取消任务，向左急转时，JG 26第三大队的Bf 109迎面杀出，首轮攻击过后大队长米特乌施和第11中队中队长施泰因德尔（Steindl）上尉各自宣称斩获1架B-17，2架Bf 109被轰炸机击落，飞行员一死一伤。米特乌施将所能召集到的余部召集在一起，追至布鲁塞尔发动第二轮攻击，这次由布尔克特少尉立功。之后美军第78战斗机大队的P-47出现，终止了第三大队扩大战果，2架Bf 109被P-47击落，飞行员一死一伤。迪佩尔中尉宣称击落1架P-47并通过了审核，第78战斗机大队并无对应损失。

JG 26第一大队被美军第355战斗机大队的P-47和轰炸机机枪手击毙了2名飞行员。第二大队也被打了个0:2，该大队从康布雷起飞，自结队就一团糟，钻进低垂的积雨云后彻底失散。除了相邻最近的几架友机，飞行员目力所及之处皆为一片白茫茫。克伦普上士只能联系上自己的僚机，这对孤零零的Fw 190在布鲁塞尔附近迎面撞见一个正飞在5500米的轰炸机编队，机敏地绕到对方一侧并竭力爬高。此时，一束束阳光穿过云层，倾泻而下，他们头顶是深蓝的天幕，脚下是一簇簇棉花般的云朵，轰炸机夹在中间，浩浩荡荡奔向东南。壮观的一幕刻在克伦普脑海，多年后仍清晰如昨日。

尽管势单力薄，克伦普还是盘算着利用敌明我暗和高度优势对领头敌机打个偷袭。于是继续向上爬升，不料被两架P-47拦住去路。在10500米高空，面对拥有涡轮增压器的“奶瓶”，德国人退缩了——克伦普后来形容说，两相对比，Fw 190“气喘吁吁、步履蹒跚地挂在空中，活像两串干巴巴的腊肠”，拜眼尖所赐，克伦普火力全开，逼退敌机，然后带着僚机大角度高速俯冲逃离，冒险进入尾旋，这种有“紧急刹车”之称的机动难度极大，随时可能因失速、飞机解体和飞行员黑视等不测而机毁人亡，若非被逼至绝境没人敢轻易尝试。高速俯冲中Fw 190开始颤抖，翼面凝结，克伦普不敢拉起飞机，唯恐翼载过大导致解体，他只能紧紧握住操纵杆，努力控制住飞机，冲过谷底后飞机开始减速，终于降至300米时改平。战后很多年克伦普仍然禁不住好奇在那生死一瞬真实时速几何，当时他曾瞟到空速表指针俨然抵在“1100km/h上限”[①]。

从高速俯冲中平安改出后也并非万事大吉，四周依然是绵延无尽的茫茫云雾，克伦普找不到出路，也不知身居何处，只能凭着航校教的那点少得可怜的仪表飞行知识，小心翼翼保持飞行姿态，缓缓下降，穿出云层后大地终于在望，看到下方的树林，他才判断出已经飞到了德国境内的阿登森林，这段险象环生、苦不堪言的作战任务最终以安全着陆在一处应急机场为结局，只是飞机升降舵滑跑时被草地上一段木桩打坏，好在僚机也平安回到降落在波恩的杭格拉尔机场。

10月20日美军损失了9架B-17，德军伤亡20人，JG 26阵亡的5人和负伤的2人均为今年刚补充进来的生手，其中4人被P-47斩落，在10000万米高空面对“雷电”，这些经验和技术远不及克伦普的菜鸟生存几率微乎其微。

美军轰炸如火如荼，英军中型轰炸机、战斗机的沿海扫荡也锲而不舍。JG 26仍然同老冤家频繁过招。篇幅所限，这些对全局影响不大的小规模空战难以一一陈述，但它们对德军日积月累的消耗也不可小觑，10月24日总共38架P-38、205架P-47和“喷火”大军护送着72架B-26分三波次轰炸法国北部的德军机场，JG 3第一大队四架Bf 109和JG 26一架Fw 190被“喷火”击落，飞行员中仅有JG 3大队长逃过一劫。下午第4中队中队长库尔特·埃伯斯贝格尔上尉二次出动，刚起飞

克伦普站在他的Fw 190A-6前，照片拍摄于1943年的维特里，这时克伦普已经从一年前的新手成长为极具效率的战士。

① 原话如此。

就遭到加拿大空军第400中队4架“野马”攻击，他从低空跳伞失败阵亡，这名为JG 26效力三年的老将空战战绩终止于28架。沃尔夫冈·诺伊中尉继任了中队指挥官，35岁的他是联队最高龄的空勤人员，而且是后备飞行员，诺伊自知在战场难堪重任，于是主动为上士格尔德·维甘德担任僚机，这时维甘德的战绩位列中队之首，因而顺理成章成了第4中队临场指挥者。

干劲十足的维甘德很快将亚当森中队带到精益求精的水平。11月13日美军空袭不来梅，JG 26仅有第4中队有所建树。午后，维甘德率队从门兴格拉德巴赫出动，在荷兰须德海[①]上空遇见一队被Ⅰ./JG 3大队追打的轰炸机，维甘德俯冲发动进攻，急跃升脱离时，撞见刚赶到轰炸机机群斜上方的P-47（美军第355战斗机大队）。在僚机掩护下，维甘德眼疾手快地解决掉了1架。美军第96轰炸机大队一架B-17受到诺伊中尉攻击，最终坠毁在荷兰兹沃勒。半个小时后，黑特曼军士长成功击落第392轰炸机大队1架B-24，一名队员驾驶被重创的座机安全迫降在安特卫普。

德·哈维兰公司的蚊式侦察机自从1941年底投入欧洲战场，凭借无与伦比的高空、高速性能，常常孤身深入虎穴，执行各种任务，且每每在敌机的围追堵截下全身而退，1943年9月17日，一架前往萨尔茨堡侦察的“蚊式”将这种性能优势发挥到登峰造极。沿途10支部队的18架德国战斗机先后出动追击，全部含恨败走。德国空军大为恼火，还专门成立两支反蚊式部队，结果成绩平平，改而对付重型轰炸机。11月14日，雷达捕捉到一架蚊式侦察机从斯图加特撤离的航线，JG 26第二大队不敢掉以轻心，派出最骁勇善战的格隆茨上士，他曾在这年3月28日一分钟内干掉过两架蚊式轰炸机。

格隆茨既不愿也不需要带僚机，9:39他独自从康布雷的埃皮努瓦机场起飞，稳步爬升，穿过灰蒙蒙的积雨云，来到8500米高，云层上方豁然开朗，阳光洒在云端，蓝天映衬下，他恍如滑着雪橇在白晃晃的雪地穿行。跟随地面引导，一个阴影出现在他下方，正擦着一簇簇云朵疾驰而过，在天际留下浅浅的白色尾凝，格隆茨不动声色轻轻向前推杆，下降高度，接着稍微抬起机鼻，在瞄准镜被填满的瞬间开炮，以一串短点射将“蚊式”凌空打爆，木块、金属残片以及血肉尸骸漫天四溅，木质机身缓缓坠落到法国北部一片湿地，格隆茨带着第45个空战战果返回康布雷机场，距离起飞仅有20多分钟，皇家空军第1409飞行小队飞行员弗兰克·克莱顿（Frank Clayton）少尉和导航员威廉·弗雷德里克中尉双双阵亡。

八、里尔之殇

11月中下旬秋意渐浓，霜气萧瑟，第八航空队的攻击重心放在德国北部，而西欧阴云密布不散，JG 26再次进入了一段相对平静而单调的例行巡逻时期。

首支全部装备P-38“闪电”战斗机的部队：美军第55战斗机大队不久前在欧洲战场亮相，从最初面向威廉港、不来梅等地的护航逐渐深入到德国腹地，终于在11月25日迎来与耳熟能详的“阿布维尔小子”交锋。当天美军没有出动轰炸机，而是派出多个战斗机大队前往加来海峡撩拨对手。第56战斗机大队和第353战斗

① Zuider Zee，艾瑟尔湖旧称。

机大队的P-47首次挂载500公斤高爆弹俯冲轰炸，虽然后者的大队长洛伦·麦科勒姆中校被圣奥梅尔机场的高射炮击中后跳伞沦为俘虏，此次试验性的作战行动仍然被认为获得了成功，自此以后P-47战斗机“雷电”开始承担对地攻击任务。

为支援P-47，第55战斗机大队和第352战斗机大队扫荡里尔。13:05，赛费特少校率领JG 26第6中队、第8中队从埃皮努瓦机场起飞，在地面引导下飞向西北拦截，彼得·克伦普首次担当大队长的小队二号长机，对这次任务记忆犹新：

来到地面引导的坐标空域，果然在西北方发现一队“闪电”战斗机，我们共20架Fw 190开始爬升迎敌，此值敌上我下，较好的策略是绕到侧翼，争取到有利高度再下手。但赛费特没这么做，令我们所有人意外和不安的是，他继续径直朝“闪电”爬升，对方飞在我们右上方约四五百米高度，并无攻击意图，却被我们打草惊蛇了。

赛费特突然抬起机鼻，朝殿后敌机开了火，对方飞行员发现受攻击后立即横滚俯冲，反扑下来，两机形成对头之势，我看见双方均中弹，接着右机翼撞在一起，失控栽向地面并坠毁。

战斗没有因此而升级，敌军转了个大弯朝北调头，绝尘而去，这是海峡前线首次遭遇“闪电”，估计对方无意挑战，只是在复习飞行，至少我们是这么判断的。

人们在飞机残骸的驾驶舱内找到了赛费特的尸体，这员自战前即在联队效力的老将就此谢幕。同归于尽的P-38成为他439次作战中取得的第57架空战战绩，除了1943年上半年在东线击落的11架苏联飞机，其余均为西线战绩，他也是1942年间联队唯一的骑士十字勋章获得者。被追授的中校军衔无法抚平他母亲再一次的丧子之痛。此后原第2中队指挥官威廉·格特（Wilhelm Gäth）上尉代理第二大队指挥官，卡尔·维柳斯少尉接替指挥第2中队。

与赛费特同归于尽的P-38飞行员马努阿尔·阿尔德科亚（Manual Aldecoa）少尉实际上及时跳伞而出，但开伞失败，还是难逃一劫。让彼得·克伦普他们困惑的是美军第55战斗机大队实际上正遵照来自英国的地面引导寻找另一队德国飞机。不知是否因无线电故障，阿尔德科亚少尉完全没有汇报下方敌情，孤身一人扑了下去，导致同伴对随后发生的事毫不知情，只有一位队友察觉到异样，他看到阿尔德科亚的飞机大角度俯冲，后面跟着一架Fw 190，但没人看到Fw 190坠毁，因而部队返航也没有上报任何战果，而是一门心思继续搜寻上方的敌机[①]，万万没想到另一支敌机部队就在下方四五百米。另一方面，JG 26第二大队也不知道附近友机的存在。结果，德军JG 26第二大队和美军第55战斗机大队各自的作战报告乍看之下，竟完全不像在描述同一场战斗，只有仔细比对双方指挥官留下的官方记录，才能剥丝抽茧拼接出真相，例如第55战斗机大队的杰克·詹金斯中校记录了调整航向（对应了JG 26飞行员所见到的“大转弯”），不久就于13:15发现了上方的6架Bf 109，与赛费特阵亡的时间相去不远。

次日，得到休整的第八航空队重型轰炸机精神抖擞，披挂上阵。10:00，总共404

① 其后证明是来自Ⅰ./JG 3大队的Bf 109和JG 2的Fw 190，双方爆发交战，美军宣布击落Bf 109和Fw 190各2架，击伤和可能击落若干架。

美军第55战斗机大队第343中队的马努阿尔·阿尔德科亚少尉生前与P-38战斗机的留影。

架B-17和101架B-24挥师不来梅，128架B-17组成2个战斗编队前往巴黎牵制德军，最后还有几百架B-26、B-25中型轰炸机和“波士顿”轻型轰炸机以及“喷火”“台风”战斗机助攻。防守巴黎的德国第二战斗机军没有理睬大部分助攻，而是将包括JG 26第一、二大队在内全部兵力派往巴黎方向，然而他们的拦截目标因目标区云层覆盖，一弹未投，转向西北方离去。

赶往巴黎护航的美军第78战斗机大队半路被JG 2拦下，JG 26得以肆无忌惮地向轰炸机扑去，几架Fw 190迫不及待从美军第100轰炸机大队下方6点方向开火，一架B-17跌出编队，另外几架Fw 190次第从2点方向向美军第94轰炸机大队俯冲，只一轮攻击过后，3架B-17坠毁在巴黎北部和博韦，其中1架被归功于4./JG 26中队长诺伊中尉，剩下2架被Ⅲ./JG 2大队收入账上。格隆茨军士长和3./JG 26中队的范德费尔德（Vanderveerd）下士各自宣称击落1架P-47，巴黎方向的美军损失的第4架也是最后1架B-17被格隆茨和僚机补枪解决掉。JG 26一名飞行员被轰炸机击落身亡，另有6架Fw 190受损迫降在附近机场，余部回到基地，马不停蹄备战二次出击，目标是北边从不来梅撤退的美军，结果全体交了白卷。5./JG 26中队运气最差，刚从康布雷起飞就遇到前来空袭机场的72架B-26，2名飞行员被护航的“喷火Ⅸ”击落身亡。

不来梅方向的美军损失了22架B-17和3架B-24，创下当月最高的单次作战损失，主要为德军的JG 1联队和JG 11联队创下。JG 26第三大队这时驻扎在门兴格拉德巴赫，编入第一战斗机军序列，但没有出战的记载。11月29日美军朝不来梅卷土重来，第三大队拦下奔向目标的轰炸机，只有大队长米特乌施上尉重创1架B-17，却损失了4架Bf 109，其中2架燃油耗尽，紧急迫降后报废，另2架被轰炸机击伤，但没有人员死亡。

30日，英国上空密布的云层再次阻碍了美军集结，381架轰炸机以索林根（Solingen）为目标，最后仅有80架飞到欧洲大陆，它们得到314架P-47和20架P-38保护，仅损失了3架，其中1架被归入JG 26第三大队账上。美军第20战斗机大队一架被打坏一个发动机的P-38朝着北海返航到门兴格拉德巴赫北边，不巧撞上米特乌施枪口，被后者不费吹灰之力拿下，飞行员被俘，后来因脑膜炎死在战俘营。

此役第三大队整体表现疲软，出动后因天气原因临时放弃了任务或者转而攻击零散的轰炸机，第10中队被美军第78战斗机大队打得只有招架之力，1架Bf 109被击落，1架被击伤，另一位首次参战的下士被B-17机枪手击落，虽然他尝试紧急迫降，但还是因误判高度而坠毁，Bf 109“整整烧了两天两夜，第三天才爆炸”，飞行员的尸体面目全非，仅仅由于这是大队唯一的失踪人员才得以判断出身份。除此之外，第12中队一位军士长起飞不久就再无音讯，疑似因迷航发生坠机。

久违的阳光掀开1943年最后一个月的空战，盟军基地自清晨就覆盖着异常繁忙的无线电信号，获悉这一情况后，德国空军第4战斗机师命令全体大队进入战备状态。美军第八航空队紧盯索林根，为配合他们，美军第九航空队的176架B-26先行轰炸了西欧沿海多处德军机场。JG 3第一大队停在旺德维尔的6架Bf 109被炸毁，JG 26第5中队再次在家门口遭到加拿大空军第411中队的打击，中队长霍佩上尉及僚机双双殒命，格隆茨奋起直追，在阿拉斯西南五分钟内击落2架“喷火”，其中就包括霍佩的索命者，也算报了一箭之仇。格隆茨的两架战绩成为这一战区德国战斗机的遮羞布，而盟军的轰炸也未能完全压制住旺德维尔和康布雷两处机场的德军。

10:40，B-17飞离英格兰海岸，德军准确判断为可能针对鲁尔的浅近突防，第3战斗机师作战飞机迅速被部署在这一航线区域，在法国的第4和第5战斗机师也被动员起来提供支援，快速的反应和良好的备战为防守方带来一场大胜，美军蒙受了27架轰炸机、3架P-38和9架P-47的损失，德军出动282架飞机，损失27架，飞行员15人阵亡、16人负伤。

受云层所阻，轰炸机中止了任务，到达索林根的美军第1轰炸机师只轰炸到临时目标，随后列队撤退，以便于护航机接应。云层同样给德军集结战斗机造成麻烦，JG 26第三大队的Bf 109编队就因此失散。在美军第2轰炸机师的B-24机群上方，米特乌施上尉孤身闯进护航的美军第20战斗机大队，突袭了一架殿后的P-38，将其打至失控尾旋坠落，另一架P-38见状，转弯扑来并开火，米特乌施右转后向上方300米急跃升轻松规避，接着以一个跃升转弯半滚倒转机动再次杀回敌阵，长驱直入，猛烈开火，最后风风光光地俯冲脱离，毫发无损。

在轰炸机周围，“泽姆克的狼群”再度与“阿布维尔小子”陷入苦战，罗伯特·约翰逊后来形容为“同那些开着福克－沃尔夫的狠角色杀得天昏地暗”。英军无线电监听员听到洛伊舍尔中尉厉声警告他的8./JG 26中队飞行员们小心四周的护航机，在报告中不无怀念地点评：“自‘乌兹’加兰德之后再次出现如此威严的命令。”美军第56战斗机大队声称歼敌4架，自身3架P-47被击落，4架P-47被重创，其中2架归在JG 26的迪佩尔中尉和洛伊舍尔中尉两位中队长账上。JG 26有4人被击落跳伞（1人重伤），另有6人因被击伤或缺油而迫降（1人负伤）。

英军2个“台风”中队被派到阿纳姆掩护轰炸机撤退，随后与几架返航途中的德国战斗机交战。第609中队1架“台风”在法国比利时边境被击落，飞行员被俘，JG 26的古特曼下士声称拥有这架“台风”战绩，但没有得到承认，于是JG 26再无建树。联队当日总共入账11个战果，其中6架B-17，除了第2中队中队长维柳斯少尉抢在轰炸机编队投弹前击落1架，其余5架皆来自被打散后撤退至法国、比利时一带的轰炸机。自身折损飞行员2人，5人负伤，战绩和伤亡相对德军其他几支参战联队都很突出。

12月中旬美军又一款远程战斗机出现在欧洲上空，这就是北美航空公司的P-51“野马”，来自罗尔斯·罗伊斯公司的“灰背隼”发动机令P-51B保持强劲的中低空性能同时在高空也毫不逊色，作为二战期间航程最大的美国单发战斗机，“野马”从英国起飞后能深入德国任何地方作战。虽然在这个冬季，第八航空队手中仅有第354战斗机大队装备了该机（还是从第九航空队借调来的），但来年开春后“野马”大队羽翼已丰，以惊人的战斗力迅速占领制空权，为德国战斗机的最终崩溃刺出了致命一剑。

1943年剩余时间，只要气象条件允许，重型轰炸机都会锲而不舍地杀过来，不给德国空军喘息之机，对德国境内的目标集中于鲁尔、埃姆登和不来梅三地。自12月13日空袭基尔开始，轰炸规模开始超过600架。12月16日，攻向不来梅的轰炸机总计达到631架。JG 26第三大队驻地门兴格拉德巴赫临近北海，需要随时出动抵御自东而来的美军，该大队在16日的拦截作战空手而归，反而因油料耗尽损失1架Bf 109。四天后天气好转，美军再次挥师不来梅，JG 26第三大队打了个翻身仗，在威廉港上空以零损失宣称击落5架B-17。除了主攻不来梅，美军第九航空队和皇家空军第二战术航空队联合实施牵制性轰炸，211架B-26、60架B-25、37架“波士顿”以及415架“喷火”、155架“台风”和20架“飓风”横扫法国和比利时沿海，JG 26另两个大队被牢牢压制，第二大队当日3次出动，但一无所获，反而被“喷火”击落3架Fw 190，飞行员两死一伤。加拿大空军第421中队中队长被维甘德上士击落身亡。

12月22日，574 架重型轰炸机和 491 架护航战斗机攻向明斯特和奥斯纳布吕克（Osnabrück）。尽管天气不佳，美军从英国盟友那边取经学来的仪表轰炸正好有了实践机会，只是由于经验不足和设备失效，空袭效果不尽如人意。德军同样表现疲软，而JG 26第三大队成为当天最失败的拦截部队，自13:10出动一个小时仍未能找到轰炸机，反而在德国赖讷与荷兰恩斯赫德（Enschede）一带撞见三个老牌“雷电”大队，5架“梅塞施密特”被击落，飞行员无一生还，其中3人可能是美军第4战斗机大队的王牌约翰·特雷弗·戈弗雷（John Trevor Godfrey）少校和临时僚机的战利品。美军第56战斗机大队的罗伯特·约翰逊少尉发现下方云端潜伏着2架Bf 109，便悄悄尾随，德机警觉地转弯逃出约翰逊视线，后者锲而不舍，保持航向追击，不料Bf 109杀了一个回马枪，迎头冲向轰炸机，约翰逊带着僚机利用阳光的掩护及时俯冲下去，首轮开火打穿了敌机驾驶舱，JG 26第12中队的卡尔·特拉普上士因此身亡。第11中队的卡尔－海因茨·肯普夫少尉攻击返航的轰炸机时被对方机枪手击中后跳伞，成为当日第三大队第6例损失，肯普夫只受了点轻伤。当晚德国国防军公报提到第三大队击落了1架B-17，但没有更多细节，只能视为部队单方面宣称。

法国北部照例成为次要目标，盟军对这里的进攻没有引来德军抵抗，因为JG 26第二大队部分兵力和JG 3第一大队已被派去拦截从明斯特和奥斯纳布吕克撤退的轰炸机，但他们同样空手而归，第6中队一架Fw 190在吕伐登机场降落时遭遇侧风而发生地转。

1943年战略轰炸与帝国防空战的压轴戏在12月30日上演，第八航空队轰炸机司令部倾尽剩余兵力，发往路德维希港的炼油厂，继先后回避重兵把守的法国的加来和西北欧的荷兰－鲁尔空域后，美军新开辟了一条航线：从塞纳河河口进入法国，一路向东直取目标。新航线果然令守军应对不足，710架轰炸机最后只有23架没有返航，但护航机损失格外高，共有12架P-47和2架P-51未能返航，德军总共出动约386架战斗机，只有128架遭遇敌机，基本来自镇守法国的第二战斗机军下属部队。

普里勒中校这时可能又代理指挥了第4战斗机指挥部，他无视美军第九航空队，保持按兵不动，直到10:30获悉轰炸机群从英国东南端的比奇角出海，才将Ⅱ./JG 26大队、4./JG 26中队和Ⅰ./JG 3大队投入到他猜测的主攻方向巴黎。10:45美军第1轰炸机师进入法国海岸，向左急转弯直奔东边，正中德军下怀。维甘德上士带着4./JG 26中队追踪轰炸机时无意中闯入护航的美军第353战斗机大队中央，遂先下手为强解决掉1架P-47，个人战果突破到第10架。而第353战斗机大队以损失2架P-47的代价，打散维甘德的编队，随后击落了Ⅰ./JG 3的2架Bf 109。美军第303轰炸机大队的B-17“居家姐妹”号落单后受到维甘德和僚机哈格尔上士攻击，坠毁在比利弗洛雷讷以南，维甘德将战功让给了迄今还未尝胜利滋味的哈格尔。

Ⅱ./JG 26大队耐心尾随着美军第2轰炸机师，抓住分段护航的真空时段，联合JG 2扑向B-24队尾，却因油量告急而功败垂成，只有马托尼（Matoni）中尉带回了一架B-24宣称战绩。

12:50，Ⅰ./JG 26大队向南围堵撤退的轰炸机，恰逢护航的美军第56战斗机大队离去，迎头猛攻第3轰炸机师，维柳斯少尉和席尔德上士分别击落1架B-17。美军交接护航的P-47战斗机赶到，打退了德国战斗机，并击伤Ⅰ./JG 26一架Fw 190。Ⅱ./JG 26再次出动，再次耗尽油量仍没觅得良机，只由威廉·迈尔上士和拉德纳少尉各宣称击落1架P-47，返航途中拉德纳少尉进而宣称击落1架B-17。该大队1架Fw 190（飞行员跳伞负伤）成为加拿大神射手乔治·伯林上尉①第31又1/3个，也是最后一个空战战果，此役伯林率领加拿大空军第412中队的“喷火”为B-17护航到贡比涅时击落一架Fw 190。

美军第352战斗机大队一个P-47小队因油量不足而掉队，其中1架被二次出击的维甘德击落，2架被敦刻尔克的高炮击落。维甘德在日记中记载，僚机施米特克（Schmidtke）上士发现并击落了一架落单的B-17。15:15威廉·迈尔第三次出击，根据地面引导在阿拉斯以西击落了一架蹒跚独行的B-17，完成了当日JG 26联队的收官之作。

12月31日，第八航空队另辟蹊径，450架轰炸机从布列塔尼半岛绕到法国南海岸轰炸机场，另有124架B-17袭击巴黎地区的工厂。布列塔尼的防空火力没有美军预计的那么空虚，共23架轰炸机未能返航，10架报废。位于法国西部的两个德国战斗机训练大队宣称击落了17架轰炸机，其中2架B-17归于教官克萨韦尔·埃伦里德军士长和奥托·施坦贝格尔中

1943年12月30日，第八航空队损失的24架轰炸机中1架B-24被归在JG 26第6中队的马托尼中尉账上，这是马托尼的总共11个重型轰炸机战绩中的第2个。胜利和荣誉背后是对体力和心理上的极限挑战，飞行员即使平安返航，降落后身体也会剧烈颤抖，要靠他人帮忙才能握住一支香烟。正如照片中所展示的，两名地勤正搀扶着马托尼。

① 乔治·伯林（George Beurling），二战中战绩最高的加拿大王牌飞行员，官方战绩为击落31架，共同击落1架、击伤9架敌机，先后被授予杰出飞行十字勋章和杰出服务勋章，1942年7月在马耳他创下14天击落15架、击伤6架德国和意大利飞机的纪录，以一手百步穿杨的射击技艺和独来独往、桀骜不驯的个性闻名，被誉为“马耳他之鹰”。1942年6月转到地中海战场之前，初出茅庐的伯林中士随皇家空军第41中队扫荡法国沿海就多次与JG 26联队交战，5月1日他取得首个官方战绩，交战对手同样是Ⅱ./JG 26大队，伯林击中1架Fw 190，随后也遭到“5到6架敌机”围攻，但他幸运地飞回英国平安跳伞，Ⅱ./JG 26只有2架Fw 190轻度受损，战后有人研究认为当天伯林击伤了阿道夫·格隆茨的座机。

尉。埃伦里德军士长因成为家中独子被调离JG 26第8中队，施坦贝格尔在9月刚伤愈，此战取得自己第10个空战战果后又添新伤，彻底告别了战斗岗位。次年两人都回到施拉格特联队并坚持到战争结束的一天，埃伦里德继续征战，施坦贝格尔改任大队副官。

格隆茨和戈曼下午随队二次出击，在布列塔尼上空分别宣称击落一架B-17和P-47。威廉·迈尔上士这次运气欠佳，返航时发动机失灵，下方的森林也不具备迫降条件，迈尔跳伞时被尾翼撞伤。第7中队几名新手围堵从巴黎撤退的美军第96轰炸机大队，终于在索姆河河口拿下1架，那是美军派往巴黎方向唯一没返航的B-17。当天德国第二战斗机军共15架战斗机被击落，飞行员8人阵亡，3人负伤，后备训练大队的机场连同37架战斗机在地面被炸毁或受损，8人伤亡。

高潮迭起的1943年西线空战就此落幕。年底，第26战斗机联队还有101架作战飞机，约占满编数的一半，但只有68架可用，机型基本为Fw 190A-6和Bf 109G-6，在编的185名飞行员有107人可用，剩余不是伤停离岗就是休假或外派，还有一批新手不适合上战场，例如第三大队在编的54人只有25人在岗，剩下相当大比例菜鸟飞行员的战斗力无法得到大队长米特乌施认可。

表面上看，这一年里第26战斗机联队的战斗力依然维持在高水平，宣称战绩与战损比约4.8，总共取得641架战绩，

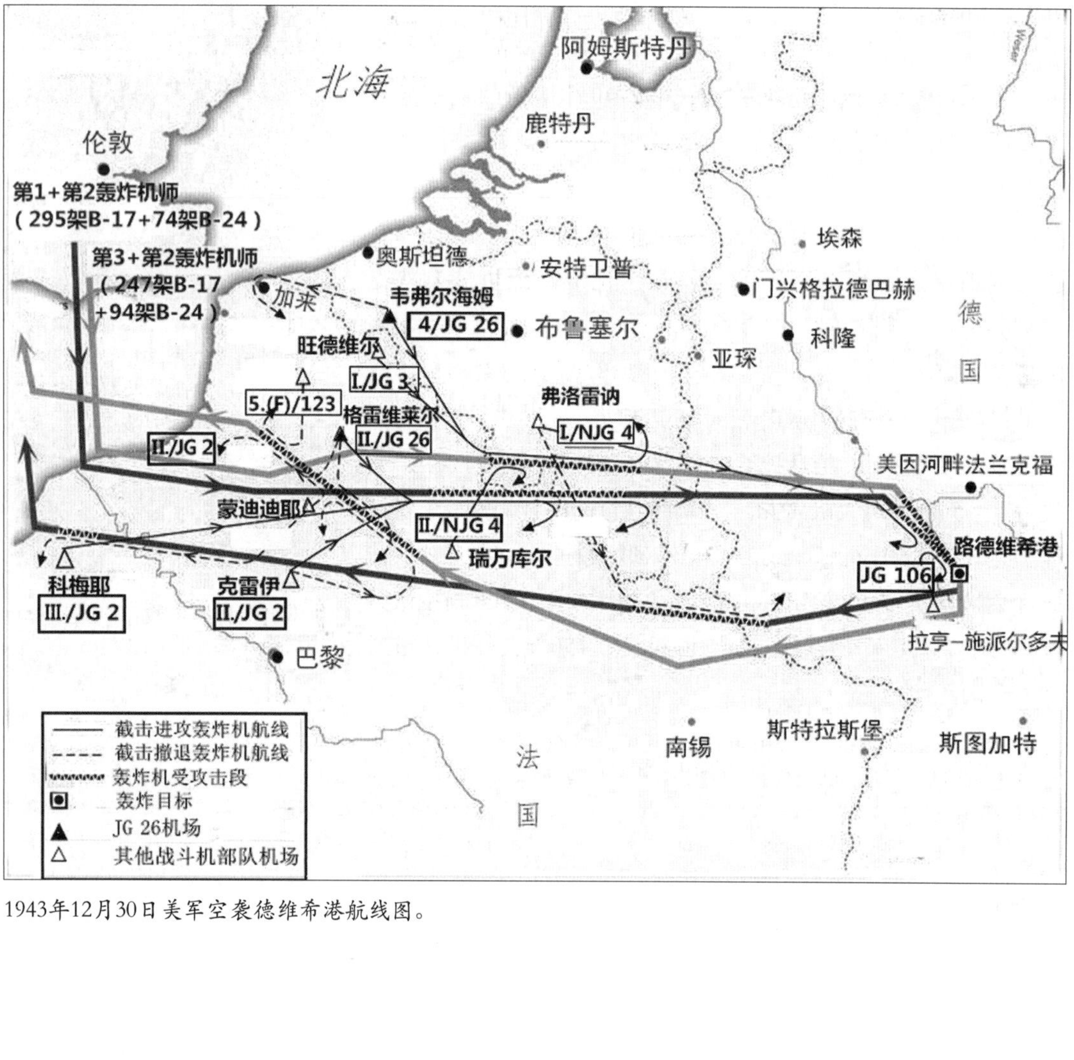

1943年12月30日美军空袭德维希港航线图。

其中约195架为第一大队和第7中队上半年在东线创下。包括4位大队指挥官，5位中队指挥官在内，共133名飞行员丧生，伤亡数是上一年的2倍有余。高昂代价背后更严峻的是飞行员年度损失已经超过了年度实际可用兵力，这意味着最宝贵的人力资源开始入不敷出，兵员素质同样呈现下滑趋势，战果的取得越来越依靠于少数老手，一旦这批老手损失将是难以弥补的沉重打击。而此消彼长，仅部署在英国的盟军战斗机力量就超过了遍布各条战线的德国战斗机总兵力，且这一差距仍在迅速拉大。在质量上，盟军也占尽优势，性能优良、能提供全程护航的战斗机源源不断入役，德国全境皆在它们作战半径内，覆巢之下再无完卵。随着来年开春天气好转，德国防空力量不可逆转地走向溃败。

第十章　制空权易手

1944 年 1 — 5 月

一、猎人与猎物

1944年开年后，第26战斗机联队继续镇守法国北部到比利时的边境线一带的工业区，指挥部驻守法国的北里尔，面积不大，设施有限。联队长普里勒中校自去年年底再度接手卡尔·菲克上校的第4战斗机指挥部，又开始每日奔波于圣波勒和里尔两地。第一大队驻地位于比利时弗洛雷讷（Florennes），这处1942年建成的机场条件成熟优越很多，混凝土跑道极大方便了战机在潮湿阴冷的冬季起降。第二大队自赛费特少校阵亡后，指挥权交到威廉·格特（Wilhelm Gäth）少校手上，驻地康布雷的埃皮努瓦机场前不久进行了优化，跑道加强为刚性道面。第三大队与Ⅰ./JG 3交换基地，月初从门兴格拉德巴赫回到西欧，指挥部、第9、第10中队在旺德维尔，第11和第12中队驻比利时的迪南（Dinant），迪南不久前还仅为应急所用，为适应第三大队作战需要，工兵进行了升级改造。

这个月德国空军中央司令部终于“升级”为帝国航空队，汉斯－于尔根·施通普夫大将担任总司令。“施拉格特”和“里希特霍芬”这两个长久相伴又相争的海峡联队依然属于第3航空队的第二战斗机军（总部在梅斯），帝国防空军序列时常根据战场态势进行调整和调动。JG 26第三大队尤为典型，频繁被调去帝国航空队救急。当然，军队组织系统的调整对一线飞行员影响甚微。

第三大队的梅塞施密特战机换成了Bf 109G-6，它的DB 605A发动机拥有1475马力，能在6900米高空提供620公里时速。标准武器配置是一门20毫米的MG 151/20机炮和2挺MG 131重机枪，对付战斗机有余，面对重型轰炸机则明显孱弱。德国空军档案中Bf 109G大队经常被称为轻型大队，隐约透露出它们作战任务主要为拥有重火力和装甲防护的Fw 190部队提供高空掩护和支援，一扬Bf 109G的高空性能之所长。然而军方高层对盟军护航战斗机的态度犹疑不定，攻击限制令时紧时松，加之JG 26几个沿海基地位于盟军来袭最前线或撤退必经之路，因而第三大队其实很少专门对付盟军战斗机，拦截轰炸机仍然是最常见的任务。Bf 109G通过发射机翼下的迫击炮或者MG 151/20航炮冲击重型轰炸机编队，但机动性能和速度会大幅降低，很容易成为盟军战斗机的猎物。

另外两个大队主要装备Fw 190A-6，第二大队接收了13架Fw 190A-7，和之前的型号相比，A-6最大特征是机翼结构和防护装甲和火力得到强化，虽然设计初衷为东线作战需要，但在西线的防空战中同样广受欢迎，因为“福克－沃

北美公司的P-51“野马”是二战中最卓越的单发战斗机之一，早期型号受制于艾利森发动机，局限在低空作战。换成罗尔斯·罗伊斯公司的灰背隼发动机后高空性能凸显，德国全境皆在它作战半径内，它的到来决定了德国空军制空权的彻底丧失。不过由于数量不多，它在1944年年初并不显山露水。照片中为美军第361战斗机大队第375中队的P-51D，携带75加仑副油箱，机身涂有诺曼底战役特有的入侵条纹，拍摄于1944年7月的剑桥，8月12日，这架P-51在阿拉斯执行俯冲轰炸任务时机毁人亡。

尔夫”一贯优良的性能没有因重量的增加而受到明显影响。1700马力的BMW 801D发动机使6300米高度的航速达到每小时650公里，缺陷是飞机高于这一高度，性能会显著下降。A-6标准武器配置为两挺MG 17机枪和四门20毫米机翼机炮，A-7则将机枪从MG 17换成12.7毫米的MG 131，部分改进型的机炮换为30毫米MK 108。

1944年年初，JG 26飞行员主要面对5款盟军战斗机：“喷火Ⅸ”、“台风”、“雷电”、“闪电”和“野马”。“喷火”依然是皇家空军当之无愧的看家法宝，短板在于航程不足，仅能提供短程护航。德国飞行员从不敢对这位老冤家掉以轻心，但每遇声势有余，航程不足的“喷火”编队时倒也深谙其道，尽量避免交战以保存实力。不过随着盟军指挥层出现变动，战术章程做出调整，“喷火”的角色再次得到提升。

霍克公司的台风式战斗机是皇家空军的另一款主力昼间战斗机，因其低空速度惊人，执行对地攻击和扫荡任务卓有成效。JG 26时常紧急出动单个Fw 190小队对付这种入侵者，胜败往往取决于飞行员的运气——或者说眼力。

第八航空队现在有9个“雷电”大队、2个“闪电”大队和1个“野马”大队[1]，P-51“野马”暂未进入德国飞行员视野。P-38“闪电”最令人棘手之处在于密集强大的火力，但双引擎双垂尾的独特外型在空中易于辨认，德国飞行员可以根据形势自主选择伺机待动还是回避。

美军应用最广的护航机目前仍然是“雷电”。这种外形粗壮笨重，被昵称为“奶瓶”的战斗机到了技艺娴熟的飞行员手中，可以在高空压制任何一款德国战斗机。Fw 190飞行员常常引诱对方到中低空，以3000米以下尤佳，通过急转弯将P-47甩在前面，如果P-47减速跟着急转弯，很可能会遭遇失速，然后被反戈一击。但随着P-47D在1943年晚期入役，这种战术开始失效，美国飞行员不再避讳盘旋格斗。P-47D后期型的螺旋桨直径更大、桨叶更宽、桨毂更短，极大改善了飞机在中低空的转弯和爬升性能。普拉特–惠特尼R-2800发动机得到升级，首次配备注水喷射系统和通用动力公司的C-21型涡轮增压器，使得飞机

① 美军首支P-51大队：第354战斗机大队原属第九航空队，1944年初暂归第八航空队指挥。

在各个高度的爬升率和加速度都有了提高，护航时能将德国战斗机追得上天无路入地无门，而这一切都是基于飞行员对P-47结实稳固的防护能力的自信，即便陷于被动，利用P-47D优良的高空性能和爬升率也能化险为夷。唯一束手束脚之处是必须遵照规定严格执行近距离护航，不过改变即将到来。

根据JG 26的汉斯·哈尔蒂希中尉回忆，Fw 190对战P-47的战术被调整为一边转弯一边小幅爬升，才能同时在垂直和水平距离上胜出。如果是梅塞施密特飞行员，会选择减速并收小转弯半径，寄希望于P-47失速或者大角度爬升，再将其甩掉。

1943年初，盟军在卡萨布兰卡会议敲定了通过轰炸军工厂来摧毁德国空军的战略，结果遇到的抵抗远比预期的强烈。到了年底，开辟第二战场迫在眉睫，作为登陆的先决条件，夺取欧洲的制空权成为空军当务之急，因为军队无法再苦等仅靠战略轰炸击败德国的梦想。于是盟军对作战计划和部署做了大刀阔斧的改变，摒弃了所有战前理论。盟军最高总司令艾森豪威尔将军走马上任，同时将与自己在地中海战场合作无间的空军班子也带到英国，其中三人对包括JG 26在内西线德国战斗机部队最为致命：詹姆斯·哈罗德·杜利特（James Harold Doolittle）中将、哈利·布罗德赫斯特（Harry Broadhurst）少将和阿瑟·科宁厄姆（Arthur Coningham）中将。

布罗德赫斯特与上司科宁厄姆中将曾经在北非和意大利战场指挥第一战术航空队有力地支援了蒙哥马利的第八集团军。正是吸取了第一战术航空队的经验，1943年6月皇家空军以轰炸机司令部下的第2大队和大半个战斗机司令部为班底，组建第二战术航空队，支援英国陆军开辟欧洲第二战场（美军的地面部队则由美军第九航空队支援），科宁厄姆和布罗德赫斯特再度携手，很快将英国战斗机从护航任务解放出来，致力于削弱登陆地区的德国守军，一度沉寂的经典警报“小心‘喷火’”再次在德国空军中传开。

皇家空军最年轻的少将哈利·布罗德赫斯特，布罗德赫斯特与德国空军的交锋可以追溯到1940年法国战役，参加过不列颠空战、1941到1942年间的马戏团行动、迪耶普战役，共宣称击落13架、可能击落7架、击伤10架敌机，可谓JG 26的老对手。1941年7月他的“喷火”还可能被普里勒击伤过。1943年开始，布罗德赫斯特指挥西部沙漠空军以及后来的第一战术航空队支援蒙哥马利赢得北非和意大利战场的胜利。1944年他担任第二战术航空队主力第83大队指挥官。战后官至轰炸机司令部总司令。

杜利特是艾森豪威尔手下一员得力干将，他因在珍珠港事件后领导美军B-25战机突袭轰炸东京而享有巨大声誉。1944年1月杜利特接替埃克入主第八航空队，作为一名实用主义者，杜利特本人对战略轰炸并不十分热衷，很快将摧毁德国空军定为首要目标，摒弃了一切无立竿见影之效的方略。天气不再是限制轰炸机出击的障碍，即使牺牲投弹精度也要持续对德国空军施压。

更为重大的变化发生在护航战术上。杜利特在一次会议上宣布：“战斗机保护轰炸机编队的任务应该降到最低，我们应该鼓励战斗机迎击并消灭敌人而不是满足于将其赶走。”战斗机不再被束缚于指定的轰炸机联队身边，而是沿轰炸航线在附近空域武装巡

“把这该死的标语扯下来”——詹姆斯·杜利特

那时护航任务很明确：保护轰炸机，不要远离他们。我并不赞同，战斗机设计初衷就是对付敌人的战斗机，战斗机飞行员往往天性好斗，他们接受的训练就是积极进攻，他们的战机都是为进攻而生，我认为我们战斗机部队应该在敌机接近轰炸机前就赶走他们。“不要离开轰炸机”这一护航方针在我访问威廉·凯普纳少将的第八战斗机司令部之后废止了，当时他办公室墙上挂着一行标语：“第八航空队战斗机的首要职责是保护轰炸机平安归来。”

我看了一眼：“比尔，上面那句话谁想出来的？”

“我们来时它就在那里了。”他答道。

“这句话到此为止”，我告诉他：“把它取下来。换上另一句：第八航空队战斗机的首要职责是消灭德国战斗机。”

“你的意思是你授权我进攻？”

“我命令你。”我回答道。

詹姆斯·杜利特。

比尔的眼里泛出泪光，几个月来他一直在说服埃克和斯帕茨优先打击敌人战斗机，却一次次被驳回。作为一个战斗机飞行员，我能理解他的感受。

我们讨论了如何解放战斗机部队，我指示“用追击和消灭敌机的方式去保护轰炸机”，我喜欢他对此表现出的热情，我说仍会有护航任务，但大部分战斗机要去搜捕德国佬，“把他们逐出天空！返航时在地面打击他们！你的首要职责是进攻！”

握手告别后，我又看了一眼那条标语：“比尔，把这该死的标语扯下来。”说完走出门，门内传来一把扯下的声音。

逻，改被动防守为主动出击，致力于歼灭前来拦截的敌机，而错过会合的轰炸机们只能自力更生。还有一部分直接护航的战斗机可以飞在轰炸机编队前方——这其实与几个月前泽姆克上校自行为第56战斗机大队制定的护航不谋而合。在战斗机司令部威廉·凯普纳少将拥护下，杜利特下令，护航战斗机完成巡逻和换班后就下降高度，搜寻并歼灭任何德国战斗机。

杜利特几剂猛药几乎宣判了德国空军的死刑。得益于军方高层积极主动的进攻态度，第八航空队大肆扩充到33个战斗机大队，25个B-17及B-24大队，一切都为了在登陆日前称霸欧洲的天空。

杜利特的雄心万丈和铁血军令难挡天公不作美，1944年1月第八航空队对德国境内的轰炸仅有7次。糟糕的天气和有限的护航力量令美军损兵折将。1月7日，502架B-17和B-24从荷兰深入德国，轰炸了路德维希港的法本化工联合企业，再从法国撤退。美军遇到的反击主要在撤退段，含报废共损失了16架轰炸机，其中5架B-17，这5架中有3架被Ⅱ./JG 26大队击落，后者随后遭到护航的美军第4战斗机大队和英军第132、第602中队突袭，损失了4架Fw 190，飞行员3死

1伤，其中1架Fw 190被美军第4战斗机大队大队长布莱克斯利（Blakeslee）中校击落，布莱克斯利的P-47随后也被Ⅱ./JG 26的格隆茨军士长或古特曼下士打成筛子，他返航后数出了71个弹孔。

Ⅰ./JG 26大队没找到轰炸机，却遇到美军第358战斗机大队第367中队一个小队错将法国康布雷当做英国基地自投罗网。首次参战的美国飞行员正盘旋在草地上空准备降落，博里斯上尉率8架Fw 190鬼魅般冒出，3架P-47应声而落，只有4号机及时拉杆躲进云层。JG 2联队以1名飞行员阵亡的代价带着击落8架轰炸机的战果（1架B-17、7架B-24）满载而归。

1月11日，欧洲上空浮云蔽日，美军整个第2轰炸机师和大部分第3轰炸机师及其护航战斗机主力中途被召回，只有第1师一路顶着“自施韦因富特以来最猛烈的抵抗”，成功轰炸了奥舍斯莱本的福克沃尔夫工厂，代价是高达42架B-17未能返航。

JG 26两个Fw 190大队依然守在轰炸机撤退航线上，联队长普里勒中校坐镇第4战斗机指挥部，第4中队作为联队直属作战中队于9:00从韦弗尔海姆赶到弗洛雷讷加入了第一大队，维甘德上士的日记记录下了这场战斗：

1944年1月11日 第79场战斗任务（击落2架B-17）

伦敦上空集结了大量重型轰炸机群，9:00我们转移到弗洛雷讷。12:22，携带机腹油箱随博里斯带领的第一大队起飞，本中队飞在上方掩护。

布鲁塞尔上空2000米阴云密布。19架无护航的B-17在诺德霍恩以西出现，良机千载难逢，下方第一大队的尾凝清晰可见，我报告“上方能见度良好”。博里斯率队爬升到轰炸机上方，对方看上去也是剑拔弩张，但队形依旧紧密齐整，历经漫长的瞬间之后，博里斯朝轰炸机编队右翼转弯，我向前推杆，紧随着俯冲下去攻击左翼。射击角：偏角20度，仰角10度，射击距离:1.5倍瞄准镜光圈半径。目标左机翼飞出，击中另一架B-17。我以一个半滚倒转，从另一架B-17后方开火，打飞了升降舵，还险些与之相撞。

我的油箱被击中，舱盖打开到一半卡住了。我朝着南方下降高度，穿出云堤，大地在望，但不知方位，我朝着西南继续飞行，终于认出瓦尔河。距离代伦还有5分钟航程时准备跳伞，解开安全带后已至代伦上空，舱盖依然无法正常开启，云雾再次涌上来，螺旋桨停止工作，我顺桨盲飞进场、侧滑，穿出云层来到200米高度，放下起落架完成着陆。这架油光满面的“沙丁鱼”终于停在机场正中央，广播室放出的音乐正吱吱呀呀回荡在上空“歌唱吧，夜莺，歌唱”。

维甘德只有第一个战果得到确认，他的6名队友及大队长均载誉而归，美军第306轰炸机大队的箱形编队被JG 26第一大队打得支离破碎，短短七分钟内8架B-17跌出编队，只有其中3架迫降回英国，剩下5架坠毁在须德海一带。第一大队自身损失3架Fw 190，无人员损失。JG 26第二大队德荷边境直接击落、重创以及最终击落的B-17各1架，还击落1架P-47，1架Fw 190因发动机故障坠毁。

第一大队良好的状态延续到21日。14:00，795架重型轰炸机和628架护航战斗机飞往加来和瑟堡摧毁德军V1导弹基地。由于空中能见度不良，完成投弹的轰炸机不到一半，很多轰炸机浪费大量时间集结编队，以至于错过了护航战斗机。第44轰炸机大队一个独自打道回府的B-17编队不幸被JG 26第一大队发现，在承受16架Fw 190从后方持续多轮攻击后，5架B-17坠毁，成为本次行动中德国战斗机对战美军轰炸机所取得的全部战果。

JG 26的损失全部出自第三大队，该大队上午被派去拦截美军第九航空队的B-26轰炸机，宣称击落3架“喷火”战斗机，但均无法证实。14:20一个四机编队起飞后不久，在圣康坦遭到P-47突袭，美军第353战斗机大队大队长沃尔特·贝克汉姆少校眼疾手快，以几串短点射先后将殿后一架Bf 109和领头长机凌空打爆，Bf 109飞行员一人跳伞轻伤，刚被提升第9中队见习中队长的布尔克特中尉当场身亡。

第二大队一无所获，虽然宣称在圣普瓦附近击落一架P-47，但当日美军唯一损失的P-47发生在第56战斗机大队与JG 2的交战中。下午，第4中队击落1架皇家空军的B-25，完成联队当日收官之作。

第八航空队下一次大举进攻是1月29日，863架轰炸机由10个P-47大队、2个P-38大队、1个P-51大队护航重返法兰克福，航线正处于两个德国战斗机军防区分界线，而第一战斗机军两大精锐JG 1和JG 11的起飞被天气耽误，拦截重任就落在第二战斗机军肩上。JG 26联队早于轰炸机飞离英国前1小时已收到警报，第二和第三大队转移到拉翁－阿蒂（Laon-Athies）待命，该地机场条件更好，更靠近敌机航线。第三大队午后小规模出动一次，一无所获。

10:10，第一大队24架Fw 190从弗洛雷讷向东飞到波恩，与正转向法兰克福的美军第3轰炸机师遭遇。发现对方无护航，Fw 190不客气地展开猛攻，一直打到油量告急。首轮交战后第一大队宣称2架B-17战绩和1架P-38，一名飞行员被美军第20战斗机大队的P-38击落身亡。由于部队七零八散，难以重新集结，部分飞行员降落在附近的斯特拉斯堡，备战二次出击。

德国特里尔上空，第7、第8中队击落美军第44轰炸机大队2架B-24，其中1架坠毁在列日，拉德纳少尉宣称击落另1架，但没有被部队收录。美军第20战斗机大队再次打断了JG 26的进攻，击落2架Fw 190，其中一名飞行员跳伞逃生，初出茅庐的阿尔弗雷德·泰希曼二等兵遭到P-38自正后方70米近距离射击，Fw 190燃烧着尾旋坠入下方云层，直到1974年才被发现，资深的德国空战史专家维尔纳·吉尔比希（Werner Girbig）协助参与了飞机残骸辨认工作。德国西北至荷兰、比利时一带松软的地底，至今仍埋葬着双方空军许多官兵和他们的钢铁坟墓。战斗结束前第8中队以击落一架P-38扳回一局。第8中队中队长洛伊舍尔中尉追着第44轰炸机大队一个编队来到次要目标路德维希港以北，解决掉了1架B-24。

散落在埃皮努瓦和格雷维莱尔（Grévillers）的第二大队余部于12:20再次紧急出动，在加来一带斩获1架P-47、2架B-17和1架B-24。除此之外，美军第355战斗机大队一架落单的P-47误入格雷维莱尔，威廉·迈尔上士追上去干脆利落地解决掉。约半小时后，完成装弹补给的迈尔和僚机再次起飞，不久宣称捞到一条更大的漏网之鱼，但这架B-17战绩被否决。当日JG 26联队以损失6架Fw 190和2名飞行员的代价，宣称击毁或重创17架美军飞机。美军总共损失34架轰炸机和16架战斗机，800余架轰炸机完成了投弹。

1月30日，H2S地形制导雷达帮助第八航空队突破云层障碍，出动的757架轰炸机中98%完成了对目标布伦瑞克的投弹，损失了23架，另有4架护航战斗机被击落。

德军换成JG 1联队和JG 11联队挑大梁，JG 26联队于10:30北上支援，意图阻断敌机撤退线路，第一大队前往赖讷，第

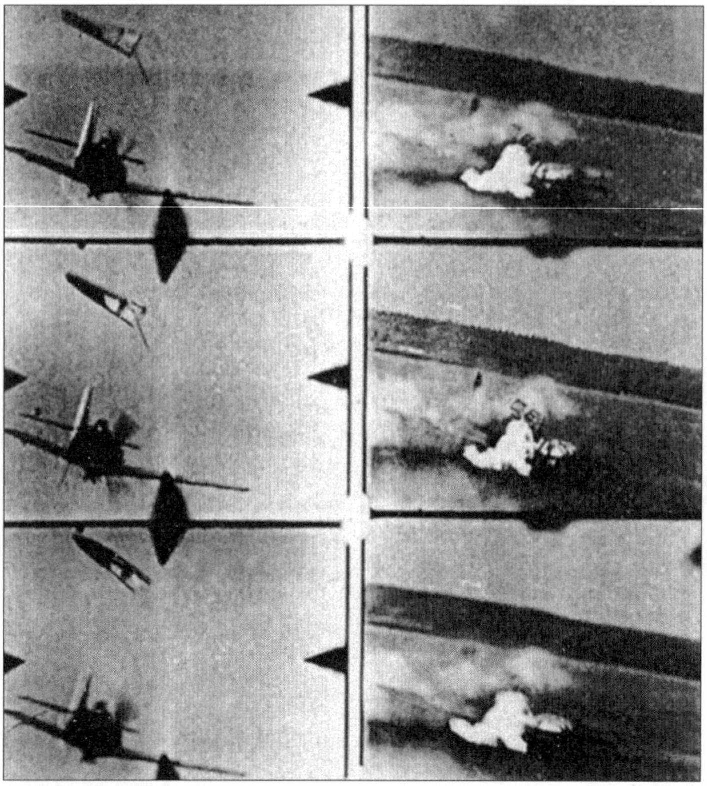

随着制空权易手，德国战斗机从猎人变成被捕杀的猎物，图为美军战斗机拍摄到的1架Fw 190从飞行员抛下座舱盖跳伞到飞机坠毁的过程。

三大队前往荷兰芬洛，第二大队15架Fw 190于12:34紧急飞向门兴格拉德巴赫，在荷兰须德海附近与一队B-17及其护航机爆发交战，历时一个小时的战斗仍无法突破P-47，反而有一名飞行员被对方一个远距离射击击毙。大队最终斩获1架落单的轰炸机，还可能击落1架P-47。第一大队更为高效，在荷兰边境击落1架B-17和2架P-38[1]，自身同样损失了1架Fw 190，但没有飞行员损失。

第三大队依旧分散出击，只由第12中队中队长施泰格上尉在荷兰代芬特尔（Deventer）击落1架P-47。克梅特米勒军士长和僚机被P-47大军打散，晚些时候僚机飞行员系在降落伞上弹痕累累的尸体被发现。

1944年1月，美军陆军航空队对德作战行动共出动约7158架次，损失约179架轰炸机和战斗机，损失率2.5%。即使还没达到杜利特将军要求的全面进攻的规模，还是和皇家空军一起给德军造成233架战斗机和160名飞行员的作战损失。同时期德国单发战斗机总损失达391架，占总兵力的1/4。

JG 26在这个月14人战斗阵亡，6人死于飞行事故，死亡率占月初在编人员数的11%。另有多人负伤退出前线，其中就包括第二大队大队长威廉·格特少校，1月14日他和第5中队中队长双双被美军第4战斗机大队的P-47击落，一死一伤。约翰内斯·瑙曼上尉再次临危受命接管了第二大队。格隆茨以军士长军衔破天荒地被提升为第5中队见习中队长。德国空军的指挥人员大量消耗已至山穷水尽的地步成为不争的事实。从这时起，一些战绩优异的士官纷纷走上中队指挥官岗位，他们未曾接受职业军官培训，指挥水平只能取决于天赋，格隆茨军士长和维柳斯少尉为个中翘楚，但也不乏无法胜任者。

人才凋零导致的另一个变化是编队战术，西线的德国战斗机被迫摒弃了自西班牙内战期间发展起来的经典四机编队，因为只有四名成员各司其

---

① 2架B-17属于美军第3轰炸机师，由林德劳布军士长和埃里希·施瓦茨上士击落，2架P-38属于第20战斗机大队第79中队，其中1架的飞行员为中队长，由维柳斯少尉和席尔德少尉击落。

职，四机编队的优势才能最大程度得到发挥，而如今补充飞行员素质每况愈下，面对大军压境的敌机，像泰希曼那样技艺生疏的新手非但不能起到掩护长机的作用，反而越来越成为老飞行员的负担。为了保护他们，队形改为长机与僚机齐飞，长机视野因此而受限，编队效能也相应降低。

2月的天气不见好转，却没能阻挡美军再接再厉。在杜利特鼓励下，战斗机展现出前所未有的攻击性，致力于从空中到地面全面摧毁德国空军，轰炸机越发像一个诱饵。2月5日开始，第八航空队接连两天横扫位于法国的德军机场。JG 26联队被派到巴黎地区增援JG 2联队，5日空手而归，6日只有维柳斯少尉带领第2中队一个小队突破P-47大军，击落了1架B-17（属于第96轰炸机大队）。第三大队被美军第56战斗机大队解决掉4架Bf 109和1名飞行员。第1中队中队长阿图尔·贝泽中尉在巴黎附近被P-47击落，跳伞时撞上垂尾而身亡。他生前在285次战斗中取得22架战绩，后来被追授金质德意志十字勋章。随着他的死亡，战争初期那批老飞行员几乎消耗殆尽。

2月18日，法国北部大雪纷飞，足以断绝任何轰炸行动的可能，JG 26放心地只留有第7中队执勤。然而就是在这样糟糕的天气，皇家空军发动了著名的耶利哥行动（Operation Jericho）——英国情报部门认为关押在亚眠盖世太保总部的法国抵抗组织成员掌握重要情报，希望通过轰炸为其创造逃跑机会或直接将其炸死。于是当天中午，16架台风式战斗机护送15架蚊式轰炸机①低空飞越英吉利海峡，对亚眠监狱实施精确轰炸，摧毁外墙和岗楼，258人逃脱，但也造成102名犯人丧生，74人受伤，2/3的逃跑者再次被捕。11:35，英机还在英吉利海峡时，JG 26第7中队从加来的格雷维莱尔机场紧急起飞，在亚眠逮到正准备撤退的英机，威廉·迈尔上士击落1架蚊式轰炸机，杰里科行动指挥官佩尔西·查尔斯·皮卡德上校②及其领航员

1944年2月19日耶利哥行动，新西兰空军第487 中队的蚊式轰炸机低空飞临目标上空，准备将500公斤炸弹投向亚眠监狱南墙。

① 英军共出动19架蚊式轰炸机，其中4架中途因故退出。

② Percy Charles Pickard，两次优异服役勋章和一次杰出飞行十字勋章获得者，有资料显示他所驾驶的蚊式先被亚眠的高炮击伤，继而才被Fw 190击落。

双双阵亡，10分钟后又1架蚊式被迈尔击伤，另一架毁于高炮。拉德纳少尉击落1架护航的“台风”，飞机员被俘，另一架“台风”返航时坠毁在海峡。

二、伟大的一周

在美国陆军航空队眼中，日月如流，寸阴尺璧，如果不能按时摧毁德国空军和航空工业，对于几个月后的登陆计划会造成怎样灾难性的后果不言而喻。斯帕茨将军领导的美军陆航驻欧战略空军司令部（USSTAF）很早就制订了一系列全面对德轰炸计划，对那些转移到德国中部和东部的飞机制造厂、装配厂和发动机厂展开持续、集中的轰炸，不但从地面摧毁德军飞机和维系战争的军工业，更在空中消耗德国空军的有生力量。行动代号为“争辩”，为此第八航空队已经积蓄了30个轰炸机大队，近1900架轰炸机，驻意大利的第15航空队有17个轰炸机大队约900架轰炸机，此外，大量P-51和P-38远程战斗机正被源源不断派往欧洲担任护航任务。阿诺德将军将这次倾其所有的空袭命名为“伟大的一周”（Big Week）。

但正如杜利特在2月中旬所说：“谋事在人，成事在天”，眼下唯一能阻挡美军的只有欧洲上空厚重的云层。对于深入龙潭虎穴、长距离飞行的轰炸机组来说，天气不仅决定了轰炸精度，还直接影响白昼长短、欧洲上空气流的稳定，成为贯穿起降、集结、编队、导航和投弹整个作战行动至关重要的一环。因此美军急需至少为期一周的晴天。2月中旬气象部门探测到一股大面积的高气压将于20日左右移动到德国中部和南部，届时将会带来3到4天的晴好天气。2月19日下午，斯帕茨将军正式发布对德国航空工业进行全面空中打击的命令，掀开了“伟大的一周”序幕，战略轰炸的规模和强度至此攀上一个新的高峰。

然而19日下午和晚上，英国的天气依然很不合作。同时第15航空队被紧急抽调走，支援在意大利安齐奥滩头岌岌可危的盟军登陆部队，看来“伟大的一周”将由第八航空队独撑大局。

20日，美军3个轰炸机师共1003架B-17和B-24浩浩荡荡开赴德国中东部和波兰西部的12座飞机厂，它们将佯装攻击柏林，在柏林附近转向真正目标，第1轰炸机师杀向莱比锡、奥舍斯莱本和伯恩堡，第2轰炸机师杀向马格德堡、布伦瑞克和哥达，15个战斗机大队（出动835架次）为它们护航。此外，担任佯攻的第3轰炸机师提前1小时45分钟起飞，在无护航的情况下迂回飞越北海穿过丹麦轰炸德国北部的图托和罗斯托克。这套复杂的作战计划确实成功迷惑住了德军，面对前后三支规模庞大、相距甚远的美军，德国第一战斗机军指挥官一时无从下手，全天只出动了大约362架次，不到美军预期的一半，拦截基本集中在返航段，且被美军描述为“明显疲软”。损失的双发和单发战斗机却高达74架，还有29架严重受损，44人阵亡，29人负伤，美军仅损失26架轰炸机和6架战斗机，成功完成了对目标的精确轰炸，莱比锡的飞机制造厂和装配厂受灾严重，生产停滞了近一个月。伟大的一周第一回合交锋以美军大获全胜结束。

JG 26联队在这天也乏善可陈，11:25从弗洛雷讷起飞的第一大队因为出动太晚，一无所获，第二大队早在9:00就从康布雷飞往拉昂－阿蒂（Laon-Athies）的临时机场待命，11:30出动，但编队因为天气而失散，最后同样无功而返，第三大队更是不知所踪。散布在不同机场的第二大队飞行员们在下午只能各自为战，追剿返航的敌机，美军第91轰炸机大队1架落单的“空中堡垒”成为了牺牲品，被弗里德里希·朗格少尉的四机小队围攻，机组人员弃机跳伞。此后朗格少尉再接再厉，又在艾费尔高原（Eifel）上空击落了美军第4战斗机大队1架P-47。第二大队损失1机，另有3架受损，无人员伤亡。

次日，德国上空天气恶化，空战规模因此锐减。美军轰炸机减少到861架，直接杀向布伦瑞克，目标区厚重的云层极大制约了轰炸精度，大部分炸弹转而投向了机场。美军共损失23架轰炸机，8架战斗机。德国战斗机分散出动了约331架次，大部分被对方的护航机击退，损失38架，27人阵亡或失踪、9人负伤。JG 26只有第二大队留有作战记录：格隆茨军士长和第7中队一名新人在美军第95轰炸机大队身上占到便宜，但格隆茨的宣称战绩未被确认。

1944年1月11日奥舍斯莱本的福克沃尔夫工厂上空，1架“空中堡垒”（可能来自第91轰炸机大队）受到Fw 190攻击，左舷内侧发动机已经冒烟起火，它后面还有一架德国战斗机紧咬不放，似乎准备给予致命一击。美国人在这张照片底部意味深长地备注：“雏鸟护巢，奋起反抗一只猛禽。”

2月22日

22日上午美军集结受阻于英国上空的云层，第2和第3轰炸机师中途取消任务，仅第1轰炸机师的99架B-17对主要目标德国中部的飞机厂完成轰炸。由于轰炸机去程兵力分散，航线曲折，护航机难以面面俱到，因此护航力量较之撤退时更为薄弱，德军抓住漏洞，集中对付来袭的敌机，新策略收效不错，令对手蒙受了不小的损失。

Ⅰ./JG 26大队上午在须德海以南被P-47击退，13:20两手空空降落在芬洛，但得益于他们牵制了护航机，从拉昂－阿蒂出动的Ⅱ./JG 26大队和Ⅱ./JG 1大队12:50在荷－德边境逮到一个无护航的轰炸机箱形编队并展开持续猛攻。格隆茨宣称一举击落1架B-17，重创2架B-17（其中1架被否决），Ⅱ./JG 26大队另外重创2架B-17，击落1架P-47，自身无损失。美军第91轰炸机大队和第384轰炸机大队各自损失5架和4架。

Ⅲ./JG 26大队作战资料缺失，只能推测上午在荷兰边界一带作战。下午联队三个大队均参与了对撤退轰炸机的拦截，Ⅰ./JG 26大队依然交了白卷。施泰格在门兴格拉德巴赫击落一架P-47（来自美军第353战斗机大队），取得第39个空战战果也为Ⅲ./JG 26大队挣到当天唯一已知的战果。从芬洛起飞的Ⅱ./JG 26大队在B-17的自卫火力下损失了1架战机，飞行员平安跳伞。朗格少尉击落了1架P-47，而格隆茨延续了上午的强劲势头，又入账1架B-17和1架P-47，他的另一架B-17战果没有通过部队审核，一天内格隆茨共取得包括5架重型轰炸机在内的6个宣称战绩，其中4个得到确认，个人战绩跃升到58架，风头一时无二。

第6中队不如第二大队其他几个中队顺利，彼得·克伦普上士上午从阿蒂起飞，对轰炸机追击了1个半小时，面对护航机的严密保护，直到燃油耗尽也没找到下手良机，只得降落在杜伊斯堡（Duisberg）一处应急机场，亲自动手用手摇泵加了50加仑油，随后飞往规定的大队集结点杜塞尔多夫机场，然而他发现降落于此的大队战友仅有他的中队长霍斯特·施特恩贝格上尉和第5中队一名年轻的下士保罗·格罗斯。

二次出击的命令很快下达：降落在杜塞尔多夫12架来自不同联队的战斗机将汇集到荷兰芬洛。起飞前施特恩贝格要求组成三机编队，并特意叮嘱克伦普务必全程紧随自己左右，然而对于一名身经百战、不乏主见的老将而言，这道命令或多或少伤害了克伦普的自尊。

施特恩贝格等12人驾机从杜塞尔多夫赶到芬洛，加入了约三四十架友机，这支不同机型、不同部队的杂牌军由一位少校带队，在机场上空稍作编队后开赴东方，准备拦截返航的美军轰炸机，爬升到3500米时，果然发现上方2500米一个B-17编队正迎面飞来，德军编队指挥官立即转弯调整到并行航向，并向对方爬升争取高度。令克伦普大吃一惊的是，施特恩贝格并未跟进，而是继续向前飞，原来远远地在他们前方，一架B-17正拖着浓烟、踉踉跄跄向左尾旋着跌出编队，施特恩贝格擅自脱离大部队似有捡漏之意。眼见中队长已经从下方向受伤的猎物发动了攻击，克伦普也只能朝着身后一片晴空转弯跟上去并搜寻敌情，他最担心的事果然发生了——12架“雷电”鱼贯而下，领头那架转眼间已扑向施特恩贝格身后，克伦普急忙大声警报并对着那架“雷电”一阵速射，随即俯冲脱离以图自保。

这12架“雷电”来自美军第4战斗机大队第335中队，乔治·卡彭特少校从275米距离向施特恩贝格的Fw 190开火，不知是听到克伦普的呼叫还是被曳光弹所警觉，施特恩贝格急转规避，但两轮盘旋追逐后仍无法甩掉卡彭特，他尝试小角度俯冲，卡彭特紧咬不放，勃朗宁机枪喷射的炮火成功撕裂了这架Fw 190，得手后卡彭特在150米低空及时向右拉起改出。伴着地面的爆炸声，施特恩贝格的战绩永远停留在了23架。

与此同时，卡彭特的僚机也盯上了格罗斯下士，虽然首轮射过界，但格罗斯迟缓的规避动作给了美国飞行员修正的机会，这次德机开始急转，只是为时已晚，被从不足50米射来的子弹狠狠打中，格罗斯虽然跳伞挣脱，但伤势过重，落地前已经断了气。

另一边，卡彭特小队另外2架P-47也一个急转弯，对克伦普穷追猛打，但从高空追到近地面，P-47始终无法逼近至有效射程，只得悻悻罢手。不料，与第4战斗机大队换班护航的第78战斗机大队83中队3架P-47突然钻出来，继续咬住克伦普。鉴于此时座机还完好无损，克伦普决定利用爬升优势向上方逃，他的希望落空了，2架P-47逐渐追上，与Fw 190展开激烈的盘旋格斗，克伦普后来描述道：

我正待回转，注意力突然被一阵可怕的声响和光亮打断，操纵杆飞出，座舱内碎片四溅，夹杂着火星擦过脸颊，看来就是所谓被击落了！又一架“雷电”不知从何处冒出来，马力全开，高速与我迎面掠过。我的第一反应就是抛下座舱盖，从驾驶座移出双腿，爬出驾驶舱，意识到这是低空跳伞，我立即扯开伞绳，降落伞徐徐撑开，在空中摇摆了一阵，我终于重归大地母亲怀抱。寒冬腊月，除了在光秃秃的冻土降落时右膝韧带拉伤，只有一些皮外伤，我总算捡回一条命。

着陆后我不省人事，半个小时才恢复意识，从当地村民口中得知此处位于亚琛以北约20英里，我降落在他们的房舍旁边一处空地。他们还说，这天下午有如群魔乱舞，前后有五架飞机在村庄周围摔得粉身碎骨——两架敌机、三架德国战斗机，其中一架迫降的B-17着陆后一路打地转，直到民房前将近100码处才停住。我的福克沃尔夫则栽进村庄外的河堤，撞出一个深坑。村民们指明了另外两架德国战斗机的坠毁地点，膝伤令我几乎动弹不得，他们就用车载我前往，之前的忧惧果然成真：两名死者正是我的小队战友。

归队后我从军方了解到，那位将我列为空战战果的“雷电”飞行员也没有高兴多久，我抛下的座舱盖击中了他的螺旋桨，他最终沦为战俘。

克伦普的讲述只有最后一句与美军记录不符，击落他的是美军第83战斗机中队追击小队中第3名飞行员，后者稍晚赶上来，决定不加入眼前的盘旋格斗，而是从侧面下手，他用机枪以一个高偏转角射击命中目标，虽然险些被克伦普的座舱盖击中，但千钧一发之际“雷电”大角度拉起躲开了。

霍斯特·施特恩贝格（右）。

22日，美军第15航空队暂时从意大利战场抽身出来，出动204架轰炸机北上攻击了雷根斯堡的梅塞施密特工厂，损失18架B-24和2架战斗机。拦截他们的德军第7战斗机师损失15架飞机和9名空勤人员。美军第八航空队轰炸效果差强人意，代价却不低，共有45架轰炸机和12架护航战斗机有去无回或报废。不过他们的对手也经历了大放血之痛，德军第一和第二战斗机军（共5个战斗机师）出动738架次，其中332架次接敌，共损失54架单发和双发战斗机，25人阵亡，12人负伤。JG 26损失4架Fw 190，飞行员两死两伤。宣称歼敌11架，其中8架得到确认：击落3架P-47战斗机和3架B-17，重创2架B-17。

美军第381轰炸机大队的“13日星期五”号在1944年2月22日未能返航。这张照片拍摄于它早些时候的一次任务。

2月24日

次日第八航空队偃旗息鼓了一天，但在意大利的第15航空队以16架B-24和1架P-38侦察机的代价，成功轰炸了奥地利施泰尔（Steyr）的滚珠轴承厂，德军第7战斗机师损失9架Bf 109、2架Bf 110，伤亡10人。

“伟大的一周”进入第五天，24日天空放晴，第八航空队将目标指向罗斯托克、哥达和施韦因富特，第15航空队继续轰炸施泰尔的飞机厂。JG 26第一大队在荷德边界拦截到了正朝哥达进发的美军第2轰炸机师打头部队，他们的攻击被稍后赶来的“雷电”打断，被击退前只有埃伦里德军士长重创一架B-24，但他宣称的战绩未被部队记录。

第二大队和第三大队合力对无护航的美军第1轰炸机师第40联队反复迎头攻击，5架B-17不支坠落①，美军第78战斗机大队准时赶到会合点后形势开始逆转。第三大队损失尤其惨重，很多新手不计后果地俯冲逃离，4人被P-47轻易追上并击毙。

包括博里斯大队长在内，12名JG 26飞行员降落在赖讷，备战对返航轰炸机的二次出击，博里斯和僚机格哈德·莫尔下士刚起飞，2架“雷电”呼啸着横扫机场，转眼间莫尔那架Fw 190就化作一团火球，另一架中弹的Fw 190成功迫降，博里斯迅速追过去，宣称在赖讷北边干掉一架敌机，但美军第56战斗机大队这架P-47实际被弗雷德里克·克里斯滕森（Frederick Christensen）少尉开回英国。

剩下10架Fw 190经博里斯重新集结，再次升空，根据当时的新闻报道，他们在法兰克福以北拦截到一个B-24编队，瓦尔特·马托尼中尉（第5中队）直取殿后敌机，先拔头筹，黑克曼军士长（第3中队）和拉德纳少尉（第7中队）从敌机后方攻击侧翼，由后者以一串长射拿下目标，随后第2中队的哈尔蒂希中尉和维柳斯少尉也各斩获1架“解放者”。

再次朝轰炸机开火时拉德纳发现弹药告罄，刚汇报了这一情况，2架“野马”突然出现，飞快地击落了拉德纳的僚机，拉德纳紧急规避躲过一劫，他孤身一人，毫无还手之力，天空万里无云，唯有将敌机拖入激烈的剪刀机动，通过消耗对方的燃油为自己争取一线生机，他的追击者也努力将猎物引至西边，但同样未得逞。拉德纳一路呼叫也未见援兵，P-51和Fw 190使出浑身解数，在韦斯特林（Westerwald）山上空进入上升滚转剪刀机动，就在拉德纳几近绝望时，幸运女神降临了，“野马”发动机伴随着异响冒出白烟，飞行员立即转弯退出战斗，径直朝西北方飞走，随后以一个半滚跳伞而出。拉德纳精疲力竭、油箱见

① 3架来自第92轰炸机大队、2架来自第306轰炸机大队，除了上述5架B-17确认坠毁，JG 26还宣称重创1架B-17，未得到确认。

底，汇报了敌机坠毁于波恩的高速路，来不及确认跳伞飞行员的着陆点便匆匆返航，结果因信息不足且缺乏目击证人，未能将该战绩收入囊中，那架倒霉的“野马”来自美军第357战斗机大队，确实没有返航。

第4中队的维甘德上士和中队长诺伊中尉从威斯巴登二次出击，在科布伦茨以南合力拿下B-17和P-47各1架。15:17，第7中队的威廉·迈尔上士从格雷维莱尔二度出动，在亚眠以南击落了第351轰炸机大队一架掉队的B-17，完成联队收官之作。

JG 26成为德军当天表现最佳的联队，总共击落10架轰炸机、3架战斗机，战斗损失7架，事故损失1架，6名飞行员阵亡。鉴于美军记录中所有完好的B-24编队返航时均没有遭受攻击，因此博里斯他们二次出击遇到的实际为一支被打散的残余部队，但不妨碍这场战斗被德国媒体浓墨重彩大肆宣扬为当日重头戏，因为它在JG 26作战史上确实意义非凡——当晚清点战果，由马托尼中尉斩获并坠毁在罗登罗特（Rodenrot）的B-24被判定为施拉格特联队第2000个空战战果。这一“里程碑式”的战绩出现在国防军最高统帅部公报上，公报还列出了联队指挥部和三个大队总战绩。联队为这一历史性的突破举行了庆祝仪式，大功臣马托尼中尉次日取代了格隆茨军士长被擢升为第5中队中队长，格隆茨则调到第6中队担任副队长。

德国空军在二战中炫目的空战战绩从来不乏争议，JG 26联队指挥部和第三大队的档案在战争末期也存在相当程度的遗失，但各部队截至1944年2月24日前的战绩单仍不失为有趣的参考。需要指出的是，部队上报的战绩往往还未经帝国航空部核实就会被德国国防军最高统帅部每日公报引用。而帝国航空部的审核程序最慢长达一年，通常会否决掉上报数的10%到20%。美国历史学家唐纳德·考德威尔根据战后留存下来的交战各方损失记录以及一些确凿的细节，统计出了JG 26的2000架战绩中的官方核实情况，如下页表所示，表中最小值为现存的德军档案中明确得到核实的战绩，最大值则在最小值基础上合理地加上应该通过了官方核实的上报战绩。另外，第三大队截至这一天的上报战绩中有30至40架在帝国航空部档案中遗失，其中包括1943年上半年第7中队在东线的23架战绩。

就在第26战斗机联队捷

左图：将第26战斗机联队第2000架空战战绩收入账上的瓦尔特·马托尼，他后来又陆续担任JG 11和JG 2的大队指挥官，1945年2月重伤后脱离了战斗岗位。

右图：1944年2月，格隆茨用一个下马的动作跃出他的“飞马”：“白色9”号Fw 190A-7。

JG 26 宣称战绩表(截至 1944 年 2 月 24 日)

作战单位	空战战绩(架)		
	德国国防军公报数	帝国航空部审核战绩	
		已知得到核实数	可能得到核实数
联队指挥部(Stab/JG 26)	117	93	118
第一大队(Ⅰ./JG 26)	625	542	633
第二大队(Ⅱ./JG 26)	649	545	656
第三大队(Ⅲ./JG 26)	609	331	576
总计	2000	1511	1983

报传来的大喜日子，德国本土防空军损失了81架战斗机，占722出动架次的11%，47名空勤人员丧生、28人负伤。美军两大航空队损失69架轰炸机和13架护航战斗机，轰炸机损失率8%，战斗机损失率几乎可以忽略不计，毫无疑问，这场消耗战的胜利天平正向美军倾斜。

2月25日

25日晴空万里，又一场惨烈的空战势在必行。美军两大航空队共1055架轰炸机挥师奥格斯堡、斯图加特、菲尔特和雷根斯堡，20个美军战斗机大队和12个英军中队提供保护。无护航攻击雷根斯堡的第15航空队损失较重，301架轰炸机中共有40架有去无回，占完成投弹数的18%。第八航空队一个佯攻的B-24大队成功牵制住德军战力不俗的JG 11联队。三大轰炸机师单线出击，便于护航，从法国勒特雷波尔海岸杀入欧洲大陆，轰炸了所有重点目标，31架轰炸机和3架战斗机未能返航，另有3架轰炸机和2架战斗机受创，损失率不到5%。

美军第九航空队的战术支援也令第八航空队受益匪浅。10:50，JG 26第一大队和第4中队紧急起飞，目标不是美军轰炸机主力，而是几个正在荷兰芬洛对德军机场狂轰滥炸的B-26中型轰炸机，根据地面引导，他们在瓦尔赫伦以南发现了正朝西飞的第九航空队第387轰炸机大队，负责近距离护航的台风式战斗机还来不及介入，维柳斯少尉已经利落地解决了2架B-26，第3架B-26在海特曼军士长的炮火下坠入北海，基夫纳少尉拿下目标的同时也被击中机翼，弹药被引爆，不得不迫降在比利时马尔德海姆。

JG 26第二大队昨日发挥勇猛，代价是飞机可用数量骤减，但第5和第8中队已经聚集在拉昂－阿蒂待命。9:40，第三大队从拉昂－阿蒂转移到德国的特里尔，一周前被撤到内陆圣迪济耶拉练的第11大队（该中队的战斗力是个令普里勒和米特乌施头疼的老大难问题）部分兵力也随母队参战。11:30，第三大队和第5、第8中队出动了。

美军第92大队和第306大队组成的轰炸机编队飞过萨尔布吕肯时略向北偏航，被高炮打散，第92轰炸机大队损失了1架B-17，第306轰炸机大队进而遭到JG 26第三大队的迎头攻击，2架B-17被米特乌施上尉和绍德中尉击落。护航的美军第361战斗机大队赶到后，第三大队一边和P-47周旋一边继续攻击轰炸机，坚持了一小时才带着另外3架B-17战绩返回特里尔（被归功于第12中队的施泰格上尉、伯克尔下士和第11中队的劳布上士），1架Bf 109G被P-47击落，飞行员平安跳伞。

第5和第8中队在洛伊舍尔中尉带领下同样飞往萨尔布吕肯，报告显示这一方向的美军护航兵力不足，Fw 190以迎头攻击击落了美军第96轰炸机大队2架B-17，但在重新结队准备发动下一轮进攻过程中，大败于美军第4战斗机大队，洛伊舍尔机毁人亡，迪特里希·克尔（Dietrich Kehl）中尉跳伞后触及输电线丧生，洛伊舍尔的僚机操作伤痕累累的座机紧急迫降成功，另一架Fw 190在萨尔布吕肯机场降落过程中先后被P-47扫射来的子弹和机场的高炮击中，最后带伤迫降。

下午第一大队和第三大队联手出击，重创1架B-24和2架B-17（其中1架最终坠毁）并击落1架受损的B-17。晚些时候，转到第6中队的格隆茨从埃皮努瓦起飞，奉命解决一架落单的B-17，虽然不辱使命但他的战绩没有被部队收录。美军第390轰炸机大队一架B-17坠毁在法国普瓦（Poix）地区，成为当日美军最后一例轰炸机损失，不排除就是格隆茨的牺牲品。

2月25日德国战斗机出动了490架次，至少损失60架，17人阵亡，29人负伤。JG 26联队共出动约90架次，击落10架、重创2架、可能击落3架，且均为轰炸机。Fw 190三毁一伤，飞行员2死1伤，如果忽略洛伊舍尔这位优秀指挥官的阵亡，联队损失轻微。

25日成为“伟大的一周”收官之战。随着天气急转直下，行动提前终止，德国空军也得到喘息之机，他们在过去六天大约损失了350架战斗机和100名飞行员，同时期美军两支航空队损失了261架轰炸机和33架战斗机，皇家空军轰炸机司令部损失了130架飞机。斯帕茨和安德森根据情报部门对德国几个重要航空工业区损毁程度的评估，相信持续一周的空袭重创了德国航空工业。然而事实并非如此，他们既高估了空袭战果，也低估了敌人的工业恢复能力——德国1944年头三个月的战机产量分别为1555架、1104架、1638 架，飞机制造业虽因轰炸一度减产，但随着优先权提高而迅速反弹，在这年秋季攀上峰值。

虽然对地面目标的打击未达到预期效果，过去六天美军在空中确实取得了胜利，至此欧洲的制空权易手几成定局，2月25日的空战传达给美军一个清晰无疑的事实：只要他们的战斗机出现，欧洲任意一处的天空皆在掌握之中。“伟大的一周”德国各参战部队共损失战斗机355架，飞机可出动率维持50%上下，还达不到毁灭性打击，德国战斗机依然是盟军不容小觑的劲敌，但是飞行员的损失是德国空军更难以承受之痛，过去一周德国在西线共100名战斗机飞行员阵亡或失踪。这一数字在整个2月为225人，月损失率占17.9%，另有141人负伤，JG 26战斗减员15人，其中包括3名中队指挥官，事故损失3人。组织大规模防御，拼死对付每一架敌轰炸机的时期一去不复返。海峡前线的JG 26和JG 2曾经为明哲保身采用“打了就跑”，现在已经扩散为西线整个战斗机部队心照不宣的通用战术。

三、空袭柏林

2月剩下的日子天气不见好转，欧洲天空暂时平寂，三月初还处于冬季的尾巴，驻英的第八航空队不放过每个适宜起飞结队的天气，锲而不舍地攻向第三帝国。3月2日481架B-17和B-24再袭法兰克福，11:00先头部队抵达法国勒特雷波尔后向东调整航向，与此同时JG 26全体出动，第一、第二大队向东爬升争取高度，来到艾费尔高原上空，从8000米俯冲下来，分别从前后两个方向对下方600米的轰炸机编队队尾展开攻击，此时保护在轰炸机后方的美军第九航空队第365战斗机大队挺身而出，这个刚组建的“雷电”大队飞行员们首战即展示出了与经验不相符的自信和技艺，以3:0的漂亮比分取得开门红，被他们击落的3架Fw 190均来自6./JG 26

中队，飞行员2死1伤，新任中队长弗里德里希·朗格少尉跳伞后因降落伞未能打开而坠亡。第一大队虽然逃过一劫，但对轰炸机发动的进攻已被瓦解，2架Fw 190俯冲进云层后相撞而机毁人亡，只有第2中队中队长维柳斯少尉追击至威斯巴登最终击落1架B-17。美军第365战斗机大队接下来又打退了JG 2和JG 26的多轮进攻，其中最显耀的战利品莫过于JG 2联队长埃贡·迈尔中校，首位在欧洲战场突破100架空战战绩的王牌飞行员在对轰炸机发起他经典的迎头攻击时被P-47击落身亡。

科布伦茨附近，第三大队对领头B-17编队发动迎头攻击并收获2架战绩，其中1架归于施泰格上尉，1名Bf 109飞行员跳伞负伤。

下午的二次出击由联队长普里勒中校带队亲征，威廉·迈尔军士长和基夫纳少尉各自击落1架B-17，不过迈尔的座机也被轰炸机击伤。

越打越顺的美军第八航空队将目光投向德国航空工业区以外目标，他们精心谋划新的攻势，希望挑起德国空军更强烈的抵抗从而一举将其歼灭，柏林作为第三帝国的心脏是不二之选。3月3日和4日，美军两次发兵柏林，均因极端恶劣的天气而中途取消，4日第3轰炸机师一个编队没有收到信号，在蔽日浮云中将炸弹投向了德国首都，但30架B-17撤退途中被沿线的高炮和JG 3联队、JG 27联队的Bf 109击落15架，重创1架，护航部队损失了4架“雷电”，4 架“闪电”和 16架“野马”，出现难得一见的护航战斗机损失超过轰炸机的情况。

掩护轰炸机撤退的美军第20战斗机大队没有找到轰炸机，反而有多架P-38被击伤，朝着英吉利海峡撤退，其中1架仪表盘失灵，22岁的飞行员哈利·比舍少尉依靠仅剩的左引擎，在朦胧雾气中偏航到比利时的韦弗尔海姆机场。正在驾驶舱待命的JG 26第4中队一对Fw 190立即起飞追击，双方在云间穿梭了数分钟，维甘德上士企图捕获这架P-38，他小心翼翼瞄准机身侧边开火，比舍不肯就范，剧烈规避，最终被击落。维甘德在跳伞飞行员上空挥动机翼致意后回到韦弗尔海姆，又驱车赶来确认敌机坠毁地点，只看到利斯河面上漂浮的降落伞，他被告之飞行员已溺亡。而事实上比舍跳伞后被当地居民藏起来，故意扔在河里的降落伞也是障眼法，当年7月比舍在比利时人的帮助下辗转法国，逃回了英国。40年后，他和维甘德这两位当年你死我活的敌人在一位比利时历史学家安排下把酒言欢。

3月6日拨云见日，杜利特终于将麾下730架轰炸机投往“大柏林”，来自美军第八、第九航空队以及英国皇家空军的644架战斗机共出动943

哈利·比舍少尉站在自己的P-38战机前。

格尔德·维甘德总共23架战绩中有4架P-38，3个月后他也被P-38击落而负伤，永久脱离战斗岗位。

架次，他们没有失望，德国三个战斗机军不敢懈怠，共出动463架次战斗机，其中332架次发生接敌。第八航空队共有75架轰炸机和14架战斗机未能返航或重创报废，轰炸机单次作战损失数在整个二战期间登峰造极，但战争进行至此，10%的损失率不足以令美国陆航退却，他们的对手失血更甚，75架飞机的损失达到紧急出动架次的16%。37名空勤人员阵亡，32人负伤。

JG 26在首都保卫战中只充当配角，几个Fw 190中队上午在兰斯一带滞空巡逻，谨防敌机虚晃一枪突然南下攻击法兰克福等地。11:30，第一波轰炸机从荷兰须德海进入欧洲，自西向东直奔柏林。在这条进攻航线上，德军第一战斗机军14个大队与美军激战正酣、高潮迭起时，在法国相安无事的JG 26奉命转移到德国比布利斯（Biblis）备战对撤退敌机的阻击，但无论比布利斯还是Ⅰ./JG 26大队所在的弗洛雷讷都与美军撤退航线相距较远。

12:00，在旺德维尔Ⅲ./JG 26大队指挥部和第9中队被派往普瓦对付执行牵制性轰炸的B-26，1架护航的“台风”被米特乌施击落，另一架“台风”被击伤，Bf 109和B-26均无损伤，这是Ⅲ./JG 26大队当天有据可查的唯一一次出动，也许因为他们其后降落在维特里，无法从这个Fw 190机场得到维护，导致大队缺席了后面的作战行动。

13:45左右，美军对柏林完成投弹，稍作集结，调头原路返回英国。14:30，JG 26第一和第二大队在奥斯纳布吕克附近发现两个并肩而飞的轰炸机纵队，大约43架Fw 190无法组成大型战斗编队集中攻击，于是见缝插针地扎进两列纵队之间，规避了来自护航机的后顾之忧。它们通过空中缠斗或捡漏落单的轰炸机，宣称击落3架B-17、2架B-24以及2架P-47[①]，第4中队的汉斯·海特曼军士长击落B-17后被P-47击落，跳伞重伤，成为联队当日唯一一例战斗损失。

3月8日，美军趁热打铁重返柏林，航线与6日完全一致。英国上空繁忙的无线电信号活动和晴好的天气令德国空军判断出又一次深入空袭势在必行，第4战斗机师没有重蹈两天前的覆辙，将JG 26三个大队全部派到轰炸机航线附近与之正面交锋。第一大队未能找到目标，第二、第三大队和独自作战的第4中队共计45架战机中午从赖讷飞往汉诺威西边的施泰因胡德湖（Steinhuder Meer），与JG 1和JG 11的5个大队会合，数量破天荒地超过美军的护航战斗机，JG 26以10－12架Fw 190为单位排成紧密的纵队，轮番攻击美军第3轰炸机师露出破绽的领头编队，这一队形令轰炸机机枪手们一时难以选择回击目标，最终8架B-17先后坠毁于施泰因胡德湖至不伦瑞克之间，第二大队宣称击落6架，重创2架，第三大队由米特乌施上尉和施泰格上尉分别重创和击落1架，第4中队抵御着美军第56战斗机大队的反击，已升为准尉的维甘德击落1架P-47，随后被另一架P-47击落，3个月后才伤愈归队。有的JG 26飞行员继续追到柏林郊区，比如第8中队指挥官威廉·霍夫曼少尉击落了美军第363战斗机大队1架P-51，第12中队中队长施泰格上尉宣称又击落1架B-17，但未获承认。

15:50博里斯带领第一大队12架战机从弗洛雷讷二次出击，北上拦截返航中的重型轰

① 与JG 26交战的B-17来自第94、第381轰炸机大队，B-24来自第453轰炸机大队，P-47来自第356战斗机大队，被博里斯上尉击中的那架P-47实际带伤返航。

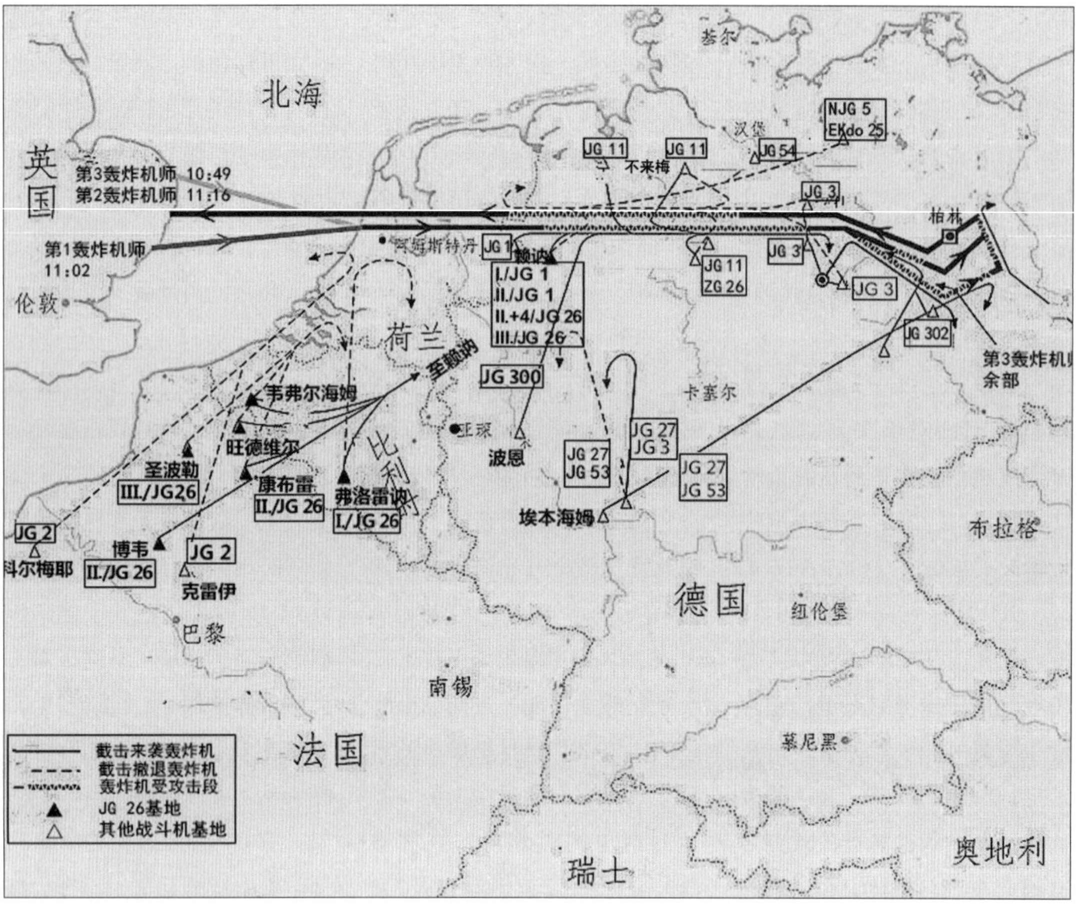

1944年3月8日空袭柏林航线图。

炸机，中途却在荷兰边界撞见一队执行牵制性空袭的B-26及“喷火”护航机，这场计划外的交战以博里斯斩获1架“喷火”（皇家空军第332中队）告终。

第三大队余下Bf 109的二次出击不如上午那么顺利，对轰炸机的两轮进攻都被护航的P-47击退，1架Bf 109机毁人亡。第二次进攻受阻后，米特乌施被迫回援僚机，被尾随的美军第352战斗机大队的弗吉尔·马罗尼（Virgil Maroney）上尉以约350米距离、90度偏角射击击中，Bf 109 G无论向地面俯冲逃离，还是从树梢大角度拉起，“雷电”都紧咬不放，逼近到相距90米时猛烈开火，进一步将Bf 109打得碎片横飞，火光四窜，米特乌施抛下座舱盖准备跳伞，而来到他右边的美国飞行员注意到Bf 109机身上双V图案的大队指挥官标识，哪里肯放过这条大鱼，驾机侧滑的同时从下方又一梭子打过去，但发现敌机飞行员已脱离机舱，马罗尼无意追杀挂在降落伞上的敌人。米特乌施因此逃过一劫，他因伤缺阵的几周由施泰格上尉代理指挥JG 26第三大队。23岁的马罗尼上尉将自己的战果扩大到8架，当时稳坐美军第352战斗机大队王牌榜头把交椅，不幸的是1个月后他被高炮击落沦为俘虏。

3月8日德国防空部队损失48架战斗机，35人伤亡。第八航空队出动623架轰炸机，470架成功轰炸了柏林附近埃尔克纳市的滚珠轴承厂，只损失了

40架轰炸机和34架战斗机。下属的战斗机司令部在任务总结中指出“敌军的抵抗明显大不如前日”。情报部门估计当日德国单发战斗机只出动120架次，双发战斗机30架次。于是次日美军再接再厉，从目标到航线一成不变，也不做任何佯攻，挑衅之意一目了然，然而德国战斗机再难掩饰虚弱，破天荒对轰炸重要目标的美军闭门不战，理由是天气不佳、兵力不足。当日JG 26全队上下可用的战机仅剩下49架，无一出击。美军损失的轰炸机均来自防空炮火。

3月16日，740架轰炸机开赴德国南部的奥格斯堡和腓特烈港。9:30轰炸机群飞离英国南海岸，过早的出动时间和航线令德国空军判断出了这是一次深入德国南部的空袭。15分钟后JG 26三个大队收到紧急起飞令，飞往兰斯集结，在那里与支援它们的JG 2第三大队一起直奔东南方的南锡－圣迪济耶拦截，这四个大队于10:28接敌，准备对领头的B-17编队发动迎头攻击，但还没完成结队就遭到美军第56战斗机大队当头棒喝，JG 26的 3架Fw190和1架Bf 109当即被击落，飞行员无一生还，剩余德机一哄而散，朝着云层各自逃命，只有第三大队代理大队长施泰格坚持追到圣迪济耶上空，击落了美军第445轰炸机大队1架正退出任务的B-24。

返航后的米特乌施与副官击掌庆贺。摄于1943年秋季旺德维尔。

米特乌施上尉坐在Bf 109G-6里。

表现大失水准的海峡联队下午依然疲软，第三大队从旺德维尔起飞，在兰斯发现了美军第458轰炸机大队一队无护航的B-24，第11中队中队长彼得·赖舍（Peter Reischer）少尉重创1架B-24，他手下有一个新兵蛋子海因茨·格尔克下士，正巧撞见这架受伤掉队的B-24，壮着胆子补了几枪，于是首战就幸运地收获了一个“最终击落”战绩，格尔克自是终生难忘，后来绘声绘色描述道：

举目四望，天空布满了飞机，我为之一振，心潮澎湃。我们降落在兰斯加油，备战下一次作战，无意中听到队友交谈：大家还能齐聚在此真是万幸——我才反应过来：方才所见不是掩护我们的友机，全是盟军！它们压在我们头顶执行护航任务。但所谓“初生牛犊不怕虎”，身为精英荟萃的JG 26一员我即是如此。

下午，我们奉命起飞对付返航的重型轰炸机，我的任务就是担任僚机跟随劳布上士。不多时无线电中传来消息：发现重型轰炸机，而且仅有轰炸机。我略感局促不安，但事实证明报告无误，确实没有护航战斗机。本中队对B-24编队最右翼发动攻击，前面一架架Bf 109前赴后继，排在末尾的我思绪如麻，战斗机学校里无数次的训练片段和知识刹那间一齐涌上脑海，诸如最佳占位等等前方突然掠过一架“解放者”，正以大角度偏航掉队，明显中弹，我决定结果它，有效攻击三次后，对方终于掉了下去。我准备归队，却发现战友们不知所踪，原来极度亢奋之下我忘乎所以，和长机以及部队失散了。

后来，远远地看见几架盘旋着的战斗机，抱定正是本中队，我欢欢喜喜向它们飞去，然而哪里有“梅塞施密特”，那是“雷电”。完蛋了！它们也发现了我，有4架跟了上来，我猛地推杆，从6000米高度大角度俯冲逃跑——虽说人非圣贤孰能无过，但战场犯的错都是致命的，“雷电”步步紧逼，把子弹倾泻在我的飞机上。飞机突然改平，开始向前冲，不管我怎么发疯一般推杆，试图回到俯冲，它始终不听使唤，哪怕操纵杆在手，我已经无法驾驭它。对战斗机飞行员而言唯一的生路就是跳伞！我抛下座舱盖、解开安全带，纵身一跃，数着21、22、23、24、25——拉下手柄，上帝保佑，降落伞撑开了，很快我就跌落回大地，只是瘫成一团烂泥，哪里像个立功的战斗英雄。后背阵阵剧痛令我举步维艰，估计一定是跳伞时撞到垂尾。

遭到赖舍和格尔克攻击的B-24并没有坠毁，而是挣扎着飞到了英吉利海峡迫降。四架“雷电”来自第356战斗机大队，该大队总是很难撞见敌机，在第八航空队被戏称为“点背大队”，美国飞行员看到一架孤零零的Bf 109桶滚着自投罗网时，一时难以相信天上掉下馅饼。他们后来报告称：晴空万里，一架梅塞施密特单枪匹马发动突袭。似乎深信对方是老奸巨猾的纳粹，哪里知道只是一个初出茅庐、糊里糊涂的菜鸟。两名“雷电”飞行员上报共同击落了这架Bf 109。

其余德机朝圣迪济耶返航途中再次被美军第78战斗机大队携高度优势痛击，1名Fw 190飞行员身亡，3名Bf 109飞行员跳伞后不同程度负伤。3月16日施拉格特联队耻辱地被“雷电”剃了一个0:9的光头。飞行员5死4伤。全队实际只击落1架轰炸机。

3月15日普里勒中校结束第4战斗机指挥部代理指挥官一职，回到里尔的联队指挥部。26日，米特乌施上尉凭借取得60个空战战绩艰难地挣到了骑士十字勋章，次月晋升为少校，和他一起晋升的还有第一大队大队长博里斯上尉。29日，维甘德准尉（21架）、海特曼上士（11架）和已阵亡的贝泽中尉（22架）被授予金质德意志十字勋章。

3月剩下的日子天气仍旧不见好转，第八航空队又发动了5次进攻。只有23日在布伦瑞克和明斯特遇到较为顽强的抵抗，他们的对手频频因为机场能见度不佳无法出动。仪表飞行非德国昼间战斗机飞行员的标准培训科目，酿成的后果令军方追悔莫及，虽然开始开设“速成班”，临时抱佛脚的效果不难想象，接下来的战斗中，西线的昼间战斗机飞行员

1944年4月29日，美军第452轰炸机大队的“空中堡垒”飞临柏林滕珀尔霍夫机场上空投弹。

依然很难穿越云层完成编队起飞和集结。这个月里JG 26第11和第9中队先后在圣迪济耶接受仪表飞行培训，第6中队在下月初跟进。联队还开始加强轰炸训练，以应对势在必行的盟军登陆。

第一战斗机军军长约瑟夫·施密特将军战后总结这一阶段的本土防御战时坦承：“盟军对柏林和慕尼黑的轰炸标志着德国防空战略的失败和崩溃。”施密特评估美军3月出动16612架次，对德国境内目标实施了23次轰炸，损失了349架，其中302架被战斗机击落，损失率仅有1.8%，而帝国防空战主力第一战斗机军付出10.9%的飞机损失率。人员损失更难以承受，德国空军在这个月损失了22%的战斗机飞行员，帝国航空队与第三航空队阵亡和失踪合计229人，103人负伤，而补充兵员无论数量还是质量上都难以填补过去两个月里的损耗。JG 26在3月战斗阵亡20人，其中包括2名中队指挥官。事故丧生7人。截至31日，联队还剩下73 架飞机（满编为208架），其中57 架可用，在编的 175 名飞行员也只有76人可出战。

四、战斗机恐惧症

4月第一周的天气依然难以达到作战条件，美军只在在2日和3日两次出动了第15航空队，分别轰炸奥地利和匈牙利。这个月初除了卡尔·博里斯和克劳斯·米特乌施两位劳苦功高的大队指挥官晋升为少校外，阿道夫·格隆茨和阿尔弗雷德·黑克曼两个战绩斐然、经常带队出征的军士长也晋升为少尉。4月16日，瓦尔德马·拉德纳中尉和威廉·迈尔军士长各自凭借16架和15架战绩被授予金质德意志十字勋章。

4月8日中午，覆盖在英格兰的雾气还没散去，第八航空队迫不及待出动了三个轰炸机师攻击德国北部的机场和布伦瑞克周边航空工业。不同于英国，德国北部云层下方豁然开朗，第2轰炸机师深入到布伦瑞克的“解放者”们遭到德国战斗机的集中攻击，损失惨重，当日共有30架未能返航，2架受重创，与之相比，4架B-17的损失显得微不足道，且均为高炮击落，另有25架护航机被击落。

JG 26的任务依然是阻击返航的轰炸机，第二大队作战行动不明，其余两个大队于14:15从各自基地飞向须德海。第三大队率先对一队无护航的B-24展开进攻，沃尔夫冈·波尔斯特上士击伤一架，随后加入两名同伴与一对“野马”的空战，激烈的盘旋格斗后，“梅塞施密特”笑到最后，波尔斯特目送自己的战利品在费希塔[①]以南坠毁燃烧，来自美军第355战斗机大队的“野马”飞行员跳伞被俘。由于编队被打散，第三大队飞行员纷纷转去清剿敌军残部，美军第353战斗机大队一架“雷电”扫射德军机场时撞树受损，飞到荷兰须德海上空后被第三大队终结。

第2中队在布鲁塞尔附近发现一队B-24，虽然战斗机指挥部命令攻击队尾，但这几架Fw 190在中队长维柳斯中尉带领下向拥有严密护航的领头箱形编队（36架轰炸机）迎面开火，迎着太阳爬升脱离，美军第44轰炸机大队一架B-24冒着火光坠落，成为维柳斯最后一个战利品。正结队准备再次进攻时，美军护航的第361战斗机大队出手了。维柳斯和僚机席尔德上士遭到攻击后立即以半滚倒转，向地面俯冲，席尔德看到1架“雷电”紧追着长机，从150码距离开火打得碎片四溅，席尔德躲开了自己的追击者后转弯飞去驰援，他从敌机侧方以高偏转角开火，P-47冒着烟退出了对维柳斯的追杀。其余几架P-47围上来，席尔德自顾不暇，俯冲逃走了，最后在鲁尔一座塔楼和烟囱之间改出。他下来呈报“可能击落1架P-47”。但美军第361大队此役并无战机受重创。只有一名美国飞行员看到维柳斯那架Fw 190尾旋着坠毁爆炸，残骸和尸体直到1967年才在荷兰海讷默伊登（Genemuiden）15米深的沼泽地下被发掘出来。6月维柳斯被追授了骑士十字勋章和中尉军衔。

第2中队的损失还不止于此，身经百战的埃米尔·巴本茨准尉同样丧命于美军第361战斗机大队，巴本茨是1942年的第11中队，也就是高空中队成立之初的飞行员，中队转战北非后因损失过重被Ⅱ./JG 51大队收编，唯有巴本茨得以重返JG 26联队，他生前执行了35次战斗任务，取得24架战绩。虽然第3中队的沙伊达军士长击落了第361战斗机大队1架“雷电”，小小还以颜色，但难以弥补第一大队一战就痛失两位老手的损失。此后席尔德暂时带领第2中队出战。

第八航空队原计划4月12日重返施韦因富特，但积云和密集的凝结尾迹令编队会合失败，任务被迫取消。不过一队B-24已经冲到列日，被JG 26

---

① Vechta，位于德国下萨克森州。

返航后的维柳斯少尉，Fw 190驾驶舱下方绘有荷兰、比利时、法国、英国和苏联国旗，代表维柳斯所击落敌机的来源国。照片拍摄于1944年2月弗洛雷讷机场。4月8日阵亡前，维柳斯共执行371次作战飞行，取得50个战果。

埃米尔·巴本茨。他在突尼斯战役中负伤后转到一支运输机部队，1943年9月下旬重返JG 26第一大队，起初因健康原因留在地面，后来逐渐回归战斗岗位。

和JG 2共5个中队一路尾随至德国国境，护航战斗机在层状云中视野受阻，马托尼中尉率领的Fw 190不失时机从美军第445轰炸机大队下方发动攻击，20毫米加农炮狠狠打在“解放者”最脆弱的机腹，5架失控坠落。不久，美军第78战斗机大队的“雷电”冲出云层，扭转颓势。JG 26第二大队宣称直接击毁2架（均得到确认）、重创7架（4架得到确认）以及最终击落1架轰炸机，JG 2也收获了击落3架重轰炸机的战绩。不少受损的B-24借助云层的掩护逃出生天，最终有6架未能返航，2架报废。“雷电”战斗机则击落了6架Fw 190，其中3名阵亡飞行员来自JG 26，另2名JG 26飞行员平安跳伞。

第三大队面对美军护航机的严防死守无处下手，空手而归，米特乌施大队长在新机场鲁夫雷－埃坦[①]着陆过程中飞机陷进弹坑而倾覆，刚刚伤愈复出的他因脑震荡回到医院又呆了3周。

下午晚些时候，美军第九航空队的251架B-26和A-20中、轻型轰炸机攻击了比利时的几处德军机场，驻扎在韦弗尔海姆的JG 26联队指挥部和北里尔的第4中队紧急升空——然而这次不是回击，而是转移“宝贵的军事物资”。他们在机场附近滞空了一段时间，看到敌机离去，普里勒才通过无线电通知降落，如此总算保存下了全部战斗机。

次日中午德国拨云见日，第八航空队将626架轰炸机、24个战斗机大队派往施韦因富特、上普法芬霍芬和奥格斯堡，根据战后报告所称，第1和第3轰炸机师遭遇了自1月11日以来最凶猛的拦截，共损失38架轰炸机和9架战斗机。德军损失34架战斗机。

Ⅱ./JG 26和Ⅱ./JG 2在兰斯会合，由马托尼中尉率领爬升到弗洛雷讷上空7000米，先后迎击了三波次轰炸机机群。Fw 190兵分两路，背对阳光，前后夹击，它们一边戒备着护航

① Rouvres-Étain，位于凡尔登和梅斯之间。

战斗机，一边猛攻轰炸机，一轮攻击过后躲进云层集结再卷土重来。11分钟后，部分Fw 190收到命令，退出战斗，降落回瑞万库尔（Juvincourt）和阿蒂，仍有部分德机继续战斗了20分钟才朝着特里尔退出，Ⅱ./JG 26宣称重创2架轰炸机，击落1架已脱离编队轰炸机，但只有马托尼中尉的重创战绩得到确认。第6中队2架Fw 190被美军第78战斗机大队的“雷电”击落，飞行员1死1重伤。第8中队中队长霍夫曼少尉回敬击落了1架“雷电”，为第二大队此轮战斗画上句号。紧接着，从埃坦赶来的Ⅲ./JG 26大队接过了Fw 190的枪，在凯撒斯劳滕一带宣称击落1架B-17和1架P-47，击伤1架B-17。

美军轰炸机原路返回，因此JG 26第二和第三大队下午的二次出击战场依然在凯撒斯劳滕至卡尔斯鲁厄一带。第三大队率先朝轰炸机发动进攻，宣称击落3架B-17，其中1架归于格尔克下士，施泰格上尉在比特堡东南击落美军第364战斗机大队一架掉队的P-38，大队损失4架Bf 109，飞行员均无重伤。第二大队仅靠马托尼中尉在P-47上取得1个未经证实的战绩。

16:30，联队长普里勒中校时隔半年后再次披挂上阵，率领他的指挥部小队和第4中队拦在加来上空阻击和清剿美军残部，17:10，普里勒在圣奥梅尔斩获1架来自第401轰炸机大队的B-17，完成联队当日收官之战的同时也取得自己的第96架战绩。

联队下一次对轰炸机的作战发生在4月22日，由于天气原因，第八航空队直到傍晚才出动，目标是德国西北部重要交通枢纽哈姆的铁路场，JG 26第一大队和第4中队于17:08参与拦截，第3中队与美军第368战斗机大队一个P-47中队不期而遇，后者扫荡完波恩机场、正在返航。交战中埃伦里德军士长入账2架战绩，但他的猎物实际上1架飞到亚琛以南才迫降，另一架则回到了英国。第368战斗机大队宣称击落3架、击伤1架Fw 190，但现有德军档案无法证实。20:00，第一大队最多12名飞行员再次出击，在比利时的科特赖克沿海捡漏了2架被重创的B-24，其中1架来自第445轰炸机大队，被瓦尔德马·泽芬军士长补枪前实际处于自动驾驶状态，机组成员已跳伞。唯一的战斗损失是第4中队中队长沃尔夫冈·诺伊上尉在艾费尔被“喷火”击落身亡，这位联队老兵生前在111次战斗任务中取得了包括7架重型轰炸机在内的12个战果。

4月20日是希特勒的生日，为了提防盟军对在慕尼黑举办的纳粹庆典活动示威，第

1944年2月，埃皮努瓦机场白雪皑皑，第二大队飞行员配合宣传部门的摄影记者表演紧急出动。

三大队提前三天南下转移到慕尼黑，增援第7战斗机师。事实证明接下来六天都相安无事，施泰格回忆他们唯一可做的就是呆在新比贝格（Neubiberg）机场的备战室，靠扑克牌消磨时间。一些年轻飞行员则抓紧时间训练。

23日13:05，第三大队30架Bf 109紧急升空，在新比贝格机场上空与Ⅲ./JG 3大队的24架Bf 109完成集结，爬升到7000米高空，14:00在维也纳以南发现了两个庞大的轰炸机编队，后者来自美军第15航空队，正朝着意大利的基地返航，美军第31战斗机大队的P-51担任护航。德军两个Bf 109大队发动攻击，打到燃油告急才罢手，施泰格上尉、赖舍少尉和迪佩尔中尉三名指挥官一人带回了一架重型轰炸机战绩，刚晋升少尉的克梅特米勒击落2架P-51，第9中队一名飞行员未能返航。Ⅲ./JG 3大队一无所获。美军第15航空队当天在奥地利上空共损失5架B-24、2架B-17和3架P-51。

当晚回到慕尼黑，施泰格等人寻了一家饭店的酒吧畅饮，直到被一阵空袭警报唤走，回到基地仍意犹未尽，继续一醉方休，晨曦微露才散去。通宵放纵带来的是头痛欲裂，飞行员们浑浑噩噩在备战室呆了几个小时，作战令很配合地临近中午才下达。很快，附近各战斗机部队的通讯混杂在一起，通过机载无线电一齐涌出来，嘈杂中一道甜美的女声冷静地播报："重型轰炸机来袭"，波段指向第7战斗机指挥部的空管室，令施拉格特的小伙子们大为新奇。因为施佩勒元帅的某些偏见，第三航空队的女兵或女勤务员凤毛麟角，尤其是指挥部、地面引导这样的重要部门更是难觅芳踪。

12:40第三大队从新比贝格机场起飞，爬升到乌尔姆（Ulm）上空7000米与Ⅲ./JG 3大队会合。在那位不知名的女士引导下，顺利找到一个B-17机群，Bf 109借助阳光的掩护潜伏在上方，等待着密不透风的P-51离去，他们的打算落空了，反而是轰炸机给了德国人一个机会：B-17兵分两路，其中108架组成2个箱形编队，没有护航就飞向上普法芬霍芬[①]，约30架Bf 109在施泰格率领下俯冲下去，发动教科书般的12点方向迎头攻击，首轮就打散了B-17编队，施泰格更是有如神助，将30毫米口径的MK108机炮威力发挥得淋漓尽致，3架"空中堡垒"当场被摧毁，2架重伤掉队，其后被JG 26两个新人解决掉。Bf 109攻势如潮，一波又一波涌上来，打光了所有弹药才收手，Ⅲ./JG 26大队以零损失宣称击毁、重创17架B-17，包括施泰格创下的5架在内，共有10架得到确认。Ⅲ./JG 3大队也入账了2架B-17战绩，另有9架战绩未得到确认。美军第1轰炸机师发往上普法芬霍芬方向的部队"贡献"了全师27架总损失中的26架。

轰炸机编队溃不成形，任人宰割，机组疯狂的连连呼救声中，第355战斗机大队赶到救驾，在与"野马"的交手中，Ⅲ./JG 26宣称以2:0完胜（均没有得到确认），Ⅲ./JG 3赢来1架战绩，共损失7架Bf 109和四名飞行员。美军第355战斗机大队宣称击落7架德国战斗机。

全身而退后，Ⅲ./JG 26多名飞行员因油量等问题散落在多个机场，直到第二天才陆续回到基地。施泰格降落在霍尔茨基兴（Holzkirchen），宿醉后的头痛又犯了，刚才全靠氧气面罩压制，才没有在战场发作，这种面罩的供氧时间只有

---

① Oberpfaffenhofen，位于巴伐利亚的施塔恩贝格地区。

1个半小时，他发挥“神勇”兴许也有几分酒兴助阵。海因茨·格尔克下士对此役的深刻记忆丝毫不输他的长官：

施泰格通过无线电下令从敌机前方发动攻击，在某高度重新集结，等等。我的心悬到嗓子眼上，此前从未执行过迎头攻击，但既然大家一起上，想来问题不大。冲进敌阵、直捣黄龙、迎面开火的感受难以言表，那一刻我完全屏住呼吸，只是全速往前冲。大家迎着轰炸机的螺旋桨掀起的气流左突右冲，像一片片树叶在风中狂舞。我绷紧了神经，忘乎所以，只知道前进和开火。电光火石间，一切已经结束了。四周空空如也，敌机和友机皆不知所踪，刚才我紧张得忘了回到会合高度与方位。正不知所措，发现不远处一架同病相怜的Bf 109，遂与之同行，互相掩护。

没多久，1架落单的“空中堡垒”出现在下方1000米，阳光映照下银光闪烁。我运气不错，加农炮命中对方右边内侧发动机，右机翼燃烧着，飞机在尾旋中坠毁在多瑙沃特附近。确定了敌机坠毁，我的燃油也所剩无几，不得不降低高度，和搭档一起朝新比贝格返航。我用力晃动机翼向地面展示战功。降落后，那位不知名的搭档却久等不来，原来不久前就在我转弯时，他被几架突然来到我们下方的“野马”击落了，机场也遭到“野马”扫射。意识到自己刚侥幸逃过一劫，我双膝发软，心惊胆战，血脉偾张。

晚上飞回新比贝格，我将自己的战果及细节做了汇报。我还记得施泰格上尉送了指挥室那位小姐……或者夫人一束玫瑰。

格尔克这架战绩没有得到确认，他在新比贝格机场做胜利滚转时遭遇发动机故障，迫降过程中受了点轻伤。

对比第三大队在南边酣畅淋漓的大胜，同一天第二大队重返海峡前线的两次出击相形见绌，上午11点拉德纳中尉率队从康布雷起飞，与JG 2联队第二和第三大队合力迎击来袭的轰炸机，其间拉德纳通过无线电不停地呼叫手下“收紧”“小心”，这番谨小慎微的指示悉数传到对岸的英军无线电监听部门，一场防守有余、进攻不足的战斗过后，第二大队全身而退，由拉德纳创下的唯一一个战果上报后也被驳回。下午晚些时候，大队出动了小股兵力拦截返航的轰炸机，被监听到的无线电通讯表明，这些飞行员更关心躲避护航战斗机，对寻找轰炸机毫无兴趣，最终没有任何交战。对于曾经不可一世的老对手沦落到只求自保，英国人在报告中不失轻蔑地评论为畏手畏脚，并归结到指挥者身上。

不光是被敌人轻视，即使在国内，德国战斗机飞行员地位也一落千丈。战争爆发以来，他们一直被视作第三帝国的天之骄子，他们万众瞩目，收到的荣誉和嘉奖远胜于其他兵种。如今他们风光不再，遭受的损失最为惨重，他们被不堪轰炸之苦的德国民众怨恨，被地方官员归罪，更饱受军方高层的抨击与羞辱，成为替罪羊。戈林三番五次在公开场合将战斗机飞行员过分保守的风格挖苦为“战斗机恐惧症”，甚至阿道夫·加兰德也引用过，他已无法再为他千夫所指的飞行员们撑腰，反而一有机会就横加指责，即使他心爱的施拉格特联队也不能幸免。

去年加兰德几次驾机升空，观察拦截作战，他注意到确有一些飞行员还没到“合理的”射击距离就仓皇失措，停止了攻击。但由战斗机飞行员承担所有失败的罪责有失公允，事实证明，柏林的一些策略本身就是错误的。很长一段时间以来，战斗机飞行员在拦截轰炸机时被限制甚至禁止攻击敌方护航战斗机，只能全心全意攻击轰炸机，如今面对数倍甚至数十倍于己的敌机，他们发现无法突破护航力量组成的铜墙铁壁，回避是最稳妥可行之道。次数多了，一些新手自然失去了拼劲。加兰德早期建言让两个海峡联队专门对付护航战斗机，为内地友军扫清障碍，但遭到拒绝。如今战斗机飞行员们畏手畏脚、明哲保身的面貌其实应了他曾经预言和担忧的。

从1943年下半年开始，西线德国空军在人员素质、经验、装备技术和战术水平方面开始被盟国空军加速赶超和全面压倒，盟军战斗机部队规模不断扩充，飞行员技战术水平突飞猛进，装备也越发精良，远程战斗机源源不断到来，除东欧外的大半个欧洲已尽在其作战半径内。德军很多作战命令成为不可能完成的任务，但在当时，柏林的反应仅仅是督促飞行员用更昂扬的斗志和勇气去弥补数量和质量上的劣势。

也许这时德国空军高层不乏清醒之人，知道前线官兵体能上的极限不可能凭所谓的钢铁意志超越，海峡联队终于迎来一次宝贵的休假，3月JG 2第一大队最早在意大利度过了一个月的休整。4月下半月，JG 26第二大队和第一大队先后前往法国西南部地中海小镇卡佐（Cazaux）放松和调整状态，名义上的理由是训练WGr 21火箭弹对地攻击，备战随时发生的盟军登陆。5月14日第三大队转到法国内地南锡进行为期一周的轻强度训练。次日第二大队继续转到法国南部与西班牙毗邻的蒙德马桑。假期也不代表万世太平，在卡佐，第二大队一名飞行员飞行高度过低，起落架擦过水面导致坠机溺亡。第1中队新任指挥官和另一名飞行员则遭遇帆船倾覆，溺水身亡，接下来第1中队指挥权交到一位资历深厚但飞行经验稚嫩的军官格罗特（Groth）中尉手上。

第三大队1架滑跑中的Bf 109G-6/U4，拍摄于1944年三四月的北里尔机场。

4月底，Ⅱ./JG 26大队进行了两场战斗。27日，大队15架FW 190以及后面加入进来的JG 2与美军第356战斗机大队第360中队的12架“雷电”在兰斯附近展开残酷的厮杀，在第八航空队垫底的第356大队此战可谓扬眉吐气，宣称击落4架、击伤1架Fw 190，JG 2联队长库尔特·乌本（Kurt Ubben）

第9中队的Bf 109G-6驾驶舱近景。

少校被击落后因降落伞没打开而坠亡，JG 26也折损了第5中队的格哈德·法尔克纳中士，美军损失了3架“雷电”，成为JG 26的拉德纳中尉、福格特军士长和一名JG 2飞行员的战利品。

29日第八航空队凑齐679架轰炸机挥戈柏林，但在帝国航空队出色的抵御下折损了65架轰炸机和14架护航战斗机。和前几次保卫柏林一样，JG 26依然充当绿叶，只有第二大队被派去清缴落单受伤的轰炸机，拉德纳中尉和福格特军士长各击落1架B-17[①]，伤愈复出不久的彼得·克伦普上士宣称在兰斯以南斩获一架B-17，但未获得部队承认。大队无损失。

过去一个月里，西线德国空军的截击效率达到顶峰：平均每100架次战斗机能击落17.7架重型轰炸机，这个数值在1943年年中是3.6架，1943年下半年稍微增长到5架。与此相对应的，美军第八航空队创下了战争期间轰炸机的单月最高损失记录:409架，损失率约25%，但美国雄厚的工业实力令这些损失很快得以填补，他们的对手只能步步坠入深渊。同时期德军战斗机飞行员减员489人，完成训练的补充兵员只有396人，帝国航空队和第三航空队战斗机飞行员损失率分别达到38%和24%，JG 26阵亡16人，其中包括2名中队指挥官，事故身亡6人。已知新补充进来的飞行员只有3人，被平均分配到三个大队。

德国空军总司令部在5月2日的形势图显示，这时期JG 26部署异常分散，联队飞机总数约有100架，其中72架可用，只有满编数的35%，目前各单位部署情况如下：

作战单位	可用飞机数	驻地
联队指挥部	2 Fw 190	北里尔
第 4 中队	3 Fw 190	韦弗尔海姆
第一大队指挥部	4 Fw 190	里尔 – 旺德维尔
第 1 中队		
第 2 中队	14 Fw 190	韦弗尔海姆
第 3 中队		德南
第二大队指挥部	4 Fw 190	康布雷 – 埃皮努瓦
第 8 中队		
第 5 中队	9 Fw 190	南康布雷
第 7 中队		
第 6 中队	0	康布雷 – 埃皮努瓦
第三大队指挥部	18 Bf 109	鲁夫雷 – 埃坦
第 10 中队		
第 11 中队		
第 9 中队	18 Bf 109	栋库尔[②]
第 12 中队		
总计	72	

英美两国针对德国空军的联合轰炸行动从1943年7月正式打响，至1944年3月31日告一段落。第八航空队和第15航空队的指挥权从驻欧美国战略空军（United States Strategic Air Forces in Europe）转交到盟军远征军最高司令部，盟军重心由战略轰炸德国转到战术支援诺曼底登陆，接下来一段时间开始重点摧毁比利时和法国北部的铁路枢纽、桥梁和机场等交通运输系统，并对V-1和

① 分别出自美军第401大队和92大队。

② Doncourt，位于法国东部与德国接壤的梅斯附近。

V-2导弹发射基地进行突击，意图孤立德军。

1944年5月5日从英格兰到欧洲大陆阴雨连绵，盟军出动了一个重型轰炸机编队和几架B-26中型轰炸机，由安装最新雷达导航系统的引导机指引，攻击了德军的V-1导弹基地。詹姆斯·埃德加·约翰逊中校率领的加拿大空军第144联队先行扫荡里尔，提供支援。约翰逊先发现下方JG 26第二大队几架Fw 190，便派出两个“喷火”小队下降高度，潜入云雾中搜寻敌机，不料猎物却从正前方突然跳出来反咬一口，一场缠斗后，2架Fw 190坠向地面，飞行员无一生还，约翰逊收获第24个战果。

彼得·克伦普上士发现副油箱无法丢弃，于是留在低空云层中寻求掩护，没有参与首轮迎面攻击，他又尝试了几次抛下副油箱，忽然收到战友的紧急呼救，顾不得战机的故障，“像箭一样冲出云层”，果然发现前方1架Fw 190正被“喷火”追得团团转：

我油门全开，并打到应急功率，全速向“喷火”追去，我指示战友赶紧右转避让，便于我追击和射击，但他无动于衷，果不其然，这架福克－沃尔夫冒着滚滚黑烟，消失在地平线。这时我已逼近“喷火”，对方也发现了我，转向左方云堤，朝着英国所在的西北方向飞去，他迂回飞行，不留死角，同时警惕地张望着我，但我保持在低空，紧随他每个动作，小心翼翼地掩藏在他的死角并咬住不放。终于，他以为甩掉了我，放心地停止了各种机动，在云层上方200米平稳地飞向海岸线。我则不动声色追到他正下方，最后环顾一眼确定无敌情后，急跃升对其猛烈开火，这架“喷火”当即翻滚过来，笔直栽向山坡，撞上一排杨树，枝干被齐齐截断，附近建筑顿时好像一个锯木厂。这一幕至今记忆犹新，因为我还从谢夫尔（比利时）机场赶去寻访过坠机现场。

7日清早，两个B-24大队前往列日轰炸铁路场，后因集结失败临时取消任务，但德军已出动JG 26第一和第二大队拦截：第3中队起飞不久，遭到加拿大空军第411中队一个“喷火”小队袭击，埃里希·沙伊达准尉及僚机双双身亡。沙伊达自1941年8月进入联队，在188次战斗任务中共击落20架敌机，这个月底他被追授了金德意志十字勋章。

8日，第八航空队近800架重型轰炸机再次光顾了柏林和布伦瑞克。第九航空队和第二战术航空队在西欧执行战术扫荡，意在摧毁诺曼底周围所有交通系统，歪打正着牵制住海峡联队，JG 26于9:30全体出动，奉命与JG 2在法国瑞万库尔会合，半路变成各自为战。第一大队在圣康坦（St-Quentin）附近由克梅特米勒少尉击落一架“雷电”；苏瓦松以北，第二大队遭到美军第404战斗机大队偷袭，1名Fw 190飞行员跳伞负轻伤，拉德纳中尉还以颜色，斩获1架“雷电”，第三大队也在梅斯东南被20架来历不明的“野马”袭击，只知一名飞行员被击落后跳伞负伤。

下午一场不必要的事故折损又一员老将，特技飞行高手汉斯－格奥尔格·迪佩尔上尉兴许过分自信，训练时低速大仰角拉起他的Bf 109，结果遭遇失速，机毁人亡。迪佩尔生前担任第9中队指挥官，在联队已执行272次任务，创下19架战绩。维克托·希尔根多夫（Viktor Hilgendorff）中尉继任了第9中队指挥官，这位时年29岁的资深飞行员服役期可追溯到1934年，1941年进入联队并担任过时任联队长阿道夫·加兰德的僚机，1942年被击落，左腿被25毫米弹片贯穿胫骨，从膝盖到脚都靠钉子固

迪佩尔上尉，最终战绩：272次出击，击落19架敌机。

定，右腿高位截肢。在医院里治疗了18个月，还没完全康复就回到联队，起初担任第三大队技术军官留在地面，但不久前重返飞行岗位，德国飞行员山穷水尽的地步可见一斑，希尔根多夫以非凡的胆识和充沛的精力为人称道，他是联队里为数不多公然批评纳粹政府的人之一。

为了在登陆前将德国空军摧毁在地面，盟军持续多日全面轰炸法国和比利时的德军机场，弗洛雷讷、瑞万库尔、拉昂－阿蒂、旺德维尔和圣迪济耶无一幸免。5月9日清晨，格隆茨少尉率领的第二大队与第一大队组成战斗编队，拦截了轰炸弗洛雷讷机场的B-24和“野马”，格隆茨先后斩落美军第466和453轰炸机大队的B-24，他的僚机彼得·罗贝尔少尉被轰炸机机枪手击中，罗贝尔迫降负轻伤。第453轰炸机大队的投弹手赫尔曼·尼克（Hermann Neeck）少尉讲述了他们受攻击的过程：

远远地，我看见战斗机从上方迎面飞来，一闪而过，我立即通知机背机枪手，但想必他迎着太阳没看到目标。几分钟后整个机身猛地一震，飞行员和副飞行员手中驾驶盘飞出，一串加农炮打断操纵钢索，飞机失控翻转，我们周围弹壳横飞，领航员顾不得带降落伞包，挣扎着爬向前方打开我这边的炮塔窗，救了我一命，我从机鼻炮塔掉出来的一瞬间，飞机爆炸了，剩下的知觉就是挂在降落伞上飘荡。

包括尼克在内这架B-24上四名机组人员生还，随后做了俘虏，领航员罗伯特·霍尔少尉葬身B-24内，战后在尼克的推荐下，霍尔因舍身救人的英勇壮举被追授了银星勋章。美军第357战斗机大队2架“野马”折损于霍夫曼少尉和塞德尔下士之手，塞德尔和一名中队队友随后被“野马”击中身亡。

当天第三大队在埃坦孤军奋战，战绩不明，只知1架Bf 109G被“野马”（可能来自美军第339战斗机大队）击落，飞行员跳伞负伤。

联合轰炸行动终止后，“空中堡垒”“解放者”们加入到战术支援任务。但是艾森豪威尔允许在天气适当的条件下继续实施战略轰炸，因为陆军航空队总司令卡尔·安德鲁·斯帕茨将军承诺对霸王行动的战术支援不受影响。根据斯帕茨授意，5月12日，杜利特将886架轰炸机和735架护航战斗机悉数派往罗马尼亚普洛耶什蒂，对那里的油田和6座炼油厂展开蓄谋已久的空袭。德军投入了迄今最大规模的昼间战斗机部队拦截，纵然第一战斗机军的指挥和控制系统尽了最大努力，依然无力回天。石油工业是延续德国战争机器的命脉，德国空军从声望到生存能力都遭到毁灭性打击，航空燃料的月产量从1944年3月的18万吨降至11月的2万吨，库存从3月的57.5万吨降至11月的17.5万吨。为抵御盟军登陆而储备的航空燃油骤减，而航空燃料补给的缩减直接导致了包括新飞行员训练在内的非作战飞行的减少。自普洛耶什蒂大轰炸以后，德国彻底回天乏力了。

第3航空队的第二战斗机军义务性地出动了两个大队，拦截从普洛耶什蒂撤退的美军，Ⅰ./JG 26于14:22从法国德南起飞，未能遭遇敌机，将近一小时后降落回梅斯。15:10，Ⅲ./JG 26从埃坦出动，赖舍少尉在法国圣维特收获1架重创战绩，米特乌施少校和瓦尔特·科普上士巴斯托涅附近分别宣称重创1架和击落1架B-17，但均没有获得确认。1名飞行员可能被轰炸机击落身亡。美军第452轰炸机大队1架B-17坠毁在圣维特附近，另2架坠毁在英吉利海峡。

5月15日，第三大队转到南锡进行为期一周的训练，次日第二大队也转到波尔多以南的蒙德马桑（Mont de Marsan），暂时划归第5战斗机师的布列塔尼战斗机指挥部调遣，较之欧洲中部和西北部的杀伐血色，这片毗邻西班牙的天空格外平静，为疲乏不堪的飞行员提供了难得的喘息和调整的机会，根据布列塔尼战斗机指挥部报告，20日第二大队只有12架Fw 190，其中9架可用。联队指挥部和第一大队留在法国西北，等待着达摩克利斯之剑的掉落，博里斯少校在5月14日战斗负伤，状态上佳的赫尔曼·施泰格上尉接管了第一大队。

5月20日第一大队几架Fw 190在荷兰马斯特里赫特（Maastricht）附近发现下方一队“野马”，于是一分为二，其中1个不动声色沿原航向平飞，另一个准备伏击，美军第355战斗机大队果然中计，一个“野马”小队朝着当诱饵的德机爬升，此时6架Fw 190从高空冲下来，基夫纳少尉和芬泽军士长利落地解决了2架“野马”，只有温特下士在门兴格拉德巴赫跳伞负轻伤，德军记录他被P-47击落，但美军在这一地区没有交战记录，他更有可能是被己方高炮误伤。

并非所有空战都以你死我活收场，战场永远瞬息万变，突发意外层出不穷。5月23日第八航空队重点打击了法国中部和德国西部的铁路场站。JG 26第三大队27架Bf 109G从南锡紧急出动，在科尔马（Colmar）附近准备对一个B-17编队发动迎头攻击，但是为“野马”所阻，第9中队的维尔纳·泰希曼下士被击落身亡，第11中队一对Bf 109遭到8架敌机围攻，俯冲到近地面甩掉6架，长机卡尔·劳布军士长盘旋取胜，反戈一击，击伤1架“野马”，初出茅庐的僚机埃哈德·蒂佩下士则因为机炮故障功亏一篑或者叫逃过一劫。他后来描述了这场战斗：

我担任“卡尔兴”的僚机，8架“野马”突然横穿出机翼下方，在瞄准镜内一闪而逝，我们被迫中止攻击轰炸机，劳布俯冲脱离——他后来告诉我当时对我不抱希望，但我决定一试身手，曳光弹道果然震慑住追击者，6架一哄而散。太棒了，我们决定拿下剩下2架，遂各自咬住1架敌机，从云端追到孚日山脉的树梢。最后在科尔马上空500英尺，劳布紧随他的猎物在我前方急转弯，和我形成对头之势，我们每人开了一次火。转眼间劳布

1944年3月北里尔机场，第9中队中队长迪佩尔上尉驾驶“白色17”号Bf 109G进入滑跑，两个月后这架飞机成为他的葬身之地。

失去踪影，料想是得手后向云层爬升脱离。我的“黄色13”号使出浑身解数，目标在瞄准镜内外摇摆不定。空中格斗从50米低空再次杀回1000米，我终于占据主动，逼近到最佳射击位置。零的突破就在眼前！沉着地扣动扳机——天呐，哑火了！我靠近一度势在必得的猎物，简单摇晃了机翼致意后大角度俯冲退出了战斗，寻找机场降落，对方没有再跟上来，对于首战尚能反戈一击，我仍然心满意足，至于武器故障只能归结为天意。后来真相大白，机炮弹链裂口，机枪也在轨道内90度被卡死，才导致我功败垂成。

5月25日盟军出动兵力达400架轰炸机和600架战斗机，大约8:30，南锡的埃塞机场遭到87架B-17狂轰滥炸，试图拦截的第三大队虽紧急起飞，但在美军投弹时还没争取到适宜高度，退而攻击撤退中的轰炸机。美军第356战斗机大队原本已在讷沙托（Neufchateau）上空完成近距离护航任务，收到地面引导员和飞行员的敌情报告后，立即杀了个回马枪，朝位于轰炸机上方1500米的“梅塞施密特”爬升过去，一个P-47中队迎面开火，德机一哄而散，2架Bf 109机毁人亡。几架Bf 109闯进另一个P-47中队，12./JG 26中队的伯克尔下士一路开火，却无一命中，随后遭到戴维·思韦茨（David Thwaites）少尉的小队追杀。转了一个弯未能甩掉P-47后，伯尔克大角度俯冲逃跑，重蹈了无数经验不足的德国飞行员面对P-47的致命覆辙，思韦茨少尉轻松追上并逼近到45至90米的距离，Bf 109瞬间被8挺点50口径机枪喷射的火力撕破，冒出滚滚浓烟，喷溅的滑油糊满了思韦茨的风挡，伯克尔跳伞逃生。思韦茨爬升归队。剩余Bf 109撤退途中遇到美军第78战斗机大队，又损失2架，但没有人员损失。

雪上加霜的是，南锡－埃塞机场为临时驻扎的第三大队配备的防空和疏散设施极其简陋，Bf 109G露天停放，11架被炸毁，5架炸伤，指挥部人员两死一伤，损失惨重。此外，大队1架Go 145 A教练机受损，赫尔曼·戈林装甲师一架He 111运输机报废。

第一大队在7:47从梅斯的弗雷卡蒂（Frescaty）机场紧急出动，非但未能发现轰炸机，反而在返航时被几架P-47尾随至机场，鲁伯特上士在飞机掩体前停稳，刚爬出驾驶舱，就被劈头盖脸倾泻而下的子弹击中腹部，摔下机翼，急救人员惊恐万状，不敢踏出防空掩壕半步，鲁伯特失血而亡。瓦尔德马·泽芬军士长极为愤怒，竭尽全力才克制住枪毙这群医护兵的冲动。

盟军空袭力度和规模有增无减，27日仅美军各类型战机出动数就达到惊人的3000架次，JG 26第一大队和第三大队多次紧急起飞，按照地面引导飞往四面八方，这些任务的真正目的可能只是退避三舍。第一大队的库尔特·施米特克和米夏埃尔·黑克尔两位上士大概是当天唯一认真拦截的飞行员，为了剿灭附近一架落单的B-17，两人从第二大队所在的埃皮努瓦紧急起飞，但随即就被监视在机场上空的美军第361大队P-51击落，施米特克侥幸跳伞捡回一条命，黑克尔则机毁人亡。

第二大队还留在蒙德马桑的兵力被派去对付巴黎地区的中型轰炸机，同样无功而返，1名飞行员失踪两天后，挂着降落伞的尸体被发现，背部布满弹孔。

31日，哪怕第4战斗机指挥部报告截至午时已有上千架敌机飞越防区，整个第3航空队全体高挂免战牌，几乎未做任何拦截。JG 26当天唯一的动作是第二大队出动了52架次搜寻一架在波尔多附近失踪的

Ju 290，饶是如此大费周章仍然一无所获。唯一的战绩来自地面，半个月前，一名地勤用20毫米MG 151航炮改装的防空炮与战友合力击落1架“喷火”，这天他如法炮制，又击落了1架“野马”，挣得了二级铁十字勋章。

5月的空战就这样惨淡收场，盟军空中力量以与日俱增的势头消灭掉487架德国战斗机和276名战斗机飞行员，帝国防空军的飞行员损失率达25%，飞机损失率达50%，德军使出浑身解数弥补损失，在役飞行员数量从年初的2395人降至2283人，同时期减员2262人，损失率几近100%。

从5月1日到6月5日，JG 26战斗减员14人，非战斗减员6人，从年初至今，阵亡飞行员106人，占到编制兵力的一半，实际可用兵力的140%。11位中队指挥官和老飞行员的损失更是无可估量。但是随着登陆一触即发，第3航空队明显开始保存实力，过去一个月里JG 26出动数大减，可用战机数从月初的72架增加到103架。

第三大队仍装备旧式的Bf 109G-6，因机头两门MG 131机枪尾部在整流罩上方凸起而得一绰号“肿块”，虽然仍不失为一款强有力的格斗机，但梅塞施密特战斗机从20世

1944年春季，B集团军群司令隆美尔元帅来到德南（Denain）视察联队，普里勒陪在一旁，注意前两张照片中第9中队的Bf 109。最后一张图片中普里勒（右）正向隆美尔（左）介绍自己的爱机“尤塔”。这时盟军登陆意图清晰无比，两个海峡联队JG 26和JG 2逐渐退出帝国防空战，撤到法国内陆休整、训练兼保存实力，同时严阵以待。

纪30年代发展至今已走向落伍，Bf 109G-6攻防能力都为速度所制约，一旦被英美战斗机突袭，老将尚能通过爬升和转弯转危为安，大量新手难逃成为盘中餐的下场。两个Fw 190大队已经全部换成Fw 190A-8，它经Fw 190A-7改进后成为Fw 190系列产量最大的型号，总共生产1334架。Fw 190A-8保留了A-7的四门MG 151机翼机炮和整流罩上2挺MG 131机枪，一个比较普及的子型号Fw 190A-8/R4拥有使用一氧化二氮的动力增强装置GM 1，8000米以上高度速度大多能被提升58公里/小时，而在临界高度区间5500米到6000米的最大时速约656公里。

1944年6月初，第26战斗机联队部署情况如下：

部队	飞机总数	可用数	指挥官	驻地
指挥部	2	2	约瑟夫·普里勒中校	北里尔
第一大队	59	42	赫尔曼·施泰格上尉(代理) 第1中队:马克斯·格罗特中尉 第2中队:弗朗茨·昆茨中尉 第3中队:阿尔弗雷德·黑克曼中尉 第4中队:克梅特米勒少尉	特里尔梅斯
第二大队	38	25	约翰内斯·瑙曼上尉 第5中队:瓦尔特·马托尼中尉 第6中队:阿道夫·格隆茨少尉 第7中队:沃尔夫冈·拉德纳中尉 第8中队:威廉·霍夫曼少尉	蒙德马桑
第三大队	72	34	克劳斯·米特乌施少校 第9中队:希尔根多夫中尉 第10中队:保罗·绍德中尉 第11中队:彼得·赖舍中尉 第12中尉:施拉德尔中尉	南锡
合计	171	103	联队指挥部、第一大队、第二大队装备Fw 190-A8 第三大队装备Bf 109G-6	

第十一章　诺曼底空战

1944年6月6日—9月3日

一、6月6—30日

里尔北郊，联队指挥室电话铃音大作，刺破拂晓的静谧，普里勒从宿醉中猛然惊醒。电话那头，一个声音命令他的指挥部飞机即刻起飞，敌人已然大军压境。普里勒顿时气不打一处来，第二战斗机军强行将第一和第三大队调往内陆，以一句“天气太糟糕，入侵绝无可能”打发掉他这个联队长的强烈抗议。他靠着几瓶上等白兰地才压下对将军们的不满。

“你这蠢货!”他对着话筒大吼：“就两架破飞机，你他妈能指望我做什么？我的大队在哪儿？你把他们叫回来吗？”

那名作战官波澜不惊：“我们也不确定你的大队具体位置，但是我们准备把他们调往普瓦。你的指挥部也立即动身。同时，你最好飞往入侵地。祝你好运，普里勒。”

普里勒尽量压住火气：“劳驾您告诉我入侵发生在哪里？”

“诺曼底，在卡昂附近。”

1944年6月6日凌晨，悬在第三帝国头顶的达摩克利斯之剑终于落下。500艘舰船，包括4250艘登陆艇载着15.6万名盟军官兵渡过英吉利海峡，在六艘战列舰及众多其他军舰的炮火支援下、在将近10000架飞机的空中掩护下冲向诺曼底，人类有史以来最大规模的登陆战掀开序幕。德军预计登陆地点在加来，却只将JG 26联队指挥部留在100公里外的里尔。普里勒手头仅有的两架Fw 190A-8竟然最靠近真正的登陆地。

放下电话，普里勒喊来作战官菲利普上尉，花了一个小时做完部署，叮嘱僚机海因茨·沃达奇克下士跟紧，便迎着8点的晨光直奔诺曼底滩头。天空晦暗迷蒙，黑压压的“喷火”压在头顶[①]，向东一直延绵到阿布维尔。两架Fw 190孤独低飞，在勒阿弗尔爬升钻入云堤，片刻就到达五个登陆点东端的宝剑滩头。眼前所见何等恢弘，登陆舰队浩荡无际，仿佛延伸到海峡另一端，士兵如潮水般一波波涌上岸。

普里勒终于打破沉默，对沃达奇克送上一句“祝你好运”，便压下机鼻，以650公里时速冲出云层，沃达奇克紧随其后。他们不需要瞄准，只是对着黑压压的海滩按动扳机

① 普里勒到达海滩前看到的“喷火”可能是加拿大空军第440中队的12架“台风”——首轮突击中唯一被允许飞在云底下方的部队。詹姆斯·贝蒂（James Beatty）上尉报告仅在向云层爬升时看到2架Fw 190。

保持射击。英军地面士兵纷纷卧倒或者四散躲避，轻型武器迅速对空回击，舰载防空炮仰天咆哮。这两架离地仅有15米的“福克－沃尔夫”灵巧地穿梭于弹幕和阻塞气球之间，从宝剑海滩扫过朱诺海滩、黄金海滩，在奥马哈滩东端向着云端扬长而去。“管他是不是德国人”，英国扫雷艇上的司炉长目睹这一幕，瞠目结舌：“祝你们好运，你们真有种。”普里勒和沃达奇克就以这种方式保存了德国空军的颜面。

这惊鸿一瞥经由美国战地记者科尼利厄斯·瑞恩的纪实文学巨著《最长的一天》而永载史册，再经过好莱坞同名史诗电影再现，成就了第26战斗机联队最负盛名和最传奇的时刻，却也给后世留下一种流传甚广的误解：当盟军以压倒性的优势支配了诺曼底的天空，JG 26的两架Fw 190是德国空军唯一的存在。德国空军首日的抵抗确实微乎其微，尤其在上午难觅其踪，第3航空队总共500架可用飞机，当天只有185架部署到位，其中包括上个月从沿海撤到内陆的JG 2和JG 26[①]的160架战斗机。但德国空军并非销声匿迹，无所作为，他们不乏长久精心的谋划，不惜倾其所有，投入轰炸机、对地攻击机、驱逐机和战斗机打击滩头敌人。他们完全清楚要挫败盟军入侵必须将其扼杀在登陆之初，一如两年前在迪耶普那场大胜一样。戈林也曾作出指示：“能否在登陆的最初一个小时集中出动全体力量，决定着整场战争的结局。”届时一旦收到代码“古斯塔夫·韦斯特博士”，防守本土的17个战斗机大队将紧急赶赴登陆点支援，首要任务是护航和争夺制空权。如果一切依计而行，大约1000架战斗机在6日下午就能集中出击，对盟军登陆进程的威胁不容小觑。

所有计划最终化为一纸空文，德国空军在计划实施之初就先输一招，最早几份情报含糊不明，盟军一系列欺诈行动成功令柏林方面相信诺曼底敌军仅是牵制兵力，导致空军总司令部直到8:30左右才发出行动代号。接下来，移防一塌糊涂，受恶劣天气所困，很多援军直到中午才起飞，加油、中转场站容量不足、飞机维护和调度等问题层出不穷，只有少量援军在深夜赶到指定机场。因此登陆首日，依然由“施拉格特”和“里希特霍芬”两个老牌海峡联队大约160架昼间战斗机独撑大局。当天德军共出动172架次战斗机执行作战任务，其中第5战斗机师的JG 26和JG 2占121架次，第2航空军的第4对地攻击机联队（SG 4）51架次，因各种原因共损失了16架战斗机和至少8名飞行员，至少宣称击落20架敌机。盟军全天共出动14500多架次作战飞机，其中滩头巡逻战斗机1547架次，为部队运输机、运输舰和轰炸机护航的战斗机1800多架次，总损失约113架，战斗机和中型轰炸机占66架。

7点，JG 26第二大队已经从蒙德马桑和附近的比亚里茨（Biarritz）起飞，奉命在弗罗（Vrox）等待进一步指示。与此同时第一大队的地勤车队停止了往内陆调动。普里勒带着僚机匆匆撤离宝剑海滩后降落在克雷伊（Creil），与JG 2联队长库尔特·比林根少校（Kurt Bühlingen）共商对策，后者手中也只有一个大队可用，并不比普里勒宽裕多少。经与第5战斗机师多番电话沟通，普里勒做出下一步部署，第二大队将驻巴黎郊区的基扬古尔

① 《最长的一天》写JG 26联队在登陆前一天被强行调离，事实并非如此，三支大队早在5月中上旬已转移，以避开昼夜不停的猛烈轰炸。

（Guyancourn）作战，第一和第三大队分别留在克雷伊和科梅耶（Cormeilles），等待与从布列塔尼赶来的JG 2第一和第三大队会合，再进驻巴黎南部。

凌晨5点，德军第10快速轰炸机联队第3中队在伊西尼（Isigny）至卡朗唐一带撞见正在轰炸德军海岸炮台和防御据点的皇家空军轰炸机，宣称击落4架兰开斯特轰炸机，为德军首开纪录。临近中午，卡昂上空爆发第一场空战，美军第九航空队第365战斗机大队16架P-47和英军第二战术航空队第183中队8架“台风”攻击地面目标时，先后遭到JG 2联队大约30架Fw 190攻击，比林根少校先拔头筹，宣称击落1架P-47，他的飞行员们宣称击落4架“台风”。下午JG 2联队在鲁昂全歼了美军第八航空队第4战斗机大队一个P-51小队，JG 2联队当天以损失9架Fw 190的代价共宣称击落3架P-47、5架P-51和9架“台风”①。

虽然由联队长最早赶到滩头惊艳亮相，JG 26全天整体表现较之JG 2失色不少，转场损失了4架Fw 190，其中1架因起飞事故坠毁，1架被自己人的高炮部队误击，2架为海军防空炮击中，飞行员1死2伤。第二大队8架Fw 190朝科梅耶转场途中在鲁昂附近发现1个“野马”小队正攻击地面目标，格隆茨少尉率队偷袭，被对方及时发现并遭到有力反击，1架Fw 190被击落，飞行员跳伞负轻伤，格隆茨击伤了1架“野马”机翼，双方随后退出了战斗。第三大队9:30到达克雷伊，中午与“喷火”混战一场，无果而终，可能因此止住了赶往滩头阵地的步伐。下午，JG 2联队的地勤给几架Fw 190临时加上21厘米火箭弹炮管，克梅特米勒少尉率领4./JG 26中队用火箭弹攻击滩头地面目标。20:55，2./JG 26中队长孔茨中尉在卡昂东南方宣称击落1架“野马”（可能来自美军第4战斗机大队），为联队取得登陆日唯一一个空战战果。第二大队傍晚进驻巴黎地区的基扬古尔。

6月7日，第一大队宣称击落2架“野马”4架“雷电”，第三大队进账1架“野马”，第二大队进账的2架“野马”相对确凿：1架来自皇家空军第129中队，上午武装侦察时被第8中队的齐默尔曼上士击落，另一架在攻击德军车队时被第二大队一名防空连炮手打

6月中旬，普里勒降落在基扬古尔机场视察第二大队，地勤们立即将他的“黑色13”号Fw 190A-8“尤塔”推进掩体。6月6日普里勒驾驶这架战机扫过宝剑海滩。

① 其中1架被JG 2宣称击落的“台风”实际应该是美军第4战斗机大队的P-51。

落。美军第362战斗机大队第379中队一个P-47小队中午在法莱斯（Falaise）附近遭到JG 26第一大队突袭，2架被击落、2架受重创。

13:50，普里勒在卡昂以北击落1架野马式战斗机，傍晚他再接再厉在埃夫勒（évreux）击落1架P-47，将战绩提高到98架，此时不但JG 26与JG 2你追我赶，两位联队长的战绩也咬得很紧，同一天，比林根少校以2架P-47的坠落收获了第100和第101架战绩，普里勒很有风度地以花环相赠以示祝贺。

6月7日晚德国本土只剩下5个单发战斗机大队及1个指挥部小队、5个双发战斗机大队留守，帝国航空队其余17个战斗机大队及4个指挥部小队增援到法国，诺曼底前线总兵力本该达到1000架左右，但当晚上报给柏林方面的可出动数只有287架，因为混乱无序和空袭导致部队实际可用兵力不足一半。事发突然，移防仓促，战备物资和地勤维护难以跟上，更悲惨的是增援部队赶到法国后发现留给他们的野战机场既无疏散也无隐蔽设施，指挥室、营房、通讯、照明和补给设施一样没有，简陋到只有一个起降跑道。第3航空队参谋作业明显失职，施佩勒元帅对此轻描淡写辩解为人手不足。

增援部队中JG 27联队和JG 53联队划归给第5战斗机师指挥，JG 1联队、JG 3联队、JG 11联队、Ⅲ./JG 54大队划归给第2航空军，后者主要任务从夺取制空权变成攻击地面目标，不过这些长久以来奋战在本土防空战场的飞行员习惯了拦截轰炸机，对于眼下最紧迫的轰炸和扫射相当生疏。德国战斗机始终没能集聚成足够规模，游兵散勇的扫荡难以有效冲击到盟军抢滩和推进。6月12日，“超级机密”破译了德军命令：所有部署在法国的战斗机大队拆除飞机上的炸弹挂架；帝国航空队两个精锐Ⅳ./JG 3大队和Ⅲ./JG 11大队增援到法国6天后就撤回德国。次日第2航空军指挥层及参谋部调回国内，下辖的战斗机大队外加一个对地攻击机大队Ⅲ./SG 4划归第5战斗机师，后者直接指挥的大队骤增到20个，指挥系统不堪重负。在第4战斗机指挥部和布列塔尼战斗机指挥部分摊指挥功能之前，这些战斗机只能单打独斗，消耗着紧张的燃油和资源，执行着效能低下的自由狩猎和自由扫荡。显而易见，德国空军抵御登陆的计划彻底失败，接下来德国战斗机对盟军地面部队所能构成的威胁只剩下寥寥几枚WGr 21火箭弹和航炮。

JG 26在诺曼底战役的任务同样以扫荡地面目标、自由狩猎和巡逻为主。不知是部队声望使然还是先来先占的缘故，普里勒为JG 26抢到了巴黎地区两处最完好的机场，第一大队在科尔梅莱和布瓦西勒布瓦（Boissy le Bois），第二大队在基扬古尔，第三大队在维拉库布莱，普里勒最初在基扬古尔附近的比克（Buc）临时坐镇指挥，几天后指挥部班子赶到，便搬到与布瓦西勒布瓦紧邻的小镇肖蒙（Chaumont）。第二大队在地勤人员后续赶到前，飞机维护只能由飞行员们自力更生。

布瓦西勒布瓦是一座位于巴黎和博韦之间的永备机场，硬件设施先进，疏散区高度隐蔽，以至于接连几周成功瞒住了盟军侦察机。基扬古尔和维拉库布莱坐落于凡尔赛以南的乡镇群落之间。基扬古尔建造于30年代，最早是法国高德隆飞机厂厂区，拥有四个大型机库（6月17日毁于空袭）、三条夯实的草地跑道，还有十个稳固的T字形检修棚，空间刚好能容纳一架Fw 190，疏散区隐藏在树丛，飞行员宿舍区在附近一座城堡，而地勤们住在机场边的兵营。

维拉库布莱被一条国道分作南北两区，面积更大的南区曾经是法国空军的飞机厂和研发机构，早期的航空先驱布雷盖（Brégue）公司也使用过这里作厂房。后来成为德军第3航空队重要的福克－沃尔夫飞机维修和改装车间，机库和建筑单排而立。北区以前是法国莫拉纳飞机公司的厂区，后被德国菲泽勒（Fieseler）公司用作飞机装配厂。南北两区都拥有宽敞的飞行场地和刚性道面跑道、伪装良好的疏散区，第9和第11中队在北区，第10和第12中队以及刚从德国赶到的Ⅲ./JG 54大队则在南区。接下来两个半月后他们都以这里为基地，作战到撤离法国为止。

8日，第5战斗机师（JG 2、JG 26、JG 27、JG 53）总共执行了43次任务，其中Fw 190出动103架次，Bf 109出动175架次。JG 26偶有几次扫射舰船，首要任务是自由猎杀盟军战斗机和战斗轰炸机。第一大队两次出击均空手而归，第二大队上午以1名飞行员被击落身亡的代价，宣称击落2架“野马”和2架“雷电”，前者的交战方皇家空军第168中队只损失了1架“野马Ⅰ”，2架“雷电”来源不明。美军第371战斗机大队一个“雷电”小队清晨攻击勒阿弗尔附近的地面目标时被米特乌施少校及僚机击落了3架，德军只确认了其中1架，与此同时赖舍少尉在卡昂以北宣称一架“台

诺曼底战役期间维拉库布莱机场南区，最左边跑道上停着的Fw 190A-8属于Ⅲ./JG 54大队长罗伯特·魏斯上尉。

1944年春夏，法国前进机场，第11中队的Bf 109G从几名当地建筑工人面前驶过。

风”[①]。午后同样在卡昂西南，一名Bf 109飞行员被“喷火”击落，跳伞受轻伤。

接连两天暴风骤雨般的高强度作战后，6月9日JG 26联队因云雾和阴雨迎来半天的喘息之机，即使营帐简陋得只有稻草铺成的床位，也东倒西歪挤满了抓紧时间小憩的飞行员。位于比克的联队临时指挥室同样空徒四壁，除了两把椅子、两张桌子、一部电话和一幅地图，唯有普里勒一人，身兼接线员、文书员和飞行员数职，从不离口的雪茄成了他缓解压力的唯一方式。

下午天气好转，三个大队执行自由狩猎，但一无所获，因为英国的天气同样限制和阻碍了盟军的出动。傍晚，第一大队11架Fw 190由联队长亲率，再次出动，不知为什么他们没有出现在激战正酣的滩头阵地空中支援，却飞向盟军空降部队的停机坪不费吹灰之力扫射摧毁了地面15架滑翔机，再堂而皇之将这些并无多少军事价值的无动力飞行器呈报，战争进行至此，德国战斗机部队的衰弱可见一斑。

10日偶有零星小雨，天空再次充满了喧嚣，第5战斗机师下令扫射和扫荡地面目标，JG 26共损失2架Bf 109和1架Fw 190，飞行员1死1失踪1人跳伞轻伤。第二大队两次出动都遇上恶战，下午它们在阿让唐（Argentan）以北卷入美军第78战斗机大队与几架Bf 109的交战，霍夫曼少尉击落1架P-47。傍晚在奥恩河河口到利雪一带，第二大队、第三大队与美军第365战斗机大队发生交战，第6中队指挥官格隆茨少尉宣称2分钟内连下三城，个人战绩攀升到64架。第9中队的迪特温·帕佩少尉也宣称击落1架，但上述4架战绩只有格隆茨的1架得到确认，美军此役实际损失2架“雷电”。几天后战地记者成功撬开格隆茨的嘴，将这一仗见诸报端，虽然报道将“雷电”误作“野马”，但仍不失为参考：

格隆茨最后云淡风轻地将几天前的一次任务娓娓道来。正是此役，他2分钟内一举击落3架“野马”：积云中，1架敌机冒着火光坠落。格隆茨刚穿云而出，“野马”机尾鬼魅般从他眼前乍现，方寸之间险些相撞，两机同时冲出云层之际，格隆茨眼疾手快扣动扳机，敌机燃烧起来。然而又1架敌机出现在身侧10米，格隆茨向右侧滑并持续开火，一番痛击，最后这架敌机也坠落了。文字表述不过寥寥数语，只有他的战友知道这手“格隆茨式绝杀”难于登天。

11日上午的天气同时限制了双方空军，第二大队和第三大队在下午的自由狩猎任务

① 可能来自皇家空军第168中队。

中没有遭遇敌机，普里勒率第4中队由地面引导前去攻击一个P-38编队，这种双垂尾战斗机因外形突兀，不易被海军防空炮手误伤，登陆战打响之初被用于巡逻航道，现在加入到对德军的空中打击。美军第55战斗机大队一个中队轰炸完贡比涅地区的铁路场站，朝英国基地返航途中收到地面命令，又调转方向前去攻击博韦的机场，然而刚接近目标就遭到上方12架Fw 190突袭，一场难得势均力敌的激战过后，2架P-38和1架Fw 190坠向地面。普里勒和僚机沃达奇克下士各立一功，格哈德·维甘德少尉入账2个战果，随后被一个70度偏转角射击从驾驶舱前方扫到发动机，维甘德急滚躲进云层，跳伞逃生，但在着陆时大腿粉碎性骨折，再也没能重返战场，至此他在106次战斗任务中共宣称歼敌23架，其中17架得到确认。这个勤奋缜密的飞行员作战日志终止于这一段：

1944年6月11日

第106场出击：击落2架P-38。

14:00起飞，普里勒带队向内陆爬升，任务是保护公路运输线，无线电里呼叫“机场上空发现‘闪电’”，我们回复：“马上赶到。”当前云量4/10，10架“闪电”与我们同在2000米高度，我们加足马力爬高，对1个敌机小队发动攻击，普里勒率先击落1架，右边一对敌机向左下方俯冲，我紧跟过去，战场极度混乱，我开火后“闪电”冒出火光，我追击前方一英里外的另一架，四周只有我和他来回追逐，他突然向左急转弯调头，我立即开火。突然曳光弹一闪，座舱盖黑乎乎一片——油箱被击中了，又是一阵可怕的爆破声，我双腿悬空。我摘下麦克风，打开降落伞，右腿带着我在半空来回摇摆，周围盘旋着6架“闪电”。伴着剧痛，我重重坠地，落在距离贡比涅以北3公里野外，大腿粉碎性骨折，四个小时后被送进医院接受麻醉手术，彻底睡上好觉！

除了JG 26宣称歼敌5架，JG 5第一大队同样也宣称击落2架P-38，但美军只有第55战斗机大队损失2架P-38。

6月13日JG 26联队继续扫荡和掩护战斗轰炸机，战斗中损失了2架Fw 190及其飞行员，可能被敌军地面炮火击落。只有第1中队的泽芬少尉于16:15在德勒一带入账了1架“野马”战绩。当天第一大队收到一项新任务：攻击盟军公路运输线，方式是机枪扫射或者发射火箭弹，普里勒紧急电告第5战斗机师，申请为联队指挥部和第一大队加装21厘米火箭弹炮管。这种武器威力惊人，精度却很糟糕，从炮弹到发射管增加的重量也严重影响了飞机机动性，去年在帝国防空战中一度用于打散重型轰炸机编队，为后续精确打击创造条件。7月中旬第一大队的Fw 190全面装上21厘米火箭弹，用来攻击在卡昂的英军装甲部队。

下午，一个Bf 109大队携火箭弹前往卡昂攻击英军装甲部队，JG 26第三大队为其护航。这60架Bf 109组成的机群在滩头90公里外被8架“野马”打乱，第11中队的海因茨·格尔克下士习惯性又同部队失散了，弹尽油绝的他为了降落在奥尔良加油，独自朝着巴黎返航，不巧撞见美军最精锐的第78战斗机大队，被12架“雷电”追得抱头鼠窜，他回忆道：

起飞不到10分钟，前方隐约扬起巨大的沙尘，我第一反应是：妈呀，法国农民的打谷机威力如此巨大？然而那不是打谷机也不是任何农械，而是“雷电”在攻击地面。盘旋了一阵，刚认清事实，就被发现了——怎么办？1对12？生死关头我只好调转方向，下降高度，开足马力朝东边逃。我以两三米的超低空飞行，只在篱笆和树木前拉高飞越，还是被追得团团转。对方连番开火，衔接精准、配合默契。为了避开电线，我再次拉高机头，此时一声巨响，机身迸裂，被击中的发动机浓烟滚滚，我唯有爬出驾驶舱逃生，尽管降落伞打开了，着陆时我还是一屁股跌坐在地，摔得晕头转向，Bf 109坠毁在一处村庄，火势蔓延到附近农舍。农民伯伯杀气腾腾冲过来，挥舞着镰刀、棍棒——没准儿还有枪，我不太确定。他们想知道我是不是烧掉他们房子的罪魁祸首。坠地的冲击和双腿的枪伤令我浑浑噩噩，动弹不得。天无绝人之路，一辆满载德国士兵的卡车恰好路过，救走了我并送至奥尔良一所医院。在医院疗伤的十天里，中队已有多名飞行员伤亡，我的及时回归令队友们大为欣慰。

美军第78战斗机大队一个飞行员首先发现格尔克这架“独自贴地低飞”的Bf 109，艰难地打出一个偏转角射击，原以为成功干掉敌机，不料没多久Bf 109又一次跃进视线，遂追至800码距离再次开火，奈何子弹打光也没能拿下目标，中队指挥官接过他的班，以一串150码近距离短点射将这架Bf 109打得残片飞舞。格尔克在火焰蹿出之际拖着中弹的腿及时跳伞，飞机在下方农场坠毁爆炸。不知他口中“大为欣慰”的队友是否包括中队长彼得·赖舍少尉，他被后者罚了三天禁闭，理由是破坏公物——可能还有擅离编队。监禁地是围上一圈栅栏的巴黎公厕。

军械士为联队指挥部一架Fw 190A-8装载WGr.21火箭弹。

第1中队一对Fw 190挂着WGr.21火箭弹和副油箱起飞执行对地攻击任务。

14日，第八航空队因天气原因取消了对德国本土的轰炸计划，983架B-17和B-24改去摧毁德军在法国的机场和补给站。第九航空队的500架中、轻型轰炸机则继续轰炸巴黎南部的铁路设施。美军战斗机除了护航，还执行了上千架次对地攻击任务，英国盟友不甘落后，出动架次大致相当。

德军第5战斗机师只派出JG 26第三大队对付重型轰炸机，其余主力继续扫荡地面，6:45，18架Bf 109从维拉库布莱飞往勒布尔歇方向，拦截来袭的B-17箱形编队，爬升到巴黎上空8000米排成横队，米特乌施少校首先发现下方2000米的P-38护航机，一马当先率队冲下去发动攻击，他的四机小队成功打了对手一个措手不及，每人拿下1架P-38。赖舍少尉宣称击落第5架，就在后续跟进的Bf 109同P-38战成一团之际，米特乌施杀进更下方的轰炸机机群，最后由他和第12中队的汉斯·厄克尔（Hans Oeckel）少尉各自击落1架B-17。他手下四个新手被P-38击中，其中两人身亡，一人跳伞，最后一人是米特乌施小队里才立功的埃哈德·蒂佩下士，他借助云朵掩护迫降在巴黎郊外一处农田。蒂佩后来描述了他的大队最成功的一战：

我作为大队长的小队成员飞在编队右前方，18架Bf 109直接爬升到巴黎北部上空8000米，排成一列战斗纵队，很快发现下方2000米有60架“闪电”，同样列队飞行，米特乌施大队长横滚俯冲下去，我们紧随其后，像猛禽扑向各自猎物，转眼1架“闪电”被大队长凌空打爆，很快第2架也步其后尘，我紧咬住1架右转规避的敌机，对方反方向急转，我亦收小转弯半径并开火，这架“闪电”失控掉了下去，波尔蒂以类似方式也成功解决掉了1架。发现60架“雷电”后我们火速撤退，我大角度俯冲，在巴黎上空被4架“闪电”逮住，我只能加足马力朝附近一片云层逃，刚躲进去，就被身后一串子弹打中了冷却管道，发动机温度剧增，我只能关掉发动机向东滑翔。穿出云层时，追击者不见了，我最终将老伙计“黄色13”号完好地以机腹迫降在巴黎郊外。这天大队大获全胜，一举击落7架敌机，不过也损失了7架飞机，所幸大多数可以修复，何况此战是以18对120，这样悬殊的兵力差距已是家常便饭。

第三大队宣称的5架P-38战绩有3架通过审核，与美军第55战斗机大队的损失完全一致。后面加入进来的60架“雷电”有可能来自美军第368战斗机大队，其中1架被第11中队的施托尔下士追至低空击落。美军本次行动共损失11架B-17，其中仅有第384和第401轰炸机大队的两架为德国战斗机击落。

与此同时，巴黎以东空域，均在实施战斗机扫荡的JG 26第一大队和美军第357战斗机大队狭路相逢，16架Fw 190携高度优势先发制人，1架P-51被埃伦里德少尉及其僚机击落，有趣的是，第357大队宣称遇到“长鼻子Fw 190”，击落2架、击伤1架，德军最新型Fw 190D型战斗机三个月后才正式服役，但早在年初就被盟军情报部门不断向前线部队提及和警告，而真正与美军交战的“短鼻子”Fw 190A-8也无一损失。

6月15日晴空万里，天刚蒙蒙亮，JG 26奉命全体出动，和Ⅲ./JG 54大队一起扫荡卡昂西部。不久海岸线出现5个重型轰炸机编队，航向直指巴黎，第二大队和普里勒在诺曼底郊区上空收到命令，开始调转方向赶去拦截。随着5000米上空一团光点闪烁跳跃，目标出现了，上方还有庞大的护航机群，普里勒和第二大队指挥官马托尼上尉决定速战速决。以下摘自普里勒的作战报告：

我来到首个轰炸机箱形编队侧方，从水平高度打偏转角射击，接连命中左翼那架“波音”。与强大的护航机一番近距离格斗后，我来到约20架“解放者”组成的编队前方，发动迎头攻击，击中了领头V形编队左侧翼位置的敌机驾驶舱和左边两个发动机，我俯冲脱离，最后看到那架“解放者”已脱离编队，三个发动机位置冒出耀眼的火光，接下来的战斗令我无暇看到它坠落。

普里勒的第100个牺牲品：美军第492轰炸机大队的解放者轰炸机坠毁在盟军阵地上。

美军第492轰炸机大队这架B-24成为普里勒标志性的第100个空战战果，飞行员戴维·麦克默里（David McMurray）少尉努力操纵剩下两个发动机朝滩头撤退，当第三个发动机上的螺旋桨也失灵后，麦克默里下令做好跳伞准备，此时飞行高度2000米，30英里外海岸线在望，领航员误以为已飞出德军防区，第一个跳伞而出，立即被俘，其余9名机组乘员坚持到最后一个发动机停车后也在距离海岸15英里上空陆续跳伞，最终在盟军防区安全着陆。然而天意弄人，不到三周后，坚持战斗的他们在另一场任务中全体牺牲，领航员则作为战俘活过了残酷的战争。

第二大队奋力抵御着护航的美军第339战斗机大队，以损失2架Fw 190和1名飞行员的代价宣称击落1架P-51（未得到确认）。立功的拉德纳中尉随后中弹跳伞，他的降落伞被机身缠住，最后关头才惊险脱身，拉德纳因伤暂别前线半个月，此间福格特少尉代理指挥第7中队。第6中队的阿尔弗雷德·京特军士长被“野马”一路追到在奥尔良以南击落身亡，20世纪70年代遗体在河床下被发现，但身份直到1991年才通过遗物确认得到确认，关键证物点烟器随后被法国研究人员归还给死者遗孀。

第一大队由代理大队长施泰格上尉宣称在沙特尔（Chartres）以南重创1架B-17轰炸机，但未获确认。美军记录当日损失的B-17均为德军高炮击落。第三大队发现了没有护航的第392轰炸机大队，从美军前方和后方三次展开攻击。米特乌施再次将1架“解放者”斩落马下，蒂佩下士因前日的出色表现被米特乌施另眼相看，担任僚机，他没有辜负大队长的赏识，重创了1架“解放者”。

今天我有幸担任大队长的僚机，和大队长一起打头阵实乃无上的荣耀。我们照例爬升到8000米，在沙尔特西南方向发现一群“解放者”和大量护航机。趁还没被后者发现我们高速冲向轰炸机群，果然将它们杀了个措手不及，1架“解放者”当即被大队长凌空打爆，堪称百步穿杨，我的目标被击中后没有立即解体，但拖着两道浓烟向右下方坠落。

三位战友为这个重创战绩作了证。

我在疏散区找到大队长和中队长做汇报，米特乌施祝贺了我的第二个战果，还说："现在我要向蒂佩提出几点建议：第一，起飞时切勿离我太近，这对Bf 109来说很危险；第二，完成攻击后也要跟上我。好了，下次任务以前，你去挑一架指挥部的飞机，下次还是和我一起，明白吗？""遵命！少校！"然后我就被礼貌地请走了。

第三大队的战绩与美军损失记录完全一致：第392轰炸机大队一架B-24被Bf 109击毁，另一架伤痕累累迫降回英国。机枪手击落了JG 26第9中队指挥官希尔根多夫中尉，后者果断折断右腿义肢，将其夹在腋下，拖着还打着钢钉的左腿脱离驾驶舱跳伞。一位法国农民目击到他从天而降的一幕，吓得魂飞魄散，没命般地逃了。虽然一根椎骨受伤，但顽强的希尔根多夫一周后又重返天空。

6月15日美军第八航空队作战损失的2架重型轰炸机皆为JG 26联队创下。带着自己第100个空战战果，普里勒返回基扬古尔，立即被团团围住，兴奋的队员们按照惯例向联队长敬献花环以示祝贺，一起呈上的还有即将临产的妻子的来信，普里勒自然迫不及待先拆开家书，飞快扫了一眼，咕哝道："感谢上帝，家里一切安好！"

普里勒的100场空战胜利全部在西线取得，在他之前，仅有五人击落的英美战机攀上三位数[①]，且他们之中已有三人不在人世，直到二战结束也仅有8名德国飞行员达到这一成就。联队上下大肆庆贺一番，接下来的几周里军中贺电雪花般飞向肖蒙、比克、基扬古尔的指挥所，为表彰他个人立下的显赫战果以及领导JG 26的卓著功勋，7月2日，他被召到元首大本营接受希特勒授予的双剑橡树叶饰骑士十字勋章，成为继加兰德之后JG 26第二位、也是最后一位获此殊荣者。

16日，德军第二战斗机军将它的5个联队和1个对地攻击机大队派到卡昂集中攻击英军阵地，于是接下来一周，JG 26联队频频同皇家空军第二战术航空队交手。16日JG 26唯一的收获是10中队中队长绍德中尉下午在利雪附近击落的皇家空

普里勒战绩突破100大关后返回基扬古尔得到队员们赠送的鲜花祝贺，他右边是僚机海因茨·沃达奇克下士，对面是马托尼中尉。

① 汉斯-约阿希姆·马尔塞尤：西线战绩/总战绩：158架，1942年9月30日阵亡。
海因茨·巴尔：西线战绩125架、总战绩221架。
库尔特·比林根：西线战绩/总战绩：112架。
约阿希姆·明希贝格：西线战绩102架，总战绩135架，1943年3月23日阵亡。
埃贡·迈尔：西线战绩/总战绩102架，1944年3月2日阵亡。

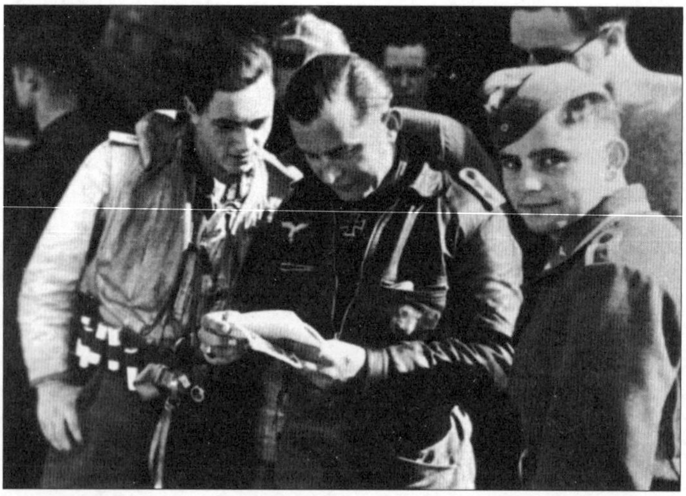

照片拍摄时间不详，不过对担负着巨大责任和压力的普里勒而言，收到家书的时候想必也会露出这样难得的笑容。

军第438中队1架“台风”。当天清晨的任务被天气打乱，刚被指定为大队长固定僚机并晋升为上士的埃哈德·蒂佩成为联队唯一遭遇敌机的飞行员：

警报停了又响，我几乎彻夜未眠。凌晨4:10，作战令下达，我从床上一跃而起，匆匆冲了个冷水澡驱走睡意，在食堂用餐时，老大（指中队长赖舍）让我去大队指挥室，我将担任大队长的僚机。

我们来到机场，准备紧急起飞，但我昨天挑选的飞机尚未维护好，只能去远处机库另挑一架，因而耽搁到最后独自起飞。我奋力追赶，挨个辨认前方三队Bf 109：右方那个不是我的大队，中间的也不是……眼看这个大队向下飞进云层，我还是加入了进去。一起到达滩头，庞大的舰队映入眼帘，系着钢丝的阻塞气球密密麻麻飘荡在上方，将舰队保护得水泄不通，我方无路可去，只好调头折返，队形变得杂乱无章，为了避免相撞，我拉起机头大角度爬升钻进云层，随后便失去这支不知名的部队踪影。

穿出云层，只发现前方有两架飞机，原以为是Bf 109，但很快认出是“喷火”，而且右边又冒出6架，向低空突围绝无可能，我于是向着云层急转弯爬升，一开始“喷火”盘旋爬升时确实追不上我，但它们凭借出众的性能步步逼近，火力全开，子弹劈头盖脸飞来，挨了四五次后我的座机冒出白烟，显然散热器被打坏了，发动机温度直线上升，几近爆表，此时我身处1300米的高度，但座机已失控，怎么办？我只有抛下座舱盖，爬出驾驶舱，跳伞逃生，鉴于此前已发生多起我方飞行员跳伞后被射杀的惨案，我保持自由落体，坠至300米高度时才在最后关头扯开降落伞，最后在一片荆棘丛中着陆。

……面前突然冒出三个荷枪实弹的加拿大士兵，言简意赅“出来吧，伙计！”我乖乖束手就擒。解开降落伞时发现右肩受伤了，右臂无法弯曲，忍着剧痛爬出树丛，随后被里里外外搜了一遍，个人物件均被没收，我用英语开口道：“这个烟盒是我哥哥的遗物，请还给我。”于是他们仅没收了军用品。这三名加拿大士兵将我押送回他们的指挥部。简短审讯了一番，有伤在身的我便被送到野战医院，那里忙

“他神不知鬼不觉溜到我后方，巨大的机鼻寒光乍现”——汉斯·哈尔蒂希斯中尉

菜鸟飞行员们能以各种方式折磨着他们的指挥官和长机，诺曼底战役期间JG 26第4中队的汉斯·哈尔蒂希斯中尉经历的一段插曲令他哭笑不得、记忆犹新：

当时我有个奇葩僚机：沃尔夫冈·马克斯准尉，这孩子能把飞机开上天，但跟不上我，每次我都是独自返航，气得吐血，终于我忍无可忍，威胁要把他踢去补充训练大队回炉改造，手续都办妥了。

这天他还是担任我的僚机，几个小时的驾驶舱备战后，起飞令下达了。16架福克机在地面引导下顺利接近目标：一个飞在下方1000米的“闪电”编队，显然我们也被发现了，对方开始爬升，于是我们先下手为强，背对阳光俯冲下去，将2架敌机打成一团火球。随大队爬高撤离时，天空不知何时空无一物，无论“闪电”还是“福克－沃尔夫”皆不见踪影。我转弯寻找我的小兄弟，突然发现两架“雷电”一前一后飞在4000米高度的云层上方，那架被远远甩在后面的僚机真是好靶子，我立即追过去开火。对方长机倒是个老手，反应灵敏地拉起飞机向上遁走了。正四下搜寻，他神不知鬼不觉溜到我后方，巨大的机鼻寒光乍现。

我寒毛直竖，本着保命要紧的想法赶紧以一个爬升急转逃走，对方却亦步亦趋，我又使劲推杆朝左下方逃，在树梢高度改出，高速俯冲中驾驶舱内杂物飞舞……发现下方是盟军机场，便死踩油门冲过去，巴不得机场的防空炮慢半拍，打中身后的索命鬼，但是天不遂人愿。我一度想跳伞了，身后却还没动静，他没子弹了吗？这架战斗机逐渐追了上来，飞到我身边：马克斯！全程独自一人把我追得团团转的居然是马克斯！我朝他摆摆手示意返航，降落后他走过来说：

“祝贺你，中尉，我看到你击中敌机了，我从没飞过这么惊心动魄的任务……后面有多少敌人？我压根没留意过，全神贯注地跟着你已经很吃力了——不过不辱使命！”

得不可开交。一个重伤员躺在担架上被医护兵抬了进来，正好放置在我面前，盖布血迹斑斑。另一个医护兵递过去一杯茶，可这个伤员坚定地将头一摇，说：“给这个德国俘虏也来一杯，还有一支烟。”一席话令我感动肺腑，我们被卷入的这场战争何其疯狂。目送着他被抬进手术室，我默默祝愿早日康复。

蒂佩崭露头角的飞行员生涯终结于加拿大空军第443中队之手，6架“喷火”清晨从法国新机场起飞拦截20架Bf 109，蒂佩成为第443中队唯一的收获，也是JG 26当日唯一的损失，更成为近一年来头一个和当月唯一一个被俘的JG 26飞行员，足可见这一时期JG 26很少越过敌军防线。

17日，为了对巴约（Bayeux）南边的盟军部队展开四次集中进攻，第5战斗机师出动129架次Fw 190和152架次Bf 109，共执行49次战斗。JG 26联队的任务是自由狩猎和自由猎杀敌军战斗轰炸机，第二大队三次出击，以4名生手阵亡的代价，宣称击落英军2架“野马”和美军1架“雷电”，包揽了联队全天的战果和伤亡。次日傍晚，格隆茨少尉带上一个年轻下士执行扫荡任务，在勒贝尼博卡格地区每人击落1架“野

在盟军把持绝对制空权的诺曼底，战场条件恶劣，对战机的野地维护、伪装和疏散提出了极高的要求，飞机直到出战前才去除伪装，螺旋桨一停下立即重新隐蔽妥当。在这方面，JG 26的地勤们做得很出色，飞机地面损失情况相对其他部队轻微得多，当然这也与JG 26的机场硬件设施更优越不无关系。这一时期无论飞机停泊还是人员休憩几乎都在树林里。上图是第7中队中队长福格特少尉的Fw 190A-8，7月5日它被“喷火”击伤后迫降过程中撞上电线而报废，福格特因伤缺阵了一段时间。中图是第10中队一架Bf 109G-6正被推进疏散区掩蔽。下图是第11中队停在疏散区的Bf 109G-6。

马”侦察机（属于加拿大空军第414中队）。像格隆茨这些身经百战的德军王牌面对大多数盟军飞行员确实技高一筹，单打独斗游刃有余，然而在诺曼底，这样势均力敌的交战凤毛麟角，有经验的老手也日渐凋零。此后格隆茨暂离前线，回国接受战时军官培训，6月24日，凭借65架空战战绩，他的骑士十字勋章被加饰了橡树叶，9月初归队后担任第6中队见习中队长，9月20日正式晋升。

个别联队和王牌飞行员零星的胜利无法掩饰整体颓势。月底，第三高炮军军长向施佩勒元帅抱怨前线基本看不到德国战斗机踪影。负责这一战区的第二战斗机军完全无力挑战盟军制空权，总参谋长无可奈何叹息道：“对昼间战斗机部队的抨击铺天盖地，愈演愈烈。”17日，几位战斗机大队长被召集在一起共同探讨当前越发严峻的战局，部分会议内容被“超级机密”破译，盟军和后世得以窥得这一阶段指挥官们的心态和观点，席间米特乌施少校和JG 54第三大队的罗伯特·魏斯（Robert Weiß）上尉都表达出对装备和飞行员仍然持有信心，他们苦恼的是补充兵员素质堪忧，有经验的中队指挥人才越发匮乏尤为后患无穷。两人还抱怨滩头阵地损失惨重，究其原因在于分散出击，敌众我寡，要减少损失至少应该集结20架战斗机。

魏斯提到他的大队在第2航空军中执行了13次轰炸任务，可能只有2次投中目标，其他几次都提前丢弃炸弹，原因出自飞行员缺乏训练、编队单薄、护航数量不足或质量不佳。米特乌施在此次会议就Bf 109G的战术应用提出以下观点：

1. Bf 109G和 Fw 190速度上的差距不利于混编作战，鉴于此，Bf 109应该被用于更适合自身性能的战术位置，例如加大飞行高度；

2.Bf 109G应避免在低空和低空云层中作战；

3.Bf 109G最佳进攻时机是俯冲的时候；

4.机鼻上方的3厘米口径MK108机炮效果显著，由此产生的飞行性能方面的轻微牺牲可以接受。

二、梅塞施密特日薄西山

6月20日，美军第一集团军距离法国北部最大的港口瑟堡仅有8公里，但在德军的混凝土工事和反坦克障碍前停滞下来。22日，美军对瑟堡展开强攻，第九航空队首先出动600架次作战飞机，密集轰炸瑟堡。第八航空队麾下1099架重型轰炸机分散攻击德军地面目标。JG 26只能以微薄的兵力不停奋战到夜幕降临。13:10，普里勒率领第一大队和第三大队飞往激战正酣的瑟堡前线，猎杀盟军轰炸机和战斗轰炸机。第一大队没有发现目标，最后遵照普里勒指示，以扫射结束了本次行动。

全体出动的第三大队从瑟堡返航至卡昂西南时，遭到两个“雷电”战斗轰炸机大队围攻，从猎人沦为猎物。第11中队8架Bf 109试图从高空突袭美军第365战斗机大队第386中队4架“雷电”，反遭第386中队掩护在上方的另一个小队扑杀，第11中队陷入上下夹击，只剩招架之功，2人阵亡、1人跳伞。双方中队长展开恶斗，赖舍少尉以一串剧烈的机动逃向地面，“雷电”飞行员紧追不放，但低空半滚倒转时出现黑视，恢复意识后Bf 109已不见踪影，他归队时撞见另一架Bf 109，做桶滚尾随上去，以近距离平射迫使Bf 109飞行员急跃升后跳伞逃生。

2名Bf 109飞行员回击2架“雷电”，将其击落。另外2架不走运的Bf 109逃跑前被美军第386中队拦下，但梅塞施密特飞行员成功将追击者拖入更有利的盘旋机动，赖舍少尉伺机完成反戈一击，“雷电”坠落，但他误看作“野马”上报，几分钟后他迫降回地面。

与此同时，第三大队余部在维尔（Vire）西边同美军第368战斗机大队两个“雷电”中队短兵相接，1人阵亡、2人跳伞。保罗·贾斯珀（Paul Jasper）少尉的P-47D-16出征前得到打磨、上蜡和抛光等一系列精心维护，比队友快15－20英里/小时，他对汉斯·施派歇特（Hans Speichert）下士的Bf 109G势在必得：

Bf 109明显开足马力，转了个弯平缓地向上爬升，我保持正常距离追上去，Bf 109启动速度更快，领先于我约300—400码，飞过1万英尺高度时（约3000米），对方打开二级增压器[①]，逐渐拉大了距离。

我告知（小队长）意图后就打开增压器，加足马力全速追击，追到1.5万英尺高时逐渐逼近到200码，以短点射击中他右翼翼根，他以半滚倒转机动进入俯冲，但我轻易追上并再次开火，与此同时我的座机也

① Bf 109G-6没有增压器。

剧烈颠簸（可能受敌机螺旋桨紊流扰动），因此没能看清是否命中，但对方拉起飞机做急跃升，我跟在下方和后方，发现他在前方25码失速了，便调整速度，稳住飞机，沉着地瞄准右机轮扣动了扳机，Bf 109G发动机中弹，喷出火焰，螺旋桨停转，一个起落架垂下，残件从他的驾驶舱飞过我的头顶。

为了不被甩到敌机前面，我收小油门、放下襟翼开始减速滑翔，来到Bf 109右侧，并排而飞时，我望向飞行员，白色头盔下是一张年轻的脸庞，身着蓝色制服，眼神交汇的一刻，他扬手敬了个军礼，随后起身、跳伞……

收到小队长的命令，贾斯珀少尉准备归队，意外发生了，由于小队长急转弯，另一架P-47避让中遭遇失速，随后与贾斯珀的座机相撞，贾斯珀挣扎着逃出驾驶舱，忍着臀部的伤痛跳伞，与他相撞的队友没能逃出生天。三架飞机最后在卡昂附近的圣洛西南边殊途同归，贾斯珀做了俘虏，被他击落的施派歇特下士27日短暂归队，因伤缺阵了一个月。6月22日美军第365和第368战斗机大队的P-47在与Bf 109的交战中宣称击落9架、可能击落1架和击伤4架，德军第5战斗机师的作战日志显示，JG 26第三大队共12名飞行员未能及时返航，其中8人被击落，4人紧急迫降。

第二大队在17:40紧急起飞，拦截飞往巴黎的美军第3轰炸机师，福格特少尉和霍夫曼少尉各自重创1架重型轰炸机（最终战果被确认为单独击落），自身无损失。第3轰炸机师多架B-17和B-24紧急迫降在英国海岸，不排除其中就有福格特和霍夫曼的牺牲品。

JG 26第三大队6月22日与美军第365和第368战斗机大队之间的恶战发人深省，结局印证了米特乌施的忧虑和抱怨，队里大量娃娃兵生存率太低。能干的赫尔曼·施泰格上尉上个月调到第一大队填补博里斯少校的空缺后，第三大队只剩下三人有能力指挥编队：两位中队长绍德中尉、赖舍少尉以及米特乌施自己。这个大队即使对付盟军战斗轰炸机也占不到便宜，即使对方飞行员大都也是初生牛犊，空战经验不比米特乌施手下士兵高多少。Bf 109G在低空比当时任何一款盟军战斗机都慢，严重制约了飞行员陷于被动时的逃脱几率，这从22日的统计可见一斑，德军全天损失了6架Fw 190和22架Bf 109，美军战斗机部队共宣称击落21架、可能击落2架敌机，其中Bf 109占17架，Fw 190只有3架。Bf 109G会尽可能被用于高空掩护Fw 190，而由速度更快、防护更坚固的后者执行对地攻击任务，但即使这样单纯的空战也令第三大队倍感吃力，士气下滑。

另外两个Fw 190大队情况稍显乐观。大多数中队至少有2个有经验的军官，飞行员也普遍对Fw 190很上手。无论Fw 190A官方性能数据如何，战后很长一段时间，这些老兵们依然坚持认为它在中低空可以甩掉任何敌机，出色的滚转率令它攻守兼备，强大的火力即使到新手手中也能发挥威力。1944年夏天，JG 26第一和第二大队的宣称战绩与损失之比仍然远超2:1，在整个德国战斗机部队中独占鳌头。

6月23日立功的依然是一干老将。因天气原因地面待命了半天后，第一大队中午起飞，继续猎杀盟军战斗轰炸机，在巴约到勒阿弗尔一带空域与“喷火”和“野马”混编的机群爆发小股交战，施泰格上尉操刀解决掉一架“喷火”，带领大队全身而退。午后第二大队8架Fw 190也在大队长带领下飞向卡昂，加拿大空军第414中队2架侦察前线的

第12中队的“蓝色18”号和“蓝色10”号Bf 09G-6从维拉库布莱紧急起飞。

米特乌施带领第三大队苦苦支撑在呈一边倒之势的诺曼底战役。

“野马”被福格特少尉和霍夫曼少尉击落，飞行员一人跳伞、一人迫降。瑙曼大队长追击时被英军防空炮击中，他飞回德军防区，从200米低空跳伞，双腿撞上机尾而重伤。

下午第三大队的扫荡任务再次成为米特乌施的独角戏，美军第55战斗机大队第38中队2架P-38被他斩落。扫荡草草收场，Bf 109带着最后几滴油返航，米特乌施发现敌机正盘旋在维拉库布莱机场附近，带着僚机冲过去引开敌人，手下这批菜鸟得以安全着陆。僚机策勒下士宣称击落1架P-38并得到军方确认。美军第55大队当日总损失只有2架。

很快，普里勒从隔壁JG 54第三大队挖来战功卓著、大名鼎鼎的埃米尔·朗（Emil Lang）上尉接替受伤的瑙曼，时年35岁的朗加入JG 26前已经取得159架战绩，其中144架为东线战绩，15架在诺曼底战役取得。在JG 54担任近1年中队长后，朗没有辜负这来之不易的晋升，干劲十足。战绩本已独占鳌头的第二大队很快与新任大队长相得益彰。作为交换，克伦普少尉转到JG 54第三大队。

美军攻占瑟堡的同时，英军发动第一次奥登战役，猛攻卡昂。25日，德军第5战斗机师计划将派往瑟堡的兵力改为

约翰内斯·瑙曼，瑙曼自战前就进入JG 26，6月22日的负伤也结束了他和联队将近五年的缘分，8月他调到JG 6担任第二大队指挥官，11月获得骑士十字勋章，他以JG 7第三大队大队长的身份迎来了战争的结束。总战绩是34架，其中28架在JG 26取得。

支援卡昂，但能突破铺天盖地的敌机接近前线的德国战斗机寥寥无几，第一大队1名飞行员在卡昂西南被美军P-47击落身亡。下午施泰格上尉、福格特少尉、霍夫曼少尉均声称干掉1架落单的P-38“闪电”，但鉴于美军实际损失，他们的战利品很可能是同一架。

当晚美军重型轰炸机再次向比克和维拉库布莱袭来，第三大队3架Bf 109被摧毁在地面。地面指挥部已经顾不上保卫基地，一门心思继续将战斗机派去支援陆军。美军第489轰炸机大队一架B-24被维拉库布莱的高炮打坏了2个发动机，载着多名受伤的机组成员跌跌撞撞飞到布瓦西勒布瓦上空两三千米。第4中队的克梅特米勒少尉正在驾驶舱备战，带着僚机迅速起飞。遵照他的指示，僚机赫尔曼·格拉德下士小心翼翼从十一点方向瞄准B-24第三个发动机开火，取得了自己首个空战战果。降落后格拉德受到热烈欢迎，还获赠了象征胜利的花环。

再遭Fw 190打击后，这架B-24的飞行员科夫曼（Coffman）少尉下令跳伞。行动不便的伤员着陆后很快被俘，科夫曼和剩下的弟兄在当地居民的帮助下躲过搜捕，藏匿了一个多月，准备潜逃回盟军防区，然而要穿越层层关卡、重兵把守的防线谈何容易，最后仅有两人成功，科夫曼等人落到盖世太保手中，他们本该被移交到德国空军的战俘营，但由于伪装成平民，他们没能享受日内瓦公约对战俘的保护，就在巴黎解放前夕被塞进最后一列逃离巴黎的纳粹火车，关进了布痕瓦尔德集中营。在那里，科夫曼和其他167名来自盟军空军的狱友一起，想方设法将他们的情况和名单传递到了附近一个德国空军基地。时任昼间战斗机总监的汉内斯·特劳特洛夫特上校特意赶来查看，最后空军总司令部亲自干涉，这168人在距离行刑日期一周前

格拉德下士返航后受到英雄般的欢迎。诺曼底战役中德军大量飞机和装备被炸毁在地面，苦不堪言。在机场上空，众目睽睽之下，击落敌人的轰炸机对士气的巨大鼓舞不难想象。12月26日格拉德在阿登地区跳伞后被美军地面士兵或者比利时游击队击毙。

被移送到空军战俘营，平安迎来了战争结束。科夫曼这段曲折的经历后来被女儿写进《来自天堂的靴子》一书。

6月28日，英军主力渡过奥登河，建立起桥头阵地。皇家空军第二战术航空队出色的炮火支援一次次瓦解了德军装甲师的疯狂反扑，次日英军占领卡昂西南的战略要地112高地，但英国上空糟糕的天气限制了皇家空军出动，德军趁机集中全部炮火夺回该高地，英军则撤到奥登河岸边。摧毁盟军战斗轰炸机和炮兵校射飞机成为德国空军的当务之急。第5战斗机师下了死命令："组织强大力量，不惜一切代价到达卡昂战场"，该师在28日和29日共出动742架次，宣称歼敌21架，自损37架，同时期JG 26以飞行员五死三伤的代价宣称击落3架"喷火"。德国战斗机的抵抗依然只是杯水车薪。

在这个大厦将倾的夏天，施拉格特联队如此日复一日地执行着常规战术任务：对地攻击、武装侦察、自由狩猎和截击盟军战斗轰炸机。除非受天气限制，每天从拂晓到午夜，飞行员们不是在空中疲于奔命，就是在备战室待命，只有中午才有时间认认真真吃上一口饭，这顿主餐由货车运到前线机场，有土豆、炖牛肉和豌豆泥，没有限量，用格尔克的话说"敞开了随便吃"。出击前和战斗间隙的休息都是在树下打盹，直到深夜才能在疏散场附近的帐篷匆匆睡上一觉，难得还没有遭到轰炸的房屋需要留给地勤使用。作为前法国空军基地，基扬古尔和维拉库布莱机场跑道排水系统通畅，加之地勤维护人员夜以继日的辛勤劳作，这时期JG 26起飞事故率轻微，燃油和零配件补给良好，最紧缺的依然是战机和飞行员。暴风骤雨般的诺曼底战役打到6月底，JG 26宣称击落88架敌机，几近第5战斗机师总战绩三成，付出的代价是飞行员28人战斗阵亡，3人事故丧生、1人被俘，至少24人负伤，其中包括1名大队长和4名中队长。

空军总司令部参谋部官员考察第3航空队后，给出了6月6日至30日相关统计，数据相当说明问题：

（1）第二战斗机军下第4战斗机师、第5战斗机师指挥着20个单发战斗机大队，编制上有1300架战斗机及其飞行员，30日晚的实际兵力为233架飞机和419名飞行员。

（2）单发战斗机部队在德军占领的法国和低地国家上报共击落414架敌机，损失456架。

（3）抵达诺曼底战场的增援力量累计达998架战斗机，但截至月底损耗近半。

（4）在诺曼底前线，单发战斗机共出动10061架次，任务涵盖制空空战、对地攻击和武装侦察。盟军各式作战飞机出动数估计120000－140000架次。基于这一悬殊的实力差距，第二战斗机军参谋部认为现有力量能摧毁的盟军轰炸机数量极为有限，无法撼动空袭力度，因此攻击重型轰炸机群已毫无意义，应该将有限的战斗机力量专注于对抗战斗轰炸机和炮兵校射机，后者才是地面部队的最大威胁。

（5）这一阶段德国战斗机的作战损失率20%－30%，与盟军战斗机交换比为3:1，飞行员交换比2:1。

三、7月1日－8月13日

7月5日一道来自戈林的指令被盟军情报部门截获：鉴于当前战场指挥人员的损失过重，各级指挥官只有在可用战机达到规定数量时方可升空作战——中队不少于6架、大队不少于15架、联队不少于45架。但这道指令出台不足两个月就被废除，戈林明显怀疑它被钻了空子，8月底，他调整为：战斗机中队单日任务不少于3场的时候，中队长当天必须亲自带队参战至少一场；大队长至少每两天升空作战一次；联队长则要每三天升空作战一次。

虽然瑟堡方向的美军推进更快，但卡昂作为西北欧的重要交通枢纽，战略意义显然更为德军重视。7月上旬，JG 26联队继续在卡昂前线力战皇家空军第二战术航空队。第二战斗机军新任军长比洛乌施将军越过第5战斗机师，直接指挥行动。他计划集中手中兵力，对英军在卡昂的前沿阵地展开3次大规模密集攻击，行动时间定于9日。JG 26第二大队的地勤日以继夜地进行抢修和维护，超负荷工作，勉强凑够15架战机，保证了新任大队长能够率队亲征。午后，Ⅱ./JG 26大队、Ⅲ./JG 26大队和Ⅲ./JG 54大队凑出40架战斗机，由埃米尔·朗上尉带领飞往卡昂，一路几乎没遇到阻拦，在卡昂到利雪一带，朗率队突袭了正在巡逻的澳大利亚空军第453中队，10分钟激战过后，德军宣称击落4架"喷火"，其中3架由朗在5分钟内创下，剩下1架归于Ⅲ./JG 54大队的阿尔弗雷德·格罗斯少尉，以少打多的澳大利亚飞行员宣称在利雪以西击落2架Fw 190、1架Bf 109，另外击伤和可能击落7架敌机。匪夷所思的是皇家空军第453中队、德军JG 26、JG 54实际上均无损失！不过盟军情报部门监听到米特乌施少校一度呼叫准备迫降。无论如何，率领新老部队出战的埃米尔·朗所展示的充沛的精力、昂扬的斗志，对振奋士气的意义盖过战绩本身。

第二战斗机军计划中的三次联合出击最终只达成这1次。当晚联队上报了最新兵力：联队指挥部3架Fw 190（2架可用），第一大队17架Fw 190（10架可用），第二大队12架Fw 190（7架可用），第三大队47架Bf 109（29架可用）。接下来一段日子，朗上尉再次因为队内飞机短缺只能留在地面指挥。

吃紧的前线、严峻的战势，令飞行员翘首以盼的休整一拖再拖，直到7月12日，包括JG 26第二大队在内的五个损耗严重的战斗机大队受命回国整顿，而第一大队只是因为飞机维护才得到一天的休息，中旬大队迎回了老领导卡尔·博里斯少校。虽然指挥权直到7月31日才正式交接，但博里斯归队后立即投入作战，14日下午他率领第一大队和第三大队自由攻击美军战斗轰炸机，在阿朗松附近发现美军第358战斗机大队两个P-47小队后，一个Fw 190四机小队从云层俯冲下来快速突袭，急跃升脱离，交战造成4架P-47、1架Fw 190和1架Bf 109被击落，JG 26飞行员均跳伞生还。

7月17日，比洛乌施将军针对卡昂南面和西南面的英军集结阵地又计划了两轮联合作战行动。第一波攻势由Ⅲ./JG 26的Bf 109G携带火箭弹发动主攻，Ⅱ./JG 2和JG 3负责近距离护航，米特乌施担任空中总指挥；第二波攻势由Ⅰ./JG 26主攻，Ⅲ./JG 26、JG 11担任护航，两轮攻势都在德勒集结，由JG 1提供高空护航。JG 27提前十分钟扫荡目标区域，牵制盟军的拦截兵力。除了JG 27和JG 1，所有参战部队最后对英军阵地实施扫射。这盘精打细算的计划再次被盟军情报部门截获并破译，最终化为四场常规的联合行动，每场有3到12个大队规模。第三大队参加了其中两次。下午的扫荡任务中与武装巡逻的"喷火"大战一场，以1:4黯然收场，飞行员两死两伤，仅靠米特乌施扳回一局——皇家空军记录显示，第403中队下午在苏尔德瓦侦察时遭到1架单枪匹马的Bf 109突袭，导致1名飞行员受伤。

闯祸精海因茨·格尔克首

次被选为米特乌施大队长的僚机，任务只有一个：全心全意紧随长机、掩护左右。和莫大的荣幸相伴的是高度的责任，格尔克不敢懈怠，全程眼观六路耳听八方，以至于很久以后还记得当时上半身有如贯穿一根转轴，脑袋转个不停。朝基扬古尔返航途中，后方果然出现一架敌机，格尔克立刻警告："水獭[①]格尔克呼叫水獭米特乌施，后方有情况！"除了简单回复一句"收到，收到，了解"，米特乌施无动于衷。顷刻敌机逼近，赫然是"喷火"，格尔克心急之下连尊称和代号也抛在脑后，对着无线电再次疾呼"米特乌施，喷火在我们后面！"同时手忙脚乱地急转弯开火。这架可能来自加拿大空军第411中队的"喷火"以一打二，不落下风，一场激烈的缠斗后，将依然一门心思往前冲的米特乌施击落。

失去长机的格尔克心惊肉跳，独自返回基地，等着挨处分。他很幸运，昼间战斗机部队总监特劳特洛夫特上校当时正好视察第三大队，刚才的无线电通讯一字不差落到他耳中，有"绿心之父"之称的特劳特洛夫特担任JG 54联队长多年，以宽容大度、善解人意而深受爱戴，赏罚有度的他没有追究格尔克的责任。

米特乌施被击落后跳伞负伤，次日归队，立即被送回国内救治。种种迹象都表明，战争进行至此，他已濒临生理和心理的极限。现在米特乌施不

米特乌施少校为第三大队队员们颁发勋章。

1944年7月中旬，加兰德视察诺曼底前线。从左到右：普里勒、加兰德、特劳特洛夫特（昼间战斗机部队总监）。

① 战争后期德国战斗机部队空中通讯开始使用代号，第三大队代号为水獭，第二大队为鼬鼠。

仅要管理大队上下大小事情，每战必亲力亲为、带队指挥，同时还是大队最主要和唯一从没停歇过的得分手，却常常孤军奋战，他本不是坚强乐观之人，敏感、焦躁，加之不擅交际，缺乏合适的减压方式，对队内军士级飞行员尤其疏远。伤愈归队后米特乌施对格尔克不置一词，既没有指责，也没感谢。

当晚，第三大队随大型混编编队再次起飞，在埃夫勒附近遭遇美军第543战斗机大队第355中队，7架P-51从下方发动攻击，击毙两名Bf 109飞行员，大队靠着两个中队长绍德上尉和希尔根多夫中尉打成平手。

18日，第二战斗机军将昨日流产的计划如法炮制，唯一不同的是，除JG 26继续前往卡昂对英作战，其余参战联队改为攻击圣洛的美军突出部阵地。此外，接敌前全体严格保持无线电静默，看来德军总算察觉到无线电通讯一直被敌人严密监听。

第一大队和第三大队两次联合行动，上午与Ⅲ./JG 54大队刚完成集结，准备飞往卡昂，美军第474战斗机大队三个P-38中队从高空杀下来，空战以3架P-38和JG 26的1架Fw 190坠落告终，克梅特米勒少尉和Ⅲ./JG 54大队的彼得·克伦普少尉、汉斯·多腾曼少尉各立一功。

第三大队被打散后，大部分飞行员重新集结，朝着西北方的目标继续前进。在德勒以北，美军第373战斗机大队第412中队的4架P-47发现了下方4000英尺的“20架梅塞施密特109”，立即携高度优势背对阳光，对着其中6架俯冲发动攻击，2架Bf 109应声而落，剩余4架朝巴黎方向夺路而逃，仅因为P-47小队长机弹药耗尽才逃出生天。这天的牺牲品是第9中队中队长维克托·希尔根多夫中尉及僚机福尔姆勒少尉，希尔根多夫在降落伞上被射杀，1944年与美军的交战中类似事件屡见不鲜，在德国飞行员中引发不小的恐慌，每一起案例报告都要经过军方仔细调查和书面求证。福尔姆勒带着轻伤侥幸生还，他在作战报告中记录道：

1944年7月18日9:10，我作为希尔根多夫中尉的僚机飞往卡昂自由狩猎，起飞不久，大队被一队“闪电”从下方发动的攻击打散。希尔根多夫朝西南方爬升，我们与六架“雷电”在同一高度迎面逼近并开火，“雷电”绕到我们后方，但无法追上我们的爬升速度。

9:45，德勒上空约4500米，我们又发现了10至12架“雷电”，它们背对太阳俯冲下来，散开后形成包抄之势，我们身陷重围，起初我还能同希尔根多夫中尉保持目视距离，但一架“雷电”从我右侧冲过来，击中了我的机身和驾驶舱，我也失去了长机踪影。因为座机失控，只有爬出机舱跳伞一条路。还挂在降落伞上飘在半空中，附近传来枪声，偶尔有几颗子弹从身边嗖嗖飞过，划伤了我的脸，我几乎目不能视。

但是地面有人目睹了希尔根多夫被射杀在降落伞上，他们的证言似乎更为可信。既然附近只有我们两架德国飞机，而我没有被击中，那么我跳伞后听到的枪响只可能是冲着希尔根多夫而去。

7月20日，以施陶芬贝格上校为代表的一批反纳粹陆军军官策划实施了暗杀希特勒的“女武神行动”，结局功亏一篑，但对整个德国武装力量后续影响极其深远，不但国防军总司令部和陆军总司令部大量高级军官被处决，在防卫部队和前线也有许多军人被捕。7·20事件的余震同样波及空军，空军总参谋长科腾将军当场被炸死。帝国元帅戈林代理了德国武装力量总指挥，两天后他马上要求国防军放弃传统军礼，改行纳粹举手礼。另一方面，德国空军被普遍认为是纳粹倾向最轻的军种，戈林为强化“他的空军”政治可靠性，要求所有大队及以上级别的部队都要入驻政治军官（NS Führungsoffizier）并接受他们的监督。

趁德军忙于应付卡昂的英军之际，在西边的美军第一集团军于7月25日发动“眼镜蛇”行动，试图突破科唐坦滩头登陆场的德军阻击圈，包围和歼灭德军重兵。趁着天气放晴，美军陆航先声夺人。9:38开始，数以千计的战斗轰炸机、重型轰炸机分三波次对圣洛－佩里耶公路一带狭长的德军防御阵地展开地毯式轰炸，轰炸效果是毁灭性的，三天后德军的抵抗崩溃了。德国第二战斗机军无力从卡昂分兵，25日勉强出动四次，无一不被美军战斗机击退。第三大队损失了2架Bf 109。

7月下半旬天气极大地限制了空中行动，德国战斗机大队编队往往不足12架，无力撼动美军的空中优势。德机直到28日才首次成规模地出击，下午天气好转，十个战斗机大队顶着上空无时无刻不在的敌机骚扰，在巴黎地区完成集结，Ⅰ./JG 26大队在Ⅲ./JG 54大队保护下突破到圣洛，成功对美军坦克集群和装甲车队发射火箭弹。当天晚上，德国空军又尝试了一次集中攻击，这次7个大队再无法向西突破卡昂－阿让唐一线。JG 26一架Bf 109在利雪宣称击落一架B-25轰炸机，皇家空军只在这一带损失了2架B-26。

1944年夏天第11中队一次地面转移间隙。

29日第二战斗机军汇报只剩下30架战斗机还可以出动，其中就包括第二大队撤走后的JG 26全部兵力。这一天第一大队和联队指挥部放弃了千疮百孔的肖蒙，转移到距离巴黎西南44公里的朗布依埃（Rambouillet）；维拉库布莱北区已经不堪重负，第10和第12中队搬到图叙（Toussus）。

7月31日，第二战斗机军汇报成功压制盟军战斗机和战斗轰炸机对德军地面部队的攻击，但付出了“不容小觑的伤亡代价”，无迹象显示JG 26进行过像样的交战，因此没有伤亡也没有战果。

月底卡尔·博里斯少校正式接管JG 26第一大队，施泰格上尉调任为JG 1第二大队大队长，施泰格个人能力和指挥编队作战水平数一数二，却长期屈才于作米特乌施和博里斯的替补，现在他在JG 1联队获得姗姗来迟的晋升，但对日薄西山、人才枯竭的JG 26而言他的离去不啻于雪上加霜。7月JG 26联队取得至少45架宣称战果，代价是2名中队长在内的20名飞行员战斗阵亡，1人事故身亡，至少16人负伤，其中包括另外2名中队长和2名大队长。兵力入不敷出，编队规模只能持续萎缩，在这种恶性循环下，联队的战果和战损比较之6月开始一泻千里不足为奇。

经“眼镜蛇行动”成功突破阿夫朗什的德军防线后，美军势如破竹，横扫布列塔尼半岛，沿卡昂－勒芒一线向巴黎挺进，准备对诺曼底的德军实施迂回包抄。德军于8月7日向法国莫尔坦发起反攻，企图进而夺回阿夫朗什。但空中支援勉强只能达到每日100架次战斗机，一个大队全体出动也只有8到10架，第二战斗机军往往派出四五个大队，才能凑够20架战斗机这一基本兵力需求。敌众我寡的局面没有改观。

JG 26第一和第三大队继续日复一日在巴黎近郊的机场至前线间疲于奔命，对地攻击任务加剧了防空炮导致的飞机损失，8月初先后有3名队员扫射盟军车队时被地面炮火击落，2人被俘、1人阵亡。不过大多数时候，战斗机编队半路就会遭到敌机蜂拥而至的拦截。8月7日14:00，第一大队6架加挂火箭弹的FW 190和第三大队的18架Bf 109联合Ⅲ./JG 1、Ⅲ./JG 3、Ⅰ./JG 5、Ⅲ./JG 54攻击一支美国陆军纵队，但在P-47和P-51的阻击下如鸟兽散。美军宣称击落12架、击伤2架敌机。率先发现这支德军的是美军第368战斗机大队的8架P-47，飞行员报告称约35架梅塞施密特战斗机携弹（实际是副油箱）向着美军阵线飞去，当敌机发现P-47后，纷纷抛下负载，盘旋在积云四周。P-47援军很快赶到并俯冲发动攻击，而Bf 109的反应在报告中被描述为“无心恋战，逃向地面，开始返航，另有几架尚在瞎转悠，仿佛对周遭一无所知”，Ⅲ./JG 26大队2名飞行员阵亡，地面目击到汉斯·特伦下士跳伞坠至最后20米，还是被P-47打死，当天特伦入账了1架P-47战绩，不过美军并无对应损失。

8月6日米特乌施少校伤愈归队。当天任务依然是扫射攻击美军地面部队，然而临近中午，一个重型轰炸机编队突然出现，打乱了第二战斗机军的计划，巴黎地区没有配置火箭弹的德国战斗机大队[①]倾巢而出，结果让所有曾经和“空中堡垒”“解放者”打过交道的老飞行员都松了口气。英国的“兰开斯特”和“哈利法克斯”轰炸机主要用于夜间轰炸，虽为重型轰炸机，但火力稍逊一筹，编队也不如美国盟友紧密，很难承受凶狠的德国战斗机群起攻之，如今德军江河日下，它们偶尔也会在白天出动。当日皇家空军就以V1导弹仓库为目标，派出了总共99架的“兰开斯特”和5架蚊式轰炸机，Ⅰ./JG 1大队率先接敌，但被皇家空军唯一一个护航的“喷火”中队击退，后续赶到的德军Ⅲ./JG 26大队和Ⅲ./JG 54大队开始攻击轰炸机分队，由于没有护航机阻拦，它们肆无忌惮打到弹药耗尽才收兵，最后出现的Ⅲ./JG 1大队正准备给轰炸机残部致命一击，皇家空军第331中队（挪威中队）的“喷火”再次冲下来，驱散了Ⅲ./JG 1，宣称击落2架Bf 109和1架Fw 190，并击伤另1架Bf 109。

Ⅲ./JG 26大队总共宣称摧毁7架敌机，最终入账了1架“兰开斯特”和3架“哈里法克斯”[②]。海因茨·格尔克下士和长机卡尔·劳布上士发现了一

---

① Ⅲ./JG 26、Ⅲ./JG 54、Ⅰ./JG 5、Ⅲ./JG 1、Ⅰ./JG 1、Ⅱ./JG 3。

② 德国第二战斗机军收到部队呈报：在蓬图瓦兹一带共击落4架“兰开斯特”、3架“哈里法克斯”和9架B-24、1架B-17，2架“喷火”，另有2架轰炸机被打离编队。盟军在法国共损失3架“兰开斯特”和2架B-24，另有1架“兰开斯特”坠毁在英国海岸，9架B-24带伤返航。

架踉踉跄跄飞在3000米高度的“兰开斯特”，机枪手扑倒在机尾甲板，了无生气，炮塔残破不堪，2架Bf 109轻松地从后方打出致命一击，轰炸机机组手无寸铁，只能尝试抛下铝合金箔条干扰射击，左端发动机挨上格尔克几枪后，轰炸机拖着浓烟下坠。格尔克收获一个“最终击落”战绩。

当天下午晚些时候，第二战斗机军试图重新将兵力投入到阿夫朗什地区，支援陆军反攻，但是人疲马乏，兵力不足，只够分兵到莫尔坦和维尔，阻止那里的美军第一集团军推进，第3中队1架Fw 190被击落，飞行员跳伞负伤，但设法回到了德军防区，虽然他声称遇到的是“雷电”战斗机，但当日美军并无对应战绩，他更有可能是皇家空军第131中队的“喷火”的手下败将。当晚联队最后一次出动，游兵散勇只能执行自由狩猎，有的飞行员被敌机打散，只有基夫纳少尉率领的第1中队几架Fw 190发射火箭弹成功袭击了一支美军集结部队。

JG 26第一大队和第三大队终于接收到一批补充兵员，汉斯·库克拉下士就是其中之一，他于6月30日来到第4中队报到，8月13日上午他随11名大队队友驾驶挂载火箭弹的Fw 190执行了个人第三场战斗任务，企图阻止东边攻势如潮的美军装甲部队，JG 3的几架Bf 109保护在上方2000米。库克拉所在的第4中队四机编队殿后，编队长机是富有经验的罗伯特·哈格尔上士，新兵库克拉负责为中队观察敌情、保持警戒。成功攻击了沙特尔和勒芒一带的美军坦克后，12架Fw 190调头返航。库克拉犯下致命错误，他自恃上方还有Bf 109掩护而疏于警戒，当他发现时，Bf 109已经与“野马”战作一团，顷刻间“野马”摆脱纠缠，朝库克拉他们杀了下来。

> 我们在超低空，毫无还手之力，我首当其冲，发动机被击中，当即燃烧起来，我拉起机鼻后跳伞，降落伞在60英尺高时打开了，我落在一个农庄的院子里，稍后得知所在编队三名战友都被击落身亡，农庄的女主人告诉我此处位于非交战区的真空地带，我将降落伞给了她，向着北边徒步回到部队……跳伞时所受的面部烧伤和严重摔伤令我暂时伤别前线，直到十月才回去。

库克拉遇到的是第九航空队第363战斗机大队，8架P-51 于7点飞往阿朗松－勒芒巡逻，李·韦伯斯特少尉的小队飞在约2700米高处，任务行将结束时，韦伯斯特发现了下方1200米高度上几架正向东飞的飞机，韦伯斯特向上方的友机发出警报但没有得到回应，遂带领自己的小队降低高度，不但认出Bf 109，还发现了更前方另有12架德国飞机超低空飞行。Bf 109转弯迎敌，韦伯斯特第一次开火就打退了第一架梅塞施密特，他从转弯改出，将剩下的Bf 109留给另外两位战友解决，自己带领僚机乔治·布鲁克斯少尉俯冲攻击飞在低空的约10架Fw 190，很快追上殿后敌机，虽然首轮射击失手，但他修正弹道，子弹准确扫过对方机身，跳伞飞行员正是库克拉，库克拉的长机沃尔夫冈·马克斯少尉被布鲁克斯少尉从正后方用四挺点50机枪射杀，韦伯斯特继续将哈格尔的僚机打成一团火球，哈格尔虽然转弯规避，最终仍免不了被击落丧生。第4中队的四机编队眨眼工夫就全军覆没，飞行员两死两伤。

第3中队的约阿希姆·京特少尉听到无线电中库克拉的号叫，带领他的小队回击，2架P-51中弹，其中乔治·布鲁克斯少尉的冷却器管道中弹，不得不弃机跳伞，他其后的遭遇与库克拉如出一辙：他双手烧伤落在真空地带，得到当地居民的救助，最后徒步回到部队——方向与库克拉正好相反。这次结缘为两人战后结下深厚友情，还曾一起重游故地，寻访了当年的恩人们。

晚上埃伦里德少尉带领第3中队寥寥几架战机来到勒芒，上报用火箭弹成功击毁了2辆美军坦克。但现在加挂W.Gr 210火箭弹的单发战斗机应急功率使用时间累计下来至少都达到了30分钟，发动机急需检修和更换，按照第二战斗机军的命令，它们开始陆续撤出前线。随着JG 26第二大队的归来，包括第三大队在内的6个战斗机大队撤出前线，回国休整，与此同时，两个防守德国本土的双发战斗机大队改编为JG 6第二大队和JG 76第三大队后，被派往诺曼底前线增援。

四、第二大队复出

第二大队撤回德国下萨克森的赖恩塞伦（Reinsehlen）休整期间，埃米尔·朗上尉摩拳擦掌着手重建大队，他另辟蹊径，差遣得力干将前往几支训练部队招募有潜质的新兵。格哈德·福格特少尉的第一站是位于东普鲁士霍恩萨尔察（Hohensalza）的南线战斗机大队，7月25日他召集了Fw 190学员，宣布眼下他们有机会直接进入施拉格特联队，并接受大名鼎鼎的埃米尔·朗领导——“只要有几个能征善战的中队长和小队长，我就能率领新生代飞行员杀敌制胜。”朗这句豪言壮语经福格特现场引用，果然引得菜鸟们纷纷出列。

福格特需要考察和评估这批志愿者的飞行技能，从中选拔佼佼者，结果第一关就以悲剧收场：第一组四机编队起飞后，为了跟上福格特的转弯，三名学员纷纷收小转弯半径，编队最外侧的学员还没从低空半滚改出，匆忙急转，然后大角度拉起，Fw 190发生失速，在指挥室附近摔得粉碎，飞行员悲惨地被甩出50码外，当场断气。降落后福格特对事故表示遗憾的同时，称赞死者出色地保持了队形。话虽如此，他明显丧失信心，取消后续测试，剩下的8到10名志愿者均被录取，年轻的奥托马尔·克鲁泽（Ottomar Kruse）和瓦尔特·施通普夫（Walter Stumpf）就这样走进了施拉格特联队。施通普夫的日志显示，他累计只进行了180小时训练飞行，驾驶战斗机不到20小时。形成鲜明对比的是，皇家空军战斗机飞行员参战前训练飞行时间通常为450小时，美军飞行员的这一标准平均更是达到600小时。

接下来两周时间，共有38名“新生代”飞行员陆续补充进第二大队，他们大多数是像施通普夫那样稚气未脱、技能低下的士兵，还有一名执行过上百次侦察任务的Bf 109飞行员和2名补充训练大队的参谋军官。这38人在JG 26的结局是23人阵亡，3人被俘。除了新人，第二大队还得到一员猛将，骑士十字勋章获得者格奥尔格－彼得·埃德尔上尉从JG 1转到JG 26，接替仍在后方培训的格隆茨少尉领导第6中队。8月4日第二大队上报拥有63架Fw 190A-8，其中43架可投入作战，2架适用于训练，飞行员共68人，但只有22人可参战。

克鲁泽被分配到威廉·霍夫曼少尉的第8中队，瓦尔特·施通普夫一等兵来到普拉格尔少尉（代理中队长）的第7中队。大队重返法国前夕对新飞行员们进行了多次模拟对抗和编队训练，而在地面，老兵的话题永远绕不开飞行，每逢这时，菜鸟们都会凝神聆听前辈教诲和传授经验，比如如何攻击，如何脱险，霍夫曼少尉忠告道：“众所周知美国人在我们跳伞后也会斩草除根，因此一旦你们面临跳伞逃生，务必

埃米尔·朗早年为田径运动员和民航飞行员，1939年参军后从运输机部队转到战斗机部队，1943年进入JG 54，进步神速，荣获橡树叶饰骑士十字勋章。1943年11月3日，朗在四次作战中共宣称击落18架苏联飞机，创造了空战史上空前绝后的单日纪录。他从1944年6月29日开始担任JG 26第二大队大队长。

自由落体到200米高度再打开降落伞，这是唯一的活路。我曾亲眼目睹密友在降落伞上被敌人的加农炮撕成粉身碎骨”，战争将霍夫曼铸造得心硬如铁，他发誓如果遇到同样的情况绝对会以牙还牙。

8月12日11点，第二大队受命离开赖恩塞伦重返法国前线，施通普夫费了九牛二虎之力，将个人衣物、降落伞包、地图、工具箱、无线电收发器、火花塞和杂物打包塞进飞机行李舱，至12点，约63架Fw 190整装待发，飞行员用餐期间却突然得到通知，转场取消，起飞令直到下午才重新下达。赖恩塞伦基地的全体工作人员，甚至还有许多年轻女士聚在起飞点附近为他们送别。按照规定，大队以中队为单位，以番号为次序起飞，除了中途一架意外遭遇发动机停车的Fw 190迫降回地面外，所有飞机爬升到机场上空结队，在地面人员的挥手致意中向着门兴格拉德巴赫飞去。施通普夫对自己的导航能力有自知之明，怯怯地跟紧长机萨洛蒙下士。

飞至明斯克附近，一架Fw 190发动机起火，离队迫降到汉多夫空军基地，飞行员是倒霉的海因茨·戈曼上士，他又一次严重烧伤，却又一次“幸运地”在当地医院得到良好救治。大队其余飞机皆顺利飞抵门兴格拉德巴赫，在机场上空盘旋了一阵，耗到油量不足，终于在暮色中顺利着陆。接下来飞行员守在一旁耐心等到各自战机维护完毕，填写了报告，才进入休息室。大队长特意表扬了这群新手们“零坠机”，驻此地的兄弟部队以一顿丰盛的晚餐一尽地主之谊：炸薯条、鸡蛋、牛奶，正式战斗机飞行员的优厚待遇令施通普夫等人受宠若惊。

次日用完早餐，第二大队继续朝着法国启程，起飞阶段1架飞机的发动机故障导致了机毁人亡。飞行中施通普夫只感觉汗流浃背、酷热难耐，随队降落在圣迪济耶机场，地勤人员哭笑不得地指出他打开了驾驶舱加温器，施通普夫这才知道加温器的存在。第8中队的12架飞机因检修耽误到下午才赶过来。在圣迪济耶又耗掉大半天后，大部队重新朝巴黎进发，所谓好事多磨，横七竖八刚升空，又有一架飞机因发动机故障迫降回地面，剩下的菜鸟们惊恐万状，乱成一团，却奇迹般全部避开了撞机。

第一大队派来的领航机已经等得不耐烦，一声令下，进入航线，于是第二大队没有再编队，匆匆跟上去。萨洛蒙下士发现无法收回起落架，施通普夫作为僚机一起掉了队，萨洛蒙最终选择折返降落，而施通普夫决定跟上大部队，于是加足马力，用他的话说“好像被恶狗追着一路狂奔”，终于追上了队友，随队保持低空飞行，历经一波三折，雄伟的埃菲尔铁塔总算映入眼帘。

霍夫曼少尉首先报告有敌情，朗、普拉格尔少尉也先后发出警告，只有战场经验为零的克鲁泽和施通普夫毫无察觉，全神贯注于着陆。年初施通普夫还在基扬古尔进行基础飞行训练，如今他下方满目疮痍，着陆场坑坑洼洼。尽管如此，第二大队还是设法着陆了，只有第7中队列队飞到朗布依埃附近，无线电中警报声不绝于耳，令人一头雾水，终于准许着陆的指令“露西－安东”传来，施通普夫回忆道：

机场在哪儿？看到下方停着一架190的农田，想必只能是那儿了。半空中还悬着电线，普拉格尔和沙夫已经开始着陆，我跟在他们后面，对着电线之间，一架紧挨着一架着陆，以10码间距从左到右并排停放，我是最右边一个，对准田地边沿滑跑，踩下刹车，发现前方空荡荡的，我不是跟在沙夫后面吗？我又用力急刹，朝左边张望，同样空无一物，一位地勤在前方朝我招手，想到后方友机马上要驶来了，我不敢再逗留，便滑进那名地勤所在的树丛，众人纷纷向我挥舞拳头示警，我关掉发动机，方知那里不能直接进入，我的飞机机尾朝内，靠人力拖了进去，这样的降落方式闻所未闻，后来它稍微被拖到外面一点，覆盖树枝伪装。谢天谢地，总算安全着陆了，这段转场飞行险象环生，疑点重重，毫无乐趣可言。中队飞机全部降落并加以伪装，其间“喷火”“野马”不时从头顶呼啸而过，没有察觉机场的存在，这里停满了飞机，大约55架，被长久地困在此地。

我们将个人身份和战机状况向普拉格尔作了汇报，只有我那架“棕色4”号完好无损，我不免有几分得瑟，由于中队地勤人员还在路上，两天后才能到达基扬古尔，第一大队抽调地勤相助。

我从飞机里拿走行李，重新伪装妥当后，随队搭车离开机场，挡泥板位置坐着三个士兵警戒地观察天空，英国飞机在头顶穿梭往来、不绝于耳，严密监视着地面每个角落，多得令人胆寒，我们只能快马加鞭赶往宿舍，沿途一刻也不敢掉以轻心，我们住进朗布依埃一座富丽堂皇的城堡，内部装饰豪华，大家洗漱、用餐，聚在一起听音乐、喝白兰地，玩到深夜才睡。

奥托马尔·克鲁泽也谈了他的军事生涯起点站印象：

虽然当时参战经验为零，我生平第一次体会到正式战斗机飞行员的感受，机场摆放着五花八门的靠椅，供我们备战时使用。到达基扬古尔第一个早上，机械主管也出现在机场向霍夫曼少尉报到，中队长管理着包括飞行员在内全队上下约120号人的大小事情。按照军中礼仪，我们年轻一辈飞行员在军官面前都要立正，霍夫曼少尉眼也不眨，来到我们前面，以“先生”相称问候每个人——“早上好，克鲁泽先生。”他对我说。接下来他告诉我们放轻松，以后在军官面前不必紧张地站得笔直，无论下士还是一等兵，都是“先生”。对我而言这真是耳目一新的体验，因为德国军队等级森严，遇到军衔在你之上者通常必须敬礼。

战斗任务日复一日，第8中队通常出动4到6架飞机，中队有16架飞机和16名飞行员，其中新人占到八九个，每人都有固定的飞机，我的是“蓝色6”号，每天执行任务的人选由霍夫曼选定，但基本上都是有经验的飞行员。我次次落选，极度失落。

虽然上报全体具备战斗力，第二大队并没有马上投入战场，而是遵照第二战斗机军的指示，在巴黎几个备用机场为新人进行有针对性的强化训练。8月15日上午新人们奉大队长之命进行复习飞行，现场飞机不足以人手一架，施通普夫不幸落选，只能留在地面眼睁睁看着别的菜鸟飞行员驾驶自己精心维护的“褐色4”号，经战术调整延误了一段时间后，一架架飞机在长满麦茬的起降场升空，飞扬的尘土十分钟后仍未散尽。第7中队在朗布依埃上空完成编队，飞向基扬古尔与大队会合。

没有参加此次飞行的第7中队队员们抽着烟观望、闲聊，8架雷电战斗机飞驰而过，对着机场一通扫射，拉起机头准备撤退时，与返航的东道主撞个正着。一场短兵相接、你死我活的空战第一次在施通普夫眼前展开。

那只是一场小型空战，但轰鸣声、尖啸声仿佛一直在耳边萦绕，滚滚烟柱腾空升起，坠毁的是美军、英军，还是我军的飞机？距离太远我们无从辨识，很快又有两架先后步其后尘，但愿都不是自己人。2架“雷电”在前，我们的2架飞机在后，伴着刺耳的尖啸，总共有4架飞机在地平线化为乌有，附近有火光冒出。

突然枪声大作、引擎嘶鸣，一架“雷电”飞驰而过，后方大约80米紧咬着一架福克一沃尔夫，不知何故还挂着副油箱，一场空中格斗就在我们头顶展开，福克一沃尔夫位置绝佳，成功击中敌机，“雷电”摇摇欲坠，我们开始找掩蔽。

地面在大声鼓劲：“继续打！‘雷电’要完蛋了，兄弟，再加把劲！”可接下来“雷电”以一个俯仰转动，稳住飞行姿态，居然向西逃走了，那架福克-沃尔夫怎么回事？这么好的射击位置，继续射击呀！但它拉起机头，也飞走了。众人纷纷捶胸顿足。后来得知施泰因少尉发现始终无法甩下副油箱才放弃，但在耗尽弹药前，他还是解决掉一架敌机

四周蓦然又归于平静，不知其他人战况如何，但愿都能安全返航。难道同敌机再度交火？我们在焦躁不安中终于等来了由远及近的声音，接着机场上空出现战机盘旋的身影。普拉格尔晃动机翼，昭示他的战功，接着他们很快着陆了。然而我看到了什么？一架还挂着副油箱的Fw 190在做机腹迫降，简直不要命了。“天呐！快放下起落架，兄弟，放下你的起落架！”“扔掉油箱！”太晚了，它已经一路刮擦着地面冲向前方，碎片四溅，所幸油箱居然飞脱了，这才避免了火灾。

机场燃起火光，普拉格尔和僚机不得不拉高飞机。上帝，又有副油箱起火。后来又飞回两架，其中一架爬高避让，剩下那架很费了一番时间才着陆，刹车，总算及时停在场地边缘，终于最后一架飞机也飞了下来，利落地着陆、滑跑、减速，径直驶进树林。全体返航，一架不差！可是那架以机腹迫降摔得一塌糊涂的正是我的“褐色4”号。人生的第一架爱机现在惨不忍睹，原来发动机漏油停车，飞行员不得已只好以机腹迫降，摔坏了襟翼和螺旋桨，所幸受损不是太严重，但愿我的“褐色4”号尽快得到修复，再次披挂上阵。

在指挥室，普拉格尔上报1个战果，大队共击落8架“雷电”。19点解散后我们乘车回军营用餐，中队全部车辆突然载着辅助人员出现，大家都加入了卸货拆封的队伍，晚上10点传来警报“敌人装甲部队正在接近”。我们只好争分夺秒重新打包收拾，全员上阵，干得热火朝天，飞行员只能将必需品带上飞机，往技术保障车上装货时，装甲车的隆隆声已依稀可闻！忙到午夜收拾妥当，我们才回到宿舍，试着入睡。

朗布依埃机场上空这场第二大队复出之战实际只持续了5分钟左右，2名飞行员阵亡，战果相当失实：上报的8架击落战绩中7架得到核实，交战对手美军第373战斗机大

队第411中队只有3架“雷电”被击毁，换来4架Fw 190宣称战果。

第一大队和第三大队当天清晨遭到皇家空军第19中队的“野马”突袭，其对地攻击任务失败，哈尔蒂希少尉放弃Fw 190跳伞，波尔斯特上士的Bf 109被击伤。11:30，10架Fw 190和16架Bf 109卷土重来，这次成功攻击了德勒的美军地面部队。返航途中第一大队在朗布依埃机场加入了第二大队与美军第373战斗机大队第411中队的战斗，并宣称击落1架“雷电”。

负责高空掩护的第三大队先后遭皇家空军第19中队和美军第373大队第412中队攻击，宣称击落“野马”和“雷电”各一架。美军第412中队无损失，宣称击中4架“梅塞施密特”。屡败屡战的格尔克下士又一次为“雷电”的丰功伟绩添砖加瓦，然后又一次逢凶化吉，他回忆了当时的状况：

我同一架“野马”苦苦周旋，即将落败，这种情况下我们通常将襟翼放至四分之一到一半程度，急转弯爬升摆脱，“野马”紧咬我不放，没有察觉黄雀在后——一个好心的战友拔刀相助，为我解了围。很不幸，我刚用无线电向他道谢，以一个漂亮的半滚倒转改出后准备朝基地飞，敌军大队人马又杀到，这次我无路可逃，很快座机身中数弹，摇摇欲坠，七窍生烟，燃油和滑油糊满机身，除了跳伞别无选择。我抛下座舱盖，这次干净利落地脱离驾驶舱，缓缓下落。然而好景不长，我掉到真空地带一段铁路路堤，滚下堤坝，头撞上轨枕，躺在地上神志不清，听天由命，所幸这次除了头和脖子阵阵抽痛外没有受伤。一个爆破队的工兵发现了我，大叫“快离开！快离开！”现在美军已抵达德勒，正势不可当地向巴黎挺进，这个爆破队要炸毁沿途一切输电线、桥梁和铁路，阻碍美军推进，他们成为最后一批撤离的德军。就这样，我在最后关头被这群勇士救下并带到巴黎。接下来几天我因伤下了火线，可能跳伞时撞伤脖子，痛得要死……

下午，两架Fw 190 A-8返航时油料告罄，迫降在鲁昂东部公路，其中一架以起落架正常着陆，次日补充燃油后回到了基扬古尔，另一架以机腹着陆，受损更为严重，四天后回收走重要部件后被废弃，这就是“尤塔”的结局，6月6日普里勒驾驶它飞过宝剑海滩，6月15日驾驶它突破了取得100个战绩大关。飞机残骸被一个热爱航空的法国少年孔达齐安（P. Condadzian）发现，他仔细查看后将机身标识记录在日记中。这本日志奇迹般留存了下来，才令后人得知这架意义非凡的战机全貌。

晚上JG 26稀稀落落出动几架战机执行了两场一无所获的任务，眼下他们还有更紧要的去处：美军已经兵临巴黎城下。第3航空队下令驻基扬古尔、维拉库布莱、比克和图叙的德国空军部队撤离并摧毁机场和转移不走的飞机，6个战斗机大队将撤回德国休整，JG 26则陆续向东撤到蒙斯－昂绍塞和罗西耶尔[①]，第三大队当晚报告总共41架飞机只有10架还可以上天，44名飞行员也只有24人还可出战。

第二天，原驻巴黎西郊的德军飞机与车辆开始大举撤离。在基扬古尔，奥托马尔·克鲁泽的“蓝色6”号状态良

① 蒙斯－昂绍塞（Mons-en-Chauseé），今位于法国东北部索姆省佩罗讷县埃斯特雷－蒙斯（Estrées-Mons）镇。罗西耶尔（Rosières），位于索姆河畔，亚眠东南部。

第12中队在法国的一次地面转移。

好，他一大早就摩拳擦掌等候在第8中队待命室：

这次霍夫曼别无选择了，指派我担任他的4号机，以自由狩猎形式转场飞行。升空和结队的感觉美妙无比，我按照要求，全神贯注保持队形、留意后方，我们爬升到3500米高度，刚进入航线，突然传来呼叫“十点方向有敌机”，我瞥了一眼十点方向，除了飞在左侧的另一组四机编队以外，却什么也没看到。刚拉了拉安全带，下一秒敌机轰然而至，我认出那是野马式战斗机，老大略微左转，显然想引开它们，我的分队长机也是个新手，跟了上去，我困惑地保持在4号机位置，观察后方和前方敌情。

一个“野马”小队从后方绕过来，我正对他们枪口。队友皆一语不发，3号机紧跟着老大一起恒速转弯，我始终没想起用无线电，因为以前一直被教导闭嘴。“野马”转弯更急了，长机的机枪赫然可见，我急跃升做了半个斤斗，倒飞时看见下方敌长机的飞行员也盯着我。我失速掉在敌机4号机后面。然后身后马上又冒出另一个小队，就在我转弯时，其中1架已经瞄准了我。我猛地向下俯冲规避，“野马”扑了个空，接着我高速中拉起飞机急跃升，与此同时又一架“野马”就在我眼皮底下自左向右横穿而过，间距不过300米，我立即右转，瞄准对方持续开火，直到险些相撞才飞越对方向右脱离。火焰从“野马”身上喷出，我目送它栽向地面坠毁。四周已经空无一物，敌机和友机都不见了踪影，这场空中大战转瞬即逝。

我转弯飞向蒙斯昂绍塞，几分钟后一架飞机映入眼帘，认出那是Fw 190，遂加大油门追过去，对方也看到了我，做了个规避动作，后来得知他将我看作敌机。我又飞向左边，让他看得更清楚一点，见他放慢了速度，便操纵劳苦功高的“蓝色6”号靠近，认出那是另一个小队的长机，比划手势告之刚才的胜利，可惜完全没效果。

来到蒙斯昂绍塞，看到中队飞机都已停在地面，我回忆了新闻片里展示胜利的机语，依葫芦画瓢，以一个大角度横滚，低空飞越机场，从机场另一端如是重复了一遍才着陆，离开飞机，冲向霍夫曼汇报，但他眉头紧锁，面有疑云，以为我电影看多了，我难以抑制心中的狂喜，大喊“我干掉一架”。他难以置信地看着我，让我冷静下来一五一十说清楚。听完我的讲述，他仍然不太相信，只是说他看到了坠机。稍后他在我不知情的情况下让军械士检查了飞机，然后告诉我只有内侧武器使用过，耗弹量不到四分之一。我这时才想起当时完全忘了操纵杆顶端的外侧机炮发射按钮，全靠内侧机炮和机枪开火。

克鲁泽他们遇到的是美军

第354战斗机大队8架P-51，后者声称在朗布依埃森林上空发现“约70架Fw 190”并毫不犹豫发动攻击，1架Fw 190（飞行员跳伞负伤）和2架P-51被击落，其中就包括克鲁泽的战利品。当晚晚餐时，大队长埃米尔·朗上尉用餐刀在克鲁泽的飞行皮衣割开一道口为他挂上二级铁十字勋章，这件皮衣被它的主人珍藏多年，现收藏于北德一所博物馆。

联队指挥部和第一大队回到布瓦西勒布瓦，第三大队朝着索姆河沿岸的罗西耶尔转移，第9中队和第11中队共10架Bf 109转场时，其中1架悄悄掉队，然后调头飞向盟军阵线，汉斯·施派歇特下士跳伞投诚，他痛恨纳粹政权已久，更厌倦了这场战争，自诺曼底登陆后他终于等到了这个机会。英国情报部门因此获得了大量有关第三大队的准确信息。格尔克因伤留在地面，当晚他搭乘一辆曾属于法军的装甲车前往罗西耶尔，据他回忆，由于缺乏飞行员，相当一批Bf 109在维拉库布莱被炸毁。

撤出巴黎和补充兵员没有改善第三大队低落的士气，在罗西耶尔，一名下士满怀憧憬加入这支明星部队，热情很快被现实击碎，战后他接受采访时表达了当时的失望：

补充训练大队只教授了我们这些毛头小子一些基础战术，实战特训需要由前线部队提供，但Ⅲ./JG 26对我屡次提出专项技能训练的申请充耳不闻，所有问题的答案千篇一律“紧跟你的小队长机和双机分队长机，否则你就当一只脚踏进棺材了”。他们的傲慢浇灭了我的热情，初到罗西耶尔那晚，见到分配给我的小队时我那样欢欣鼓舞，如今都烟消云散，代之以缓慢而越发清晰的现实，我如履薄冰，我痛恨这个中队里的军官，他们对新人漠不关心，一心只想着在这场败局已定的战争最后几天自保。

我心灰意冷，在这样一支萎靡不振的部队，想提升赖以生存的技能根本无从谈起，我预见自己作为僚机的将来，不过是以自己的牺牲换取长机的一点存活率。后来的涉险完全印证第一印象。

第二战斗机军精疲力竭，损耗严重，六个大队撤回德国休整，其中JG 54第三大队回国换装最新型的Fw 190D“长鼻子多拉”。包括JG 26在内留下来的残余兵力继续掩护地面部队向塞纳河撤退，但在盟军把

维拉库布莱机场，普里勒视察第三大队并召集编队指挥官谈话。（1）米特乌施少校、（2）保罗·绍德上尉、（2）普里勒中校、（4）彼得·赖舍中尉、（5）戈特弗里德·施密特中尉、（6）赫尔曼·古尔少尉。

持的制空权面前，被困在法莱斯－阿让唐口袋的陆军几乎不可能得到空中支援。

重返法国的Ⅱ./JG 26作为唯一一个阵容齐整的大队，开始为第二战斗机军挑起大梁，征战连连。8月17日上午，Ⅱ./JG 26等多个德国战斗机大队奉命联合攻击沙特尔到德勒一线的美军装甲部队。在朗布依埃附近低空，第6中队指挥官格奥尔格－彼得·埃德上尉大显神威，声称不到1分钟的时间里先后将2架“喷火”打到地面，第1架“喷火”的坠落直接摧毁了两辆谢尔曼坦克，第2架“喷火”引燃了第三辆坦克，埃德的2个空战战果和3个对地攻击战果经过两名中队队友作证，全部通过军方确认。不过这段戏剧性的战功在对手战损记录中站不住脚，盟军在这一地区没有损失任何战斗机，而为埃德作证的两名目击者也在次日阵亡。埃德为德军取得了此次任务唯一的收获，他的大队有3人被地面炮火击落身亡。

下午第二大队与第三大队前往费康（Fécamp）截击正扫荡地面目标的“喷火”，霍夫曼少尉率先发现目标，率领他的小队成功突袭了12架敌机并安全撤退，霍夫曼、博雷克下士和克莱因下士一人带回一个战果，皇家空军第1中队损失了2架“喷火”。

8月18日，致命的法莱斯口袋即将完全封闭，第二战斗机军下令集中攻击法莱斯西边的盟军战斗轰炸机，同时掩护德勒－沙特尔一线的陆军向东撤退。晨雾导致仅有早上Ⅱ./JG 26、Ⅲ./JG 26和Ⅰ./JG 2出动。皇家空军第315中队（波兰中队）12架“野马”扫荡博韦，将正在机场上空集结的Ⅱ./JG 26大队打得溃不成军，那些初出茅庐的菜鸟飞行员成为屠杀对象，8人当场被击毙于座机内，2人受伤，死者中除了1名少尉，其余皆为军士。维尔纳·费尔霍芬上士号称起飞阶段击落了一架无从辨别的P-38“闪电”，其后与1架“野马”两败俱伤，带着轻伤迫降回跑道外缘。

第8中队负责殿后掩护的奥托马尔·克鲁泽下士和长机阿尔弗雷德·瓦格纳下士落到最后起飞，刚升空就看到头顶的恶战，两人向左转了个大弯后加足马力爬升，克鲁泽回忆道：

在我们头顶400米，3架“野马”向左飞驰而过，我们追过去，但抢到射击位置时，发现长机消失在左下方，“不能坐以待毙”，我想，连忙向左横滚倒飞，近乎垂直爬升，左翼突遭重击，机炮附近两处被打穿，四周金属蒙皮扭成一朵花，我已经损失了速度，于是大致沿轴线转弯进入俯冲，地面以惊人的速度迫在眼前。我让自己冷静下来，重新控制住飞机，接下来环顾四周——很好，没有发现美国佬，或者还跟在后面吗？我想到布防在机场的高射炮就离前方不远，立即冲向塔台，从20毫米高炮炮塔上方300米飞过，果然看到弹道从我身后落下。“没准追兵不止一架”，想到这里我继续先左后右连续转弯，直到确定后方真正安全了才松下一口气。防空排的哥们儿干得真棒。

我超低空飞过一座山头，穿过笼罩在前方河岸的雾气，转了个大弯寻找机场，“野马”仍然阴魂不散，鉴于机翼上两个大洞太显眼，我只好继续退避三舍。该死的是手上没地图，只能沿着下方唯一一条铁路飞，总能通向某个有起降场的城镇。就这样低空飞了足足10到15分钟，望眼欲穿的城镇终于出现，但我没找到机场，只有一个大约300米宽的赛马场，身后太阳快升上头顶，我别无选择，只好降落于此，及时停在一片耕田前方20米。刚停妥飞机，关闭发动机，一个劳工部官员骑着自行车经过，他回答了我的疑问：“这是阿拉斯。”

在路过的劳工部官员帮助下，克鲁泽借到电话，设法与部队取得联系。等到中午，两名机械师乘卡车赶来，通宵达旦修好了受损的Fw 190，克鲁泽得以次日顺利驾机回到蒙斯昂绍塞。他消失的长机瓦格纳下士腿部中弹，跳伞捡回一条命，最后在博韦的医院接受了单腿截肢手术。第二大队遭此重击，已然溃不成军，仅有霍夫曼少尉和威廉·迈尔军士长入账2个战果，生还者在“野马”离开后急忙降落回地面。波兰飞行员宣称歼敌16架，中队长霍巴切夫斯基（Horbacezwski）少校[①]上演帽子戏法，从此再无音讯，3年后他的尸体和座机残骸才在瓦兹省的韦莱讷（Velennes）被发现。他是此役英军唯一的损失。

午后第二大队再次倾巢而出，试图一雪前耻，这次他们与第三大队顺利会合，然后同美军第356战斗机大队爆发交战，以零损失击落1架P-47。第三大队在德勒附近突袭了第358战斗机大队分队，1架Bf 109和2架P-47被击落，其中1架P-47归在米特乌施账上。晚上第10中队8架Bf 109从沃维莱尔（Warvillers）一处设在树林边的临时跑道起飞，在奥尔良附近攻击了美军第4战斗机大队一个正在扫射地面目标的“野马”中队，歼敌3架并全身而退，其中2架由中队长席尔德中尉包揽。

8月20日上午瓢泼大雨暂时浇灭了天空的火药味，下午雨过天晴，JG 26三个大队倾巢而出，在亚眠附近与Ⅱ./JG 1大队会合，联手阻击挺进到鲁昂的盟军先头部队。2架Bf 109折损于地面炮火，飞行员一死一伤。在南边，霍夫曼少尉带领第二大队搜寻敌机时与Ⅰ./JG 11大队不期而遇，对方大队长不是别人，正是曾任JG 26第5中队中队长的瓦尔特·马托尼上尉，五天前刚走马上任新职位。根据盟军无线电监听到的对话，马托尼吩咐部下飞到上方掩护，自己加入了霍夫曼的队伍，两个临时组合的Fw 190大队来到巴黎西南上空3000米，发现下方几架P-47正与Bf 109杀得难解难分。这些Bf 109来自Ⅱ./JG 3大队和Ⅲ/JG 3大队，支援法莱斯时遭美军第362战斗机大队第378中队突袭，被打得七零八落。2架Bf 109为躲避1架从高空冲下来的P-47而相撞，飞行员一死一迫降，这架P-47的飞行员乔·马特（Joe Matte）少尉利用高度优势进而又斩落两架Bf 109，接下来发生的事情见他的报告：

……我爬升回到掩护高度……到达5000英尺（1500米）时一架109式飞驰而过，一枪未发，我便稍微压低高度追过去，突然发现20多架Fw 190从大约1万英尺（3000米）杀下来，我让僚机收到“退出”指令前切勿轻举妄动。我们一左一右，急转弯俯冲，在近地面交会后继续追击Bf 109，眼看要大功告成，僚机不见了踪影，我找了很久，以至于被Fw 190盯上，其中2架在我落到1000英尺高时从左右两边包抄过来，同时开火，同时俯冲脱离，在我看清前就逃之夭夭。右边那架击中我的机身附件，左边那架击中左机翼和机尾。第3架敌机从上方击中了我的螺旋桨，随后向左上方飞走了，我右转并下降，180度调头时，看到地面两起猛烈的爆炸，我顾不上观察是否为刚才2架190式坠

① 巴切夫斯基生前参加过海峡空战、北非突尼斯战役和意大利战役，凭借击落16.5架和可能击落1架的骄人战绩，在二战的波兰王牌飞行员中排名第三。

毁，急着一路贴着地面返航，终于摆脱了这群Fw 190。

乔·马特最后看到的两起爆炸牺牲者其实都是他的战友。JG 3共损失6架Bf 109，与美军第378中队的宣称战果丝毫不差，其中4架由乔·马特包揽。他的僚机此前只有两场作战经验，惊慌失措之下过早退出，退出又过于拖沓，被德军的马托尼或霍夫曼击落，机毁人亡。两人得手后继续俯冲，同时攻击了马特那架P-47，最后两人各收获1个战果，并率各自大队全身而退。这是一桩极为有趣的空战，马特一直以为一组长机和僚机同时对自己开火，为这一稀奇古怪的双机战术困惑了很久，哪里想得到实则是一个大队长强行加入一个中队编队的结果。

零星的空战胜利无法掩饰德国空军彻头彻尾的失败，从包围圈逃出来的地面部队基本得不到空中支援，只能无助地忍受英美战机肆无忌惮的扫射和轰炸。当天皇家空军第二战术航空队上报摧毁车辆1304辆，坦克110辆，美军第九航空队也上报摧毁了400部德军车辆，击伤打残的地面目标不计其数。德国飞行员做了最大努力，但能突破敌机层层封锁到达目标的寥寥无几。晚上7点，德军5个战斗机大队做最后一搏，独立掩护撤出法莱斯口袋的陆军。Ⅲ./JG 26大队在利雪附近被“喷火”击落1架Bf 109G-6，飞行员跳伞负伤。美军第404战斗机大队猛烈轰炸塞纳河上的德军时，遭到Ⅱ./JG 26大队6架Fw 190突袭，1架P-47被普拉格尔少尉或/和霍夫曼少尉击落。当天Ⅲ./JG 26大队指挥部地勤人员搭乘的卡车在巴黎遇到游击队袭击，大队副官被击毙，3名地勤受伤。

第7中队和第8中队的中队长格哈德·福格特少尉（左）、威廉·霍夫曼少尉（右）是1944年下半年最出色的飞行员，两人都在联队服役多年，同属慢热型。福格特1941年9月以一等兵军衔来到第6中队，霍夫曼晚一年以下士军衔加入第1中队。从1944年开始，JG 26飞行员素质无可避免地严重下滑，还损失了不少老将。但同时也有福格特、霍夫曼、威廉·迈尔军士长等人的成熟和爆发，人才的延续是JG 26始终保持一流水平的重要原因。他们三人都获得了骑士十字勋章，也都将生命留在了JG 26。

日复一日的对地攻击任务大部分被“雷电”和“喷火”击退，JG 26配合地面部队，朝着东边的比利时且战且退。联队指挥部先后迁到阿斯普尔（Haspres）和瓦朗谢讷（Valenciennes），第一大队分兵到维特里西边的弗雷讷（Fresnes）和杜埃附近的朗布尔（Lambres），第二大队聚集在昂库尔（Hancourt）和另一处现在已无从知晓的野战机场；第三大队在罗西耶尔和沃维莱尔。

23日JG 26上报兵力为：

联队指挥部：Fw 190 3架（1架可用）、飞行员4人（1人可用）

第一大队：Fw 190 31架（15架可用）、飞行员42人（25人可用）

第二大队：Fw 190 57架（27架可用）、飞行员53人（32人可用）

第三大队：Bf 109 30架（11架可用）、飞行员28人（22人可用）

午后Ⅱ./JG 26大队凑出18架Fw 190、Ⅲ./JG 26大队凑出5架Bf 109，与Ⅰ./JG 2、Ⅰ./JG 11和Ⅳ./JG 27共四个大队在蒙迪迪耶（Montdidier）会合，向西搜寻盟军战斗轰炸机，其中60架战斗机在巴黎东北与加拿大空军第421、第443中队狭路相逢。詹姆斯·埃德加·约翰逊中校正带领这24架“喷火”从巴黎西南向北扫荡，这下他如愿找到了德机。约翰逊的第一轮突袭效果不佳，只打爆1架Fw 190副油箱。空战很快演变成捉对厮杀，“喷火”寡不敌众，约翰逊虽然击落了另一架Fw 190，但身陷6架Bf 109布下的环形编队重围，两发加农炮打来，约翰逊传奇般的军事生涯首次被击伤座机，他最终爬升甩掉这群“除了长机之外射击水平奇臭的”Bf 109，最后一个返回基地，两个“喷火”中队共宣称歼敌12架，击伤2架，损失3架。JG 26两个大队均无损失，第二大队入账了6架“喷火”战绩，其中2架归于大队长朗，霍夫曼少尉和普拉格尔少尉各立一功，一名第8中队飞行员还宣称斩获1架来历不明的P-38。

当晚埃米尔·朗电告联队长，第二大队燃油存储告罄，地勤只能在那些维修中的战机身上打主意，将它们仅存的几滴油榨得精光才能凑出10架战机用于次日作战。缺油的困境不只存在于第二大队，加之天气影响，次日第二战斗机军出动规模只有30架次，第一大队8架飞机9:20起飞后的自由狩猎任务很快因为能见度不足而取消。之后JG 26联队奉军部命令派出货车开到100公里外的康布雷，拉回40吨C3燃油，解了两个Fw 190大队燃眉之急。

“闪电”凶日

8月25日，防守巴黎的德军投降，巴黎迎来了解放。美军第九航空队决定利用下午的好天气，一鼓作气，歼灭盘桓在法国境内的德国战斗机残余兵力。德军对此一无所知，计划部署如常。13点过，JG 26的44架Fw 190和17架Bf 109继续被派去扫荡流动战线，攻击敌人战斗轰炸机和炮兵校射机，另有至少四个大队的少量友机一同出战。

第二大队32架Fw 190在蒙斯昂绍塞完成集结，由大队长带领向西边爬升到3500米。第8中队中队长霍夫曼少尉第一个发出警报“10点方向有敌机”，但其他人没有任何发现，霍夫曼奉大队长之命领队后马上报告“失去敌机踪影”。一句咒骂脱口而出后，朗发出回预定航线的指令“出游”。

大队准备调头转弯，霍夫曼再次呼叫发现敌机。跟在霍夫曼后面的克鲁泽下士已升级为双机分队长机，他的新座机“蓝色13”号是中队唯一一架没有外侧机炮的Fw 190，也许对他上次单靠内侧机炮就击落敌机印象深刻，中队长告诉他不需要外侧机炮。克鲁泽回忆了接下来的战斗：

几分钟后我也认出了超低空那些闪烁不明、挂载两枚炸弹的飞机：“闪电。”它们盘旋着，专注于蹂躏我军地面部队，完全没察觉我们靠近。后来得知对方有16架，飞临它们上空时，大队长下达了进攻令“鼬鼠安东呼叫，进入攻击”——鼬鼠是大队代号，安东是指挥官代号，然后带领着31架190式冲了下去。紧接着传来“这里是鼬鼠安东，歼敌1架”，众目睽睽之下，他的目标坠毁了。

猎杀还没结束，“闪电”纷纷坠落。我也紧追住一架，见对方躲进零星的云层，便绕到云层下方，对方穿出时正对我的枪口。然而正待扣动扳机，身边划过一串曳光弹弹道，原来另外两架Fw 190和我盯上同一个目标，但射程不够，差点误伤了我，为了不冤死在同伴枪下，我立即右转退出了争斗，同时暗骂了这俩可恶的家伙，但我们这些新手哪个不是立功心切。

我转大弯调头，四周的厮杀不知何时戛然而止，天空只剩下激战过后的袅袅余烟，于是我也返航，几分钟后遇到三架友机，其中1架属于第5中队中队长福格特少尉。突然我又发现距离下方500米三个黑点，后面两个挂着双炸弹的是“闪电”，前面一架Fw 190正被追得团团转。我赶忙按下通讯按钮大叫“这里是‘蓝色13’号，12点方向有敌机！”福格特回道“镇静，‘蓝色13’号，请重复”。于是我平缓下语气，复述了一遍，福格特已经俯冲下去，并回复“我看见了”，与此同时那三架飞机也朝这边飞来。福格特少尉朝前方那架敌机零星开了几枪，但都射过界，另一架“闪电”及时警觉，开始大角度俯冲逃走了，我向左急转，占据了第一架敌机后方的射击位置，一串短射命中机翼，随即一个不明物体飞过座机左侧，我想是发动机整流罩，接下来，那架“闪电”倾斜着栽向地面坠毁了，就在我急转弯退出战斗时，眼前出现一顶降落伞，我飞过去，晃动左机翼，向那位相距不到30米距离的美国飞行员简单致意，他那张惨白的脸现在还留在我脑海，他也许认为自己要被干掉了。可我何尝没有这样一天，再一次返航途中，这样的想法在脑海萦绕不去。

Ⅱ./JG 26大队遇到的是美军第474战斗机大队的两个中队，24架P-38各挂载2枚500磅炸弹午后从法国机场起飞，集结后向东飞向拉昂的德机机场，第429中队以3700米高度飞在第428中队后上方，指挥官接到地面报告:40余架敌机正在鲁昂东南部活动，第429中队几分钟后发现了德军Ⅲ./JG 76大队的Bf 109，双方调整方向，抛下各自的炸弹和副油箱正面交锋，第429中队被打散成双机和四机小队，第428中队则跟着Bf 109战至近地面。

Ⅰ./JG 26大队的12架Fw 190横插一脚，随即更庞大的Ⅱ./JG 26大队俯冲下来。美军第428中队毫无还手之力，最多以双机为单位四处溃散，8架P-38未能返航，高达三分之二的损失率令8月25日成为中队的“黑色星期五”。第429中队也被击落3架，两个美军中队共宣称击落18架Bf 109和3架Fw 190，击伤和可能击落8架敌机。

第428中队的詹姆斯·奥斯汀上尉带着僚机独自返航途中发现一架落单Fw 190，便左转绕着积云尾随上去，僚机则向右转，从此跟丢了长机，之后只看见一架“机翼扭曲的Fw 190尾旋坠落”，返航后作为长机的战利品上报，事实上那更可能是奥斯汀的P-38，他在云层遭到几架Fw 190围攻，身负重伤，跳伞逃生，沦为俘虏。幸运的是这时德军一路丢盔弃甲仓皇撤退，无暇看押战俘。几天后，奥斯汀在一所被遗弃的医院被美军解救，回到祖国。通过仔细研读和对比交战双方飞行员的作战报告，可以确定，詹姆斯·奥斯汀上尉正是奥托马尔·克鲁泽的第二个空战战果。

Ⅱ./JG 26全体兴高采烈地回到蒙斯昂绍塞，上报击落12架“闪电”，8架通过审核，埃米尔·朗取得个人第168到170个战果。Ⅰ./JG 26运气欠佳，无功而返，1名飞行员跳伞负轻伤。刚从Bf 110大队改编而来的Ⅲ./JG 76损失惨重，宣称击落5架P-38，包括大队长在内18名飞行员未能返航，另有5架Bf 109被击伤。而且克鲁泽全程从未留意到Bf 109的存在。

美军第474战斗机大队的“黑色星期五”一定程度上要归结为倒霉透顶，毕竟他们遇到的是这一地区最强大的Fw 190部队。无独有偶，同一天另一场P-38与Fw 190的交锋结局迥异。Ⅱ./JG 6大队前身同为Bf 110大队，刚从德国本土防空战场来到诺曼底，8月25日该大队40架Fw 190根据地面引导前往圣昆廷阻击正在扫射机场的P-38，首轮突袭击落6架P-38后再无建树，被同样为新军的美军第367战斗机大队杀得丢盔弃甲，16架Fw 190有去无回，飞行员14人阵亡或失踪，3人负伤。Ⅱ./JG 6作为单发战斗机大队的首战就以惨败收场，大队长立即被解职，接任者是JG 26老将约翰内斯·瑙曼上尉。而美军第367大队凭借此役取得的辉煌战绩（击落16架、击伤3架和可能击落1架敌机）荣获总统部队嘉奖，损失3名飞行员，4人跳伞后归队。

傍晚，包括Ⅱ./JG 26和Ⅲ./JG 26在内共6个大队被第二战斗机军派往亚眠自由狩猎，Ⅱ./JG 26集结时遭到“野马”当头一棍，4架Fw 190机毁人亡，飞行员均为新手。一等兵瓦尔特·施通普夫落在最末尾起飞，很快也与3架敌机陷入低空缠斗，实战经验近乎空白的他半小时后侥幸逃回地面，在“褐色14”号上检查出15处弹孔。霍夫曼少尉、威廉·迈尔军士长和萨洛蒙下士总共宣称击落4架“野马”，美军第354战斗机大队第355中队此行以损失4架“野马”的代价，宣称击落14架、击伤3架德国战斗机。

盟军截获情报显示，8月26日第二战斗机军拥有279架可作战飞机，当日3次联合作战行动中共出动200架次，主要任务是攻击英国战斗轰炸机，保护鲁昂一带的德军渡过塞纳河。8:30，第一和第二大队分别出动17架和28架Fw 190，与执行武装侦察任务的皇家空军第421和第602中队发生交战，第二大队击落第421中队2架“喷火”，4名新手阵亡；第一大队以损失1架飞机的代价入账4架“喷火”战绩，但第602中队只有1架“喷火”被敌机击落，两名大队长朗、博里斯和两名中队长基夫纳(第1中队)福格特（第5中队）均有斩获。

午后三个大队全部出动，再战鲁昂，29架Fw 190在布赖森林突袭了正扫射地面目标的自由法国第341中队，以零损失击落2架“喷火”，埃米尔·朗取得当天第3个，个人第173个空战战果，第一大队的克梅特米勒少尉和京特少尉也

6月23日，布瓦西勒布瓦机场。第三高炮军军长沃尔夫冈·皮克特（Wolfgang Pickert）将军访问JG 26第一大队，联队长普里勒站在将军身后。从诺曼底战役开始，德国战斗机和高炮部队之间越发尴尬和紧张，飞行员怒斥被自己人的高炮招待，高炮炮手们更委屈，表示天空满是敌机，根本看不到自己人的飞机。这种紧张的关系到1945年元旦底板行动发展到极致。

各立一功。第341中队中队长雅克–亨利·施勒辛（Jacques-Henri Schloesing）中校阵亡。23架Bf 109突袭了美军第50战斗机大队的高空掩护小队，米特乌施少校斩落2架“雷电”，他的1名飞行员被击落身亡。

其后几天，天空因气象条件不佳而稍事平静。8月29日盟军情报部门监听到JG 26兵力情况：联队指挥部1架战机和1名飞行员可用，第一大队14架战机和34名飞行员可用，第二大队战机28架和43名飞行员可用，第三大队则剩下13架Bf 109和14名飞行员可用，这其中还包括前一天驾驶崭新的Bf 109G-14来罗西耶尔报到的四名新手。刚从补充训练大队结业的他们平均飞行时间只有140小时，由于米特乌施大队长已经先行前往下一站布鲁塞尔，第三大队在罗西耶尔的收尾工作由第二大队接手，朗上尉热忱欢迎了新兵的加入，亲切“如老战友一般”，令卡尔–格奥尔格·根特下士心生暖意，由于次日一早就要转移到布鲁塞尔，军衔最低的根特接到加入施拉格特联队的第一项任务：把大队的Fi 156联络机开到新基地，但他此前从未驾驶过该机型，不禁小声嘟哝了一句。“没关系，它们不用人驾驶都能飞上天。”朗笑呵呵地挡回了他的抱怨。

不过，这个任务最终交给另一名飞行员，根特分配到的Bf 109在上一战斗中被打坏，连座舱盖也没有，趁夜色转场飞行时他不得不小心翼翼保持在队伍中间，幸好沿途没有遇到敌机，他得以安全降落到第三大队新机场埃韦勒。次日，他和另外两名飞行员奉命将附近一个废弃的机场里3架Bf 109开回来，驱车到达目的地后只找到1架适航的Bf 109，但根特发现1架即将被销毁的Fw 190A，虽然从未驾驶过这种飞机，他还是说服了司机——也是一名能干的Fw 190机械师当场作了一番维修，最后根特将它顺利开回了埃弗勒，剩下一名同伴则和机械师驾车返回。地勤人员纷纷对这个初来乍到的菜鸟刮目相看，反而几个老飞行员冷漠如故。

29日，JG 26另外两个大队的飞行员也收拾行囊，夜幕降临后开始朝着向东边的比利时撤退，联队指挥部搬到布鲁塞尔北区，第一大队来到赫林贝亨，第二大队驻梅尔斯布鲁克（Melsbroeck）。仓促准备的新机场既缺乏燃料也缺乏补给，JG 26第二大队和先他们一步到达的Ⅰ./JG 11和Ⅳ./NJG 1将巴掌大的梅尔斯布鲁克挤得水泄不通。

8月最后一天，JG 26将剩下兵力全部投入兰斯，第一大队的18架Fw 190轰炸盟军坦克部队，第二大队的34架Fw 190和第三大队的17架Bf 109在高空掩护。

这次克鲁泽下士担任中队长的4号机。其间一个Bf 109小队风风火火误入，克鲁泽不得不紧急闪避，一度脱离了编队，收到指令后，大队机群陆续回到预定航线上。多亏霍夫曼少尉的机翼下装有一台新闻媒体的摄影机，克鲁泽好不容易才在一排浩浩荡荡的Fw 190面前认出中队长，小心翼翼地归位。联队按部就班完成了对地攻击任务，顺便摧毁地面一架联络机，只在返航时在11点方向发现几架盟军战斗机，德机选择隐入云层，克鲁泽对此相当庆幸，拜前晚宿醉所赐，他的脑袋一直隐隐作痛。

虽然没有发生交战，第二大队的返航磕磕碰碰，全体亮着油量表红灯飞临机场上空，降落刻不容缓，但梅尔斯布鲁克小得容不下他们像过去那样以小队为单位降落，只能排成间距几百码的纵队依次着陆，当抬起机头，飞行员前方视野完全被遮挡，每一架飞机必须争分夺秒着陆并离开跑道，才不会被“追尾”。被克鲁泽视

9月3日撤回德国前，第7中队遗弃在布鲁塞尔的梅尔斯布鲁克的Fw 190A-8，前方站着两个加拿大士兵。第一张照片因被收录进英国的帝国博物馆相册而广为流传。蹊跷的是，盟军拆掉了座舱盖、副油箱等无足轻重的部件，却任由250公斤炸弹继续深藏在发动机下方，10月美军驻梅尔斯布鲁克后试图将这架飞机移至附近的公路上，其间不慎引爆炸弹，造成人员伤亡。

为一个小小的奇迹的是，如此恶劣的条件下，34架飞机竟然全体安全降落了。而本次任务耗时也创造了克鲁泽战争经历之最——他的滞空时间达135分钟。

JG 26单月战斗减员再创新高：8月共有40名飞行员战斗阵亡，6人事故身亡，3人被俘，至少20人负伤。换来的空战战绩在85架以上——由于档案缺失，第三大队的官方战绩依然无从得知。此外，盟军情报部门得到8月31日JG 26的装备情况：联队指挥部无可用战机，第一大队25架可用、16架不可用，第二大队31架可用、28架不可用，第三大队36架可用、35架不可用。

五、一件扑朔迷离的事

9月2日，英军装甲部队兵临布鲁塞尔城下，第二战术航空队也随之不停转移基地，空战势头相对减缓。次日中午晴空万里，JG 26联队指挥部和第一大队再次朝着国境线内的克雷菲尔德（Krefeld）撤退，第二大队经杜塞尔多夫来到基希黑伦，第三大队来到门兴格拉德巴赫，大部分转场相安无事，仅有的几例损失后果却是灾难性的。

大约13:00，最晚离开赫

林贝亨的第2中队出发了，彼时空中能见度约8000米到1万米，800米低空云量8/10，8架Fw 190次第起飞，自西向东平缓转弯并爬升到1500米。进入联队不到两周的卡尔－海因茨·奥森科普（Karl-Heinz Ossenkop）少尉作为迪辛（Düsin）下士的僚机排到最后起飞，随即发现起落架无法收回，便转到机场南端，焦头烂额地检查起落架收放杆。美军第55战斗机大队第38中队的“野马”突然从上方200米迎面冲出，Fw 190毫无还手之力，肯普夫（Karl-Heinz Kempf）少尉领衔的四机小队顷刻被全歼，仅有一人带着中弹的腿部跳伞生还，包括肯普夫在内其余三人被击毙于飞机内。

奥森科普见势不妙，用力向左闪避，并放下襟翼迅速着陆。4架友机在他眼前坠落，烟火和巨响在3公里外的东边腾空而起。美军进而扫射了机场方才扬长而去。奥森科普就在2架“野马”眼皮底下滑进第2中队机库，停妥后急忙拉上机场外场保养组组长以及三名士兵，驱车赶往坠机地。

5分钟后他们赶到最近的坠机地，现场充斥着燃油、滑油、橡胶、肉体燃烧的刺鼻焦臭，飞机已然被大火吞噬，奥森科普等人绕残骸走了一圈才在滚滚浓烟中找到一处可以钻进去的地方。不见了座舱盖的驾驶舱内，无头尸身还冒出火苗。机尾的飞机出厂序列依稀可辨，外场保养组组长翻了翻名单，确认了它的主人是赫伯特·比克尔下士，他将现场情况和地点记录在工作日志上后，四人来到600米外的另一处坠机地，飞行员东布罗瓦下士的腿被点50口径机枪贯穿，但他挣扎着跳伞逃生，并得到附近居民的救治，已无生命危险，奥森科普在比利时百姓的家中找到了他，由于急需将伤员送去医院，一行人中止了后面的查看，带着难忍剧痛嚎哭不止的东布罗瓦返回赫林贝亨。

回到机场，奥森科普从地勤那里得知自己的飞机一切正常，起落架无法正常收起是因为他电路断路器在滑跑阶段震松了，若非如此，殿后的他本该是“野马”首当其冲的攻击目标，后来奥森科普庆幸地自嘲“无知和生疏反而保住我一条小命和1架Fw 190A-8”。

两小时后，奥森科普少尉独自起飞，小心翼翼抵达克雷菲尔德，这时他才从大队长博里斯处得知另外两名遇难的队友是肯普夫少尉和海因茨·卡希下士。肯普夫平日尽心尽力教导新人，备受尊敬，他曾对奥森科普教诲道：

> 切勿单独行动，开火前一定要先观察后方两到三遍，你的第一场任务要担任我的僚机，千万跟紧我，掩护好我的后方，初上战场的前六周里不要妄想立功，积累经验和安全返航更重要，跟着我学，你不会有事的。如果敌人要干掉我，会选择起飞或者降落阶段。

肯普夫确实预测准了自己的结局，他在朝着故土起飞时被击落了。

JG 26联队对美军第55战斗机大队绝不陌生，这个第八航空队历史最悠久的P-38大队最近刚换装P-51D，9月3日上午护送轰炸机轰炸路德维希港，12:35返航至法国沙隆（Chalons）附近时两个中队退出护航，改去比利时扫荡地面目标。13点，第38战斗机中队“地狱猫”的麦考利·克拉克上尉在3000米高度发现了10余架敌机在低空活动，向中队长报告后便率领自己的小队冲下去，中队长带领另一个小队紧随。“野马”以650公里/小时的高速俯冲到赫林贝亨机场，转大弯减速，清理掉座舱盖凝霜，来到毫无察觉的2./JG 26中队身后，克拉克逼近机场北面

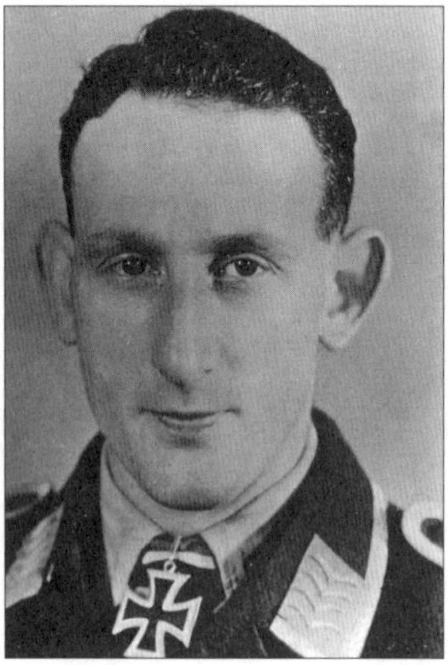
卡尔—海因茨·肯普夫少尉，曾在JG 54征战东线多年，1942年凭借48个战果被授予骑士十字勋章，1943年8月转到JG 26第11中队，又击落了16架英美飞机，他的最终战绩是65架。

一架飞在队伍左后方的Fw 190，先拔头筹，另外几架Fw 190试图回击，但随即也被克拉克的小队解决掉2架，中队长击落了第4架。

在10公里外的梅尔斯布鲁克，同样是转场飞行中的起落架故障，为第二大队带来灭顶之灾。普里勒战后撰写的联队史中记载了这一过程。

3日，因故障原因，大队指挥部三架飞机推迟到13:20最后出发。作为大队长的两名同伴，阿尔弗雷德·格罗斯（Alfred Gross）少尉担任埃米尔·朗的僚机多年，从JG 54追随到JG 26，汉斯－约阿希姆·博雷克（Hans-Joachim Borreck）下士是一名崭露头角的新人。起飞不久，朗察觉起落架故障，不过十分钟后他们还是在200米高度进入航线，这时博雷克呼叫后方有“雷电”，朗朝左上方爬升规避，格罗斯向右前方规避，博雷克被两架敌机追击，只能向下躲，很快他的机翼和发动机中弹，滑油糊满了座舱盖，博雷克向左急转，稍微甩开了追击者。视线受阻的他只看到了大队长的座机一头栽向地面，起落架还没收回。

博雷克迫降在另一处机场。格罗斯身负重伤，在医院填写了作战报告，陈述自己躲开首轮袭击，反击击落了1架“喷火”，他最后看到朗的Fw 190燃烧着冲向地面，然后急跃升。格罗斯被击落时毫无察觉，跳伞逃生。这位拥有52架战绩的骑士十字勋章获得者进入JG 26不到一个月后离队，他宣称击落的那架“喷火”未能通过军方审核确认。

博雷克下士和格罗斯少尉的报告中存在诸多疑点和矛盾，袭击他们的究竟是“雷电”还是“喷火”？布鲁塞尔一带没有P-47部队与Fw 190发生过交战，可以排除掉“雷电”的存在。一个年轻下士惊慌失措之下认错敌机机型大有可能。巧合的是，美军第338战斗机中队的“野马”和英军第41中队的“喷火”大致在同一时间同一地点都宣称攻击过3架Fw 190，因此究竟是谁终结了埃米尔·朗这位拥有173架骄人战绩的德国王牌飞行员，目前存在两种说法：美军第338战斗机中队的达雷尔·克拉默（Darrell Cramer）少尉和英军第41中队的特里·斯宾塞

麦考利·克拉克上尉满意地看着自己的“田纳西美女”号P-51战斗机被添上第5个战果标志。克拉克据信击落了JG 26的肯普夫。

（Terry Spencer）上尉。

第338战斗机中队“橡树果”和第38战斗机中队“地狱猫”同属美军第55战斗机大队，当天完成护航后，一后一前飞在2700米高度前往比利时扫荡。前方的38中队呼叫布鲁塞尔附近有Fw 190在低空活动——如前所述，它在赫林贝亨攻击了2./JG 26中队。约翰·麦金（John McGinn）少校也率第338中队俯冲，穿过900米高度的云层，他看到“3到6架敌机靠近地面，以松散的队形向东飞”，便和僚机达雷尔·克拉默（Darrell Cramer）少尉从敌机编队一左一右包抄过去。13:00麦金瞄准对方右后方那架Fw 190先拔头筹，13:20克拉默少尉在布鲁塞尔东北击落第2架Fw 190，10分钟后他们的队友赫尔曼·绍南伯格（Hermann Schonenberg）少尉也命中一架Fw 190，令其从30米低空俯冲，但没有看到对方坠毁。克拉默少尉的报告写道：

> 对方速度并不快，我凭借俯冲时积累的大量动能，高速逼近，向左急转的Fw 190开始右转，从我右边突然冲出另一架P-51，穿过我和敌机之间，开火后向下脱离，但它速度太快，且Fw 190在急转弯，他的子弹射过了。
>
> 我继续逼近，Fw 190仍在向右急转，增大了我的射击偏转角，于是我略微左转，拉大距离和减小偏转角，再向右急转弯，以75度偏转角和大约300码的距离开火，仅仅一串短点射后相距已不到200码，由于我拉的角度，敌机消失在我前下方。
>
> 我再度右转时它又出现在我视野：机身翻转，笔直坠毁于地面，猛烈的撞击产生的冲击波仿佛石块落在水面荡起的涟漪，飞机又滑了几码，四分五裂，最后爆炸成一团火球。

美军第338战斗机中队的战报与德方记录大部分吻合，美国历史学家唐纳德·考德威尔在所著的JG 26联队史中分析指出，麦金少校和克拉默少尉同时攻击了埃米尔·朗，最后由后者真正击落，博雷克从绍南伯格少尉手中逃过一劫，考德威尔进而推测，现场有6架Fw 190，组成2个三机编队，而非普里勒所说的3架，朗和博雷克飞在前方那个编队，第二个Fw 190编队由身经百战的格罗斯带领，飞在上方掩护。也许发现P-51袭来时，格罗斯抛弃了他的长官，他多年的好友，带领自己的三机编队向上躲进云层，然后遭到英军第41中队攻击，格罗斯击落了彼得·查廷（Petter Chattin）准尉，随后也被查廷的两名队友共同击落。

达雷尔·克拉默少尉，他的P-51战绩在第55战斗机大队排名次席。

皇家空军第41中队属于部署在本土的大不列颠防空军[①]，

达雷尔·克拉默（头戴飞行帽者）与他的地勤们。

① Air Defence of Great Britain，1943年在战斗机司令部基础上组建，主要负责英伦三岛的防空任务，1944年10月15日随着盟军空军几项改组，大不列颠防空军恢复了战斗机司令部的名字。

这时装备喷火Ⅻ型战斗机，当天12:35该中队8架喷火Ⅻ组成两个小队，携带副油箱从肯特郡的利姆基地飞往比利时鲁汶游猎，13:30在蒂勒蒙[①]东边发现3架Fw 190向东飞在300米低空。于是一个小队掩护，另一个俯冲发动进攻，长机特里·斯宾塞上尉突袭了中间的Fw 190左舷，2号机彼得·查廷准尉攻击右边那架，左边那架Fw 190右转规避后迅速反咬住斯宾塞，子弹击中斯宾塞的右机翼和升降舵，斯宾塞不得不停止攻击，向左急转规避。却看到自己那架本该逃过一劫的猎物同样在左转，他没有放过对方这个致命的错误，再次追上去，以1.5倍瞄准镜光圈的提前量开火并命中，Fw 190起落架掉下，速度骤降，再遭斯宾塞第二轮火力后，引擎罩右侧窜起火焰，一头栽向地面爆炸。

这时查廷呼叫"认为自己打掉一架"，随即又声称准备跳伞，却没给出理由，这是他留下的最后讯息，斯宾塞看见一架飞机"顺利迫降在蒂勒蒙附近，未放下起落架，随后着火"，认作查廷的"喷火"，但队友帕特里克·科尔曼准尉目睹了"第二架在格斗中击落彼得，还击伤了特里的机尾"[②]。

科尔曼和队友斯托上尉一齐追击"第二架"德机，科尔曼从大约160米距离持续开火，德机进入俯冲后大角度拉起，然后在科尔曼眼前不足30码（约27米）距离失速，最终坠地爆炸，一朵降落伞出现在科尔曼和斯托视线内。"喷火"飞行员们乐观地认为查廷最坏不过被俘，于是开始返航，于14:45降落回基地。斯宾塞和科尔曼各入账1个空战战果，但被他们汇报为跳伞生还的查廷长眠在了海峡对岸。

埃米尔·朗的"绿色1"号Fw 190A-5于13:30坠毁在一个叫上赫斯彭（Overhespen）的村庄附近，距离蒂勒蒙以东约10公里，而与美军第338战斗机中队的交战地布鲁塞尔相距40公里，此外美国飞行员战绩的时间也与朗被击落的时间不相符，因此另一派观点认为特里·斯宾塞才是击落朗的功臣。阿尔弗雷德·格罗斯攻击斯宾塞不成，转而击落了查廷，也救了博雷克一命，但随后被帕特里克·科尔曼击落。值得注意的一个细节是，作为前P-51飞行员，斯宾塞确信自始至终未见过一架P-51。

持第二种观点的人中有英国著名航空史学家兼作家克里斯托弗·肖尔斯（Christopher Shores）、克里斯·托马斯（Chris Thomas）。比利时历史研究人员后来的寻访和调查也许进一步证实了他们的观点：上赫斯彭的村民听见枪声大作，来到室外看见两架Fw 190先后坠地，不久有降落伞飘落，最后是一架"喷火"盘旋着试图迫降，飞行员没有跳伞。跳伞而出的Fw 190飞行员（格罗斯）在半空遭到不明就里的德国士兵枪击，伤痕累累地落在村子的教堂旁。查廷很可能死于迫降过程中的头部重伤，尸体连同降落伞包被德国士兵从坠机现场搬走的一幕也被村民看见。

博雷克挤在另一架Fw 190里回到了杜塞尔多夫，他戏剧性的出现和经他之口传出的大队长死讯引起轰动和震惊。在同僚眼中，埃米尔·朗一直吉星高照，飞行生涯从汉莎航空持续到德国空军，据说没发生过一起事故，更从未被敌人击中过。他在403次战斗任务中取得173架宣称战绩，其中144架在东线取得，这股强势的劲头被延续到西线，1944年6月6日

① Tirlemont，比利时城市蒂嫩（Tienen）的法语拼写，位于鲁汶和圣特雷登之间。

② 出自科尔曼的日记：Blood， Sweat and Valour：41 Squadron RAF 1942-1945。

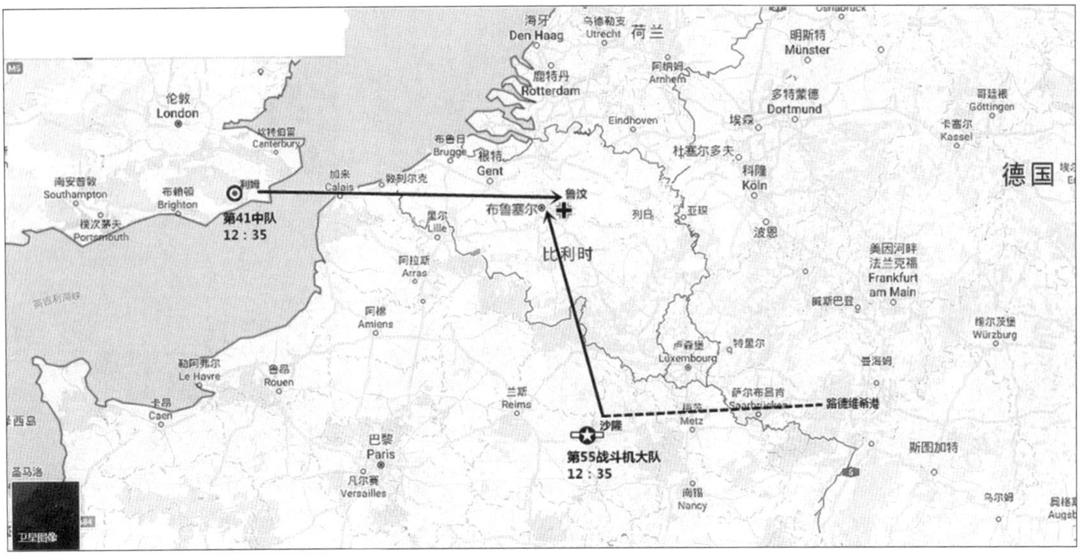

1944年9月3日交战区域图示1。

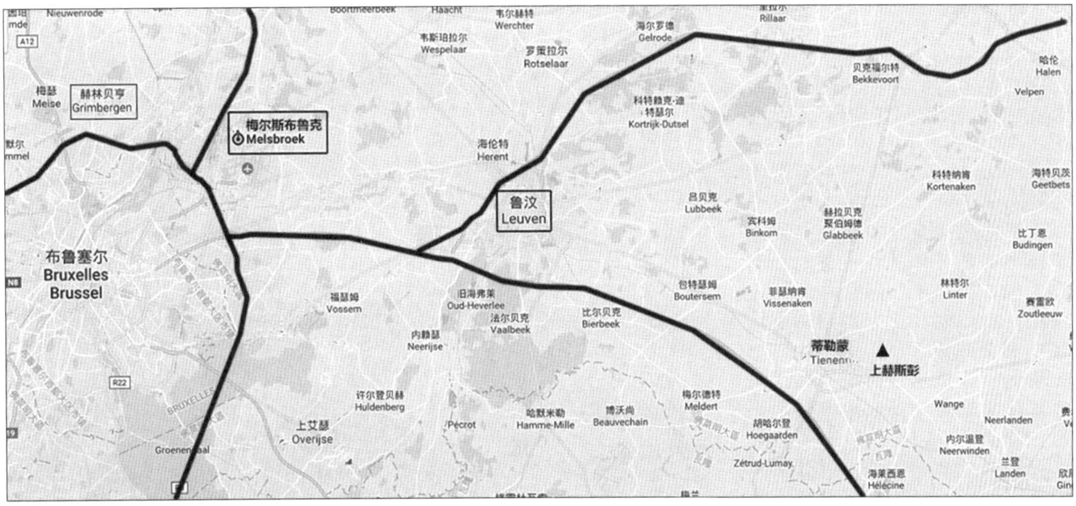

1944年9月3日交战区域图示2。

至今共取得28架空战战绩，在诺曼底战场独占鳌头，作为指挥官，无论在JG 54还是JG 26，他都领导有方，卓有成效。

埃米尔·朗的“辉煌”永远停留在了1944年9月3日，和他的生命一起画上休止符的，是曾经被对手敬畏地称为“阿布维尔小子”的施拉格特联队称霸西欧四年的历史，接下来它将在本土的天空走完最后一段路。从6月6日至今，联队至少宣称歼敌218架，损失飞行员108人（11人为事故丧生、5人被俘），另有61人负伤。威廉·霍夫曼少尉（23架）、朗上尉（14架）、米特乌施少校（12架）和福格特少尉（10架）成为诺曼底战役中最成功的JG 26飞行员。

特里·斯宾塞，毕业于伯明翰大学工程专业，入伍加入皇家工兵部队。1941年志愿转到空军填补不列颠空战中的飞行员损失，当年晋升为军官。1943年初驾驶野马战斗机扫荡西欧德占区的地面及海面目标，1944年5月初进入皇家空军第41中队，随队防守本土，其间至少驾驶喷火Ⅻ宣称击落7枚V1导弹。9月3日斯宾塞带队扫荡比利时任务中击落1架Fw 190，取得军事生涯唯一一个空战战果。11月底斯宾塞带领中队先头部队提前进驻比利时基地。1945年1月4日转到同一联队（第122联队）的第350中队（比利时中队）。2月26日，他在赖讷一林根地区因喷火ⅩⅣ被德军防空炮击中而跳伞被俘，然而一个月后他抓住看守疏漏的机会成功越狱并归队。4月初担任第350中队中队长，4月19日他在维斯马地区摧毁1架停在地面的Ju 88，但座机被舰载火箭炮击中，斯宾塞脱离熊熊燃烧的喷火ⅩⅣ，在距离海面9.1米的超低空跳伞而奇迹般生还，创造了成功跳伞高度最低的吉尼斯世界纪录，虽然因伤再次被俘，但随着战争步入尾声，两周后就在医院被解救，随后被授予杰出飞行十字勋章。战后斯宾塞转行成为一名成功的摄影师，作品既涵盖了刚果危机、越南战争、中东战争和古巴导弹危机等军事和国际事件，也有披头士乐队、皇后乐队、鲍勃·迪伦、格蕾丝·凯丽、凯瑟琳·赫本等文艺界明星。

阿尔弗雷德·格罗斯，1944年8月下旬他受好友埃米尔·朗的邀请从JG 54第11中队加入了JG 26第二大队指挥部。9月3日负伤后再也未能回到战斗岗位，次年4月被授予骑士十字勋章，总战绩为出战175次，击落52架敌机。1947年8月19日死于肺结核。

彼得·查廷准尉，他的飞行日志终止于1944年9月3日，队友科尔曼为他填补上：“扫荡列日——1：40pm在蒂勒蒙跳伞。”查廷被德国士兵就地葬在上赫斯彭村的教堂边。1947年迁至安特卫普的海尔（Geel）战争公墓。

帕特里克·科尔曼准尉，1944年9月3日他取得自己第一个空战战果，对手可能是阿尔弗雷德·格罗斯。

喷火Ⅻ是在喷火Ⅴ机体结构上安装1735马力的罗尔斯·罗伊斯“狮鹫”发动机，在5500米高度最快能达到630公里/小时，1944年装备了大不列颠防空军的第41中队和第91中队，原本用作低空拦截，但这时德军除了发射几枚V1导弹，根本无力威胁到英国本土，于是两个喷火Ⅻ中队也开始扫荡西欧沿海。图为皇家空军第41中队的喷火Ⅻ，拍摄于1944年4月。1944年9月3日特里·斯宾塞上尉和战友帕特里克·科尔曼准尉驾驶照片中呼号为EB-B和EB-D的战机扫荡鲁汶，各宣称击落1架Fw 190。

第十二章 退守本土

1944年9月4日—12月30日

一、瓦解与重建

德军从法国和比利时大举撤退趋于结束，第26战斗机联队得到短暂的喘息之机，从布鲁塞尔到德国边境，地勤车队夹杂在沿路汹涌不绝的陆军中，被盟军战斗轰炸机摧毁的车辆残骸堆在路边，无望地燃着最后一丝火光。当故土在望，德国人一丝不苟的秩序意识似乎又被唤醒，联队技术官恩斯特·巴特默回忆自己入境时被海关官员要求出示护照。

随着补给线越拉越长，盟军势如破竹的攻势在8月底迟滞下来，德国充分把握住这一时机，迅速重整被打得七零八落的军队，将其投入到齐格菲防线，这道由托特组织建造的筑垒防御工程始于德荷边境斯海尔德河河口，大致沿德国与比利时、卢森堡、法国接壤的边境线延伸至瑞士巴塞尔，德国人称为西墙，但1944年9月以前，这道防线一直徒有其表，最近才在希特勒的命令下进行了改造，其后的战争证明，尽管它起到了阻滞盟军的作用，但并不如宣称的那样坚不可摧。

当德军夜以继日巩固西墙工事，空军总司令部将这条防线的防空重任再次交予第3航空队，其下辖的昼间战斗机部队由第二战斗机军统一指挥，自北向南部署着JG 26、JG 27、JG 2、JG 53和JG 76，这五个联队逐渐恢复元气，独立作战，镇守德国西部的天空。德国的战斗机得到优先生产权后，产量基本满足前线需要，但并不代表可以物尽其用，现在主要难题是航空燃油短缺，第3航空队为此还正告第二战斗机军“节约并慎重地动用战斗机部队”。

JG 26搬到了德国西部边境的鲁尔附近，联队指挥部和第一大队驻扎在克雷菲尔德机场及至卫星机场林恩（Linn），克雷菲尔德战前就是空军基地，草皮铺筑的场地排水系统良好，飞机库、维修车间和士兵营房一应俱全，附近没有树林，飞机需要覆盖伪装网，莱茵河流经此地以东一英里，河道拐弯处正对机场，形成天然导航地标，那些训练不足的新飞行员尤其受益匪浅，同样，它也有利于盟军侦察机，克雷菲尔德机场的风吹草动都难逃脱监视。

如今由格奥尔格－彼得·埃德上尉指挥的第二大队移防莱茵河东岸，大队指挥部和第5、第6大队驻基希黑伦（Kirchhellen），这处开战后修建的典型野战机场只有一个通用机库，没有营房，因此住宿区安排在临近的城镇，茂密的树林环绕机场，可谓得天独厚的掩蔽，基希黑伦以北约50公里是第7和第8中队所在的科斯费尔德－施泰韦德（Coesfeld-Stevede）机场，那里的建筑均营建于1943年以后，原用作备用机场或临时场地，至少当地居民印象中1944年以前少有空军活动。飞行场地原是一片牧场，以800米长200米宽的尺寸来看，与其说是跑道不如说是一块长方形草坪，狭小的面积勉强仅够容纳轻型战斗机，不过这时基本没有战斗轰炸任务。但是遇雨天满地泥泞，起降诸多不便。跑道南北两端分别通往第8中队和第7中队的疏散区，均有树林掩护。为了避开来袭的敌机，升空离地刻不容缓，第7中队通常自东北向西南方向滑跑起飞，条件允许时反向降落。第8中队飞行员的技术更是面临挑战：他们需要从西南向东北顺风起飞，这样能在滑跑阶段最大程度地借助树丛掩护。地勤人员的宿舍是过去为掩人耳目而建的防空部队兵营，飞行员则住在科斯费尔德一所老旧的训练学校里。

9月5日收到移防命令后，米特乌施少校心不甘情不愿地带领第三大队从门兴格拉德巴赫搬到本宁哈特（Bönninghardt），这处战前的空军基地设施齐全，条件优越，1939年到1940年初JG 26也曾驻守于此。不知何故，米特乌施只留下第11和第12中队，自己的指挥部和第9、第10中队搬到科斯费尔德的莱特（Coesfeld-Lette）机场，这个野战机场缺乏合适的疏散区和飞机掩体，飞机只能停进附近树林，或者干脆停在树下，大队刚进驻时兵营还没完工，飞机员暂住附近农庄。机场跑道宽180米，长1200米，草坪道面，飞行员通常向东起飞，向西降落。和成功躲过盟军侦察机耳目的施泰韦德不同，莱特很快暴露了，10月下旬开始喷火式战斗机频频光顾，大队只得转移。

回防本土后，结交国内女孩子的机会大增，对小伙子

盟军轰炸机又一次从科斯费尔德机场上空呼啸而过。照片中第二大队飞行员从左到右：安德尔少尉、弗里德里希·西少尉、施通普夫下士、利奥波德·施佩尔下士（1945年1月1日阵亡）。

第3中队的范德费尔德准尉驾驶大队长博里斯少尉的Fw 190A-8（序列号171554）完成测试飞行后返回克雷菲尔德—林恩机场，范德费尔德1942年加入联队，1945年2月25日被P-47击落身亡，总共取得6架战绩。

们而言没有比这更大的福利，第7、第8中队开始筹划在科斯费尔德一家饭店举办宴会，从布鲁塞尔带回的几瓶美酒正好派上用场，时间定于9月16日晚上。霍夫曼少尉要求大家届时携女伴参加，于是他的飞行员们四处出击，大多数很快锁定目标并轻松拿下。奥托马尔·克鲁泽在火车站的售票窗口邂逅了意中人，起初他被一口拒绝，理由是“飞行员从不守约”，他信誓旦旦：“除非我被击落了，否则绝不失约”，这番巧言令色果然奏效，姑娘脸色有些发白，但是答应与他共赴16日的晚宴。

受天气不佳和燃油不足所困，联队从13日开始停飞了三天。16日也一直风平浪静，只有一起试飞坠机事故，飞行员受伤。执勤飞行员们在各自指挥室、备战室干等了大半天。下午5点过，作战令姗姗来迟，JG 26三个大队自撤回德国后首次全体出动，飞往亚琛自由攻击盟军战斗轰炸机。

第三大队与几架“喷火”爆发交战，结局不明，几乎同一时间同一区域，全体出动的第一大队在博里斯少校率领下攻击了美军第370战斗机大队一个P-38编队，宣称歼敌4架，自损1架，飞行员受伤。

第7中队和第8中队共同行动时通常由霍夫曼少尉指挥。这次也不例外。克鲁泽被指派为双机分队长机，带领埃里希·克莱因下士一起掩护霍夫曼后方。由于电话线路不良，起飞令从大队指挥部传到施泰韦德机场指挥室至少花了半个小时，要在17:15准时起飞，留给11名参战飞行员的时间只剩10分钟。自己那架“蓝色13”号停放最远，克鲁泽全速冲刺，气喘吁吁钻进驾驶舱时，中队长的飞机正从他身边滑过，幸而地勤已经提前启动了发动机，克鲁泽才及时跟了上去，收到“一切就绪”的指令后，他带着僚机呼啸着冲上云霄，爬升到此次任务的飞行高度3500米上方200米。除了零星几朵积云，空中能见度良好。20分钟后，8架“雷电”出现在下方500米，霍夫曼一声令下，一马当先俯冲下去，克鲁泽后来回忆了接下来的战斗：

我和僚机处于不利的攻击位置，只能在上空盘旋，“闪电”和更大规模的“雷电”源源不断出现在积云四周，庞大的机群就在下方厮杀。我一时不知所措，克莱因当然也只能紧紧跟在后面。接下来我看到下方1架Fw 190被4架“雷电”追得逃向左边，“雷电”首尾相接、亦步亦趋。“克莱因，我们上”，说完我就加足马力朝它们俯冲下去，瞄准最后一架敌机从200米开火，对方立即俯冲规避，我对着下一个目标如法炮制，它同样向下逃走了，我击中了这个小队的2号机但无暇乘胜追击，1号机已经收到警告，这是个老练的战斗机飞行员，没有像他的同伴那样俯冲，而是向右横滚，再急转向左上方规避，我速度太快，转眼就被他甩在前面反咬住了，曳光弹弹道从四面八方飞来，我左转甩掉了他，不料却闯进敌阵，身陷重围，被迫展开激烈的空中缠斗，左右两侧先后划过曳光弹弹道，我不断侧滑，试图脱身，持续急转过程中手臂和肩被勒得剧痛无比，但座机仍然身中数弹，座舱盖也被击穿，一片弹片就在颈前划过，另一片弹片擦过右膝，裤袋里的东西顿时四处飞溅，居然左膝处的裤袋安然无恙。然而发动机不堪连番打击，开始失控，只能弃机跳伞了。

我先避开弹道，然后按部就班地进行跳伞程序：打开舱盖、摘下耳机和飞行帽，解开安全带、左手向左打操纵杆，跃出了座机，顿时感觉有如一头撞在墙上，四周的声音都消失了，我紧握住降落伞手柄。“不要马上开伞，落到最后200米再打开。”霍夫曼少尉的告诚浮现在脑海。坠落时我不停看向地面，判断高度。就现在！我用力一拉，伞撑开了，只是仍高于预期的高度。为了加快着陆，我双手收紧伞绳，接近地面时才松手，击打背带固定扣，直接从2米高半空跳下去，迅速躲进最近的壕沟，天空盘旋着两架“雷电”，但没有飞下来。

我掉到田地附近，挨着一道灌木篱墙，200米外屹立着一排杨树，那里一定有公路。走过去后，透过树梢能看到村庄的屋顶。运气好的话搭车回科斯费尔德，没准还赶上晚宴。沿路没遇到一个行人，我来到村边一栋高墙环绕的农房，从正门进入，门边倚靠着一个外国人模样的男人，我询问身处何地。

“美军防线后方一英里。”

我五雷轰顶，逃跑已绝无可能，此时离日落至少还有两个小时，光天化日之下我肯定暴露了。他邀请我进屋，我干脆讨了一杯水喝。刚小啜几口咖啡，有人走进来：“美国人就在外面，让你出去。”

“告诉他们，喝完这杯水我就出去。”

对方离去后又很快折返：“美国人希望你立刻到。”

我起身谢过主人提供的咖啡和黄油面包，走出门时，最后环顾一眼，果然一个美国兵靠墙而立，枪口对着我，他一个走远的同伴只留下头盔和枪还能看到。对面石墙前还站着一个士兵，手持柯尔特枪也指向我，我猜一定是他们的头儿，于是朝他走去，他在十米外呵道：“不许动！举起手来。”我笑了笑，听命行事。

缴枪投降后，我被押送上了一辆吉普，夹在司机和刚才那个班长之间，两名士兵一前一后举枪抵住我，班长的“柯尔特”也从没离手。太阳落山前，我被他们缓步带到一处美军阵地，身上的皮质连体飞行服令我的身份一目了然。所有的眼光齐刷刷对准我，一个士兵涨红了脸，用手在脖子前比划着吼道“杀了他！杀了他！”我毫不理睬，只是直视前方。班长问我是否明白自己的处境，我轻蔑地回答说这种事绝不会出现在德军中，我相信他们的飞行员落到我们手里绝不会被拉着游行取乐。

后来我被关进一个小木屋，里面已经挤满了被俘的德军士兵，前后紧挨着席地而坐，大约有150人至200人，由几个美国兵和他们上面的一名少尉看守。屋里一片漆黑和死寂。我的思绪转到中队的战友和晚宴上，这时起才真正开始考虑自己的处境，只觉得万念俱灰，忍不住哭了……

我被翻来覆去审问了三天，后来又被带到一座大型露天战俘营，最后终于来到机场，被卫兵押送上了一架飞往伦敦的美国双引擎飞机。

……我很想找到自己被击落的地方，那座村庄肯定在比利时边境。而我们明明飞在亚琛空域，空战在德国爆发，或许不知不觉向西移动，但在哪儿被打下来的，我已经搞糊涂了。看来是天使在冥冥中拉了我一把。

克鲁泽最后一句话指的是他的中队队友战争结束前全部阵亡，被俘的他反而保住一条命。霍夫曼贸然发动的突袭以惨败收场，他自以为能解决掉的12架P-47来自美军第50战斗机大队第81中队，此前只参加过四次战斗，遇袭后立即抛下炸弹，予以坚决地回击，最后宣称在来犯的11架Fw 190中击落6架、击伤2架，自身无损失，刚与JG 26第一大队交过火的第370战斗机大队后面加入进来，而克鲁泽所见和P-38一起出现在下方的P-47可能来自美军第404战斗机大队（半个小时前在亚琛留有同Fw 190的交战记录）。难能可贵的是，上述美军部队均为投入战场不久的生力军，却没有让两个Fw 190

中队占到一点便宜。JG 26第7中队4人阵亡，1人和克鲁泽一样被俘。对霍夫曼的最后一击来自地面，僚机约瑟夫·格里默尔（Josef Grimmer）少尉返航时被德军的轻型高射炮击中，低空跳伞摔断了双腿，再也没能回到部队，如无意外，他有可能是克鲁泽的中队战友中唯一的幸存者。

10月，第7中队和第8中队在科斯费尔德一次任务简令。照片靠右戴军官檐帽、身穿大衣者是威廉·霍夫曼中尉。

格里默尔被友军高炮所伤并非个案，类似的“悲剧”已经多次上演，一周前第6中队一名下士以同样的方式受了伤。退守本土后，高炮部队成了新宠，肩负着防守帝国领空的首要责任，风光不再的战斗机部队退居次席。从波恩到鲁尔的莱茵河两岸的广阔空域皆为高炮的自由火力带，所有重点城市均被覆盖其中。而导航从来不是德国战斗机飞行员的强项，于是频频成为高炮炮手们严防死守的对象。施拉格特联队在外征战多年、出生入死，回到祖国领空反而遭到自己人的攻击，飞行员的义愤和悲哀可想而知。

第8中队对于避免被高炮误伤自有一套心得。克鲁泽后来回忆了9月初一次为西墙工事的巡逻任务。霍夫曼凭借鹰一般锐利的眼睛率先发现上方一队B-17，率队爬升到7800米，克鲁泽看到僚机机尾冒出灰烟，只当发动机故障，霍夫曼却意识到遇到高炮，下令发射信号枪（事实证明半数队员没有带信号枪），这样地面高炮部队可以辨别敌友、判断飞行高度，接下来这11架Fw 190保持航向加速，机头略微向下，向一边侧滑，高炮炮手沿飞机纵轴获知航线和航速，修正了射击角，弹道果然偏向另一边。但这只是开端，或许因为通讯不畅，霍夫曼尝试呼叫地面但毫无效果，第8中队从迪伦追到科隆，就这样闯过几千个高炮炮位，眼看快要接近敌机，霍夫曼因为氧气面罩故障，最终放弃攻击。

二、市场花园战役

抱着争取在圣诞节前结束欧洲战场的希望，以谨慎著称的蒙哥马利决定冒险从德军手中夺取荷兰境内莱茵河、瓦尔河上一系列重要桥梁，跨过莱茵河这道天然屏障，直取鲁尔。9月17日正午刚过，美军第82、第101空降师和英军第1空降师、波兰伞兵旅在德军防线后方实施空降，二战中规模最大的空降作战“市场花园”行动拉开了序幕。

和诺曼底登陆时类似，德国空军对“市场花园”最初的反应仍然畏手畏脚、犹疑不定，然后凭借微薄的兵力做力所能及的回击。17日午后，第3航空队总司令部很快获悉盟军在荷兰的大规模空降行动。航空队日志记载道：“上午，第二战斗机军派出145架飞机，保护亚琛至比特堡区域修筑西墙防御工事的民众。下午针对出现在阿纳姆－奈梅亨空域的敌军空降部队，6个编队（每个编队约25架飞机）进入战斗准备，但最后只有3个编队在目标区实施了作战行动，其余战机皆因恶劣天气无法起飞。”

这3个参战编队正是距离阿纳姆和奈梅亨最近的JG 26三个大队。面对总共1037架次的盟军护航和巡逻兵力，没有一架德国战斗机能威胁到空降运输机。17:50出动的第一大队宣称在奈梅亨附近击落3架“喷火”，立功的是克梅特米勒少尉、黑克曼少尉和迪辛下士，阿图尔·诺伊曼下士被击落身亡。唯一有交战记录的“喷火”部队第602中队自身没有损伤，宣称击伤2架Fw 190，英军当日损失的4架“喷火”均为高炮所致。

大约14:30，第8中队在埃默里希－博霍尔特（Emmerich-Bocholt）一带突袭了美军第4战斗机大队第335中队，双方从3000米一直杀到近地面，2架Fw 190和至少2架“野马”被击落，霍夫曼少尉和舒尔维茨准尉各立一功。大约18点，第5、第6中队在奈梅亨－博霍尔特一带与英军第19和/或第65中队发生交战，宣称由福格特少尉、博雷克下士和本茨准尉共击落3架“野马”，第19中队损失2架“野马Ⅲ”。

第三大队的对手是美军第361战斗机大队第376中队，以万劫不复的代价换来3架“野马”战绩。下午3点过，约15架Bf 109G奉大队长米特乌施少校之命，从多个机场赶向着陆场，爬升到5000米高空时天气开始恶化，Bf 109机群继续爬升，穿过稀薄而延绵的云层来到德荷边境，米特乌施发现了下方一队野马战斗机：“这里是水獭米特乌施，开始进攻！”一声呼叫后便俯冲向云层，殿后的P-51B应声而落，成为米特乌施第75个空战战果，飞行员伍德罗·格洛弗（Woodrow W. Glover）中尉阵亡。第12中队的席尔德中尉命中同一个小队的2号机副油箱，对方在烈火中俯冲逃走了。这个小队的长机威廉·拜尔（William Beyer）中尉在报告中详尽描述了紧接下来一场惊心动魄的空中决斗：

我是本中队殿后小队的长机，我们前后穿梭在检查点之间来回巡逻，几个小时后僚机开始疲于警戒。谢天谢地，若非我在关键时刻无意向后一瞥，整个小队很可能在几秒钟内就被全歼。

我看见15架德国战斗机火力全开，快速逼近。立即180度急转弯，并呼叫了敌情，但4号机已经冒着火焰掉下去了，我的僚机也被击中，进入尾旋。我径直冲进敌机机群，长驱直入来到它们中间，相距不过几英尺。

我再次做了一个180度调头，选定了一个目标追过去，其余敌机急跃升消失在云层。我和对手都开足马力使出了大量剧烈的大过载机动。正待开火之际，对方似乎突然停滞，我必须当机立断是开火、规避或者跟着他停下来。最后我收油门，展开襟翼，放下起落架机轮继续咬住他，摆尾飞行，水平迂回紧跟在他后面，如是再三，有一次近得几乎快撞上他的机尾。

接下来我们进入大角度的垂直机动，最后我展开襟翼，俯冲到了1000英尺高，在最后这次惊险而致命的机动中，他朝地面垂直俯冲，寄希望于我没能改出而坠地，而倘若我过早改出，他又能反咬住我，所以我竭力保持住相对位置。我们拉起飞机时高度低得放下机轮就能触地。

就是在这次改出后，我终于抓住机会瞄准并开了火，一定是首轮就命中了，因为飞机转着弯坠地并解体。这个德国飞行员非等闲之辈，我能肯定如果再晚一刻出手，他完全有可能反咬一口将我击落或者逃脱。这是我经历过最惊心动魄的一场空战，以至于在记忆里始终鲜明如故。

克劳斯·米特乌施成为拜尔九场空战胜利的首个手下败将。放眼施拉格特联队的历史，群星闪耀，米特乌施自认平庸却别具魅力，光芒没有被任何人掩盖，再无人像他一样打遍从地中海到苏联的JG 26全部战场。1938年，20岁的米特

威廉·拜尔，总共击落9架德军飞机，这一战绩在第361战斗机大队位列次席。继9月17日驾驶P-51D战斗机首开纪录后，9月29日他在卡塞尔宣称一举击落5架Fw 190，荣登第八航空队第四个“单日王牌”。战后就职于美国默克公司。

乌施以职业军官身份进入JG 234第2中队，那是一段充满失意与挫折的早期战斗生涯，法国战役中他的Bf 109E被“飓风”击中，平安迫降后被当地居民开枪打伤。很长一段时间，巨大心理阴影在他心头挥之不去，直到1941年秋季从明希贝格手中接过著名的“红心中队”第7中队指挥权，米特乌施才重拾自信，1943年率队转战东线后渐入佳境。阵亡前他共执行了452次战斗飞行，取得75架空战战绩，被击落10次，至少4次负伤。生前接受媒体采访时，米特乌施留下一段自我剖析：

我绝对是技术欠缺、资质平庸的战斗机飞行员，因为我无法有效射击。空战节奏太快，面对敌机我就紧张得血脉偾张、血气上涌、思维混乱，弹道束要么过高要么过低，就是射不中目标。因此我的战斗格言就是，奋勇直前，直到敌机最大程度填满瞄准镜内再开火。

拜尔所在的第376战斗机中队的P-51战斗机。

不同于加兰德一类自信、精明和外向的飞行员，米特乌施内敛，奉行勤能补拙，从不拒绝任何任务。一上战场置生死于不顾，将自己和手下飞行员的生命抛诸脑后，难怪联队长普里勒点评说，担任他的僚机绝对是“难忘的体验”。作为指挥官，他不善交际，不在乎手下的品性，只看重他们的战绩。对于自己的战场指挥他总结道：

千钧一发之际，成功之道往往是唯一的，涌上脑海的对策却数以百计，令人恍惚不知所措，它们瞬息万变，容不得冷静下来左思右想。时不我待，必须当机立断，在一团乱麻中把握机会，做出唯一正确的抉择。如果当时抉择错了，再回想不过徒增悔恨，反之会愉快得多。

早在5月，普里勒为米特乌施推荐了橡树叶饰骑士十字勋章，这枚勋章两个月后姗姗来迟，得主已埋葬在杜塞尔多夫的北部公墓，随着他的离

去，战前那批老将彻底谢幕。战斗机总监部的官员们翻着人事档案苦寻一位资历和成就更出众的指挥官来接替米特乌施的位置，在此之前第12中队中队长保罗·绍德上尉代理指挥第三大队。

市场花园行动第二天，扼杀掉盟军空降行动成为德国空军当务之急，攻击运输机和滑翔机被赋予最高优先权。帝国航空队第一战斗机军紧急支援了6个大队①。但上午浓雾从英格兰蔓延到荷兰，阻碍交战双方调兵遣将，盟军直到中午才投入第二批空降部队和再补给任务，总共193架德国战斗机紧急起飞，但在对手占据压倒性的优势面前再次铩羽而归。盟军全天损失18架运输机、3架斯特林（空运滑翔机）和7架B-24。JG 26第一和第三大队在登陆场附近被喷火打退，克梅特米勒少尉迫降回克雷菲尔德的林恩机场，因伤缺席了其后一个月的战斗。一些飞行员返航时扫射了地面阵地，1人被美军第2装甲师击落身亡。第二大队12架Fw 190由福格特少尉率领，在荷兰艾恩德霍芬附近突袭皇家空军第19中队，击落1架“野马”。下午第二战斗机军集结多个大队联合作战，JG 26一无所获也没有损失。

第3航空队日志记载，9月19日下午148架德国战斗机“在目标区同敌军战斗机编队展开缠斗，通过这一集中攻势，在17:15至18:00期间，赢得了敌军空降区的制空权”。但当天真正破坏盟军空降的是海峡和低地国家挥之不去的大雾与低空云层。除了阿纳姆一线天气相对较好，绝大部分空降航线上的能见度只有800米左右。负责护航和压制高炮的大不列颠防空军15个喷火中队下午从英国起飞，仅有1个中队按计划到达目标区海尔（Gheel），其余皆取消任务打道回府或者降落在比利时沿岸机场。美军第九航空队的171架战斗机同样因天气原因未能压制阿纳姆和奈梅亨的高炮。

美军第八航空队7个P-51大队担任荷兰斯海尔托亨博斯到阿纳姆一带的空中掩护，其中两个与德国战斗机发生交战。傍晚，第357战斗机大队54架P-51巡逻阿纳姆，只见英机、美机和德机漫天飞舞，激烈的交火点亮了天空，枪声此起彼伏，遥望如烟花绽放。厚重的云层笼罩在6000米上下，空降区东端仍有云雾涌上，严重阻碍第357大队继续飞往该区域作战，飞行员们干脆加入进身边已经杀得不可开交的战场，最终以5架P-51及其飞行员的损失换来歼敌18架的战绩，这5例损失至少有4例出自德军的JG 26联队之手。5./JG 26中队宣称两分钟内歼灭4架P-51，其中2架归于威廉·迈尔军士长，中队长福格特少尉和博雷克下士分担了剩下2架。与此同时，12./JG 26中队的席尔德少尉也宣称斩获1架P-51，牺牲品可能是美军第363战斗机中队的中队长爱德华·希罗少校，希罗的僚机最后只看见长机与几架Bf 109陷入交战。JG 26有1名Fw 190飞行员在扫射地面空降部队任务中失踪。

9月20日的天气继续限制双方的空中行动。次日，坚守阿纳姆大桥的英军第1空降师第1空降旅被包围，阵地不断缩小，濒临弹尽粮绝，在他们南面，英国第30军也受阻于奈梅亨桥南，波兰第1独立伞兵旅因为天气问题推迟了两天起飞，直到21日才由114架运输机带到战场，受恶劣的天气影响，该旅约有三分之二的部队在第1空降师对面的莱茵河南岸着陆，而运送补给物资的运输机遭受德国空军攻击，只能

① Ⅲ./JG 300、Ⅰ./JG 11、Ⅱ./JG 11、Ⅳ./JG 54、Ⅳ./JG 4、Ⅱ./JG 77。

空投到离他们15公里远的地方。

美军仅有第56、第353战斗机大队共90架雷电式战斗机冒着不利天气艰难起飞，为运输机护航和巡逻，第56战斗机大队遭遇了一支Fw 190大军凶狠的回击，被牵制到德国奥斯纳布吕克附近，JG 26第一大队钻了空子，25架Fw 190从荷兰斯海尔托亨博斯上空的云层钻出来，对皇家空军C-47运输机大开杀戒，最后带着“击落17架道格拉斯运输机”的战绩全身而退，第3中队中队长黑克曼中尉一口气收获了4架战绩，个人战绩攀升到69架。

在奈梅亨上空，第二和第三大队也攻击了盟军运输机，三位中队长福格特、格隆茨和霍夫曼均有斩获，美军第353战斗机大队及时赶到，阻止了德国战斗机进一步大开杀戒，1架“雷电”成为霍夫曼第39个空战战果。第二大队1人失踪、1人跳伞负伤、1人迫降受轻伤。第三大队1人阵亡。美军第353战斗机大队宣称击落3架Fw 190和1架Bf 109，另击伤和可能击落的Fw 190各一架。

市场花园行动中，德国空军成功阻止盟军空运和补给仅此一次。21日JG 26总共宣称击落运输机20架，其中18架得到确认，盟军全天出动114架运输机，16架C-47①和14架斯特林在阿纳姆－奈梅亨一带被高炮和敌机击落，80%补给物资投到了德军手里。

9月最后一周，交战双方沿马斯河下游到荷兰境内瓦尔河、荷兰南部与德国边境线两段重新构筑防线，德国战斗机呈强弩之末，主要挑落单的敌机或者疏于戒备的编队下手。但那些久经沙场的老将仍表现不俗。23日盟军把握住荷兰的好天气，再次发动大规模补给空运，担任护航的559架美军战斗机轻松驱散了德军135架次战斗机，仅在JG 26面前遇到两场硬仗。

下午，博里斯少校带领第一大队在戈赫至韦瑟尔一带游猎，巡逻临近尾声时，博里斯发现了下方一队庞大的P-51，使出一招老把戏，4架Fw 190飞下去充当诱饵，引开敌机编队，主力埋伏在上空。不料这支来自第八航空队第339战斗机大队的P-51也兵分两路，向上下两批Fw 190追过去，双方杀作一团，第339大队宣称击落7架、击伤1架、可能击落1架Fw 190，自损4架，第一大队宣称击落4架P-51，自损3架，飞行员无一生还。

2个小时后，美军第352战斗机大队第487中队完成巡逻，在1200米高度沿直线平飞返航至同一空域，一个P-51小队遭到JG 26第二大队突袭，只来得及发出一声“撤”便被全歼，其中3架折损于福格特少尉和威廉·迈尔军士长这对黄金搭档之手，1架Fw 190与P-51相撞，机毁人亡。

英军“台风”联队第124联队将基地转移到荷兰后，开始集中攻击德国境内目标，24日英军第137中队扫荡戈赫（Goth）途中遭到“至少30架Fw 190突袭”，挪威籍中队长被JG 26第4中队的埃伦里德少尉击落身亡。

24日晚，坚守在北岸桥头堡的英国第1空降师收到命令，准备渡河撤退，第二战术航空队倾其全力相助。德军则派出两个武装党卫军战斗群阻击，次日德军第二战斗机军全力攻击奥斯特贝克和奈梅亨两处莱茵河桥头的渡河作业，一枚炸弹击中奈梅亨大桥，但并未完全摧毁。英军第二战术航空队第83大队及时赶到，打断了德国战斗轰炸机的行动。德军全天作战损失22架战斗机，宣称击落18架英国飞机（14架

① 13架来自皇家空军第38、第46大队，3架来自美军第315运输大队。

战斗机、4架B-25轰炸机）。英军共8架“喷火”、2架“野马”、2架B-25被击落，另有4架“喷火”迫降，宣称击落21架德国战斗机。双方记录都比较准确。

JG 26联队在奈梅亨大桥上空的战斗中再挑大梁，不少飞行员出动了两次，还承担攻击地面目标和滑翔机的任务，第三大队上午罕见地被派到奈梅亨攻击地面目标，下午回到了常规任务，继续对付盟军战斗轰炸机。联队全天宣称击落7架“喷火”，1架“奥斯特”联络机和1架“野马”，损失1架Fw 190、2架Bf 109，另1架Fw 190受损，但无人员伤亡。

最终英军只撤出了小部分兵力，“市场花园”历时九天，付出11850人伤亡的惨重代价后，盟军跨过马斯河和韦尔河，将正面战线向纵深推进了约65公里，但没有达到主要目标，莱茵河依然是攻入德国本土的巨大屏障，“圣诞节前结束战争”的愿望化为泡影。在从9月17日到9月26日的市场花园行动中，德国空军10个昼间战斗机联队17个大队共宣称击落121架敌机，JG 26三个大队包揽了56架，其中20架为C-47运输机，36架为战斗机，福格特和黑克曼各自凭借7架和6架战绩成为最大功臣。飞行员12死4伤。论战功，施拉格特联队依然独占鳌头，只是后来事实证明，失去米特乌施少校是不折不扣的灾难。

克劳斯·米特乌施，1938年加入施拉格特联队的前身JG 132联队，到1944年阵亡前共执行了452次战斗飞行，取得75架空战战绩，被授予橡树叶骑士十字勋章，打完了JG 26参加的所有战斗。但“辉煌”战功的背后是无数挫折、缺点和弱点，包括人性中最寻常的恐惧和脆弱。他被击落10次，至少4次负伤，还被俘过。身经百战的他败于一个初出茅庐，从没击落过敌机的对手并非马失前蹄，而是人到极限的必然。米特乌施是那些被神话的德国王牌飞行员群体的真实写照。

9月26日，德国空军第3航空队正式降级为西线空军司令部（Luftwaffenkommando West），这是德军丧失西欧占领区的必然结果，也被视为航空队在诺曼底战役消极撤退所得到的惩罚，尤其是后方指挥所不顾前线的紧急战况，一味回撤，极大损害了陆军和空军的关系。施佩勒已于上月被解职，被盟军逮捕前一直赋闲在家。在他四年的领导下，第3航空队也浸染上主帅优柔、臃肿、浮夸的作风。1944年6月6日它大约有891架飞机，为其服务的人员却多达40万。降级而来的西线空军司令部起初从属帝国航空队。但德军西线总司令冯·龙德施泰特元帅呼吁他需要一支战术空军支援，在他的反对下，西线空军司令部暂时由戈林直接指挥，职责和任务一切照旧，12月1日正式并入帝国航空队。

接下来一段时间，联队大致行动从西线空军司令部日志条目中不难梳理，帝国航空队下令第二战斗机军无论何时获悉附近有敌机出没，均不得急于升空迎敌，这道命令减少了JG 26联队等战术空军的出击数，同时盟军战斗机也很难再像过去一样横扫德军机场、载誉而归。戈林进一步强调，西线空军司令部的战斗机主要攻击目标是盟军战斗轰炸机，由各编队独立作战，对地攻击任务仅限在形势危急或者确无敌机出没时。

9月27日，第二战斗机军及第3战斗机师试图向东突破，攻击盟军在荷兰南部新建的防线，但一次次被喷火式战斗机打退，第二战斗机军投入187架次飞机发动了两次猎杀战斗轰炸机的联合作战，JG 26

三个大队倾巢而出，参与上午的第一场任务。据埃里希·布尔迈斯特下士描述，第一大队刚发现“喷火”立即一哄而散调头折返。一架“喷火”追着Fw 190穿出云层时正好撞上布尔迈斯特枪口，于是后者取得了第一大队唯一的战果，随后他也被对方的僚机击中，跳伞逃生。第一大队另外三名飞行员被击落身亡，他们的对手可能是皇家空军第411中队，后者上午巡逻时遇到至少15架Fw 190，宣称击落7架、击伤3架敌机，自身只有1架“喷火”损失。

第二大队也在阿纳姆和奈梅亨一带遭遇四个“喷火”中队[①]，宣称歼敌3架，自身损失3架Fw 190及其飞行员。两个Fw 190大队下午依旧战绩平平，埃里希·克莱因下士傍晚被第三次巡逻的皇家空军第412中队击落身亡，第412中队追到德军基希黑伦机场附近，它的1架“喷火”成为威廉·迈尔军士长的第22个空战战果，也是最后一个得到帝国航空部审核确认的JG 26战果。前线战斗机部队呈报给帝国航空部的宣称战果原始账本已经毁于战火，只有一卷于1945年1月初拍下的原始账本微缩胶卷现存于世，供后人研究，而胶卷中收录的完整账目止于1944年10月31日。

同一天上午，加入联队已有一个月的格奥尔格·根特下士首次执行战斗任务，担任第12中队中队长卡尔－赫尔曼·施拉德尔中尉的小队4号机，殿后警戒。20架Bf 109顺利完成集结并爬升到3000米，20分钟后，有人呼叫发现敌机。果然，一队“喷火”出现在上方100米的云层，即便数量大致相当，第三大队的无线电纪律刹那间土崩瓦解，根特只听到耳机充斥着队友们嘈杂狂乱，甚至歇斯底里的嚎叫，他回忆道：

为了不掉队，我努力保持着规律的迂回飞行，并留心观察仪表盘，起初一切顺利。突然，中队长向左滚转，拉起飞机消失在上方的云层中，仰角太大，我就算在他右边也追不上，已经厌战的他就如此冷酷地抛弃了他的队伍，而我，下士根特，成了微不足道的可怜炮灰，我陷入绝境，纠结于是撤离？调头返航？抑或是寻求友机的庇护？

爬升穿过150米厚的云层，云层间隙一片清澄，能见度良好，我转大弯，希望能找到中队长，但四周空空如也，他绝尘而去、逃之夭夭。我决定去下方再试试，于是俯冲再次穿过云层，此时唯一呈现在视野的却是一架“喷火”，在我下方不足60米远，正沿相差无几的航向独自飞行。我一时难以相信眼前所见，本能地猛拉杆，试图重新隐入上方云层，但翼尖拖出的凝结尾迹提醒我“等爬进云层已经失速了”。

我一拳打在头上，让自己冷静下来，并暗骂自己连一架送上门的敌机都不敢动手，也许这个可怜鬼还毫无觉察，于是我进入了射击准备。

我很幸运，第二次穿出云层后目标还在，虽然飞远了些，但不难追上，加足油门逼近时，这个可怜的家伙依然一无所知，我从他斜后方100米距离用两挺机枪开火，因为偏转角，首轮射击只掠过机尾，我稍作修正，再接再厉，这次准确命中了驾驶舱后部机身，子弹从驾驶舱附近扫到发动机位置，发动机随即冒出两股烟。此刻，对螳螂捕蝉黄雀在后的恐惧深深攫住我的心，我紧张得难以自持，猛地一拉杆，爬升藏进云层。由于螺丝固件断

① 皇家空军第411、第412、第421、第441中队。

裂，起落架垂了下去，我配平升降舵决定返航，只有回去后我才能理清如麻的思绪，我在云层中继续飞了一会儿，然后转向东南方，五六分钟后下降到300米高度以便进场，左边突然冒出1架Bf 109飞在相同航向。大吃一惊之余，我认出了厌战的中队长。他向我打手势示意我的起落架掉下来了。

我正常进场，顺利着陆，并不奢望能被记上一功。然而洛尔贝格准尉走来向我道贺，并告之那个“喷火”飞行员跳伞了，原来小队还有3号机和4号机，这么重要的事刚才完全被我抛在脑后。洛尔贝格担任3号机，“失去”中队长踪影后就一直跟着我保持在目视距离内，而我惊惧之下对他毫无察觉。就这样，我区区一个菜鸟，初临战场，在看似孤立无援的情况下居然取得了本队唯一一个战果。

虽然有人作证，根特的首个战绩始终没能通过审核确认，他遇到的“喷火”可能来自皇家空军第412中队或者第453中队。不过根特并不是第三大队唯一的功臣，第9中队的海因里希·洪堡军士长也在奈梅亨附近宣称击落了一架单飞的“野马”。皇家空军第二战术航空队损失记录中，上午只有1架“野马Ⅱ”转场时被防空炮击中，飞行员迫降在德军阵地后被荷兰抵抗组织营救。

后来第三大队陷入萎靡不振、一盘散沙，军官们自扫门前雪的恶性循环，根特发现当初对战斗机飞行员的美好理想被击碎，从此心灰意冷，决定按照自己的意志作战。他不甘心成为长机的炮灰，虽然会跟住长机保持目视距离，但在抢占射击位置时总会留个心眼，优先考虑自身安全。为此他勤练侧滑，视为干扰追击者射击的脱险技巧。根特后来遇到一位有经验的长机维利巴尔德·马尔姆下士，两人逐渐形成默契的配合，在出生入死中建立起深厚的友谊。马尔姆拥有一双在第三大队无人出其右的远距视力，战场上他搜寻敌机，根特负责射击和战术动作，这对黄金搭档凭借天衣无缝的配合，携手在吞噬无数飞行员的西线血色天空下存活下来。从1944年秋到1945年5月德国投降前，根特总共执行了18次战斗飞行任务，他始终深信自己的生存之道正是毅然抛弃了过去训练中的教条成规。

第三大队新任大队长瓦尔特·克鲁平斯基上尉于9月27日正式走马上任，立即率队亲征，18:21取得自己第192个战果，也完成JG 26当天收官之作，但这架被击落的“喷火”来源完全无处可考，也没有被帝国航空部收录。克鲁平斯基时年不足24岁，随著名的第52战斗机联队征战东线三年里创下骄人的177架空战战绩，顺理成章荣获橡树叶饰骑士十字勋章。5月转到西线，在JG 5和JG 11共宣称击落14架英美飞机，8月12日被击落负伤，伤愈归队前夕，克鲁平斯基在医院接到加兰德的电话，得知自己将接手战斗机总监曾经扬名立万的老部队。

这个年轻的大队长活泼开朗，颇受军士们欢迎，但第三大队其后的表现证明，他疏于治军，四个中队一盘散沙、混乱无序的局面在他手中不见任何改进，一切仍然按米特乌施时期运作。战后克鲁平斯基在联邦德国空军官运亨通，官拜第3师师长，以中将军衔退役，作为王牌飞行员在老兵协会也享有巨大声誉，大众对他鲜有负面评价。但克鲁平斯基本人回忆自己的战争经历时，津津乐道的是JG 52和加兰德的喷气式战斗机部队JV 44一头一尾两段尖峰，绝口不提在JG 26的六个月。

9月最后两天JG 26因天气原因都没有出战，这个月联队共取得73架宣称战绩，损失31架飞机和31名飞行员，其中27

瓦尔特·克鲁平斯基，总共创下歼敌197架的骄人战绩，其中177架在东线取得。接手第三大队时克鲁平斯基仅24岁，开朗活泼，据说在第三大队，继米特乌施之后他是唯一能得到军士们尊重的军官，但另一方面，他疏于治军，第三大队在他手上走向终结。

人战斗阵亡，1人事故阵亡，3人被俘，战果战损比仍然保持在2:1以上，但失去埃米尔·朗和克劳斯·米特乌施所造成的灾难是用数字无法体现的。

三、萧瑟之秋

在后方，德国空军正为预计中的持久战未雨绸缪，阿道夫·加兰德积极谋划“重击计划”（Großer Schlag），企图通过积蓄2000到3000架战斗机毕其功于一役，重创重型轰炸机，迫使美军暂停空袭，为他的救命稻草梅塞施密特Me 262喷气式战斗机争取时间，进而扭转本土防空战绝境。加兰德预计以损失400架战斗机和150名飞行员的代价摧毁400到500架轰炸机。毋庸置疑，这个计划在今天看来过于理想化，除了有赖于天气等不确定因素外，更超出了这批飞行员的能力范围。但在当时，德国空军拿不出更好的办法，所以总司令部一时没有反对，这连加兰德多少也有意外之感。于是1944年9月开始，德国空军开始为“重击计划”积蓄一支庞大的战斗机后备力量，到11月中旬，本土的战斗机从1900架增加到3300余架，每个大队扩充到4个中队，每个中队10到15架战斗机，但这支庞大的军队内里是虚弱贫瘠的飞行员素质。

戈林对本土防空战的贡献就是变本加厉施以高压政策，他的一道命令经第3航空队下发后再次被“超级机密”截获。命令中除了要求不惜一切代价全力守卫帝国领空，还授权前线指挥部门可就地军事审判有怯战嫌疑的飞行员，一旦罪名成立当众枪决。

10月上旬，JG 27联队离开第二战斗机军序列，转入帝国航空队第一战斗机军。防守西线北半部的昼间战斗机联队再次只剩下曾经的海峡联队JG 26和JG 2。天气允许的情况下，JG 26继续为这场于事无补的战争出生入死，10月初主要在德荷边境对抗英军第二战术航空队，地面战事陷入胶着后联队回到亚琛以西，继续为西墙工事提供空中掩护。根据德国国防军公报称，从6月6日诺曼底登陆到10月8日，第26战斗机联队总共创下300架空战战绩，二战总战绩攀升到了2500架。

9月底10月初，服役良久的Bf 109G-6逐渐为Bf 109G-14取代，后者采用1800马力的DB 605ASM发动机，带增压器或MW-50助力系统（甲醇－水喷射助力），各个高度的最大航速都有所提高，在临界高度7500米速度能达到680公里/小时。外观上加长了主机轮和尾轮支臂，座舱盖视野更开阔，采用FuG 16ZY测向无线电，这些技术上的改进措施都大大提高了飞机在北欧秋冬两季恶劣天气条件下的生存能力，因此很受飞行员青睐。第三大队后来还接收了少量Bf 109G-10，它的发动机换为DB 605DCM，同样带MW-50助力系统，实用升限达12500米，7000米高度最大速度达到685公里/小时，是G系列中最快的型号，主要用作高空空战。Bf 109G-10和Bf 109G-14的标准武器系统都是发动机整流罩上方2挺13毫米MG 131机枪和发动机中间1门20毫米MG 151机炮，这样的火力足以对付JG 26现阶段的主要敌人：英美战斗机和战斗轰炸机。

值得一提的是FuG 16ZY测向无线电，1944年秋天起开始成为联队战机（Fw 190A-8，Bf 109G-6、Bf 109G-10、Bf 109G-14）标准配置，这种袖珍型无线电设备由接收器、发射器和环形测向天线组成，发射器发射的信号可以提供所在区域和方位，有助于地面指挥部对飞机进行精准定位，FuG 16ZY有两个频率，便于编队内部通讯联络，自FuG 16ZY大量装备前线部队后，德国战斗机倾巢而出拦截重型轰炸机成为过去。FuG 16ZY其后又发展成为辅助导航设备，在战争的最后一个寒冬，很多迷航的德国飞行员因它而得救。

10月6日下午，第一大队9架Fw 190联合JG 27联队的Bf 109前往奈梅亨自由狩猎后巡逻西墙，在奈梅亨以南遭遇10架“喷火”，战斗结果不明，JG 26联队没有损失。皇家空军第402中队在这一地区宣称击落3架Bf 109和1架Fw 190。

15点过，第二大队在艾恩德霍芬至蒂尔堡一带同“野马”机群发生交战并宣称歼敌2架，而第8中队的“黑色7”号Fw 190A-9（序列号750151）带着赫尔穆特·陶贝特（Helmut Taubert）上士机毁人亡。这是目前已知的Fw 190A-9首例作战损失。美军的野马当时在这一地区没有任务，而英军的野马中队全部回国为轰炸机司令部提供远程护航，第二大队遭遇的应该是英军第56中队的暴风式战斗机，后者15:30在奈梅亨以北宣称击落2架Fw 190，自身无损失。

10月7日下午天气改善，三个大队联合巡逻阿纳姆－奈梅亨，目标是战斗轰炸机和炮兵校射机，第一大队15架Fw 190由黑克曼少尉率领，在德国克莱沃（Kleve）至荷兰阿纳姆一带与20架“喷火”展开交战，保罗·延奇（Jentzsch）上士取得大队唯一收获，随后被击落身亡，他的一名队友也没有返航。由于连绵的凄风苦雨，第一大队下一个宣称战绩直到11月26日才到来。第三大队一无所获也没有损失。第二大队宣称击落3架“喷火”其中2架归功于迈尔军士长，损失2架Fw 190及其飞行员。在这一地区作战的皇家空军第442中队没有损失，第二大队击落的应该是美军第365战斗机大队第388中队的P-47，后者被少量德国战斗机突袭，正好损失了3架雷电，随后宣称可能击落2架

埃米尔·朗死后第二大队前后两任大队长彼得－格奥尔格·埃德（左）和安东·哈克尔（右），两人均是最拔尖的王牌飞行员和重型轰炸机杀手，埃德出击576次，宣称歼敌78架，其中56架为美军飞机，至少36架为重型轰炸机，至少12架为他驾驶Me 262喷气式战斗机取得，他是击落美军飞机最多的德国飞行员，不过也被击落17次，跳伞9次，负伤12次。哈克尔出击上千次，总战绩192架，其中东线131架，北非和西线61架，34架为重型轰炸机，被击落8次，负伤4次。在JG 26效力期间，埃德和哈克尔分别取得4架和10架战绩。

Fw 190。

格奥尔格－彼得·埃德上尉与联队的缘分走到了尽头。8日，他收到命令即将调到首支喷气式战斗机部队“诺沃特尼”特遣队，担任第1中队指挥官，第二大队的指挥权交到安东·哈克尔（Anton Hackl）少校手中，这位不到30岁的职业军官才干和名气不输于他的前任，拥有更丰富的战场履历和显赫的战功，兼具了昂扬的斗志、思辨的头脑以及飞行员最看重的幸运，在此之前他随JG 77联队、JG 11联队征战过苏联、北非、意大利和西线全部重大战场，创下165架空战战果，7月14日作为Ⅲ./JG 11大队长被授予双剑橡树叶饰骑士十字勋章，他是继加兰德和普里勒之后，JG 26拥有的第三位也是最后一位获此殊荣者。类似于埃米尔·朗，哈克尔在第二大队奉行战绩至上，传统的军中繁文缛节适可而止，这种指挥风格与锐意进取的第二大队相得益彰，在他的带领下，大队的战果与战损之比继续领跑联队。

曾任JG 27联队长的爱德华·诺伊曼上校曾点评说：“每个联队都有它的特质”，这句话同样适用于JG 26的三个大队，大队发展出的风格和指挥官密不可分。卡尔·博里斯少校在他的飞行员眼中是典型的普鲁士军官做派：不苟言笑、认真刻板，严厉却一视同仁。他信奉军人以服从命令为天职，严格遵守各项规章制度，哪怕停飞的命令也执行得一丝不苟，因此第一大队的出动率和出战数都逊色于第二大队。新手往往还要经过漫长的训练才进入实战，这或多或少延长了他们的生命，虽然第一大队伤亡率并不比第二大队低。总体而言，第一大队发挥稳健，既无惨败也难有大胜。

有着“辉煌”历史的第三大队在米特乌施手上仍不失为一把尖刀，锋刃犹存，内里脆弱，风格是杀敌一千自损八百，历经诺曼底一役后元气大伤，飞行员数量入不敷出，它在第二战斗机军10月底一份报告中被列为诺曼底战役期间出勤率垫底的大队。比兵力不足更严重的是全队上下斗志消沉，编队指挥官匮乏，进一步削弱部队战斗力，形成恶性循环。米特乌施在任时，第三大队颓势初现，克鲁平斯基到来后更是每况愈下。不知不觉，为第三大队挑大梁的变成了几个久经沙场，技艺高超的军士，试飞员出身的赫尔曼·古尔军士长、卡尔·劳布军士长正是其中典范，因其在空战中动如脱兔、翩如游龙的飞行轨迹，他们被后生晚辈称为“狡兔”，尤为难能可贵的是，他们在战场上爱惜新手的生命，一视同仁，多加照拂，因此在菜鸟飞行员间广受爱戴。

令人费解的是普里勒的反应，面对老部队的衰退，他任其自生自灭。他放走了不可多得的良将赫尔曼·施泰格，却没有为第三大队补充进诸如朗、哈克尔那样合适的指挥人才，他本可以向加兰德申请从JG 3、JG 11这些成功的Bf 109联队抽调有经验的中队长，但他无动于衷，他的态度是消极的、暧昧的。

美军第八航空队从没有停止过战略轰炸，9月的主要目标是德国中部和东部的石油工业，10月初，轰炸目标因天气原因局限于德国西北部。10月

卡尔·劳布军士长，第三大队备受尊重的“老鸟”，12月14日被皇家空军第56中队的暴风式战斗机击落身亡。

12日，552架B-17和B-24被派往不来梅和奥斯纳布吕克，轰炸那里的福克－沃尔夫工厂、机场、铁路场，第八航空队乐观地仅出动了514架P-47和P-51护航，事实证明这较小规模的护航兵力已经绰绰有余，最终没有1架轰炸机被敌机击落。

12日清晨，第26战斗机联队三处大队指挥室电话铃音大作，电话中联队长普里勒命令30分钟内全体进入战斗准备，拦截敌轰炸机并听从帝国航空队差遣。这是一个久违而尴尬的任务，自诺曼底登陆以来JG 26作为一直承担战术支援任务，第一次参与本土防空战，况且队内同重型轰炸机打过交道的飞行员所剩无几。

9点，轰炸机编队出现在须德海上空，德国第一战斗机军因天气原因迟迟未能起飞，第二战斗机军中仅有JG 26联队完成升空集结，这57架战斗机将要独自挑战美军552架轰炸机和514架战斗机。10:20，JG 26第一大队22名飞行员进入驾驶舱备战，8分钟后升空，在联队长带领下朝着东北航向爬升到6700米，与另外两个大队会合于迪默湖（Dümmer Lake）。结队过程如何混乱不得而知，但想来难以令普里勒满意，因为其间他指名道姓骂骂咧咧被盟军无线电监听部门饶有兴趣地悉数收听。

饶是普里勒如此卖力，他的编队还是各奔东西，他和第一大队被另两个大队甩在后面，随后在汉诺威遭到上方一支P-47和P-51大军攻击，福克－沃尔夫向着低空且战且退，就近降落，最后从4个着陆场重新汇聚到克雷菲尔德机场，第一大队无一战绩，3名下士被美军第56和第78战斗机大队的P-47击落身亡。唯有联队长在文斯托夫（Wunstorf）以南击落了美军第357战斗机大队一架落单的P-51，飞行员帕斯科（H.T.Pascoe）上尉被俘，作了普里勒的第101个也是最后一个手下败将。第八航空队此次行动中唯一明确为德国战斗机造成的损失仅此一例①。

第二大队好不了多少，虽然在赖讷以东成功发现一队看似无人保护的B-17，正待集结群起而攻之，立即遭到美军第364战斗机大队当头棒喝，面对数量和技术均占优的“野马”，这群青涩的德国飞行员除了朝着地面逃命外无计可施，5架Fw 190被歼，3名飞行员丧生。格隆茨少尉一路追踪轰炸机，但长达134分钟里，面对铜墙铁壁般的护航始终无机可乘，最后两手空空回到基希黑伦。

第三大队根据地面引导一路向北，飞至汉堡以西的布雷默弗德，同样被无处不在的“野马”击退，5架Bf 109被美军第357战斗机大队击落，飞行员中2人身亡，2人平安跳伞，第12中队的海因里希·席尔德中尉跳伞但重度烧伤，直到次年4月才复飞，他后来回忆道：

> 1944年10月12日厄运当头，大约11:30在不来梅，我被一架“野马”从1.1万米高空之上以远射击中，座机失控，几番苦苦挣扎方才挣脱出驾驶舱，在低空跳伞逃生，掉在托伊弗尔斯沼泽（Teufels moor），四天后才恢复意识，住院治疗了两个月，12月重返前线。

率领美军第357战斗机大队大败JG 26第三大队的耶格尔中尉时年22岁，当时战绩仅有1.5架，但因敏锐的视力和良好的战术素养显山露水，颇

① 德军此次拦截作战仅有普里勒和诺沃特尼特遣队的Me 262飞行员各自报告称击落1架P-51，后者战果因缺乏目击旁证未获确认。第八航空队此次行动共5架P-51和3架B-17损毁。

受器重，被赋予第363战斗机中队指挥权。12日的护航任务中他更是奉命指挥整个大队49架P-51。按照他的部署，2个中队在不来梅上空顺利与轰炸机编队会合后保护在两侧，耶格尔自己带着第363中队飞在护航对象前方160公里。8500米高度上，远处一团不明斑点引起耶格尔警觉，率队接近后认出22架Bf 109，正盘旋在轰炸机航线上守株待兔。耶格尔一马当先冲过去，瞄准殿后敌机逼近至900米并占据射击位置，谁知对方惊慌失措下猛打右舵规避，结果撞上另一架Bf 109，两名飞行员均跳伞脱身，耶格尔一枪未放就收获了2个空战战果。接下来P-51和Bf 109抛下副油箱，兵戎相见，耶格尔的作战报告记录道：

我逼近殿后那个德国佬，使用K-14瞄准具从600码开火，看到弹道扫过对方整个机身，驾驶舱尤其遭受重创，飞机冒烟，冷却剂泄漏出来，向左侧滑后朝左边平缓俯冲。我无暇跟下去细看，而是飞向另一架Bf 109，但蓝色小队的斯特恩中尉报告敌机燃烧着进入尾旋，从他身边掉下去。

我对着第二架Bf 109逼近到100码，向右侧滑后以大约10度的偏转角和3秒短点射射中目标，对方机身迸裂，与我擦肩而过后爆炸。

另一架Bf 109自左向右飞来，飞行员收小油门，试图减速来到我后方，我见状右转并迅速向左横滚反咬住他的机尾，他收小转弯半径，我也拉杆到6G的过载，瞄准约300码的提前量以短点射击中对方机翼和机尾，他向右做了3次急速横滚，在1.8万英尺高改出，随后弃机跳伞。受益于抗过载飞行服，空战中我没有发生黑视，攻击第二架Bf 109时即使在侧滑过程中K-14瞄准具仍然牢牢锁定并击中了目标，依我所见，K-14自动瞄准具是迄今我军战斗机装备中最伟大的技术革新。

这份报告中最后一个也是唯一一个能够展示出那么一点空战技巧的Bf 109飞行员可能就是席尔德。凭借5架Bf 109坠毁，耶格尔一战成名，不但荣登第357战斗机大队第一个单日王牌，也在他整个漫长而传奇的职业生涯中首次立下大功。他的小队宣称击落了另外3架敌机。第357大队另外两个中队因为没有接到进攻令，波澜不惊地完成了护航任务，返航后耶格尔解释为“僧多粥少，不够大家分”。

12日，JG 26联队共损失了12架战斗机，飞行员9死2伤，只击落1架敌战斗机。当晚联队上报共61架Fw 190，其中28架可用（第一大队12架、第二大队14架、联队指挥部2架），16架Bf 109中8架可用。“超级机密”破译出的情报暗示，JG 26这次拦截作战是为“重击计划”安排的一次测试，结果显然令加兰德大失所望。盟军情报部门对此评估总结为“（德军）战术空军集结效率低下，缺乏攻击我军护航编队的经验，可评估为德国空军一次越发拙劣的战斗”。

JG 26的交战史上从不缺乏传奇和伟大的对手，美军王牌飞行员查尔斯·耶格尔即其中之一，他在二战中共击落11架敌机，后来史无前例地突破音障，成为人类飞行史上彪炳史册的人物。照片拍摄于1944年10月12日，耶格尔站在他的P-51D机翼上，这天他一举击落JG 26的5架Bf 109，被授予银星勋章。

结束了10月12日的灾难，JG 26回归到巡逻、武装侦察等常规战术任务，对手换回了英军第二战术航空队和美军第九航空队。随着美军第30步兵师和第1步兵师从南北两面合围，德国西部边境城市亚琛危如累卵。13日，第一大队受困于泥泞不堪的机场未能起飞，第二大队18架飞机成功飞往亚琛完成了自由狩猎任务，以1名飞行员阵亡的代价击落2架P-47（来自美军第368战斗机大队）。格隆茨少尉斩落美军第474战斗机大队1架P-38后发现自己的油压骤减到零，发动机随即停车。尽管如此，他以一个大坡度转弯俯冲进云层，躲过了两架“雷电”，最终成功以机腹迫降在一片甜菜地，发动机故障原因后来查明在于油管破裂，全程福星高照的格隆茨由此险些首次损失战机。

虽然亚琛守军进行了激烈抵抗，21日随着市内最后一处据点被攻陷，第一座德国城市落入盟军之手。21日上午第一大队巡逻和扫荡了亚琛，下午两个Fw 190大队联合飞往韦瑟尔（Wesel）途中与几架P-47爆发小规模交战，无一战绩反被第474战斗机大队第429中队偷袭，第8中队中队长霍夫曼中尉被弹片打中，受了点轻伤，他手下1名飞行员被击落身亡。

22日真正的厄运降临到霍夫曼头上，他在地面检查一挺拆卸下的机枪时枪栓意外闭合，伤及左眼，曾经如鹰一般锐利的视力失去对焦功能，他不愿耗在医院，很快戴着眼罩重返部队并坚持升空作战。但鉴于他的健康状况，第8中队的空中指挥权暂时交由第5中队的威廉·迈尔少尉。这次意外2天后，霍夫曼中尉凭借40架空战战绩和指挥第8中队有功被授予了骑士十字勋章。一个月后博里斯少校（战绩41架）和第5中队指挥官福格特少尉（战绩46架）也艰难地挣到了骑士十字勋章。

28日，天空露出久违的阳光，为了支援装甲部队稳固韦尔特（Weert）至芬洛战线，第二战斗机军三次出动JG 2联队和JG 26联队共202架次飞机，试图阻击盟军战斗轰炸机和炮兵校射机，但大部分战斗机半路被敌机击退，甚至还被自己人的高射炮打下。清晨第一大队30架Fw 190和JG 2共同飞往荷兰芬洛，中途折返了10架，JG 2也受到P-47的牵制，第一大队余部虽然发现P-47战斗轰炸机但没有团队作战，以至于不少飞行员干脆被剥夺了本次战斗记录。

午后，JG 2和JG 26共四个大队再次出动，第二大队都在芬洛发现并攻击了皇家空军第182中队6架武装侦察的“台风”，1架“台风”被哈克尔少校和福格特少尉击中后坠毁，飞行员身亡，福格特随后操纵被打坏的飞机迫降并负轻伤。第二大队返航时被执行轰炸任务的加拿大空军第412中队突袭，双方很快杀得难解难分，最后以德军落败收场，1名Fw 190飞行员被击落后低空跳伞而坠亡，另二架Fw 190轻微相撞，导致1人跳伞负伤，另1人安然无恙地迫降。

全身而退的加拿大空军第412中队快速完成补给，一个半小时后在莱特（Lette）再次与JG 26联队狭路相逢并大获全胜，这次的对手换作第三大队，16架Bf 109于16:00起飞，还没完成集结就在家门口被打得丢盔弃甲，4架被击落、飞行员两死两伤，另一架被击伤的Bf 109G-14随后又被机场的防空炮误伤，飞行员迫降负伤。

第一大队和联队指挥部被泥泞一片的克雷菲尔德机场搅得苦不堪言，决定放弃此地，29日向东北搬到70英里外的一个叫格雷文（Greven）的村庄附近，新驻地的选址更是败笔，多特蒙德－埃姆斯运河流经此地，河水高出地面几英尺，皇家空军也不失时机地多次轰炸河堤，每每导致方圆几公里成为一片水泽，溃堤和秋雨的双重打击令人感觉格雷文比克雷菲尔德更不堪。

2天后第三大队从莱特向北搬到50公里外的普兰特林讷（Plantlünne），新机场代号“植物油”，建于战前，1940年以后一直作为一线机场，设施完善，条件优越，铺有草坪的飞行场地宽广但不太规则，长1400米，宽850米，大致呈东西走向，顺应盛行风向，跑道两端有500米的保险道。芙蕾雅雷达、维尔茨堡雷达和防空炮塔等防御设施一应俱全，20毫米轻型防空炮炮手大多由镇上男生兼任，最常见的机棚被混凝土地基和砖木墙体的维修车间取代，木质屋顶平台铺有柏油，并用灌木丛和树枝伪装，为了杜绝火灾，机场周围大树都被砍去，飞机停在小树下或者伪装过的帐篷里，附近村里放养的羊还可以帮着修剪跑道杂草，促进了排水畅通。机场还有兵营和宿舍，得益于上述完善优裕的设施，第三大队官兵们在这里度过了相对惬意的四个月。

美军对德国石油工业的战略轰炸力度和密度在11月达到巅峰：第八航空队和第十五航空队分别针对石油设施发动了13次和12次空袭。德国石油月产量骤减，只有春季平均水平的31%，现在绝大部分航空燃油来自小型化工厂从炼焦炉副产物合成的石油。10月30日西线空军司令部特意发布了一道命令：

1.基于当前的燃油形势，除非气象条件和其他先决条件足以确保结果万无一失，任何作战行动均不具备合理性。

2.包括作战部队在内，即刻停止一切飞行训练，直到分配到具体燃油配额，各部队方可相应地重启训练。

3.除支援战场的转场、检修试飞和空运外，停止一切（非作战）飞行。

11月2日天气晴好，第八航空队的1174架B-17和B-24由968架战斗机护送，以梅泽堡－洛伊纳的石油设施和德国中部铁路线为目标，直接杀了过来。帝国航空队绝望地做最后一搏，从活塞式战斗机到最先进的喷气式战斗机倾巢而出，490架的规模创诺曼底登陆后之最。JG 26联队两个Fw 190大队也被动员起来，但在美军第九航空队的严密封锁下起飞都困难重重，只得取消任务。JG 26下午依旧被派到韦瑟尔－林根前线猎杀盟军战斗轰炸机，第二大队没有发现目标。担任护航的第一大队25架Fw 190从格雷文艰难起飞，其中9架陷入泥沼，连指挥官黑克曼少尉也错过与第二大队的会合，索性率队去搜捕战斗轰

普兰特林讷基地一处高炮炮塔，20毫米炮管上标有6个战果标示，炮手格奥尔格·阿勒斯还因此被授予铁十字勋章，这些炮手通常由镇上中学生兼任，他们之中有像阿勒斯那样荣获军事勋章的，也有像格奥尔格·根特的弟弟那样丧命的。

炸机，他们在科斯费尔德至赖讷一带攻击了8架“台风”，不但一无所获，还被加拿大空军第442中队的“喷火”干掉1架Fw 190（飞行员平安跳伞），另有2架Fw 190被击伤[①]。

拦截重型轰炸机的帝国航空队第一战斗机军亦是铩羽而归。因集结和搜寻效率低下，只有305架接敌，结果是灾难性的:133架被击落，损失率高达44%。73人阵亡或失踪，32人负伤。美军只损失42架轰炸机和16架战斗机，其中还包括不少毁于高射炮炮火。

希特勒不再掩饰对空军失去耐心。“寄希望于通过大规模出击打败敌人是异想天开”，6日的会议上，他盖棺定论道：“可见继续生产飞机愚不可及，除了拿给空军消耗一无是处。”此话一出，无异于给加兰德苦心经营的“重击计划”判了死刑。

戈林虽然回避了11月6日元首大本营的会议，闻讯也忙不迭召集防空军各级指挥官到柏林万湖的指挥中心，长达3个半小时的演讲中，他再次将失败归罪为飞行员的怯懦，演讲要点随后被分发到各战斗机部队，供飞行员学习和提升士气。

当月，德国第九航空军军长迪特里希·佩尔茨（Dietrich Peltz）少将取代比洛乌斯将军入主第二战斗机军，这项人事变动不仅与JG 26休戚相关，更对整个战斗机部队产生深远的影响。轰炸机飞行员出身的佩尔茨拥有丰富的战场履历和出色的指挥才能，战争后期更因忠实高效的执行力、崇尚进攻而深得希特勒和戈林欢心，一路平步青云，还打破了加兰德“第三帝国最年轻将官”的记录。但轰炸机部队的人身居这一要职，对一些战斗机高级将领而言是个不小的打击和侮辱，也再次昭示了战斗机部队地位一落千丈。

第一大队连日苦苦挣扎在新驻地格雷文恶劣的环境下，地面事故率直线上升。4日，第4中队中队长海因茨·克梅特米勒少尉起飞不久就因发动机故障等问题提前折返，前晚宿醉的他进场着陆太慢，着陆后发生地转，最后在保险道的松土里倾覆，克梅特米勒重伤被送进医院，归队后也调离了空勤岗位。泽芬少尉接任第4中队指挥官。8架Fw 190起飞执行猎杀战斗轰炸机任务，两手空空返回格雷文，降落时再次折损2架战机：1架毁于发动机失灵，1架陷入泥沼，起落架脱落。

第4中队中队长海因茨·克梅特米勒少尉共出击463次，取得89架空战战绩，其中29架在JG 26取得。他在东线获得了骑士十字勋章。

6日，第5中队的汉斯–约阿希姆·博雷克下士带领一个四机编队前往许尔特根（Hürtgen）和施密特（Schmidt）地区搜寻和攻击盟军战斗轰炸机或炮兵校射机。他们没能发现目标，但在迪伦西南发现几架飞在低空的P-47（来自美军第36战斗机大队第20中队），博雷克和僚机合力拿下了其中1架，美国陆军第555高炮营开火，德机匆忙朝云层急跃升，曾经历和目击过前任大队长埃

① 8架“台风”可能来自皇家空军第182中队，该中队下午仅有1架飞机被德军高射炮击落。加拿大空军第442中队在科斯费尔德完成投弹后宣称击落2架Fw 190，JG 26第一大队宣称遇到“野马”攻击，损失1架Fw 190，另有5架Fw 190带伤返航，其中2架为作战损伤，2架为发动机故障，1架被德军高炮击伤。

米尔·朗上尉之死的博雷克这次在劫难逃，此前他已经击落5架敌机，在1944年这批新生代飞行员中一枝独秀。20世纪80年代，有人在文韦根森林[①]通过金属探测仪无意中发现一架Fw 190A-9残骸，经过几个历史学家20多年不懈的寻访调查，博雷克的家人才得以在半个多世纪后等到他的下落。

格雷文机场的飞机一次次困在泥沼动弹不得，第一大队和联队指挥部基本丧失战斗力，对此第二战斗机军建议暂时放弃此地，将人员和物资暂时转移到距离此地以北28公里的菲尔斯滕奥（Fürstenau）并就地接收新战机，等到冬季的冻土稳固了地面再从长计议。但博里斯少校居然舍不得旧战机！在他的坚持下，飞机被大卸八块，由意大利劳工靠人力将机翼和机身搬到机场对面最近的硬面公路上，再由货车运到新基地进行组装。战时所建的菲尔斯滕奥投入使用不久，原本作假目标之用，L形场地面积不大，但排水系统良好，地基坚固，足够第一大队安稳过冬，飞行员住在附近村庄，地勤人员则被安排住进一所天主教会女校。第一大队从当月中旬开始转移，直到11月25日，28架Fw 190中首批6架才具备出动作战的能力。

11月中旬，第二大队奉命撤到汉堡南边的赖恩塞伦，换装福克－沃尔夫战斗机家族最新的Fw 190D，成为继JG 54第三大队之后第二个“长鼻子多拉”大队，19日下午，福格特少尉率领第二大队最后一次驾驶Fw 190A全体出战，他们与老对手加拿大空军第412中队狭路相逢，趁后者扫射完桥梁正在重新集结，德机发动突袭，宣称击落4架“喷火”，福格特的战绩达到46架，威廉·迈尔取得第26、27个空战战果，第412中队实际损失3架。当晚第二大队飞行员从基希黑伦撤离完毕，地勤人员直接前往位于诺德霍恩的新基地，剩下的Fw 190A被移交给第一大队，27日第一大队上报拥有64架战机，数量在整个战争期间前所未有，但受燃料、飞行员等局限，可出动数依然寥寥无几。

12月中旬，第一大队也开始接收Fw 190D-9，彼时阿登战役激战正酣，局势不允许大队全体撤离前线，只能以菲尔斯滕奥为基地继续奋战的同时就地进行新战机的训练，为了尽量不影响作战，换装工作以中队为单位依次开展。

两个Fw 190大队向内地移防后，JG 26第三大队一度成为德国西北地区的战斗机部队主力，但只是暂时，阿登反击战即将拉开大幕，加之“重击计划”胎死腹中，德国空军开始向西屯兵，到11月月末，Ⅳ./JG 54大队、JG 27联队、JG 3联队、JG 4联队和JG 77联队陆续移防至此。

此时赖纳驻有装备着Me 262的第51轰炸机联队第一大队（Ⅰ./KG 51）。由于很难在空中追上先进的喷气式飞机，盟军

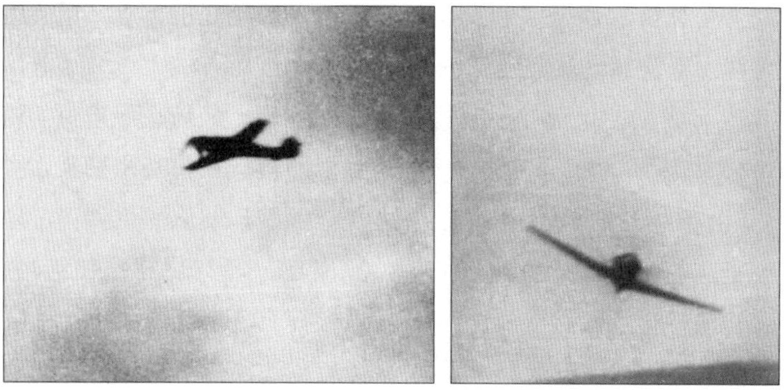

赖恩塞伦基地，第二大队Fw 190D-9进行飞行训练。

① 文韦根（Venwegen），位于迪伦和亚琛之间的施托尔贝格县（Stolberg）。

利用Me 262起降阶段格外脆弱这一短板，釜底抽薪，攻击机场。德军只好派出传统的活塞式战斗机去保驾护航。第三大队就肩负了这项新任务。飞行员在普兰特林讷日出而作、深夜解散的日常活动成为战争末期德国战斗机部队缩影：早餐通常包括面包、黄油、果酱和咖啡，有时会加个鸡蛋；在食堂用完餐后搭车来到机场的中队备战室或大队指挥室集合，听取当日任务指令、天气报告等；执勤飞行员和分配到手的战机被列在黑板上——由于快速变化的形势和这样那样的不足，这一时期只有军官和老手拥有固定专机；飞行员起飞前夕或无任务在身时靠打牌、象棋、写信、阅读等休闲活动消磨时间；完成任务返航着陆后需尽快驶离跑道以方便后续着陆，完好的飞机被交由地勤主管停进机库、伪装妥当，飞机伤情经检查后被上报给中队长或任务指挥官。最后，出征飞行员们需就此次任务展开讨论总结。

Bf 109最后一款服役的型号：Bf 109K-4开始进入第三大队，该机型与之前的G-10十分相似，只是应军方要求，在G-10基础上，将前期型号及子型号的一系列改进措施进行研发并形成标准化配置，由此应运而生K系列。Bf 109K-4在7500米高空最大时速能达到710公里/小时，增压式驾驶舱视野更佳、木质尾翼面积增加，采用收放式后三点式起落架，标准武器配置为机头位置一门30毫米MK108或MK103机炮（两者炮管长度不同）、整流罩上方2挺MG151机枪，MK108机炮威力巨大，但容易卡壳，JG 26第三大队的Bf 109 K-4还有两挺备受冷落的20毫米机翼机炮。

格奥尔格·根特下士的常规座机仍是Bf 109G-10，偶尔也驾驶Bf 109K-4，就他的体验而言，前者更适宜空中缠斗，而K-4操纵性因笨重的武器系统而显著降低。此外，驾驶Bf 109K-4高空编队飞行尤为困难，飞机在8500米以上高空颠簸，操纵面变得异常敏感，令根特心惊胆战于下一刻就要集体进入失速。加之空气稀薄，航速上的任何细微调整都会给飞行员带来眩晕，此时配合领头长机，保持队形，难度可想而知。11月27日拦截轰炸机的任务就差点要了根特的命。

这天530架B-17和B-24抢在阴云弥漫开之前轰炸了林根和奥芬堡地区三处铁路场。临近中午，普兰特林讷风起云涌，第三大队的执勤飞行员们还是讶异地收到紧急起飞令，11:05，15架Bf 109在第9中队中队长戈特弗里德·施密特中尉率领下起飞，与JG 3和JG 27会合后将共同截击撤退中的美军战机。飞过菲尔斯滕奥时，第一大队的5架Fw 190也刚起飞，它们努力想跟上兄弟部队，但被越飞越高的Bf 109K甩开，担任高空掩护的第三大队编队则艰难爬升到了9000米高空，这一高度对大部分飞行员而言是破纪录的头一遭，队形开始凌乱，飞行姿态东倒西歪，看在队尾的根特眼里仿佛一群醉汉走得趺趺撞撞。

爬升到9700米时，根特的Bf 109K-4座舱盖出现霜冻。只剩下钢化玻璃风挡的正前方视野，这时他最担心的事发生了：敌机从后方逼近。由于视线受阻，根特汇报敌情后俯冲躲进云层，逃过一劫。JG 26联队损失了6架Bf 109、1架Fw 190，其中2架Bf 109和1架Fw 190明确为P-51战斗机击落，飞行员均跳伞生还。但包括根特的好友赫尔穆特·洛尔贝格准尉在内，2名Bf 109飞行员未能返航，他们的下落直到1992年深埋地下的飞机残骸出土才得以确定，但究竟是缘于飞机高空失控还是被敌机击落已无从查证。平安逃回菲尔斯滕奥的德国飞行员在作战报告中评论了一个众所周知的事实：在8000

“我不得不双手紧握操纵杆，竭尽全力掰向一边。不可思议的事发生了”——卡尔－格奥尔格·根特下士

我通过呵气在座舱盖左侧清理出巴掌大的干净玻璃，经由这里才能观察后方——这次我依旧“光荣”殿后，发现2架“雷电”转向我方飞过来。眼看加热器对覆满座舱盖的厚厚积冰束手无策，我自身难保，只能退避三舍，通过无线电报告这一情况后，便以一个半滚倒转，俯冲向下方数百米之遥的云层，与此同时，我及时想起需要打开陀螺地平仪，否则进入云层根本无法准确校正。

接下来如何是好？虽然虎口脱险，但积云遮天蔽日，重新控制飞机无从谈起，我拉杆试图从600公里/小时减速，速度却持续增加到750公里/小时！焦虑之余猛然反应过来那是因为自己在倒飞，赶紧改向前推杆，速度立马降了下来。我尝试在目视到地面时减到500公里/小时，但谈何容易，我以60度滚转角倒飞着冲出云层，大约离地500米高，空速表正好回到理想速度。

随着温度升高，覆满座舱盖的积冰融化了，我也恢复了良好的视野。只是杆力实在太大了，独臂难支，我不得不双手紧握操纵杆，竭尽全力掰向一边。不可思议的事发生了。这架暴戾得要命的109式翻过身进入正常俯冲，我终于可以利用配平改出。临近极限速度时发动机整流罩面板破裂，油管不堪重压而裂开。但我恢复了视野，再次控制住飞机，向赖讷飞去，虽然没碰油门，三四分钟后飞机逐渐慢了下来。

我操纵这架油迹斑斑的飞机平稳着陆，再搭吉普车回到普兰特林讷。好友赫尔穆特·洛尔贝格在这次飞行后失踪，大概也遭遇了霜冻，却没我这么走运。当我还在赖讷机场，右边三次传来发动机的尖啸声以及飞机坠毁声，轰然巨响至今仍在脑海中挥之不去。

米高空“野马”比Fw 190快得多。第三大队宣称击落了2架野马，但无法得到军方确认。

德军此次拦截依旧以惨败收场，80架战斗机被摧毁，37人阵亡或失踪，19人负伤。而第八航空队创造了轰炸机零损失、战斗机损失15架（其中6架被德国飞机击落）的优异纪录。

第二大队撤回后方换装和训练的日子里，其余两个大队继续奋战在前线支援陆军，对指派给他们的任务照单全收。12月3日，19名第一大队飞行员在林尼希（Linnich）成功完成地面火力支援任务，并击伤英军1架奥斯特侦察机。约阿希姆·京特少尉的四机小队错过会合，独自飞往明斯特，皇家空军第439中队的“台风”正在扫射火车，其中1架被京特打成一团火球。当晚曼陀菲尔将军的第5装甲集团军司令部发来电报致以嘉奖和感谢，难得得到陆军的肯定，大队自然将此事记入日志。

2天后在林尼希南边，京特少尉再次率领小队成功突袭“雷电”战斗轰炸机，击落一架并迫使其余敌机抛下炸弹

撤退，美军记录第365战斗机大队只有1架“雷电”损毁于高射炮。第4战斗机大队一架“野马”为两架“阿芙罗狄忒”无线电遥控轰炸机护航时发现并攻击了JG 26一架返航落单的Fw 190，后者迫降时机毁人亡。

与此同时，昼间战斗机部队总监特劳特洛夫特上校来到菲尔斯滕奥视察工作并为博里斯少校颁发骑士十字勋章，他在指挥室获悉柏林遭到大规模空袭，当即下令追剿撤退的轰炸机。刚从上午的任务返航的第一大队仅凑出了5架Fw 190，13:25起飞，10分钟后博里斯为JG 26联队取得最后一个美军重型轰炸机战绩。美军第452轰炸机大队1架B-17靠着仅剩的一个发动机独自返航至林根时遭到博里斯攻击，剩余机组成员只有一人跳伞生还被俘。

12月14日上午，雨势将第二战斗机军困在地面，下午放晴后，第三大队22架Bf 109飞往赖讷巡逻Me 262机场，在机场南边败于潜伏在后上方的皇家空军第56中队8架暴风式战斗机，3架Bf 109被击落，飞行员中仅有第11中队的海因茨·格尔克下士生还，虽说跳伞负伤对他而言称得上家常便饭，此战仍然为格尔克留下最惨痛的回忆：

劳布迅速做出反应，以一个半滚倒转规避，可惜高度太低，况且还要躲避枪林弹雨。身为僚机，我义不容辞地转弯跟过去。我们的高度不足600米，剧烈的半滚倒转机动又积聚了大量速度，要改出难于登天，我清楚看到劳布的机翼整流罩变得摇摇欲坠，被一根缆绳牵制才没脱落，但足以为劳布带来灭顶之灾，他没能再拉起飞机，一头栽向地面。我就在不足60米的距离，眼睁睁看着他坠毁。我将飞机改平，飞过去明确坠毁位置，但一发炮弹击穿座舱盖，打碎仪表盘，可怕的尖啸声中我跌出驾驶舱，片刻之后降落伞打开了。这是我第四次跳伞脱险，幸好只有双腿受了外伤，当地好心人用摩托车将我送回几英里外的普兰特林讷。报告劳布军士长的死讯时，我临近崩溃，眼泪顺着脸颊止不住地往下掉，第11中队所有人都知道卡尔是第三大队最好的好人。

除此之外，第12中队1架Bf 109K被附近执行轰炸任务的加拿大空军第412中队击落，飞行员跳伞负轻伤。

至此，霍克公司的暴风式战斗机频频进入JG 26视野，成为又一大劲敌。作为英军最新的主战机型，“暴风”肩负为第二战术航空队争夺制空权的重任，它在中低空的性能优

暴风Ⅴ型战斗机5790米高度最大时速约700公里，实用升限约11100米，爬升率约4700英尺/分钟（23.9米/秒）航程约1190公里。1944年10月以后，第二战术航空队共有5个“暴风”中队：第3、第56、第80、第274和第486中队，它们组成第122联队，以荷兰沃尔克尔为基地，令JG 26和德国空军吃够了苦头。上图中的“暴风”属于皇家空军第3中队。

第80中队一架携带副油箱的暴风V型战斗机，拍摄于1944年秋冬荷兰，暴风携带90加仑副油箱的航程能达到2400公里。

势令当下大量承担战术支援任务的Bf 109K和Fw 190A相当被动。各项性能参数也非常接近Fw 190D-9，两者的较量更取决于飞行员技战术水平，这意味着德军只有少数老手能占到便宜，大部分菜鸟沦为手下败将，可以说，“暴风”在所有飞过它的皇家空军飞行员中赢得交口称赞。

四、阿登战役

当战争进入最后一个冬季，纳粹德国节节败退、四面楚歌，希特勒不肯死心，寄希望于毕其功于一役，夺回列日和安特卫普，切断盟军补给线，围歼其主力，迫使英美两国与德国单独议和，这样便可集中全力应付苏联红军。1944年12月16日拂晓，德国B集团军群装甲大军向比利时南部、卢森堡北部的阿登山区美军薄弱防线发动突袭，西线最后的反击战正式拉开大幕，德军行动代号“守望莱茵”，盟军称之为“突出部之役”。

德国空军同样为阿登战役几乎投入西线全部家当，加兰德为对付重型轰炸机苦心积攒下来的2000多架战斗机绝大多数被用于阿登反击战，低空支援地面攻势。战役打响时，西线空军司令部共拥有2460架飞机，其中轰炸机55架、Ar 234B喷气式轰炸机40架，对地攻击机（Fw 190和Ju 87）390架以及侦察机65架，1770架单发战斗机和140架双发战斗机由佩尔茨少将的第二战斗机军总指挥。加兰德沦为看客，早已失势的他在这一刻意识到自己彻底出局，战后他接受审讯时沮丧地表示“自阿登反击战开始，有组织的帝国防空战终结了”。

同时期盟军囤积在西北欧的战机约10000架[①]，是德国空军总兵力的两倍有余，其中38%为战斗机，重型轰炸机和中型轰炸机各占47%和14%。面对如此悬殊的航空兵力差距，陆军选在一个风雪交加的日子发动进攻无疑非常明智。12月16日下午，JG 26第三大队出动两个小队飞往前线扫荡，未能发现敌方战斗轰炸机。17日上午，美军第404战斗机大队轰炸了波恩的汉格拉机场，第一大队和第三大队冒着小雪拦截，没有遭遇敌机。下午第一大队再次出动19架Fw 190A，飞过艾费尔高原上空后，指挥官黑克曼中尉发现8架P-38正在轰炸车队，率队发动突袭，带着3架战绩全身而退。第4中队的德洛尔下士赢得了军事生涯头两个空战战果，另一架归于约阿希姆·京特少尉，德洛尔的长机库克拉下士虽首开纪录，但苦于没有目击证人而放弃上报。美军第474战斗机大队第428中队确实

① 1944年9月美军第八、第九航空队，皇家空军第二战术航空队、轰炸机司令部总共拥有9720架飞机，其中重型轰炸机4581架、中型轰炸机1404架、战斗机和战斗轰炸机3735架、侦察机411架，到12月盟军兵力不会低于这个数。

损失了4架P-38。

12月18日上午，第三大队40架Bf 109G-14和 Bf 109K-4全体出动，第11中队中队长彼得·赖舍中尉率领这个编队没有飞往阿登前线，反而莫名其妙地直奔下萨克森东边。一个小时后一事无成地返航。1架开启FuG 16ZY测向无线电的Bf 109G在这场诡谲的悲剧中扮演了关键角色，飞行员正是格尔克：

我的座机配有FuG 16ZY发射机，用于接收地面命令。爬升时我收到暗号“水獭汉斯，你担任火车头”。于是我的无线电便一直保持开启状态，一小时后我们来到下萨克森附近，无论是重型轰炸机，还是“雷电”“野马”，一路没任何发现。降落回普兰特林讷后大家一头雾水，彼此打听这次任务究竟意欲何为，40架飞机可花掉了不少油。

我刚着陆就被叫去接电话，克鲁平斯基问“汉斯，你去哪儿了？一直跟着大队吗？”我当然回答说“是，长官”，他道谢后挂了电话。

正准备回宿舍，又接到驾驶舱待战的命令，于是飞机匆忙加上油，我们钻进去等待着新的任务。起飞令下达的前一刻，赖舍乘坐指挥部的汽车赶到机场，我们俩的飞机并排停靠，他爬进驾驶舱时面色涨红、摇头晃脑，见状我暗想肯定是几杯白兰地刚下肚。

机群随即起飞，这次飞向西边，不久便发现敌机，但“雷声大，雨点小”，大约二三十分钟后全体返航，唯一不见的只有第11中队中队长赖舍中尉。我们随后得知他的109式紧急迫降在机场对面，再后来私下里听说他以机腹迫降后就在驾驶舱里对着自己脑袋开枪自尽。过了一段时间，我了解到当日首次任务后赖舍谎称大队在亚琛攻击了敌人装甲部队并与敌机交战。但（因为我飞机上的FuG 16ZY）被克鲁平斯基识破了。

赖舍的官方死因是“执行任务途中在荷兰上空失事，未能跳伞逃生而殉职”，21日他被安葬于林根的军人公墓。很多年以后，人们在普兰特林讷空军基地原址找到他的军籍号牌，上面完好无损，不见任何坠毁的痕迹。也没有按德军对“坠机牺牲人员”的标准程序沿锯齿线折断。可见自杀一说更接近真相。赖舍首次任务中的出格之举明显缘于精神崩溃，这在前线屡见不鲜，他试图掩盖真相，却被克鲁平斯基通过 FuG 16ZY无线电测向设备拆穿。据克鲁平斯基后来解释，由于牵涉整个大队，他奉普里勒之命给了赖舍两个选择：要么立即上战场将功赎罪；要么以临阵脱逃的罪名被送上军事法庭，后者意味着当众枪决。第二次出战无果而终后，赖舍为自己找到了第三条路，一条不归之路。

结束了在赖恩塞伦的Fw 190D-9练习飞行，第二大队及时回到了激战正酣的阿登前线，驻诺德霍恩的克劳斯海

第二大队的Fw 190D-9，摄于1944年12月赖恩塞伦基地，诺曼底战役期间，第二大队也是在此休整训练。

德（Nordhorn-Clausheide）机场，不但装备一新，还一口气扩充了20名新飞行员。事实上，继5月和8月之后，第二大队一年间第三次以休整或训练的名义被撤回后方，留下另两支兄弟部队在前线奋战，这恐怕很难再用巧合解释，然而缘何只有第二大队独享这一优厚待遇，是因为它战斗力太强，被刻意保存实力？抑或是太弱，只能被调走加以呵护？至少从整体数据上看前者的可能性更大。不过来自指挥层的政治原因应该也在其中起到一定作用。

克劳斯海德位于联队指挥部和第一大队驻地菲尔斯滕奥西南34公里，在联队三处机场中设施最优越，它建于1928年，原属克虏伯公司，后来一直用作民航机场，战争爆发后转为军用，场地砂质面层上植有石南灌丛，能保证在极端恶劣天气下使用，尺寸约1000×400（米），东西轴向，有利于顺风起飞，担负警戒的第5中队分配到最西端的疏散区，剩下3个中队在东端，全体出动时第5中队最早起飞，从西向东滑跑，升空后平缓左转，第6、7、8中队再自东向西，与第5中队在诺德霍恩城镇上空会合，集结有序又快速。

机场基本只有临时建筑，飞机只能严密隐蔽在三处密林中，甚至还有一个石砌羊圈被改造为机库，五座防空炮塔尽职保卫着上空的安全。然而，没过几天机场就被盟军侦察机发现，23日两架停在地面的Fw 190D-9毁于轰炸。飞行员住宿于诺德霍恩镇民宅，每天在房东家用完早餐后乘车赶到机场，中午在基地用餐，晚餐则在城镇一所被用作食堂的饭店解决。不但生活便利，还催生了几桩风流韵事，对士气倒不失为一种鼓舞。

昵称为“长鼻子多拉”或者“多拉9”的Fw 190D-9是为了修正Fw 190A系列最为人诟病的短板——高空性能不足应运而生的，设计师库尔特·谭克博士本人视其为“终极活塞式战斗机”Ta-152的过渡产品，因为他不看好用D-9的Jumo 213A液冷发动机，但在当时也没有更好的选择，为了包容直列发动机，维持重心的中心位置，机尾加长了0.5米并得到结构强化设计。相较于星形发动机的A系列，D-9的机身增长了约1.2米，转弯性能和滚转率有所降低，但速度更快，在6600米最大时速为680公里，开启MW-50型水/甲醇喷射助力系统后，发动机输出功率能从1750马力提升到2240马力，赋予了这款战斗机出众的加速度，爬升速度和俯冲速度也大为提高，有利于德国飞行员做拿手的高速俯冲－急跃升机动。但对于承担战术任务的JG 26联队而言，Fw 190D-9的高空优势难有施展空间，在低空的最大速度和加速度却比不过美军战斗机。由于当时甲醇稀缺，据时任第4中队指挥官的哈尔蒂希中尉回忆，第一大队接收到的首批Fw 190D-9只有1架安装有MW-50助力系统，其他几架的最大速度只有590公里/小时。

“多拉”的标准武器配置是发动机整流罩上方2挺13毫米MG 131机枪和2门20毫米MG 151机翼机炮，比Fw 190 A-8轻巧不少。除了数据，飞行员的实战体验值得参考，以下是JG 26的卡尔－海因茨·奥森科普少尉的感受：

飞行员度过最初的磨合期后很容易上手，都感觉Fw 190D-9足以匹敌甚至优于任何敌机，只是在大环境下耐用性欠佳，我感觉在绍劳①出厂的产品装

① Sorau，今波兰卢布斯卡省扎雷（Żary）。

配和精加工工艺最好，它们的深绿色涂装易于辨识。我那架绿色的“黑色8”号曾经加足马力、打开MW50助力系统离地二三十米达到了600公里/小时。

对比Fw 190A-8，D-9的优势在于：（1）因为发动机功率大40到50马力，拥有更大的平飞速度、爬升率和升限；（2）气泡型座舱盖使得后半球视野更好；（3）噪音更小，Jumo 213A比BMW 801安静得多；（4）大角度爬升和急转弯时更易于操纵，可能因为加足马力时轴功率更大；（5）起飞和降落时没那么大扭矩；（6）更结实一些。

对比“喷火”，D-9平飞、爬升和大角度俯冲速度更大；但转弯率，尤其是空战中典型的大角度爬升转弯不足。

对比暴风，D-9：（1）爬升和转弯俱优；（2）平飞速度相当或者低于“暴风”，具体取决于飞机的装配和精加工；（3）俯冲速度不如“暴风”。

对比“野马”：普通的格斗性能上两者平分秋色（尤其对比过去A-8的劣势），D-9稍占优，而“野马”俯冲速度略快。

对比“雷电”：D-9平飞和爬升更快、转弯半径更小，俯冲速度完败（绝对不要和“雷电”拼俯冲，它们快得像颗子弹）。

12月18日第二大队迎来Fw 190D-9处子秀，没有遭遇敌机。此后几天冻雨、风雪和浓雾袭来，再没有给第二大队表现的机会。23日天气转好，阿登上空战事急剧升温，B-26轰炸机、P-47战斗机和P-38战斗机迅速称霸天空，有力地支援了被围困的美军地面部队，JG 26的第2和第3中队被派往突出部最前线支援正遭受轰炸的德军B集团军群，但它们首先要摆脱盘旋在菲尔斯滕奥附近虎视眈眈的P-47，6架Fw 190A成功引开了敌机，顺便击落了一架炮兵校射机，剩下17架Fw 190A赶到巡逻区击退了1个B-26编队，宣称歼敌2架，但4架Fw 190被护航的P-47击落，飞行员无一生还，剩下的飞机就近紧急迫降，又有2名飞行员负伤。

第二大队完成了“多拉”首战，11:52，19架Fw190 D-9朝着西南方向飞往阿登山区，拦截重型轰炸机。途中遭到美军第364战斗机大队的“野马”攻击，损失了2架Fw 190D-9，飞行员一死一伤，大队长哈克尔少校在1架“野马”身上取得了第167个空战战果，对方实际上迫降回了美军阵线。

摆脱“野马”后，德机也被打散，哈克尔带领5架飞机飞向科隆执行新任务：拦截皇家空军第8大队“兰开斯特”和蚊式轰炸机组成的小编队，它们配备Oboe导航系统，原计划借助云层掩护轰炸科隆的火车站，迟滞德军后续部队前进。不料目标区拨云见日，英国轰炸机阵脚大乱，面对Fw 190D-9毫无还手之力，6架“兰开斯特”和1架蚊式被击落。哈克尔亲自斩落蚊式轰炸机，然后和他的飞行员将炮弹倾泻一空，带着7架战绩全身而退。第一架牺牲的“兰开斯特”只有1名机组成员生还，飞行员罗伯特·帕尔默少校因遇袭却坚持执行任务被追授了维多利亚十字勋章。

晴空到次日得到延续，第八航空队有如蛰伏良久的猛禽，向对手亮出利爪:1884架重型轰炸机由800多架战斗机护送着轰炸了德军后方的机场和通讯中心，皇家空军轰炸机司令部也将338架轰炸机发往杜塞尔多夫和米尔海姆（Mühlheim）的机场，两支战术空军共计2603架次，盟军用阿登战役中单日最大出动数为对手送上一份平安夜厚礼。德国第二战斗机军出动1088架次，其中一部分被紧急派去扑灭后院这把火，但全部被护航机轻松击退。

JG 26第一大队的Fw 190 D-9迎来一个平淡无奇的处子秀。以第1中队为主力的18架战机11:14刚起飞，就有8架因各种原因退出，没多久另一架也追逐着1架L-5联络机脱离了编队。7架Fw 190D-9在列日西北发现了68架B-17轰炸机及其护航战斗机，宣称击落1架P-38，击伤1架B-17，一名飞行员被P-38击落后失踪，另有两人带着发动机被打坏的座机迫降到美军阵地，沦为俘虏。其余德机就近降落在多处临时机场。

同样担负拦截任务的第二大队没能接近轰炸机，但在蜂拥而至的美军战斗轰炸机身上小有成就，宣称在列日击落5架P-47，自身折损3架，飞行员2死1伤。美军第36战斗机大队第53中队实际损失2架，宣称歼敌4架。令人啼笑皆非的是还有2架Fw 190D-9在杜塞尔多夫被1架Bf 109穷追猛打，即使“长鼻子多拉”使劲摇晃机翼和发射辨识信号弹也没用，最终1架机毁人亡，戈特弗里德·迪茨少尉幸运地以机腹迫降，受了点外伤。那位来自Ⅲ./JG 1大队的Bf 109飞行员心满意足地上报击落2架“野马”。

下午第二大队15架Fw 190D-9由海因茨·戈曼上士率领，在阿登北部地区与“喷火”进行了一场无果而终的交战。第三大队也收到拦截重型轰炸机的命令，据格奥尔格·根特下士回忆，大约20架Bf 109在普兰特林纳上空6000米集结时，一架单枪匹马的“野马”闯入，被大队长克鲁平斯基上尉一个点射打爆，根特由于螺旋桨故障退出行动，大队其后的交战情况不详。

截至12月24日，德军的推进被有效遏制在默兹河。阿登的天空成为德国战斗机的黑洞，17和18日两天内76名飞行员丧命，36人负伤，23日伤亡98人，平安夜逾百人，其中83人身亡，即使付出惨重的代价，他们依然无力完成被赋予的对地支援和夺取制空权任务。因为盟军不但在数量、质量，尤其是针对复杂气象条件的飞行训练水平占尽优势，指挥层更展示高超的用兵之道，集中攻击德军后方，不间断轰炸铁路枢纽、公路等交通目标，不但成功切断补给线，还牢牢牵制住德国战斗机，德国战斗机则被迫周旋于强大的盟军护航机，最终能到达前线的屈指可数，即使零星几个大队能突破敌机，飞抵风雪交加、浮云蔽日的阿登上空，留给他们的扫射时间寥寥无几，而且立即会被敌机打断。无论对正在进行的地面战局还是接下来的走势，德国空军虽然投入了一支看似庞大的战斗机兵力，却从未拥有过哪怕局部和暂时的制空权。

正值第2和第3中队换装Fw 190D-9，第一大队在12月25日只有9架飞机可出动，其中5架D-9上午在科布伦茨上空1000米遭到15架“野马”袭击但全身而退，第二大队和第三大队联合作战，哈克尔少校宣称在韦瑟尔击落1架P-38，他手下三名飞行员被P-51击落身亡。

诺德霍恩的克劳斯海德机场，第7中队的Fw 190D-9进入滑跑。

14:20三个大队联手出动，在普兰特林讷上空集合后奔向比利时的迪南搜寻敌军战斗轰炸机和轰炸机，第二大队和第三大队一无所获，第一大队的5架Fw 190D-9却撞上约60架P-47和60至80架中型轰炸机组成的大军，哈尔蒂希中尉利用高度优势俯冲突袭，击中了1架P-47，并在其余敌机追上前快速躲进7500米的云层，这5架D-9安全返航。

26日晴空万里，10:18，哈尔蒂希中尉率领第一大队全部15架Fw 190D-9，根据地面引导飞往阿登拦截敌机，接敌前禁止返航。12架到达了目标区，由于哈尔蒂希的FuG 16ZY无线电故障，他不放心交给队友指挥，因此将任务临时改为自由狩猎。在突出部侧翼，哈尔蒂希只发现一支孤军深入的德军装甲先头部队，弹尽油绝，停滞不前。几经搜寻也不见任何敌机，无奈之下，他率队向南爬升，故意暴露在那里的盟军雷达下，希望以自身为饵，引蛇出洞。

哈尔蒂希没有失望，第八航空队第361战斗机大队三天前刚从英国基地被派到法国支援阿登战场，该大队第376中队的“野马”正飞在特里尔上空5200米扫荡地面目标，发现12架Fw 190从下方600米横穿掠过后转弯向他们爬升而来，空中格斗自爆发就向着美军一面倒，飞在队尾的乔治·范登霍伊维尔（George van den Heuvel）少尉看到一架Fw 190正在攻击长机，果断出手，以一个20度偏转角射击将对方打得坠向地面，范登霍伊维尔大角度拉起，寻找下一个目标，他发现编队长机鲁赫上尉正在近地面追击敌机，由于弹药告罄，鲁赫让范登霍伊维尔接手。范登霍伊维尔逼近到180米左右，已经冒烟的Fw 190稍作规避，但没能躲过范登霍伊维尔的首轮开火，做了个半滚后，飞行员弃机跳伞。范登霍伊维尔注意到他“漂亮的皮质飞行服，嵌有白色毛边”。

这身令美国飞行员过目难忘的光鲜行头是哈尔蒂希的连体式冬季飞行服。眼见油压急剧下降，哈尔蒂希只好抛下糊满滑油的座舱盖跳伞逃生。着陆后第一个映入眼帘的是同伴的尸体，鲜血从头部汩汩涌出，浸染在身下的降落伞，触目惊心。此时哈尔蒂希还不知道震惊全美的马尔梅迪屠杀事件：几天前武装党卫军在马尔梅迪残忍枪杀80多名美军战俘，激发美军上下的仇恨。赫尔曼·格拉德下士被连累成为报复对象，他被地面士兵近距离开枪射杀。哈尔蒂希正巧没佩戴任何徽章，靠着一口蹩脚的荷兰语装傻才从指向自己的枪口下捡回一条命，他被押送到战地指挥所后才敢出示飞行员证件，然后在一个由比利时抵抗组织严密看管的猪圈度过了被俘后的第一个晚上。

汉斯·库克拉下士是第4中队另一个小队长机，他回忆道：

> 很遗憾，我知之甚少，当时我正在3000米左右与敌机陷入盘旋格斗，我进入螺旋躲避子弹，在500米高度改出时，一架“野马”正在前方右转，我当即占领射击位置开了火，但失手了，它继续右转着向上爬升，我追上去，但因速度远不如它，被甩掉了。

美军第376战斗机中队此役收获了6个战果，无一损失，JG 26实际损失5架Fw 190D-9，飞行员3人阵亡2人被俘，宣称击落2架P-51，生还飞行员返航后传达出最深的感受是“野马”的速度和加速度胜过没有喷射助力系统的Fw 190D-9。

第4中队陷入无人可用的困境，中队长芬泽少尉几天前不小心驾车撞树，因伤下了火线，仅剩的军官哈尔蒂希如今也被俘，充其量只有12次战斗经验的库克拉下士竟然成为队

阿登战役中，美军第354战斗机大队的詹姆斯·达格利什（James Dalglish）少校击落1架德国战斗机后拍到飞行员弃机跳伞的一幕，作为美军首个P-51大队，第354战斗机大队虽然在第九航空队执行了大量对地攻击任务，依然创下超过680架的辉煌空战纪录。

内资历最深的飞行员，于是接下来一段时间里受命带队指挥，27日14:00第1中队和由库克拉带领的第4中队共11架Fw 190D-9飞往巴斯托涅，但一事无成，最后因各种原因降落在四处机场。

五、绿心之血

和零星的战术任务相比，25日对JG 26更重大的事件是“绿心”联队第三大队（Ⅲ./JG 54）再次划归联队指挥，这个大队曾在诺曼底战场创下过骄人的100架空战战绩，也付出了巨大的伤亡，8月底撤回奥尔登堡休整并换装Fw 190D-9。10月到11月，第9中队和第12中队分别驻黑瑟珀（Hesepe）机场和阿赫默（Achmer）机场，负责保护诺沃特尼特遣队[①]的Me 262喷气式战斗机起降。阿登反击战打响时，Ⅲ./JG 54大队作为预备队留在奥尔登堡（Oldenburg），25日正式参战。接下来两天大队陆续转移到距离菲尔斯滕奥东北50公里的法勒尔布施（Varrelbusch），满编有68架飞机。

24岁的大队长罗伯特·魏斯（Robert Weiß）上尉在JG 26最志得意满的海峡时光属于第6中队。1942年9月转到JG 54后战绩扶摇直上，迄今共宣称击落120架敌机。他用诺曼底战场取得的18架战绩证明了自己回到西线同样出色。9月28日，Fw 190D-9在他手上诞生了首个战果：皇家空军541中队的喷火侦察机。和魏斯相似，威廉·菲利普（Wilhelm Philipp）军士长早在1939年10月就加入JG 26第二大队，1942年转到JG 54联队，共击落81架敌机。除了上述两位骑士十字勋章获得者，第10中队指挥官彼得·克伦普少尉、第11中队的汉斯·普拉格尔少尉均是从JG 26联队走出来的故人，而大部分飞行员是诺曼底战役之后从航校招募的新手，受秋冬恶劣天气和新机型换装进度滞后影响，这批新手的训练乏善可陈。

27日，Ⅲ./JG 54大队迎来首战，任务比较轻松：前往明斯特汉多夫机场保护第76轰炸机联队第9中队（9./KG 76）的Ar 234喷气式轰炸机返航，完成任务后进行复习飞行。12:05，大队全体出动，大队指挥部小队领头，第9、11、12中队跟进，自右向左错落排开，飞行高度从2000米到2500米，彼得·克伦普少尉率领第10

① 德国空军第一支Me 262战斗机部队，指挥官是拥有258个空战战绩的瓦尔特·诺沃特尼少校，后来改编为第7战斗机联队第三大队。

JG 54第三大队大队长罗伯特·魏斯。奥地利人，1942年在JG 26第6中队共击落3架“喷火”。1943年转到JG 54后获得骑士十字勋章。1944年9月28日，魏斯击落皇家空军第541中队的喷火，创下了Fw 190D-9首个空战战绩。作为大队长，魏斯平易近人，深得人心。

中队掩护在上方500米。这60架Fw 190D-9顺利到达目标区保持盘旋，12:41，从阿登前线返航的Ar 234陆续进场着陆，12:50地面控制中心通知大队长魏斯：敌机在你们上方，高度3000米。

魏斯闻讯率队自西南方向180度调头，经验丰富的克伦普立即意识到自己的中队陷入敌暗我明的险境，他发出警告：“敌机躲在阳光里，听我命令，向左调转航向，不要掉队”，但他担心的事还是发生了，两个新手在转弯时掉队，被从高空背对阳光扑下来的暴风战斗机利落地解决掉。克伦普急转弯反咬住他的小队身后1架敌机，迫使对方飞行员跳伞，他继续俯冲，为另一个手下解了围，经过一番简短的追逐，宣称再下一城，却无法挽救第10中队溃不成军的下场：共4架Fw 190D-9被摧毁，1架被击伤，飞行员2死2伤。此外，第12中队1人阵亡，1人宣称击落敌机。克伦普后来沮丧地总结道：

结果就是，8架“暴风”将60架德国新式战机杀了个措手不及，以2架的损失，击落了我们5架飞机，我降落后发现自己竟然是唯一开火还击的人，魏斯上尉的无线电一片嘈杂，所以没能联系上我们。

Ⅲ./JG 54大队总损失完全符合新西兰空军第486中队的宣称战绩：击落4架Fw 190、击伤1架“Bf 109”，第486中队唯一的损失哈尔中尉被击落阵亡前可能击伤了1架敌机，和哈尔同属高空掩护小队的杰克·斯塔福德少尉后来回忆道：

空中缠斗中我被一架德国战斗机咬尾，我们近在咫尺，我能看到他风挡后面的脸，我们反复盘旋转向，他的射击偏转角始终不够，但仍然开了几枪，还险些失速。我只能不停地转弯，否则必然被干掉，就这样纠缠了很久。长时间低速导致发动机散热不畅，冷却液过热而溢出，在机尾喷出白雾，风挡也被滑油糊住，待我清理了风挡恢复视线，德机消失了。然而不到一分钟就听到哈尔的呼叫，说他完蛋了。克伦普说他是唯一开火的德国飞行员，那么当时应该就是他死咬住我，他一定再次开火后看到冒出的白烟就认为得手了。

也许克伦普为了解救队友，停止了对斯塔福德的追击，继而击落了哈尔中尉。需要指出的是，8架“暴风”大败60架“多拉”这一表述并不准确，除了第10中队和第12中队少数几个飞行员，Ⅲ./JG 54大部队没有介入这场战斗，而是全神贯注于护航任务，9./KG 76中队的8架Ar 234在13点前全部降落，只有1架因敌机活动实施了紧急迫降，没有人员伤亡。为此9./KG 76中队正式向JG 54致谢，从前者的角度出发，这次护航确实取得了成功。

Ⅲ./JG 54真正的厄运发生在12月29日，上午大队被派往奥斯纳布吕克、明斯特和赖讷一带巡逻，阻击在那里肆虐的敌军战斗轰炸机，任务本身很

JG 54第9中队的弗里茨·翁加尔上士与中队宠物兼吉祥物Struppi，照片给后人留下了近距离观察Fw 190D-9驾驶舱和引擎罩的影像资料。1944年10月第9中队奉命驻黑瑟珀机场保卫诺沃特尼特遣队的Me 262喷气式战斗机起降，当月15日这架“白色2”号Fw 190D-9在机场上空被美军第78战斗机大队的P-47击毁，飞行员平安跳伞。

寻常，但第3战斗机师要求以中队为单位逐次出击，飞行高度指定在2000米，远低于“暴风”“喷火”巡逻高度。师部需要通过这次任务练习使用FuG 16ZY无线电地面指挥，但对Ⅲ./JG 54而言意味着从兵力到高度全面居于劣势，罗伯特·魏斯大队长心知肚明却无能为力，身为此次任务指挥官的他甚至没有空中指挥权。

第10中队在27日伤及元气，被排除出了此次任务。10:15，Ⅲ./JG 54大队指挥部和第11中队大约20架飞机按照地面引导向南飞往明斯特。半个小时后，透过下方沉沉阴霾，皇家空军的圆环徽标若隐若现，魏斯率队俯冲发动攻击。正在武装侦察的皇家空军第168中队从德机的首轮突袭中反应过来，坚决予以回击，皇家空军第439中队随后也加入混战。按照英国飞行员描述，一度出现7架“台风”围攻1架Fw 190和10架Fw 190围攻2架“台风”的局面，混乱和激烈可见一斑。短短10分钟，1架“台风”和3架“多拉”带着飞行员坠入万劫不复，另两名“台风”飞行员被俘。11./JG 54中队的弗里茨·翁加尔（Fritz Ungar）上士、威廉·菲利普军士长和赖（Rey）下士分别宣称歼敌1架，翁加尔的作战报告写道：

我从俯冲改出，回到200米左右，天色有些昏暗，空中能见度5到10公里，一条铁路线横在下方，火车一动不动，人群涌出车厢，穿过草地奔向树林，千疮百孔的车头喷出一道道蒸汽——我突然醒悟过来，它遇到战斗轰炸机袭击，乘客正四散逃命。

通过敌机发动机前端下方巨大的散热器鼓包，我认出那是“台风”，我瞄准它打出长射，偏转角很大但是我幸运地命中了，它立即燃烧着向后翻转，几秒钟后坠向地面。

经此一战，11./JG 54中队七零八落。翁加尔孤身一人，大约10:50加入两架低空飞行的友机，这个三机小队不久又多了一名同伴，翁加尔只认出大队长。4架Fw 190向北飞到赖讷附近，后方追来三架敌机。在德国飞行员紧张的监视下，“喷火”追至200米距离露出真容，最左边那架朝翁加尔正后方右转，三架Fw 190立即向右转弯，翁加尔却意识到跟上去无疑往那架转弯的“喷火”枪口撞，于是加速直飞，如愿甩掉了追击者。

作为屈指可数几个在Ⅲ./

JG 54大队服役时间超过一年的老兵，翁加尔因为这一刻的选择挣脱了死神，也成为最后见到大队长的生还者。魏斯和他的指挥部两名成员在伦格里希镇（Lengerich）被皇家空军第331中队（挪威中队）全歼。后者12架“喷火”扫荡奥斯纳布吕克至赖讷一带时发现了5架Fw 190，宣称歼灭4架，哈内斯（Haanes）上士包揽2架，剩下2架分属于中队长马丁·格兰（Matin Gran）少校和斯陶兰（Stousland）少尉，然而挪威飞行员也付出了高昂的代价，4人被击落，雷德（Raeder）上尉阵亡，另外3人跳伞①。根据镇上居民的目击，魏斯可能击落雷德后被哈内斯击落。威廉·菲利普军士长也成为“喷火”的牺牲品，因降落伞没有完全打开，他重伤告别战斗生涯。

在法勒尔布施，任务没有任何调整。现在轮到第12中队了。通过指挥室传回的无线电通讯，再经翁加尔等少数几个返航队友之口，中队长汉斯·多滕曼（Hans Dortenmann）中尉心里有数了：明斯特盆地5000米以下空域布满了多个敌机编队。12点他率12架“多拉9”准时起飞，在机场东边结队，朝目标区稳步爬升到5500米，中途第3战斗机师三番五次下令回到规定高度2000米，多滕曼毫不理会。12:45左右，12./JG 54中队来到奥斯纳布吕克以西，先发制人，快速突袭了下方1000米的22架“喷火”，中队长先拔头筹，约阿希姆·施泰因坎普上士宣称连下两城，12./JG 54中队1死1伤，对手加拿大空军第401中队实际只损失1架“喷火”及其飞行员，宣称击落2架Fw 190。

就2:1的交换比而言，12./JG 54中队谈不上胜利，但在如此险恶的内外环境下大体安全返航，避免无谓的伤亡已属难能可贵，中队长多腾曼功不可没，这个有勇有谋有主见的军官在日志中毫不避讳记录了此行和代号为头牌女伶的第3战斗机师地面控制站之间的争吵。

接着轮到我们了，起飞过程中我接连收到自第3战斗机师地面指挥中心的报告：敌人约有12个编队，始于奥斯纳布吕克右边，飞行高度最高大约5000米，于是我决定起飞后先向东边爬升，飞到目标区域5500米。头牌女伶显然知道我的位置，除了一连串关于敌机战斗机编队的报告，不断命令我下降到2000米，我压根没想过，可地面指挥站嚷个不停，我忍无可忍：

“这里是多腾曼，要么报告敌机编队，要么闭嘴。”

“这里是头牌女伶，多腾曼你要……”

“闭嘴，报告敌机。”

“这里是头牌女伶，攻击重型轰炸机……”

“上帝保佑，你能消停吗，你这蠢货，明白？”

“这里是头牌女伶……”

“该死，你再不闭嘴，我就关掉无线电，听懂了吗？”

“这里是头牌女伶，现在是X将军亲自和你说话，下降到2000米，立即攻击重型轰炸机，这是命令，明白吗？”

“这里是多腾曼。明白，驾机的人是我，不是你……啊哈，小心，敌机就在我们下面。”

法勒尔布施乱成一锅粥，指挥室电话响个不停，所有人都为第12中队中队长捏了把汗。终于，10架Fw 190陆续出现在机场上空。多腾曼一降落便接到普里勒的电话，得知第3战斗机师要求军法审判自己。普里勒安抚了年轻气盛的中队长，建议他以低姿态应

① 第331中队跳伞的三人中两人被俘，斯陶兰少尉成功逃回友军阵地。中队4架战绩中第1架和第4架由哈内斯上士创下。

对，次日他又指派多腾曼代理指挥失去魏斯的大队，也许因为普里勒的斡旋，军事审判一事再无下文。

多腾曼有惊无险躲过一劫，但这段风波无疑给9./JG 54中队长造成巨大压力，威利·海尔曼中尉不打算拿军事生涯冒险，第9中队12架飞机13点准时起飞，严格遵照命令一直向南飞到赖讷附近，在目标区埃姆斯兰（Emsland）上空2000到3000米高度巡逻，很快被加拿大空军第411中队杀得溃不成军，完全重蹈11./JG 54中队覆辙，6名飞行员身亡，海尔曼本人驾驶被重创的座机迫降在明斯特汉多夫机场，只有普拉格尔少尉宣称击落1架“喷火”，但没有呈报，第411中队亦无损失，普拉格尔可能击落了英军第56中队的“暴风”①。

1944年12月29日以“Ⅲ./JG 54最黑暗的一天”“Ⅲ./JG 54的黑色星期五”载入史册，大队宣称歼敌6架，却被摧毁了17架飞机，飞行员13人丧生，2人负伤，大部分是新手。他们的生命换来的是什么呢？在明斯特，第二战术航空队全天轰炸几乎不受影响，德方记录这一地区共被炸毁了29列火车，9人死亡，66人负伤。梳理整个事件不难看出，Ⅲ./JG 54大队的悲剧是典型的主帅无能累死三军，德国作家阿克塞尔·乌尔班克（Axel Urbanke）在写到这段历史时尖锐地将责任指向指挥机构：

> 第3战斗机师不但误判战场形势，指派Ⅲ./JG 54分散出击，置每个中队于不利的战术高度，更为不幸的是，发生第一起重大伤亡后，师部不懂变通，固执己见，导致了进一步的损失。最了解手下飞行员能力的是中队长和大队长，他们才能审时度势、临阵应变，但这样的权力被剥夺了，整场战斗中，至少那些选择服从的指挥官只能眼睁睁看着大祸临头。

魏斯被追授了橡树叶饰骑士十字勋章，深受爱戴的大队长之死给部队的打击是致命的，他留下的职位空缺长达两个半月。短短两天就折损三分之一飞行员，大队士气降到冰点。据一些老兵战后所评，经此重创，Ⅲ./JG 54大队再也没能恢复元气。

到12月31日，德军攻势基本停滞，美军从突出部两翼转入反攻。德国空军也为这场战役损兵折将，至少644架战斗

第二战术航空队的“台风”战斗轰炸机攻击地面目标。

① 英军第56中队8架“暴风”先后与JG 54第9中队和JG 27的“将近50架Fw 190D、Bf 109”交火，宣称击落4架，击伤2架，自身损失2架“暴风”，第411中队宣称歼敌8架，其中5架由理查德·约瑟夫·奥代特上尉在10分钟内斩获，为喷火式战斗机创下新记录，1945年1月1日奥代特在荷兰和德国边界先后击落了2架参加底板行动的Fw 190，第一架来自JG 54第12中队，详见下一章。第2架来自JG 6第二大队，两名飞行员均身亡。

机被摧毁，227架被击伤，超过350名战斗机飞行员对战英军第二战术空军和美军第九航空队时阵亡或被俘，另有133人战斗负伤。与此形成鲜明对比的是，盟军从12月17日至27日损失418架作战飞机[①]，只有101架被归为敌机所致，完成投弹33375吨，目标涵盖了城市、石油设施、飞机厂、机场和交通系统以及航空火力支援。

阿登战役中，JG 26以损失21名飞行员的代价宣称击落28架敌机。他们在1944年最后四个月宣称至少取得134架空战战绩，飞行员75人战斗阵亡，7人事故身亡，7人被俘，至少78人负伤。同时期德国空军在西线共损失了1000多架战斗机。干瘪的数据和联队现况被抛诸脑后，在清晰的形势面前，除了个别懵懂天真、初出茅庐的毛头小子，第26战斗机联队无人对胜利抱有幻想，一线飞行员还能放在心上的止于大队，比起部队荣誉成败，他们更关心自己的、中队战友的、后方家人的命运。但他们必须继续战斗下去，从军队到民众，德国人普遍指望着至少同英美盟军单独媾和，实现西线停战，成功守住齐格菲防线后他们希望犹存。新年伊始，JG 26即将和西线其余联队一起，迎来德国战斗机部队的最终命运——底板行动。

① 这418架总损失中，重型轰炸机119架（美军第八航空队72架、英军轰炸机司令部47架）；中型轰炸机46架（美军第九航空队45架，英军第二战术航空队1架），战斗机253架（第八航空队52架、第九航空队147架，第二战术航空队54架）。参见To Win the Winter Sky : The Air War Over the Ardennes，1944-1945。

第十三章 “底板”的绝唱

1945年1月1日

一、箭在弦上

1944年12月31日，JG 26三个大队以及Ⅲ./JG 54大队在上午各执行了一次常规战术任务：猎杀盟军战斗轰炸机，支援地面部队撤退。只有Ⅲ./JG 54发生交战：第10中队在林堡（Limburg）遭到护航的美军第352战斗机大队攻击，一名飞行员跳伞受伤。但由于护航机被支走，9架势单力薄的B-24轰炸机被Ⅲ./JG 54大队其余中队发现，这样的机会在1944年底千载难逢，多腾曼中尉一再请求发动攻击，第3战斗机师不为所动，坚持返航。经历过两天前的争执，这位代理大队长这次选择了服从。只有少数出征队员午后顺利回到基地，大部队临时降落在阿赫默[①]加油，不久诧异地得到通知：立即飞往菲尔斯滕奥。

在菲尔斯滕奥，Ⅰ./JG 26大队一颗心全扑在除夕庆典上，全然不知联队指挥室气氛凝重，普里勒眉头紧蹙，14:35一纸密令传达到他手中，上面寥寥二字：“瓦鲁斯-条顿”[②]——“瓦鲁斯”指将在24小时内发动底板行动（Bodenplatte），“条顿”意为告知飞行员并全力保证所有可用战机准备到位。

普里勒和他手下三位大队长对“底板”并不陌生，早在上个月月初他们在阿尔滕基兴（Altenkirchen）的第二战斗机军会议上就知晓了行动计划并一起讨论过细节：德国空军将孤注一掷，投入重兵偷袭比利时、荷兰、法国东南部的16处盟军机场，以期在地面重创第二战术航空队和第九航空队。德军为此投入了约1446架战斗机，其中986架在行动开始前夕可用，规模创1940年以来西线单次作战之最。当时普里勒尚不知晓陆军的“守望莱茵”计划，现在真相大白，“底板”是为确保阿登反击战的空中优势而发动的空袭，本该随地面行动同时展开，但受恶劣天气所限一再推迟。普里勒原以为就此不了了之，如今突然得知计划即将正式实施，既出乎意料，又令他心生不安。阿登的地面攻势完全被遏制，大举进攻敌军机场失去意义。过去两周空军更是元气大伤，这个时间点远非明智之选。然而以佩尔茨少将为代表的指挥决策层有他们的理由：既然无法在空中消灭敌人，那么就以偷袭的方式将敌人有生力量摧毁

① 阿赫默：Achmer，当时驻有第27战斗机联队第四大队。

② 这是记录在第一大队作战日志上的时间和内容，第二和第三大队应该在大致同一时间收到相同的密令。

在地面。盟军在元旦必然还沉浸于欢庆新年的节日气氛，疏于警戒，更有利于出其不意、攻其不备。

嘴角扯动一丝苦笑，普里勒几乎一眼看穿行动的风险和收益实难匹配，只是军令如山，眼下他所要做的就是宣布除夕庆祝活动延期，再召集博里斯、哈克尔、克鲁平斯基开短会。他们没有过多讨论明天的攻击目标，埃韦勒和赫林贝亨机场都在布鲁塞尔附近，四个月前他们从法国撤退时还短暂驻留过，航线和目标识别不是问题。JG 26将以西南航向途经须德海（荷兰艾瑟尔湖）南端、鹿特丹，南下进入布鲁塞尔。任务完成后向东北方向直线返航。因航程遥远，飞机需携带300升副油箱，无法加挂

1945年 1月1日，普里勒正式晋升上校，底板行动是他第307次也是最后一次出战。

指挥官们彻夜研究“底板”行动方案。

炸弹，届时除了枪炮扫射，只能大量使用燃烧弹，为此军械士正忙着重新装弹。作战简令也另辟蹊径，每个飞行员会得到一张标注了每个检查地标、转弯点和目标的地图卡片，还可以在上面自行添加细节和注意事项。只要身体条件良好，不管有无经验，飞行员全体出动，连禁飞和禁闭期的人也被解除了处分，次日正式晋升上校的普里勒也将亲自披挂上阵，而他上一次升空作战已经要追溯到去年10月12日了。

任务以大队为单位，到达目标前严格保持无线电静默，飞机上的FuG 25敌我识别系统都被拆除。第6夜间战斗机联队第二大队的6架Ju 88及其机组成员提前多日已进驻联队三处机场，每个大队将得到2架Ju 88领航，保持密集编队，低空飞越盟军防线。德国西部所有应急机场都做好了准备，为遭遇不测的飞机提供服务。此外，返航段各检查地标点和前线都会打出烟雾弹和“金雨”照明弹加以指引。整个行动计划看上去确实周到靠谱。三位久经沙场的大队长摩拳擦掌离开了指挥室。

二、JG 26第一大队和JG 54第三大队攻击赫林贝亨机场

同战争期间大部分时间一样，第一大队和联队指挥部共驻一个基地，因此卡尔·博里斯少校最早回到他的指挥部，他的飞行员齐聚于住宿区汉德鲁普修道院，下午四点，天色几近漆黑，最后一缕日光消失前，Ⅲ./JG 54的20架Fw190D-9陆续着陆，目送着战机接受地勤人员的维护，“绿心”飞行员走进修道院加入Ⅰ./JG 26大队[①]。两个大队将在普里勒带领下共同对布鲁塞尔的赫林贝

① 施泰因坎普上士等3名Ⅲ./JG 54飞行员当天夜晚被卡车从法勒尔布施接到菲尔斯滕奥，错过任务布置会的他们由中队长和队友们传达了第二天的任务，他们的飞机也由Ⅰ./JG 26提供。底板行动中Ⅰ./JG 26共“借给”Ⅲ./JG 54五架Fw 190D-9。

亨机场展开攻击。空中侦察和情报显示，那里驻扎有皇家空军第132联队，机场停满了4个中队的“喷火”。德国人自是寄予厚望，势在必得，以至于连次要目标都没有考虑，他们哪里知道，第132联队几天前转移到荷兰翁斯德雷赫特。如今赫林贝亨机场属于非作战机场，只留有几个装备布伦机枪的附属小队守卫。

博里斯少校走进会议室，站立于机场沙盘模型前直奔主题，语调平静、神色肃穆。虽没有铿锵澎湃的动员，但事实证明和底板行动大部分指挥官相比，他布置得极尽周到。起飞时间定在8:15，到达目标前禁止主动挑起空战，飞越敌区时不建议发射识别信号，让盟军误以为这支部队正朝德国返航。计划对目标机场展开多轮攻击，打击重点是地面飞机，博里斯指定克伦普的10./JG 54中队两个小队压制机场防空火力。飞行员严格禁酒，22点前就寝，保证养精蓄锐。

按照惯例，每位飞行员会有指定的编队位置和任务，此时第4中队还有13架Fw 190D-9，规模可观，但作为队内唯一的军官，中队长弗拉迪米尔·泽芬少尉因伤无法出战，汉斯·库克拉下士被列为带队长机，他自觉难堪重任，鼓足勇气提出异议，博里斯同意撤回任命，另择第3中队的埃里希·施瓦茨军士长指挥第4中队。

深夜，底板行动的最后一道指令也下达：赫尔曼任务1.1.45，时间9:20——德军将于1月1日德国时间9:20对目标机场同时发动攻击。各部队自行推算起飞时间。

4:30，晨号响起，指挥官们更是早到3点就起床。9./JG 54中队长威利·海尔曼中尉的回忆录提到，Ⅲ./JG 54同Ⅰ./JG 26大队指挥部以及第1中队一起，享用了肉饼、烤牛肉、葡萄酒，餐后还有可口的甜点和香浓的咖啡。相对于其他兵种，飞行员的待遇已经相当优裕，但这顿早餐仍然豪华得令人目瞪口呆，以至于敏感者开始产生不祥的联想。

餐后，1:500000的地图发放到飞行员手中，航线被红笔勾画出，仅始于第一个转向点斯帕肯堡（Spakenburg，荷兰），避免地图落入盟军之手而基地暴露。搭车前往机场前，博里斯举行了最后一次简令，严格保持无线电静默和密集编队依然是强调重点。天气预报显示今天晴好，风向西南，风力轻风，气温零下五摄氏度。最后，救生衣发放下来。简令没有提及如果不幸落到敌军防区该如何应对，但显然除了第一时间投降不作他想，这身行头完全无法保证严寒环境下的生存，有的JG 54飞行员甚至没有领到救生衣。

6点半跑道地灯已亮起，一架架飞机静静停在起飞点，天寒地冻中有不少发动机必须靠地勤的人工紧急启动。8:13两架Ju 88领航机升空，在联队长带领下，共有64架Fw 190从菲尔斯滕奥升空，至少有2名飞行员来自第1战机转运联队第4中队[①]，他们昨日将3架全新的Fw 190D-9从工厂运到菲尔斯滕奥，并随队参加行动。各作战单位按起飞顺序如下页表格所示。

其中由于没有自己的地勤，Ⅲ./JG 54的维护颇费了一番周折，晚到8:30起飞。螺旋桨将地面的积雪扬起10到15米高，最困难时飞行员眼前唯有白茫茫一片，尽管如此，大部分飞机顺利升空并结队，下降到300米，飞向须德海。普里勒带队，博里斯少校紧随其后，后面依次是第3、第2、第1、第4中队和Ⅲ./JG 54大队。

---

① 4./ Flugzeugüberführungsgeschwader。

JG 26 联队指挥部	1 Fw 190D-9	普里勒上校
Ⅰ./JG 26 大队指挥部	1 Fw 190D-9	卡尔·博里斯少校
第 3 中队	12 Fw 190D-9	阿尔弗雷德·黑克曼中尉
第 2 中队	12 Fw 190D-9	弗朗茨·昆茨中尉
第 1 中队	10 Fw 190D-9	约尔格·基夫纳少尉
第 4 中队	11 Fw 190D-9	埃里希·施瓦茨军士长(代理)
Ⅲ./JG 54 大队	17 Fw 190D-9*	汉斯·多腾曼中尉(代理)

*其中 5 架属于Ⅰ./JG 26

克伦普少尉的10./JG 54中队两个四机小队飞在最后，带领二号小队的特奥·尼贝尔少尉因起落架故障，落到最后起飞，好不容易才追上了大部队。

两个大队总共64架飞机起初按计划排成3个宽广的V形编队，但在地表晨雾中难以维持，逐渐以横向排开的四机小队为单位，前后跟进，形成一列长长的纵队。飞行员耳边只有Jumo 213发动机的轰鸣，驾驶舱寂静得令人很不习惯，但望向舱外，蓝天清澄明净，机群浩浩荡荡，旭日在机身洒下粲然光华。很多年轻飞行员头一遭见证如此恢弘的一幕，紧张平复下来，取而代之的是豪情壮志，他们的敌人必定仍沉浸在新年喜庆中，他们倾其所有，攻其不备，没有理由会失败。对老飞行员而言，这天也成为他们最后一次目睹大型编队出击。

8:42，编队到达须德海，转向西南方的鹿特丹，天真的幻想被德军高射炮打破了。部署有V-2导弹发射场的海牙防空炮密度堪称欧洲之最，偏偏大部分底板行动部队的航线都穿越了这片空域，即使飞行员对于被自家防空炮招待早已司空见惯，甚至有人后来回忆说战前简令就提到可能会有误击事件，但这回火力之密集、猛烈还是远超预期，许多人无处规避，只能硬着头皮做桶滚穿越弹幕继续向前，17架Fw 190遭殃或遇到机械故障，其中14架带着轻伤退出任务，普里勒可能因为迷航也脱离了大部队，接下来的行动实际由博里斯少校带领。

第2中队中队长昆茨中尉最为严重，被高射炮击中的他弃机跳伞，身负重伤，在豪达（Gouda）一家私人诊所得到救治。鹿特丹上空，9./JG 54中队的格哈德·克罗尔下士因同样的原因以机腹紧急迫降，他艰难挣脱起火的驾驶舱，跳入河里，却发现水面结着厚厚的冰层，改用飞行靴才成功扑灭飞行服上的火焰。火势引爆了弹药，飞机被付之一炬。克罗尔被德军救护车送进鹿特丹的海军医院简单治疗了两周。

47架躲过友军高炮的Fw 190继续南下，飞到瓦尔河和马斯河三角洲，接近两军交战阵线，Ju 88退出领航，JG 54两架飞机被盟军地面炮火击中，其中一架的飞行员设法迫降回荷兰特文特的Ⅰ./JG 1大队机场，后来得到修复。另一架副油箱起火，周围同伴受制于无线电静默，叫喊和手势都是徒劳。在惊恐的目光环视中，火势却奇迹般地慢慢自动熄灭了，甚至没有伤及飞机，这个命大的飞行员从头到尾一无所知，还参加完作战任务。他后来获得二级铁十字勋章，理由是“在极度危机时刻展示出了勇气和无可动摇的镇定”。

从斯海尔德河到比利时边境，前后又有5架Fw 190折损于盟军舰船和地面防空火力：

第3中队中队长黑克曼中尉支撑着返回菲尔斯滕奥，他的僚机迫降后被俘，和这名僚机同病相怜的还有12./JG 54中队的施泰因坎普上士，JG 54另有两人身亡①。进入比利时后，一队“喷火”从上方迎面飞来，转了个弯又飞走了，令博里斯暗自庆幸，但皇家空军第308中队（波兰中队）这12架自清晨轰炸任务返航的“喷火”接到地面警报后在安特卫普附近攻击了队尾的Ⅲ./JG 54。受到攻击的德国飞行员无法呼叫支援，只能独自应战。11./JG 54中队长威利·博特伦德（Willi Bottländer）上尉及其僚机俯冲规避，可能因地雾错判高度没能拉起改出，双双机毁人亡。2./JG 26中队的海因茨·舒尔茨下士被击落身亡，之前他可能因掉队而加入JG 54编队。9./JG 54中队的保罗·德鲁齐曼上士跳伞生还，被从冰冻的河水中救上岸后沦为俘虏。

第1中队1名飞行员没有找到赫林贝亨，后来加入了JG 26第二和第三大队对埃韦勒机场的攻击。9:20，约35到37架Fw 190平安到达布鲁塞尔，由博里斯带领朝着赫林贝亨爬升到200至300米。旭日照耀下，彼得·克伦普发现前方机群向西偏航，即将飞离目标，当机立断率领10./JG 54中队朝机场左转并俯冲下去，打响了对赫林贝亨机场的第一枪，时间是9:22。他先扫射了一架停在南角落的兰开斯特轰炸机，随后愕然发现机场空空如也，起飞区用白线画出硕大的斜十字，这是国际通用的非作战机场标识。

与此同时，偏航的I./JG 26大队及时纠正错误，从西南方向冲进赫林贝亨，结果只找到4架B-17轰炸机、1架野马战斗机、1架双引擎飞机，飞行员们除了将错就错别无选择，将满心的震惊、失望和悲愤连同炮弹一起倾泻在寥寥几架飞机和卡车、施工设备、机棚和营房等一切能找到的地面目标上。这里没有重型武器，但也绝非任君出入，守卫机场的英军士兵开始用布伦轻机枪回击。前后共3架Fw 190D-9被地面炮火击伤（2架来自JG 26，1架来自JG 54），飞行员均被俘。4./JG 26中队首次参战的卡尔－海因茨·哈特曼上士跳伞前拉起飞机，螺旋桨打坏了上方长机的方向舵，奥森科普少尉急忙减速、放下襟翼，挣扎着向东飞回特文特机场迫降，地勤检查发现飞机整块方向舵和水平尾翼右半边都没了，向幸运的奥森科普道贺并确认了他遇到撞机。次日奥森科普驾驶连夜修好的座机回到菲尔斯滕奥，当他得知僚机被俘，善意地隐瞒了座机受损的真相。

10./JG 54中队的特奥·尼贝尔少尉后来回忆说：

> 我的小队此次任务是压制赫林贝亨机场的高射炮②，总共进行了三次攻击，对方猛烈回击，第三次攻击后我拉起飞机，发动机停车了，怀疑是被高射炮击中，身处100米高，我必须当机立断接下来跳伞还是迫降，但随着快速下降，我唯有以机腹迫降在农房旁边一块新开垦出的空地上，结果非常成功。

尼贝尔的迫降确实非常漂亮，以至于他的“黑色12”号成为首架完整落入盟军手中的Fw 190D-9，供皇家空军里里外外研究了一遍。不过把尼贝

① JG 54第12中队的阿洛伊斯·范霍芬（Alois Van Hooven）下士在斯海尔德河口被舰载防空炮击中，他用无线电向中队长汇报后退出任务，飞到在荷德边境的哈克斯贝亨（Haaksbergen）时被加拿大空军第411中队一架落单的“喷火”击落身亡，对方飞行员是前文提到的理查德·奥代特上尉。范霍芬的“蓝色17”号Fw 190D-9于9:50坠毁，地点距离德国边界只有100米。

② 此处不符合JG 26第一大队日志记载的“机场无高射炮”。

尼贝尔迫降的“黑色12”号是第一架完整落入盟军之手的Fw 190D-9，它很快被带回英国法恩伯勒的皇家飞机研究院供盟军研究，由此有了这组珍贵的照片。

尔送进战俘营的实际是一只鹧鸪，他的散热器被撞出数英寸大的洞，他因此还在战俘营被戏称为“鹧鸪猎人”。另一方面，从这种鸟类不超过10米的飞行高度也能看出德国飞行员扫射时低到何种程度。

11./JG 54中队的京特·埃格利上士在机场低空跳伞，他始终深信被地面炮火打中，43年后才从前战友处得知自己的战斗生涯终结于“喷火”（可能来自附近埃韦勒机场的皇家空军第403中队）枪下，他最后的记忆如下：

我不知道自己是怎么被击落的，反正驾驶舱突然起火，滑油和黑烟令眼前模糊一片，我爬升后抛下座舱盖，跃出飞机，稍后拉开降落伞，看到它撑开，悬着的心终于放下，与此同时，颠簸的气流将我掀了个四脚朝天，这时才听见交火声，我朝着一座土堆着陆并跳进那里的战壕，只是白色降落伞摊在地面，一目了然。一架飞机朝这边飞来，压下机鼻，摇晃机翼后飞走了，四周重归寂静，这就是我被俘前最后的印象……波兰师士兵逮捕了我，一个少校用德语询问了几句后将我带到一座兵营，在那里我一丝不挂接受搜身，几个小时后开始审讯，我赤条条在零摄氏度环境下站了大约20个小时，他们终于还回了飞行服。

也许出于怨气，也许出于自保，埃格利将自己曾经呆过的作战训练部队JG 104联队谎报为现役部队，称自己作为三名志愿者之一参加了此次作战行动。这个小谎言不仅骗过了当时的审讯人员，也误导英德两国战后整整一代空战史研究

“黑色12”号的13毫米MG 131机枪。

驾驶舱仪表盘，左脚蹬上方的仪表盘上是MW 50助力系统开关（用黑星标识出），不过这架190D-9的技术概要上完全没提到MW 50。

Ju 213发动机的油箱、L形冷却水箱，照片中还能看到早期生产的Fw 190D-9所采用的五片式机枪罩以及排气管。

者，自埃格利的审讯记录解密后，莫须有的JG 104联队就频现于英国历史学家对底板行动的诸多研究著作，后来一些德国学者也广为引用。

布伦轻机枪火力毕竟有限，德机不紧不慢对赫林贝亨机场来回进行了7到10轮扫射，声称全歼了地面4架B-17、1架双引擎飞机和1架"野马"，最后赶到的4./JG 26中队10架Fw 190草草对机库打了几枪后也撤退了。根据英军记录，赫林贝亨在9:37归于平寂，时间恰好持续15分钟。除了飞机，还有12辆卡车、2辆油罐车和2座机库在德机的炮火下付之一炬，多个机库被严重破坏，一处防空炮区瘫痪，士兵两死两伤。

"以编队返航"已经无从谈起，德机只能以小队甚至单机低空向北原路折返，沿途临时组队，附近还有JG 26另外两个大队以及IV./JG 54大队、JG 27联队和JG 77联队，大部分飞行员不认识飞在一起的友机，返航过程有多七零八落，克伦普的经历可见一斑：

为安全起见，飞行员撤离赫林贝亨后结伴而行。机群逐渐壮大，朝东北方返航，但有几架飞向西北，我立即意识到不妙，便独自追上去。起初用无线电让他们修正航线，朝东北方飞，不要朝斯海尔德河河口，两次呼叫不见任何效果，于是我飞向上方摇晃机翼示意"你们的航线错了，应该朝东北方向，快跟上这架晃动机翼的飞机"，对方依然毫无反应，我再次重复也白搭，于是放弃了，我看见他们在海岸附近被密集的防空炮招待了一顿。接下来我独自以东北航向飞了一段时间，遇到了另一支部队的Fw 190，垂尾和方向舵破破烂烂，降落在特文特后认出是博里斯少校。

JG 26和JG 54返航段继续损失了6架飞机和4名飞行员，主要为盟军防空火力所致：1架在安特卫普东南被轻机枪击落，1架迷航到瓦尔赫伦岛遇到高射炮，1架偏航到JG 3的攻击目标艾恩德霍芬机场，同样被高射炮击落，1架被盟军高射炮击中后迫降在荷兰阿尔梅罗（Almelo），这些飞行员大都只有三五次参战经验，唯一的老飞行员是曾在登陆日担任僚机随普里勒扫射宝剑海滩的海因茨·沃达奇克下士，他飞回了德军防线内，坠毁在荷兰兹沃勒以南约12公里一个叫韦厄（Wijhe）的村庄。原因不明，有材料显示坠毁时间为9:53，那么他很可能因为被高射炮击伤而提前返航。

除了克伦普和博里斯迫降在特文特，12./JG 54中队的多腾曼中尉、迈克斯纳准尉和4./JG 26中队的7名飞行员耗尽燃油，分别降落在基希黑伦和夸肯布吕克（Quakenbrück）。截至11:27，大部分参加此次行动的飞机回到菲尔斯滕奥。撰写任务报告时，普里勒的心情想必是愤恨而沉重的，清晨起飞的64架飞机至少有21架被毁，2架被击伤，至少8架轻度损伤，17名飞行员未能返航，其中7人被俘，另有3人负伤，以赫林贝亨微不足道的军事价值而言，这样的代价太高昂了。殿后的Ⅲ./JG 54大队失血更重:17名飞行员中4人阵亡或失踪、5人被俘、1人负伤，损失率过半。

第1中队是唯一全体返航的中队，却连中队长基夫纳少尉也忍不住潸然泪下：

那是我人生最悲伤的一天，清晨从菲尔斯滕奥起飞的76架飞机[①]，包括我在内，一起返航的不过12架。桌上已备好佳酿和美食，我却哭出来，23岁的我陷入了彻底的绝望。令我开心的是弗雷德·黑克曼回来了，出发时我们并排而飞，他的副油箱被防空炮打中

第4中队海因茨·沃达奇克下士，因在诺曼底登陆日随普里勒扫射宝剑滩头而留名。他也未能在底板行动中返航。关于他当天的身份，一说是依旧担任普里勒的僚机，但更可能是随第4中队参战。

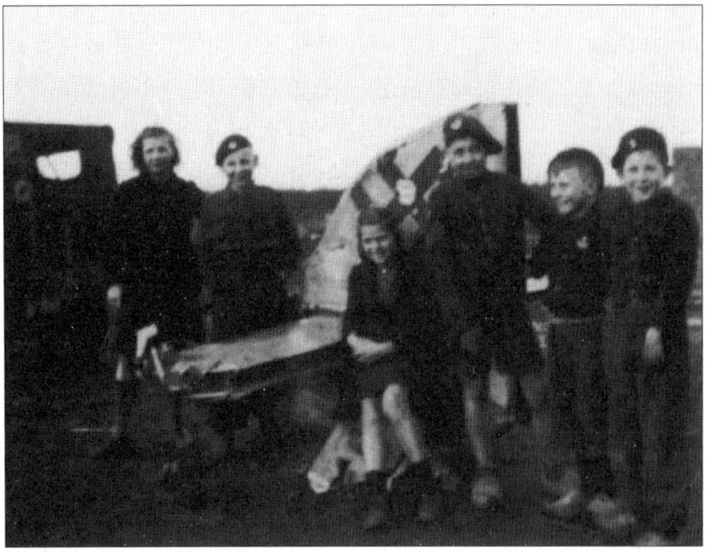

荷兰艾恩德霍恩西北，孩子们好奇地围在一架Fw 190D-9残骸前，此前只执行过一次任务的JG 26第2中队飞行员威利·叙多（Willy Sydow）下士偏航到艾恩德霍芬后被盟军高射炮击落身亡。

① 此处记忆有误。

起火，幸好被他甩掉了。

三、JG 26第二大队攻击埃韦勒机场

12月31日，第二大队上午完成了两次作战任务，所有飞机平安返航，午后一切飞行被停止。当天大队上报共有32架Fw 190D-9和41名飞行员可出战。

下午3点左右，大队长哈尔克少校从联队指挥部回到诺德霍恩，通过四位中队长将明天的任务传达到了全队，傍晚，飞行员被要求禁酒，打包好长途飞行所需的装备，22点前睡觉，具体任务要到第二天凌晨发布。因为飞行员都住在镇上民宅，缺乏监管，所谓禁酒全靠自觉。新兵乖乖服从命令，早早歇息，老江湖们不以为然，海因茨·戈曼上士后来回忆说他和霍夫曼中尉、舒尔维茨少尉、福格特中尉及迈尔少尉等人溜到一家小酒馆庆祝了新年。

19岁的维尔纳·莫尔格二等兵在第8中队年纪最小，不知怎地成了一种类似吉祥物的存在，指派到手上的总是渡运、试飞这等杂务，霍夫曼中尉希望他能借此积累下足够的飞行经验和技能。12月31日上午他又奉命将一架Fw 190D-9从赖恩塞伦的补给站开回诺德霍恩。听闻明天全体出动，莫尔格自信满满。对于这段终生难忘的战斗经历，他全程留心观察着周遭一切风吹草动，并加以详细记录，以下出自他的回忆：

飞行员都住在诺德霍恩镇上的居民家中，禁酒靠自律，不过大多数都遵守了规定，我们收拾装备以便明天一早拎包就走，都猜出这次任务非比寻常，但到底是什么则无人知晓。我的宿舍是一位校长遗孀的房子，收拾妥当后，22点准时入睡。

次日凌晨5:00，勤务兵挨家挨户按响门铃叫醒我们，6点在镇上贝尔宁饭店的飞行员食堂用餐，半个小时后摆渡大巴将我们接到克劳斯海德机场，“气象蛙”在车上例行通报了今天天气：天空晴好，微风，风向西南，气温零下5摄氏度。

路过飞行场地，眼前出现壮观的一幕：四个中队50架飞机由地勤停妥于此，仿佛正接受检阅一般围着场地一字排开，在将逝的月色下熠熠生辉。有几个机械师仍在忙碌，他们通宵达旦的作业保证战机此刻整装待发。

大巴没有像往常那样将我们带到各中队备战室，而是直接开到大队指挥室，三人组军乐队正在里面演奏振奋士气的昂扬音乐，简令上我们得知此次任务和目标“低空攻击布鲁塞尔的埃韦勒机场”，地图标示出了从德国边界到目标的来回航线。

我领到了飞行员生涯第一套单兵救生装备：救生筏、救生衣、应急口粮，此外还有腕带式罗盘、信号枪、兴奋剂药片等等。接下来开始登机，螺旋桨和制动器都已松开，地勤帮我们系好安全带并启动发动机。

8点我们迎着东升的红日起飞，其间没有发生一起事故，只是被飞溅的积雪阻碍了视线，转向时因间距太密而险情不断，雪上加霜的是地面还有4到6英寸厚的积雪。

老油条海因茨·戈曼上士的感受自然和娃娃兵大相径庭：“5点我们和乐队一起来到机场，他们在大队长布置任务间隙演奏，曲目是一成不变的《血红玫瑰》，这种离歌让很多人相信此行恐怕有去无回了。”

8:07，第6夜间战斗机联队第二大队的两架Ju 88 G-6升空，哈克尔少校带着他的指挥部小队紧随其后，后面井然

有序依次跟着福格特的第5中队，霍夫曼的第8中队，格隆茨的第6中队以及拉德纳的第7中队，原计划每个中队12架飞机，有两名第7中队飞行员支援到第8中队。总共有44架到52架第二大队飞机参加了底板行动，其中有相当一部分昨日才由第1战机转运联队从工厂开过来，同样地，至少有1名空运飞行员随队参战。

按照标准编队程序，各中队在机场上空大盘旋一周集结，在50米高度向西进入航线，几架飞机因发动机问题落到最后起飞并掉队。晴空映衬下，几个相同航线的友机编队不时掠过，其中就有队形松散的第一大队，然而战后老兵的回忆中，无人见过第三大队的“梅塞施密特”，就两个大队相同航线同一目标而言，这实在令人费解。

第二大队一路严格遵守着无线电静默，从低空顺利飞到须德海，从须德海经鹿特丹以西再到马斯河和韦尔河三角洲地带，三次陷入德军高射炮火力网，大约损失了1到3架Fw 190，1名飞行员跳伞重伤，2个月后归队，1架Ju 88在三角洲上空被击伤，不得不退出领航，调头飞回诺德霍恩，飞行员洛塔尔·黑梅里希（Lothar Hemmerich）回忆道：

大约20分钟后，高射炮再次开火（后来查出又是自己人），我的右边发动机冒出大量黑烟，多半那里中弹了，我拉高飞机，关油门，顺桨，烟火慢慢熄灭，显然因为切断供油系统灭了火。我脱离编队，留下邦耶单独领航。我靠着另一个发动机升到300到500米，调头飞向诺德霍恩，意外发生了，观测员兼机尾机枪手大喊“后面有战斗机”，但它飞近后我们认出只是一架Bf 109，明显与部队失散且迷航，飞行员猜对了跟着这架体型庞大、跄跄踉踉的Ju 88可以回到基地。

诺德霍恩的克劳斯海德机场升起禁止降落的红色信号弹，地面人员唯恐我的紧急迫降撞坏停在跑道的战斗机，但我顾不上那么多，放下襟翼，仅靠一个发动机着陆了。

飞过荷兰托伦岛（Tholen）附近两军阵线，真正的考验才开始，Ju 88领航机和3架Fw 190相继被盟军的防空火力击中。Fw 190飞行员中只有1人迫降被俘得以生还，另2人失踪，战后调查确定均已机毁人亡，其中1人据信是战机转运联队的鲁道夫·阿尔滕多夫下士。赫尔穆特·邦耶军士长征询了受伤的无线电员同意后，驾驶中弹的Ju 88坚持任务，飞到安特卫普以西20公里才调头返航，靠一个机轮成功迫降回诺德霍恩。

来到布鲁塞尔，第二大队丢掉副油箱，在城市上空盘旋一周——戈曼称之为“情不自禁向布鲁塞尔致敬”，耀武扬威后调整航向，爬升到攻击高度600米，冲向埃韦勒机场。以梅尔斯布鲁克机场为目标的JG 27和Ⅳ./JG 54共四个大队甚至更早赶到。地面混乱不堪，人们惊恐地注视将近200架“黑十字”从头顶呼啸而过，以为几个月前撤退的德军又攻打回来了。皇家空军第二战术航空队总司令亚瑟·科宁厄姆中将正好在布鲁塞尔视察，据他的司机回忆，德国飞机从头顶呼啸而过，从惊愕中恢复过来的参谋人员第一反应纷纷卧倒，唯独将军飞奔到最高的有利点观察敌机动向，随后他坐车赶往浓烟滚滚的埃韦勒机场。

同第一大队的遭遇不同，埃韦勒总共停了100多架飞机，可谓全副武装。东区驻有第二战术航空队的精锐第127联队（加拿大空军），指挥官是施拉格特联队的老相识詹姆斯·埃德加·约翰逊中校，现已登顶欧洲战场的盟军头号王牌

埃韦勒机场1架被摧毁的B-24。

飞行员，他的40多架喷火XVI战斗机未覆盖伪装网，整齐划一地停在机场东边，紧挨环形跑道，以便尽可能避开松软泥泞的面层。其他部队的多架轰炸机和运输机停在机场另一端，尚未涂装，煞是显眼，其中还包括荷兰亲王的比奇18客机和科宁厄姆中将的C-47专机。机场部署有皇家空军防空团的两个中队，但除了11门40毫米博福斯高射炮，主要武器还是布伦式轻机枪。

机场唯一的刚性道面跑道夜间结了一层薄冰，除冰作业耽误了第127联队黎明的例行飞行任务，8:48，第403中队一对“喷火”起飞执行气象侦察任务，第416中队12名飞行员也进入驾驶舱准备巡逻，带队的戴夫·哈林（Dave Harling）上尉几天前被授予杰出飞行十字勋章，且完成了规定的任务次数，但他申请了25小时额外飞行。

第403中队第二对侦察气象“喷火”起飞不久，引擎轰鸣声由远及近，“嘿，你们加拿大人庆祝新年的方式可真隆重”，一名英国士兵犹自开着玩笑，JG 26第二和第三大队已经呼啸而下，时间是9:26，盟军后来报告称大约有35架Fw 190和25架Bf 109。第416中队刚升空，哈林上尉不幸成为首个牺牲者，排在后面三架等待滑跑或正在滑跑的“喷火”很快也火光冲天，飞行员均及时逃出驾驶舱，肯·威廉斯少尉回忆了生死一瞬：

我望向梅尔斯布鲁克机场方向，看见许多单引擎战斗机朝这边俯冲，由于初来乍到，我没有多想，无线电和控制塔台也没有任何提示或警告。我还在继续排队等待滑跑时，首波Fw 190和Bf 109已经呼啸着横扫机场，长机刚刚升空，不幸被击落身亡。敌人首轮攻击中子弹就从后往前扫过我的飞机，但没有打中驾驶舱，我在下一波攻击前挣脱驾驶舱，滚落地面，爬到发动机下面掩蔽，因为我的飞机朝向和敌机扫射的方向同为逆风。飞机再度遭受打击，我也被弹片所伤，我设法躲进一条狭长掩壕，后来被送进医院，医生取出了大部分弹片，唯独留下右脚脚趾里那块，被我问到原因时，他呵呵一笑，说给你留个纪念。所以这块弹片现在还在那里。

第127联队在空中只损失了1架“喷火”，Ⅱ./JG 26大队的哈克尔少校、格隆茨中尉、西格弗里德·西少尉、布尔克哈特下士和Ⅲ./JG 26大队的海因茨·格尔克下士都宣称击落1架“喷火”，战绩虚高到不可思议，原因不外乎重复攻击戴夫·哈林，或者与第403中队已经升空的“喷火”交战，西格弗里德·西少尉（6./JG 26中队）对自己首个空战战果记忆犹新：

对地面飞机完成首轮攻击后，我拉杆爬升，前方突然出现一架“喷火”，速度很快，我不记得它从哪里钻出来，一定是听到警报紧急爬升这样吧，总之，我设法击落了它。不过也差点被另一架尾随上来的敌机干掉，幸好格隆茨中尉及时发现，开火为我解了围。

最早起飞的皇家空军第403中队4架“喷火”迅速返回埃韦勒驰援，却被高空的敌机缠住，3名飞行员共宣称击落4架Fw 190、2架Bf 109，击伤1架Bf 109，之后由于耗尽弹药退出了战斗，他们的交战对手更可能来自附近的Ⅳ./JG 54和JG 27。JG 26记录在埃韦勒因盟军战斗机造成的损失最多只有1例，地面人员看到1架Fw 190交战过后撞树坠地并爆炸，威廉·施米茨下士24岁的生命终结于自己第三次任务。

训练有素的8./JG 26中队在霍夫曼带领下分成三个四机小队，攻向防空炮点，首轮掠袭过后高射炮沉寂下来，不过约翰逊中校后来表示那是因为弹药告罄。得到8./JG 26中队掩护的德机主力横扫机场，张牙舞爪毫无规章可循，中途还有1架没找到赫林贝亨的Ⅰ./JG 26大队飞机加入进来。英军宣称防空炮打完了2600发子弹和350发40毫米炮弹，摧毁3架、击中10多架敌机，而JG 26联队只承认少量Fw 190和Bf 109在埃韦勒被地面炮火重创，6./JG 26中队的诺贝特·里斯基（Norbert Risky）下士的座机就是其中之一：

第二轮进攻中，飞机突然剧烈震动——高射炮！润滑油模糊了视线，我试图清洗风挡未遂，机场一边滚滚浓烟腾空而起，我躲远了些，又试了一次清理驾驶舱，依然未果。唯一的念头就是赶紧撤。发动机有些吃力，但还在运转，仪表盘也正常，我于是向着布鲁塞尔的高楼飞去……大约10分钟后前方出现几架飞机，我悄悄靠近，认出是自己人，才算松了口气，那是格隆茨中尉率领的四五架飞机。

润滑油慢慢流淌，油温缓缓上升，我寄希望于发动机能支撑到飞回我军防线内，低空飞过河口时再次遇到巡逻舰的炮击，但总算全速冲了过去……现在润滑油漏满机身，被炽热的金属板点燃冒出黑烟，同伴逐渐消失在地平线，我孤身前行，飞过一片草场。油压陡然降至零。伴着巨大的异响，整流罩下方窜出火舌，滚烫的金属板噼啪作响。坏了——眼下我既缺乏跳伞的高度也不够爬升的速度，下方只有一片树林……好在前方有一块稍微平坦的空地可供紧急迫降，我于是拉紧安全带，低头准备迫降。倒霉的是，着陆的地面坑坑洼洼，因此折断了一个机翼，撞坏了发动机。刚挣扎着爬出酷热的驾驶舱，弹药就爆炸了。我摔到地面。半小时后一辆陆军汽车路过，顺路送我到兹沃勒，深夜我终于返回了诺德霍恩。

压制住防空炮后，8./JG 26中队散开编队，也加入攻击其他地面目标的行列。二等兵莫尔格被分配到格哈德·舒尔维茨少尉的小队，他回忆说：

首轮攻击打哑了高射炮，我们转而尽情扫射一排排整齐停靠在地面的敌机。我第二次扫射过它们时，火光清晰可见，烟雾拔地而起，下一轮攻击近乎自杀，我俯冲进滚滚浓烟，直到最后关头才能看清目标。第四次我险些因为无法改平而撞上地面，于是放弃了攻击，调整航向，朝基地飞回去。

机场西区那架豪华的C-47自然吸引来德国飞机的注意，但后者火力和射击水平不敢恭维，C-47连遭三轮扫射依然大体完好，直到被折腾了12到15轮，机身前端才燃起火焰。

确认再也找不到一架完好的飞机后，德国战斗机转而扫射了6辆油罐车和机场北端的兵营，最后留下满地狼藉，逃之夭夭。他们爬升到4000米，恢复了良好的能见度，朝着北方沿原路返航。截至9:53，德军全部撤离埃韦勒，哈克尔少校共攻击了7次，格隆茨中尉多达9次，声称将5架飞机付之一炬，2架伤痕累累，还摧毁了一辆卡车，有一次子弹甚至准确穿过敞开的机库大门，击中里面1架双引擎飞机，准备卷土重来时，机库被黑烟笼罩，格隆茨因视线受阻只好作罢。第5中队的京特·赛义德少尉和第7中队的戈特弗里德·迪策少尉各宣称摧毁1架四引擎轰炸机。

在安全掩体内，约翰逊冷冷注视着德机肆虐，他留意到它们以单机或双机为单位飞过机场，速度相当低，看上去不超过240公里/小时，子弹被浪费在机库和双引擎的运输机上，却无视了军事价值更高的目标，后来约翰逊在报告中一语中的："射击技术奇差，只能一遍遍盘旋在埃韦勒上空，向我们暴露出，他们之中初出茅庐的新手多于久经沙场的老将。"这句不失轻蔑的评论有如一记耳光打在曾经声名远扬、志得意满的"阿布维尔小子"脸上。

等到时机到来，约翰逊第一时间大势出动"喷火"，谨防德军杀个回马枪。后来清点损失发现，虽然火势凶猛，他的联队远没有伤筋动骨:12架"喷火"被毁，12架受重创，第416中队承受了大部分损失，以至于第二天只剩下4架可用。第127联队人员损失更轻，只有1名飞行员和1名地勤丧生，9名飞行员受伤，1人重伤。尽管如此，哈林上尉的牺牲刺痛了战友们。除了第127联队，英军在埃维勒机场另损失了12架"安森"、2架奥斯特，7架运输机，其中包括伯恩哈德亲王和科宁厄姆中将的专机。机场对面2架美军的野马战斗机和解放者轰炸机也有不同程度损伤。1月1日埃韦勒机场的盟军总损失有两个说法：被摧毁和击伤的飞机总数60架，或者总共61架飞机完全被毁。

JG 26第二大队三五成群返航，戈曼与一架联络机擦肩而过，"见鬼，这些可怜的东西，留它们一条生路吧……"一念之间，他晃晃机翼，继续赶路。埃尔温·卡尔布斯下士宣称10:04在比利时哈瑟尔特（Hasselt）击落了一架落单的雷电战斗机，他的猎物更可能是暴风式战斗机，且带伤飞走了。

斯海尔德河口，盟军船队已经严阵以待，虽然只有轻型火力，但密集得足以为JG 26带来3架Fw 190及人员损失，两人跳伞，一人迫降，结局殊途同归：飞快地沦为俘虏。第7中队的瓦尔特·施通普夫下士用剩下的弹药对舰船开火还击。

最后一道鬼门关依然是鹿特丹和海牙之间的德军高炮区，第7中队两名下士遭了殃，莱奥·施佩尔下士在须德海

1945年1月1日皇家空军第127联队一架"喷火"残骸。

南端机毁人亡，威利·孔茨二等兵一直飞到荷兰北部，迫降在崎岖的地面，飞机倾覆，摔断了脖子很快断了气。和大部分损失人员一样，20岁的他也是首次参战。

大部分出征队员在10:25至10:50之间回到了诺德霍恩基地。大队长哈克尔少校在作战报告中重点表扬了领导有方的霍夫曼中尉和勇猛彪悍的格隆茨中尉。底板行动成为格隆茨总共238次作战任务的最后一次，1月剩下的日子他再没有出战，3月初一纸人事调动令将他转到莱希费尔德基地的第2补充训练联队，接受Me 262喷气式战斗机训练，不过战争在他驾驶Me 262出战前结束了。

JG 26第二大队在底板行动中总共损失了13架飞机和9名飞行员，其中4人身亡、1人失踪、4人被俘，另有2架受损，1人负伤。3名飞行员列为失踪后陆续归队，莫尔格就是其中之一，离开埃韦勒后他独自飞了大约15分钟，加入4名队友。然而同行没多久，莫名其妙又跟丢了，随后飞过基地而浑然不觉。这只稀里糊涂的菜鸟“底板”之行结局如下：

> 同伴失去了踪影，我孤身一人飞在一片平原上空，好歹返航再没遇到任何高射炮。我直到飞过诺德霍恩也没看到基地。带着空空如也的油箱降落在Ⅲ./JG 6大队的机场[①]，此时距离起飞已过了2个小时50分钟。我找来一辆半履带拖车才将发动机停运的飞机从降落场拖走。
>
> 由于附近有敌机出没，根据规定我被禁止起飞，何况补充燃油也遇到麻烦，这里是Bf 109的机场，只有B4燃油，而Fw 190D需要C3汽油，只能另寻他处装桶运过来。下午我得到了55加仑汽油，途经菲尔斯滕奥，回到诺德霍恩，奔向贝尔宁饭店，迟来的元旦活动正在飞行员餐厅举行，我的突然出现令队友们大吃一惊，原来他们没收到我在比瑟尔的报告，已将我列为失踪，而上午一片混乱中，这份报告根本没发出去。
>
> 但是元旦庆典上我们无法尽兴，我们都不过18到25岁，很多战友在底板行动中失去了他们年轻的生命。

四、JG 26第三大队攻击埃韦勒机场

虽然同样以埃韦勒为目标，第三大队个别人员提前获悉底板行动并低调备战，这件异乎寻常的事出自第9中队威利·策斯特（Willi Zester）军士长的回忆，1954年他在信中写道：

> 12月初，一个等比例机场模型建在食堂，建筑、机库、滑行道、燃料站、跑道、高炮点、灌木丛等等，应有尽有。我们见过这座机场，就是想不起名字。每周要用这个模型模拟演习好几次，枯燥得令人呵欠连连。不仅如此，两架Ju 88机组来到基地教授仪表飞行，好在仅限于理论知识，因为Bf 109落伍得只有机翼机枪、3厘米轴炮、可抛掷副油箱，怎么看怎么像一串熟透了的梅干挂在半空，模拟训练项目唯独遗漏了用模型练习仪表飞行。圣诞节前后，有人灵光乍现，认出这是布鲁塞尔的埃韦勒机场，大队光荣撤退时驻留过那里，大队长自然矢口否认，但我们猜对了。

12月29日，策斯特等人执行完任务后因为缺油降落在德罗珀（Drope）机场，因为大雾弥漫一直逗留到31日。驻此地的JG 1第二大队大队长正是

① 在比瑟尔（Bissel）。

曾效力并指挥过JG 26第三大队的赫尔曼·施泰格上尉，不过他在26日重伤，不但没有参加底板行动，更缺席了很长一段时间的战斗，策斯特回忆说：

除夕，食堂没我们席位，而且Ⅱ./JG 1大队长是我的前中队长施泰格上尉，他也建议回基地，说有大事件要发生，虽然近乎违规①，我们也只好离开了，9:07起飞，10:05降落在普兰特林讷，飞机立即被里里外外检查了一遍，然后维护到起飞状态。活动范围仅限在宿舍区，晚饭后有一瓶类似宾治酒那样的饮料，只不过里面的酒精被蒸馏过滤掉了。

第三大队底板行动中的细节一如既往因史料残缺而模糊不清。12月31日报告共拥有43架Bf 109K-4和Bf 109G-14，但只有20架飞机和29名飞行员可出战。当天飞行员收到的命令大同小异：禁酒、22点前就寝。大队长克鲁平斯基布置完任务简令，送上祝福，晚上还亲自查房。

1月1日5点晨起，飞行员用完早餐聚集在大队指挥室参加第二次简令，领到地图和救生装备。两架Ju 88大约8:15起飞，5分钟后约29架Bf 109陆续升空，航线和目标与第二大队相同，克鲁平斯基后来汇报的进攻航线被普里勒记录在他编纂的联队史中：

我们原计划升空后通过一轮360°盘旋完成全队的集结，但失败了，于是我率指挥部小队跟在第一架领航机后面，其余人员由第二架领航机带领，飞在后方约1公里。航线与联队其他部队相同，经须德海南端、鹿特丹、滔滔的斯海尔德河口，飞到埃韦勒西北的进场起始点，直飞进场。

第三大队至少有4架飞机在抵达目标前被地面炮火击中。其中2架缘于德军高炮误伤，第11中队的哈拉尔德·伦茨（Harald Lenz）中尉首当其冲，在须德海南端中弹后机毁人亡。他的中队队友瓦尔特·特佩里斯（Walter Tepperis）下士要幸运得多，迫降在荷兰西南的斯豪文（Schouwen）小岛，在德国海军炮兵营呆了几天，才被一艘偶然路过的巡逻船带回欧洲大陆。

剩余Bf 109飞过两军阵地，从10米低空冲过一处加拿大军营，遭到了轻武器和博福斯轻型防空炮的攻击。第12中队担任中队长僚机的卡尔－海因茨·贝恩特下士被命中发动机后以机腹迫降，沦为俘虏。克鲁平斯基情况稍好，轻型防空炮打中他的整流罩左侧，铰链断裂。受惊之下他一度打算折返，不过改为Z字形飞过一片乡村后，发现除了无法射击，问题不大，于是继续跟住编队。几分钟后，布鲁塞尔的教堂尖顶依稀在望，克鲁平斯基还是退出了，根特下士作为僚机，奉命陪着大队长一起提前返回普兰特林讷。

除此之外，还有1架Bf 109K-4飞过斯海尔德河口后脱离编队，它西飞的身影是飞行员留给队友的最后音讯，原因可能同为被地面炮火所伤。剩下约23架“梅塞施密特”于9:20准时到达目标，和第二大队的Fw 190一起冲进埃韦勒机场发动攻击。如前所述，几架“喷火”刚刚升空②，第11中队的海因茨·格尔克下士对其中1架开火，目击到他的目标

① 这里指的是德国空军禁止恶劣气象条件下起飞。

② 英德双方记载相悖，英方只承认第416中队的哈林上尉的“喷火”升空并被击落。JG 26第9中队的威利·策斯特军士长回忆在埃韦勒机场看见3架“喷火”升空，并被全歼，但策斯特也看见1名Fw 190飞行员被机场高射炮击中后跳伞，而第二大队没有飞行员在机场跳伞。除了格尔克下士，第二大队四人各宣称击落1架“喷火”，见前文。

在地面坠毁并起火，接下来他扫射了两架自认为“蚊式”的双引擎飞机，将其打成一团火球。沃尔夫冈·波尔斯特上士宣称摧毁地面2架“台风”，但实际只可能是“喷火”。维利巴尔德·马尔姆下士看到一名“喷火”飞行员跳伞却落进火堆，一度忍不住想开枪帮这个被困在火场的可怜人解脱，最终下不了手。对方很可能是第127联队唯一丧生的飞行员戴夫·哈林上尉。

埃韦勒机场的遇袭情况不再赘述，虽然德国战斗机的射击水平令约翰逊中校不忍直视，不过皇家空军通讯中队的内文·博斯韦尔·菲尔比（Nevin Boswell Filby）上尉针对1架梅塞施密特的见闻格外生动：

我驱车来到机库，和惠顿下士一起检查了我那架奥斯特，然后去隔壁登记，忽然枪声大作，跑到室外一看，机库后方40米有1架Me 109正大角度向左滚转，左机翼离地10米，擦身而过时飞行员匆匆瞥了我们一眼，改平飞机，对着100米开外约翰逊那排密密麻麻的“喷火”打出一串精准的长射，随即拉高、转弯，“喷火”惨不忍睹，其余Me 109和Fw 190也在别处肆虐。我右边100米外，博福斯炮无声息瘫倒在地，可能刚才第一声枪响过后时炮手就牺牲了，或者本来就不在，而我身上仅有一把点45口径的韦伯利左轮手枪。

那架Me 109转过弯又杀回来，再次扫射了一排“喷火”，射出的子弹不时从身边嗖嗖飞过，我们急忙跳进附近掩壕，还能看到B-56（埃韦勒机场）无数飞机被摧毁在地面。Me 109摇摆机尾，第四轮以长射直接打进机库，我那架奥斯特和里面许多飞机一起成了一堆废铁。我得承认，这个飞行员百步穿杨的射击技艺把一旁的我们看呆了。

我和下士找准时机爬出掩壕，四周全是飞机的余烬和黑烟，被引爆的弹药噼啪作响，我们终于找出1架还能飞的奥斯特（624号），试飞时看到周边的梅尔斯布鲁克和梅赫伦等机场同样火光四起，即使不久前被废弃或者毁坏的机场也不例外。大体看来，德国空军投入重兵发动了一次大规模突袭，虽不清楚盟军具体人员和装备损失，但从半空鸟瞰唯有一片狼藉。

横行无忌地扫射将近15分钟，第三大队集合成松散的队形向北撤离。返航段1名飞行员失踪，可能被盟军高射炮击中身亡，另1人被德军高射炮击中，在基希黑伦机场迫降过程中冲出跑道撞树，飞行员轻伤，飞机可修复。

相较于绝大多数兄弟部队，第三大队的“底板”征程称得上一帆风顺，损失轻微，共有5架飞机和4名飞行员未能返航。10:10至10:30，大部分飞行员兴高采烈地降落了。普兰特林讷人声鼎沸，格尔克快乐地使劲摇晃机翼，昭示着自己载誉而归。克鲁平斯基召集全体飞行员开了一个简短的表彰会，就此次行动的圆满成功大加赞赏。

美军第361战斗机大队一架停在埃韦勒机场的野马战斗机被连累遭了殃。

当晚德国国防军公报援引JG 26联队上报的总战绩：扫射摧毁了两处机场的20架B-17和B-24、24架双引擎飞机和60架单引擎战斗机，远远高于盟军实际损失。另一份报告可能经过军方审核，给出的战果显得更可靠：联队共摧毁32架单发飞机、22架双发飞机和13架四发飞机，击伤9架单发飞机、6架双发飞机和1架四发飞机。扣除Ⅰ./JG 26大队、Ⅲ./JG 54大队在赫林贝亨的6个宣称战果，Ⅱ./JG 26大队和Ⅲ./JG 26大队在埃韦勒的宣称地面战果为摧毁31架单发飞机、21架双发飞机和9架四发飞机，总数与盟军的实际损失大致相符。从数量上看，这两个大队的底板行动不失为成功，但如约翰逊中校所指出的那样，“喷火”的损失太低，有的JG 26飞行员重点打击双引擎和四引擎的运输机，却放过了真正有价值，也更具威胁的一线战斗机。

至于空战战绩，据格尔克后来回忆，两个大队总共击落6到8架敌机，扣除第二大队入账的5架宣称战绩，第三大队的空战战绩大抵有1到3架，但只有被格尔克宣称干掉的1架“喷火”已知，这个战绩直到战争结束也没被柏林方面批准下来，不过此后不久，格尔克凭借在“底板”的突出表现，以及前期4架空战战绩艰难地挣来一级铁十字勋章。

五、小结

毫无疑问，底板行动以进攻方的惨败告终。约850名德国飞行员迎着新年第一缕阳光升空，213人有去无回，其中只有70人因被俘而生还，另有21人负伤，伤者中有相当大比例永久脱离了战斗岗位，例如2./JG 26中队长昆茨中尉。271架战斗机损毁，65架损伤，另有13架领航的Ju 88被毁或受损。人员损失中，只有5到10次参战经验的新手占68%，老飞行员有45人，其中包括22名指挥官（联队长3人、大队长5人、中队长14人），他们的损失尤其难以估量。

皇家空军和美国陆军航空队对于在底板行动中遭受的损失语焉不详。根据《底板——德国空军最后的希望》一书统计：大约有305架盟军飞机被摧毁或重创报废，另有约190架受损。人员损失微不足道，况且所有损失的飞机和装备一周内就补充回来了。换言之，德国飞行员以生命为代价换来的“战果”镜花水月而已。德国空军总司令部一份情报苦涩地下结论：“这次进攻对盟军造成的影响充其量令清晨巡逻的飞机提前起飞。”他们毕其

1945年1月1日，布鲁塞尔的另一个机场梅尔斯布鲁克遭受JG 27和Ⅳ./JG 54袭击后的一幕，左图中1架皇家空军达科塔运输机（C-47）被付之一炬。

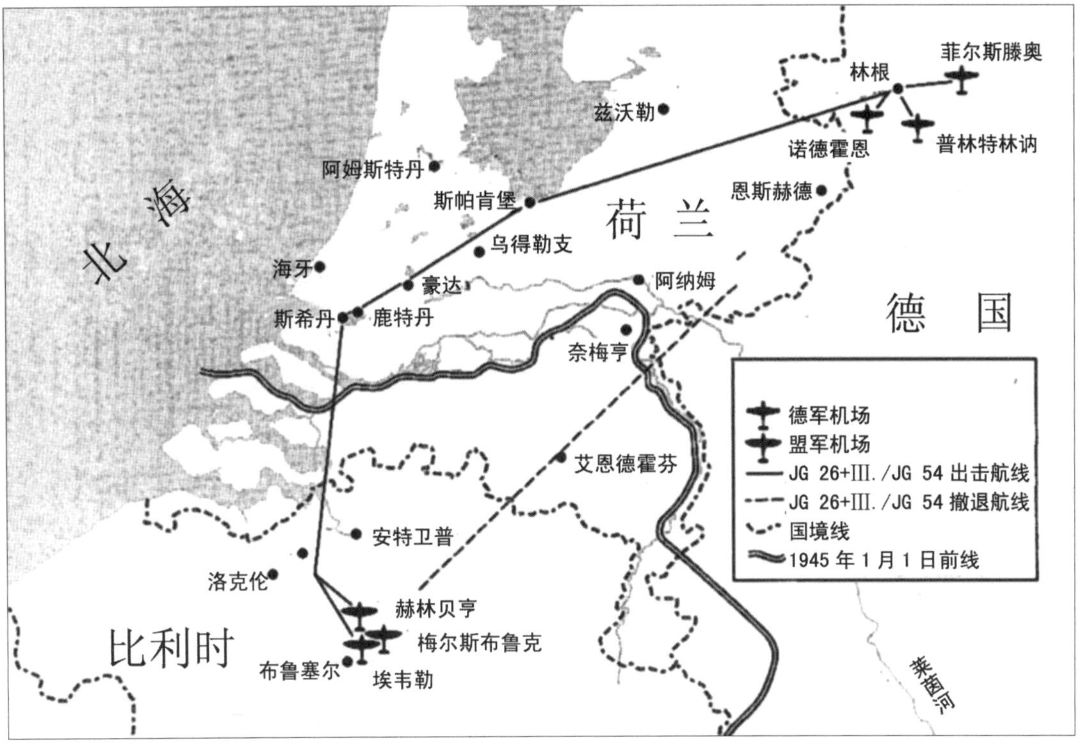

底板行动JG 26航线图。

第 26 战斗机联队底板行动统计

	12 月 31 日可用兵力		1 月 1 日参战兵力	1 月 1 日到达目标兵力	战果	飞机损失(架)			飞行员损失(人)			
	飞机	飞行员				损毁	损伤	损失率	阵亡	被俘	负伤	损失率
JG 54 第三大队	32	44	17	35—37	摧毁赫林贝亨机场 6 架飞机	10	1	58.8%	4	5	1	52.9%
JG 26 第一大队 联队指挥部	32 1	41 1	47			≥12	≥8	25.5%	5	3	2	17.0%
JG 26 第二大队	32	41	44—52	≈38	摧毁埃韦勒机场 61 架飞机	13	2	≈27%	5*	4	1	≈18.8%
JG 26 第三大队	20	29	≈29	≈23		6	1	20.7%	3	1	1	≈13.8%
总计	117	156	137—145	96—98	67	41	12	29.1%	17*	13	5	≈21.3%

备注：

* 1 名战机转运联队飞行员随Ⅱ./JG 26 参战并阵亡，此表只计入对应飞机损失，未计入人员损失。

(1) 由德军高炮误击造成的直接损失占总损毁数的 12% — 29%：Ⅲ./JG 54 和Ⅰ./JG 26 共 2 到 5 架，Ⅱ./JG 26 有 3 到 5 架，Ⅲ./JG 26 有 2 架。

(2) 人员和飞机的轻度损伤不计入此表。

功于一役，通过大规模突袭沉重打击和削弱对手的企图落空了，反而败光了自己的最后家底，彻底葬送掉重振战斗机部队的机会。多个参战联队元气大伤，一蹶不振，自此德军再也无法对盟军空中力量构成任何实质性威胁。

第26战斗机联队的表现差强人意，当天出动约140架（含Ⅲ./JG 54大队），在10个参战联队中数量最多，总共损失了30名飞行员和至少37架飞机，略低于整体水平。Ⅰ./JG 26和Ⅲ./JG 54虽然成功到达目标，但因目标失去军事价值而徒劳无功，得不偿失，虽然这是情报工作而非飞行员的错，但仍然可以判定为行动失败。Ⅱ./JG 26和Ⅲ./JG 26成规模、准时对指定目标进行有效打击，可以评估为成功完成任务。

底板行动的作战计划不可谓不周密详尽，瑕疵在于目标和航线选择：赫林贝亨机场作为非作战机场被纳入攻击对象，一些重要基地反而被遗漏，显示出了德军侦察和情报工作的拙劣。计划最为人诟病之处莫过于驻德国西北地区的战斗机出击航线穿过重兵布防的高射炮区域，却没有做足协调和准备工作，导致大量误击事件。哪怕这些误击直接造成的人员和装备损失数字上并不如大众印象中那么高，后果依旧严重，出击部队远在到达目标前就被削弱了打击力量，飞行员中产生的骚乱和紧张情绪一定程度上导致了编队失散和迷航，结果大量战斗机没有找到目标或者攻击了非目标机场。

实施过程也暴露出进攻方的很多问题。归根结底莫过于飞行员素质低下。比如夜航经验欠缺，起飞时间不得不延迟到拂晓，计划的进攻时间9:20远远达不到奇袭的效果，至少错过了最佳时机，在这个时间盟军沿途防空系统部分启动，目标机场已经进入作业时段，甚至一些战机已滞空。

即使每支出击部队都得到夜间战斗机领航，事实证明导航能力依然贫瘠，33个单发战斗机大队和1个对地攻击大队（Ⅲ./SG 4）参战，有10个大队完全没有找到目标，以完败收场。9个大队进行了无效或低强度的打击；2个大队因目标失去军事价值而徒劳无功；剩下1/3，即11个大队完全按计划、有效地完成任务——准时、成规模，并达到了出其不意的效果。即便如此，这11个大队的表现也不尽理想。一来飞行员缺乏对地攻击经验，射击精准度差。二来为了携带副油箱而舍弃了炸弹，火力贫弱，攻击效果大打折扣，给敌军造成的实际损失远比他们认为的小，另一方面，飞行员被迫进行多轮扫射，无法快速撤离，给了盟军防空火力和战机拦截的反应时间，底板行动中由盟军防空炮和战斗机造成的损失占到总损失70%。约翰逊中校后来在回忆录中评论道：“底板不失为果敢之举，但也暴露出德国战斗机飞行员平均水平难堪大任。”

底板行动的直接策划和指挥者，第二战斗机军军长迪特里希·佩尔茨少将。他作为轰炸机飞行员参加过德国空军对波兰、法国、英国的作战行动，拥有丰富的战场履历和出色的指挥才能，战争后期更因忠实高效的执行力、崇尚进攻而深得希特勒和戈林欢心，获得双剑饰骑士十字勋章并晋升为第三帝国最年轻的将军，1944年11月他从第九航空军军长调任为第二战斗机军军长，引起战斗机部队高层一片哗然，被视作对后者的打击和侮辱。

不可否认，佩尔茨的参

谋部制订计划时确实考虑到了上述不利因素，但他们力不从心，只能把这些训练时间不足100小时，更没有受过对地攻击训练的菜鸟投入战场消耗掉。“底板”的失败是注定的，战争进行至此，这个野心勃勃的计划不甚现实。即使抛开上述失策和不利因素，假设计划得到完美的贯彻执行，最多不过在地面摧毁500架到700架飞机，远不至于伤及盟军元气，况且造成的损失轻易就能得到补充。

最后，“底板”还有一个最大的问题，这场配合陆军阿登攻势的空袭行动随着地面的挫败已经失去了最初的意义，但德国空军高层仍然一意孤行实施了计划，将手中残存的有生力量投入到一场死亡出击。至于为什么没有取消计划，底板行动的直接策划者和指挥官，第二战斗机军军长迪特里希·佩尔茨少将战后面对历史学家们的疑问时，坦言：

> 我们从没想过取消。

究其本质，底板行动的启动是德国空军穷途末路上的必然。它的失败是注定的，即使成功也改变不了战争走向。

不屈之鹰——詹姆斯·埃德加·约翰逊

个人击落34架、共同击落7架敌机，两次杰出飞行十字勋章、三次杰出服务勋章、三等巴斯勋章、三等大英帝国勋章

詹姆斯·埃德加·约翰逊（James Edgar Johnson）1915年3月9日出生于英国中部莱斯特郡，父亲是一个乡村警察，约翰逊由叔父资助读完高中。在梅尔顿莫布雷（Melton Mowbray）乡间度过的青少年时光，他发展出打猎和运动的爱好，通过打兔子、打鸟不知不觉练就了一手出众的射击技艺。

1937年，22岁的约翰逊从诺丁汉大学土木工程专业毕业，成为在当时很令人羡慕的土木工程师，但他志不在此，他想成为空军飞行员，还自费学习了飞行课程。遗憾的是，由于军事履历一片空白，加上一次橄榄球比赛不慎摔断锁骨，他被皇家空军的预备役部队拒之门外。但20世纪30年代末欧洲紧张的政治局势迫使征兵条件放宽，像道格拉斯·巴德那样的残疾人也重归军队，约翰逊终于入伍成为了一名皇家空军预备役志愿兵，随后以中士军衔在当地一支英国地方自卫队服役。据说有一次约翰逊在威特灵基地指着一排漂亮的飓风式战斗机放话：“如果开战，我不会骑上一匹大马，而是坐进其中1架去同希特勒战斗。”

话虽如此，约翰逊曾打算利用自己在地理、测绘方面的专业知识从事侦察飞行，但二战爆发后，他被分到战斗机部队。1940年2月，在虎蛾教练机上完成首次单飞，8月19日开始驾驶喷火式战斗机练习编队飞行、特技飞行、攻击、战术爬升和空中格斗技巧，一次训练中约翰逊遭遇失速坠机，扭伤肩胛骨。8月24日完成全套战斗机飞行员培训时约翰逊已经积累下202.25小时飞行时间，其中23.5小时在“喷火”上完成。

为了根治旧伤，约翰逊选择手术，因而错过了不列颠空战。在皇家空军第19中队短暂服役后转到第616中队，驻坦米尔基地，与第145、第610中队组成坦米尔联队，联队长是著名的无腿飞行员道格拉斯·巴德，1941年初首次执行作战任务，1月15日他担任中队长僚机，两人根据地面引导找到了1架道尼尔17轰炸机并发动攻击，随后获得1个“共同击伤”战绩，结果这成为约翰逊辉煌的战绩表上唯一一个轰炸机战果。

1941年夏天，坦米尔联队在巴德中校领导下参加了一系列“马戏团”行动，频频对法国和比利时沿海实施战斗机扫荡和护航。凭借扎实的基本功，约翰逊深得巴德赏识，还担任过巴德僚机，约翰逊也将巴德视作良师益友，这段友谊持续了终生。可惜两人在战场上的合作没有持续太久就因巴德被俘而中断。8月9日巴德的最后一战中，坦米尔联队遇到“大约70架”德国战斗机拦截，很快被打散，约翰逊也被3架Bf 109围攻，最危险时敌机距离只有100码，他靠着剧烈的螺旋转弯躲进云层才勉强甩掉，穿出云层后他看见1架单枪匹马的Bf 109F坠落，并宣称击落了它。

经过整个春夏激烈的渡海作战，9月约翰逊凭借击落4架敌机、可能击落1架敌机获得杰出飞行十字勋章，1942年夏天第二次获此殊荣，并被提拔为第610中队中队长，随后他率队参加了迪耶普突袭战，在高度和战机性能都不利的情况下宣称击落1架Fw 190，共同击落1架Bf 109F，并在盘旋中甩掉了1架Fw 190，他后来评论道：“我们的‘喷火’落后于Fw 190，这次我能全身而退无疑非常幸运。”

1943年初，约翰逊奉命执掌加拿大中队组成的肯利联队，从此与加拿大空军结下十多年的缘分，他果断摒弃了落后的纵队，将战术队形改为效率更高、安全性更好的四指编队，率队为美军昼间轰炸担任护航或支援性扫荡，新队形效果显著，联队涌现多名王牌飞行员。从这年4月到9月，约翰逊驾驶“喷火IX”共入账14个单独击落、5个共同击落战绩，总战绩积累到21架（以及7个共同击落），被授予杰出服务勋章，此后他被调回第11大队参谋部工作，有6个月未能升空作战。

1944年3月约翰逊回到前线，肯利联队已改编为第二战术航空队下的第144联队（由加拿大空军第441、442和443中队组成）。6月6日，约翰逊率队四次飞越诺曼底滩头。经过一周的鏖战，他的联队第一个进驻法国的野战机场。到7月，约翰逊又入账了10个空战战绩，第二次被授予优异服务勋章。8月，第144联队解散，约翰逊转而指挥第127联队，在这一时期，他取得了最后3架空战战果，以总共击落34架、共同击落7架的战绩勇夺皇家空军在欧洲战场头号王牌飞行员桂冠，他的空战战果全部在喷火式战斗机上取得，是当之无愧的“喷火之王”，更难能可贵的是他自己却从没被击落、击伤过。

约翰逊以上校军衔结束了二战征程。1950年，他参加英美空军的军官交换计划，在美国工作了一段时间，其间参与了美国在朝鲜的军事行动，驾驶过F-86“佩刀”和洛克希德的F-80“流星”战斗机，虽然没有获得实质性战绩，被美军授予了飞行奖章和功勋军团勋章。约翰逊一直服役到1966年，官至英国中东地区空军部队的司令官，以少将军衔退休。

约翰逊一直热心慈善，1969年创建了“约翰逊住房信托基金”，主要面向老弱病残，为他们提供住房等援助，1982年巴德去世后，约翰逊和同僚共同创建了援助残疾人的道格拉斯·巴德基金会。2001年1月30日，约翰逊在英国德比郡去世，享年86岁。几架喷火式战斗机被修整一新，环绕飞过约翰逊最后生活的村庄，向这位“喷火”之王致敬。

第十四章 血仍在流

1945 年 1 月 2 日 — 3 月 31 日

一、最艰难的一天

受天气所限，1月上旬JG 26联队只寥寥出动了几次，队员们得以简单庆祝了元旦的出击并哀悼再也回不来的弟兄。3日，晋升上校的普里勒与Ⅲ./JG 54大队飞行员代表在林根参加了一周前阵亡的魏斯等9名战友的葬礼。瓦尔德马·泽芬少尉及时伤愈归队，重新指挥第4中队，同时兼任失去昆茨中尉的第2中队指挥官。第5中队的威廉·迈尔少尉自霍夫曼中尉左眼受伤后频频带领第8中队作战。指挥官的兼职在战争末期越发寻常，许多中队充其量只找得出1人有编队指挥能力，德国战斗机部队的前景一目了然。

为了简化交通，第一大队将飞行员宿舍转移到汉德鲁普一所女校，和地勤同住，寝室为六人间或八人间。学校里还住着空军的女勤务员，于是博里斯少校谨慎地在走廊划了界线，提醒小伙子们不可逾越。不过就如有人打趣的那样，这条“战线”入夜后形同虚设。

1月4日中午雾气渐散，第一大队23架“多拉”由阿尔弗雷德·黑克曼中尉带领进行训练，第4中队最后起飞，因能见度不佳与大队失散。代理指挥官埃里希·施瓦茨军士长接到地面指挥中心报告，率队转向东边的奥斯纳布吕克拦截轰炸机，途中库克拉下士因发动机起火在13:50弃机跳伞，其余人员则奉命调头，转而攻击赖讷附近新发现的另一个敌机编队。他们爬升到5000米，飞到荷兰境内，发现了下方8架“台风”战斗轰炸机及10到15架“喷火”护航机，德机的突袭被“喷火”击退，一场盘旋厮杀后，“喷火”携性能优势笑到最后，3架Fw 190D-9在16点前后坠向地面，飞行员中1人受重伤不治身亡，2人受重伤直到战争结束也没能返回前

1945年1月，第一大队住宿的汉德鲁普修道院白雪皑皑。

堆放在菲尔斯滕奥机场的300升副油箱，它们大部分采用E2钢材制成的半硬壳式构造。

线；另有2名飞行员平安迫降回菲尔斯滕奥。黑克曼中尉率领的大队主力没有接敌。

在诺德霍恩，第二大队也受命出动了第7、第8中队，这个小规模编队尚在荷兰边境结队便遭到“喷火”当头一棒，施通普夫下士和莫尔格一等兵被击伤后分别迫降在奥尔登堡和诺德霍恩，而带领第8中队的威廉·迈尔少尉身亡，两个月后被追授骑士十字勋章。击落他的可能是皇家空军第422中队的“喷火”或者是第3中队的“暴风”①。

当晚，第二大队副官京特·布勒梅茨中尉将迈尔的名字加进了伤亡报告，本属例行公事，只是这次他格外痛心，他和迈尔同在1942年走入JG 26，一起见证过联队最风光的“阿布维尔”时期，1943年布勒梅茨在战斗中重度烧伤，虽经一年的治疗归队，但就此调离了空勤岗位，每天只能留在地面，目送着旧日同袍一个接一个地起飞，再一个接一个地消失在天空。伤感之余，一种不祥的预感涌上心头，格哈德·福格特和迈尔在地面形影不离，感情格外深厚。布勒梅茨强烈感觉福格特很快也将追随挚友而去。多愁善感的他战后以自己在JG 26第二大队的经历和见闻加工成小说《下一站天堂》，在书中寄托生者对独活于世的负罪感和对无数陨落战友的哀思，小说出版后销量可观，还被翻译成多种语言。

1月12日，苏联红军开始强渡维斯瓦河，为了稳固摇摇欲坠的东线，还没从“底板”打击中恢复元气的20个单发战斗机大队被从西线抽调走。留守西边的再次只剩下去年秋天那四个联队：JG 26（含Ⅲ./JG 54大队）、JG 27、JG 2、JG 53。第3战斗机师几天前发布一道

第7中队的“多拉”在诺德霍恩机场铺了一层木板的跑道上滑跑。

① 唐纳德·考德威尔在JG 26联队史中表明JG 26第4中队遇到加拿大空军第411中队，第7和第8中队遇到加拿大空军第422中队，但英国历史学家克里斯托弗·肖尔斯在《第二战术航空队》一书中考证认为时间相去甚远，1月4日午后加拿大空军第411中队前往荷兰的亨厄洛（Hengelo，距离诺德霍恩西南方约20公里）执行武装侦察任务，13:50与至少7架Fw 190发生交战，宣称以1架的损失击落6架敌机。肖尔斯认为与第411中队发生交战的更可能是JG 1第一大队，后者13:45左右在荷兰奥尔登扎尔（Oldenzaal）附近宣称击落2架“喷火”，损失4架Fw 190A-8，不但时间地点更相符，况且第411中队被击落的“喷火”也是全天第二战术航空队唯一的损失。

威廉·迈尔少尉坠毁时间被记录为14点，在明斯特和林根地区武装侦察的加拿大空军第422中队14:05发现了大约15架Bf 109和Fw 190，宣称可能击落1架和击伤Bf 109各1架。英军第3中队的戴维·查尔斯·费尔班克斯（Fairbanks）上尉14:05在亨厄洛西北13公里处击落1架Fw 190，半个小时后英军第80中队的“暴风”在赖讷东北击落和击伤Fw 190各2架。14:35第56中队的“暴风”也宣称在奥斯纳布吕克附近击落2架Bf 109。当天这一地区没有美军部队活动。英军第二战术航空队全体总战绩为击落10架、可能击落1架、击伤3架，只损失1架“喷火”。德国空军战斗损失8架，损伤3架，宣称击落2架“喷火”，双方总数大致相当。

命令，西线联队除非达到足额兵力，否则禁止以任何理由飞到盟军防区，此外，禁止联队长升空作战，解禁另行通知。

虽然德国本土仍在遭受轰炸，但拦截任务都留给帝国航空队下的7个单发战斗机大队以及登上历史舞台的喷气式战斗机和火箭动力战斗机部队，JG 26联队再也没有接到截击重型轰炸机的命令，任务只剩下为防守在西线北段的地面部队提供空中支援，作战形式主要为：①以大队为单位，根据地面引导拦截敌机；②对盟军战术空军展开自由狩猎、武装侦察；③扫射或轰炸地面目标；④为其他对地支援的友军提供护航；⑤巡逻KG 51机场，保护Me 262和Ar 234起降。战争最后的日子里，只要天气适宜、油量许可，施拉格特联队日复一日升空作战，对手依然以英国皇家空军第二战术航空队和美国陆军第九航空队为主，但强大的第八航空队岂能轻易被躲开。

1月14日西线迎来久违的晴空，虽然上午近地面雾气笼罩，能见度300米，但高空视野良好，第八航空队抓紧这个难得的时机出动两个航空师轰炸德国中部的石油目标。美军重型轰炸机的出没意味着JG 26联队有正当理由停飞，但从阿登山区撤退的陆军被美军第九航空队炸得苦不堪言，急需空中支援，临近11点，第二和第三大队还是奉命起飞，前往圣维特击退敌机。

与此同时，第八航空队先锋经比利时奥斯坦德海岸线进入了欧洲大陆，其中187架“空中堡垒”在42架P-51密集保护下分兵出来奔向科隆的莱茵河大桥，第56战斗机大队的62架P-47为它们扫荡开路。JG 26那点少得可怜的Fw190和Bf 109撞上的就是这支大军。因低空天气不佳，起飞后第二大队未能集结成大编队，于是哈克尔少校下令以中队为单位跟进向南飞。霍夫曼中尉带着第8中队紧随大队长，后面依次是福格特中尉的第5中队、格隆茨中尉的第6中队和拉德纳中尉的第7中队，格隆茨起飞不久退出了任务，接下来很可能是副队长西格弗里德·西少尉指挥第6中队。

第8中队前往圣维特巡逻中途遭到美军第九航空队第366战斗机大队负责警戒的7架P-47突袭，但携速度优势轻松全身而退，哈克尔大队长和施潘准尉回击，各自击落了1架P-47，第366大队首战“长鼻子多拉”，宣称击落2架、击伤2架。

接下来Fw 190机群飞过亚琛，慢慢转向西边的科隆，继续赶往巡逻区。盟军雷达发现了这群德国战斗机，附近的第八航空队第78战斗机大队25架P-51接报后，退出护航，按照地面引导杀了过来，随后在科隆西南4.8里外发现了20架队形凌乱，似乎还在集结的德国飞机，这正是第二大队殿后的Fw 190和第三大队的Bf 109，它们被P-51打得措手不及，4架Fw 190栽向圣维特至布洛涅一带的森林，飞行员无一生还，其中3人来自第6中队，1人来自第7中队。

第5中队也被打得七零八落，1人失踪，2人被击伤[①]，中队长福格特从云盖向低空俯冲，地面目击者只听得科隆西南云层中枪声大作，随后是飞机坠毁的巨响。几天后人们找到了“黑色13”号Fw 190D-9残骸和驾驶舱里的尸体。布勒梅茨的预感灵验了，这位骑士十字勋章获得者步上了好友后

① 约翰内斯·霍夫曼下士向西北逃跑后又落入4架“喷火”虎口，最后耗尽了燃油迫降在明登（Minden），带着烧伤回到了部队，前Me 163飞行员赖因霍尔德·费尔特二等兵在法兰克福西边被德军高炮击中，靠着两个苏军战俘的帮忙才从熊熊燃烧的座机里脱身，3月直接在迈森海姆的空军医院被美军俘虏。

尘，他的记录停留在174次飞行任务和48架空战战绩。

JG 26同第78战斗机大队的激战从科隆向东延伸，两军战机在云层上下翻飞，你追我赶。第8中队七零八落，一对Fw 190被追得逃回科隆，其中1架虽被美国飞行员看到迫降在瓦恩机场，最终仍难逃机毁人亡的结局。第二大队仅靠哈克尔及僚机米塔格二等兵扳回一局，这是哈克尔的第175架空战战果和米塔格的第1架战果。第三大队血本无归，损失了4架Bf 109，只有1名飞行员跳伞生还，两天后归队。阵亡者中瓦尔特·科普少尉向北逃走后下落不明，20世纪90年代，人们在施泰因富特市博格霍斯特（Borghorst）镇发现Bf 109K-4残骸，才能判断出他其后遭到执行扫荡任务的新西兰空军第486中队“暴风”攻击。

此役美军第78战斗机大队宣称击落6架Fw 190、6架Bf 109，击伤Fw 190和Bf 109各3架，自身有3架P-51紧急迫降在欧洲大陆，JG 26在科隆一带损失了7架Fw 190和4架Bf 109。

在菲尔斯滕奥，第一大队从10点进入战备，等到15:25，31架Fw 190D-9才由博里斯带领飞往赖讷－霍普斯滕一带巡逻第51轰炸机联队的机场。3架中途退出，剩下28架在伊本比伦（Ibbenbüren）上空提前发现30－35架“喷火”，德军组成环形防御编队应对，卡尔－海因茨·奥森科普少尉以200米距离击中了试图攻击前方友机的“喷火”，随后追着目标向右俯冲下去，打开MW 50助力系统全速逼近到80米左右，持续开火，对方拖着黑烟坠毁在雪原。博里斯少校取得自己第43个战果。1架Fw 190与“喷火”相撞，在烈焰中同归于尽。2名Fw 190飞行员跳伞，一死一伤。还有6架Fw 190被追到多特蒙德，直到油量告急才降落。剩下的12名队员应大队长要求，执行完了巡逻任务，于15:45至16:30之间三三两两回到基地。

第一大队的对手是第二战术航空队的两个挪威中队：第331、第332中队宣称击落1架Me 262、2架Bf 109和3架Fw 190，另击伤1架Fw 190，损失2架喷火IX，其中1架损失极符合奥森科普少尉对自己战果的描述。

1月14日成为德国空军最惨的拦截作战之一，第一和第二战斗机军共有106名飞行员阵亡或被俘（包括2名Me 262飞行员），美军第八航空队7架轰炸机、11架战斗机被毁，5架轰炸机和5架战斗机受重创，第九航空队损失不详。德军JG 26联队宣称歼敌7架，付出了飞行员13死3伤的代价，单日死亡人数超越元旦的底板行动，创下战争期间最高纪录。联队不得不留在地面休整了一周，只进行一些训练飞行，第

威廉·迈尔(左)和格哈德·福格特（右）。1942年1月迈尔以下士军衔进入施拉格特联队，三年间共执行了124次战斗任务，取得27架官方战绩和12架未得到确认的战绩。福格特总战绩48架，8次战斗负伤。随着两人的阵亡，JG 26巅峰期那批“阿布维尔小子”基本消亡殆尽。

三大队开始换装Fw 190D-9。

二、普里勒离任

JG 26一周后仍未恢复元气，1月22日10:30，Ⅰ./JG 26大队和Ⅲ./JG 54大队全员出动，前往赖讷－明斯特地区阻击盟军战斗轰炸机。11:17，Ⅰ./JG 26大队的24架Fw 190飞至赖讷附近，在4000米高度与武装侦察的第421中队爆发交战，1:4落败，飞行员两死一重伤，剩下的Fw 190四散逃命，于11:29－11:52降落在不同的机场。Ⅲ./JG 54没有遇到敌机，12:20－12:25回到法勒尔布施。

1月23日9:00，Ⅰ./JG 26派出20架飞机前往门兴格拉德巴赫掩护JG 27攻击盟军战斗轰炸机，由于各中队被严格限制了航线和低空高度，它们毫不意外地遭到皇家空军第41中队的喷火XIV当头一棒，3架Fw 190当场坠向地面，飞行员中只有埃伦里德少尉跳伞生还，但负重伤。他此前被暂调到第76战斗机联队，刚归队不久。基夫纳少尉被德军高炮击中，平安跳伞。余部在黑克曼中尉带领下于10:00回到菲尔斯滕奥。

值得一提的是皇家空军第41中队，继去年9月3日在布鲁塞尔袭击了Ⅱ./JG 26大队长埃米尔·朗上尉的三机编队后，携喷火XIV来到欧洲大陆参战的第41中队这天首次与德国空军正面交锋，对手依然是JG 26联队，可谓不是冤家不聚头。第41中队此役宣称歼敌3架，击伤2架，唯一的损失也许为德军Ⅲ./JG 54大队突袭所致[①]，后者付出了3架Fw 190D-9和1名飞行员的代价，另有1架飞机受损、1名飞行员负伤。克伦普少尉和僚机在遇到“喷火XIV”前落单，陷入英军第274中队8到10架“暴风”围攻。当发现“暴风爬升得比想象的快，感觉自己坐在一架‘金翅雀’里[②]”，克伦普靠螺旋俯冲虎口逃生，他当年在海峡前线被“喷火”逼到绝境时时常这样铤而走险，除了能甩掉敌机，干扰敌机射击，还能令对方飞行员误以为得手了，显然僚机不具备这种剧烈危险的机动所需的飞行技能，他再也没有出现。

14:30，作战令再次下达，Ⅰ./JG 26和Ⅲ./JG 54将于16:00－16:30巡逻9./KG 76中队所在的明斯特汉多夫机场，但Ⅰ./JG 26直到规定起飞时间15:30仅能凑出10架飞机，Ⅲ./JG 54大队也只剩少量余力，博里斯少校与多腾曼中尉率队在菲尔斯滕奥会合后飞往目的地。由于9./KG 76中队取消了轰炸任务，Fw 190D-9半途改为以自由狩猎的方式巡逻，他们爬升到诺德霍恩至荷兰恩斯赫德一带，向下方10到12架“喷火”发动攻击未遂，反倒被大约18架“暴风”突袭，持续半个小时的空中缠斗从3000米高度打到近地面，Ⅰ./JG 26无心恋战，2架Fw 190D-9被击落，一人迫降失败而丧生，一人跳伞负轻伤。Ⅲ./JG 54宣称击落1架“暴风”，损失了3架“多拉”和2名飞行员[③]，第9中队中队长威利·海尔曼中尉迫降。这些“暴风”来自皇家空军第56中队和第486中队，此战共宣称歼敌5架[④]。

---

① JG 54第12中队的黑格纳（Hegener）上士宣称9:30在居特斯洛（Jütersloh）击落一架喷火战斗机。皇家空军第41中队的比利时飞行员巴拉斯（Balasse）上尉此战阵亡，具体损失原因不详，一份非正式报告显示他在科尔德（Coerde，距离居斯特洛约60公里）被多特蒙德－埃姆斯运河沿岸的防空炮击中。

② 指德国空军在20世纪30年代的双座双翼教练机福克－沃尔夫44。

③ Ⅲ./JG 54两名阵亡者中包括刚上任不久的第11中队（见习）中队长，他此前是获得过骑士十字勋章的轰炸机飞行员，跳伞失败坠亡，与Ⅲ./JG 54交战的皇家空军第56中队、第486中队无损失。

④ 第486中队将Fw 190D-9错认为Bf 109，宣称击落3架，可能击落1架。

1944年秋季皇家空军第41中队停在利姆机场的喷火XⅣ，它的主人，中队长道格拉斯·博纳姆少校在1945年1月23日一举击落I./JG 26和III./JG 54的2架Fw 190D-9。格里芬发动机赋予喷火XⅣ杰出的性能，最大航速达每小时720公里，此前一直部署在英国本土应对德军V1飞弹威胁，1944年年末英军也将这把利刃刺向了第三帝国，对德军而言幸运的是，“喷火XⅣ”目前在第二战术航空队只装备了4个中队。

著名澳大利亚王牌飞行员“托尼”弗雷德里克·盖兹少校①先后在第610中队和第41中队驾驶“喷火XⅣ”，他对这款名机赞赏有加：除了低空速度比不上“暴风”，“喷火XⅣ”所向无敌，每分钟爬升率能超过任何飞机至少1000英尺，平飞能甩掉野马（我们遭到它们攻击时，常常被迫这么做），爬升能快过它们2000英尺/分钟，我在1万英尺高度追上过Me 262和Ar 234，它们的巡航速度应该在724公里/小时。

朝着荷兰沃尔克尔基地返航的皇家空军第122联队机群。这个“暴风”联队在1945年1月23日迎来无与伦比的一天，5个中队全面开花，以零损失至少入账26个空战战果，其中包括16架Fw 190D（德军实际损失11架）和11架Bf 109，还在地面摧毁了1架Ju 188和56辆火车。

第26战斗机联队在1月的征战就随着23日的两场败仗惨淡收场，这个月里，三个大队共有31名飞行员战斗阵亡，3人事故身亡，8人被俘，至少14人重伤，Ⅲ./JG 54作为有实无名的第四大队，15人身亡，2人失踪。德国空军的飞行员培训学校已经关闭，战争剩余的日子里，补充兵源主要来自康复的伤员和一些被解散的部队。虽然直到战争结束前几周JG 26仍在源源不断接收Fw 190D，但枯竭的飞行员、短缺的燃油供应令德国最好的活塞式战斗机，尤其是高空性能失去用武之地，部队战斗力持续下滑，接下来JG 26更多时候只能被动挨打，战果乏善可陈。

随着同盟国东西两线并进，德军防线不断退缩，军队战斗力每况愈下，一些空军指挥机构已失去存在意义。1月26日第一战斗机军和第二战斗机军解散。三个新成立的航空师：第14、第15、第16航空师统辖西线全部空军作战部队（昼间战斗机、轰炸机、侦察机部队），一并由西线空军司

① Frederick Anthony Owen “Tony” Gaze，官方战绩为击落11架、集体击落3架、可能击落4架和1个V1导弹，3次获得杰出飞行十字勋章，他在1945年2月14日击落KG 51的1架Me 262喷气式战斗机，4月12日和战友共同击落1架Ar 234喷气式轰炸机，5月2日转到第616中队改飞英国第一款喷气式战斗机“流星”。1943年9月4日，他驾驶“喷火V”在勒特雷波尔陷入JG 26第6中队至少6架Fw 190的围攻，被追到迪耶普附近迫降，成为当时还是上士的格哈德·福格特第14个空战战果，盖兹后来回忆道：“Fw 190们停留在上方观察，我傻乎乎冲它们招手而不是装死，喷火V已经没秘密可言，烧毁反而会暴露我的位置，所以我赶紧跑掉躲起来，不过法国抵抗组织很快发现了我，帮我用假身份翻过比利牛斯山，辗转西班牙后回到英国。”

令部统一调度指挥。JG 26联队被划归到负责西线北部空域的第14航空师。

1月下半月里JG 26发生了几桩大大小小的人事变动。最重大的一项莫过于1月27日约瑟夫·普里勒上校结束了两年的联队长之职，升任西线昼间战斗机总监。次日，施拉格特联队迎来最后一任联队长弗朗茨·格茨（Franz Götz）少校，这名战前的军士从战争爆发就随JG 53联队“黑桃A”征战了西线、东线、地中海战场以及帝国防空战所有重大战役，在700多次出击作战中创造了63架宣称战绩，此前担任JG 53第三大队大队长，格茨少校正好在自己32岁生日这天入主JG 26，奈何天公不作美，指挥权交接仪式极尽简单，只有第一大队在菲尔斯滕奥列队迎接新长官的到来。

JG 26最后一任联队长弗朗茨·格茨少校，他从战前就以上士军衔进入第53战斗机联队（JG 53），直到1945年1月调任JG 26，总共出战766次，战绩63架，且均为在JG 53取得。根据德国空军战前规定，从中队长到联队长必须是职业军官，因此像格茨这样从军士晋升到少校并担任联队长的例子极其罕见，格茨战后在联邦德国空军官至上校。

第二天，安东·哈克尔少校也离开了第二大队，调往JG 300联队接替瓦尔特·达尔中校的联队长一职，哈克尔留下的空缺由原第7中队中队长拉德纳填补，第7中队指挥权交到了戈特弗里德·迪策（Gottfried Dieze）少尉手中。

第4中队中队长瓦尔德马·泽芬少尉从去年年底一场交通事故中伤愈归队，同时还要接替在底板行动中重伤的弗朗茨·孔茨，兼任第2中队指挥官。眼伤未愈的威廉·霍夫曼中尉兼任第8中队和失去福格特的第5中队指挥官。第8中队作战由副队长格哈德·舒尔维茨少尉临场指挥。基夫纳少尉和戈特弗里德·施密特少尉成为第1中队和第9中队正式中队长。战争末期指挥人员奇缺的困境通过这些变动体现得淋漓尽致。

三、士气面面观

战斗力下滑是飞行员平均素质低劣的直接体现，任何作战部队的战斗力都与基层士气和高层指挥水平密不可分。战争进行到最后阶段，外有国家和军队分崩离析，联队内部鱼龙混杂，人心浮动，JG 26联队士气绝非一言可蔽之，也不能仅凭生还者战后所述妄下结论，毕竟任何评说与回忆都不可避免带有当事人主观倾向。

除了极个别不谙世事的

从左到右：格茨、哈克尔、普里勒，拍摄于格茨上任当天。

娃娃兵，联队官兵基本都认清了败局，然而军人天职使然，他们继续负隅顽抗。根据多位老兵反映，联队士气整体稳定，直到停战也未曾土崩瓦解。“在充满动荡与未知的环境下，中队如家，大队是最可靠的安身立命之地。”奥森科普少尉后来概括道：“我们仍然是，而且可能是德国西北最后一批运作正常、具备战斗力的部队。”如奥森科普这样的飞行员基本位于18岁到25岁年龄段，成长于纳粹政权鼎盛时期，无可避免地受到纳粹思想熏陶，不过大多数人都对政治完全没兴趣。1944年暗杀希特勒的“7·20事件”后，戈林为前线每个大队指定一名政治军官，但这些人在JG 26和Ⅲ./JG 54的待遇只是沦为茶余饭后的笑柄或者被敬而远之。

第二大队在埃米尔·朗和安东·哈克尔领导下简化了军中大量繁文缛节，由此提升了飞行员士气和个性。大队保留着舞会的习惯，还有一个小型军乐团，这些在1944年下半年都是为官方明令禁止的。第一大队情况则大不相同，飞行员们在博里斯少校领导下一丝不苟地恪守一切军事礼节，服从规章制度，即使战后在战俘营里也不例外。我们可以看到，直到5月5日西线停战，只要天气适宜，这两个大队必定出战。

那些年轻士兵尽管战斗技能贫瘠，面对强大的盟军不堪一击，却除了盲从别无他想，支撑他们克服恐惧，一次次爬进驾驶舱的不再是政党，而是袍泽情义和“保家卫国”的使命感。他们几乎被封闭在物资充足的基地和小镇，对外部局势、战争进程和军方高层的混乱决策一无所知，唯有指望宣传机构炮制的“秘密武器”。第二大队一名士兵后来回忆道，直到1945年4月家乡汉堡被攻陷前，他还相信政府鼓吹的“最终胜利”。战斗机飞行员，多么迷人而自豪的身份，他们深信自己仍是国之栋梁，却因为愧对被炸得家破人亡的父老乡亲不敢回家。

我们的士气？就年轻飞行员而言非常高昂，当然我们做好过心理准备，但对胜利仍抱有希望。我们的V型导弹还没大施拳脚，V-1，V-2一定能带来转机——这就是当时我们的想法，一如我们被灌输的那样，我十岁加入希特勒少年团，十四岁加入希特勒青年团，按部就班地在十七岁进入帝国劳役团[①]义务劳动，家父年事已高，是社会民主党老党员，他提醒过我阿道夫·希特勒会将我们领向何方，但他的警告如何抵挡得住铺天盖地的宣传？

我不知道那些老飞行员的心思，他们之中能活到这时的寥寥无几。最重要的是，跟他们飞行时，我们不能多问。我们在保家卫国，执行任务时我常常飞过家乡汉堡，1943年七八月遭受大轰炸以前老城的光景当然还留在记忆中，但这时呈现眼底的只有大片残垣断壁。何等荒谬，哪怕1945年4月我仍幻想胜利，也许别的战友，尤其是那些来自今天的波兰、捷克斯洛伐克等地的人抱有同样的奢望。指挥官们早明白败局已定，但我们无从知晓。

Ⅲ./JG 54大队虽然损失惨重，士气倒也不坏。“德国一定会生存下去，即使意味着我们全体牺牲。”该大队一名少尉给阵亡队友父母的慰问信里写道。我们只能将这句话视为安慰，一个月后执笔人也不在人世，他们的死丝毫不能阻止他们的国家加速溃败。

问题最多的仍是第三大队，衰弱和混乱不见起色，倘

---

① 纳粹德国时期，德国青年在服兵役前履行六个月义务劳动的组织。

若一些士兵战后所言不假，这一时期大队士气萎靡不振，战斗力也在联队垫底，以至于兄弟大队的人也大摇其头。军士们会不时寻个借口跑到诺德霍恩或菲尔斯滕奥蹭饭，他们宣称军需官是联队某位“大人物”的兄弟，以权谋私，克扣飞行员口粮，卖到黑市大敛横财。这段不愉快的服役经历令他们在战后很长时间仍然耿耿于怀。自米特乌施死后，克鲁平斯基是唯一值得士兵尊重的军官。据说战后很多年，为数不多的生还士兵举办老兵联谊会从不邀请他们的前长官。

和上文第二大队那名天真乐观的士兵截然相反，下面这位来自第三大队的下士是冷静而悲观的：

自诺曼底登陆后，但凡还清醒的德国军人都知道输定了。战争打到这一时期任何牺牲都不值得，军官们当然心知肚明，即使是年轻的下士、上士也想得到。问题是要如何活过明天？那些军官好办得多——他们以行管理之责为借口躲在地面，把冲锋上阵都甩给我们，所以优秀的年轻士兵伤亡惨烈，不然又能如何？身处独裁极权统治下，人们命如草芥，到死都不知道被一个疯子支配着。

坦白说，出击后我常想朝错误的航向——就是西边飞，投降了事。可后方还有我的亲人，当我像个懦夫逃往安全的地方，母亲还在布伦瑞克饱受轰炸之苦，弟弟还是学生，却要在晚上充当高射炮炮手，直到1945年1月送了命，他又该作何感想？我只能舍弃自顾自逃跑的念头，留下来继续过朝不保夕的日子。

活着的飞行员可以分为两类，第一类继续履行义务，只是已经不再热衷于战斗和战功，第二类人不惜一切地追求自保，后者和前者中的绝大多数都清楚战争输了。虽然高层还在丧心病狂负隅顽抗，一心只想拖延战争。但事实胜于雄辩，从1944年秋天开始我们就没有希望。可悲的是我恰恰在这时完成了143小时飞行训练，走上前线。面对日日夜夜遭受盟军轰炸的祖国，我也曾想全力以赴、保家卫国，但有什么用？其他人完全不这么想，他们已经被战争消磨掉了意志，第三大队就在如此分崩离析的情况下全面瓦解。

上述两段访谈代表了军士飞行员群体中乐观和悲观的两个极端，仅供参考。这些士兵除了奉命升空作战别无选择，唯有战死、被俘或重伤才能解脱。机械故障虽屡见不鲜，以此为由提早返航的飞机必定会被里里外外检查一遍。一些生还者战后对这段刀口舔血的恐怖经历三缄其口，至少不愿同

1944年10月第一大队驻克雷菲尔德期间，12名士兵在指挥室前的合影，他们之中4人存活，其中3人战斗负伤，退出前线；其余8人阵亡于1944年12月下旬至1945年3月这3个多月。这是战争末期普通德国战斗机飞行员命运的缩影。

1944年年初第1中队队友们坐在他们的“多拉”上摆出战斗机飞行员的经典合影姿势，中队长基夫纳少尉坐在最前面。

1945年3月一次空袭警报后，14./JG 26中队（原11./JG 54中队）飞行员和女子勤务人员一起疏散到周边机场。这一时期罗曼蒂克的事情不断上演。对年轻飞行员而言，她们是黑暗中的阳光，但对这些女孩子而言，认真投入感情往往徒增痛苦的回忆，她们的男友生命太短暂。

外人谈。

要概括出这时期JG 26的军官群体和指挥层也非易事。到了1945年，JG 26的王牌飞行员已经消耗殆尽，中队范围内几乎找不出一个职业军官，最后这批中队长均为从战绩突出的军士中擢升所得，没有接受过任何职业军官或指挥作战的培训，他们的晋升不是缘于指挥能力，因此体现出来的水平也是参差不齐，起伏不定。以第4中队的瓦尔德马·泽芬少尉和第8中队的威廉·霍夫曼中尉为代表，少数几位中队长确实作战勇敢。但绝大多数指挥官最大的特点是慎之又慎，他们清楚上面对自己的考核标准，他们需要靠积累战功来远离是非，如果战功卓著和保全自身能兼得那最好不过了。

这批指挥官被手下飞行员们分为两类：大部分在履行义务、恪尽职守；另一类只考虑个人安危，竭力回避出战，无法回避就早早返航。汉斯·多腾曼略显另类，他仍在拼尽全力，其编队指挥能力和个人技战术水平皆属上乘，以至于他手下飞行员们都不会计较跟着他在鬼门关徘徊。彼得·克伦普一向三省吾身，他的一番肺腑之言中或许代表了第一类指挥官的心声：

虽然置身逆境，这时大部分飞行员的士气倒还不错。战场形势急剧恶化，尤以东线更甚，每个人自然会为战后未知的前途早作打算，但军人天职和袍泽情谊使然，我们坚持战斗。弱者需要强者照顾，强者又指望着久经沙场的老将和指挥官，这就督促着我和其他指挥官要掩饰住内心的动摇和惶恐，故作坚强，我清楚手下每个稚嫩的飞行员的脆弱，他们会用焦虑的眼光偷瞟我，指望我的战场经验为他们树立典范，这些都激励着我必须坚强、恪尽职守，克服自己的软弱。

四、败退莱茵河

美军第一集团军和第三集团军将残余德军彻底赶出阿登突出部，恢复了1944年12月中旬德军发动进攻前的防线。1945年2月上旬天气依旧不适宜作战飞行。第26战斗机联队只在阳光偶尔露脸时抓紧时间进行试飞、训练飞行和转场飞行。这时期Fw 190D-9故障不断，事故频发，还导致多起人员伤亡，工程技术人员绞尽脑汁，多方寻求问题症结和解决方案，但收效甚微，战争剩余的日子里D-9的耐用率持续走低。联队技术官恩斯特·巴特默终于寻到一个机会亲自驾机测试，发现情况不容乐观。

我还绕着飞行场地盘旋时，发动机左侧突然喷出汽雾，我压坡度转了个弯准备迫降，起落架还没有完全放下，飞机已重重落地，撞出半米深的坑。肩上安全带断了，我一头撞上仪表盘，折了鼻梁骨，机腹擦着地面狂奔了一阵才停下来。

博里斯少校后来告诉我，这次靠机腹迫降还算命大，如果起落架完全放下，飞机会陷进场地的泥潭而倾覆。发动机停车问题出在活塞环和连杆，脱落的连杆打坏了冷却剂储罐，冷却剂泄漏，导致发动机停车，虽然发生了事故，我还是认为Jumo 213发动机比BMW 801可靠。

2月10日，多腾曼中尉接到普里勒电话，挑选了11名优秀的飞行员，由他亲自带领于次日南下转移到德国西部的巴本豪森，任务是阻击美军的战斗轰炸机，但这个中队规模的分遣队只执行了两次战斗任务，宣称击落8架P-47（美军实际损失2架），损失2架Fw 190及飞行员，21日匆匆归建。

2月14日早上，Ⅲ./JG 54大队和Ⅰ./JG 26大队各自出动12架和24架飞机飞往赖讷保护Ⅱ./KG 51大队的Me 262起飞，Ⅰ./JG 26低空盘旋在机场，Ⅲ./JG 54飞在6000米掩护，第1架Me 262起飞不久就被执行武装侦察任务的皇家空军第41中队发现，这7架“喷火XIV”横扫36架“多拉”，进而宣称击伤了2架Me 262，JG 26一人跳伞，JG 54两人阵亡、一人跳伞轻伤，泽芬少尉取得自己的第24个战果。但皇家空军第41中队毫发无损。4架Fw 190D-9和2个飞行员的损失换来Ⅱ./KG 51至少53架Me 262起飞轰炸了奈梅亨、克莱文和亨讷普，其中2架Me 262在科斯费尔德被英军第439中队的“台风”战斗轰炸机携高度优势打爆。

2月15日，Ⅲ./JG 54迎来了正式大队长鲁道夫·克莱姆（Rudolf Klemm）少校，他迄今共击落41架敌机并获得橡树叶饰骑士十字勋章，克莱姆对Ⅲ./JG 54而言并非新面孔，从1941年年末到1944年4月一直在这个大队服役，还将JG 54联队历史性的第2000架空战战绩收入账上。1943年5月24日在基尔拦截美军重型轰炸机时击落1架B-24，但他飞下去确认目标坠毁时被海军88毫米高射炮击中，全身二到三度烧伤，左眼失去了对焦功能。他志愿重返前线，1944年秋天开始指挥Ⅳ./JG 54大队。即便履历如此丰富，新任大队长是在极端怀疑的目光中上任的，和年轻随和的罗伯特·魏斯不同，这是一个老成资深的军官，专断、说一不二，被一些激进的“绿心”飞行员批评为在地面疏离群众，在空中看重个人安危。

同一天JG 26第8中队解散，9名队员转到第二大队其

“如果地勤注意到‘他的’飞行员情绪低落，那架飞机就会突然无法使用”——汉斯·普拉格尔

如果地勤注意到“他的”飞行员情绪低落，那架飞机就会突然无法使用，这种情况无需队医出具病情证明。这些男孩非常机灵，如果他们聚在一起，会共商对策，他们的理念是“不能再让他继续，不然他肯定会死，再也回不来”。

很常见的例子：电工一路小跑到维修组长那里报告飞机有接地故障，这种故障最难证明，以此为由再合适不过，组长会问谁的飞机，电工回答某某下士的，如果没有备用飞机，组长就会通知那个飞行员停飞几天。回头一想，这种行为可以称之为共犯，但地勤了解他的飞行员，清楚飞行员的状况。要知道，我们所从事的绝不是骑一辆自行车那么简单，必须费尽心机，全情投入，不管什么原因，如果飞行员干不下去，那他最好还是留在地面，医生也持同样观点，这种情况下他们都会为飞行员出具病情证明。

……1943年到1944年，从地勤的视角出发，和飞行员关系是这样的：“我的”飞行员一切优先，但他如果擅作主张，比如拿螺丝刀乱动“我的”飞机，小心大祸临头，我会炒掉他！

如果想逼疯他们，只需要装作我们打算修理飞机的样子，这些男孩就会暴走。在海峡前线，如果一架飞机未能返航，地勤主管会躲起来恸哭三天，这些男孩自认是飞机的主人，要对它们负责到底，无论多晚他们都会等待飞机返航，或者确定它的下落（比如再也回不来或者只是降落在别的机场），否则不会回宿舍。

到了法勒尔布施，一切物是人非：新飞行员飞两次，第三次取得胜利，就成了“老手”，第四次再也没回来，机械师一个月就能尝遍曾经要用一年才能经历的一切。

余中队，中队长威廉·霍夫曼中尉指挥第5中队，用他仅剩的右眼继续奋战。次日第4中队“亚当森中队”走完了战争之路，11名队员转到第一大队其他中队。19日，轮到JG 54第12中队解散，中队长多腾曼中尉改为指挥第11中队，上述三个中队不复存在后，级别较高的地勤被征召加入步兵，大部分进了空军野战师，这些没有任何战斗经验的地勤们命运不难想象。

2月21日，第二大队时隔一个多月后首次全体上阵，约20架Fw 190D-9于15:15从霍恩诺德起飞自由狩猎。美军第394轰炸机大队一个B-26箱形编队轰炸弗洛托(Vlotho)铁路桥时遇到高炮回击，损失了1架并在撤退过程中偏航。Ⅱ./JG 26接到命令，转而飞去拦截这群B-26。出乎飞行员们意料的是，他们畅通无阻地飞到阿纳姆以东发现目标，随即展开猛攻，宣称直接击落4架、最终击落1架和重创1架B-26。第7中队的瓦尔特·施通普夫下士看到目标遭到自己攻击后机组成员跳伞，凭借这架“最终击落”，他取得自己首个空战战绩。而其他功臣也都是像施通普夫那样的新手，战绩均没超过1架，一贯被屠宰的新手此次集体发力，全身而退，实属罕见。这也是JG 26联队最后一次和轰炸机打交道。美军第394轰炸机大队的B-26实际损失3架、重度损伤4架。

Fw 190重新结队时，几架“喷火”杀了出来，迈斯下士也开了荤，宣称击落其中1架。第二大队唯一的损失出自返航时被德军高炮误击，第6中队1架Fw 190机毁人亡。

当天下午，多腾曼带着JG 54的巴本豪森分遣队返回法勒尔布施，起飞不久，落在队尾的双机编队被美军第378战斗机中队的P-47击落，长机身亡。普拉格尔少尉与1架P-47相撞，在队友们护送下惊险迫降回法勒尔布施。个别队员降落后没有按多腾曼的要求去休息，而是跑到备战室和朋友们叙旧，结果被新任大队长一起派去赖讷机场保护Me 262返航。无意中得知此事的多腾曼一咬牙，拖着同样疲惫不堪的身体爬进飞机追了上去。Ⅲ./JG 54大队以零损失宣称击落了3架“野马”，对手皇家空军第315中队实际损失2架“野马Ⅲ”。

第三大队从1月中旬开始换装Fw 190D-9，现临近尾声，即将披挂上阵。不过有队员反映训练太仓促：根特下士只有1个半小时的编队飞行训练、外加在普兰特林讷练习三次触地连续起飞，格尔克对比Fw 190D-9和Bf 109G时表示：

第四大队大队长鲁道夫·克莱姆少校，总战绩是293次出击、击落42架敌机，最后1架战绩在JG 26取得。

> 多拉-9太猛了，全电控，操纵起落架、襟翼、配平片只需按下按钮，速度很快，Bf 109在低空时速有500到520公里，而多拉-9全副武装还要快50到60公里。不过仅就飞行体验而言，我还是更喜欢“梅塞施密特”，哪怕它起降阶段老出毛病。

为了配合美军第九集团军渡过鲁尔（Roer）河，向杜塞尔多夫和科隆推进，2月22日，盟军积蓄了将近9000架飞机发动“号角行动”，摧毁交通系统，削弱德军物资补给和增援力量。德国空军的抵抗绵软无力，美军第九航空队不少中型轰炸机有恃无恐地飞到了参战以来的最低高度。

上午雾散后，第14航空师从保护喷气式飞机基地的兵力中抽调一部分出去对付美军战斗轰炸机和中程轰炸机。14:50，第一大队15架截击B-26的战机在赖讷以南发现皇家空军第3中队6架“暴风”，趁敌机还在重新集结编队时德军先下手为强，一番苦战以1:1平局收场，泽芬少尉取得自己第25个战果，弗朗茨·魏斯下士跳伞负重伤。此后第一大队任务取消。

13:48，Ⅲ./JG 54大队也奉命以自由狩猎形式截击B-26。巧合的是，护送B-17返航的美军第364战斗机大队第383中队8架P-51和皇家空军第56中队8架“暴风”在法勒尔布施附近不期而遇，第383中队中队长切尼少校接到报告：有飞机在低空活动，带着几名队员下降后看到对方机身上的皇家空军圆环标识，放心地通知了其余队员，然而几秒后，切尼听到一声惊叫“它们是Fw 190!”

短短几分钟，多拉、暴风、野马伴着高炮的咆哮在法勒尔布施上空2000到3000米展开混战，1架“暴风”先后被高炮击中、野马误伤，飞行员跳伞被俘，英军第56中队宣称击落1架Fw 190；美军第383中队宣称击落2架、击伤3架、可能击伤2架“长鼻子”，扣除被误伤的“暴风”，美军记录非常符合德军实际损失。德军2架Fw 190机毁人亡，另有3架带伤迫降，多腾曼中尉击落1架野马，对方飞行员跳伞被俘。

普兰特林讷机场同样遭到攻击，傍晚第三大队4名飞行员为测试Fw 190D-9发动机正在快速滑行试飞。格尔克下士就是其中之一，他描述了自己的经历：

大约45分钟后，我们开始降落，一架飞机下降到我正前方，我不得不拉起飞机避免相撞。飞了一会儿，突然发现防空炮四起，紧接着飞来一架“喷火”，缠斗后我渐渐不敌，准备躲进云层，但刚钻进去就从云层另一端现形了。天空布满了“喷火”，我中弹无数，发动机起火，只好跳伞逃生。我抛下座舱盖，虽然一时被困在俯冲中的飞机里，但最终挣扎脱身，降落伞打开后，我跌落回地面，飞机就在不足100米远的地方坠毁爆炸。附近居民救了我，他们找来医生做了紧急救治，然后我被送到林根的医院。这次死里逃生我感激涕零，只是脸和手臂有二度到三度烧伤，双腿多处骨折，左脚中弹，对于才22岁朝气蓬勃的飞行员来说这伤情真晦气。这成了我在第二次世界大战的最后一次飞行，因为我在医院躺到这年11月12日。

终结格尔克战斗机飞行员生涯的不是“喷火”，而是皇家空军第274中队的“暴风”，中队长戴维·查尔斯·费尔班克斯少校一举击落了2架“多拉-9”。格尔克逃过一劫，另一名队友远不如他幸运，当场身亡。令人啼笑皆非的是，德国正式投降三个月后，格尔克还在医院收到一枚银质战伤奖章，以嘉奖他的五次战斗负伤。

2月23日，在航空火力支援下，美军第九集团军第12军开始从林尼希（Linnich）渡河，德军第14航空师倾尽全力将战斗机派往这一地区。JG 26第一大队到达目标却没有发现敌机，反而痛失一名优秀的飞行员，自诺曼底登陆以来已经击落11架敌机的约阿希姆·京特少尉落单后试图降落在别处机场，被皇家空军第332中队（挪威中队）的“喷火”击落身亡，1名挪威飞行员未能返航，可能被10./JG 54中队的赫尔穆特·布里施下士击落，Ⅲ./JG 54大队正由克伦普带领飞往赖讷巡逻Me 262机场，1名飞行员掉队后被“暴风”击落身亡，他很可能是费尔班克斯少校的第12个战利品。

Ⅲ./JG 26大队依然没有出战，只在上午安排训练，沃尔夫冈·波尔斯特上士着陆后全神贯注指导僚机降落，毫无防备之下被扫射机场的“暴风”击伤[①]，这位全大队最勤勉也最资深的飞行员再也没能回到前线，效力JG 26两年半后他的记录止于108次战斗飞行和5个空战战果。据格尔克称，战争最后一年，波尔斯特执行的飞行任务在大队无人能及。外部的血雨纷争都未曾撼动他的责任心。波尔斯特后来很长一段时间拒绝接受采访，认为战争远离大众视线以后，任何史学家仅凭少数几个生还老兵的讲述必然以偏概全。

2月25日7:35，第一大队23架Fw 190奉命前往鲁尔河谷截击盟军战斗轰炸机，4架退出任务，19架在科隆发现了大约6到8架正在低空攻击地面部队的“雷电”，2架Fw 190因机械故障没有参加随后的战斗，但最后仍然被敌机击落，无人生还。剩下17名飞行员正准备朝“雷电”发起进攻，突然发现上方几架“喷火”正迎面飞来，博里斯少校一声令下，Fw 190利用阳光的掩护快速突袭，美军第36战斗机大队第22中队在1架“雷电”被黑克曼中尉或/和泽芬少尉击落后开始回击，这时上方皇家空军第41

---

① 皇家空军第222中队早上奉命扫荡亨格罗－赖讷－奥斯纳布吕克－明斯特一带，发现普兰特林讷机场有3架Fw 19正在降落，宣称可能击落2架、击伤6架敌机。

中队的“喷火XIV”也加入进来，空战持续了15分钟，4架Fw 190被“雷电”击落，飞行员无一生还①。

皇家空军第41中队进而与新西兰空军第486中队的“暴风”一起在诺德霍恩压制住第二大队，3架Fw 190D在地面被摧毁，1架Fw 190D滑跑时冲进掩壕，飞行员受伤，还有1架逃往科隆时被瓦恩机场防空炮误击，飞行员身亡，诺德霍恩机场的防空炮打中了1架“暴风”，飞行员在附近以机腹迫降。午后一场阵雨令第一大队15架Fw 190提前打道回府。

沃尔夫冈·波尔斯特，照片中一脸稚气未脱，“波尔蒂”在1942年11月加入第三大队第8中队，到1945年3月战斗负伤时，恐怕是第三大队资历最深的飞行员了。他经常被普里勒委任一些训练和技术工作，1943年11月还暂时调到JG 3联队帮忙训练那些刚从东线转战西线的飞行员，也许基于这个原因，他战绩并不高，却被认为是第三大队最勤勉可靠最有责任心的人。

作为首个Fw 190D-9大队，JG 54第三大队自去年12月25日投入战场至今，大约损失了50架战机，1月30架可作战飞机到2月下旬剩下不足20架，其后几周以至多12架的中队规模出战更成为常态，2月25日该大队正式编入JG 26，成为第26战斗机联队第四大队（Ⅳ./JG 26），原第9、第10和第11中队新番号对应为JG 26的第15、第13和第14中队。中队番号对应的飞机编号颜色被重漆，以符合德国空军的统一涂装规范。（13/JG 26：白色，14/JG 26：黑色，15/JG 26：黄色），除此之外，Ⅳ./JG 26人员、指挥层和基地均维持不变。不过改编对一些“绿心”飞行员而言感情上难以接受，他们直到战争结束也没有对新联队产生认同感，甚至拒绝戴“施拉格特”字样的联队袖标。

虽然哈克尔少校在JG 300联队呆了不到1个月又调到JG 11任联队长，但受他邀请，2月22日拉德纳中尉调去JG 300指挥第二大队，3月12日，拉德纳以JG 26指挥官的身份被授予骑士十字勋章，他调走后，第二大队指挥官由原第10中队中队长保罗·绍德上尉接任。特奥巴尔德·克劳斯（Theobald Kraus）中尉暂时接手第10中队，但他战斗技能蹩脚，据说100多次空战从未命中目标，海因里希·席尔德中尉留在地面担任副队长辅佐。至此JG 26的指挥系统如下页表格所示。

美军稳步向门兴格拉德巴赫挺进。28日，JG 26四个大队悉数出战。7:30克鲁平斯基上尉率第三大队从普兰特林讷首先出动，迎来换装Fw 190D-D9后的处子秀，半个多小时后在1500米高度与老冤家费尔班克斯少校的皇家空军第274中队狭路相逢，这次“暴风”只有6架，寡不敌众，2名飞行员击落被俘，其中一人正是头号“暴风”王牌费尔班克斯少校，战后他回忆最后这一战的场景：

我呼叫抛下副油箱，发动迎头攻击，但是事发突然，不容挑选下手目标，也来不及抢占有利射击位置。我不记得敌机还击过，估计他们同样措手不及，无暇列队开火。

与敌机编队交会而过后，我呼叫向左180度转弯调头继续攻击，但这时敌机机群所剩无几，大概编队被冲散了，我追

① 美军第22战斗机中队宣称击落2架+可能击落1架Fw 190，击落1架+击伤1架Bf 109，自身损失1架战机。

联队长	弗朗茨·格茨少校	菲尔斯滕奥
第一大队(Ⅰ./JG 26)	卡尔·博里斯少校	菲尔斯滕奥
第1中队	约尔格·基夫纳少尉	
第2中队	瓦尔德马·泽芬少尉	
第3中队	阿尔弗雷德·黑克曼中尉	
第二大队(Ⅱ./JG 26)	保罗·绍德上尉	诺德霍恩
第5中队	威廉·霍夫曼中尉	
第6中队	西格弗里德·西少尉	
第7中队	戈特弗里德·迪策少尉	
第三大队(Ⅲ./JG 26)	瓦尔特·克鲁平斯基上尉	普兰特林讷
第9中队	戈特弗里德·施密特中尉	
第10中队	海因里希·席尔德中尉	
第11中队	赫尔曼·古尔少尉	
第12中队	施拉德尔中尉	
第四大队(Ⅳ./JG 26)	鲁道夫·克莱姆少校	法勒尔布施
第13中队	彼得·克伦普少尉	
第14中队	汉斯·多腾曼中尉	
第15中队	威利·海尔曼中尉	

瓦尔德马·拉德纳中尉，从1942年2月就加入第二大队。1945年1月30日接替哈克尔少校担任大队指挥官，2月23日调去JG 300指挥该联队第二大队。3月12日，拉德纳以JG 26指挥官的身份被授予骑士十字勋章，虽然他当时23架战绩远远达不到授勋标准，不过算上另外14架未得到确认的战绩，也有资料将他的总战绩定为37架。

击一架敌机钻进云层，失去目标，不久我也向下穿云而出，又一架Fw 190出现在眼前，但与此同时，我也与2号机失散了。

我逼近这架190式，正准备开火，身边突然划过几道曳光弹，由于在低空，我以为是高炮，不顾它们来势不减，继续瞄准，将这架190打成一团火球，然而下一刻我也被重重击中。原来刚才所见炮火并非来自地面，而是后方敌机。我还记得右翼蒙皮下的翼肋和左机翼上表面暴露无遗，飞机摇摇欲坠，乙二醇冷却剂喷薄而出，发动机逐渐失灵，散热器明显被打穿，我使劲向右推杆并且打右舵，配平飞机。意识到撑不到返航了，我决定跳伞。右手紧握操纵杆，左手推舱盖开关手柄，座舱盖纹丝不动。我又试了几次，单手力气始终不够，只好改用双手才成功，如今我只记得座舱盖被气流卷走，我从左侧探出头，接下来就跳伞并着陆了。

英军第274中队宣称击伤5架敌机，JG 26第三大队3架Fw 190进行了紧急迫降，弗朗茨·施密特下士重伤不治身亡，他很可能是费尔班克斯没被计入官方战绩的第13个空战战果。第三大队迎来开门红，但以悲剧收尾。现年33岁的伯恩哈德·沃尔尼茨上尉追随纳粹党的时间至少可以追溯到1931年加入冲锋队，他虽然战绩平平，飞行技术倒不错，从这次任务返回到普兰特林讷，他急于向附近的女友炫技，绕着农舍做大坡度转弯，结果与僚机猛烈相撞，坠毁成两团巨大的火球，现场惨烈的一幕令目击者无不触目惊心，刚蹿起的士

不屈之鹰——戴维·查尔斯·费尔班克斯

击落12.5架敌机，1个V1导弹，击伤3架敌机。两次杰出飞行十字勋章、一次优异服务勋章。

1922年8月22日戴维·查尔斯·费尔班克斯（David Charles Fairbanks）出生于纽约，父亲是康奈尔大学教授，他从小耳濡目染航空，高中快毕业时正逢欧战爆发，遂于1941年2月加入加拿大空军服役，完成飞行训练后当了一段时间教官，来到英国继续接受高级飞行训练和作战训练，1944年进入皇家空军第501中队，驾驶喷火V型战斗机。6月8日他在勒阿弗尔击毁和击伤Bf 109各1架，取得头两场空战胜利，随后转到第274中队改开最新的暴风V式战斗机，在8月29日击落1枚V1导弹。

入驻荷兰沃尔克尔的第一个星期，第274中队鲜少发现敌机踪迹。11月19日，费尔班克斯的“暴风”被地面炮火击中油箱，引发机身和尾翼面火势，他侥幸安全降落回沃尔克尔。12月17日，费尔班克斯扫荡赖讷时遇到1架Bf 109，立即穷追猛打，对方飞行员被逼跳伞，后来他又连下三城，其中1架德机迫降时被费尔班克斯打爆，他想对第3架德机如法炮制时发现子弹已打光了，费尔班克斯在这架幸运的Bf 109上方摇晃两次机翼，对它逃过一劫表示祝贺。

月底，费尔班克斯转到第3中队。良好的状态开年得到延续，1月4日和14日入账1架Fw 190和1架 Bf 109，23日共同击落1架Ju 52运输机，2月5日重回第274中队，接替一天前阵亡的中队长贝尔德少校（被JG 27击落），第274中队日志对此兴奋地记录为：“威震赖讷的‘福布’费尔班克斯又回来了。”的确如此，拥有指挥权的费尔班克斯更是一展才华，在随后三个星期宣称击落了1架Ar 234喷气式侦察机（被他认作Me 262）在内共6架敌机，还可能击落1架。

2月24日费尔班克斯在普兰特林讷机场取得最后一个得到确认的战绩，2月28日清晨，费尔班克斯和5名队友飞往哈姆、明斯特和奥斯纳布吕克，攻击了一列机车，8点过，在奥斯纳布吕克以北发现德国第26战斗机联队“40多架Fw 190和Me 109”，面对拥有巨大优势的德军，费尔班克斯一如既往率队发动进攻，经过一番苦斗，他重创1架敌机，随后也被击落，跳伞被俘，之后皇家空军授予他第二枚杰出飞行十字勋章。费尔班克斯的官方空战战绩为：空战击落12.5架敌机、1枚V1导弹，击伤3架敌机，地面摧毁2架、击伤1架敌机，除了第一架战果为驾驶喷火V取得，其余均为驾驶暴风式战斗机上取得，这使他成为这一机型的头号王牌飞行员。他的战果中至少确切有3架，可能有2架Fw 190D-9来自德国空军第26战斗机联队，最终他也止步于第26战斗机联队。

战后费尔班克斯回到加拿大空军，在辅助部队继续驾驶过一段时间的暴风T-33型战斗机，后来随队驻英期间改开喷气式战斗机“流星”，1955年退役后成为德哈维兰公司的试飞员，定居于加拿大。1979年病逝。

气又跌了回去。

第10中队指挥官特奥巴尔德·克劳斯中尉因燃油耗尽，以机腹紧急迫降并负轻伤，很晚才回到普兰特林讷基地。由于地面目击者报告了一架“暴风”坠毁，当晚克鲁平斯基召集飞行员想确定这架战果归属，根特和克劳斯都站了出来，前者回忆说：

克鲁平斯基问我们当时谁在射击位置，克劳斯中尉和我都应了声，克劳斯的陈述表明他的位置不可能命中，而我的汇报一定符合了现场实际，因为这架战果最后判给了我，可惜我始终没收到柏林方面的确认，可能因为邮件没来得及送到普兰特林讷，或者送到了但没人通知我。但我自己确信无疑，当时我从一个有点刁钻的角度（大坡度向左急转弯掠袭）开火击中了那架“暴风”，看见炮弹打在对方机翼上，它穿过弹道束向右飞去。

虽然第三大队将这架战果判给了根特，但既然实际有2架“暴风”被击落，可见克劳斯中尉的宣称战果同样成立，必然是他和根特之一终结了费尔班克斯少校的王牌之路。

临近中午，第一大队和第四大队在各自大队长带领下同时飞往门兴格拉德巴赫自由狩猎，但均为浓雾所阻，中止了任务。JG 26当天仅有第二大队第5中队到达门兴格拉德巴赫，霍夫曼中尉很快发现一个P-47编队并率队发动攻击，他和施潘准尉各宣称击毁1架，1名飞行员战斗失踪。第5中队的对手美军第406战斗机大队实际损失1架，宣称击落、击伤和可能击落Fw 190各1架。

3月1日的任务依然是攻击门兴格拉德巴赫地区的美军第九航空队，掩护地面部队向莱茵河东岸撤退。这次四个大队组成一个战斗编队联合作战。8:30－8:45，62架飞机从各自机场起飞，直奔南边，其中11架因故障退出。要在一段不短的航线突破皇家空军第二战术航空队的武装侦察区绝非易事。第四大队在多特蒙德上空8000米被加拿大空军第412中队约25到30架“喷火”打散，多腾曼的第14中队身陷重围，以1名飞行员身亡的代价宣称歼敌1架，只有克伦普的第13中队大约9:30抵达目标，在那里与可能来自美军第363战术侦察大队的P-51发生交战，双方最后互交白卷。第三大队同样没有出现在门兴格拉德巴赫。

另外两个大队成功且成规模到达战斗区域并进行了一番恶战。博里斯少校等8人因无线电或起落架故障退出了任务后，黑克曼中尉率领剩下15名飞行员继续南下，在杜塞尔多夫至科隆一带与约40架“雷电”“野马”发生激烈交战，双方在500－1000米高度的云层内外你来我往，“多拉”与“雷电”的盘旋较量以0:5大败，被击落的5名飞行员无一生还，只有2人的遗体后来被找到。这队被大队日志记载为“飞行员技艺娴熟”的雷电战斗机来自美军第406战斗机大队第512中队，正在执行轰炸任务，声称此间遭到至少12架凶悍的敌机突袭，击落Fw 190和Bf 109各2架，击伤Fw 190和Bf 109也各2架，自身无损失。交战环境下盟军飞行员频频将长鼻子Fw 190D误作Bf 109，德国飞行员也很难分清“暴风”与“雷电”“喷火”，敌机辨识错误很容易将后世的空战史学家引入歧途，令他们头痛不已。

以自由狩猎形式作战的第二大队出色得多，8:10起飞后井然有序到达战斗区域，中途还由霍夫曼中尉和开姆尼策（Chemnitzer）上士各自击落了1架炮兵校射机，霍夫曼随后发现8架P-47，趁对方刚完成投弹正在爬升，率队发动突袭，美军第366战斗机大队第

389中队毫无防备，急忙以双机为单位躲向下方云层，双方以偏转角射击速战速决。4架P-47当场被击落，第5架返航途中坠毁，飞行员跳伞逃生。第二大队2架战果归于安德尔少尉（第7中队），剩下3架由霍夫曼、施潘准尉和西少尉瓜分，但大队的实际损失比美军宣称的“击落1架、击伤1架”更为严重，共有3名飞行员身亡，1名飞行员被俘，虽然这些损失可能部分为美军高炮所致。

次日上午第三大队17架Fw 190训练时在赖讷以北卷入了两个“喷火XIV”中队与JG 27联队的Bf 109交战。以损失1名飞行员的代价击落2架来自英军第130中队“喷火XIV”①。

第四大队一次低空对地攻击任务。

3月初，盟军八个集团军沿着莱茵河西岸排成一线，莱茵河成为最后的天堑。3月2日和3日，美军装甲部队先后在杜塞尔多夫附近发现两座还没有被破坏的桥，冲向目标时，均被德军抢先一步将桥梁炸毁。7日，第9装甲师下属的第14坦克营和第14装甲步兵营在科隆以南的雷马根镇无意中发现一座铁路桥防守薄弱，这次美军一鼓作气猛冲过桥，在目标没有被完全炸毁前在东岸建立起桥头堡。雷马根大桥失守意味着莱茵河防线被撕开裂口，在德军中引发震荡，他们不顾一切投入远程火炮、轰炸机、水雷、火箭弹甚至爆破敢死队，试图堵住这道裂口，10天后，雷马根大桥终于坍塌，但于事无补，美军已在莱茵河上架设了六座军用桥梁，后续部队源源不断抵达东岸，至此德国在西线两大壁垒齐格菲防线和莱茵河均被突破，西线的丧钟响彻第三帝国。

雷马根大桥失守首日，德军B集团军群并没有引起足够重视，西线空军司令部也分兵乏力，3月7日JG 26依然按原计划，仅在下午出动第三大队前往荷兰恩斯赫德自由狩猎。这个大队一如既往地找不出编队指挥官，最后，第9中队的威利·策斯特军士长临危受命，领衔了本次任务，策斯特不乏飞行和战斗经验，带队指挥却是头一遭。海因茨－威廉·巴特尔特少尉是17名出征飞行员中唯一的军官，却是个生手，为奥托·萨莱夫斯基下士担任僚机。

驾驶舱待命到14:45，起飞令下达，17架Fw 190D-9升空，根特下士这次摆脱了“光荣殿后”的使命，担任策斯特的僚机，他回忆说：

我们很快来到战区上空3000米，确信了敌机正在恩斯赫德大肆活动：“台风”猛攻摩托化部队，“喷火”转弯飞向另一边，都没注意到我们，几个“暴风”小队出现在下方，对我们很不利，因为Fw 190D-9最佳作战高度在5000米以上，“暴风”可能正是打算利用它们在3000米高度出众的爬升率，偷偷先发制人。

① JG 26第三大队报告击落2架P-47，还可能击落1架P-47，但这一带没有美军。因此第三大队可能与皇家空军第130中队发生交战，后者损失了2架“喷火XIV”（飞行员被俘），宣称击落4架、可能和击伤3架Fw 190。皇家空军第350中队没有损失，宣称击落4架、击伤1架Bf 109。德军的JG 27联队此次任务是保护KG 76的机场，宣称击落3架“喷火”、2架“暴风”（来自皇家空军第80中队），但损失了8架Bf 109，飞行员中只有2人生还。

随大间距编队爬升时，我例行观察后方，却只看到策斯特，其他人都消失了。实在要命，大战在即，无线电却悄无声息，既收不到，也发不出警告。我估计无线电坏了，只能向策斯特示警，他点头表示收到。

大约6架“暴风”从下方死角突然钻出，其中2架已近在咫尺，准备开火，策斯特朝一个在我看来错误的方向滚转规避，我后来得知他也被击落了。我孤家寡人，如果跟上去，无异于往身后枪口上撞，于是朝反方向飞，打开甲醇喷射助力系统，马力全开，速度升到600公里/小时左右，但此时发动机位置涌出润滑油，糊满风挡，一定是油管坏了。不过侧面视线良好。两英里外，下方有一片云层可供隐蔽，这是唯一的脱险机会，润滑油已经汹涌蔓延到左机翼，留给我的滞空时间不多了，幸好发动机仍然正常。

“暴风”仍然在上方和两侧虎视眈眈，紧接着下面又飞来几架，为了能撑到逃进云层，我一边继续全速冲刺，一边左右打方向舵干扰敌机射击，我转弯越急对方瞄准越困难。这招果然奏效，“暴风”飞行员全靠反射式瞄准镜，结果弹道全部偏向一边。我钻进云层，准备急跃升进入迎面开火位置，吓退敌机，可是失败了，（后来得知）因为我下方还有一架“暴风”，隐约透过云层发现了我并将方位通知了我的追击者。于是另一架“暴风”在我穿出云层时来了个守株待兔，命中我这架已经故障的座机机尾。我经由操纵杆感受到重击，随后发现升降舵失灵，必须弃机跳伞了。

我在时速600公里时抛下座舱盖，解开安全带，随后被卷出驾驶舱，顺着倒立的机身重重撞上垂尾，撞断了左臂，飞行服左袖也被撕裂，左上臂传来沉重的一击，但并无痛感。我最后瞟了一眼空速表，上面显示时速达到650公里，显然我不能立即开伞，否则降落伞一定会被扯碎。我数着时间，意识到刚才折断了左臂，于是在半空翻了15到18圈，调整身体位置，改用右手拉下手柄开关，降落伞在低空打开了。

根特打开降落伞时正好目睹一枚V2导弹升空，以至于砰然落地时仍然惊魂未定，桡骨神经进一步被摔伤，左臂传来撕裂般的剧痛，尽管如此，他喜出望外、如释重负，他知道“这场无聊的战争终于结束了”。

JG 26第三大队一口气遇上了5个“暴风”中队，4架Fw 190被击落，根特和策斯特跳伞负伤，巴特尔特少尉和长机萨莱夫斯基下士在飞机里被击毙。除了机型有误，“暴风”飞行员上报的战绩完全正确。最早向第三大队爬升发动攻击的可能是皇家空军第56中队，乔伊·佩顿上尉甩掉身后2架Fw 190后，一边爬升一边以30度偏转角击落1架敌机，特纳中尉从4000米俯冲向一架“Bf 109”并展开低空追击，最终拿下目标。皇家空军第80中队的麦凯（Mackie）少校与1架Fw 190陷入艰苦的盘旋格斗，双方翼尖拖出的凝迹划过900米高度的天空，麦凯在绝境中以一个高偏转角开火完成逆转，Fw 190坠毁并爆炸，胜利者汗流浃背返回基地，被他称为最艰难的一战中落败的Fw 190飞行员很可能是萨莱夫斯基下士。

皇家空军第3中队的希腊籍飞行员巴西利奥斯·米海尔·瓦西利亚季斯（Basilios Michael Vassiliades）中尉追击1架单枪匹马的Fw 190并开火，对方中弹后开始在云间穿梭，做剧烈规避。瓦西利亚季斯在下方跟踪了将近10分钟，终于在对方穿云而出时从后方再次开炮并击中了驾驶舱，Fw 190

飞行员抛下座舱盖跳伞，在恩斯赫德西南方两英里处着陆。瓦西利亚季斯此前驾驶“野马”亦是成就斐然，取得了5.5架击落数和1架可能击落数，根特是他改飞“暴风”的第3个战利品，他将根特送出战争的同时也保全了对方性命，但他自己大限将至，3月25日，刚获得杰出飞行十字勋章的瓦西利亚季斯阵亡于德军高炮。

3月8日，反应慢半拍的德军开始派出战斗机和轰炸机疯狂轰炸雷马根大桥，试图阻止盟军扩张滩头阵地。北边的第14航空师奉命增援，JG 26第一大队最早响应。3月9日14:55，17架飞机从菲斯滕特瑙向南飞往雷马根，但被浓雾挡住去路，于是博里斯少校将任务改为自由狩猎，他的飞行员宣称击伤1架“台风”，后因天气原因退出。

根特最后驾驶的Fw 190零部件40年后被发掘出土，已到花甲之年的他也去看了。

第二大队同样未能到达雷马根，24架Fw 190在韦瑟尔被美军第366战斗机大队第391中队拦住去路，德机发动迎头攻击，宣称摧毁4架P-47，自损3架Fw 190和1名飞行员，瓦尔特·施通普夫下士和立功的哈努施下士（重伤）跳伞。施通普夫描述道：

> 我向下穿出云层，迎面撞见3架“雷电”，后面还跟着几架190式——其中一名飞行员后来告诉我，他也看见我了。领头那架P-47首轮开火就打坏了我的方向舵，而它后面两架被190式击落。我脱离失控的座机，然后看到一名美国飞行员也跳了伞。韦瑟尔附近，敌军正在攻打一座受损桥梁。我和“雷电”飞行员都降落到了德军阵地。

美军第391战斗机中队宣称击落6架、击伤3架Fw 190，自身有2架当场坠毁，1架紧急迫降到前沿机场，2架重伤返航，惊魂未定的飞行员汇报称对手“非常好斗”，相较于许多德国战斗机编队已经开始明哲保身，这一评论煞是显眼。

3月10日开始的一周内，可能受天气和油量短缺所限，联队基本为零星出动。“喷火”和“暴风”也盘旋在机场上空虎视眈眈，如果不牵制走它们，升空举步维艰。3月18日，为支援苏联盟友，美军出动第八航空队上千架B-17和B-24轰炸了柏林地区的铁路场站和坦克工厂。临近中午，JG 26第四大队19名飞行员由克莱姆少校率领，根据地面引导向东拦截撤退的轰炸机①，飞至特维斯特林根（Twistringen）附近遭到美军第339战斗机大队第503中队突袭，第14中队在中队长缺阵的情况下被P-51击落4架Fw 190，飞行员2死1重伤②。

3月19日，JG 26联队最后一次同第八航空队大动干戈。随着值得轰炸的工业目标所剩无几，第八航空队盯上了铁路和机场，当天德国西北部放晴，675架P-51战斗机横扫了欧

① 第四大队几名飞行员的飞行日志上列出当天“紧急起飞拦截重型轰炸机”，但空军西线司令部记录第四大队的任务为“对付奥尔登堡西南地区低空的敌机”。

② 汉斯·多腾曼中尉日记记载这天上午他被大队长克莱姆少校支走，因而未能随队参战。美军第503战斗机中队执行完扫荡柏林的任务返航途中发现并袭击了Ⅳ./JG 26，宣称击落4架长鼻子190并击伤另一架，自身1架P-51被敌机击伤后迫降回基地。

洲大陆，为后面1200余架重型轰炸机开路。

美军第78战斗机大队扫荡了奥斯纳布吕克地区，JG 26和JG 27的基地无一幸免。12:30，负责保护喷气式飞机机场的Ⅳ./JG 27大队刚刚起飞，47架P-51轰然而至，风卷残云般摧毁28架Bf 109K-4中的12架，击伤2架，JG 27飞行员5死6伤。Ⅱ./JG 26大队与几架P-51在普兰特林讷机场上空陷入空中缠斗，无一战绩，还损失了约翰·施潘准尉，美国飞行员在作战报告中提到他在德国飞行员跳伞过程中继续开火。施潘在半空中弹，降落伞始终没有打开。自威廉·霍夫曼中尉左眼受伤后，担任僚机的施潘不啻于霍夫曼的一只眼睛，起降阶段他紧随长机左右，协助后者在空中判断高度和距离。

13点左右，克莱姆少校率领Ⅳ./JG 26大队大约20到25架飞机飞往西南方向的明斯特－赖讷自由狩猎。起飞不久，地面传来敌情报告，至少14名飞行员跟着多腾曼中尉转向西北直奔“野马”出没的林根，13:30，在森林覆盖的安库姆山脉[①]北部上空4000米与返航的第78战斗机大队余部展开交战，双方数量大致相当[②]，多腾曼在上方5架敌机做出反应前，俯冲向下方8架敌机，1分钟之内连下两城。美军第84战斗机中队中队长哈利·唐宁（Harry Downing）少校成为多腾曼的第29个手下败将，他在最后一刻才摆脱失控的座机，跳伞被俘。“我看到唐宁少校击落一架Bf 109”，第84中队的托马斯·塞恩少尉在报告中陈述道：“后来我听见他在无线电里说他又击落一架，他呼叫有大餐，但后来又说被击中，要跳伞了，最后一句话是‘伙计们，再见了’我立马反应过来那是他的声音。”

Ⅳ./JG 26大队共宣称击落6架野马，自损两名飞行员阵亡。除了多腾曼，库尔特·海因下士、普拉格尔少尉以及克莱姆少校也各有斩获，克伦普返航至克洛彭堡（Cloppenburg）西南为Ⅳ./JG 26完成收官之作：

一架“野马”自南边追到克洛彭堡附近一座基地。我和我右边一架D-9起初佯装无动于衷，继续朝法勒尔布施飞行，我留意着“野马”并故意让它接近，在飞行员以为可以拿下我时向右急转弯，他措手不及，除了转弯规避无计可施，但我已经反咬住他机尾，几梭子子弹打过去，“野马”冒着火光下坠，飞行员跳伞逃生。

克伦普在法勒尔布施款待手下败将埃尔默·尼兰（Elmer Nieland）少尉，向对方劫后余生表示祝贺。机场主管很是恼火，因为这里不允许战俘参观。

第78战斗机大队损失5架“野马”及其飞行员（2人死亡、3人被俘）：1架被Ⅳ./JG 27大队击落，其余4架被Ⅳ./JG 26大队击落，大队日志评论这群Fw 190飞行员“不依不饶，除非被重创，全无退出或跳伞之意”，不过3月19日第78战斗机大队是带着前所未有的辉煌战果离开奥斯纳布吕克的，宣称击落和击伤Fw 190各6架，击落24架+击伤12架Bf 109，高出对手实际损失2倍有余，出现在交战空域的三支德军Ⅱ./JG 26、Ⅳ./JG 26和Ⅳ./JG 27总共有6架Fw 190和14架Bf 109损毁和损伤。在战局已成一边倒的阶段，美军宣称战果难得出现如此高的误差，也足以体现

① 安库姆（Ankum），位于奥斯纳布吕克和夸肯布吕克之间。

② 美军第78战斗机大队报告发现15架Fw 190。

此战的激烈和混乱。

当天最早出动的Ⅰ./JG 26大队没有参加午后这场激战。15架飞机在奥斯纳布吕克自由狩猎时声称遭到12到18架“暴风”或者“雷电”的袭击，1架Fw 190受损。

下午晚些时候，I./JG 26和Ⅳ./JG 26两个大队共22架飞机奉命保护汉多夫机场的Me 262降落。德国人一直担心的英军“暴风”或“喷火”不见踪影，出现的是美军第八航空队最后一批扫荡的战机：未来的美国空军准将罗宾·奥尔兹少校领衔的第434战斗机中队，一场盘旋格斗干脆利落，8架“野马”决然而去，毫发无损，留下2./JG 26 中队2架Fw 190无望地坠向地面，飞行员都跳了伞，一人死于降落伞未能打开，一人重伤告别了战场。只有拉姆通（Ramthun）少尉取得一架击伤战绩。第一大队日志记载，机械师巴克豪斯下士也击落了1架出现在菲尔斯滕奥的P-51，他可能是操作改造后的20毫米航炮取得了这个地对空战果。

20日，第八航空队重点关照了德军喷气式战机基地：阿赫默、黑瑟珀（Hesepe）、霍普斯滕、赖讷以及埃森的米尔海姆都遭到猛烈轰炸。JG 26原计划由第一和第四大队共同保护阿赫默机场的Ar 234起降，第一大队受困于附近重型轰炸机和美军战斗机出没，延迟半个小时起飞，没有遭遇敌机。第四大队17架飞机17:20起飞，声称在阿赫默附近1000米高度与30架“雷电”“野马”交战，海尔曼中尉宣称击落1架“野马”，库尔特·西贝（Kurt Siebe）少尉身亡。这一带只有在迪默湖附近的美军第357战斗机大队第363中队于18点宣称在1架Fw 190加入编队前将其击落。

军械师展示他用MG 151航炮改造的20毫米防空炮，照片拍摄于1943年法国维特里基地。

次日第二和第四大队继续保护阿赫默机场，没有接敌，但有1架Fw 190撞树机毁人亡。由于被重型轰炸机压制，联队一整天再无其他飞行任务。德军几处喷气机基地因空袭陷入瘫痪，阻拦盟军轰炸机的重任只能落在西线四个活塞式战斗机联队肩上。JG 26第四大队22日早上和中午零星出动了两次搜寻盟军战斗轰炸机，均一无所获。第三大队在基地附近的自由狩猎任务同样无功而返。

第一大队自凌晨6:05开始了15分钟的战备，真正的任务直到15:39才下达：截击一队出没于赖讷附近的B-26轰炸机。14架Fw 190升空不久，博里斯大队长因无线电故障退出任务，接替他带队指挥的第3中队中队长黑克曼中尉也有同样的故障，但义不容辞地坚持下去。来到迪默湖东南，他先后发现了22架P-47以及由8架B-26和12架护航战斗机组成的盟军

阿尔弗雷德·黑克曼自1940年5月以下士军衔正式进入JG 3第5中队服役，随队参加了法国战役、不列颠空战、东线以及马耳他空战，1942年9月19日凭借50个空战战绩以下士军衔获得骑士十字勋章，次年开年后带着53个战绩转到JG 26第1中队， 2月又随新部队回到东线，在JG 26击落4架敌机后转到东线战斗机补充训练大队任教官，7月12日归队。10月14日击落第一架美军飞机：B-17轰炸机，1944年1月11日，他撞掉了第306轰炸机大队的B-17，并平安跳伞。当月23日晋升为少尉和第3中队中队长，9月21日在盟军的市场花园行动中宣称击落4架C-47。1945年2月25日在科隆东线击落1架P-47，取得自己第71架也是最后1架战绩。4月中旬，他被调到加兰德的第44战斗机分队，尚未报到，战争就结束了。黑克曼是为数不多从战争头一年战斗到最后一年且获得东、西、南线各个战场骑士十字勋章的飞行员，共宣称歼敌71架，其中18架战绩在JG 26获得。很多资料记录他共执行了约600次作战飞行，但1944年7月他因400次作战任务被授予前线飞行章（Frontflugspange），之后他的作战飞行次数应该在50到100次之间。图为诺曼底前线，黑克曼中尉和手下两个刚获得铁十字勋章的年轻下士合影。

小型编队。面对如此悬殊的兵力差距，黑克曼选择避而不战，带着12名飞行员于16:54降落回菲尔斯滕奥。性质上，这是一起严重的违纪事件，但黑克曼辩护道："我的飞行员只是群孩子，而且我的无线电坏了。"大队日志一字不差收录了这句掷地有声的话，在德国国防军官方档案中实属罕见。

第二大队同样等到下午3点左右才被派去赖讷一带搜寻B-26轰炸机，12架Fw 190在林根被皇家空军第56中队和第80中队正在扫荡的"暴风"逮到，5架当即被击落，4名飞行员丧生。京特·瓦尔特曼下士开枪命中了目标，但随后也被另一架敌机击中，他跳伞着陆时摔断了一条腿。德军宣称歼敌1架，而英军两个"暴风"中队均无损失，总共宣称击落6架、击伤2架Fw 190D。

五、最后一个坚守"施拉格特"之魂的人

1945年3月24日清晨，美军第17空降师和英军第6空降师实施了代号为"大学校队"（Operation Varsity）的空降作战，通过夺取莱茵河西岸的雷斯（Rees）和韦瑟尔据点，为即将在这一地区强渡莱茵河的英军第二集团军、美军第九集团军扫清前进道路。

和之前所有重大军事行动一样，重型轰炸机先声夺人，德国西北部暴露位置的军用机场无一幸免，被炸得满目疮痍。菲尔斯滕奥和诺德霍恩机场的投弹量分别为133.5吨和121.7吨，停在地面的飞机居然侥幸躲过了空袭破坏。普兰特林讷和法勒尔布施的投弹量达328.5吨和339.2吨，是前两处机场两倍有余，破坏程度也更为严重，第四大队被炸毁了4到5架飞机。

诺德霍恩全镇动员抢修机场跑道，"举得动铲子的都上"。法勒尔布施的例子则更典型：这里同样得到百姓帮忙，但大部分工作由费希塔监狱以及50公里外一座集中营里的犯人完成，劳役现场惨无人道，犯人们稍有懈怠就遭到毫不留情的殴打，即使精疲力竭也会被逼着清理哑弹，第四大队飞行员无不触目惊心，20岁出头的他们头一次见识到纳粹政权的黑暗。

就这样，在劳工、百姓以及一个正在附近疗养的连队共同努力下，四处机场次日均恢复了跑道，但附属设施俱毁，何况蒙哥马利的大军渡过莱茵河不过朝夕之间，届时距离诺德霍恩仅有100公里，这些机场只能被舍弃。

当天中午，联队指挥部和第一大队收到命令，开始从菲尔斯滕奥转移到西北方向10公里以外的德罗珀（Drope），次日上午，第二大队和第四大队也奉命撤离到比瑟尔（Bissel），那里位于法勒尔布施机场西北方10分钟航程。唯独第三大队再没有明天，它于3月25日正式解散。这支精英大队曾经名将如云，走出过加兰德、普里勒、舍普费尔、明希贝格四位联队长，如今虎头蛇尾走完了二战征程。瓦尔特·克鲁平斯基作为最后一任大队长回忆了解散的一段插曲：

当时，联队可用的飞行员、飞机和燃料困境凸显，四个大队的规模难以为继，普里勒决定解散一个，我的大队作为“高空掩护大队”就承担了这项命运，普里勒友好地向我辞别，让我去莱希费尔德（Lechfeld）找Ⅲ./EJG 2大队指挥官巴尔，问问我的大队能否转为Me 262部队。

他的指示即是正式命令，第二天一早我便驾驶一辆木煤气动力小车动身了，中午赶到莱希费尔德。我早年认识巴尔，于是开门见山：“嗨，我过来问问，什么时候能把Ⅲ./JG 26飞行员带来接受Me 262训练？”巴尔被逗乐了，哈哈大笑：“你瞧，我手上还有一百号多人排队呢。”此地没我们容身之地，巴尔光是训练现有这批飞行员就需要一个月，更别提我们了，于是我耸耸肩离开了。

克鲁平斯基去了德国南部温泉小镇巴特维塞（Bad Wiessee）的空军疗养院，安心坐等战争结束，然而他同Me 262的缘分并没有结束。几天后，JG 52时期的老长官施泰因霍夫上校找上门，邀请他加入加兰德中将的喷气式战斗机部队JV 44，4月2日克鲁平斯基已经坐进一架Me 262驾驶舱，“踏入航空史的新时代”，他的空战战绩为197架。

第三大队的战机和飞行员分摊到另外三个大队。部队日报显示，第一大队扩充到了38名飞行员及38架飞机，此后兵力再没有超过这个数字。原第9中队的戈特弗里德·施密特中尉是第三大队唯一被安排了新指挥岗位的军官，得益于同第二大队大队长的交情，他转到第6中队，从西格弗里德·西少尉手中接过指挥权，西无奈地降为小队长。3月25日是他指挥官任期最后一天，他在回忆手稿里记录了第二大队从诺德霍恩转移的一幕：

从左到右：弗里茨·格茨少校、普里勒上校和克鲁平斯基上尉。

第10中队遗弃在策勒（汉诺威东北）的“黑色10”号Fw 190D-9。

大家同往常一样共进早餐，乘车来到飞行场地，今天天亮得比往日略晚。我们分秒必争地往Fw 190D里搬行李，希望在“对面的同行”行动前赶到新机场。为了最大程度减少事故损失，所有注意事项已详细交代。场上众人神色肃穆，飞行员尤为紧张，因为场地千疮百孔，还可能冲进一片松林，Fw 190D驾驶舱前方视野不佳，起飞阶段无异于盲飞，尤为困难。大队长已提前布置了起飞顺序：先老手，后新手，争取尽可能地避免撞机事故及其引发的场地堵塞。

第5中队排在第一位，带队的格尔德·舒尔维茨少尉滑跑到起飞线，指挥室和地勤的目光全都汇聚到他那里，人们紧张之情溢于言表。指挥室外，我站在自己的飞机旁凝神观察，以便吸取经验，第二架飞机正滑向起飞线。舒尔维茨打开了节流阀，引擎声响起，他松开制动器，飞机才缓缓滑动，在众人注视下稳步加速，临近立着小红旗的跑道尽头时腾空而起，成功了。

下一个飞行员也进入跑道加速滑跑，即将冲进松林的前一刻他猛地拉起飞机，及时升空。当众人的目光转到第三架飞机上，半空传来爆炸声，暗红的火球飘落到地面，离我不足五米远，一个巨大的铁件砰然坠地，滚上跑道，那是发动机。

出什么事了？第二架飞机呢？疑团层出不穷。几个地勤人员目击到全过程，真相才水落石出。格尔德·舒尔维茨在临近失速时左转，然而左边另一架飞机正好反向飞来，撞在一起。事故原因被定为低能见度所致，还可能因为第二名飞行员开了小差。

维尔纳·莫尔格和海因茨·戈曼同样目睹了这起惨剧，坠机地点距离他们只有500米。第二名飞行员赫尔曼·屈恩下士升空后还在大角度爬升，没有跟上舒尔维茨一起盘旋，他在做剧烈的改出动作时不慎与舒尔维茨相撞。金属残件、尸骨残骸散落在跑道和第6中队疏散区，清理现场时飞行员们依然呆若木鸡，他们失去了大队人缘最好的“小男孩”舒尔维茨。莫尔格帮忙取下尸体上部分张开的降落伞，血肉横飞的惨景成为他毕生难忘的记忆。1985年，一位潜心研究诺德霍恩历史的爱好者格尔德·珀尔肖（Gert Poelchau）根据莫尔格的描述找到遗落的铁十字勋章和手表，指针停留在5:57。

后续起飞中断了一个小时，终于由第6中队重启，接下来依然来自西的记述：

我拍打快停跳的胸口，振作精神爬进驾驶舱，机械师站在机翼上帮我系好安全带。我沉默地等在起飞线上，四周异常寂静，趁驾驶舱还未关闭，我点上一支烟。时间到了。我开出掩体，驶上狭长的跑道。目光多次飘过仪表盘瞥向舱外：众目睽睽，不容有失。

指挥室升起两枚绿色的起飞信号弹，我双腿踩下制动，缓缓打开节流阀，启动了发动机：压力自操纵杆传到掌心，发动机的轰鸣入耳，身体感受到飞机的颤动，我完全镇定下来，松开制动，缓缓前行，左手握紧节流阀一推到底，空速表指针蹿过了200码，我沉着地操纵这架灵巧异常的福克－沃尔夫在立着红旗的跑道尽头前离开了大地，低空飞越市区，在万宝龙酒店上空急转弯进入航线，很快到达了新机场比瑟尔。诺德霍恩被轰炸那天，先遣服务队先到一步，因此着陆点的十字标识已经画出来，我对准标识降低高度，放下起落架，关闭节流阀，展开襟翼，顺利着陆，起降场尽头升起白色信号弹，指示滑向那里停放。

一架架战机相隔数分钟陆

续抵达，降落后迅速隐蔽，新机场条件恶劣，疏散区与起降场相距遥远，相当不利于当前局势下的起飞，在诺德霍恩我们已经领教过发生在起飞阶段的种种不幸。这里既没有指挥室也没有飞行员备战室，只有一座孤零零的兵营。很显然，现在的转移越转越差。

第四大队的第13、第15中队6:30从法勒尔布施起飞，顺利到达比瑟尔。两个大队的转移持续到次日，将近60架飞机密密麻麻挤在四周树林里。除了设施简陋，比瑟尔几乎没有C3燃油，只能到德罗珀加油，两处机场都只是临时栖身之地。

第一大队于6:25完成短途转场，并上报具备作战能力。午后作战令即下达：攻击在博霍尔特（Bocholt）的敌战斗轰炸机。1名飞行员因不熟悉新机场撞树，迫降失败后身亡。15架Fw 190升空后又有4架退出了任务，博里斯少校因油压过高也在其中。剩下11架在德罗珀上空2000米还没完成集结，反遭皇家空军第222中队的“暴风”当头一棒，短兵交接后德国飞行员一人毙命，一人平安跳伞。第四大队5架Fw 190从比瑟尔赶来掩护第一大队降落，但“暴风”已带着3架歼敌战绩绝尘而去。

17:40，第二和第四大队15架Fw 190从比瑟尔起飞展开自由狩猎，在博尔霍特遇袭，共有4架Fw 190损毁或损失，2名飞行员受伤。第15中队的格哈德·克罗尔（Gerhard Kroll）上士讲述了他的遭遇：

……下午，我们还是起飞了[1]，任务是追击一队“暴风”，这次我不是担任双机小队长机，而是被中队长威利·海尔曼中尉指定为僚机，他不希望刚发现敌机，转弯过程中就不见了僚机。

我们快到荷兰时终于发现了“暴风”。海尔曼似乎有自己的小算盘，装作“警戒小队”一样稍微左转，估计想用大部队吸引敌机注意，然后我们打伏击，但也许出于无心之失，我们和大部队转弯方向相反，突然就落单了，还是最不幸的那种落单：还在右转爬升时，正下方有3架“暴风”朝着这边左转弯爬升，而且越来越近，即将追上来。海尔曼大概无计可施，突然改向左急转弯进入半滚倒转。我立即意识到自己腹背受敌：如果停留在此，后半球就要以一敌三；而如果跟着他俯冲（我本应该而且确实也想过这么做），无异于往领头那架“暴风”枪口撞，但凡飞行员都不会放过开火的机会。我选择了下下策，追随海尔曼，结果他全身而退，子弹四面八方劈头盖脸朝我打来。

估计目前高度在7000米，我尝试跳伞，座舱盖卡住了，驾驶舱前部开始炸裂，仪表盘的碎片迎面砸来，我一度以为就要完蛋了，但脸部的痛感提醒我还活着，于是又试了一次，座舱盖依旧纹丝不动，刚无望地跌坐回驾驶舱，它却开了约20厘米宽的缝隙，随后整个被气流冲走，我立马解开安全带，侥幸逃离起火的飞机。由于不知道降落伞有没有被烧坏，我落到4000米仍不敢开伞，一直落到树梢上方才松开拉绳，伴随着开伞瞬间的震荡，我在半空摇摆一圈后落地，降落伞大约在80米高度完全打开，因此估计开伞高度约150米。我已经第三次脸部烧伤了，不禁破口大骂。

克罗尔的战争结束了。和他同一中队的普拉格尔少尉

① 克罗尔下午多次收到紧急起飞令，但最后都取消了。

和第5中队的普法伊费尔下士分别宣称击落1架“雷电”和“喷火”。虽然德军眼中的敌机五花八门，但他们只可能遇到“喷火IX”，加拿大空军第412中队巡逻到荷兰温特斯韦克[1]以南发现了大约12架“Bf 109”，歼敌3架，自身无损失。

带领第6中队顺利完成25日的短途转场后，西格弗里德·西最后一次以指挥官的身份安排中队整备工作，思绪间或飘到黯然无光的未来。早在二战前他就进入陆军步兵连服役，参加过波兰战役，但转到空军成为飞行员却只有一年半载，去年3月进入JG 26第6中队，如他那样训练有素的职业军官已不多见，仕途本该一帆风顺，然而事与愿违，纳粹党党员身份和空白一片的军功成为他晋升路上两大致命伤。纳粹党员在大队不受欢迎，另外，西飞行技术尚可，但射击不精，以至于在这年底板行动中才首开纪录。他在格隆茨手下担任第6中队副队长已有数月。格隆茨的出击数到了1944年年末趋于减少，这一阶段西带队指挥甚至勤于格隆茨。2月格隆茨离队接受喷气式战斗机的训练。西迎来了机会，但仅为见习中队长，而非正职。如今正式中队长即将走马上任，战绩并不比他出色，年龄还比他小2岁，坐上这个位置似乎只因施密特和新任大队长走得更近。西为此耿耿于怀了后半生。

第11中队的“黄色8”号Fw 190-D9被废弃在法斯贝格（Fassberg，汉诺威附近）。

第四大队撤离时炸毁的2架Fw 190D-9。

战后，美英苏法在德国开展“非纳粹化”运动，西仍然无法摆脱政治面貌，加之德国战斗机飞行员饱受民众白眼，西的就业受到极大限制，在接受木匠培训期间他将自己的战时日志整理成册，无意出版，更多的是在宣泄一肚子苦水和猜忌，虽然充满强烈主观色彩，但西对于这一时期第二大队的见闻和描述大体属实，

① Winterswijk，位于博尔霍特西北方向约15公里。

以下是发生在3月26日清晨的片段：

用完咖啡，飞行员们像往常一样聚集在各自中队疏散区，听从中队长布置任务，而我们第6中队的中队长却苦等不来，幸而他还体贴入微地从食堂打来电话，告知他正在同大队长用餐，一会儿还要找队医看胃病，今天不会来了，指派这次任务由我带队。

既然如此，自然照办。老实说我毫不意外，早就做好准备了，于是我很快分派下任务，然后向大队指挥室上报人员名单。电话那头照例是阿尔布雷赫特，我问他："大队这次由谁指挥？"回答是霍夫曼中尉，大队长要出席会议，抽不出空。又来这套陈腔滥调。

上午首场任务是在防区内自由狩猎，借此机会熟悉周边环境和机场位置，便于返航时尽快着陆。我们在空中巡视了一小时，没有发现任何敌机，于是返航了。

由于比瑟尔机场缺少燃油，地勤也没到位，当天13:10第二和第四大队15架飞机飞往德罗珀加油并待命。15:00，第一和第二大队各出4架战机，由霍夫曼中尉率领从德罗珀飞往交战前线韦瑟尔－博霍尔特截击盟军战斗轰炸机。3000米高度阴云密布，地面炮火余烬和烟尘散布在半空，云层下方能见度不足1000米。8架Fw 190只突破到明斯特东南，发现一队B-26编队后，霍夫曼率队突袭了9架护航的"暴风"，皇家空军第33中队的利格腾斯坦（Ligtenstein）准尉跳伞被俘，成为霍夫曼第44个战利品，其余8架"暴风"猛烈回击，一举摧毁了第一大队3架Fw 190，飞行员中只有1人跳伞生还。剩下5架Fw 190七零八落向北逃到埃姆斯兰（Emsland）。霍夫曼的僚机惊魂未定，隐约看到一架飞机自烟雾中突然向自己冲来，电光火石间，一切都结束了，这架飞机中弹后坠毁在哈瑟林讷（Haselünne）附近农田。

第5中队还没有从昨天失去舒尔维茨少尉的悲痛中恢复就再遭打击，他们再没能等来中队长返航，第一大队唯一返航的埃里希·施奈德准尉被指控击落霍夫曼，监禁了一晚后，第二天他站在第14航空师指挥部的审判庭接受审讯，最后被无罪释放，第14航空师明显再无进一步调查，此事以不了了之收场，但真凶是谁，联队人人心知肚明。克伦普自1942年6月与霍夫曼同期进入JG 26，私交甚笃，悲剧发生时他正在德罗珀待命，战后他给调查霍夫曼下落的格尔德·珀尔肖回信：

我有第二次任务在身，威利起飞后，我就等在比瑟尔[①]共用的临时指挥室，没记错的话，悲剧发生在哈瑟林讷。没多久，一个上尉欣喜若狂冲进指挥室，描述他新鲜出炉的战果，我后来得知他是威利这次任务的僚机。另一个返航的军官气急败坏出现，一盆冷水浇在胜利者头上："我，我全看见了，你知道你击落的是谁吗？是我们的中队长！"

4月2日，德军搜寻队在树林发现了飞机残骸，飞行员尸体在800米外，可见霍夫曼一度跳伞而出，但因高度过低，降落伞未能打开。他被当做无名飞行员就地埋葬，战后棺木迁至一处军人公墓，但在那段动荡混乱的时期，身份始终未加辨识，直到1988年霍夫曼仍

---

① 克伦普记忆有误，他的飞行日志也表明3月26日下午他在德罗珀。16:25第四大队出动了11架Fw 190D-9，同样止步于明斯特，普拉格尔少尉宣称击落1架P-51，第四大队于17:25前返回比瑟尔。

威廉·霍夫曼中尉，1942年夏天以下士军衔加入施拉格特联队第1中队，当年10月11日在1架“喷火”身上首开纪录。12月遭遇发动机故障，迫降时重伤，次年3月归队后在东线取得第2个战果，也是他唯一一个东线战果。在江河日下的最后一年，霍夫曼成长为施拉格特联队最杰出的飞行员。他也是击落P-47战斗机最多的德国飞行员，44架总战绩中13架是P-47，另有10架P-51和6架重型轰炸机。照片中霍夫曼坐在驾驶舱里，左眼仍戴着眼罩。

被官方列为失踪，经珀尔肖坚持不懈地寻访调查，才最终确定了他的下落和埋葬之地。“霍夫曼中尉是第二大队还在坚守‘施拉格特’之魂的最后一人，他的牺牲彻底带走了旧日的精气，他的悲剧刺痛到每个人灵魂深处。”西格弗里德·西在回忆手稿中悲叹：“即使一眼失明，威廉·霍夫曼依然一次又一次升空作战，心无旁骛，永不停歇，也从未临阵退缩，这份无上的荣光和成就至此永寂。”

英军第21集团军群顺利渡过雷斯－韦瑟尔一线的莱茵河后，至3月27日已建立55公里宽，30公里深的桥头堡。按照蒙哥马利的部署，加拿大第1集团军、英国第2集团军和美国第9集团军兵分三路，分别向着威悉河－埃姆斯、明斯特－汉堡－不来梅和利珀（Lippe）挺进，包围鲁尔区，德国西北部的防线行将崩溃。28日晨前锋部队快马加鞭直逼博尔霍特和博尔肯，他们上空是第二战术航空队不间断的火力支援。基夫纳少尉带领JG 26第一大队9架飞机返航途中与敌机相遇，受限于燃油不足避而不战。不过比瑟尔机场补充到了足够的航空汽油，因此第二大队和第四大队执行了三次自由狩猎，试图支援在韦瑟尔做最后抵抗的地面部队。结果毫不意外，最远只到达明斯特，就被铺天盖地的盟军空军打退并失散。JG 26第二大队午后二次出动未能接敌。11:05，JG 26第四大队11架飞机由多腾曼中尉率领起飞，11:34在明斯特西南突袭了皇家空军第56中队，1架“暴风”成为多腾曼中尉或者海因下士的牺牲品。据说英国飞行员斯坦利·谢泼德上士飞到了荷兰边境迫降，被当地人救下并藏起，但他坚持返回飞机残骸取佩枪，结果被附近雷达站的德军逮捕，随后被处决。第13中队的魏格尔此役宣告失踪，飞机残骸在1982年才被珀尔肖在交战地70公里外的弗雷登[①]找到，这位23岁的下士很可能落单后被盟军战斗机击落，因为此战过后他的中队指挥官克伦普同样带着僚机独自返航，在明斯特发现10到12架P-47正在扫射货运场，决定单刀赴会：

> 我想解决掉一架敌机，两架Fw 190容易暴露，而且我也不希望连累僚机，于是遣他先回去……利用阳光和逆温云层的掩护，悄悄进入盘旋着的敌机编队，击落了其中一架，随后躲进云层。由于敌人被惊动，我想如法炮制但未能得手，于是在云层的掩护下溜之大吉。

美军第九航空队第406战斗机大队第512中队的维恩·亨德肖特（Vern Hendershott）少

① Vreden，靠近荷兰。

尉成为克伦普第24个战利品[①]，也是第26战斗机联队击落的最后1架美军飞机。美军记录他在900米高度还没投弹，冷不防就被后方敌机偷袭，亨德肖特跳伞落到铁路场，他的队友追击未遂，眼睁睁看着这架单枪匹马的Fw 190向云层逃之夭夭。

16:02，克莱姆少校带领第四大队二次出动，45分钟后，12架Fw 190在瓦伦多夫[②]被皇家空军第130中队的8架“喷火XIV”突袭，3名飞行员当场身亡，他们返航的战友中除了第14中队的赖下士目击到一例坠机，剩下无人知道失踪同伴的下场。皇家空军第130中队带着击落7架、可能击落1架和击伤2架Fw 190的战果载誉而归。

29日上午，留在诺德霍恩最后一批适航的Fw 190被运到比瑟尔，零配件走陆路送达，诺德霍恩的1.6万加仑航空汽油转交给撤退于此的陆军，除了去年秋天短时间里曾受过燃油不足之苦，JG 26联队迄今燃油供应基本能保证作战需要，这要归功于军需官高效出色的调度能力，这批军需官大多自战前就通力合作，早已历练成精。第二大队尤其幸运，埃姆斯河和费希特之间的运河流经诺德霍恩，后勤补给不必依赖脆弱的铁路线，而在夜晚走水路送达，所有货船在天亮前驶回原码头，运河水位归零，这招成功瞒过了盟军的眼睛，水道的补给从未遭到攻击。

27日，阿尔弗雷德·黑克曼中尉从第3中队转到第5中队担任中队长，自去年9月撤回德国本土至今，黑克曼成为第一大队最勤勉敬业的指挥官，带队次数超过博里斯。凭借一份老练和敏锐，他一次次带领部下以最小的损失完成任务。不仅如此，黑克曼人缘极好，平易近人，更重要的是很少损失僚机，在年轻飞行员中享有巨大声誉，对失去霍夫曼的第二大队而言，黑克曼的到来无异于雪中送炭，而博里斯少校放弃这样一员良将可能缘于被22日那起避战事件所触怒，但他有更好的选择。

第四大队矛盾更甚，飞行员和中队长们对鲁道夫·克莱姆少校的指挥水平和领导能力从最初的怀疑发展到彻底丧失信心[③]，多腾曼作为真正的核心，不止一次在地面甚至空中与大队长发生僵持和争执，他

1945年3月，多腾曼中尉驾驶心爱的“黑色1”号降落回法勒尔布施。这架Fw 190D-9从1944年9月陪伴多腾曼服役到停战日，从未被敌机击中过，是前线战绩最高、寿命最长的Fw 190D-9，1945年5月4日它被多腾曼亲手引爆，结局遗憾却不失圆满。

① 彼得·克伦普总战绩23架，另有14架审核结果不明，因此也有资料记载克伦普总战绩为37架。

② Warendorf，明斯特以东。

③ 根据多腾曼在私人日记里的控诉，克莱姆接到地面的敌情报告却朝错误的航向飞、对克伦普和多腾曼的敌情警报无动于衷、支开多腾曼却派遣他的中队升空作战、命令部队向上攻击野马式战斗机、发动进攻令却让第15中队独自应战，这些瞎指挥多次导致不必要的人员伤亡和损失。

的日记清楚地表明两人关系恶化到何等剑拔弩张：

目前和克莱姆少校的关系稍有缓和。他升空作战我就和我的中队全体留在地面，除非队员自愿，否则我不允许他们随克莱姆执行任务，不过基本没人愿意去。反之亦然，我升空，他留在地面，如果极其不凑巧我们同时出战，他立即以发动机故障为由调头离去，后来越发频繁，这种时候如果克伦普或者普拉格尔不在，我就得接手大队。就这样，我和长官总算没撕破脸。

这种危险的上下级关系不久就结束了，联队长格茨将多腾曼转到第3中队，填补了黑克曼留下的指挥官空缺，第14中队转交普拉格尔少尉指挥。多腾曼的骁勇善战无疑深得博里斯欢心，对第四大队却是沉重的打击。3月29日，灰蒙蒙的天空淅淅沥沥落下雨，大队在愁云惨淡中送别了精神支柱，一位飞行员失魂落魄哀叹道："多腾曼是我平安生还的保障，他的战术水平、指挥领导能力如此出众，而且从不为个人战功拿僚机冒险。"

"我们飞行员都不擅长走路！"——维尔纳·莫尔格

德国战斗机飞行员的军事生涯真正用于作战的比例极小，更多时候在试飞、训练、转移和转场。这类飞行琐碎平淡，本无需多言，但当天空完全为盟军支配，但凡上天都难以避开敌机。即使一段奔着飞行而去的路途也会像下面这段经历一样，走得步步惊心。

从西欧到本土漫漫撤退路上， JG 26第二大队向来自豪于从没留给敌人一架适航飞机。3月初，科隆的瓦恩机场与美军只剩一条莱茵河之隔，大队1架飞机必须从那里火速撤离，这项不容推卸的使命自然落到年纪最小的维尔纳·莫尔格头上，他后来回忆道：

那是诺德霍恩一个午餐时间，第7中队的备战室里炊事员刚上完菜，门口传来说话声，指挥部的格罗斯上尉走进来，通知中队长戈特弗里德·迪策少尉："1架迫降留在科隆－瓦恩机场的Fw 190现在已经修好，需要有个飞行员把它开回来。"

包括我在内，大家一致装聋作哑，只顾着往碟子里盛鸡汤。科隆在莱茵河左岸的半座城已经落入敌手，往那儿跑可不是什么好差事。叮当作响的汤匙碟盘声戛然而止，抬头一看：大家齐刷刷正看着我——跑腿的活儿果然只能落在最年轻的人头上，推不掉。

午后温度已经不逊于夏季，其他飞行员用完餐后回到室外树丛中的靠椅。我前往大队指挥室领了通行证、飞机放行证、粮票等，回到备战室把降落伞、无线电通讯器、信号枪、地图等全部驾机必备一股脑塞进行李。这种任务对着装没有要求，所以我穿上了皮衣、皮靴全套飞行服。

启程时队友们为我送上半开玩笑半认真的祝福，联队的汽车把我送到奥斯纳布吕克火车站，我再搭乘火车去科隆，铁路和火车都毁于空袭，干线已中断，只能绕道前往，空袭警报不时响起，火车走走停停，深夜停在铁路终端古默斯巴赫（Gummersbach）。车队从这里将弹药、装备和军粮运送到前线，我要么从这里步行前往，要么搭这些货车。宪兵开着车，检查了我的通行证，得到放行后我需要选择一种交通方式。无意中听到有人说"再往前有炮火"，我心一沉，想到步行的下场不寒而栗，于是大踏步跑到最近一辆卡车，向司机说明意图，然后靠着挡板找了足够放下降落伞包的舒适位置坐了上去。

车队载着莫尔格一等兵缓缓出发了，谨防被同行惦记，我时刻准备着跃进边沟。整个车队没有一丝光亮，连刹车灯也切断了，因为半空也飘荡着盟军飞机的低鸣，为了摧毁补给线，它们不择手段，将燃烧弹投向绿化带，而眼睛习惯了长时间的黑暗后会被突然照射的强光刺伤。红色光圈和光点一直在我眼前飞舞。司机们也不容乐观，有人闪着头灯辨路，才不至于将车开进边沟里。短短一段路程走得困苦难熬，一架双引擎飞机（我没认出机型）突然扑下来，一梭子引燃了一辆卡车，后方车辆停下来，尽量寻找掩蔽，直到起火的车辆被推到边沟，我的司机听天由命地冒出一句“感谢上帝，至少有点光了”。可我已经吓得双腿哆嗦。

车队继续在黑暗中摸索前行，终于开到了科隆郊外，然后沿莱茵河而行，利用河岸边一排排残垣断壁掩蔽，避免被对岸发现。挡板还是不够宽，一路颠簸下来我腰酸背痛，欣慰的是终于目标在望。然而此时车队停下来：遮蔽我们的房子突然断了，面前一片开阔地直接暴露在敌人的机枪和20毫米防空炮火力下，只能等着炮火间隙，一辆一辆冲过去。我问车队主管是否可以另寻他路绕到瓦恩机场，回答是没有，他妈的！

轮到我这辆车了，我像树上的猴子一样紧紧攀住背靠炮火那面的车篷和挡泥板，同时保护好行李。引擎咆哮起来，货车以80公里时速瞬间冲过了300米的空地，停在最后一堵围墙前，车身居然未中一弹——至少在我眼里未中，毕竟刚才我全部精力都投在抓紧挡板。

冲过空地，又有了危房的遮蔽，右边通往瓦恩的最后一段路必须徒步，我与两个同路的步兵结伴而行，这条路位于敌军炮火射程内，炮弹嗖嗖划过头顶，我一听到声音就赶紧卧倒，那两个士兵却稳如泰山，咧嘴直笑，一人揶揄：“姿势很标准嘛，小飞侠”，另一个接话：“其实你大可不必，它们是打向内陆的。”我于是鼓足勇气，站直了继续前行，努力对隆隆的炮火声充耳不闻。突然，伴着震耳欲聋的凄厉爆炸声，右边飞沙走石，我吓傻了，还没反应过来，两个同伴已经以迅雷不及掩耳之势卧倒了。重新站起身后，一人笑嘻嘻地说：“瞧，遇到刚才那样的声音，你才需要卧倒。”但是在这之后但凡声音不对我一律躲起来或者趴下，逗得两个同伴乐不可支。

我终于筋疲力尽但安然无恙地到了瓦恩机场。没想到这里仍有管制和维护的单位，出示了飞机放行证后，我得知那架“黑色6”号Fw 190D-9停在场地对面，眼下已是凌晨2点，我告之对方天一亮就去取走，然后在飞行控制所的地下室歇息了两三个小时。我摸黑穿过场地，来到飞机边一检查，简直是悲剧：一边机翼被炮弹撕裂，机身也被打成筛子，意味着我还得反方向重走一遍来路。

管制单位出具了飞机损毁证明，我准备踏上返程之路，两名宪兵突然走进来，宣布“此地为前线，任何人来了都听候待命，不得后撤”。我的心沉到谷底，这段路途已经多灾多难，最后居然还要被征召进陆军。上帝保佑，我被恩准联系联队。接通了绍德大队长的电话，告知现在的处境，然后按他的指示把话筒递给宪兵。电话那头的咆哮声隔着两米远都能听到，抓壮丁的人无言以对。

办理好返程通行证，我把这段该死的路又走了一遍，三天后才回到诺德霍恩，受到战友们热烈欢迎，我心力交瘁，唯一庆幸的是终于结束了。可是，参军莫过于此。

第十五章 落幕

1945年4－5月

一、天堂的使命

莱茵河东岸最后一丝抵抗归于平寂，盟军向着德国腹地长驱直入，摧枯拉朽之势不亚于去年夏天在法国的推进。如今德国境内再无整体防线，陆军能做的不过是奔赴盟军前锋部队必经之路四处救火，故而空中侦察尤为重要。在此形势下，JG 26联队扮演起空中侦察兵和空中炮兵角色。第二大队从4月初开始专职轰炸任务，并持续到战争结束，第一和第四大队通常会提供护航，到达目标后还将一起实施扫射。维尔纳·莫尔格描述了第二大队携弹的状况：

我们携带的弹药有两种:250公斤或500公斤高爆弹，或者内含许多2公斤杀伤弹的集束弹。我们相当反感后者，发动机故障本就高发，如果带着它们降落相当危险，那些小型炸弹采用触发引信，一旦遇到突发状况无法抛下母弹。而普通炸弹使用电子引信，可以“放心”抛弃。

事实上第二大队接收过两种杀伤集束弹，AB 250内含总重125枚2公斤的子炸弹，起飞后无法解除引信，最为飞行员深恶痛绝，最新型的SC 250集束弹尺寸和重量不变，改用电子引信，方便了飞行员自行接上或者取出。

每个大队每天都有两到四次战斗任务，每次出动4到12架飞机，JG 26兵力已近枯竭，现在将缓慢而持续地流尽最后一滴血，这样的战术任务也被飞行员称为“天堂的使命”，一名JG 26队员曾喊出很多人的心声：

我们战斗机飞行员最恨低空对地攻击!

1945年4月1日就是这一阶段的缩影。第1中队一个四机小队大约6:20起飞，侦察了赖讷－格雷文公路，中队长基夫纳少尉发现了一支盟军装甲先头部队已行进至格雷文至拉德贝根（Ladbergen）一带，当天晚些时候四名飞行员均被第14航空师嘉奖了铁十字勋章。上午，第一大队在第四大队协助下，将飞机从德罗珀转场到后方的下一站基地：胡施泰特和代尔门霍斯特。

由于英军前晚连夜渡过多特蒙德－埃姆斯运河，建立桥头堡，距离伊本比伦（Ibbenbüren）一步之遥。JG 26三个大队傍晚被派往赖讷和伊本比伦轰炸英军补给线。首先出动的是第一大队:17:00到17:05，共18架飞机由施奈德准尉（第3中队）和古尔少尉（第1中队）率领先后起飞，施奈德的5机小队避开两架“野马”后被防空炮打散，一事无成地返航，另外

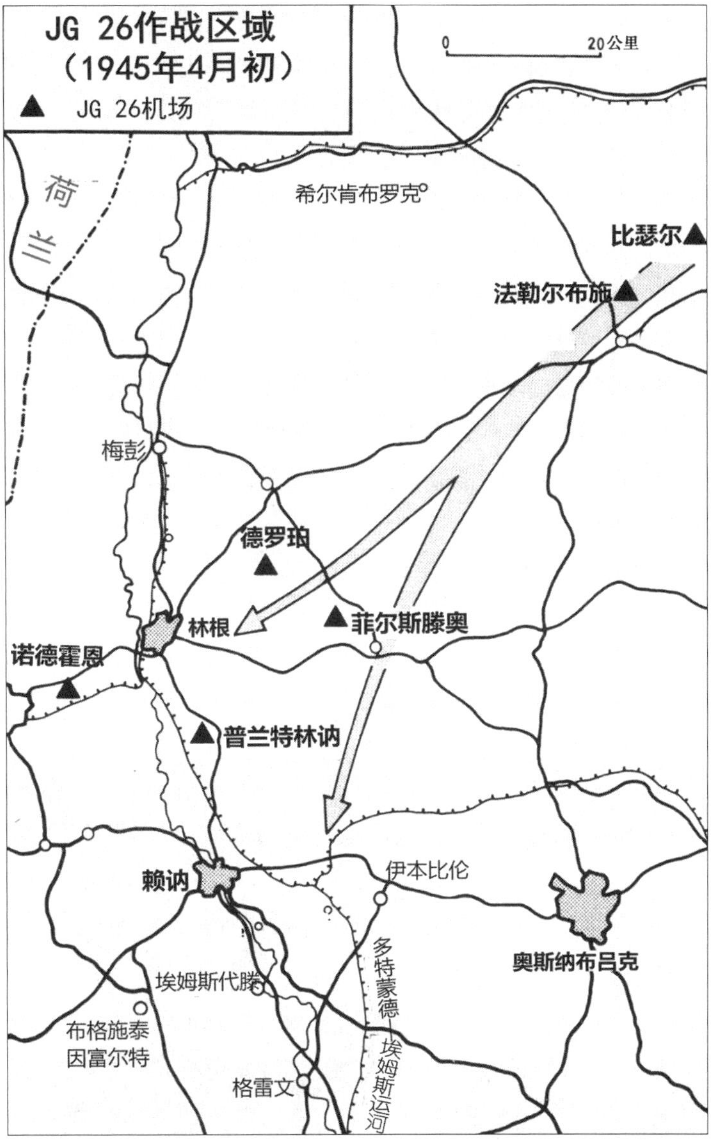

第1中队中队长约尔格·基夫纳少尉站在Fw 190D-9机翼上，注意机翼下的ETC 504挂架和摄像机以及机翼前缘被打开的弹壳抛窗。基夫纳被视为侦察专家，1945年3月到4月期间，他带领第1中队执行了大量战术侦察任务，为第14航空师提供了许多航拍照片。

13架飞机冒着猛烈的防空炮成功扫射了车队和高炮炮点，全身而退。

大约17:45，第13中队在克伦普少尉带领下从法勒尔布施起飞，掩护第7中队轰炸伊本比伦，随后共同扫射了地面目标，返航时海因茨·穆勒上士命丧防空炮，克伦普后来回忆他们前晚通宵达旦转运飞机，再次被派往伊本比伦前早已精疲力竭，睡眠严重不足。

第7中队分为四机小队和双机小队各自为战，四机小队顺利完成任务，平安返回比瑟尔。海因茨·戈曼上士却只能和僚机单枪匹马攻击挺进中的装甲部队，戈曼毫不怀疑此为大队长绍德刻意安排，以回敬他曾经在无线电中嘲讽绍德频频提前返航。投弹时戈曼被地面炮火击中，带着僚机迫降到了一处废弃的机场。这时僚机主动提出交换座机，他厌倦了这场无望的战争，决心留下来向盟军缴械投降，戈曼百般规劝也无济于事，只好换了飞机独自返航，不料他的规劝却在他走后生效了，僚机经过一番思想斗争回心转意，当晚也回到比瑟尔。

戈曼现在恐怕是第二大队资历最老的军士级飞行员了，他在1942年加入如日中天的施拉格特联队，不失为一个良好开端，奈何时运不济，其后两年三次重伤，令他的战斗生涯颇为坎坷。4月3日，他接到通知，将转到喷气式战斗机联队JG 7，一起调走的还有埃尔温·伯特格下士，两人都同联队领导相看两相厌，调动正中下怀。何况目前局势一目了然，战争很难拖到他们完成训练，一纸调令无异于一张免死金牌，不但当事人喜上眉梢，其余军士也不禁欢欣鼓舞，越来越多的人意识到想撑过这场战争，两大途径最为行之有效：重伤或者改飞Me 262。后一条路向来只由军官专享，现在柏林方面居然有官员网开一面，照顾到广大军士级飞行员的心愿——他们自然而然地想到了跻身领导层的普里勒。当晚的欢送仪式结束后，戈曼和伯特格踏上前往勃兰登堡－布里斯特（Briest）之路。

到了勃兰登堡，戈曼才知道JG 7联队已经从布里斯特转移到布拉格，他顺路先去柏林探望父母，再坐上开往慕尼黑的火车，很快他听说苏军即将兵临柏林城下，南下的铁路也被切断，戈曼决定返回JG 26，4月20日他回到柏林家中，带着爱犬，由父亲的司机驾驶木煤气动力汽车将他送到居斯特罗（Güstrow）附近一个Fw 190基地，那里的飞行员无所事事，呆在休息室纵情狂饮，没人相信戈曼打算重返前线，也满不在乎地借出他们的飞机，于是戈曼将狗塞进无线电设备舱，傍晚起飞，连夜飞到汉堡。机场上空一片漆黑，无从降落，幸好地勤听到Fw 190发动机的声音，及时打开场道灯光设备，戈曼才得以载着他的狗安全着陆，也保证了一架Fw 190重获用武之地。埃尔温·伯特格更早回到JG 26，但估计没有带宠物和飞机。

值得一提的是，3月25日盟军情报部门截获了来自第14航空师的调查统计报告：其下辖部队自愿转到Me 262战斗机部队的飞行员人数分别为：第30轰炸机联队58人，第20夜间攻击机大队36人，第27战斗机联队49人，而“施拉格特”联队只有14人。这是一个积极的信号：即使在最后时日，JG 26依然保持着凝聚力。具有讽刺意味的是另一份来自第九航空师的情报显示，师长佩尔茨将军要求只有获得过骑士十字勋章或者金质德意志十字勋章的飞行员才有资格接受Me 262战斗机培训。

4月2日，美军攻陷明斯特。当晚加拿大第1集团军进入诺德霍恩，迅速北上跨过埃

1945年2月第一大队几名军官在菲尔斯滕奥机场。前排从左到右：约阿希姆·京特少尉（2月23日战斗阵亡）、彼得·阿伦斯少尉（3月4日飞行事故身亡）、黑克曼中尉、博里斯少校。大队副官奥托·施坦贝格尔中尉站在最后面，笑容略显落寞，他曾经在1943年担任第4中队和第9中队指挥官，是当年拔尖的重型轰炸机杀手之一，当年5月被“喷火”击落重伤，归队后离开了飞行岗位在参谋部任职。1945年3月19日，一纸调令和上尉晋升令一起送到施坦贝格尔手上，他被调往第14航空师参谋部任职。克梅特米勒中尉接替了第一大队副官一职。战争最后几天施坦贝格尔上尉又被调到地面部队参战，但他设法回到了JG 26，圆了与生死与共的联队兄弟们一起走完这场战争的心愿。战后施坦贝格尔经营一家大型百货公司，2001年去世。

姆斯-费希特河，次日凌晨就兵临林根，拦住他们去路的只剩埃姆斯河，几个小时后加军打退德国第7伞兵师和党卫军大德意志师，在东岸建立桥头堡。与此同时，南边的英军夺取伊本比伦，朝奥斯纳布吕克挺进。德军唯有继续向东和向北节节败退。第一大队在2日完成了一场侦察任务和一场对地攻击任务，随后从德罗珀转移到代尔门霍斯特，盟军截获的情报显示，这次转移走了19架Fw 190D，19名军官、183名士兵。次日第四大队从比瑟尔回到法勒尔布施。

4月4日对于三个大队都不轻松。第四大队对明斯特和明登执行了三次武装侦察。代尔门霍斯特机场因前晚倾盆大雨而泥泞不堪，导致第一大队清晨的侦察任务取消，第14航空师改派第四大队一个小队执行，当晚还特意遣了两名军事法庭官员向博里斯少校和泽芬少尉展开问询调查。16:04，第一大队11架飞机武装侦察林根-赖讷-诺德霍恩前线，一名飞行员在这次任务中失踪。19:05，第一大队9架Fw 190[1]由泽芬少尉率领，在迪普霍尔茨（Diepholz）附近成功突袭了加拿大空军第438中队，两名“台风”飞行员被泽芬和拉姆通（Ramthun）少尉击落身亡，福勒布下士取得一个“有效击伤”战绩。

第二大队在早上、下午和傍晚三次飞往林根至诺德霍恩沿线实施轰炸和扫射，第四大队参加了下午的护航和扫射。15:30，绍德亲率第二大队28架飞机倾巢而出，杀向前基地诺德霍恩的克劳斯海德机场，轰炸了附近一支加拿大装甲部队。迪策少尉有病在身，他的第7中队由西格弗里德·西少尉临时指挥。西的回忆手稿描述了此次任务：

我的飞机已在第7中队疏散区停妥，戈曼上士作为大队资深飞行员，他的“褐色9”号想必机况良好，果然起飞一切顺利。刚全体升空，我所属中队指挥官施密特中尉就报告他的发动机故障，需要返回基地，我已看透此人，因此毫不意外。我集结好第7中队，飞在大队长右边。

此行运气不错，抵达诺德霍恩前未曾遇到敌机，我们保持低空飞行来到目标区上空，曾经属于我们的机场附近停满了白色五角星标识的坦克。大队长立即拉高、投弹并调头。很快我们身陷惊人的高炮弹幕，许多人乱投一气，命中不足，自保有余。我的炸弹也落到两辆坦克之间。投弹完毕后本该扫射残余目标。可此时不见了大队长，他已经返航了吗？眼下形势一片大好之时离去？我们应该把握住这次良机扩大战果！

“这里是西”，我冲着无线电呼叫：“再进攻一次！让敌人见识我们的存在！”我一边说一边转弯调头，从低空再次飞速冲向敌阵。然而原本28架飞机只剩下我的小队跟了上来，其他人已经飞远了。

扫射完后只剩下我和僚机，我又一次杀回敌阵，稍微抬高机头，瞄准坦克顶部扫射，清楚看见炮火划过几辆坦克，至于能造成何种程度损伤我实在没底。地面仍有炮火还击，轻型高射炮击穿了我两个机翼。这架老当益壮的福克-沃尔夫应该承受得住。突然机尾又传来一击，出什么事了？随即我就看到尾翼被打穿。

云层远在上方，而且我仍然面朝敌军阵地却无法转弯，被迫继续直飞，形势万分危急，座机连中数弹。也许得跳伞了？这样的念头闪过脑海，我已经拉起飞机了，突然看见

[1] 16架起飞，其中7架退出任务。

前方有大片云雾，只是这架福克沃尔夫是否能撑到飞过去？沦为俘虏的恐惧令我决心无论如何也要一试。此时飞机还在慢慢爬升。成了左边40毫米高射炮的绝佳靶子，发动机结结实实挨了一记后停转了。飞机一阵抖动，整流罩下方首先冒出火光，除了跳伞别无选择。而且刻不容缓，油箱随时可能爆炸，我像疯子一样猛打舱盖杆也无济于事，转眼间双手大汗涔涔，右手因用力过度失去知觉，座舱盖依然纹丝不动。我手拉副翼，脚蹬方向舵，尝试向左侧滑，但因为舵面损坏，收效甚微，飞机带着我飞快下降，无暇多想，我只能迫降，发动机逐渐停转，只有螺旋桨还转着。

我滑翔到一块开阔地上方，离旁边的松树林越来越近，为了避开树林，我急忙降落，飞机猛烈撞上地面，随时可能燃爆，刚才我慌不择路，现在才开始思考身在何处，从刚才进攻的方向推断自己应该落到了敌后方。

谢天谢地，我没费多大力气就用手推开了座舱盖，离开飞机，解开降落伞。战斗机飞行员培训课程多次强调，像我这样降落到敌区后当务之急是爆破飞机，不能让它落入敌手。但现在有必要这么做吗？敌人真的稀罕这架飞机吗？我实在想不出理由，论速度，“喷火”比我们的旧“福克”强多了，即使“福克”不慢，敌人缴获的数量已经绰绰有余。眼下当务之急是逃回去，而不是炸掉飞机引来追捕。我掏出手枪，解除保险，然后迈着飞行皮靴里沉重的步伐飞快跑向树林。如果敌人想抓我，先找到我，再过了手枪这关吧。

西格弗里德·西已经第五次被击落了，这次他只花了24小时归队，但这24小时的逃亡之路奇遇不断。他进入森林一路小跑，几个小时后夜幕降临才放慢脚步，参考星辰的方向，向北连夜穿出森林，天已破晓，公路边一队德国士兵正蹲在壕沟里啃着干粮，等着向即将到来的加拿大军队投降。几个路过的荷兰人笑言德军几天前就撤了。西最终走到德荷边境通道，检查岗哨既没有通讯器材也没有交通工具，只站着一个孤零零的士兵奉命留守。回到国境线内他遇到的第一支德军是负责搜寻抓捕逃兵的党卫军小分队，他们一口咬定西必是逃兵，如果不想被枪决就必须加入反坦克部队。空军飞行员证件原可保障优待权，但西亮出证件只换来一句轻蔑的反唇相讥“你的德国空军不复存在了”。幸而一支高炮部队路过，西说服了少尉军衔的指挥官，躲进他们的卡车才逃离党卫军魔爪，卡车行经比瑟尔附近，西最终在下午3点左右回到部队向大队长报到，他的出现令绍德大吃一惊。

和西格弗里德·西不顾一切逃回联队形成鲜明对比，4月5日发生一起莫衷一是的事件，下午第四大队奉命从法勒尔布施转移到代德尔斯托夫（Dedelstorf），转场飞行时威利·海尔曼中尉不辞而别，向西扬长而去，错愕的飞行员们降落后议论纷纷，鉴于此前海尔曼已经向普拉格尔等人有过暧昧暗示，大家一致认为他叛逃了。第15中队当天便解散，飞行员转到第13和第14中队。军方以住院为由掩盖了折损这名指挥官的真相，战后普里勒所著的联队史对原因也避而不谈。

海尔曼去了哪里？甚至连他本人也含糊其辞，他在1951年出版的回忆录《西线警报》描写自己召集中队举行了隆重的告别仪式，遣散他们各自回家，然后才向盟军投诚。书中强烈暗示发生在停战前一天。此说自然被前战友们嗤之以鼻。更何况，事件发生之日距离战争结束还有一个月。1955年海尔曼给德国历史学家汉斯·奥托·伯姆[1]回信解释称，他随队扫射费希塔公路时被地面炮火击中，一个起落架无法放下，在比瑟尔机场迫降时彻底摔坏了飞机。不过，第四大队无人记得当天在费希塔一带执行过扫射任务。

有人说海尔曼被地面炮火击中后在不知情的情况下迫降在明斯特的汉多夫机场，立即被那里的英军俘虏。但明斯特几天前已经陷落，德国飞行员人尽皆知，要说一个中队指挥官不知道，可能性不大。考德威尔在JG 26联队史里说海尔曼驾驶完好无损的飞机降落在汉多夫直接投降。但阿克塞尔·乌尔班克调查认为，海尔曼确实飞机受损，他以机腹迫降在比瑟尔，那里留有第二大队收尾的分遣队，降落后海尔曼电话联系上法勒尔布施机场，一名大队办事员答应派摩托车来接他，此后并无半点消息也无人出现，海尔曼也没有再尝试归队，直到一周后加拿大军队占领比瑟尔，将他俘虏。

“联队同市民打成一片，和女士感情尤其深厚”——维尔纳·莫尔格

对第二大队飞行员而言，轰炸诺德霍恩是一项艰难的任务，他们在那里住了四个多月，熟悉大街小巷、一草一木，留下过很多愉快的回忆，莫尔格回忆道：

我们撤出诺德霍恩时，英国人刚占领鲁尔，现在他们已经来到诺德霍恩，我们很挂念房东美丽的家，挂念贝尔宁饭店，我们在那里吃饭，天气不好的时候打牌、下棋、玩弹球。

4月某天，命令下达：轰炸和扫射诺德霍恩到林根公路上的敌军，若有必要，林根和诺德霍恩皆为攻击目标！我们吃惊得面面相觑，过去几个月每天乘车走同一条路往返于诺德霍恩和克劳斯海德机场，联队同市民打成一片，和女士们感情尤其深厚，我们怎么下得了手往那里扔炸弹。自然而然，大家交流达成共识：不要轰炸诺德霍恩和林根。

起飞程序一切如常，以四机小队为单位，7点完成编队，缓缓向左180度转弯飞向林根，我们曾无数次飞过那里，已经了如指掌，银练般的埃姆斯－费希特河从林根流经诺德霍恩，流过克劳斯海德机场右边，多次指引我们归航，时过境迁，如今它也指引着我们去轰炸。

我们通常面对返航方向或者背对太阳方向发动攻击，因此在运河附近向东转弯，以便从荷兰方向接近目标，很快飞临诺德霍恩市区，我能看到住了三个多月的普拉纳特一家。轰炸进入点是通往林根的桥，路面布满了车辆和坦克，小队长开始右转俯冲，我在他左边，保持150到200米距离跟上去，结果来到他正后方，我们同时投弹，前方的炸弹在我眼皮底下摇晃了几秒才自由落体，险象环生，幸好我立即操纵副翼躲开并拉起飞机改出。

……目标多如牛毛，我们还得对公路20公里范围大量扫射……这次任务教会了我，当1架飞机在你前方俯冲投弹时，千万不要飞太近。领教到可怕的爆炸冲击力后，我一直对250公斤高爆弹敬畏有加。

---

[1] Hans Otto Böhm，《普里勒的联队史》的合著者。

威利·海尔曼中尉。

二、东西线合一

在代尔门霍斯特短暂停留后，JG 26联队马不停蹄向着策勒（Celle）和胡斯泰特（Hustedt）撤退。4日6日凌晨英军抵达威悉河，在莱瑟（Leese）附近建立桥头堡，党卫军第12装甲师防守在西岸的施托尔策瑙（Stolzenau），试图阻止英军渡河，第14航空师慌忙往这一地区投入多支部队支援，但这所谓的“集中攻势”为时已晚，无一例外遭到第二战术航空队痛击，13点英军第一突击旅乘突击艇成功渡河与桥头堡的第6空降师会合。15点过，德军第200轰炸机大队第10中队低空轰炸浮桥和高炮炮位时被皇家空军第56中队发现，损失了3架Fw 190F-8，晚上德军第1夜间攻击机大队2架Ju 87俯冲轰炸机被新西兰空军第486中队的“暴风”击落。下午，基夫纳少尉带领JG 26第一大队5架飞机飞往迪普霍尔茨（Diepholz）武装侦察并进行了扫射，报告称取得圆满成功。第二大队第7中队在迪策少尉带领下冒着猛烈的高射炮将AB250集束弹投向施托尔策瑙地区，40分钟后全体回到胡斯泰特。临近17点，第四大队5架Fw 190D-9紧接着也从代德尔斯托夫出动了，翁加尔军士长因机械故障返航，其余4人在施托尔策瑙以西遭遇皇家空军第80中队的“暴风”，以0:2落败，2名德国飞行员被俘。

当天上午第二大队留在比瑟尔的最后7架Fw 190D由西少尉率领，飞过胡斯泰特，直接飞往大队的下一站于特森（Uetersen）。这支先遣队降落后发现新机场既无燃油也无兵营，女子勤务人员倒不少，小伙子们很快将任务抛诸脑后，西束手无策。在败局已定的最后时日，许多人在履行义务和迎接未来之间挣扎：为什么还要继续飞行？为什么要在最后一刻牺牲？也许沉醉温香软玉，他们才能缓解压力，逃避这个沉甸甸的问题。

其后两天，第二大队剩余人员和联队指挥部也转移到于特森，第一大队先后转移到易北河西岸的施塔德（Stade），该地与于特森、汉堡仅一水之隔，新机场大都缺乏燃油储备，但只要条件允许，第二大队都会出动，轰炸步步紧逼的英军装甲部队，第一大队则专司武装侦察任务。

第四大队散布在于特森、德尔斯托夫、小库默费尔德（Klein-Kummerfeld）、奥尔登堡多处。4月11日第14航空师一纸电报，大队宣告解散，飞行员和可用战机转到另外两个大队，其中1人编入联队指挥部，10人编入第一大队，9人编入第二大队战斗岗位。格哈德·克罗尔上士、沃尔夫冈·波尔斯特上士和威利·策斯特上士等8名战伤未愈的飞行员也编入第二大队，组成一个“疗养中队”，这样可以避免他们被征召进陆军。汉斯·普拉格尔少尉离队进入EJG 1联队接受Me 262训练，后来又调往JG 7联队，但没正式加入，战争就结束了，克莱姆少校同样没能抵达他的下一站JG 7。

4月14日JG 26联队一口气失去了三位中队长，第7中队的迪策少尉参加完当日上午的轰炸任务后，离队住院治疗慢性病，他的作战纪录终止于159场出战和5个空战战果。更稳定能干的基夫纳少尉和黑克曼中尉被调往加兰德的第44战斗机分队，不过两人的使命应该是驾驶Fw 190D保护Me 262起降。

彼得·克伦普虽然接手黑克曼离开后的第5中队，但他身患败血症和胃病，只能留在地面指挥。克萨韦尔·埃伦里德少尉成为基夫纳的继任者，三个月前他被“暴风”击落，身负重伤，目前仍伴有头痛的后遗症，他拒绝了博里斯的劝告，急于归队参战。两天后试飞时发生事故，飞机几乎报废，所幸人无大碍。博里斯很快赶来，摇摇头：“算了吧，已经没有意义了。”这次埃伦里德选择了听从，他的最终战绩是175次出战，击落13架敌机。第1中队指挥权交到海因里希·席尔德少尉手中。

现在，英军开始逼近不来梅，而美军先头部队正势不可挡朝着东边的汉诺威挺进，直取柏林。JG 26联队的作战区域越来越分散。9日，JG 26出动45架次，扫射和轰炸希尔德斯海姆（Hildesheim）至汉诺威一带。赫伯特·凯泽上士被高炮击中身亡。

4月12日，第二大队7架Fw 190在迪策少尉率领下轰炸了不来梅的弹药和补给设施处。斯塔德机场补充了一批燃油，第一大队恢复全体出动，飞往威悉河对地支援，6:25开始，多腾曼中尉率领12架Fw 190D-9扫射了不来梅的公路，但在猛烈的地面炮火反击下退出战斗，打道回府。12:30多腾曼率3个四机小队再次出动，巡逻易北河下游并定位英军阵地，起飞几分钟后就发现了皇家空军第33中队的“暴风”，久违的盘旋格斗随即上演。卡尔－海因茨·奥森科普少尉此役跟随泽芬少尉的左翼小队，他回忆道：

8架“暴风”从下方穿过，我们丢下副油箱，俯冲发动进攻，对方则将火箭弹射向天空，与我们展开盘旋格斗。我利用高度优势逼近到射程内，以100－70米提前量枪炮齐射，这架“暴风”燃烧着坠毁在地面，飞行员没能逃生。半空浓烟滚滚，飘着数朵降落伞。无线电里不时传来胜利的欢呼。后来我看到泽芬正在近地面穷追猛打一架暴风。“快来！我们一定要追到他。”他大喊。我在左，弗拉迪米尔（泽芬）在右，虽然我们打开MW 50甲醇助力系统马力全开，但那架“暴风”从树梢高度一个爬升，扬长而去。

第一大队带着击落5架宣称战绩返回斯塔德，多腾曼包揽2架，剩下归于自泽芬少尉、奥森科普少尉、康拉德少尉，此外施奈德准尉“可能击落1架”，1名飞行员失踪。皇家空军第33中队实际2架“暴风”当场被摧毁（飞行员1人阵亡、1人被俘），另一架返航后报废，宣称击落3架Fw 190。

虽然始终受燃油短缺的困扰，第二大队还是奉命在于特森机场坚守。第一大队再次退守什未林，傍晚，大队18架

埃伦里德少尉迫降在叙尔特机场跑道后遗留下的Fw 190D-9机尾残骸。

Fw 190D从斯塔德继续向东转移到叙尔特（Sülte）。这处又小又荒凉的二线机场位于什未林湖以南，场地120米宽，900米长，东西走向，砂石道面上覆盖一层草坪，南端背靠大片密林，没有固定建筑和附属设施，从上空俯视，和刚开垦出来的农田并无二致，多腾曼在日记里自嘲“就算重型轰炸机找上门也不会相信这里是机场，于是将炸弹转投他处”。

叙尔特的例子并非个案，到了1945年3月，德国空军不堪承受轰炸和扫射，只能大量摒弃永备机场，躲在如叙尔特这样简陋的备用机场，它们唯一的可取之处不过是原始地貌有利于飞机掩蔽，事实证明，叙尔特隐蔽效果好得不但瞒住盟军侦察机，连JG 26飞行员也经常找不到返航的路。

17日11:00，多腾曼率领第一大队18架Fw 190从叙尔特起飞，掩护在福斯费尔德（Vorsfelde）一个掉队的步兵师突围，但尚未完成编队就遭到上方加拿大空军第401中队6架“喷火”突袭，卡尔·福勒布下士被击中散热器，飞机无声息地坠入什未林湖，仅有长机奥森科普少尉察觉异样，但后者很快也被击落，肩、胸、膝盖和脚部多处受伤，他带伤跳伞逃生，“喷火”在他上方盘旋一圈并挥动机翼致敬，此时奥森科普无比庆幸过去同很多队友一样保持着克制和恪守战争公约，没有选择以牙还牙的报复行为。由于唯一的目击者未能及时返航，福勒布下士战后一直被列为失踪。

如果不想沦为无处不在的盟军轰炸机和战斗轰炸机牺牲品，像这样的严密的伪装和掩蔽必不可少。照片可能拍摄于2月的菲尔斯滕奥，第一大队一架Fw 190D-9只露出已打开的发动机检视口盖板。

剩余Fw 190下降高度躲开“喷火”，转向西北方向，虽然几架飞机在维斯马[1]被德军高射炮击伤，但还是全体向西爬升到2000米高度来到吕贝克以南，与武装侦察的皇家空军第80中队8架“暴风”爆发恶斗，德军损失了4架Fw 190和1名飞行员，另外2人平安跳伞，刚立功的伯克尔下士平安迫降。英军第80中队宣称击落2架、击伤3架Fw 190，杰出飞行十字勋章获得者史密斯中尉机毁人亡，成为多腾曼、泽芬和伯克尔下士之一或者共同的战果。

由于多腾曼的座机被英军防空炮击伤，奥斯特罗维茨基上士和另一名飞行员护送他返航，前者自1942年10月就随Ⅲ./JG 54大队参加过东线、本土防空战和诺曼底战役，久经沙场而且从未被击落，可飞越水平如镜的什未林湖时，奥斯特罗维茨基可能一时走神，错判高度，一头飞进湖里。损失记录中在什未林湖失踪的Fw 190D-9仅此一例，因此1990年一架Fw 190D-9从20米

① Wismar，波罗的海沿岸。

深的湖底被打捞出水，专家们立刻判断为奥斯特罗维茨基上士的飞机，但经鉴别却发现，这是此前失踪的卡尔·福勒布下士那架“黑色8”号。

午后第二大队对汉堡以南的高速公路执行武装侦察，晚上大约20到25架飞机奉命支援激战正酣的索尔陶（Soltau）地区，但在途中被“5架敌机”打散，汉斯·马里施卡上士被德军高炮击落身亡。

4月19日联队共出动35架次，第二大队执行了2次轰炸任务，早上用杀伤弹轰炸了于尔森（Uelsen）到索尔陶高速路上的盟军车队，损失1架Fw 190(无飞行员损失)。16:25，第一大队17架飞机从叙尔特起飞，奉命巡逻埃拉－福斯费尔德－布罗默一线（Ehra-Vorsfelde-Brome），多腾曼一反常态，带领这个编队只到达了吕讷堡－于尔岑－维滕贝尔格一线（Lüneburg-Uelzen-Wittenberge）[1]，一小时后没有遭遇敌机即打道回府，原因无从知晓，但联队长格茨少校明显大光其火，当晚抛来重磅炸弹，引得群情激奋，大队日志收录如下：

鉴于大队未飞抵指定区域，联队长发布命令如下，立即生效：

任务中如果未遭遇敌机，一律主动开展低空对地攻击，无需另行通知，未能完成任务的编队指挥官将受处分。

自第四大队解散后，翁加尔军士长等9人从小库默费尔德出发，顶着空袭走走停停，千辛万苦来到第一大队报到，博里斯冷峻的目光扫过风尘仆仆却两手空空的他们，劈头就问：“你们的飞机呢”，后者面面相觑，不好意思地耸耸肩。博里斯向来一板一眼，得知飞机被留在小库默费尔德，立即打发他们第二天坐大队的车回去把飞机开回来。

次日第一大队得到这批补充飞机和飞行员后，也只有19架飞机和31名飞行员可用。在于特森的第二大队稍好，两个大队共有约46架飞机可用，换言之，联队兵力仅相当于三个满编中队，同时期西线其他德国战斗机联队和大队处境也莫过于此。

4月20日，希特勒在自己56岁生日之际迎来他的“千秋帝国”丧钟。纳粹党代会举办地纽伦堡被美军第七集团军攻陷，美军第一集团军占领了莱比锡，美军第九集团军则推进到柏林西边的马格德堡。第八航空队800多架重型轰炸机扫

1990年11月，卡尔·福勒布下士那架“黑色8”号Fw 190D-9从什未林湖打捞出水，照片中是机身后半段，JG 26特有的黑白相间“帝国防空识别带”清晰可见，驾驶舱中安全带松开，显示飞行员曾尝试逃生，但由于没带救生衣，几乎不存在生还可能，也许福勒布依然躺在湖底。

[1] 两线最近的距离有60公里。

荡了柏林和捷克斯洛伐克的城镇、铁路、桥梁，值得轰炸的目标所剩无几。英军到达代尔门霍斯特和于尔岑一带，继续夺取不来梅和汉堡。苏联红军三个方面军即将从东边对柏林实施合围：在斯德丁[①]以南，白俄罗斯第2方面军从奥得河东段的桥头堡后向波美拉尼亚和梅克伦堡推进，断绝了德军第3装甲集团军增援首都的可能；白俄罗斯第1方面军在东边进攻塞洛高地；南边的乌克兰第1方面军完成了对德国第9集团军的包抄，其下属的近卫第3坦克集团军进抵柏林南郊，近卫第5坦克集团军不日将与美军第一集团军完成会师，将德国拦腰截断。空战再无所谓东西线之分。德国西线空军司令部解散，帝国航空队缩编为帝国航空司令部，统辖德国北半部所有空军部队，其中就包括第14航空师及下属唯一一个昼间战斗机联队JG 26。南半部领土的空军则归格莱姆上将的第6航空队指挥。

19日的反常之举没有影响到多腾曼次日终获骑士十字勋章。步兵出身的他1941年转到空军接受飞行训练，1944年2月才靠撞击苏军1架La-5战斗机首开纪录，却成长为德国空军末期不可多得的人才、最成功的Fw 190D-9王牌，不但展示出高超的技战术水平和领导力，尤为可贵的是他身上保留着23岁年轻人的锐气和情义，“从不以手下飞行员为代价争功”。凭借着35个空战战果，汉斯·多腾曼成为第26战斗机联队最后一位骑士十字勋章获得者。第2中队中队长瓦尔德马·泽芬原本也得到推荐，但直到战争结束也没能批下来。

新晋骑士十字勋章得主这天停飞，第一大队唯一一次任务由大队长博里斯带队，自由猎杀吕讷堡的敌军战斗轰炸机，11架飞机15:40起飞，还在叙尔特以北集结时，接报机场遭到一队“喷火”攻击，福克沃尔夫立即折返，就在自家机场上空与据信为加拿大空军第401中队大约12架“喷火”厮杀起来，泽芬少尉取得自己第29架空战战果，冯·普拉策取得自己首场空战胜利后被击落身亡，验证了他自己的预感。战斗过后多名飞行员试图降落在维斯马（Wismar）附近时被德国海军防空炮击中，1人身亡坠毁于什未林湖。这些“喷火”实际上来源不明，加拿大空军第401中队当天下午虽然在什未林西南时发现并攻击了一群“正在起飞的Bf 109”，但宣称战绩和机型相差太悬殊[②]。

第2中队几名队员，中队长泽芬少尉蹲在前面，左边第二人的奥森科普少尉，右边第三人是卡尔·福勒布下士，4月17日他连人带机坠毁在什未林湖，被列为失踪。站在中间的女士是降落伞缝纫女工。

---

① Stettin，今波兰什切青。

② 第401中队宣称击落11架、击伤2架Bf 109，自身1架“喷火”被德国战斗机追到机场上空被防空炮击落。

这天拂晓，第7中队一个四机小队由西少尉率领，飞往吕讷堡灌木林武装侦察，他们在汉诺威至汉堡的高速路上发现英军一支装甲补给车队，第二大队随后出动4个小队对其

“长鼻子多拉”的“骄傲”——汉斯·多腾曼

汉斯·多腾曼1921年12月11日出生于巴登—符腾堡地区的魏恩加滕（Weingarten），家族拥有狩猎的传统，祖父是一片猎区行政长官，受此影响，多腾曼从小爱好打猎，参军后原本在步兵团服役，1941年转到空军接受战斗机飞行员训练，1943年4月9日他在法国图卢兹附近飞行训练时发生高空坠毁，重伤的多腾曼在医院治疗了4周，右腿一直留有后遗症，当年11月以少尉军衔加入JG 54第2中队，1944年2月6日他与长机乌尔里希·韦纳特（Ulrich Wöhnert，空战总战绩86架，1944年12月获得骑士十字勋章）少尉在白俄罗斯的维特伯斯克（Witbsk）地区自由狩猎并与8架La-5战斗机发生交战，其中1架敌机撞上多腾曼的Fw 190A-6左翼，多腾曼则迫降回基地奥尔沙（Orscha），经长机作证，他取得首个空战战果。在接下来4个月里他又击落了13架苏联飞机，其中包括4架IL-2强击机。

1944年6月第2中队从东线转到法国驰援诺曼底战场，从属第三大队，番号后来改为第12中队。多腾曼少尉被任命为中队长，在诺曼底战役期间他积累了6个西线战绩。6月26日被“喷火”击落，平安跳伞，不过这是他最后一次被敌机占到便宜。8月中旬，损耗过大的JG 54第三大队奉命撤回国内奥尔登堡休整和换装Fw 190 D-9，从此多腾曼驾驶这架出厂码W.Nr.210003的飞机一直战斗到二战结束。刚完成几周训练，应“诺沃特尼特遣队”指挥官瓦尔特·诺沃特尼少校的请求，JG 54第12中队和第9中队奉命进驻阿赫默和黑珀特两个Me 262基地，保护Me 262喷气式战斗机起降，在此期间，多腾曼击落过1架袭击机场的B-17（美军第447轰炸机大队），1架P-51和P-47，也目睹11月8日诺沃特尼被P-51战斗机击落身亡，此后诺沃特尼特遣队改编为JG 7第三大队，两支保卫机场的JG 54中队归建。

12月25日，JG 54第三大队被投入阿登战场，划归JG 26指挥，12月29日大队长罗伯特·魏斯阵亡，多腾曼中尉代理指挥第三大队，带队参加底板行动，随JG 26第一大队共同攻击赫林贝亨机场，1945年2月25日JG 54第三大队改编为JG 26第四大队，多腾曼成为第14中队中队长，3月29日转到第3中队担任中队长，4月19日凭借35个空战战绩被授予骑士十字勋章，成为第26战斗机联队最后一个受此殊荣者，4月27日他在柏林上空击落1架雅克-3战斗机，完成最后1场空战胜利。

二战期间，汉斯·多腾曼在150场战斗任务中共宣称击落38架敌机，西线战绩22架，其中18架为驾驶同一架Fw 190D-9战斗机取得，这使他成为战绩最高的Fw 190D-9王牌飞行员，战争尾声他还执行了28次对地攻击任务，宣称在地面摧毁了1架滑翔机、2架飞机、1架装甲车、7辆卡车、3辆装甲运兵车、1座高射炮台。无论战场内外，多腾曼都以胆识过人闻名，他习惯于近距离开火，多次为抵触不明智的命令与上级争执，至少两次被威胁上军事法庭，始终竭尽全力保护他的中队，深得战友爱戴和感激。战后多腾曼转行为建筑师，同样成绩斐然，1973年4月1日病故。

大开杀戒。西在回忆录中细细讲述了这天的任务：

我们每天拂晓都要到吕讷堡灌木林①武装侦察，探明敌军前进阵地，在基地进入正常执勤时段以前返回。由于晨雾持续不散，200米以上无法看清地面，因此这样的任务完全贴着地面超低空飞行！最危险的是敌人四联高射炮，已造成我们大量伤亡，一个四机小队往往只剩下2架能返航。

今天第7中队本该迪策少尉带队，但他有病在身，无法出战，故而由我顶替，通过无线电回报有价值的侦察结果。我起飞时施拉姆少尉带领的第6中队正在备战。刚飞过哈尔堡就看到一支盟军车队大军延绵到灌木林。我们四架仅有四挺机枪的飞机显得力不从心。于是我用无线电向地面指挥中心回报了车队位置，不久就调头返航，飞越吕讷堡前线，沿着一条双轨铁道返回了于特森，进场时施拉姆他们加挂炸弹的飞机刚起飞，看到第6中队集结成密集编队，即将带着我的情报奔赴前线，我欢呼起来。目标就在那一地区唯一一条高速路上，万无一失，只要找到它们就大功告成。

第6中队飞走后，我的小队依次降落了，我关闭发动机，解开安全带离开飞机，让外场保养组组长马上加油并装弹，随即又更正为全体小队都加挂炸弹。

刻不容缓，我没有打电话，而是跳上最近一辆自行车骑到大队指挥室当面汇报了刚才的任务，指挥部已经等得不耐烦了，让阿尔布雷赫特下士往机场打了两通电话找我。看到我出现，作战官格罗斯上尉露出欣慰的笑容。我将情况向阿尔布雷赫特下士汇报完毕后，他立即传达给师部。很快作战令下达了：进入起飞准备，向刚被发现的地面目标发动攻击！我为第5中队和第7中队做了任务简报，三个小队很快准备就绪，我于是快步回到自己的飞机，再次由地勤主管帮忙扣好安全带后，进入滑跑准备。指挥室打出一枚红色信号弹，一架架飞机依次驶向起飞点。我们必须争分夺秒集结，因为施拉姆少尉的第6中队就快回来了。

12架飞机全部来到起飞点后，两枚绿色信号弹升起，我缓缓推动节流阀，这架老当益壮的福克－沃尔夫在草坪加速前行，由于携带炸弹，滑跑距离比平时略长，顺利升空后继续向前爬升，然后开始转弯，我的小队紧跟在后方，另外两个小队也陆续升空，于是我进入航线。为了不被上方的敌机发现，我们贴着云端下方飞行，可以防范上方的敌机，三个小队在空中保持着整齐密集的队形，令人赏心悦目。

突然小斯通普夫报告左边有状况。没错，是飞机。但愿不是“喷火”。我们还不想为了躲避它们就在这里抛下炸弹。来者果然不是“喷火”的惯用队形。当距离拉近了一些，我们认出那是施拉姆他们，队形略显散乱，无疑遇到了高炮。

虚惊一场后我们顺利飞到汉堡，井然有序地左转飞过哈尔堡，很快直飞到达了目标所在的高速路。12架飞机依然整齐划一，多么美妙的一幕，可见飞行员们镇定自若，毫无惧色。现在高速路就在我们左前方，清晰可见一辆辆卡车瘫在路上，看上去还没有从战斗机首轮打击中恢复过来。一望无际的车队令我们一时不知从何处下手，于是稍微左转，将整条公路置于火力范围内。我瞄准路面投下炸弹，但不幸偏出几米，落进边沟，但也并非

---

① Lüneburger Heide，德国下萨克森地域，覆盖汉堡、汉诺威和不来梅等城市。

全无效果。刚才注意力全放在下方公路上的卡车，这时才发现高炮已经对准我们，可我们也并非第一次在低空面对地面炮火。我们向左急转弯规避，顺着公路扫射，将一辆辆卡车打成火球。发现公路左边沟竖起了一门双联防空炮，我轻打方向舵调整方向扣动扳机，它立即哑了火。接下来我调转枪口对准前方一辆卡车，它也步上防空炮的后尘，车辆一辆接一辆以同样的方式被摧毁。其他飞行员也忙个不停。一架架Fw 190D翩翩飞舞，一次次俯身与路面亲密接触。终于，我心满意足，向左横滚转弯，准备打道回府，后方依然一片热火朝天，我用无线电下令撤退，这场酣畅淋漓的任务才告一段落，大部分人都打光了子弹。克拉夫特少尉被打中发动机，不过仍旧飞回了基地，除这架受损以外，其余飞机都没有明显伤情，几架有少量弹痕，但不影响飞行。

我兴高采烈降落回地面，爽快之余意犹未尽，我们总算小小回敬了对手最近的嚣张气焰。我一边滑跑一边数了数返航的飞机，一架不少！可谓大获全胜，喜上加喜。

我率大家前往大队指挥室，第6中队仍在做汇报，施拉姆他们同样无一损失，战果甚至更“辉煌”，首轮攻击完全占尽奇袭之利，敌人连高炮都来不及发射，倒是招待了后来抵达的我们。汇报过程中，人人笑逐颜开。

这时大队长走进来，慷慨激昂地解释自己因军务缠身无法并肩作战，并对此深表遗憾。向来为大队操碎了心的格罗斯上尉与我们共贺胜利。当天师部没有下达新的任务，于是我们提早解散，返回宿舍。

实际情况显然比西所称的“少量弹痕”严重，瓦尔特·施通普夫下士的“褐色16”号挨了四枚高炮炮弹。第二大队低空返航经由汉堡西边回到于特森，莫尔格唯一能做的不过是飞快地瞥一眼故乡和他家的房子。由于通讯中断，他父母甚至不知道与儿子相隔仅30公里，也不知道儿子一次次在空中默默注视过他们。对于4月20日的任务，和西格弗里德·西在回忆手稿展现的狂热不同，莫尔格后来更现实：“我们谈不上欣喜若狂，只能假设取得圆满成功，但无法确认，这次和战争尾声无数任务大同小异，都于事无补。我们高兴的

JG 26联队最后四位中队长，从左到右：汉斯·多腾曼（第3中队）、瓦尔德马·泽芬（第2中队）、海因里希·席尔德（第5中队）、彼得·克伦普（第1中队）。多腾曼成为JG 26最后一位骑士十字勋章获得者，照片中他佩戴施拉格特联队袖标。泽芬也被推荐了骑士十字勋章，但直到战争结束也没批下来，他为人粗犷豪放，在空中打起仗不要命，在地面喜欢飙车，被手下评论为和多腾曼截然相反，但同样出色的指挥官。照片中克伦普仍旧一脸病容。

不过是整整齐齐全体返航。”

事实上第二大队傍晚又出动了一次，目标分别是柏林和在汉堡以南50公里的高速路，由于档案缺失，这两次任务没有更多细节，第7中队的埃里希·舒马赫尔和约瑟夫·西默尔两名下士未能返航，可能在柏林遭遇地面炮火，也可能丧命于皇家空军第3中队的“暴风”①。

4月21日，两个大队继续武装侦察不来梅至汉堡高速路上的英军。席尔德少尉自去年10月12日被耶格尔击落重伤后首次出战，第1中队5架战机在他率领下飞到罗滕堡（Rothenburg），遭到公路上猛烈的地面炮火攻击，于是未发一弹而退出了任务。12:10轮到第2中队，4架飞机由古尔少尉带领②，费了一番功夫没有找到攻击目标炮兵校射机，油量也不够执行联队长19日下达的新命令——至少大队日志记载如此，最后空手而归。14:35多腾曼中尉率领第1中队和第3中队的9架飞机起飞，高速路上已不见任何车辆，转而搜索盟军战斗轰炸机，果然在汉堡南边的布赫霍尔茨（Buchholz）发现了6架“喷火”飞在1500米高度，多腾曼、海因上士和赖下士三名前第14中队飞行员宣称歼敌1架，自身无损失，这些“喷火”来源不明，盟军也没有相符的损失。

傍晚，第二大队在佩勒贝格（Perleberg）西北方向发现了几架英国战斗机，交战过后大队长绍德上尉和施拉姆少尉各自宣称击落1架“暴风”，格奥尔格·克雷特下士在维斯马附近被新西兰空军第486中队的“暴风”击落身亡③。

4月24日7点，从南边冲来的乌克兰第1方面军1420门大炮炮击柏林，接着红军三个军向市区发动冲锋，柏林上空覆满红星标识的苏军飞机。自1943年6月JG第一大队从东线班师回朝以来，JG 26这天在家门口迎来了和苏联红军的交战。7:47，叙尔特22架可用飞机中的17架起飞，由多腾曼中尉率领飞往奥拉宁堡－亨尼希斯多夫一线（Oranienburg-Henningsdorf）扫射白俄罗斯第1方面军车队。8:18在柏林西北郊2500米高度与苏军8架雅克-3战斗机爆发交战，泽芬少尉、埃里希·施瓦茨准尉和海因上士各宣称击落1架，8:45－8:50全体降落在雷希林（Rechlin）加油和待命。著名的德国空军测试研发中心如今密密麻麻挤满了不同部队的轰炸机、运输机、战斗机，却几乎毫无防空能力，高炮全被用于地面战斗，连飞行员们的手枪也给了陆军。

9:15到9:50，第二大队主力也来到雷希林东南边的卫星机场莱尔茨（Lärz），那里同样拥挤不堪，大队等到中午才补充到燃油，13点左右飞往奥拉宁堡，轰炸南部公路和桥梁的苏军阵地，但在柏林西边的凯钦（Keztin）遇到4架雅克-9阻击，被迫提前抛下炸弹，

---

① 埃里希·舒马赫尔的父母当月从儿子的飞行员朋友那里得知儿子未能从柏林地区的任务中返航。4月20日20:30左右，著名的法国飞行员皮埃尔·克洛斯特曼（Pierre Clostermann，官方空战战绩是单独击落19架、集体击落14架，可能击落5架敌机）上尉和2名同伴冒雨巡逻到不来梅至汉堡一带，发现了大约6架Fw 190在轰炸地面坦克，3架“暴风”发动攻击后又有6架“长鼻子Fw 190”从云层钻出来加入战斗，最后克洛斯特曼在4倍于己的敌机身上取得2架战绩。他后来在回忆录中提到目睹一名被自己击落的Fw 190飞行员迫降。JG 26第二大队是这一地区唯一的Fw 190D-9部队，但是现存的部队日志显示对应时间和地点没有任务。

② 出动5架，1架因故障退出。

③ 4月21日傍晚在这一地区活动的皇家空军有第443中队、第486中队和第3中队，第486中队没有损失，宣称击落Fw 190和Bf 109各1架。第443中队在帕尔希姆－什未林一带武装侦察时遭到4架Fw 190突袭，1架“喷火XVI”被击落，第3中队损失1架“暴风”，原因归为高炮。

1945年荷兰沃尔克尔基地，新西兰空军第486中队与他们的暴风战斗机，在战争最后两个月，该中队从荷兰沃尔克尔先后转移到德国西北部霍普斯滕、策勒，频繁与JG 26联队交战。

14:25回到莱尔茨。第5中队的京特·普法伊费尔下士可能在此次任务中被击落身亡。第二大队19:10左右回到于特森，1架Fw 190因起落架无法收回而坠毁，飞行员负伤，原因可能在汉堡附近被“暴风”击伤。

19:30皇家空军第130中队的“喷火XVI”出现在雷希林机场①，JG 26第一大队的二次出击被迫延迟半个小时，对柏林的自由狩猎没有遭遇敌机，20:47回到叙尔特。

4月25日13:30，美军第一集团军第69步兵师与乌克兰第1方面军近卫步兵第58师建立联系，在易北河畔的小城托尔高胜利会师，东西线战场完全连接在一起，德国残存的领土被拦腰截断成南北两半。随着白俄罗斯第2方面军强渡奥得河西段，突破了德军在西岸的防御，苏军完全封闭柏林包围圈，从夜间到凌晨583架苏联轰炸机再次空袭柏林，次日，红军发动最后的总攻，很快控制了柏林滕珀尔霍夫机场。在气势如虹的红军面前，德国空军的全部抵抗注定杯水车薪。

JG 26联队频频以雷希林和莱尔茨为中间机场支援柏林。25日6:00第一大队10架Fw 190D-9从叙尔特起飞攻击苏军在亨尼希斯多夫的桥头堡，泽芬击落了1架Po-2炮兵校射机，但没有得到确认，尼特（Nieter）下士被地面炮火击中，在德军后方实施迫降过程中负轻伤，飞机报废。降落在雷希林的8名飞行员将听候第4战斗机联队联队长米哈尔斯基（Michalski）中校调遣，他们接受的第一个任务就是护送6架Fw 190F“装甲闪电”攻击苏军装甲部队，后者机翼下装载的4枚或6枚R4M火箭弹，对包括重型坦克在内的装甲车辆拥有强大杀伤力。3

① JG 26第一大队日志记载袭击雷希林的是暴风式战斗机，但这一带无“暴风”活动。皇家空军第130中队的“喷火”在雷希林击落和击伤了JG 11第1中队2架Fw 190。

架Fw 190D-9出色完成了护航任务，面对苏军8架雅克-3战斗机，泽芬和拉姆通少尉各自击落1架。当晚留在雷希林的6架Fw 190收到命令，紧急升空拦截苏军Pe-2轰炸机及其护航机，但目标并未出现，于是泽芬率队回到了叙尔特。

9:40，第二大队从于特森出动了8架飞机，在什未林西边与8架“暴风”的交战无战果，10:30降落到莱尔茨，4架Fw 190组成一个小队飞往奥拉宁堡，成功轰炸了哈弗尔河桥上的苏军阵地。返航时莫尔格纳闷怎么也追不上3名同伴，直到与大队第二个小队交会，一架友机摇晃机翼，指向他的座机下方，他才注意到仪表盘上亮着红灯，恍然大悟自己忘记解除引信，居然将两枚250公斤高爆弹原封不动背了回来。他急忙降低高度，解除引信，将炸弹丢进米里茨湖（Müritz）。由于孤身一人继续返航，莫尔格选择绕道而飞，总算避开了沿途敌机，平安回到于特森，却在降落时栽了个拿大顶。即使闹了不少笑话，大队长一点也没心软，罚了三天闭门思过。

莫尔格在空中遇到的第二个小队于12:50从莱尔茨起飞，前往奥拉宁堡突出部迎战苏军12架Pe-2轰炸机，13:30第二大队留在于特森的其余战机也直接杀向奥拉宁堡，扫射了公路和桥梁，并与几架雅克-9战斗机发生结局不明的交战。当天下午晚些时候，集结在莱尔茨的第二大队全体出动飞往柏林。但最后这次任务只有西少尉宣称斩获苏军一架P-39“飞蛇”战斗机，西取得个人第3个空战战绩的同时，也将JG 26第二大队的总战绩定格在871架。

晚上，飞行员们汇聚在餐厅举行了一场热闹的“生日派对”，庆贺大家又一次全体平安。地勤提前装饰好了餐厅，神通广大的格罗斯上尉变戏法般搞来了烟酒，供大家尽情享用。第二大队热衷惹是生非，早已令基地的主管官员们咬牙切齿，所以不敢明目张胆违纪举办舞会，但于特森不缺女孩子，有她们出席，即使不能共舞一曲也足以活跃气氛，聊以慰藉。在回忆录中，西格弗里德·西记载了晚会的盛况，不过他首先忙于审查队员们的讲稿和彩排，其中不乏针对大队长的不和谐之音：

晚会获得圆满成功，飞行员们汇聚一堂，大部分有女伴相随左右，孤家寡人者也有指定给他的伴侣，毕竟这里有的是长发尤物。我身边就是一位金发小美女，苏台德人，可爱极了。晚会在歌唱中拉开序幕，接下来有飞行员出演的短剧和大队长致辞。几杯酒下肚，大家脸颊泛红，话匣子打开了，嗓门也越来越大。平常的我寡言少语，现在像变了个人，畅饮到午夜后，开始在众人面前发表演说，至于说了什么第二天清早忘得精光，只记得我站在桌上，一边滔滔不绝一边用脚考验着酒瓶的强度；一边抽着甘醇的香烟，将烟灰弹进面前的吊灯灯盏里。这是绝无仅有的一晚，它释放出了我们战场外的另一面。

晚宴如火如荼之时，格罗斯上尉带来一份陆军的支援请求，寻找四位自愿在明天清晨攻击奥斯特炮兵校射机的飞行员，莫尔格报了名，换来解除禁闭。

当战争大幕即将落下，像这样苦中作乐的狂欢派对屡见不鲜，且有愈演愈烈之势，每每以三更半夜一醉方休结束，而次日通常早到凌晨五六点就要升空作战，一些人会服用脱氧麻黄碱兴奋剂。“天堂的使命”一步步将飞行员推至极限，他们需要靠烟酒缓解压力，逃避国破家亡的现实。飞行成了“巨大的精神折磨”，多腾曼在日记写道：“给养很早就恢复到诺曼底时期，胃又开始闹毛病，我们烟不离手，酒不离口，不过不会持续太久，战争总归快结束了，即使不是按我们期望的方式结束。我们沮丧地意识到已经无能为力。”

4月26日莫尔格和另外三名宿醉未醒的同伴靠咖啡提神，大约6:30昏昏沉沉地起飞了，飞到不来梅上空7000米，下方只有浩瀚的北海和波罗的海，如意料之中没找到任何“奥斯特”，随后他们下降到不来梅南边的公路，发现了两队“暴风”，也许是氧气面罩压制酒劲，四人明智地选择走为上策，以“720公里时速”狂奔回于特森。与此同时，第二大队另外几名飞行员飞到汉堡以南，驾轻就熟轰炸和扫射了高速路上的盟军车队。

苏联近卫第1坦克军和第70集团军突破德军第3装甲集团军防守的沃坦防线（Wotan Line）后沿高速路向西边的普伦茨劳（Prenzlau）挺进，在苏联空军第4集团军压倒性的火力支援下，打退了试图阻滞他们的德军第1海军步兵师和党卫军。5:45，JG 26第一大队14架Fw 190D飞往柏林执行火力支援，编队在目标上空地区被晨雾驱散，6:40至7:10降落在莱尔茨机场。傍晚5点左右首批苏军坦克据报出现在普伦茨劳附近。18:50，12架Fw 190D-9由多腾曼中尉带领起飞，护送8架Fw 190F执行反坦克任务。19:12在普伦茨劳附近与上前截击的“15到20架雅克-9和雅克-3”发生交战，大约19:30全体返回莱尔茨。除了多腾曼中尉和施瓦茨军士长两个老手，布利克勒（Blickle）少尉和比克纳（Birkner）准尉头一次尝到胜利的滋味，比克纳的回忆展示出新手和老将在态度和经验上的差异：

前几次任务总是紧随编队长机，自己一事无成，眼看战争快结束了，你会渴望赢得1个自己的战果，但不能随心所欲，否则性命难保。我也不能叫多腾曼让一个给我，因为我们不在一个小队，于是我求助海因上士，他不缺战功[①]，也满口答应：“跟着我，有机会的话，当然没问题。”可惜我还是挂着零蛋。

1945年4月26日，我担任多腾曼的僚机，在普伦茨劳，大群雅克战斗机自右边蜂拥而来，机会来了。多腾曼朝敌机迎上去，我加足马力，冒险来到1架“雅克”后面，占据理想位置开火，它的右机翼冒出浓烟，又挨了我几轮射击打击后燃烧起来，突然，又1串曳光弹飞向这架雅克，我一张

加拿大机械师正在拆卸第15中队迫降后遗弃在威廉港的Fw 190D-9。

① 库尔特·海因上士当时战绩为8架。

望，看到另1架雅克就在我身后的射击位置燃烧起来，它后面有1架“多拉-9”……多腾曼在我旁边正追打1架起火的雅克，救我的是施瓦茨军士长，也是一个老手，后来他狠狠斥责道“你这蠢货！只顾往前冲，不看后面就贸然进攻，伊万不值得你在战争快结束前玩命！”他骂得对，不过我总算赢得了一场空战胜利。

第一大队在4月27日的活动蒙上一层神秘色彩，难有定论。四天前，躲在巴伐利亚的赫尔曼·戈林向柏林总理府地下室发出电报，希望元首授权自己接管权力并向盟军展开停战谈判，希特勒怒不可遏，罢免了戈林全部职务并将其逮捕，召来第6航空队的格莱姆上将接任空军总司令，格莱姆和著名女飞行员汉娜·莱契趁夜色搭乘Ju 188从巴伐利亚新比贝格起飞，26日凌晨来到雷希林。毫无疑问，想进入被炮火笼罩的柏林只能走空运，下午两人乘坐一架Fw 190双座教练机（飞行员是一位上士，汉娜·莱契挤在储物舱），在40架战斗机保护下冒险从雷希林飞进柏林唯一一个还没陷落的机场加图机场[①]，等到夜色降临，格莱姆驾驶Fi 156联络机飞进市区，途中在格林瓦尔德一带被苏军地面炮火击中，格莱姆右脚受伤，汉娜·莱契接手，凭借精湛的飞行技术突破密集的防空火力，降落在勃兰登堡门附近的东西轴线大街，进入了总理府地堡，之后，躺在病榻前疗伤的格莱姆被晋升为元帅和德国空军总司令，28日两人奉希特勒之命乘坐Ar 96教练机逃离了柏林。

回到26日，在雷希林的JG 11、JG 4和JG 26多支战斗机部队都收到了神秘的护航任务。可想而知，这种事关权力交替的特殊任务不会被部队官方档案收录，相关记载全部出自飞行员回忆和私人日志，其中不乏矛盾重重、疑云密布，JG 26第一大队多名飞行员都回忆参加了护送格莱姆、汉娜·莱契到加图机场，汉斯·多腾曼中尉和海因里希·席尔德少尉的飞行日记也留下书面证据，但最大的问题在于两位中队长在日记中没有具体日期，而其余飞行员回忆的任务时间为4月27日下午，不但与现存其他资料相悖，何况27日上午柏林爆发激烈的巷战，加图机场落入苏军之手，德国飞机下午降落在那里绝无可能。可以确定，如果JG 26参与了这次护航，也非4月27日，或许只是被安排了护航任务，并未真正执行。4月27日第一大队日志简单记录如下：

下午5:30，9架Fw 190由多腾曼中尉指挥从莱尔茨起飞，在柏林地区展开自由狩猎和侦察任务。5:50到5:55，6架Fw 190在柏林上空2000米遭遇7架雅克-3，多腾曼中尉击落其中1架，下午6:40降落，无损失。

这是多腾曼150次战斗任务中第38架和最后1架空战战果。但他本人的作战报告和僚机布利克勒少尉的目击报告都记载为返航到新鲁平（Neuruppin）上空，于下午6:25取得这个战果。时间相隔半个小时，地点也与柏林相距近80公里。

除了断断续续的无线电报告，柏林城内已与外界断绝联系，德军最高统帅部必须凭借空中侦察判断空运增援和补给的可能性，因此弗里茨·翁加尔军士长的回忆虽然日期不一定准确，但似乎更接近真相，且

① 汉娜·莱契在1946年6月一封家书里提到4月26日13:30从雷希林起飞，而参与护航任务的Ⅱ./JG 4大队长威廉·莫里茨（Wilhelm Moritz）少校回忆起飞时间是14:15，JG 4有大约20架fw 190参与护航，15:30回到雷希林。参见：Eric Mombeek：Storming The Bombers，a Chronicle of JG 4 Volume 2，1944-1945。

得到了库尔特·海因上士的佐证——27日第一大队首要任务是侦察东西轴线大街是否可供飞机起降：

4月26日5:50左右，我们起飞自由狩猎，大概7:10降落在莱尔茨，众所周知雷希林是空军测试中心，我们自然满心好奇，不知被叫到这里做什么。疑惑和紧张中时间一分一秒过去，直到下午晚些时候任务下达：我们将执行一次飞往柏林的护航任务，并查明东—西轴线大街可否供飞机降落，或者是否已陷入俄军的炮火之下。命令中没提及护航对象，而从国防军公报中我们都听说俄国人已经打进城里了。

18:05，12架"长鼻子"Fw 190D-9在多腾曼中尉率领下起飞，保持战斗编队队形向南飞，60英里的距离并不长，也不需要特意辨别航向，笼罩在柏林上空的硝烟清晰可见。在3000米高空也能看到整个城市仿佛在燃烧，恢弘的一幕难以言表，我们顺利找到东西轴线大街，那里同样枪林弹雨，激战正酣。轻型高射炮纷至沓来，警告我们已进入俄军范围。看到曳光弹横飞，我们吓了一大跳，过去只有西线的单管高射炮能达到这个高度，但这是速射炮！珍珠串般的炮火将我们包围。

"当心高射炮！快闪开！"多腾曼在无线电里疾呼。四周群魔乱舞，我们左躲右闪，一枚枚蹿上天空的炮弹和曳光弹弹道清晰可见，口径大于普通的轻型防空炮，越升越慢。万幸的是，12架飞机全部安全穿过这片高射炮区。来到柏林北边，发现东方的低空大约有10架飞机，体型小巧，如蜂群飞舞，定是俄国战斗机，一直在西线的我们此前还从未和它们交手，我们保持警惕，下降到2000米时，它们飞走了。

1分钟后无线电里传来多腾曼的声音"该死！我们怎么有13架？多出1架！"他迅速向右横滚，机群右后方居然跟着1架俄国飞机，我们跟着多腾曼右转。算对方命大，马上消

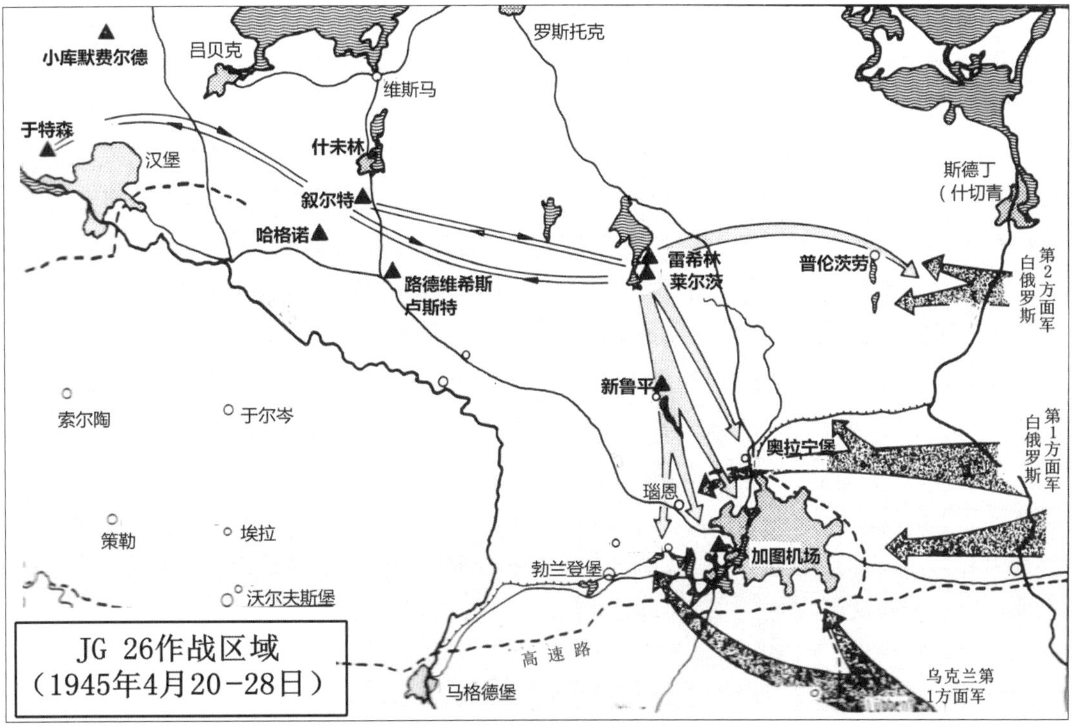

JG 26作战区域
（1945年4月20-28日）

失在云层中。

完成任务后回到雷希林，东西轴线大街确实陷入炮火，第二次世界大战结束前所鸟瞰的柏林不过是一片废墟、烈焰、烟尘。

英军和苏军从东西两边同时逼近叙尔特，27日开始第一大队陆续向北撤到小库默费尔德。28日14:15－14:30留在莱尔茨的分队飞向新基地，当浩淼的灰色的米里茨湖消失在视野，第26战斗机联队短暂的第二次“东线”作战结束了——柏林残垣断壁，大地在炮火声中颤抖，天空被火光染成血红色，汹涌的难民堵塞在公路，敌机夜以继日轰炸和扫射莱尔茨和雷希林，苏军坦克和车队浩浩荡荡……短短4天所见成为很多飞行员永生难忘的记忆。

第二大队继续在于特森坚守了两天，30日也转移到新明斯特，与小库默费尔德紧邻，至此两个大队基本联合行动直到战争结束，第一大队护航，第二大队轰炸英军阵地，飞行员尽量避开敌机，以保证自身安全为前提履行义务，所有人心照不宣地期盼着英军早苏军一步抵达。如他们所愿，在汉堡以南的英军第2集团军于4月28日夜晚最后一次发动大规模进攻，渡过劳恩堡（Lauenburg）和阿特伦堡（Artlenburg）一带的易北河，一路只遇到微弱的抵抗，次日中午，先头部队到达施纳肯贝克西北4公里和劳恩堡以北3公里，随后因德军突如其来的猛烈炮火不得不暂时后撤。

受限于厚重的低空云层，29日JG 26联队和老对手第二战术航空队均午后才出动。12:30，第一大队6架飞机和第二大队8架飞机各自从小库默费尔德和于特森起飞，目标是劳恩堡的英军装甲先头部队，结果无一例外被加拿大空军第412中队的喷火IX击退。6./JG 26中队的维尔纳·施拉姆少尉和约翰内斯·施林佩尔下士未能返航[①]，前者死在自己20岁生日这天，遗体到1989年才被发现。泽芬少尉宣称击落1架“狮鹫发动机的喷火”，赫尔穆特·瓦尔特（Helmut Walter）上士成为第26战斗机联队在二战期间最后一名战斗阵亡的飞行员，英军在阿特伦堡西边5公里发现了飞机残骸后将飞行员就地埋葬，战后瓦尔特被迁葬在劳恩堡公墓。第412中队收获4个战绩，无一损失。

与此同时同一空域，新西兰空军第486中队的“暴风”击落了第151对地攻击机联队（SG 151）的4架Fw 190F和JG 27联队的3架Bf 109护航机。第486中队返航途中，与二次出动的SG 151联队及护航的 I./JG 26大队7架Fw 190D-9狭路相逢，泽芬率队发动攻击，取得了自己第34个战果，但无力阻止“暴风”大开杀戒，SG 151联队的14架Fw 190F又损失了3架，编队也溃不成形。泽芬只好带领“多拉”返航。新西兰空军第486中队损失了1架“暴风”，飞行员平安。

当天联队长格茨少校整顿了两个大队，将第1中队的席尔德和第5中队的克伦普两名中队长对调。不管什么原因，战争中最后一次人事变动确实奏效，状态疲软的席尔德和病恹恹的克伦普在新岗位上又焕发了活力。第一大队很多地勤人员自战前就服务于联队，兢兢业业为大队奉献了七八年，他们之中家住附近者获得博里斯少校批准，退伍返乡。

5月1日，JG 26共出动54架次，在施瓦岑贝克（Schwarzenbeck）和劳恩堡一带执行了三场联合作战，首轮作战因皇家空军

① 当晚20:15第二大队又出动了一次，具体哪次任务中遭受人员伤亡没有记载。

第403中队的出现功败垂成，第二大队提前抛下了炸弹，第2中队的古尔少尉宣称可能击落一架“喷火”，完成了第一大队第821架空战战绩，也将第26战斗机联队空战纪录定格在2726架，一架Fw 190D-9被“喷火”击伤，飞行员瓦尔特·纳皮尔斯基上士迫降回基地并负伤。皇家空军第403中队宣称击落1架、击伤多架德机，自身无损失。

下午第一大队和第二大队分别由多腾曼中尉和绍德上尉率领，16:30会合后再次飞向前线执行战斗轰炸任务，第一大队2架飞机在汉堡以南被德军高射炮击中后退出任务。来到目标区施瓦岑贝克以北，遇到“6到8架喷火”阻拦，第一大队的低空扫射则被地面炮火打退。第二大队则突破到施瓦岑贝克以南投下炸弹，大队长保罗·绍德上尉在劳恩堡被英军防空炮击中，很晚才跳出着火的座机，负轻伤并被俘，他是第26战斗机联队在二战期间第701个，也是最后1个作战损失的飞行员。

当天最后一次作战发生在20:00后，第一大队的任务因天气原因取消，第二大队没接到通知，独自飞往施瓦岑贝克轰炸了英军装甲先头部队，于21:10全体返航。

JG 26第二大队在战争期间总共迎来17名大队长，其中8人阵亡或被俘，指挥官损失数创德国空军昼间战斗机大队之最（见下表）。

5月2日7:00，第6中队一个小队在汉堡执行武装侦察并扫射了一支摩托化运输车队，10:30，席尔德中尉率第5中队低空攻击了劳恩堡的英军车队和坦克。午后积云低垂，能见度并不好，两个大队奉命联合对劳恩堡展开对地攻击，第一大队由复出的克伦普中尉带领，9架飞机正在小库默费尔德附近集结，8架敌机杀到，克伦普占据到绝好的射击位置正待开火，座机突然失控偏航，右侧风门处的整流罩板脱落，他只好向右急转，退出攻击。敌机也无纠缠之意，俯冲进云层离开了。令克伦普莫名其妙的是，一枪未放仍然被大队日志记为“击伤1架台风”，博里斯告诉他“大家凭想象看到了‘台风’坠毁并开始庆祝”。

这次打乱JG 26任务的英国战斗机可能依旧是新西兰空军第486中队的“暴风”，该中队2名飞行员在新明斯特附近击落了落单的西格弗里德·康拉德少尉，康拉德平安跳伞，他的“黄色4”号Fw 190D-9成为第一大队作战损失的最后一架飞机。

第二大队同样因机场上空的敌机活动取消了任务。下午开始，第一和第二大队分别转移到石勒苏益格州的弗伦斯

姓　名	时间	损失原因
赫维希·克尼佩尔(Herwig Knüppel)	1940年5月19日	被“飓风”击落阵亡
埃里希·诺亚克(Erich Noack)	1940年7月24日	飞行事故阵亡
卡尔·埃比希豪森(Karl Ebbighausen)	1940年8月16日	可能与“喷火”撞击阵亡
瓦尔特·阿道夫(Walter Adolph)	1941年9月18日	被“喷火”击落阵亡
威廉-费迪南德·加兰德(Wilhelm-Ferdinand Galland)	1943年8月17日	被P-47击落阵亡
约翰内斯·赛费特(Johannes Seifert)	1943年11月25日	与P-38撞击阵亡
埃米尔·朗(Emil Lang)	1944年9月3日	被P-51或“喷火Ⅻ”击落阵亡
保罗·绍德(Paul Schauder)	1945年5月1日	被地面炮火击落，被俘

堡[1]和胡苏姆（Husum），截至当晚9:28，第一大队全部可用的28架飞机顺利进驻魏舍（Weiche）机场，第二大队驻奥尔德鲁普（Olderup）机场，施通普夫上士降落时将“褐色17”号倒栽在地，结束了他的战争。当晚，还留在新明斯特的4架飞机在席尔德中尉率领下最后一次执行了轰炸任务，摧毁了一处高射炮炮点，21:10返回新明斯特，次日下午执行完侦察任务后也来到胡苏姆。

即使在德军全面溃败的最后几天，施拉格特联队士气未曾土崩瓦解，飞行员回避与敌机不必要的交战，但从不回避履行义务，尤其是第一大队，严明的军纪在多腾曼的日记中展现无遗：

弗伦斯堡挤满了各种飞机，上百架战斗机停在场地，形同摆设，只有我们还在坚持，那些飞行员东倒西歪躺在草坪，醉态百出，还怂恿我们加入，我的勇士们放出警告，再听到这种废话就踹上几脚，然后他们继续升空，执行更多的飞行任务……几个海军士兵厚颜无耻，四处作梗，其中一个企图用武力阻止起飞，飞行员毫不理睬，一推油门从他右边滑走了，我怀疑这人仅仅挡在飞机前面，挥舞一把可笑的步枪有什么用。

5月3日，下午第二大队出动了1个小队武装侦察，莫尔格起飞不久，发动机爆炸起火，他干净利落地跳伞，安然无恙降落到机场附近，他的Fw 190是第二大队损失的最后一架飞机，原因究竟是敌机、高炮、技术故障还是被人破坏，已经无迹可查。

下午两个大队各自又出动了一次，依然没有接敌。第一大队8名飞行员沿基尔运河巡逻，只看到河面挤满了运送难民逃离苏控区的船只。随着一场滂沱大雨降临，JG 26联队结束了当天的任务。

5月4日，留在新明斯特的第二大队余部准备飞往胡苏姆。赫特上士的日志显示，8:30他们刚升空便遇到12架“暴风”突袭，赫特命中一架，大约20分钟后陆续降落回新明斯特，这是JG 26最后一次遭遇敌机。这次被破坏的转场飞行推迟到16:30完成。13:10和14:10，席尔德和克伦普先后带领一个小队最后一次飞往前线，平淡地完成了自由狩猎。17:32，第一大队8名飞行员由多腾曼带领，在基尔运河完成自由狩猎，全体降落回弗伦斯堡，时间是1945年5月4日18:24，德国空军第26战斗机联队“施拉格特”的作战史至此画上句号。

6分钟后，在吕讷堡的英军第21集团军群总部，新任德国海军总司令冯·弗里德堡海军上将代表德军最高统帅部与蒙哥马利元帅签署无条件投降协议，所有在德国西北、丹麦和荷兰的德国武装力量向英军投降，德国北半部停火，1945年5月5日8点生效。

三、战火熄灭的72小时

战火没有完全熄灭，岂容施拉格特联队独善其身，新晋空军总司令格莱姆元帅企图将德国北部的军队转移到东线“同布尔什维克斗争到底”。停火协议传达到前线之前，JG 26的官兵们先收到了联队指挥部下达的次日“常规作战任务”，时间是23:50。

发自联队指挥部：

所有飞机准备好飞往布拉格，无法到达布拉格的飞机飞往挪威，最迟6:30起飞，禁止晚于6:30，进一步指示晚

① Flensburg，柏林陷落后，德国新元首卡尔·邓尼茨临时定都弗伦斯堡。

间下达。

5日凌晨3:30，德军最高统帅部的局部停火命令传达下来：

截止1945年5月5日8点，我军同蒙哥马利元帅的军队达成停火，包括在荷兰、石勒苏益格－荷尔斯泰因、丹麦的德国陆军、空军、武装党卫军不解除武装，保持现有位置，不得破坏武器、不得集会示威，严格服从命令，维持纪律，保管好所有补给物资。

——凯特尔（签字）

与联队指挥部同在弗伦斯堡魏舍机场的第一大队很快收到进一步指示，布拉格被从目的地中剔除，包括博里斯少校在内，飞行员全体转移到挪威，中途在丹麦的格罗夫（Grove）加油，联队长另指派一名高级军官接手留在弗伦斯堡没有飞行员的大队。

无论前往布拉格还是挪威，所谓移防只能称之为荒谬且残忍，JG 26联队从上到下陷入两难境地和一片争议。两年来，第一大队在博里斯少校严苛的领导下，始终团结奋战到最后一刻。5月5日清晨，博里斯再次强调“军人以服从命令为天职”，他手下一批飞行员大有忍无可忍之势，表示少校若真想去布拉格，可自行前往，他们恕不奉陪。两个素来胆大的中队长泽芬、多腾曼肆意讥笑出声。弗里茨·翁加尔军士长（第2中队）以普通飞行员的视角生动描述了第一大队在5月5日上午8点前后扣人心弦的几个小时。

我们沉默地吃着早餐，博里斯少校面色苍白，同样一言不发，等所有人用完餐，5:30，他站起身——

上午8点西线停火，战火仍在东线燃烧。联队属于西线。8点，对地勤人员来说战争结束了，但我们飞行员没有，我们奉命尽早起飞，在丹麦北部加油，8点以前飞越斯卡格拉克海峡到挪威，因为停火协议范围没包括挪威。

你能听见一根针掉下的声音。

我们自然都预料到战争不会持续太久，几周以来望眼欲穿，可现在等来了什么？几乎全体飞行员继续在挪威打仗？

确信得去收拾行囊的时候，大队长说：“先生们，时间所剩不多，汽车就在外面，带上你们的剃须刀和牙刷。”就是说，除了私人物件和衣物，其他物件只能留下，再也见不到了。单座战斗机空间不够。

车上一片沉寂，各怀心事，真要飞越斯卡格拉克海峡？天气看上去并不好，飞机没有长途飞行仪表，我们也缺乏长途飞行经验，如果罗盘不准怎么办，8点就停战了，那时我可以降落在我家附近草坪，不过得冒着被枪毙的危险……我彷徨地前后张望，众人无不愁肠百结、心事重重，气氛被映衬得越发凝重抑郁。坐在我前面的多腾曼中尉回过头：“跟紧我，小伙子，一如既往跟紧我。”他真正想说的都写在脸上：“我们这次也会坚持下去。”所有人了然，他绝不会再朝北飞。

……爬出飞机，听到通知“各中队长请前往指挥室”。第2中队已将飞机整整齐齐排成一排，我们的多拉-9，八个月前我们成为首个装备它的大队，而现在，还会再次进入驾

弗里茨·翁加尔军士长。

驶舱吗？飞行员们的面容写满迷惘，这个国家以绝对服从为军队立足之本，我们早已习惯于盲从，难道距离停火最后两个小时也不例外？如果荒唐的起飞成真，我不知道要何去何从，倒是怀疑自己很可能会在最后一刻被击落。

时间一分一秒过去了，指挥室毫无动静，不知发生了什么，没准是个好兆头，每一分钟的流逝都意味着晚于起飞时间的可能性增大，传闻指挥室里爆发激烈的争执，尤其有人坚持履行义务、执行命令，可其他人更现实。

过了一个多小时，有乐观者断言："现在从这儿起飞，中途在丹麦加油，已经无法按时赶到挪威。"我们站在飞机前等待着，越来越有把握，心态变轻松，话匣子也打开了。终于，中队长泽芬少尉走出指挥室，红光满面，隔老远就喊："不会起飞了，斯卡格拉克天气太差。"

这一刻，战争确实结束了。

我们不至于高呼万岁或者手舞足蹈，只有深深的如释重负，为荒唐的起飞令取消而又一次逃过一劫，为再也不用驾机射杀别人和被别人射杀。然而我们输了，生活何以为继？作为胜利者的敌人将如何处置我们？亲人是否安好？何时、何种情境团聚？没有杀戮的全新生活如何开展？步入战争时我们年少懵懂，如今前路充满未知。

中队长将我们召集在一起："先生们，我们接到指示，要将飞机完好无损地移交给英国人，停在这里的一排都会给他们，但我要象征性地炸掉我的飞机，他们休想得到它！"于是齐心协力将他的飞机推远。驾驶座下都有一个爆破装置，用于迫降到敌后方时自毁。装好三分钟延时引信后，我们站在安全距离，一字排开，用这种仪式告别战争。泽芬少尉点燃引信，回到众人前方，立正敬了一个军礼，极尽庄严。

但这三分钟太过漫长，我们默默看向中队长，他也面露不解。突然，一声巨响，爆破出了岔子，机身自驾驶座椅处断为两截，后半部倒在地面，前半部机鼻斜立朝天。大家暗自捏了把汗，无人敢靠近，因为没看到半点火花，汽油流淌下来，估计油箱炸坏了，庄重的气氛散了不少，泽芬自裤袋拔出信号枪，朝着飞机前方的地面扣动扳机，红光闪过，很快熄灭，一切如故，他咒骂了一句："可恶！再来一次！"结果第二枪同样以失败告终，第三枪直接打向油箱，这一过程实在太漫长了，火苗终于闪现，越烧越猛，吞噬了机身前半段和发动机，引爆了弹药，爆炸惊天动地，唤回擦肩而过的肃穆。曾经无数架飞机在眼前爆炸，很多缘于我们的枪口，这是最后一架！凝视着烈焰，心生梦想，再见，多年的毁灭、坠落和死亡。

几乎同一时刻，多腾曼也决绝地引爆了他的"黄色1"号。这架出厂码W.Nr.210003的战机举世无双，它是第一架正式入役的Fw 190D-9[①]，1944年9月20日被交付到奥尔登堡机场，与当时还在JG 54第12中队的多腾曼结缘，从此陪伴它的主人永不停歇战斗到1945年5月5日，不但以18架空战战绩登顶Fw 190D-9王牌榜首，而且从未被敌机击伤过，总共98小时飞行时间使它成为前线最高寿的"多拉"。

博里斯少校以天气为由说服了联队长取消起飞，第一大队的移防宣告流产。而在胡苏姆，群龙无首的第二大队更为

① 在W.Nr.210003前面生产的两架Fw 190D-9：W.Nr.210001和W.Nr.210002被留在福克－沃尔夫公司做进一步测试研究。

混乱，飞行员又一次从酩酊大醉中醒来，为去留问题无法达成共识，17名飞行员怀着复杂的心情选择了服从，转移到挪威，由联队长指定的第5中队中队长席尔德中尉带领。

一名从1939年就服务联队的机械师帮一等兵维尔纳·莫尔格系好安全带，他指指前方，意味深长："你是汉堡人吧？看到那个弹坑了吗？开过去，你的战争就结束了。否则，你还得从挪威徒步走回来！"上个月还装着胜利信念的小脑袋茅塞顿开，莫尔格沉着启动了发动机，不顾前方地勤拼命摆手示意，一口气对着地面的弹坑驶过去，"顺利"栽了进去。木质螺旋桨四分五裂，一个机轮脱落，摔得不成样子的Fw 190斜挂在弹坑，只靠一边机翼撑在地面，呈现出悲凉的一幕，年轻人爬出驾驶舱，咕哝了一句"阳光太刺眼"。

排在莫尔格后面又有三架飞机滑跑时明里暗里发生事故，场面一度混乱不堪。6:20以前，共有13架飞机从胡苏姆起飞，其中还有1架Fw 190A-8。席尔德带着这批人中途降落在格罗夫的空军基地，他用武力逼迫少校军衔的负责人在加油站被炸毁之前给他们加上油。截至9点，6人飞抵挪威南海岸利斯特（Lister）[①]，编入第5战斗机联队第15中队，席尔德任中队长。直到5月8日欧洲战场停战，他们都没有再飞过。席尔德后来回忆了他在JG 26的最后一次飞行：

5月5日，我接到联队长格茨少校电话，让我带着中队飞行员驾机转移到利斯特。如果不是因为认识格茨少校并听出他的声音，单就这道命令本身而言，我也许不会执行。

我们在胡苏姆给飞机加满油，6:15起飞，降落在丹麦的格罗夫补充燃油后飞往利斯特。我没带地图也没有任何导航设备，在格罗夫向一名刚从利斯特飞来的Bf 110飞行员打听到航线。当时天气恶劣，150－200米阴云密布，还飘着雨，空中能见度约3到5公里，我们预计飞行时间大约35分钟，结果一波三折，我们采用复杂气象条件下的编队：每架飞机保持10－15米间距，领头飞机（也就是我）负责导

1945年5月5日，留在胡苏姆的第二大队飞行员们，未来依然充满未知，但人人脸上还是洋溢着轻松和迎接和平的喜悦。照片中本书提及的人物有：策斯特军士长（坐在前排左边）。维尔纳·莫尔格站在最左边只拍到半边脸，左起第三人是施通普夫。右起第三人是第二大队"最老的军士"海因茨·戈曼。上天很公平，虽然戈曼作为士兵的晋升慢得出奇，从军人到平民的过渡却神速而顺利，当年9月他就进入哥廷根大学读书了。

① 1架Fw 190A-8和5架Fw 190D-9，其中三架D-9的机翼下罕见地装有R4M火箭弹。

航。大约飞了30分钟，预计该到挪威海岸线了，视野依然只有汪洋大海，接下来的两三分钟漫长得仿佛时间也停滞，我用无线电通知后方同伴，将航向调整了30度到35度，没多久果然看到了陆地，而且正是目的地利斯特，机场就位于半岛顶端，条件很艰苦，木板铺筑的道面，钢筋和碎石结构路基垫层。除了一架飞机在刚才调整航向时迷航，其余飞机都安全着陆，我们围着机场边缘停妥……这些武器陪伴大半个年头，你不难想象这一刻我们的心情。后来我们在挪威投降做了战俘。

西格弗里德·西等5人被留在格罗夫，8点以后才加完油，停火协议已生效，天气恶劣，他们没有地图，罗盘也不准确，尽管如此，他们还是义无反顾起飞了，其中1人因滑跑事故未能成行。白茫茫的云堤后面，挪威海岸线那么遥不可及，最终西调转航向，降落在丹麦的奥尔堡，逗留14天后，四人随当地德军徒步走回石勒苏益格－荷尔斯泰因，7月底在胡苏姆南部的海德（Heide）战俘营与第二大队其他战友重逢，正应了那位机械师的预言。

5月5日8点以后，联队指挥部和第一大队在弗伦斯堡至少还剩28架Fw 190D-9和1架Fw 190D-13，至少还有6架Fw 190D-9留在代尔门霍斯特、胡施泰特、叙尔特三地，第二大队战机数量不详。

5月5日，第二大队部分飞行员转移到挪威后的合影，席尔德站在右边第三位，站在最左边的威利巴尔德·马尔姆（Willibald Malm）下士曾在JG 26第三大队服役良久，大队解散后分配进第二大队，他右边是格哈德·穆勒－贝内克上士，次日偷偷驾机飞回了家乡巴伐利亚。

第二大队转移到挪威利斯特机场的五架Fw 190D-9之一：“白色1”号，WNr.210069，应该属于中队长席尔德，机腹带170升雪茄形副油箱。照片中无法看到机翼下的R4M火箭弹，作为德军唯一的空对空火箭弹，R4M在德军走投无路的最后几个月也被大量用于对地攻击，是Fw 190D-9极为罕见的武器配置。照片中的飞行员是JG 5第15中队原有成员，这个中队装备Fw 190A-8，席尔德等人的到来令大部分飞行员第一次接触“多拉”。

JG 26最后一次飞行发生在5日停火协议生效后，第6中队的京特·赛义德少尉奉命将1架留在于特森的Fw 190D-9运回第二大队，13点起飞，但不知何故没有飞向胡苏姆方向，26分钟后，因发动机停车降落在石勒苏益格的另一处机场。

1945年5月5日京特·赛义德少尉迫降在石勒苏益格的“褐色18”号Fw 190D-9，一个月后被移交给英国皇家空军。

5月6日，博里斯少校最后一次检阅了大队官兵和战机，简短致辞中，他对大家“为祖国和人民所做的牺牲”表示衷心感谢，呼吁在接下来“最艰难的时刻”也要展示严明的军纪，当他回顾到牺牲的战友，一双双眼眶湿润了，每个人都能在这串长长的名单里听到至交好友的名字。

弗伦斯堡机场一架原属于JG 26指挥部的Fw 190D-9，拍摄于1945年9月，这架飞机不久被运回了美国，局部修复后在印第安纳州的弗里曼机场进行过试飞和评估。

忐忑的等待中，皇家空军的车队在夕阳映照下缓缓驶来，接下来的一幕令施拉格特联队成员突然感觉到他们的朋友似乎并非白白牺牲，彼得·克伦普回忆道：

> 当第一批英军装甲车驶过机场围墙，车内一名英国军官突然敬了个礼，他显然立即意识到这里投降的是哪支部队。

弗伦斯堡机场的“黑色10”号Fw 190D-9，机身后部涂上美军接收编码“USA15”。螺旋桨上的阿拉伯数字是出厂编码500618，但缺失末尾数字“8”，该机原属于JG 26第三大队，后来被转交给JG 26第一大队，注意尾舵是黄色的，因此很可能是一位中队长——比如彼得·克伦普少尉的座机（泽芬和多腾曼炸掉了自己的飞机）。

第一大队先被安置在魏舍机场附近马林霍尔茨森林（Marienholz Forest）的临时战俘营。后来被转到南方60公里外的泰灵施泰特

（Tellingstedt）和莱尔斯比特尔（Lehrsbüttel）两个小镇，距离第二大队所在海德（Heide）很近。事实证明，在英国战俘营的日子比预料中轻闲宽松许多，除了军官和纳粹党员，大部分飞行员8月被释放。纳粹步入穷途末路时一度鼓吹“尽情战斗吧，和平是可怕的”，如今谎言不攻自破，人们回到家乡、回到亲人守候之地，迎接新生活，还有人重返过去一年在德国西北部的驻地，同那时认识的姑娘喜结连理，安家定居。这些不足30岁的“老兵”还将拿出从战争中坚持下来的全部勇气、希望和生存技巧熬过战后最艰苦的头一年，投身于社会各行各业，重建家园、复兴国家。

在丹麦勒古姆克洛斯特（Løgumkloster）附近被发现的“白色3”号，属于JG 26第5中队，可能是5月5日在格罗夫加油后未能到达挪威的5架Fw 190D-9之一。

1945年5月6日被格哈德·穆勒－贝内克上士从挪威利斯特飞回德国南部拜罗伊特的“黑色1”号Fw 190D-9，注意机腹下的170升雪茄形副油箱。曾服役于侦察机部队的穆勒－贝内克飞行经验丰富，他5月5日半夜偷偷从其他飞机的油箱里给“黑色1”号加满油，移去一切不必要的设备，纵贯南北700多公里的禁飞区，奇迹般于次日中午降落在拜罗伊特市，向美军投降，最终回到家乡卡尔斯巴德（Karlsbad，战后属于捷克斯洛伐克）不过这段冒险名义上属于JG 5的飞行。

“黄色10”号Fw 190D-13的前世今生

二战结束前两个月，第26战斗机联队接收到几架Fw 190D-13，其中就包括照片中这架来自联队长格茨少校的“黄色10”号（出厂编号W.Nr 836017）。这种“多拉”的改进型采用与福克－沃尔夫战斗机终极型号Ta 152相同的Jumo 213E或Jumo 213F发动机，副翼液压助力器，拥有三门20毫米MG 151机炮，其中翼根两门与D-9相同，改D-9的整流罩上方武器为机头一门同轴机炮，因此平滑的金属整流罩外型不像D-9那么突出。还配有K-23自动驾驶仪、FuG 125无线导航系统、PKS 12转向系统和电热风挡玻璃。

Fw 190D-13产量不超过两位数，据说JG 26第一大队大队长博里斯少校的座机也换成了D-13，但无迹可查。W.Nr 836017号从1945年3月服役，从未经历过实战，6月被皇家空军用作与暴风V战斗机进行模拟对抗，模拟空战高度位于1万英尺以下，驾驶它的飞行员是JG 51最后一任联队长海因茨·朗格少校，朗格评估认为它与“暴风”性能旗鼓相当，胜败更取决于飞行员技术，不过后来他才知道自己所驾驶的并非Fw 190D-9，而是D-13。

1945年7月19日“黄色10号”和另外40架美军战利品一起从瑟堡港口运到纽约，后来几经转手，一度面目全非，残缺不全。1972年3月到了美国石油富商兼收藏家道格·钱普林手里，由他出资，由飞机建造师和修复专家阿特·威廉经办，“黄色10”号被送回德国奥格斯堡——曾经的梅塞施密特工厂进行修复，美国人联系上库尔特·谭克和几家当年的零部件生产厂，历时两年半，大费周章，一一补齐了座椅、桨叶、座舱盖、方向舵、起落架电动机、水平尾翼等部件，基本修好了发动机，以本来面目回到美国，一度成为钱普林战斗机博物馆的镇馆之宝。1990年10月一次航空作品展上，它重新展现在世人面前，这次Jumo 213终于在和平宁静的蓝天下发出低鸣，令在场不少来自美国和德国的二战飞行员感慨万千，他们之中就有JG 26老兵格哈德·克罗尔。由于产量稀少，它是唯一一架现存于世的Fw 190D-13，现在保存在华盛顿州埃弗里特市的飞行遗产藏馆（Flying Heritage Collection，微软公司创始人之一，收藏家保罗·艾伦创建），见《西线空战》彩图集。

第一张照片拍摄于从弗伦斯堡转运经停荷兰赖恩机场期间，正好能看到它比Fw 190D-9更大的增压器和直径3.6米宽叶木质螺旋桨。第二张照片中能看见美军接收编码“USA 14”。

附录一　第26战斗机联队大事记

1936年

4月1日	第134战斗机联队第三大队在德国韦尔成立，下辖第7、8、9中队。

1937年

3月3日	第134战斗机联队第5中队（原第7中队）扩建为第234战斗机联队第二大队。
3月5日	第134战斗机联队第三大队改换番号为第234战斗机联队第一大队。
3月8日	参与德国武装进驻莱茵兰非军事区行动，进驻科隆和杜塞尔多夫。

1938年

年初	全面换装梅塞施密特109B型战斗机。
11月	番号改为第132战斗机联队。
12月1日	冠名荣誉称号“施拉格特”，爱德华·冯·施莱希少校为首任联队长。

1939年

5月1日	番号改为第26战斗机联队，下辖第一、第二大队。
9月1日	第二次世界大战爆发，第一大队和第二大队分别驻波恩奥登多夫机场和本宁哈特（Bönninghardt），装备Bf 109E-1战斗机。 第2教导联队第11（夜战）中队编入联队成为JG 26第10（夜战）中队，驻波恩汉格拉机场，1940年2月该中队编入第2战斗机联队。
9月23日	第三大队成立，首任大队长为瓦尔特·基尼茨上尉。
9月28日	首次遭遇敌机并交战，第2中队的约瑟夫·比尔施根斯少尉宣称击落法军一架鹰75式战斗机，未获军方确认。
10月3日	第10（夜战）中队的赫伯特·齐默尔曼上士迷航后迫降在荷兰境内，随后被拘捕，所驾驶的Ar 68被荷兰当局俘获。
10月10日	发生二战首例飞行员死亡，第1中队希贝克下士迷航后因燃油耗尽坠毁在德国伊瑟隆西南。
11月7日	第三大队副官约阿希姆·明希贝格少尉在勒沃库森击落英国皇家空军第57中队的一架布伦海姆轰炸机，JG 26联队取得首个得到军方确认的空战战绩。
12月8日	第10（夜战）中队的约翰·富尔曼中尉在黑尔戈兰湾被英军惠灵顿轰炸机击落后坠

海，成为JG 26联队首例战斗阵亡飞行员。

1940年

5月11日　第2中队格哈德·赫尔佐格上士被击落，成为联队首个被俘飞行员，也是三支大队中作战损失的首个飞行员。

6月6日　阿道夫·加兰德上尉从JG 27联队调到JG 26联队，担任第三大队大队长。

6月18日　第二大队的赫维希·克尼佩尔上尉被击落阵亡，成为JG 26损失的第一位大队指挥官。

7月24日　不列颠空战首战，击落2架“飓风”，损失飞行员3人（含1名大队长的飞行事故死亡）。

7月29日　阿道夫·加兰德少校成为联队第一位骑士十字勋章获得者，他后来也成为第一位获得橡树叶、双剑和钻石饰三个更高级别骑士十字勋章的JG 26飞行员。

8月22日　阿道夫·加兰德少校取代汉德里克少校担任联队长。

11月19日　约瑟夫·普里勒中尉从JG 51联队调到JG 26联队，出任第1中队中队长。

12月5日　加兰德中校和卡尔·席费尔下士击落2架喷火式战斗机，这是联队285个不列颠空战战果中的最后两个。

12月12日　不列颠空战最后一架战机损失，飞行员跳伞被俘，联队在不列颠战役共损失56名飞行员。

1941年

2月9日　第7中队在约阿希姆·明希贝格中尉带领下进驻西西里岛杰拉机场，参加地中海空战，8月底回到法国归建，六个月里至少宣称击落52架敌机，无一例战斗减员。

3月　第一大队开始换装Bf 109F型战斗机。

第二大队成立190作战测试中队，在雷希林研发测试中心参与福克－沃尔夫190战斗机的测试飞行。

5月1日　德国国防军公报宣布JG 26联队取得了第500场空战胜利。

7月18日　第2中队的恩斯特·耶克尔率队击落皇家空军1架斯特林轰炸机，成为首位击落四引擎轰炸机的德国飞行员。

8月7日　第6中队中队长施奈德中尉和海因茨·申克少尉宣称击落1架“喷火”，取得Fw 190战斗机首个空战战果。

8月第二大队全面换装Fw 190，成为第一支Fw 190大队。

8月9日　皇家空军坦米尔联队指挥官道格拉斯·巴德中校在圣奥梅尔被友机误击，跳伞被俘，受邀参观JG 26联队指挥部的欧当贝尔基地。

12月5日　加兰德上校离队，舍普费尔少校继任联队长。

1942年

3月10日　组建第10（战斗轰炸机）中队，先后装备Bf 109F-4和Fw 190A的战斗轰炸机型号。

7月26日　美军第八航空队战斗机首次作战，第31战斗机大队6架“喷火Ⅴ”随皇家空军第412中队一起扫荡法国沿海的德军机场（第81号驭马行动），阿尔伯特·克拉克中校被JG 26第二大队击伤后迫降被俘。

7月30日	喷火IX型战斗机首次作战，JG 26第2中队阵亡的赫伯特·黑克中尉可能是其首个空战战果。
8月8日	组建第11（高空）中队，装备Bf 109G。
8月17日	美军第八航空队轰炸机首次作战，JG 26联队拦截失败，双方均无损失。
8月19日	盟军突袭法国迪耶普，发动欧洲战场第一次海陆两栖登陆战，JG 26联队宣称击落38架敌机，损失7架飞机和6名飞行员。
9月6日	第二大队大队长康尼·迈尔上尉击落美军第97轰炸机大队1架B-17，这是美军第八航空队首例轰炸机作战损失。

1943年

1月4日	JG 26第11（高空）中队解散，剩余人员编入JG 51第二大队。
1月10日	约瑟夫·普里勒少校升任联队长。
1月20日	JG 26联队最后一次大规模空袭英国本土，飞行员8人阵亡或被俘，2人重伤，创迄今最大单日损失。宣称击落4架敌机，实际击落2架。
1月下旬	第一大队前往苏联作战。
2月16日	JG 26联队首场东线空战，宣称击落11架IL-2强击机。至6月回到西欧前，第一大队宣称击落126架苏军飞机，损失飞行员9人。
2月17日	JG 26第10（战斗轰炸机）中队编入JG 54联队，番号改为JG 54第10（战斗轰炸机）中队。
2月下旬	第7中队来到列宁格勒，进驻加特契纳，7月中旬回到西欧，其间宣称击落63－66架苏军飞机，损失飞行员4人。
4月29日	遭遇美军第56战斗机大队，首次对战雷电战斗机P-47，击落2架，无损失。
8月17日	第一次施韦因富特空战，JG 26联队取得截击重型轰炸机的最佳战绩：宣称最终击落2架，重创1架、单独击落12架B-17，另外还击落3架战斗机，损失飞行员5死6伤。
8月29日	阿道夫·格隆茨军士长成为联队第一位获得骑士十字勋章的军士。
10月1日	JG 26联队正式扩充为每支大队4支中队规模。

1944年

2月24日	德国国防军公报宣布JG 26空战战绩突破2000架。
4月24日	第三大队在乌尔姆（Ulm）上普法芬霍芬宣称击毁、重创17架B-17，其中10架得到官方确认，另击落2架护航的P-51野马战斗机，自身无一损失，创下单支大队单次截击重型轰炸机的最佳战绩。
6月6日	大约9点，联队长约瑟夫·普里勒中校及僚机达沃奇克下士扫射诺曼底海滩，成为最早赶到登陆阵地的德国战斗机。联队全天宣称击落1架敌机，损失5架。
6月15日	普里勒中校击落美军第492轰炸机大队1架B-24轰炸机，成为JG 26联队唯一一个突破100架空战战绩的飞行员，7月2日他被授予双剑橡树叶骑士十字勋章，这是联队第二个和最后一个受此勋章者。
9月3日	JG 26联队从布鲁塞尔撤回德国，结束了在西欧四年的作战。联队从6月6日至今

宣称击落218架敌机，损失108名飞行员。

10月8日　德国国防军公报宣布JG 26联队取得第2500个空战战绩，诺曼底登陆以来取得300个空战战绩。

11月中旬－12月　第二大队和第一大队开始换装Fw 190D-9。

12月23日　阿登战役，第二大队在科隆击落皇家空军第八大队6架兰开斯特轰炸机和1架蚊式轰炸机，这是JG 26联队最后一次击落盟军重型轰炸机。

1945年

1月1日　参加底板行动，9:20袭击比利时赫林贝亨和埃韦勒两处盟军机场，至少损失30架飞机，飞行员12人阵亡、8人被俘、4人负伤，创最大单日损失。

1月14日　宣称击落7架敌机，飞行员13死3伤，创最大单日阵亡数。

1月27日　约瑟夫·普里勒上校离任，弗朗茨·格茨少校出任最后一任联队长。

1月21日　第二大队遭遇美军第九航空队第394轰炸机大队，宣称击落5架B-26，这是JG 26联队最后一次击落轰炸机。

2月25日　JG 54第三大队正式编入JG 26联队，成为JG 26第四大队。

3月18日　最后一次与美军第八航空队发生交战，宣称击落第78战斗机大队6架野马战斗机，自损飞行员4人，伤1人。

3月25日　第三大队解散，飞行员编入其余三支大队，该大队二战期间总共宣称击落约863架敌机，损失飞行员175人。

3月28日　彼得·克伦普少尉为JG 26击落最后1架美军飞机：第九航空队第406战斗机大队的野马战斗机。

4月11日　第四大队解散，飞行员编入第一和第二大队。

4月19日　汉斯·多腾曼中尉成为JG 26联队最后1个骑士十字勋章获得者。

4月27日　汉斯·多腾曼中尉为JG 26联队击落最后1架苏军飞机。

4月29日　JG 26联队击落最后1架敌机：英军第二战术航空队第486中队的暴风式战斗机。

5月1日　第1中队的古尔少尉宣称可能击落1架暴风式战斗机，取得JG 26联队第2726个及最后1个空战战绩。

5月2日　第二大队大队长保罗·绍德上尉被英军地面炮火击落，跳伞被俘，成为JG 26联队作战损失的最后1个飞行员。

第一大队1架Fw 190D-9被英军第二战术航空队第486中队的“暴风”击落，成为JG 26联队作战损失的最后1架飞机，飞行员平安跳伞。

5月3日　第二大队损失最后1架飞机，属事故损失，飞行员平安跳伞。

5月4日　最后一次与敌机（8架暴风式战斗机）发生交战，无损失。

17:32至18:24，第一大队8名飞行员巡逻基尔运河，完成第26战斗机联队最后一次作战飞行。

5月5日　下午完成最后一次转场飞行。

5月6日　在弗伦斯堡和胡苏姆两地向英国皇家空军正式投降。

附录二　骑士十字勋章授勋一览

第26战斗机联队总共有20名飞行员获得四种级别的骑士十字勋章，他们之中2人被俘，10人在JG 26阵亡，1人（约阿希姆·明希贝格）离队后阵亡，3人为阵亡后追授，2人授勋时已调离，阿道夫·格隆茨是唯一以非军官非指挥官身份获得骑士十字勋章的飞行员。

下表也涵盖了联队战绩（非总战绩，请注意区分）最高的8位王牌飞行员，依次为：阿道夫·加兰德84架、明希贝格83架、普里勒81架、米特乌施75架、格隆茨66架、赛费特57架、威廉－费迪南德·加兰德54架、福格特48架。

		骑士十字勋章	橡树叶饰	双剑饰	钻石饰	总战绩
1	阿道夫·加兰德少校	1940.07.29　17	1940. 09.24　40	1941.06.21　70	(1942.01.28)96	103-104
2	格哈德·舍普费尔上尉	1940.09.11			45	
3	约阿希姆·明希贝格中尉	1940.09.14　20	1941.05.07　43			135
4	罗尔夫·平格尔上尉(POW)	1940.09.14　20*				28*
5	古斯塔夫·施普里克中尉	1940.10.01　20				31
6	海因茨·埃贝林中尉(POW)	1940.11.05　18				18
7	瓦尔特·阿道夫上尉	1940.11.13　14				25
8	约瑟夫·普里勒中尉		1941.07.20　40	1944.07.20　100		101
9	约翰内斯·施密德中尉	1941.08.21　24				45
10	约翰内斯·赛费特上尉	1942.06.07　36				57
11	威廉-费迪南德·加兰德上尉	1943.05.18　41				55
12	阿道夫·格隆茨军士长	1943.08.29　40	1944.06.24　65			71
13	克劳斯·米特乌施上尉	1944.03.26　60	† 1944.11.18　75			75
14	卡尔·维柳斯中尉	† 1944.06.09　50				50
15	卡尔·博里斯少校	1944.11.25　41				43
16	威廉·霍夫曼中尉	1944.10.24　40				44
17	格哈德·福格特中尉	1944.11.25　46				48

续表

		骑士十字勋章	橡树叶饰	双剑饰	钻石饰	总战绩
18	威廉・迈尔少尉	† 1945.03.12　27				27
19	瓦尔德马・拉德纳中尉	(1945.03.12) 23**				23-37
20	汉斯・多腾曼中尉	1945.04.20　35				38

备注：上表军衔为(首次)授勋时军衔，各级勋章类目下左列为授勋时间，右列为授勋时空战战绩。

†：追授。

POW：被俘。

（灰色底纹）：阵亡。

(　)：授勋时已调离联队。

* 含在西班牙内战击落的 6 架敌机。

** 另有 15 架未经确认的战绩。

附录三　联队及大队指挥官

联队长　Geschwaderkommodoren

爱德华·里特·冯·施莱希少校	1938.11.01 – 1939.12.09	调任第5战斗机训练学校校长
汉斯·胡戈·维特少校	1939.12.14 – 1940 .06.23	调任第2战斗机指挥部参谋官
戈特哈德·汉德里克少校	1940.06.24 – 1940.08.21	调任梅泽堡补充训练大队指挥官
阿道夫·加兰德少校	1940.08.22 – 1941.12.05	升任战斗机兵种总监
格哈德·舍普费尔少校	1941.12.06 – 1943.01.10	调任第2战斗机指挥部作战官
约瑟夫·普里勒少校	1943.01.11 – 1945.01.27	升任西线昼间战斗机总监
弗朗茨·格茨少校	1945.01.28 – 1945.05.07	

大队长　Gruppenkommandeure

第一大队

戈特哈德·汉德里克少校	1939.05.01 – 1940.06.23	升任联队长
库尔特·菲舍尔上尉	1940.06.24 – 1940.08.21	
罗尔夫·平格尔上尉	1940.08.22 – 1941.07.10	被俘
约翰内斯·赛费特少校	1941.07.11 – 1943.05.31	调任保加利亚参谋部
弗里茨·洛西凯特上尉	1943.06.01 – 1943.06.22	调任第51战斗机联队大队长
卡尔·博里斯上尉	1943.06.23 – 1944.05.14	负伤
赫尔曼·施泰格上尉（代理）	1944.05.15 – 1944.07.31	调任第1战斗机联队大队长
卡尔·博里斯少校	1944.08.01 – 1945.05.07	

第二大队

维尔纳·帕尔姆上尉	1939.05. 01 – 1939.06.27	
赫维希·克尼佩尔上尉	1939.06.28 – 1940.05.19	被“飓风”击落阵亡
卡尔·埃比希豪森上尉（代理）	1940.05.20 – 1940.05.31	
埃里希·诺亚克上尉	1940.06.01 – 1940.07.24	飞行事故阵亡
卡尔·埃比希豪森上尉	1940.07.25 – 1940.08.16	可能与“喷火”撞击阵亡

埃里希·博德上尉	1940.08.17－1940.10.03	调任
瓦尔特·阿道夫上尉	1940.10.04－1941.09.18	被“喷火”击落阵亡
约阿希姆·明希贝格上尉	1941.09.19－1942.07.21	升任第77战斗机联队联队长
康尼·迈尔上尉	1942.07.22－1943.01.02	调离
威廉－费迪南德·加兰德上尉	1943.01. 03－ 1943.08.17	被P-47击落阵亡
约翰内斯·瑙曼上尉（代理）	1943.08.18－1943.09.08	
约翰内斯·赛费特少校	1943.09.09－1943.11.25	与P-38撞击阵亡
威廉·格特少校	1943.11.26－1944.03.01	被“喷火”击落，负伤离队
约翰内斯·瑙曼上尉	1944.03.02－1944.06.28	战斗负伤离队
埃米尔·朗上尉	1944.06.29－1944.09.03	被P-51或“喷火XII”击落，阵亡
格奥尔格－彼得·埃德尔上尉	1944.09.04－1944.10.08	调任诺沃特尼特遣队指挥官
安东·哈克尔少校	1944.10.09－1945.01.29	升任第300战斗机联队联队长
瓦尔德马·拉德纳少校	1945.01.30－1945.02.22	调任第300战斗机联队大队长
保罗·绍德上尉	1945.02.23－1945.05.01	被地面炮火击落，被俘

第三大队

瓦尔特·基尼茨上尉	1939.09.23－1939.10.31	调到第3战斗机联队
恩斯特·冯·贝格少校	1939.11. 01－ 1940.06.05	调任第2战斗机训练学校校长
阿道夫·加兰德上尉	1940.06.06－1940.08.20	升任联队长
格哈德·舍普费尔上尉	1940.08. 21－1941.12.05	升任联队长
约瑟夫·普里勒上尉	1941.12. 06－1943.01.10	升任联队长
弗里茨·盖斯哈特上尉	1943.01.11－1943.04. 06	被B-17轰炸机击落阵亡
库尔特·鲁珀特上尉	1943.04.07－1943.06.13	被B-17轰炸机击落阵亡
罗尔夫·赫尔米兴上尉（代理）	1943.06.15－1943.07.04	
克劳斯·米特乌施上尉	1943.07. 05－1944.09.17	被P-51击落阵亡
保罗·绍德上尉（代理）	1944.09.18－1944.09.26	
瓦尔特·克鲁平斯基上尉	1944.09.27－1945.03.25	大队解散，离队

第四大队

鲁道夫·克莱姆少校	1945.02.25－1945.04.17	大队解散，转到第7战斗机联队

主要参考书目

Donald Caldwel，JG 26: Top Guns of the Luftwaffe，Frontline Books，2013.

Donald Caldwel，The JG 26 War Diary Vol.1&Vol.2，Grub Street Publishing.

Axel Urbanke，Green Hearts First in Combat with the Dora 9，Eagle Editions Limited，1998.

David Baker，Adolf Galland：The Authorised Biography，The Crowood Press Ltd，1998.

Christer Bergström，Battle of Britain: An Epic Conflict Revisited，Casemate，2015.

Brian Cull，Hurricanes Over Malta: June 1940-April 1942，Grub Street Publishing，2002.

Christopher Shores / Giovanni Massimello / Russell Guest Russell：A History of the Mediterranean Air War Volume 1，Grub Street Publishing，2012.

Chris Goss，Luftwaffe Fighter-Bombers over Britian: The Tip and Run Campaign，1942-1943，Crecy Publishing，2013.

Donald Caldwell，Day Fighters in Defence of the Reich: A War Diary，1942-45，Frontline Books，2012.

Christopher Shores/Cris Thomas，Second Tactical Air Force Vol.1&Vol.2&Vol.3，Classic Publications.

Donald Caldwell/Richard Muller，Luftwaffe Over Germany: Defense of the Reich，Frontline Books，2014.

Danny S. Parker，To Win The Winter Sky：The Air War Over The Ardennes 1944-45，Da Capo Press，1994.

John Manrho/Ron Putz，Bodenplatte: The Luftwaffe's Last Hope，Stackpole Books，2010.

Christopher Shores，Aces High，Grub Street Publishing，1994.

Eric Mombeek，Jagdwaffe Volume 1：Attack in the West May 1940，Classic Publications，2002.

David & Pegg/ Martin Wadman，Jagdwaffe Volume 4: Holding the West 1941-1943，Classic Publications，2004.

张天骏、杨佳豪：《帝国苍穹：二战德军昼间防空战》，中国长安出版社2015年版。

附图一 《西线空战》彩图集

1940年8月中上旬，第7中队被击伤的“白色13”号Bf 109E-4在法国卡菲耶基地接受维修。

1940年法国，联队技术官瓦尔特·霍尔滕中尉坐在他的Bf 109E里。

1941年年初，霍尔滕站在第三大队指挥部的Bf 109E-7前，这张彩色照片展示出了同时期德国战斗机的典型涂装。

JG 26四位橡树叶骑士十字勋章得主：（从左到右）阿道夫·加兰德、约阿希姆·明希贝格、约瑟夫·普里勒、阿道夫·格隆茨。

1942年阿布维尔，第二大队大队长明希贝格上尉（左）返航后与手下飞行员交流战术，照片中右边是威廉—费迪南德·加兰德中尉，照片可能拍摄于1942年6月2日。

1942年4月阿布维尔的德吕卡机场，第二大队大队长明希贝格上尉的Fw 190A-2，黄色方向舵上绘有66个战果标志，这架序列号20209的Fw 190A-2从1941年12月成为明希贝格的座机，至少使用到1942年5月。1944年11月在训练部队坠毁。

1942年9月，驻韦弗尔海姆的JG 26第三大队迎来贵客：Fw 190之父库尔特·谭克博士和他的高级工程师鲁道夫·布拉泽（Rudolf Blaser），右图正是大队长普里勒上尉和谭克博士，左图布拉泽站在Fw 190A-2机翼上与刚返航的飞行员瓦尔特·格林格尔上士交流。

一架Fw 190对B-17发动经典的12点方向攻击，黄色引擎罩清晰可见，Fw 190飞行员刚冲过B-17机尾，可能正进行半滚倒转俯冲脱离，而B-17刚对另一架敌机开火，机尾机枪硝烟未散。

Fw 190对B-17（来自美军第351轰炸机大队）的自杀式攻击。无论是否出自故意，帝国防空战的惨烈可见一斑。

1944年8月底，德军仓惶撤离后的巴黎维拉库布莱基地。由于没有足够的飞行员，很多带不走的飞机只能被炸毁，包括照片中这架来自JG 26第9中队的“白色3”号Bf 109G。

1945年4月17日，第2中队的卡尔·福勒布下士的战机被击伤后坠毁于什未林湖，他的“黑色8”号Fw 190D-9（W.Nr 210968）在1990年11月15日从20米深的湖底被打捞出水，能清晰地看到机身后半部的黑十字以及JG 26特有的黑白色帝国防空识别带。机身前半部保存完好，虽然木质桨叶在撞击水面的一刻就不可避免地四分五裂，但黑白螺旋纹图案的螺旋桨整流罩和墨绿色的顶面鲜艳如新。现存于柏林加图的航空博物馆。

保存于美国华盛顿州埃弗里特市的飞行遗产藏馆的“黄色10”号Fw 190D-13，曾属于JG 26联队长弗朗茨·格茨。它的经历详见本书第15章。

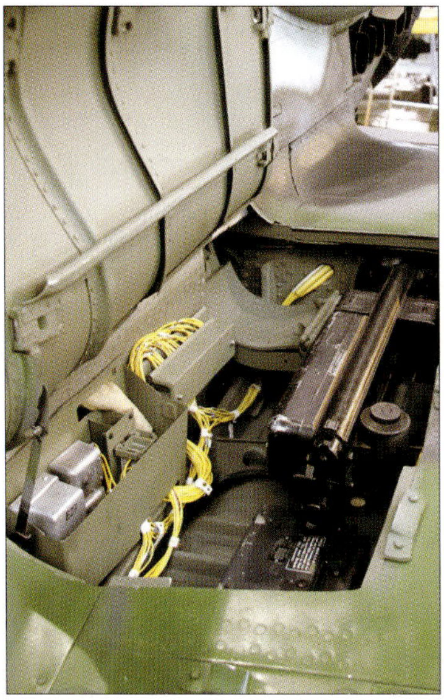

Fw 190D-13将D-9的13毫米机枪改为同轴MG 151/20机炮，而保留翼根位置的2门MG 151炮，图为其中1门机翼机炮内部细节。

Fw 190D-13拥有K-23自动驾驶仪、FuG 125无线导航系统、PKS 12转向系统和电热风挡玻璃等“豪华配置”，图为它的驾驶舱细部。

附图二　战斗机侧视图及涂装、徽标

图1　亨克尔51B（He 51B），1937年。

图2　梅塞施密特109D（Bf 109D），1938年年初。

图3　Bf 109E-1，1940年法国战役。

图1：1937年初第234战斗机联队第一大队大队长奥斯卡·迪诺特上尉座机，浅灰底色，机鼻和机尾顶面为联队特有的橘色（1936年下半年至1938年，德国空军为六支战斗机联队引入了红、黑、褐、蓝、绿、橘六种标识色，涂在机鼻和机身顶部。JG 234为橘色）。

图2：1938年年初第234战斗机联队第6中队的Bf 109D，采用1937年帝国航空部Fl.In3 Nr.730/37 Ⅱ号指导意见中的标准涂装：墨绿和深绿色相间的机身，浅蓝色机腹（底面）。机身后部的横线代表第二大队，它和飞机编号“12”以及螺旋桨整流罩采用中队辨识色黄色（第1、4、7中队白色，第2、5、8中队红色，第3、6、9中队黄色）。

图3：1940年年初联队长胡戈·维特少校座机，墨绿/深绿相间顶面，浅蓝色侧面和底面，<—+——图案代表联队长座机，风挡下方绘有联队队徽，驾驶舱正下方绘有一个手持联队队徽图案盾牌的骑士，这个图案可能取自圣乔治屠龙的神话传说，原本为个人徽标，在维特任期内似乎扩散为指挥部飞机标识。

图4 Bf 109E-4，1940年8月不列颠空战。

图5 Bf 109E-4/N，1940年9月底不列颠空战。

图6 Bf 109E-7/N，1941年3月地中海战场。

图4：1940年8月第9中队中队长格哈德·舍普费尔中尉座机。驾驶舱正下方为联队队徽和中队队徽：红色地狱犬。黑十字后面的竖条代表第三大队，黄色代表第9中队。1943年以前，1号通常为中队长座机编号。方向舵上12道红色竖杠绘有代表舍普费尔战绩。不列颠战役时期，Bf 109这种与天空相适应的浅蓝

色伪装在空战中极为有效，1940年8月17日舍普费尔驾驶这架飞机在英国肯特两分钟内击落4架飓风式战斗机，完成一次教科书式的偷袭。

图5：1940年9月第8中队中队长古斯塔夫·施普里克中尉座机。1940年7月开始，为适应近距离护航需要，Bf 109机身主色调改为颜色更深的浅绿色，引擎罩、方向舵为醒目的明黄色。第5和第8中队从1939年开始则将中队编号颜色由红色改为黑色。施普里克这架Bf 109E4/N较为罕见地没有采用经典黄色引擎罩，驾驶舱下方绘有中队队徽“亚当森”。虽然1号通常为中队长座机，但中队长也会选择其他偏爱的幸运数字作座机编号，施普里克的所有飞机都是“黑色13”号。明希贝格在西西里将“白色1”号换为“白色12”号。

图6：1941年3月第7中队中队长约阿希姆·明希贝格中尉座机。深灰/灰色相间的机身顶面，浅蓝色底面，浅蓝/灰色迷彩侧面，黄色引擎罩和方向舵。此为同时期海峡前线标准涂装，唯有机身后部增加一圈代表地中海战场的白色环绕带（这在北非的JG 27联队Bf 109上也能看到）。值得一提的是，德国历史学家约亨·普利恩博士根据现存的一张拍摄于1941年2月西西里杰拉空军基地的彩照推测，第7中队在西西里期间的队徽颜色为黑色，而不是传统的红色。

1940年夏不列颠空战，联队长加兰德少校的Bf 109E4/N侧视图及平面图。

采用不列颠空战后期典型涂装：深灰/灰色相间的顶面和侧面，侧面喷涂灰色斑纹，黄色引擎罩和方向舵，浅蓝底面，机身没有加兰德常用的个人徽标“米老鼠”。1940年9月23日加兰德驾驶这架序列号W.Nr.5819的飞机取得第40个战绩，并因此获得橡树叶骑士十字勋章。

1940年9月，JG 26各部队飞机辨识色：

联队指挥部：绿

第一大队	第二大队	第三大队
指挥部：蓝	指挥部：不详	指挥部：不详
第1中队：白	第4中队：白	第7中队：白
第2中队：红	第5中队：黑	第8中队：黑
第3中队：黄	第6中队：褐	第9中队：黄

1941年秋冬，阿道夫·加兰德中校的Bf 109F2/U侧视图、平面图和个人徽标图。

加兰德在JG 26的最后一架战机Bf 109F2/U（字母U是部队或飞行员为区分自行改装后的飞机与标准型号飞机而设），装有独一无二的机翼机枪，涂装为同时期西线典型涂装，绘有米老鼠图案的个人标识。黄色方向舵上花环围绕的数字“69”和24个竖杠代表了加兰德的93个空战战绩。

1941年夏天开始，部队徽标从JG 26和JG 2的飞机上消失了，此举通常被认为是掩饰德军大举入侵苏联后留在西线的真实实力。此外，引擎罩的黄色缩减到引擎罩底部。这架Bf 109F2/U就展示出了同时期西线标准涂装上的变化。

图7　Bf 109F-4/B，1942年春季第10中队（战斗轰炸机）中队。

图8　Fw 190A-4，1943年春季苏联加特契纳，JG 54第1中队。

图7：机身后部绘有“炸弹”图案的中队队徽，机腹挂载一枚250公斤炸弹。1942年5月20日奥斯瓦尔德·菲舍尔下士驾驶这架“白色11”号迫降在英国，连人带机被俘。当年夏季中队开始换装Fw 190后，机身编号和队徽颜色改为黑色。

在西线，从1941年换装Fw 190到1944年6月中旬，JG 26的Fw 190出厂涂装均为深灰/灰色相间的顶面，浅蓝色底面，浅蓝/灰色侧面，黄色引擎罩底面和方向舵底面，墨绿色螺旋桨整流罩，方向舵上用黑色或红色绘出飞行员空战战绩。1943年以后各部队的飞机辨识色如下。

1943年1月—10月1日

联队指挥部：黑（Fw 190A）

第一大队（Fw 190A）	第二大队（Fw 190A）	第三大队（Bf 109）
指挥部：绿	指挥部：绿	指挥部：蓝
第1中队：白	第4中队：白	第7中队：白
第2中队：黑	第5中队：绿	第9中队：黄
第3中队：黄	第6中队：褐	第11中队：红
第8中队：黑	第10中队：白	第12中队：蓝

1943年10月1日—1945年3月

联队指挥部：黑（Fw 190）

第一大队（Fw 190）	第二大队（Fw 190）	第三大队（Bf 109）
指挥部：绿	指挥部：黑或绿	指挥部：黑或绿
第1中队：白	第5中队：白	第9中队：白
第2中队：黑	第6中队：黑	第10中队：黑
第3中队：黄	第7中队：褐	第11中队：黄
第4中队：蓝	第8中队：蓝	第12中队：蓝

1945年2月，JG 54第三大队改编为JG 26第四大队，下属三支中队辨识色同样按番号从小到大依次为白黑黄，即第13中队：白色；第14中队：黑色；第15中队：黄色；指挥部：绿色

根据现存寥寥几张照片，第一大队在东线的Fw 190A-5采用与同一战区JG 54相同的涂装：墨绿与灰色相间的迷彩顶面和侧面；浅蓝色底面主体+黄色引擎罩底面、方向舵底面和翼尖底面。图8为1943年春季JG 54第1中队中队长瓦尔特·诺沃特尼少尉座机供参考。

图9　Fw 190A-1，1941年秋。

图10　Fw 190A-2，1942年春。

图11　Fw 190A-3，1942年秋。

图9：1941年9月第6中队中队长瓦尔特·施奈德中尉座机。

图10：1942年年初联队指挥部维克托·希尔根多夫中尉座机。在JG 26，使用字母作为飞机呼号仅限于1941年至1943年间联队指挥部，字母通常取自飞行员姓氏。

图11：1942年9月第三大队大队长约瑟夫·普里勒上尉座机，排气口部位特意涂黑，这仅在JG 26和JG 2的Fw 190、Bf 109G上可见。驾驶舱下方绘有飞行员个人标识“尤塔”，取自普里勒太太的爱称。升任联队长后普里勒的几架座机基本采用“黑色13”号为呼号，而不是更容易被盟军飞行员识别出的联队长标识<－+——。

图12　Fw 190A-5，1943年年初。

图13　Fw 190A-7，1944年2月。

图14　Bf 109G-6，1944年春。

图15　Fw 190A-8，诺曼底战役。

图12：1943年年初第4中队中队长奥托·施坦贝格尔中尉座机。

图13：1944年2月第5中队阿道夫·格隆茨军士长座机，带副油箱挂架。格隆茨是继联队长加兰德之后唯一在飞机上展示骑士十字勋章的JG 26飞行员。

图14：1944年春第9中队的Bf 109G-6。

图15：1944年6月下旬开始，西线所有战斗机部队遵照第3航空队指示更换涂装，最显著的变化在于摈弃了方向舵和引擎罩底部的黄色（但旧飞机的黄色部分不强制要求涂抹掉），螺旋桨整流罩采用黑白螺旋纹。第7中队这架Fw 190A-8“褐色6”号展示了诺曼底战役中德国战斗机的典型涂装，9月3日它被弃于布鲁塞尔的梅尔斯布鲁克机场，详见第十一章。

图16　Bf 109G-6/U4，1944年诺曼底战役、市场花园战役。

图17　Fw 190D-9。

图18 Fw 190D-13。

图19 Fw 190D-9。

图16：1944年9月17日第三大队大队长克劳斯·米特乌施少校阵亡时的座机，发动机中间安装一门30毫米MK 108机炮。

图17：第14中队中队长汉斯·多腾曼中尉座机。褐绿/深绿相间上表面，淡蓝色下表面，无MW 50助力系统。

1944年年底至1945年年初，德国空军要求所有昼间战斗机机身后部环绕一圈宽90厘米的联队识别色带，JG 26的识别色为黑白色，图17中识别色带上的波浪线代表第四大队。战术编号颜色从12./JG 54中队的红色改为14./JG 26中队的黑色，最后改为3./JG 26中队的黄色，永远不变的是序列号210003和黄色机尾，多腾曼在日记中解释道："为了让飞行员随时知道他们的头儿在哪儿，看清他在空中的一举一动，我把整个机尾涂成明黄色，这样在空中很醒目。当然，美国人和英国人也容易认出这是指挥官座机，可我不在乎，而且荣幸之至。"1944年秋天JG 54第三大队的中队指挥官们都采用黄色机尾，但次年1月开始废止，只有多腾曼使用到战争结束，只是2月将机尾的黄色缩减到方向舵。

图18：1945年5月联队长弗朗茨·格茨少校座机。主色调为紫灰色（RLM 75号色）和翠绿/深绿(RLM 82、82号色）相间。驾驶舱下方两侧各有一个类似于JG 53队徽的黑桃A，格茨少校在JG 53联队服役至少五年，自然感情深厚，于是将老部队的队徽用于他在JG 26战机的个人标志。

图19：1945年5月5日，第二大队转移到挪威利斯特机场的5架Fw 190D-9之一："白色1"号。两个机翼下各带13枚R4M火箭弹，这是非常罕见的Fw 190D-9武器配置。

第26战斗机联队徽标简介

在德国空军，部队徽标不仅仅是战场标识，更是凝聚力和荣誉感的象征，最终形成了一种独特而有趣的部队文化。第26战斗机联队队徽在1938年12月冠名“施拉格特”之后随即应运而生，设计极尽简约：盾形黑边白底，内为哥特字体联队名首字母“S”。尽管1937年帝国航空部明确要求尺寸为250毫米×300毫米，但JG 26战机上盾形黑边尺寸、细节，甚至位置各异，直到1941年3月，结束两个月休假的联队重返法国并开始换装Bf 109F-2，这时指挥层似乎着手统一队徽涂装，此后Bf 109E-7/N和Bf 109F-2机身上的队徽略有变化。

相较于其他几支主力联队，JG 26的队徽相当短命。1941年夏天，所有战机涂装上的部队徽标被停用，虽然后世没发现明文废除的文件，考虑到同时期、同在西线的JG 2里希特霍芬联队队徽也消失了，因此此举通常被认为意在掩饰大举入侵苏联后德国空军留在西线的真实实力，JG 2第三大队和成立于1942年3月的两支战斗轰炸机中队10./JG 2、10./JG 26是例外。不过在地面，中队队徽依旧随处可见：车辆、物资装备、旗帜、建筑物装饰……

JG 26没有大队徽标，可能因为直到1941年夏，它的三支大队从未独立作战。中队作为最常见的战术单位，队徽丰富多彩。它们大多创建于1939年9月至1940年5月，即二战爆发到法国战役这段时期。第5中队的乌鸦“汉斯·胡克拜因”、第8中队的“亚当森”和第6中队的阿尔卑斯野山羊产生于二战前。阿尔卑斯野山羊以健壮好斗著称。第5中队和第8中队首任中队长赫维希·克尼佩尔、爱德华·诺伊曼参加过秃鹰军团。而秃鹰军团第88战斗机大队第1中队徽标同为一只呈俯冲状的乌鸦，不过1942年2月空军官方杂志《雄鹰》将第5中队队徽阐释为汉斯·胡克拜因（Hans Huckebein）——德国漫画家威廉·布什创作的卡通形象。

米老鼠是秃鹰军团第88战斗机大队第3中队队徽，受此启发，诺伊曼从西班牙回国后为JG 26第4中队引入一个北欧漫画人物形象：瑞典漫画家奥斯卡·雅各布松笔下《亚当森历险记》主人公，这个充满市井气息的小人物在20世纪二三十年代的欧洲风靡一时。1939年9月底第4中队编入新成立的第三大队，番号改为第8中队，不久诺伊曼也调到第27战斗机联队，但队徽被保留了下来，一直使用到1941年夏天，只是细节略有调整。哪怕1943年10月第8中队番号改回第4中队，“亚当森中队”的昵称始终未变。这支中队在JG 26作战史上略显另类，名义上属于第三大队，却从1941年开始频频被选为联队直属中队，由联队长（加兰德和普里勒）直接指挥。

这些中队队徽或者由首任中队长推出——比如舍普费尔为第9中队引入“地狱犬”，或者由继任者根据战争形势做出调整和更换。1940年5月10日德军入侵法国和低地国家，面对英法联军，德国空军第一次面临真正的考验。为提升士气，打造团队精神，法国战役前后昼间战斗机部队涌现出大批新徽标，JG 26也不例外，第2中队的弗里茨·洛西凯特中尉将队徽图案从前任瓦尔特·基尼茨创建的卡通人头改为怪笑的恶魔头。第1中队将绿色蝗虫改为展翅雄鹰，后者显然更具攻击性和军事色彩。

三支大队中，第3中队队徽最晚诞生，1940年9月下旬该中队奉命承担轰炸任务，中队长约翰内斯·赛费特中尉设计了一只携带炸弹的鹰，绘于队内Bf 109E-4/B（Bf 109E-4的战斗轰炸机型号）和Bf 109E-7驾驶舱左侧下方，不过几名第3中队老兵战后否认这是队徽。随着不列颠战役结束，这个图案失去意义，次年停止在新型Bf 109F上使用。

第7中队的红心是另一个影响深远的队徽。1939年9月23日第三大队刚成立，首任大队长瓦尔特·基尼茨上尉兼任第7中队中队长，他推出了首版队徽：持枪天使（枪口仍在冒烟）。12月中旬基尼茨上尉调到第3战斗机联队，接替他的格奥尔格·拜尔中尉引入全新的红心图案。1940年年初开始绘于飞机驾驶舱下方。法国战役爆发前后，位置向前移到引擎罩，红心尺寸有所缩小，有的飞机上还加上六边形黑边框。真正让它名声大噪的是1941年上半年中队在地中海战场打下的传奇佳绩。值得一提的是，德国历史学家约亨·普里恩博士根据现存一张拍摄于1941年2月西西里杰拉空军基地的彩照推测认为，第7中队在西西里期间的队徽颜色实为黑色，是为了刻意区分新战场还是当地缺乏红色涂料，原因已不得而知（不过明希贝格在西西里的Bf 109E-7/N方向舵上战果标志仍为红色）。无论如何，从此红心永远与中队长约阿希姆·明希贝格的名字以及地中海战场维系在一起。两年后，已经升为第77战斗机联队联队长的明希贝格在突尼斯阵亡，JG 77联队将他生前的个人标识“红心”定为联队徽标，喷涂于所有战机上以示纪念。

JG 132→JG 26
1938年年底—1939年8月底

JG 26
1939年9月—1940年12月

JG 26
1941年海峡前线

联队指挥部
胡戈·维特任期内（1940年春—1940年6月下旬）

第1中队
（1939年秋—1940年春）

第1中队
（法国战役—1941年夏）

第2中队
（1939年夏—1939年冬）

第2中队
（1940年春）

第2中队
（法国战役—1941年夏）

第3中队

（新）第4中队

第5中队

第6中队
站在地球仪欧洲版图上的山羊

第三大队指挥部
（恩斯特·冯·贝格任期内）

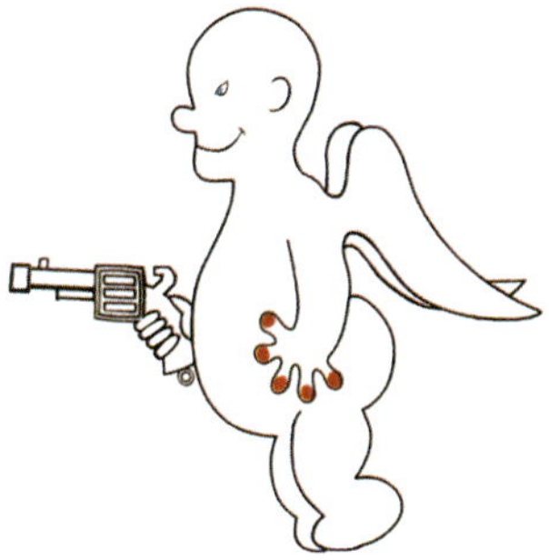
第7中队
（瓦尔特·基尼茨任期内）
1939年秋冬短暂使用

第7中队
1940年初至四五月

第7中队
1940年四五月—1940年9月

第7中队
可能在地中海战场使用

第4中队→第8中队

第8中队
（颜色和骰子点数不同）

第8中队
尺寸缩小，1941年使用于
Bf 109F-2上

第9中队

第9中队
1940年春季至1941年1月

第9中队
1941年春夏季，只用于
Bf 109F-2，尺寸缩小

第10（夜战）中队

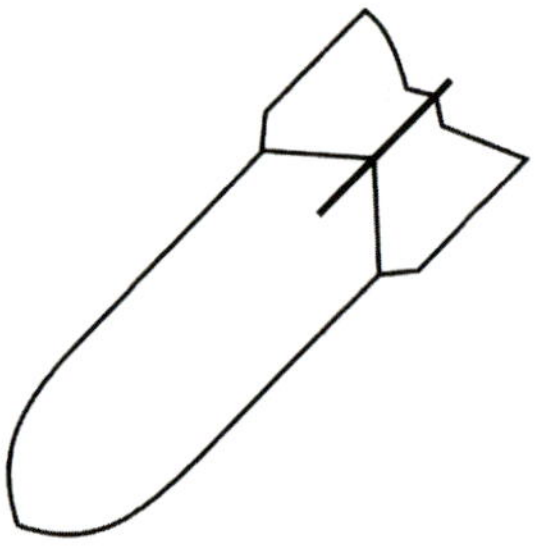

第10（战斗轰炸机）中队
1942年3月至1942年6月用于
Bf 109F4/B

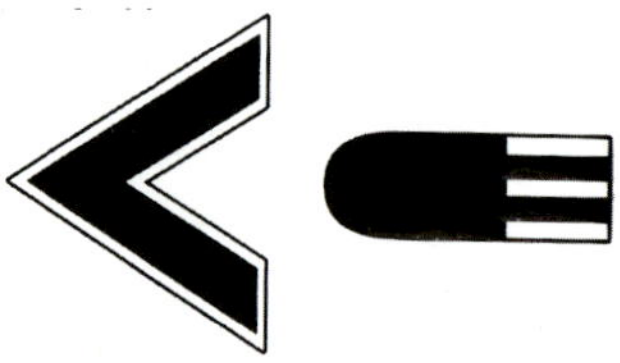

第10（战斗轰炸机）中队
1942年6月至1943年1月用于
Fw 190A战斗轰炸机型号，中队改编为JG 54第10（夜战）中队后继续使用

附图三　第26战斗机联队1939－1945年战绩与战损统计

二战期间，德军第26战斗机联队总共宣称击落2726架敌机，其中约202架为苏联飞机，其余均为英美法西方盟军飞机。飞行员作战损失共701人，其中67人被俘，634人战斗阵亡或失踪。另有121人死于飞行事故，5人死于其他事故。至少300人战斗负伤，至少100人事故负伤，相当多一部分伤员因伤势过重永久脱离了战斗岗位。因各种原因损失地勤人员约60人。

	1939 年		1940 年		1941 年		1942 年		1943 年		1944 年		1945 年		合计	
	战果	损失	战果	损失	战果	损失	战果	损失	战果	损失	战果	损失	战果	损失	战果	损失
联队指挥部(Stab/JG 26)	0	0	43	2	59	2	8	2	16	1	6	0	0	0	132	7
第一大队(Ⅰ./JG 26)	1	0	78	26	175	17	138	20	195	23	198	90	36	43	821	219
第二大队(Ⅱ./JG 26)	0	0	140	21	89	14	156	17	220	54	226	105	40	47	871	258
第三大队(Ⅲ./JG 26)	1	0	185	33	168	16	112	11	210	45	167	57	20	13	863	175
第四大队(Ⅳ./JG 26)	—	—	—	—	—	—	—	—	—	—	—	—	24	17	24	17
其他	6	2	0	0	7	1	2	12	0	10	0	0	0	0	15	25
合计	8	2	446	82	498	50	416	62	641	133	597	252	120	120	2726	701

其他：第 10（夜战）中队、第 10（战斗轰炸机）中队、第 11（高空中队）、补充训练中队。

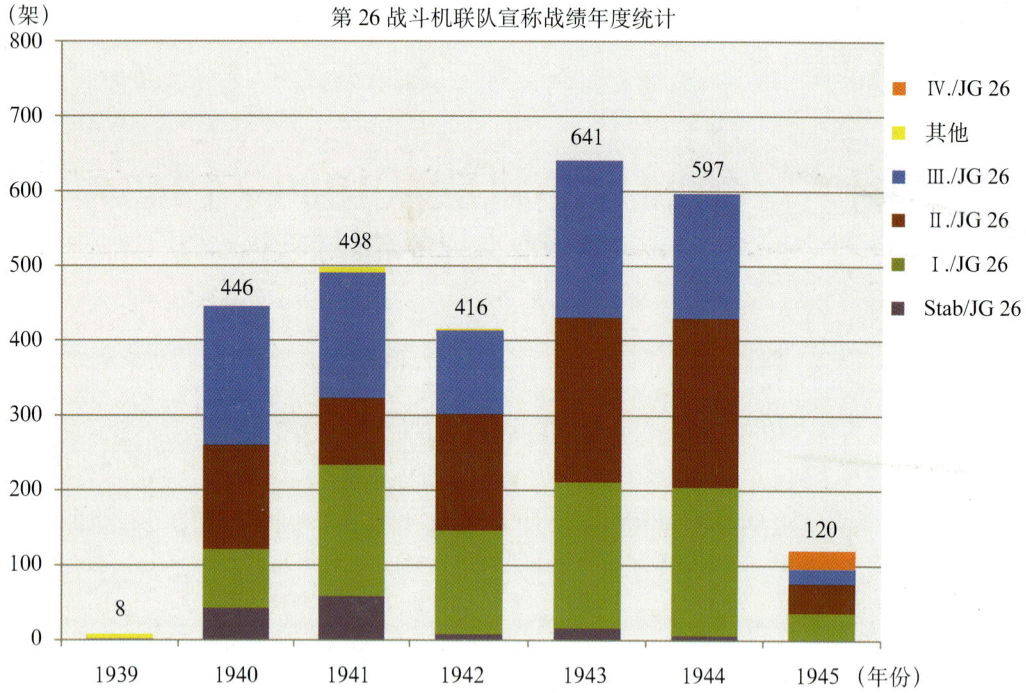
第 26 战斗机联队宣称战绩年度统计
(架)
800
700
600
500
400
300
200
100
0
8
446
498
416
641
597
120
1939
1940
1941
1942
1943
1944
1945 (年份)
Ⅳ./JG 26
其他
Ⅲ./JG 26
Ⅱ./JG 26
Ⅰ./JG 26
Stab/JG 26

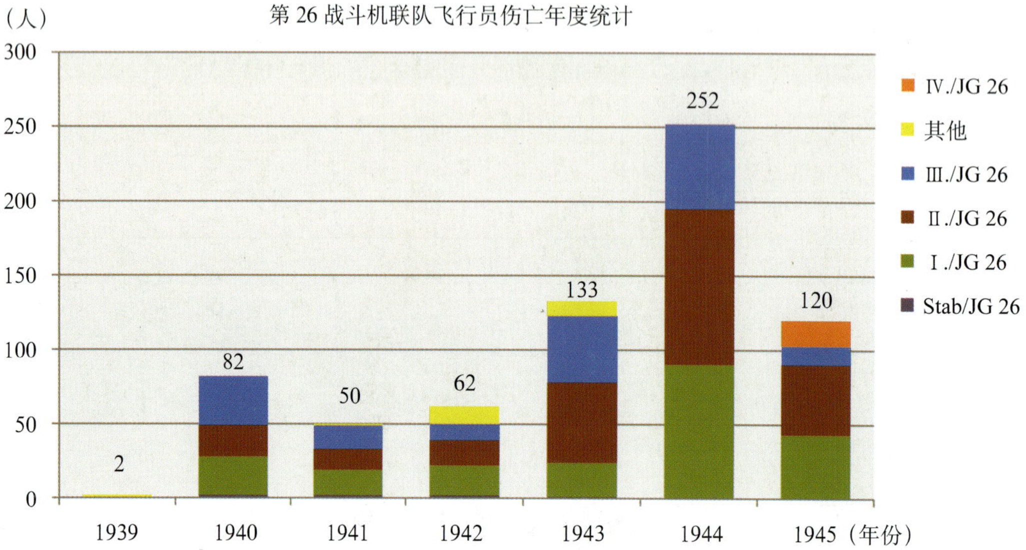
第 26 战斗机联队飞行员伤亡年度统计
(人)
300
250
200
150
100
50
0
2
82
50
62
133
252
120
1939
1940
1941
1942
1943
1944
1945 (年份)
Ⅳ./JG 26
其他
Ⅲ./JG 26
Ⅱ./JG 26
Ⅰ./JG 26
Stab/JG 26